2025 박문각 자격증

단끝

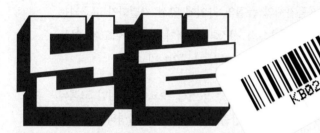

CS리더스관리사

핵심이론 기본서

기획 : KnJ스마트경영연구소

저자 : 강정민 · 조윤진 · 강종혁
     강정민 · 정하린 · 이선미

국가공인
학점인정
자격증

핵심이론
완벽정리

제3판

CS교육 전문기관이 기획한 합격보장형 명품 수험서

서비스 산업 현장 전문가들이 집필한 서비스 실무 최고의 도서

서비스 현장 실무역량 향상을 위한 핵심이론 제시

20개 Chapter별 Warming-Up으로 핵심 포인트 제시

파이널테스트 수록

박문각

과학과 기술의 발전이 가져온 다변화 시대, 삶의 질이 우선시되고 다양한 욕구 충족이 요구되는 세분화 시대, 제품자체의 품질의 차이에 앞선 차별화가 요구되는 초경쟁의 시대에 경쟁력을 강화하여 지속적 성장과 고객가치를 높이고자 하는 기업과 개인이 기억해야 할 키워드는 "고품질의 서비스 제공"입니다.

고객의 다양한 니즈를 충족시킴으로써 경제활동에 있어서 수요의 중심인 고객의 만족도를 높이는 것은 기업 활동의 목적인 수익창출의 길임을 굳이 설명하지 않아도 될 것입니다. 따라서 기업을 경영함에 있어서 추구해야 할 차별화 전략의 핵심은 "어떠한 서비스를 제공할 것인가?"에 있으며, 기업은 늘 고객접점에서 전문적인 서비스 교육을 통해 서비스 실무역량을 갖춘 서비스 맨이 고객을 응대함으로써 고객 만족도를 높이기를 바라고 있고 객관적 평가를 통해 고품질의 서비스 제공 역량을 갖추고 있는지를 판단할 수 있는 근거 제시를 요구하게 됩니다.

CS리더스(관리사)는 서비스의 개념과 고객만족을 위한 서비스 경영전략을 이해하고 서비스 현장에서 최상의 서비스 제공을 위해 고객응대 및 관리 스킬을 다루는 우리나라 최초의 서비스 분야 국가공인자격증입니다.

본 교재 집필을 기획한 KnJ스마트경영연구소의 공동대표(강정민, 조윤진)는 서비스 현장에서 리더로서의 실무경험과 교육경험, 전문 서비스경영 컨설턴트로서 다수의 서비스 기업을 대상으로 고품질의 서비스 제공을 위한 교육 및 컨설팅 프로그램을 기획, 운영한 경험을 바탕으로 2015년에 SMAT(서비스경영자격) 공동집필에 참여하였습니다. 이를 토대로 서비스의 학문적 깊이를 가미하여 CS리더스(관리사)교재 집필에 목표를 두고 대학 및 산업현장에서 CS리더스(관리사) 자격과정은 물론 다양한 서비스 교육을 하고 있는 현장 전문가들을 포함한 최고의 집필진을 구성하여 발간한 초판발행에 이어 최근 대두되고 있는 이론을 포함하는 등 보완작업을 거쳐 최신개정판 수험서를 발간하게 되었습니다.

GUIDE
이 책의 안내

본 교재의 4가지의 특징은

첫째 시험 주관기관인 한국정보평가협회의 산학협력기관인 KnJ스마트경영연구소가 출제기준과 방향에 맞추어 적중률 높은 내용을 수험생이 이해하기 쉽도록 작성하는 것에 중점을 두었고,

둘째 서비스 개념과 서비스 현장에서 필요로 하는 실무내용을 맥락있는 구성으로 서비스 현장의 모습을 수험생 스스로 쉽게 그릴 수 있도록 함으로써 내용이해를 위한 집중도를 높였으며,

셋째 20개의 Chapter는 본문 학습 전 학습개요를 통해 주요내용을 인지하고 절 구성과 학습중점을 제시함으로써 학습의 핵심내용을 파악하도록 하였으며 마인드 맵을 통해 학습 전 전반적인 내용의 흐름을 이해하고 학습 후에도 마인드 맵을 통해 학습내용을 연상하기에 용이하도록 하였고 본문 학습 후 워밍업 문항을 접해봄으로써 핵심내용의 숙지상태를 스스로 점검하도록 하여 교육효과를 높였고,

넷째 파이널테스트를 제공함으로써 기출문제 유형의 형식과 출제경향을 파악하고 수험생 자신의 학습수준을 점검할 수 있도록 하였습니다.

본 교재의 집필진은 모두 교육자로서의 명예를 걸고 산업현장에서 최고의 서비스 맨이 되기 위한 수험생들의 실무역량 함양에 도움이 되고자 열정과 정성을 다하였음을 말씀드리며 동시에 함께 해주심에 감사드리고자 합니다. 마지막으로 최고의 수험서 발간을 위해 조언과 지원을 아끼지 않아주신 박문각 출판사와 한국정보평가협회 임원진 및 실무자 여러분께 고개 숙여 감사의 마음을 전해 드립니다.

KnJ스마트경영연구소 공동대표 강정민·조윤진

GUIDE
이 책의 **안내**

📖 국가공인 CS Leaders(관리사)

다양한 고객의 입장에서 고품질의 서비스의 필요성과 역할에 부합되도록 직무를 정의하고 비즈니스 경쟁력 향상을 위한 서비스체계 구축 기반 마련에 기여할 수 있는 인재를 위한 자격증입니다.

📖 응시자격

자격종목	응시자격
국가공인 CS Leaders(관리사)	제한없음

📖 접수방법

온라인 접수만 가능(방문접수 불가)

홈페이지 방문 → 온라인 원서접수 → 응시료 결제 → 수험표 출력

📖 검정기준(목표) 및 검정방법, 합격기준

CS(Customer Satisfaction)의 이론 및 실무를 숙지하고 실생활 및 Business의 효율성과 실용성을 달성하기 위해 CS기획, 인사·마케팅, 고객관리 등의 업무를 응용하여 다양한 직무분야를 바탕으로 서비스 경영환경에서의 자문과 지원, 기업 이미지 관리 및 제고의 역할을 수행함으로 개인과 조직의 서비스 혁신과 성공을 달성하기 위한 직무

자격종목명	국가공인 CS Leaders(관리사)		
검정기준	고객만족과 서비스관련 종목에 관한 실무 이론 지식을 통해 교육학, 인사관리학, 마케팅학 등 기타 유사 학문과의 관련 지식을 이용하여 고객 만족을 관리, 교육하고 업무에 활용할 수 있는 능력을 갖추었는지 평가		
검정방법	필기시험 (객관식 90문항 / 90분 / 5지선다형)		
합격결정기준	합격	전 과목 평균 100점 만점에 60점 이상	
	불합격	전 과목 평균 100점 만점에 60점 미만	
	과락으로 인한 불합격	3과목 중 단일 과목 획득점수 40점 미만	

GUIDE
이 책의 **안내**

📖 검정내용

시험종목	주요 과목 (배점비율)	세부 항목	내용	
CS개론 **(30문항)**	고객만족 (60%)	CS관리개론	① CS 관리의 개념	② CS 관리의 역사
			③ CS 관리의 프로세스 구조	
		CS경영	① CS 경영 기본개념	② CS 경영 사례연구
			③ CS 경영 발전 가능성	
		CS의식	① 고객의 정의	② 고객의 범주
			③ 고객의 특성	④ 고객의 성격유형(MBTI)
			⑤ 고객관점	⑥ 고객지향성
		고객관계관리	① 고객관계관리 개념	② 인간관계 개선기술
			③ CRM 성공분석	④ CRM 실패분석
			⑤ 교류분석	
	서비스 이론 (40%)	서비스 정의	① 서비스의 어원과 정의	② 서비스의 3단계
			③ 서비스의 특징	
			④ 관광(여행 · 항공 · 호텔 · 외식) 서비스	
		서비스 리더십	① 서비스 리더십의 핵심요소	② 서비스 리더십의 유형
			③ 서비스 리더의 역할	
			④ 서비스 경영 패러다임에 따른 경쟁전략	
CS전략론 **(30문항)**	서비스 분야 (50%)	서비스 기법	① 서비스 청사진	② 서비스 모니터링
			③ MOT 사이클 차트	
		서비스 차별화	① 서비스 마케팅 전략	② 서비스 패러독스
			③ 서비스 회복	
			④ After-Sales Service의 중요성	
		서비스 차별화 사례연구	① 고객인지 프로그램	② 서비스 수익 체인
			③ 토털 서비스	④ 고객 위주의 제품 차별화
			⑤ 미래 지향적 서비스	⑥ 항공여객 운송서비스
			⑦ 병원안내 서비스 관리	
		서비스 품질	① 서비스 품질의 개념	② 서비스 품질 결정요인
			③ 서비스 품질 향상방안	④ 서비스 품질과 종사원
	CS 활용 (50%)	CS 평가조사	① 고객 만족도 측정방법	② CS 평가 시스템 구축
			③ CS 평가 결과의 활용	④ 고객 충성도 향상 전략
		CS 컨설팅	① 서비스 품질관리 컨설팅	② CS 트렌드
			③ CS 플래닝	④ CS 우수사례 벤치마킹
		CS 혁신전략	① 고객 분석 및 기획	② 고객 경험 이해 및 관리
			③ 고객 가치 체인 전략	④ 서비스 유통관리
			⑤ 서비스 세일즈의 개념과 전략분석	
			⑥ CS 성과관리	

고객관리 실무론 (30문항)	CS 실무 (50%)	전화서비스	① 상황별 전화응대 ② 바람직한 경어 사용법 ③ 콜센터 조직 및 운영 사이클 ④ 매뉴얼 작성 체계 ⑤ TMR 성과 관리
		고객상담	① 상황별 응대기법 ② 접객 · 안내 · 환송 ③ 클레임과 컴플레인 분석 및 응대 ④ Power coaching
		예절과 에티켓	① 이미지 컨설팅 ② 표정 연출법 ③ 인사 매너 ④ 패션이미지 연출법 ⑤ 전통예절
		비즈니스 응대	① 비즈니스 매너 ② 다른 문화 이해 ③ 국제 비즈니스 매너 ④ 비즈니스 응대 모범 사례 ⑤ 컨벤션 기획
	고객관리 (30%)	고객감동	① 소비자기본법에 따른 고객지원 ② 소비자기본법에 따른 고객필요 정보 제공 ③ 소비자피해 구제사례
		고객만족	① 개인정보보호법에 따른 고객데이터 수집 ② 개인정보보호법에 따른 고객데이터 관리
		고품위서비스	① 보고업무 · 회의 · 의전실무 ② 사무행정실무
	컴퓨터 활용 (20%)	프리젠테이션	① 강의기법 ② 스피치와 호흡기법 ③ 기초 파워포인트 사용법
		인터넷 활용	① e-비즈니스 ② 통신판매

응시접수 및 검정일정

회차	응시자 접수기간	시험일	합격자발표
제23-12회	2023년 11월 20일 ~ 2023년 11월 24일	12월 10일	12월 15일
제24-1회	2023년 12월 18일 ~ 2023년 12월 22일	01월 14일	01월 19일
제24-2회	2024년 01월 22일 ~ 2024년 01월 26일	02월 18일	02월 23일
제24-3회	2024년 02월 26일 ~ 2024년 03월 04일	03월 17일	03월 22일
제24-4회	2024년 03월 25일 ~ 2024년 04월 01일	04월 14일	04월 19일
제24-5회	2024년 04월 22일 ~ 2024년 04월 29일	05월 19일	05월 24일
제24-6회	2024년 05월 27일 ~ 2024년 05월 31일	06월 16일	06월 21일
제24-7회	2024년 06월 24일 ~ 2024년 06월 28일	07월 13일	07월 19일
제24-8회	2024년 07월 22일 ~ 2024년 07월 26일	08월 11일	08월 16일
제24-9회	2024년 08월 19일 ~ 2024년 08월 23일	09월 08일	09월 13일
제24-10회	2024년 09월 23일 ~ 2024년 09월 27일	10월 13일	10월 18일
제24-11회	2024년 10월 21일 ~ 2024년 10월 25일	11월 10일	11월 15일
제24-12회	2024년 11월 18일 ~ 2024년 11월 22일	12월 08일	12월 13일
제25-1회	2024년 12월 16일 ~ 2024년 12월 20일	01월 12일	01월 17일

※ 자격 검정 일정 및 시험 장소는 협회의 사정에 따라 변경될 수 있습니다.

CONTENTS
이 책의 **차례**

제 **01** 과목

고객만족(CS) 개론

제 **02** 과목

CS 전략론

제 **03** 과목

고객관리 실무론

부록

파이널테스트

제 **01** 과목

고객만족(CS) 개론

CHAPTER 01 고객만족(CS) 관리개론

학습개요	고객만족의 개념과 필요성을 이해하고 고객만족을 결정짓는 요소를 살펴본다. 다양한 기업사례를 통해 기업의 고객만족 관리 방안과 서비스 프로세스 관리의 전반적인 구조에 대해 학습한다.
절 구성	1. 고객만족 관리의 개념과 필요성 2. 고객만족 관리의 역사 3. 고객만족 관리의 서비스 프로세스 구조
학습중점	1. 고객만족의 다양한 정의 2. 고객만족의 역사 3. 고객만족 관련 이론 4. 서비스 프로세스의 개념과 분류 5. 서비스 프로세스의 설계
마인드 맵	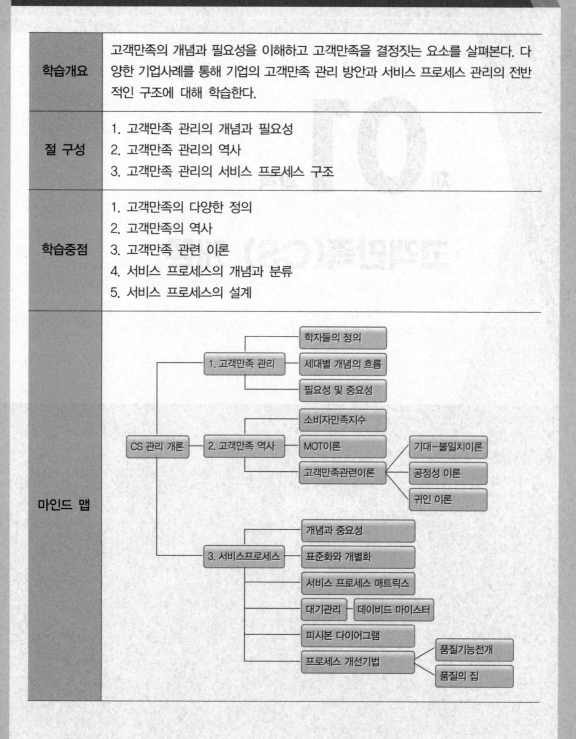

01 고객만족

CHAPTER 01 고객만족(CS) 관리개론

01 고객만족 관리의 개념과 필요성

(1) 고객만족의 정의

1) 굿맨(Goodman)의 정의

① 미국 소비자문제 전문가인 굿맨(J.A. Goodman)은 고객만족이란 '고객이 비즈니스와 기대에 부응한 결과로써 상품, 서비스의 재구매가 이루어지고 아울러 고객의 신뢰감이 연속되는 상태'라고 정의하였다.

② 고객이 무엇을 원하고 있는지 알아내서 고객의 기대에 부응하는 제품과 서비스를 제공함으로써 지속적으로 재구매를 연결해가는 것이다.

③ 고객이 상품 및 서비스를 구매 또는 사용할 때 느끼는 포괄적인 감정이며 이는 구매 전 상황 또는 구매 후 상황을 모두 포함한다.

2) 학자들의 다양한 정의

① 하워드와 쉬드(Howard and sheth, 1969)
  구매자가 치른 대가에 대해 보상되었다고 느끼는 인지적 상태

② 앤더슨(Anderson, 1973)
  ㉠ 고객의 포괄적인 감정을 프로세스로 설명
  ㉡ 고객의 만족, 불만족을 하나의 과정으로 이해하여 고객의 사용 전 기대와 사용 후 성과를 평가한 결과로 이해

③ 헌트(Hunt, 1977)
  소비경험이 최소한 소비자가 기대했던 만큼 훌륭했다고 명시적으로 나타낸 평가, 즉 인지과정 이후 형성되는 소비자의 평가

④ 웨스트브룩(Westbrook)
  특정 제품 또는 서비스를 사용, 소비 및 소유함으로써 얻는 경험의 평가결과에 따라 유발되는 정서적 반응

⑤ 올리버(Oliver, 1996)
  ㉠ 만족은 소비자의 성취반응으로 판단
  ㉡ 제공된 제품 또는 서비스를 획득하거나 소비함으로써 유발되는 욕구 및 요구(wants and needs)를 충족시키는 정도에 대한 소비자의 주관적인 판단으로 해석

⑥ 코틀러(Kotler, 2000)

만족이란 사람들의 기대치와 그 제품에 대해 자각하고 있는 성능과 비교해 나타나는 즐거움
이나 실망감

(2) 고객만족 개념의 시대적 변천사

1970년대 미국에서의 고객만족 연구 경향	1980년대 미국에서의 고객만족 연구 경향	1990년대 미국에서의 고객만족 연구 경향
• 만족을 고객의 입장에서 해석하고자 함 • 만족은 기대와 성과의 불일치 절차로 인식	고객만족의 실천적 필요성과 당위성 등으로 다양하게 접근	판단 메커니즘에서 만족의 의미를 부여하려는 견해
• 만족을 제품의 소비과정 및 소비 경험 전체에 대한 평가로 보는 관점 - 만족은 주관적 - 만족도는 제품의 획득 과정 시 경험에 의한 것 • 만족을 대상이나 목적에 대한 판단의 결과로 보는 관점 - 고객만족은 제품 또는 서비스에 기대하는 욕구의 충족 정도에 대한 고객의 주관적인 평가	• 심리적 관점의 만족 - 제품 또는 서비스 사용 경험에 대한 평가의 정서적 반응 - 만족은 흥미, 기쁨, 유쾌함 등의 긍정적 정서 요인 - 만족이란 소비자가 소비 경험 이전에 갖는 감정과 기대에 대한 불일치를 경험한 경우의 감정이 복합적으로 초래된 전체적인 심리 상태 • 기대와 불일치 관점 - 만족은 구매 전 기대와 구매 후 지각된 성과평가에 대한 고객 반응 • 만족판단 메커니즘 - 만족이란 선택된 안이 그 대안에 대해 사전에 품었던 신념과 일치했는지에 관한 평가 • 심리적 유효성으로부터 고객만족의 중요성 강조 - 재구매, 긍정적 구전, 로열티의 결정 요소로 만족을 추정	• 심리적 관점의 만족 - 만족은 흥미, 기쁨, 유쾌 등 긍정적 정서 요인 • 기대와 불일치 관점 - 선택된 대안이 기대에 합치하는지에 대한 소비 후 평가 • 본질적 접근에 의한 만족의 개념 - 제품·서비스 사용 경험에 대한 정서적 반응이자 감정적 상태 - 충족 상태(인지적 판단)가 유쾌한 수준으로 제공되었는지에 관한 판단 - 만족은 비교 기준으로서의 기대와 구매 내지는 소비 후 평가를 대비시키는 것으로 발생하는 심리

(3) 고객만족 관리의 필요성 및 중요성

1) 고정고객의 유지

- ① 고객만족 관리의 필요성이 대두된 것은 기업의 매출이 기존고객의 반복적 구매와 신규고객의 구매 창출에 의해 일어나고 있음을 지각하면서부터이다.
- ② 서비스에 만족한 고객은 재구매와 긍정적 구전을 통해 기업에게 영업이익을 가져다 줄 뿐만 아니라 기업의 경쟁력을 강화시켜준다.
- ③ 새로운 고객을 창출하는 데 소요되는 비용은 기존고객을 유지하는 데 소요되는 비용의 4배에 해당하므로 기존고객을 잃지 않도록 하는 것은 기업경쟁력의 중요한 과제이다.

2) 마케팅비용의 효율성 제고

만족한 고객은 주변 사람들에게 구매를 유도하는 구전효과가 있다. 따라서 구전광고를 통한 광고효과를 기대할 수 있다.

3) 고객만족을 통한 가격우위효과

- ① 고객만족은 제품과 서비스 가격에 대해 고객이 덜 민감하게 만들기 때문에 기업의 경쟁력에 커다란 영향을 미친다.
- ② 처음에는 선뜻 제 가격을 지불하지 않으려던 고객들도 제품에 대한 만족을 느끼게 되면 가격을 지불하는 데 크게 주저하지 않게 된다.

4) 판매비용 절감

만족한 고객이 다시 그 회사의 제품을 찾는 것은 주위의 권유가 아니라 자발적인 의지에 의한 것이므로 판매원의 판매 시간과 노력을 절감할 수 있다.

(4) 고객만족의 효과

- ① 고객만족의 직접적인 효과로서 고객만족은 고객의 구매행동과 태도로 이어지며 향후 재구매와 좋은 구전전파 등으로 작용하여 경영성과에 긍정적인 영향을 미친다.
- ② 고객 충성도는 재이용과 고정고객의 확보를 통한 자사이익으로 이어지며 구전효과를 통해 신규고객을 창출하여 매출증가와 시장점유율을 높인다.
- ③ 고객만족과 고객의 애호도는 기업의 수익과 비례한다. 고객이 만족 이상의 감동을 받았을 경우 고객의 애호도로 이어지고 이들은 기업에 커다란 수익을 가져다주는 충성고객이 된다.
- ④ 제품이나 서비스뿐만 아니라 기업이미지도 고객만족에 있어 중요한 요소가 된다. 좋은 기업이미지는 고객만족을 향상시키고 고객만족이 지속되면 좋은 기업이미지가 형성되므로 기업이미지와 고객만족은 상호 보완적인 관계에 있다.
- ⑤ 시장의 수요곡선이 상향조정되어 가격에 대해 덜 민감하게 만든다.

▶ 고객만족의 효과

Warming Up

01 고객만족(CS)의 정의와 관련해 〈보기〉의 (　　) 안에 들어갈 내용으로 알맞은 것은?

┌ 보기 ─────────────────────────────────────┐
올리버는 만족의 개념에 대해 '만족은 소비자의 (　　　　)으로 판단된다.'고 말했다.
└──┘

① 가치반응　　　　　② 성취반응　　　　　③ 상호반응
④ 의식반응　　　　　⑤ 신뢰반응

02 1980년대의 고객만족에 대한 개념 중 만족을 심리적 관점에서 파악하는 데 대한 서술로 거리가 먼 것은?

① 만족은 흥미, 기쁨, 유쾌함 등의 긍정적인 정서 요인이다.
② 특정 제품 및 서비스를 사용할 때 얻어지는 경험에 대한 정서적 반응이다.
③ 소비자 만족이란 선택된 안이 그 대안에 대해 사전에 품었던 신념과 일치했는지에 관한 평가이다.
④ 만족은 구매한 특정 제품이나 서비스와 함께 발생하는 전반적인 행동과 관련된 경험에 대한 정서적 반응이다.
⑤ 만족을 제품의 소비과정 및 소비 경험 전체에 대한 평가로 본다.

정답 1 ② 2 ⑤

02 고객만족 관리의 역사

(1) 고객만족의 역사(한국)

1) 단계별 고객만족 변천사

① 1980년대 CS 무관심 단계 : 기업중심의 경영
   1981년 스칸디나비아 항공사와 1980년대 후반 일본 SONY에서 고객만족경영을 도입하였다.

② 1990년대 CS 도입 및 침체기 : 고객중심의 경영
   ㉠ 1992년 LG와 1993년 삼성의 고객가치경영의 도입을 시작으로 1990년대 중반 공기업 및 민간기업에서 CS경영을 본격화하였다.
   ㉡ 1997년 IMF로 침체기를 맞이하였다.

③ 2000년대 CS시대 : 고객감동 경영
   밀레니엄 시대로의 도입으로 대부분의 기업에서 CS경영을 도입하였다.

2) 소비자 만족지수(Index of Consumer Satisfaction; CSI)

① 고객만족의 역사는 '굿맨(Goodman)이론'에서 고객들의 정서적인 불만 요소를 정량적으로 지수화해 발표한 이후부터 시작되었다.

② 1972년 미국 농산부에서 농산품에 대한 소비자 만족지수(Index of Consumer Satisfaction; CSI)를 측정하여 발표한 이후 1990년대에 들어와서 고객만족의 개념적 정의와 측정의 문제가 본격적으로 연구되기 시작하였고, 기업에서는 생산성에 대한 경제적 척도로서 활용되었다.

3) MOT 관리

① 스웨덴의 경제학자 리처드 노먼(Richard Norman)이 최초로 사용하였다.

② MOT(Moment Of Truth)는 스페인의 투우용어에서 유래되었으며 투우사가 소에게 관심을 집중하고 온 힘을 다해 승부를 거는 결정적인 최후의 순간을 의미한다.

③ 1981년 스칸디나비아 항공사의 CEO인 얀 칼슨이 MOT를 회사경영에 도입해 연 800만 달러의 적자로부터 7,100만 달러의 흑자로 탈바꿈시켰다.

④ 진실의 순간(MOT)은 실패가 허용되지 않는 매우 중요한 순간을 뜻하며 고객이 기업에 접촉하여 제공받는 서비스에 대해 느낌을 갖는 순간들을 의미한다.

T I P 항공서비스에서 맞이하는 진실의 순간(MOT)

① 고객이 항공사에 문의전화를 한다.
② 고객이 비행기 좌석을 예약한다.
③ 고객이 공항 카운터에 도착한다.
④ 고객이 발권하기 위해 줄을 서서 대기한다.
⑤ 직원이 탑승권을 발행한다.
⑥ 고객이 탑승수속시간이 될 때까지 라운지에서 기다린다.
⑦ 고객이 출발 게이트를 찾아간다.
⑧ 게이트 담당직원이 고객을 맞이하고 탑승권을 확인한다.
⑨ 고객이 비행기 출발시간이 될 때까지 라운지에서 대기한다.
⑩ 고객이 비행기에 탑승한다.
⑪ 고객이 안내를 받아 자기 좌석을 찾고, 수하물을 올려 놓는다.
⑫ 고객이 문의사항이나 요구사항을 승무원에게 말한다.
⑬ 목적지에 도착하면 승무원의 안내를 받아 비행기에서 내린다.
⑭ 수하물을 찾아 공항을 나온다.

4) 고객만족의 특징

태도로서의 만족	품질판단으로서의 만족	감정적 반응으로서의 만족
만족을 태도라고 간주하는 연구에서는 고객만족을 고객이 제품에 대해 가지는 전체적인 태도로 본다. 태도란 구매 후뿐 아니라 구매 이전의 태도까지도 포함하고 있다.	만족은 지각한 품질에 대한 지각 판단으로 본다. 지각 판단은 고객이 소비 이전에 가지고 있던 기대와 소비 경험 후를 비교해 판단되는 긍정 및 부정의 평가이다.	소비 이전의 고객의 기대와 소비 이후의 고객만족이 일치하는지에 대한 인지적 사고 과정의 결과로 생기는 감정적 반응으로 본다.
올리버(Oliver, 1981)	올스하브스키(Olshavsky, 1985)	웨스트브룩(Westbrook, 1987)과 라일리(Reilly, 1983)
만족은 구매 후 태도에 선행하고 있고 거기에 영향을 주며 또한 불확인을 중심으로 하는 뜻밖의 일과 생각지 못한 변수를 포함하지만, 태도에는 불확인의 개념은 포함되지 않는다고 한다.	지각 품질은 몇 가지 점에 대한 제품의 전체적인 태도와 유사한 개념이며 일시적이 아닌 보다 종합적이고 영속적인 의미를 가진다.	고객만족은 구매한 제품이나 서비스, 소매점, 쇼핑, 구매 행동 및 시장에서 발생하는 전반적인 행동과 관련된 경험에 관한 정서적 반응이다.

5) 고객만족의 결정요소

① 핵심 가치인 제품 또는 서비스 특징
  ㉠ 제품 또는 서비스의 특징에 대한 고객의 평가에 의해 고객만족이 결정된다.
  ㉡ 가격 수준, 품질, 개인적 친분, 고객화 수준 간에는 상관관계가 있다.

② 서비스 성패의 원인에 대한 귀인 : 고객은 기대했던 것과 제공받은 서비스에 차이가 발생하였을 때 만족 또는 불만족을 느끼고 그 원인에 대한 분석과 평가는 고객만족에 영향을 미친다.

③ **고객의 감정** : 서비스가 시작되기 이전의 감정에서 시작해 소비 체험으로부터 얻은 긍정적, 부정적 감정이 서비스의 지각에 영향을 미친다.

④ **공평성의 지각**

　　㉠ 다른 고객들과 비교하여 공평한 서비스를 받았는가는 고객만족에 영향을 미친다.

　　㉡ 따라서 서비스 전달자는 공평한 서비스를 전달해야 한다.

⑤ **다른 고객, 가족 구성원, 동료** : 고객만족은 가족, 동료, 친구, 다른 고객의 평가에 대한 구전에 영향을 받는다.

(2) 고객만족 이론

1) 기대 – 불일치 이론

① 올리버가 제시한 기대불일치 패러다임은 기대와 기대불일치가 소비자 만족에 미치는 영향 및 기대와 기대불일치 상호 간의 관계를 규명하는 데 주안점을 두고 있다.

* 올리버의 순응이론 : 기대는 불일치 및 만족에 영향을 미치고 성과에의 순응 수준으로 작용함

② 그뢴루스(Grönroos), 파라슈라만(Parasuraman)은 기대불일치 이론을 적용하여 서비스 품질을 성과와 기대 사이의 차이(기대불일치)로 개념화시켰다.

- **부정적 불일치** : 고객의 기대 > 제품 또는 서비스 = 고객불만
- **단순 일치** : 고객의 기대 = 제품 또는 서비스 = 고객만족
- **긍정적 불일치** : 고객의 기대 < 제품 또는 서비스 성과 = 고객감동

T I P

적용 예시

단순 일치 : "이 이어폰은 <u>딱 가격만큼의</u> 성능이야. 딱히 불편한 것 없이 무난한 것 같아."

긍정적 불일치 : "새로 생긴 냉면집이 내가 <u>기대했던 것보다</u> 훨씬 맛있었어!"

관련 이론

인지적 불협화 이론, 대조 이론, 동화 – 대조 이론, 비교 수준 이론, 일반화된 부정성 이론

2) 공정성 이론

애덤스(J.Stacy. Adams)는 미국의 페스팅거(Festinger)의 인지 부조화 이론과 호만스(Homans)의 교환 이론을 기초로 하여 보상의 공정성에 대한 이론을 정립하였다. 노력과 직무만족은 업무상황의 지각된 공정성에 의해서 결정된다고 본다. 공정성 이론의 명제는 첫째, 개인은 교환에 있어서 그들의 투입과 비교해 그들의 성과를 최대로 하려고 한다. 둘째, 개인은 그들이 공정하게 행동하는 것으로 자신들의 성과를 최대로 할 수 있다고 지각하고 있는 것이다.

① **인지 부조화 이론(페스팅거)**

인지 부조화란 두 가지 모순되는 인지 요소를 가질 때 나타나는 인지적 불균형 상태로서 심리적 긴장을 유발하므로 사람들은 심리적 안정을 위해 인지적 불균형 상태를 해소하고자 한다.

> **TIP** 이솝우화 여우와 신 포도
>
> 어느 날, 여우 한 마리가 길을 가다가 높은 가지에 매달린 포도를 보았다.
> "참 맛있겠다."
> 여우는 포도를 먹고 싶어서 펄쩍 뛰었다. 하지만 포도가 너무 높이 달려 있어서 여우의 발에 닿지 않았다.
> 여우는 다시 한 번 힘껏 뛰어 보았다. 그러나 여전히 포도에 발이 닿지 않았다. 여러 차례 있는 힘을 다해 뛰어 보았지만 번번이 실패했다.
> 여우는 결국 포도를 따 먹지 못하고 돌아가야 했다. 돌아가면서 여우가 말했다.
> "저 포도는 너무 시어서 맛이 없을 거야."
> 처음에 여우는 그 포도가 맛있을 거라고 생각했다. 그러나 포도를 따 먹을 수 없게 되자 원래 가졌던 믿음을 버렸다. 인지 부조화를 해결하기 위해 포도를 따기 어렵다는 현실을 인정하는 대신, 신 포도라서 손에 넣을 가치가 없다는 핑계로 스스로를 속인 것이다.
>
> ✦ 출처 : [네이버 지식백과] 인지 부조화 - 그건 어쩔 수 없는 일이었어(14살에 시작하는 처음 심리학, 2016. 10. 07., 정재윤)

② **교환 이론(호만스)**

모든 사람은 자신이 투입하는 원가나 투자액에 대한 보상과 가치를 따져서 이익을 얻기를 바라며, 이러한 투입과 보상의 상호작용을 통해 사회의 질서가 형성되고 유지된다는 이론이다.

> **TIP** 교환 이론
>
> "나는 목이 마르다. 편의점으로 가서 냉장고 문을 연다. 그 속에는 물, 주스, 탄산음료, 이온음료 등 다양한 음료가 진열되어 있다. 물은 갈증을 해결하는 데 최고다. 그러나 맛이 없고 밍밍하다. 이온음료는 왠지 싫다. 주스는 너무 달다. 탄산음료는 … 톡 쏘면서 목 끝으로 넘어갈 때 달달한 맛이 난다. 그래서 나는 1000원을 주고 콜라를 산다."
> ✦ 출처 : [네이버 지식백과] 교환 이론(소셜 마케팅, 2013. 2. 25., 백혜진)

③ **공정성의 3가지 분류**

ⓐ **도출 결과의 공정성** : 투입과 도출에 대한 평가가 가장 우선적인 기준이 되는 것으로 기여(Contribution), 요구(Needs), 평등성(Equality) 등의 요소로 제시된다.

ⓑ **절차상의 공정성** : 도출 결과에 영향을 미치는 영향력과 정보의 공유 정도를 의미하는 것으로 객관적이고 소비자를 대표할 수 있는 정보의 수집, 의사결정자의 정보사용, 사람들의 의사결정에 영향력을 가지고 있다고 믿는 신념의 정도를 말한다.

ⓒ **상호작용의 공정성** : 의사결정을 수행하는 스타일에 관련된 것으로, 관리자와 수용자 간의 예의, 의사소통 방식, 우호적인 정도, 편견, 흥미, 존경, 정직 등이다.

3) 귀인 이론

- 귀인은 돌아갈 귀, 인할 인의 뜻으로 사람들이 왜 특정한 행동을 했는가에 대한 이해와 설명에 적절한 이론으로 자신이나 다른 사람들의 행동의 원인을 찾아내기 위해 추론하는 과정을 설명한다.
- 하이더(Heider, 1958)에 의해 처음 제기되었으며 켈리(Kelly, 1967)의 귀인 과정 분석으로 시작되었다.
- 귀인이론은 소비자들의 불만족 원인을 찾아나가는 과정을 설명하는 이론으로 불만족 원인을 자기 자신에게 돌리면 내적귀인, 외부상황으로 돌리면 외적귀인이라 한다.

① 와이너(Weiner, 1979)의 정당화(Justify) 개념

사람들이 자신이 경험이나 행동을 묘사하는 과정에서 하는 정당화는 실제라기보다는 개인의 주관적인 지각이지만 이러한 주관적 지각은 이후 행위의 결정에 영향을 미친다.

② 와이너(1980)의 귀인 이론 범주화 체계

ㄱ 인과성의 위치 차원 : 서비스 실패의 원인이 행위자 자신에게 있는지 상대방이나 상황에 있는지를 추론하는 것을 의미한다.

ㄴ 안정성 : 어떤 원인이 일시적인지 또는 영원한 것인지, 실수에 의한 것인지 또는 반복적인 것인지를 추론하는 것을 의미한다.

ㄷ 통제성 : 원인이 의도적일 수도 있고 비의도적일 수도 있다는 것을 의미한다.

③ 내적 및 외적 요인

ㄱ 내적 요인 : 서비스 제공자가 통제할 수 있는 잘못된 서비스 시스템 설계 또는 서비스 제공자의 불친절한 태도, 기질, 성격 등으로, 서비스 제공자가 이런 상황을 안전하게 통제할 수 있고, 또한 발생을 예방할 수 있어야 한다고 믿는다.

ㄴ 외적 요인 : 서비스 제공자가 통제할 수 없는 것들로, 갑작스러운 기계고장이나 정전, 운수, 사회적 규범 등이 이에 해당된다.

> **TIP 켈리의 귀인 과정 분석(공변이론)**
>
> 어떠한 특정 원인은 다양한 상황요인 중 특정하게 연결되어 있으며 그 원인은 항상 그 효과와 공변한다는 이론으로서 개인의 행동원인을 결정하는 3가지 기준에는 합의성, 특이성, 지속성이 있다.
> - 합의성 : 유사환경에 있는 사람들은 동일한 방식으로 반응하는 일치성을 갖는다.
> - 특이성 : 사람의 행동은 특정한 상황 또는 다양한 상황에서 나타나 결정되는 차별성을 갖는다.
> - 지속성 : 사람들은 지속적으로 특정한 행동을 일관성있게 보인다.

Warming Up

01 다음 〈보기〉의 (   ) 안에 들어갈 용어로 알맞은 것은?

┌ 보기 ─────────────────────────────────────
고객만족의 역사는 1972년 미국 농산부에서 농산품에 대한 소비자만족지수(CSI;
Index of Consumer Satisfaction)를 기초로 만들어진 굿맨(Goodman) 이론에서
고객들의 정서적인 불만요소를 (   )적으로 지수화해 발표한 이후부터 시작되었다.
───

① 심층　　　　　　　② 정성　　　　　　　③ 정량
④ 간접　　　　　　　⑤ 직접

02 고객만족을 결정하는 요소 중 〈보기〉의 내용에 해당하는 것은?

┌ 보기 ─────────────────────────────────────
기대한 것보다 서비스에 만족 또는 불만족하였을 경우 소비자는 그 이유를 분석하여
평가하며, 이는 고객만족에 영향을 미친다.
───

① 제품 또는 서비스 특징
② 고객 감정
③ 서비스의 성공 및 실패의 원인에 대한 귀인
④ 공평성의 지각
⑤ 다른 고객, 가족 구성원, 동료의 구전

03 '기대－불일치 이론'과 관련해 다음 〈보기〉의 대화 내용에 해당하는 것은?

┌ 보기 ─────────────────────────────────────
• 김부장 : 최팀장, 날씨도 더운데 뭐 시원한 거 먹으러 갈까?
• 최팀장 : 그럼 회사 앞에 새로 생긴 냉면집으로 가시죠. 지난 주말에 가서 먹어봤
　　　　　는데 기대했던 것보다 훨씬 맛있었습니다.
───

① 단순 일치　　　　② 긍정적 일치　　　　③ 긍정적 불일치
④ 부정적 일치　　　⑤ 부정적 불일치

정답 1 ③ 2 ③ 3 ③

03 고객만족 관리의 서비스 프로세스 구조

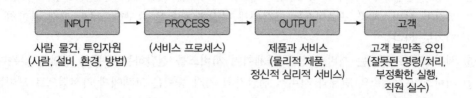

INPUT	→	PROCESS	→	OUTPUT	→	고객
사람, 물건, 투입자원 (사람, 설비, 환경, 방법)		(서비스 프로세스)		제품과 서비스 (물리적 제품, 정신적 심리적 서비스)		고객 불만족 요인 (잘못된 명령/처리, 부정확한 실행, 직원 실수)

(1) 서비스 프로세스의 개념

① 서비스는 일련의 투입물을 투입하여 이를 변환시켜 고객이 원하는 산출물을 제공하는 시스템의 개념이다.

② 경영학의 아버지 마이클 해머(Michael Hammer) 교수는 비즈니스 프로세스를 '고객을 위한 결과물 또는 고객을 위해 가치를 창출하는 모든 관련 활동들의 집합'이라고 정의하였다.

1) 비즈니스 프로세스의 유형

① 핵심 프로세스(Core Process)

제조, 공급 및 무역의 최적화 등으로 기능의 경계를 넘어 외부고객에게 전달되는 최종제품과 서비스를 창출하는 프로세스이다.

② 지원 프로세스(Supporting Process)

인적자원관리, 교육훈련 프로세스, 비즈니스 전략개발 구현, 리스크 관리 등 조직 내부에서 이루어지지만 핵심 프로세스의 성과에 영향을 미치는 프로세스이다.

2) 비즈니스 프로세스의 분류

경쟁 프로세스	• 프로세스의 중점은 고객만족에 있으며 경쟁자보다 뛰어나게 고객가치를 제공하는 프로세스이다. • 예로 가격에 의한 경쟁에서 경쟁자보다 낮은 가격으로 생산하는 프로세스가 조직 경쟁 프로세스가 된다.
변혁 프로세스	• 고객의 니즈와 기술적 변화에 대하여 조직의 지속적인 경쟁 우위 확보를 위한 조직 역량 개발 프로세스이다. • 미래지향적이며 사람과 기술, 프로세스를 결합해 조직의 역량을 개발해 나가는 과정이다. • 예로 신제품 개발, 학습 조직 구축 등의 프로세스가 해당된다.
기반 프로세스	• 경쟁자와의 경쟁여부와 상관없이 고객에게 최소한의 가치를 제공하기만 하면 되는 프로세스로 핵심 프로세스는 아닌 경우이다. • 예로 자동차 산업의 경우 디자인이나 다른 요소가 경쟁의 초점이 되면서 품질은 기본적인 요소가 되었다.

(2) 서비스 프로세스의 중요성

① 서비스 전달 시스템의 고객체험은 고객이 서비스를 판단하는 기준이자 증거가 된다.

② 복잡한 서비스제공 프로세스는 고객에게 복잡한 행동을 요구함으로써 고객 불만의 원인이 되기도 한다.

③ 서비스 프로세스는 서비스 상품 자체이며 서비스를 전달하는 유통의 성격을 갖는다.

④ 서비스 프로세스의 단계와 서비스 전달자의 처리 능력은 고객에게 가시적으로 보이는 데에 기인하고 있다.

⑤ 서비스 품질은 서비스의 네 가지 특성인 무형성, 소멸성, 비분리성, 이질성에 영향을 받으며 서비스 프로세스를 설계하는 데 큰 영향을 미친다.

⑥ 서비스 프로세스는 종업원과의 상호작용 과정에서 적절한 전달 프로세스가 고객의 태도에 영향을 주고 향후 거래여부를 결정하는 중요한 변수로 작용한다.

(3) 린 쇼스택(Lynn Shostack)의 서비스 프로세스 설계 시 고려사항

① 서비스 프로세스의 중점은 고객이며 고객의 입장을 고려하여 제품 및 서비스 등을 계획해야 한다.

② 서비스 프로세스는 결과를 내야 하는 목적론(Teleological)이며 실제적인 과업 성과를 중시해야 한다. 따라서 성과평가 시스템 또한 프로세스와 상호 연계되어 궁극적인 성과를 제고할 수 있도록 설계해야 한다.

③ 서비스 프로세스는 각각의 개별 활동들이 아닌 하나의 시각에서 인식되어야 하는 전체론(Holistic)이다. 이때에는 창의성을 억제하기보다는 성과와 효율성을 제고할 수 있는 자율적인 성격의 프로세스 규율이 적용되어야 한다.

④ 서비스는 지나치게 관료적이지 않도록 설계되어야 한다.

⑤ 서비스 설계과정에 종업원과 고객을 모두 고려해야 한다.

(4) 서비스 프로세스의 표준화와 개별화

1) 표준화

① 모든 고객에게 동일한 프로세스의 서비스를 제공하는 것으로 주로 제품의 생산과정에서 많이 활용되고 있으며, 대량 생산에 유용한 방식이다.

② 사우스웨스트 항공사는 음료, 식사 제공 프로세스, 지정좌석제도 등을 없애고 표준화된 서비스 프로세스를 활용한 저가정책을 실시하여 1992년 미국의 경제침체기에 흑자를 낸 유일한 항공사이다.

2) 개별화

① 고객의 취향에 따라 각기 차별적인 서비스를 제공하는 것으로 종업원에게 많은 권한이 부여되어야 가능한 방식이다.

② 싱가포르 항공사는 직원 권한 위임을 통해 다소 높은 가격으로 고객의 취향에 맞는 개별화된 서비스를 제공하였다.

(5) 슈메너(Schmenner)의 서비스 프로세스 매트릭스

구분		고객과의 상호작용/개별화	
		낮음	높음
노동 집약도	낮음	서비스 팩토리 • 낮은 노동집중도, 높은 자본투자 • 낮은 상호작용 및 고객화 • 대규모 시설투자로 대량 공급 • 표준화 서비스, 엄격한 매뉴얼이 성공 요소 예 항공사, 운송업, 호텔, 리조트	서비스 숍 • 낮은 노동집중도, 높은 자본투자 • 높은 상호작용 및 고객화로 비용증대 • 표준화, 매뉴얼 서비스 프로세스 어려움 예 병원, 수리센터, 기타 정비회사
	높음	대중 서비스 • 높은 노동집중도, 낮은 자본투자 • 낮은 상호작용 및 고객화 • 표준화 서비스 운용 절차가 성공의 요소 • 종업원의 역량이 서비스 성과에 중요 예 매점, 도소매점, 은행, 학교 행정	전문 서비스 • 높은 노동집중도, 낮은 자본투자 • 높은 상호작용 및 고객화 • 표준화된 서비스 프로세스 어려움 • 종업원의 현장통제 어려움으로 충성도 중요 예 의사, 변호사, 회계사, 건축가

(6) 서비스 구매과정에 따른 관리

1) 구매 전 과정 – 대기관리

> • 대기는 고객이 서비스를 받을 준비가 되어 있는 시간부터 서비스가 개시되기까지의 시간을 의미한다.
> • 서비스의 근본적 특성인 소멸성, 비분리성 때문에 고객들은 서비스를 받기 위해서 종종 기다려야 한다.
> • 대기는 부정적인 경험으로 인식된다. 따라서 고객들이 서비스를 받기 위해서 보내는 대기시간을 효과적으로 관리하는 것은 고객만족에 영향을 줄 수 있다.

① 대기관리의 기본 심리(데이비드 마이스터)
  ㉠ 아무 일도 안할 때 더 길게 느껴진다.
  ㉡ 구매 전 대기가 더 길게 느껴진다.
  ㉢ 근심은 대기를 더 길게 느껴지게 한다.
  ㉣ 언제 서비스를 받을지 모른 채 무턱대고 기다리면 더 길게 느껴진다.
  ㉤ 원인을 모르는 대기는 더 길게 느껴진다.
  ㉥ 불공정한 대기는 더 길게 느껴진다.
  ㉦ 가치가 적을수록 더 길게 느껴진다.
  ㉧ 혼자 기다리면 더 길게 느껴진다.

② 대기관리를 위한 서비스 생산관리 기법

예약을 활용하라	• 병원, 영화관, 항공사 • 예약 시스템으로 수요와 공급능력을 조절할 수 있다. • 예약 시스템의 한계는 노쇼(no-show)고객으로, 이를 극복하기 위한 전략으로는 초과 예약이 있다.
커뮤니케이션을 활용하라	혼잡한 시간/비혼잡 시간 안내, 업무 프로세스 E-mail 안내
공정한 대기시스템을 구축하라	번호표, Express Line, 공정한 대기선(단일vs복수 대기선)
대안을 제시하라	인터넷 및 모바일 앱(App) 사용안내, ARS, ATM, 인터넷뱅킹, 자동이체 등

③ 대기관리를 위한 고객의 인식관리 방법

서비스가 시작되었다는 느낌을 주어라	• 도우미를 활용하거나 접수 대행 및 상담을 활용한다. • 치과의 대기관리, 크리스피크림도넛의 도넛 극장
예상 대기시간을 알려 주어라	• 정보 제공으로 고객에게 선택의 기회를 제공한다. • FPL고객센터의 대기명수, 대기시간 안내
고객 유형별로 대응하라	• 업무별 창구를 분리한다. • 보험사 영업소의 단순 지급 업무는 ATM, 제반 시간이 필요한 업무는 창구, VIP고객은 영업 소장실로 안내
이용되지 않는 자원은 보이지 않도록 하라	• 사용되지 않는 물리적 시설은 보이지 않게 한다. • 고객과 상호작용하지 않는 활동은 후방에서 수행한다.
가상 대기를 활용하라	• 컴퓨터를 이용하여 순서를 등록한 후 가상 대기선 상에서 자신이 서비스 받을 시간의 예측치 정보를 보고 그 시간에 맞추어 서비스 장소에 나타나는 것이다. • 디즈니랜드, 식스 플래그(Six Flags) 매직 마운틴

④ 대기시스템의 결정

단일대기열 (single queue)	• 선착순의 원칙으로 모든 사람에게 공정성이 보장된다. • 기다리는 데 소요되는 전체 시간을 줄일 수 있다. • 줄이 지나치게 길거나 특정 서비스 제공자를 선택할 기회가 없다고 지각할 경우 고객이 떠날 수 있다.
다중대기열 (multiple queue)	고객이 어느 대기열에서 기다릴 것인지와 다른 줄이 더 짧아지는 경우, 대기열을 옮겨가야 할지를 고민해야 한다.
번호부여 (task a number)	• 단일대기열의 종류로 공정성이 보장되고, 부가적인 편익이 추가된다. • 단점은 번호가 호명될 때까지 주의를 기울여야 한다는 점이다.

⑤ 지각된 대기시간에 영향을 미치는 세 가지 통제요인

기업의 완전 통제 요인	공정성, 편안함, 설명, 확실성, 대기단계
기업의 부분 통제 요인	점유, 불만
고객 통제 요인	대기단위, 고객의 태도, 대기목적가치

TIP 서비스 프로세스 설계 원칙

- 서비스 평가는 상대적이다.
- 고객의 기대에 대한 관리가 중요하다.
- 고객의 개별니즈에 적응해야 하며 효율적인 방법은 일선직원이나 자원시스템이다.
- 서비스 평가는 고객이 한다.
- 고객의 서비스 평가는 기대에 대한 성과이다.
- 의사결정 시 고객을 고려해야 한다.

TIP 대기에 대한 수용 가능성에 영향을 미치는 7가지 요인

- 지각된 대기시간(perceived duration of wait)
- 거래 중요도(transaction important)
- 안정성(stability)
- 기대불일치(disconfirmation of wait time expectation)
- 기회비용(waiting cost)
- 대기환경(waiting environment)
- 통제 가능성(controllability)

TIP 대기행렬 이론

- 서비스 시스템의 구조 : 고객, 서비스 시설 및 서버, 서비스
- 대기행렬의 원칙 : 선착순 규칙, 우선순위 규칙, 무작위 또는 특별한 규칙에 따른 기준
- 대기행렬의 형태
  - 단일경로, 단일단계 : 고객 도착 시 단일 창구에서 한 줄로 서서 한 가지의 서비스를 받는 형태

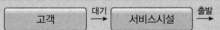

  - 단일경로, 복수단계 : 고객 도착 시 단일 창구에서 여러 가지의 서비스를 받는 형태

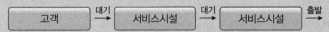

  - 복수경로, 단일단계 : 고객 도착 시 여러 창구에서 한 가지의 서비스를 받는 형태

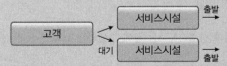

  - 복수경로, 복수단계 : 고객 도착 시 여러 창구에서 여러 가지의 서비스를 받는 형태

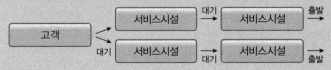

2) 구매과정 – 서비스 접점 MOT 관리

① MOT개념
- ㉠ MOT란 'Moment De la Verdad'라는 스페인어를 영어로 옮긴 것으로 스웨덴의 마케팅 학자 리처드 노먼이 '서비스 제공자와 고객과의 접촉 순간'을 서비스품질관리에 처음 사용하였다.
- ㉡ 스칸디나비아 항공사(SAS)의 얀 칼슨 회장이 고객 접점 직원들의 서비스 순간이 고객 확보의 기회임을 강조하며 기업 경영에 MOT의 개념을 도입하였다.
- ㉢ 고객과 처음 만나는 접점이 매우 중요하며 하루에도 수백 번의 MOT가 발생한다고 볼 수 있다.

② MOT적용 시 고려 사항
- ㉠ 사이클 전체 관리
  - ⓐ MOT사이클의 고객접점 하나하나가 쌓여 전체의 서비스 품질이 결정된다. 여러 번의 MOT 중 어느 하나만 나빠도 한순간에 고객을 잃어버릴 수 있기 때문에 기업은 사이클 전체를 관리해야 한다.
  - ⓑ MOT 관련법칙 : 곱셈의 법칙, 100 – 1법칙, 통나무 물통의 법칙, 깨진 유리창 법칙
- ㉡ 고객의 시각에서 관리
  - ⓐ 서비스 제공자는 고객의 기대와 요구를 우선시하고, 고객의 시각에서 MOT사이클을 관리해야 한다.
  - ⓑ 서비스 접점은 고객의 전반적인 만족도를 형성하고 이는 고객의 재구매 의도에 영향을 미쳐 고객의 애호도 및 충성도를 높일 수 있는 기회가 된다.

③ 서비스 접점의 유형

원격 접점	• 인적 접촉 없이 고객이 서비스 기업과 접촉 • ATM, 자동티켓 발매기, 인터넷 쇼핑 등 • 서비스 품질 평가는 서비스의 물리적 증거, 기술적 프로세스, 시스템 품질 판단의 근본이 된다.
전화 접점	• 콜 센터, 보험회사 고객센터, 공공서비스 및 통신회사 • 상호작용에서 접점 직원의 서비스 처리능력에 따라 잠재적인 가변성이 존재한다.
대면 접점	• 서비스 제공자와 고객이 직접 만남 • 서비스 품질을 판단하기가 가장 복잡한 유형 • 서비스의 유형적 단서와 기업과 상호작용하는 중에 수행되는 고객 자신의 행동도 서비스 품질에 영향을 미친다.

④ 서비스 접점의 특징(솔로몬과 구트만)
- ㉠ 서비스 제공자와 고객이 모두 참여할 때 성립한다.
- ㉡ 서비스 제공자와 고객이 양자관계여야 한다.
- ㉢ 커뮤니케이션에 있어 인간적인 상호작용이 중요하다.

ㄹ 목표 지향적인 역할 수행이 되어야 한다.

ㅁ 서비스 접점의 목적은 정보교환에 있으며 제공되는 서비스에 따라 제한을 받는다.

TIP MOT 대응유형 CARS 모형

Coping	문제 고객에 대한 대처
Adaptability	고객 니즈에의 적응
Recovery	서비스 실패에 대한 반응
Spontaneity	직원의 자발적 행동

✦ 출처 : 서비스마케팅(이유재)

TIP 전화 문의상 MOTIA(Moment of Truth Impact Assessment)

− MOT(detractor : 경험을 손상시키는 요소)	표준적 기대	+ MOT(enhancer : 경험을 강화시키는 요소)
• 계속 통화중임 • 여러 번 돌려서 담당자와 연결	담당자와 바로 연결	항상 업무담당자와 쉽게 연결
• 돌릴 때마다 용건을 말해야 함 • 잠깐 기다리라고 해놓고 한참 동안 대답이 없음 • 용건을 다 말하기도 전에 전화를 끊거나 다른 부서로 돌려버림 • 퉁명스럽게 응대함	친절하고 상냥한 응대	• 인사와 함께 자기 소속과 이름을 밝힘 • 용건을 한번만 말하고도 담당자와 연결 • 용건을 다 마치고도 더 문의할 내용이 없느냐고 물어봄
• 간단한 질문에도 확실한 대답을 못함 • 아마 그럴 것 같다는 식으로 즉답을 회피함	정확한 답변	• 전체 절차를 상세히 설명 • 고객이 잘 이해했는지 재확인함

3) **구매 후 과정 – 피시본 다이어그램(Fishbone Diagram)**

① **피시본 다이어그램(Fishbone Diagram)의 정의 및 특징**

ㄱ 일본의 품질 전문가인 카오루 이시카와(Kaoru Ishikawa)에 의해 개발된 피시본 다이어그램은 잘못된 결과에 대해 원인을 찾아 연결하기 때문에 인과관계도표(cause – and – effect diagram)라 불리기도 한다.

ㄴ 현상과 결과에 대한 근본적인 원인과 이유를 물고기의 뼈 모양과 같이 시각적으로 분석, 정리하는 기법으로 특성요인분석 기법, 저해요인 기법이라 한다.

ㄷ 기업에서는 고객들이 필요로 하는 서비스 품질 요소를 명확하게 나타내지 못하기 때문에 프로세스 설계의 문제점을 발견하기 위해 고안한 방법이다.

　　ⓔ 기업이 고객의 불만을 직접 추적하는 데 도움을 주며 품질 문제를 일으킨다고 의심되는 요인과 그에 관계되는 부수적인 요소들을 함께 검토할 수 있다.

　　ⓜ 브레인라이팅 기법과 마인드매핑 기법의 장점을 혼합한 혁신회의 기법이다.

② 피시본 다이어그램(Fishbone Diagram)의 활용 목적

　　㉠ 주요 원인을 결정한다.

　　㉡ 근본 잠재 원인을 결정한다.

　　㉢ 잠재된 해결 방안을 결정한다.

　　㉣ 프로세스의 변화나 해결 방안을 계획하고, 실행에 옮긴다.

③ 단계별 Flow

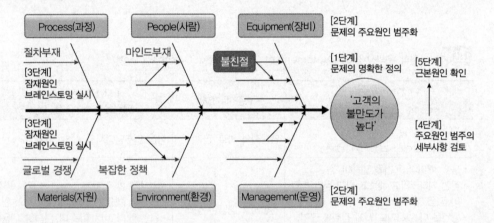

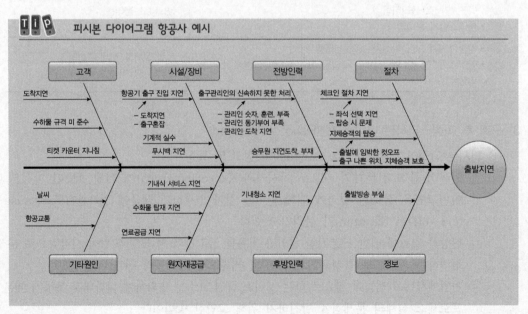

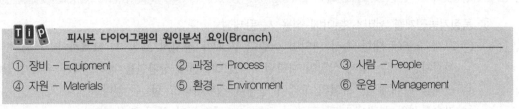

피시본 다이어그램의 원인분석 요인(Branch)

① 장비 – Equipment ② 과정 – Process ③ 사람 – People
④ 자원 – Materials ⑤ 환경 – Environment ⑥ 운영 – Management

4) 프로세스 개선을 위한 기법

① 품질기능전개(QFD : Quality Function Deployment)

ㄱ 1960년대 일본에서 처음 개발되어 1982년 미쓰비시 중공업의 고베조선소에서 원양어선 제작에 사용되었다.

ㄴ 1980년대 초반 자동차 회사인 GM과 Ford사, IT 제조회사인 3M과 HP에 의해 미국 산업계에 소개되었다.

ㄷ 시스템의 개발 초기 단계부터 고객을 참여시켜 고객의 요구를 반영한 설계 방법으로 고객만족을 극대화하는 품질경영 기법이다.

ㄹ 처음부터 끝까지 소비자의 만족과 가치를 보장하는 제품을 디자인하는 것이 목표이며 품질 좋은 제품 및 서비스를 만들고 전달하기 위하여 실제 고객의 요구를 설계하고 실현하기 위해 사용되는 기법이다.

ㅁ 품질기능전개는 판매 후 하자 발생 감소, 품질 보증비용 감소, 기능부서 간 팀워크 향상 등의 효과를 기대할 수 있다.

② 품질기능전개의 장점

ㄱ 제안된 신제품 및 새로운 서비스의 우선순위 결정을 위한 체계적인 도구이다.

ㄴ 고객의 요구사항에 대한 이해를 돕고 고객의 요구와 기술적 속성 간의 명확한 상관관계를 도출할 수 있다.

ㄷ 제품 및 서비스에 대한 품질 목표와 사업 목표 결정에 도움을 준다.

ㄹ 설계 변경의 감소와 더불어 제품 개발 기간을 단축시키고 판매 후 하자발생 감소 등의 효과를 가져온다.

ㅁ 제품 및 서비스에 대한 팀의 공통된 의견을 도출할 수 있는 체계적인 시스템을 제공한다.

ㅂ 품질의 집(HOQ)을 사용하여 프로젝트의 모든 과정 및 결정사항을 문서화할 수 있다.

ㅅ 개발단계 중간에 새로운 제품 특성이 도출되면, 이를 품질의 집(HOQ)에 적용시킴으로써 설계 초기 트러블을 절감시킨다.

개발기간 단축, 초기품질 트러블 절감, 설계 의도를 제조에 전달, 설계품질 및 기획품질 설정

③ 품질기능전개를 서비스 분야에 적용 시 문제점

　　㉠ 고객 요구에 대한 속성 파악이 어렵고 VOC가 정성적 표현 시 모호하다.

　　㉡ 품질기능전개는 현재 상황만 나타낼 수 있으며 현재 상황만을 정리한다는 우려가 있다.

　　㉢ 신제품에 대해 현 시점의 고객이 언제나 정확하다고 할 수 없다.

　　㉣ 기술특성의 선택에 따라 고객이 요구하는 중요도가 왜곡 가능하다.

　　㉤ 고객 속성과 기술적 특징의 연관성 파악이 어렵다.

④ 품질의 집(HOQ : House Of Quality)

　　㉠ 품질의 집은 품질기능전개(QFD)를 분석할 때의 핵심도구로서, 품질기능전개의 전 과정을 매트릭스 구조로 배치한 것이다.

　　㉡ 품질의 집은 고객으로부터 시작되며 설계특성 간 상관관계(상호작용), 설계특성(품질특성), 상관관계 매트릭스, 설계품질, 고객의 요구 품질, 계획(목표)품질 등의 구성요소가 있다.

설계특성 간 상관관계
서비스 설계와 요구관리
사이의 상호 연관성

설계특성
고객의 요구사항을 만족시킬 수 있는
서비스 계획과 관리방법

**고객의
요구 품질**

상관관계 매트릭스
고객의 요구사항을 서비스 계획과
관리방법 간의 관계 매트릭스로 작성

계획(목표)품질
고객 요구의
우선순위와
경쟁사의 기준

설계품질
서비스 계획과 관리방법의
우선순위 선정

Warming Up

01 다음 중 서비스 프로세스의 중요성에 대한 설명으로 가장 거리가 먼 것은?

① 고객이 체험하는 서비스 전달 시스템은 고객이 서비스를 판단하는 중요한 증거가 된다.

② 서비스 프로세스는 상품 자체임과 동시에 서비스 전달 시스템 유통의 성격을 가진다.

③ 서비스 프로세스에 따라 서비스의 제공 절차가 복잡하여 고객에게 복잡하고 포괄적인 행동이 요구되기도 한다.

④ 직원과 상호작용 과정에서 적절한 전달 프로세스가 고객의 태도에 영향을 주고 향후 거래 여부를 결정하는 중요한 변수로 작용한다.

⑤ 서비스 프로세스의 단계와 서비스 전달자의 처리 능력은 고객에게 가시적으로 드러나지 않는다.

02 슈매너의 서비스 프로세스 매트릭스 중 낮은 노동집중도와 높은 상호작용을 특징으로 높은 개별화 서비스를 제공하지만 높은 자본 투자를 필요로 하는 업종으로 병원, 수리센터, 정비회사 등에 해당하는 것은?

① 서비스 숍   ② 대중 서비스

③ 전문 서비스   ④ 서비스 팩토리

⑤ 서비스 프로토콜

03 다음 중 데이비드 마이스터가 제시한 대기관리의 기본 원칙에 해당되지 않는 것은?

① 프로세스 이전의 기다림이 프로세스 내의 기다림보다 길게 느껴진다.

② 근심은 대기시간을 더 길게 느껴지게 한다.

③ 불확실한 기다림이 더 길게 느껴진다.

④ 서비스가 설령 가치 있다 하더라도 사람들은 기다려 주지 않는다.

⑤ 불공정한 대기시간이 더 길게 느껴진다.

정답 1 ⑤ 2 ① 3 ④

CHAPTER 02 CS(고객만족)경영

학습개요	고객만족경영(CSM; Customer Satisfaction Management)은 1981년 스칸디나비아 항공사(SAS)에서 시도된 이후 모든 기업 경영의 핵심 개념이 되었다. 본 장에서는 고객만족, 고객감동, 고객평생가치의 개념에 대해 살펴보고, 고객만족경영의 대표 기업인 노드스트롬 백화점의 사례를 함께 살펴보도록 한다.
절 구성	1. 고객만족경영의 기본 개념　　2. 고객만족경영 사례연구 3. 고객만족 행동과 효과　　　　4. 고객만족경영 발전 가능성
학습중점	1. 고객만족경영의 중요성　　　　2. 우리나라 고객만족경영의 변화와 흐름 3. 노드스트롬의 경영방식　　　　4. 구전과 구매행동과의 관계 5. 고객만족경영의 패러다임
마인드 맵	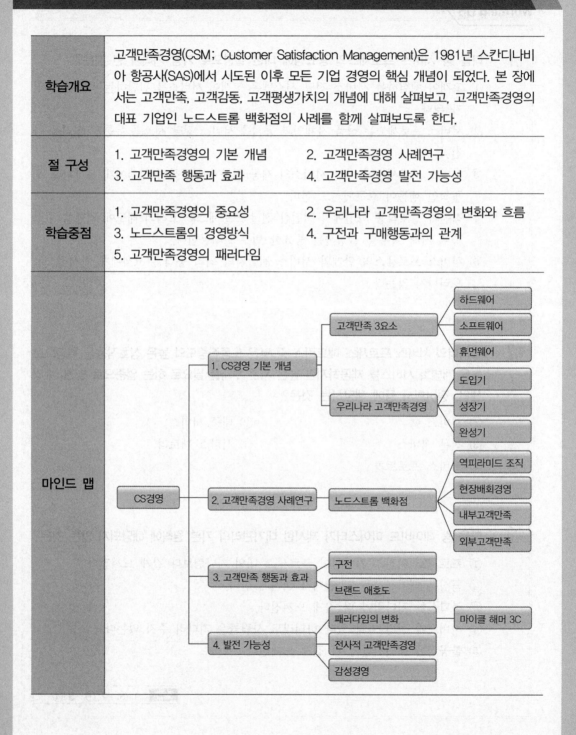

CHAPTER 02   CS(고객만족)경영

01   고객만족경영의 기본 개념

(1) 고객만족경영의 도입 배경

1) 도입 배경의 중요성

① 성숙된 시장은 경쟁사보다 더 우수한 제품과 서비스를 개발하여 고객의 욕구를 충족시켜야 한다.

② 과잉공급의 사회는 생산자보다 소비자가 더 중요한 요소로 부각되었다.

③ 소비자의 삶의 질 향상에 의해 하드웨어적인 요소보다 소프트웨어적인 요소가 더 중요한 요인이 되었다.

④ 소비자들이 다양한 욕구충족을 위해 소비자가 직접 소비자 문제에 적극적으로 참여·대응하려는 소비자 주권의식이 확산되었다.

⑤ 다원적 경쟁시장으로 시장 구조가 변화하면서 글로벌 경쟁시대가 도래되었다.

2) 고객만족경영의 중요성

① 기업이 제공하는 상품과 서비스에 만족한 고객은 그 기업의 고정고객이 된다.

② 고객의 기호 변화를 예측하고 불필요한 투자를 방지하여 마케팅의 효율성을 제고해 준다.

③ 구전효과를 통한 광고효과로 마케팅의 효율성을 제고해 준다.

④ 고객만족은 가격우위효과를 가져와 장기적인 관점에서 높은 이윤을 창출할 수 있다.

3) 고객만족의 3요소

하드적인 요소 (하드웨어)	• 고객이 물리적으로 체험하는 요소로서 접점 시설, 환경, 청결도 등이 포함된다. • 다양한 상품이 구비되어 있어 선택의 폭이 넓다. • 이러한 시설이나 상품들은 고객을 끌어들이는 중요한 요소이다.
소프트적인 요소 (소프트웨어)	• 고객이 경험하는 시스템으로 서비스와 스피드가 포함된다. • 접점 업무 프로세스, 시스템을 의미(대기고객시스템 등)한다. • 기업의 상품, 서비스 프로세스(절차), 예약, 해피콜, 부가서비스 체계 등이 이에 해당한다.
인간적인 요소 (휴먼웨어)	• 종업원의 응대태도에 대한 만족도로서 용모복장, 접객태도, 말씨, 자세, 서비스 마인드, 조직문화 등이 포함된다. • 하드웨어와 소프트웨어가 결합되어야만 고객접점에서 고객감동이 이루어진다.

T I P   **고객만족의 원칙 3가지**

고객 만족도 측정, 고객접점 최우선, 경영자 및 관리자 주도

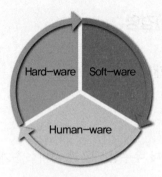

Hard-ware

접점 시설, 환경 등
고객이 물리적으로 체험하는 요소
▶ 기업의 이미지, 브랜드 파워
▶ 분위기, 청결도, 인테리어
▶ 시설, 설비의 사용 편리성 등

Soft-ware

환경 업무 프로세스(절차), 시스템
▶ 기업의 상품, 서비스 프로세스
▶ 서비스 절차, 마케팅 정책
▶ 예약, 해피콜, 고객불만 처리체계 등

Human-ware

인적 응대 서비스, 종업원의 태도
▶ 친절한 접객태도, 말씨, 자세, 용모, 복장
▶ 신속한 업무처리, 서비스 마인드
▶ 적극적인 응대자세, 매너, 조직문화 등

4) 고객니즈의 개발

① 고객은 일등상품을 원한다.

고객들의 전반적인 생활수준이 향상되고 풍요로워지면서 소비 패턴이 양보다는 질을 우선하는 고객들이 증가하였고, 선진화된 물품이나 서비스를 접한 고객들이 늘어나면서 고객들의 눈높이가 점진적으로 향상되었다.

② 퀄리티는 경쟁력이다.

㉠ 상품의 퀄리티는 그 회사의 경쟁력이다. 상품을 단지 파는 것으로 끝나는 것이 아니라 기업이미지가 고객에게 영원히 지속되려면 그 책임의 한계는 끝이 없다.

㉡ 서비스의 품질을 높임으로써 국가경쟁력 제고와 이미지 개선에도 기여할 수 있다.

③ 고객의 소리를 품질전략에 반영하라.

최고의 품질관리기법은 고객의 소리를 품질에 반영하여 원칙적으로 고객이 기대하는 품질을 설계하고 생산하는 것이다.

5) 고객만족경영의 체계

① 기업 환경의 변화

㉠ 생산자 위주의 소비시장에서 소비자 위주의 소비시장으로 변화되었다.

㉡ 시장의 성숙화, 국제화, 개방화, 인터넷의 발달, 무한경쟁시대가 도래하였다.

② 소비 행태의 변화

㉠ 소득의 증대 및 가치변화로 생존 차원의 필수적 소비에서 선택적 소비의 행태로 변화되고 있다.

㉡ 기성세대와 차별되는 소비 형태, 가치관을 지닌 새로운 세대가 등장하였다.

③ 마케팅 체계의 변화

　기업이 목표시장의 니즈를 파악하고 고객의 니즈와 기대를 만족시키려는 시장 지향성 기업경영이 요구되고 있다.

(2) 우리나라 고객만족경영의 흐름

1980년대 도입기 타율적, 소극적	1990년대 성장기 자율적, 적극적	2000년대 완성기 생활화, 선도 역할
• 대기업이나 백화점, 호텔, 항공사 등 인적 서비스를 중시하는 기업에서 판매 증진을 위한 보조적 수단으로 고객만족을 활용하기 시작 • 제품 중심의 기초적인 친절 서비스를 중심으로 접근	• 전사적 고객만족경영(CSM) 개념의 도입 • CS 경영팀 신설 및 고객접점 전진 배치 • 데이터베이스 마케팅 기법 국내에 최초 도입 • 고객관계관리(CRM)시스템 도입 • A/S 제도 도입 • 사이버 고객의 만족도에 대한 관심 고조	• 고객관계관리(CRM) 경영기법의 보편화 • 고객생애가치(LifeTime Value) 창출을 통한 고객기여도 극대화 • 기업에 대한 소비자의 고객만족경영 실천과 사회적 책임의 동시 요구 • 내부 고객, 외부 고객을 동시에 중시하고 더불어 글로벌 고객까지도 고려

Warming Up ↗

01　우리나라 고객만족경영(CSM)의 시기별 흐름 중 2000년대의 내용에 해당하는 것은?

　① A/S 제도 도입
　② 고객관계관리(CRM) 도입
　③ 제품 중심의 기초적인 친절 서비스 중심으로 접근
　④ 판매 증진을 위한 보조적 수단으로 활용하기 시작
　⑤ 고객생애가치 창출을 통한 고객기여도 극대화

02　고객만족(CS) 3요소 중 '소프트웨어'에 대한 내용으로 가장 올바른 것은?

　① 고객이 주문 처리 절차를 쉽게 따라 할 수 있다.
　② 바닥이나 계단이 미끄럽지 않게 잘 관리되고 있다.
　③ 제품에 대한 질문에 직원이 상세하게 설명해 준다.
　④ 직원의 용모나 복장이 단정하고 깔끔하다.
　⑤ 화장실의 청결 상태가 매우 우수하다.

정답　1 ⑤　2 ①

02 ▌ 고객만족경영 사례연구 – 노드스트롬 백화점

(1) 노드스트롬(Nordstrom)의 경영개념

1) 노드스트롬 경영원칙

① 최고의 서비스(Exceptional Service)를 제공하라.
② 최고의 품질(Quality)을 제공하라.
③ 최고의 가치(Value)를 제공하라.
④ 최고의 구색(Selection)을 제공하라.

2) 화목경영

① 노드스트롬의 화목경영은 4세대에 이르기까지 100년 동안 어떠한 불화도 없이 가족경영의 전통을 이어오고 있다.
② 노드스트롬 가 사람들은 다른 직원들처럼 맨 밑바닥에서부터 시작해 경영권을 물려받는데 이를 통해 겸손함과 화목함을 유지할 수 있었다.
③ 역지사지(易地思之)의 기본 철학을 바탕으로 고객중심경영을 실천하고 있다.

3) 역피라미드 조직

① 노드스트롬은 역피라미드의 조직구조를 가지고 있다. 고객을 가장 위로 모시고 또한 고객을 가장 가까이에서 서비스하는 일선 판매원들을 그 다음에 둔다.
② 노디스(Nordies)
노드스트롬의 직원들은 스스로를 노디스라 부른다. 노디스는 고객이 없으면 기업도 없다는 것을 항상 마음속에 간직하면서 고객들 앞에서 무릎 꿇고 서비스해 왔다.

4) 현장배회경영(MBWA : Management By Wandering Around)

① 1980년대 미국의 경영이론가 톰 피터스가 현장배회경영을 주장하였으며 나중에 눈에 띄는 경영으로 수정하였다.
② 의사결정권을 가진 경영진이 현장 의사소통을 통해 정보를 수집하고 경영자에게 현장감을 갖도록 하는 관리기법이다.
③ 3현주의(현장에서, 현물을 보고, 현상을 파악하여)에 의하여 빠르게 업무를 처리하는 현장경영의 도구이다.
④ 계층 간 커뮤니케이션을 원활히 하는 효과적인 방법이다.
⑤ 경영진들이 직원들 모르게 자주 매장을 방문한다.

5) 종업원 지주제도

노드스트롬은 종업원 지주제도를 통해 수익공유 은퇴연금 계획을 운영하였다.

(2) 노드스트롬의 내부 고객의 만족

1) 종업원 채용과 인사관리

① 사람의 천성은 바꿀 수 없다는 신념에 따라 종업원을 선발한다.

② 학력, 경력과 같은 피상적 조건을 내세우지 않는 종업원 선발(남을 기쁘게 하는 사람)

> **인재를 찾습니다. – 서비스 인재를 찾기 위한 사원모집 광고**
> 당사에서는 새로운 매장에서 우리와 함께 일할 사람들을 찾고 있습니다.
>
> • 판매사원, 그리고 그들을 돌볼 사람, 이끌어 갈 인재와 따라 갈 인재
> • 자신의 일에 자부심을 갖고 열심히 일하는 사람
> • 자신을 소중히 여기고 남을 기쁘게 해주는 사람
> • 정직하고 근면하며, 배려심이 있는 헌신적인 사람
> • 자신의 성공뿐 아니라 상대방의 성공도 바라는 사람
> • 비전을 갖고 그것을 성취하는 삶을 살아 갈 사람

③ 내부 승진원칙의 관리자 선발

2) 동기부여와 인센티브

① 소매업계 최초로 판매 수수료 제도를 도입하여 열심히 일한만큼 능력에 따라 보수를 지급하였다.

② Pace Setter 제도를 통해 최고 판매사원을 선발하고 파격적인 보상을 하였다.

> **TIP**
> **최고 판매사원 'Pace Setter'**
>
> 노드스트롬 백화점의 가장 중요한 실적 평가 기준은 바로 시간당 매출액이다. 매장별로 1년간 순매출액 목표를 달성하거나 초과하는 판매 사원을 Pace Setter로 선정하고 자사 매장 제품에 대해 연간 33%가 할인되는 신용카드를 발급해 주고 있다.

3) 권한위임

① 모든 규칙과 규정을 없애라(규칙 1). : 고객의 이익만을 생각하는 원칙 이외 직원 스스로 결정

② 고객의 접점은 직원이다. : 직원은 또 하나의 고객이며 고객서비스에 관한 모든 일은 독립적으로 결정

③ 외부 고객보다 내부 고객을 먼저 섬겨라. : 진심어린 고객서비스 제공을 위한 직원의 인격 존중

④ 종업원들의 주인의식에 의한 행동(기업가적인 종업원)

(3) 노드스트롬의 외부 고객의 만족

1) 조건 없는 반품 수용 정책

노드스트롬은 고객에게 절대로 No라고 말하지 않는다.

2) 개인별 고객 수첩

고객의 정보가 담겨있는 수첩을 제공하여 맞춤형 서비스를 제공하는 도구로 활용, 고객의 정보를 기록하여 개별화 서비스를 제공하는 이 시스템은 오늘날 고객관계마케팅(CRM)의 일환으로 매우 중요시되고 있다.

3) 다양한 제품 구색

노드스트롬은 고객이 단 한번의 방문으로 원하는 제품 및 서비스를 획득할 수 있도록 다양한 가격대의 다양한 제품을 진열하여 고객들이 원하는 가격에 원하는 제품을 구입할 수 있도록 하였다.

4) 가격 경쟁력

노드스트롬 랙(할인매장 형태)의 운영, 셀프 서비스 판매방식, 하이테크 점포 운영과 저비용 점포운영을 통해 적정한 가격을 책정하였다.

5) 매력적인 쇼핑 환경의 제공

편리성과 개방성을 핵심 개념으로 한 노드스트롬은 어느 지점을 가도 입구에 커피 전문점이 있으며 매장 내 다양한 휴식공간을 제공하였다.

Warming Up ↗

01 **노드스트롬의 기본 경영원칙에 해당하지 않는 것은?**
① 고객에게 최고의 서비스(Service)를 제공하라.
② 고객에게 최고의 품질(Quality)을 제공하라.
③ 고객에게 최고의 가치(Value)를 제공하라.
④ 고객에게 최고의 만족(Satisfaction)을 제공하라.
⑤ 고객에게 최고의 구색(Selection)을 제공하라.

02 **다음 중 톰 피터스의 현장배회경영(MBWA)에 대한 설명으로 올바르지 않은 것은?**
① 1980년대 톰 피터스와 로버트 워터맨의 저서 〈초우량 기업의 조건〉에서 제시된 개념이다.
② 가장 뛰어난 아이디어는 점원과 현장에서 나온다고 주장하였다.
③ 현장배회경영의 세 가지 요소는 '듣는 것, 가르치는 것, 돕는 것'이다.
④ 현장배회경영은 3현주의에 의하여 문제를 처리하는 하나의 경영Tool이다.
⑤ 종업원들에게 많은 권한과 자율성을 부여함에 있어 긴장감보다는 유연하게 근무할 수 있도록 배려하는 관리기법의 일환이다.

정답 1 ④ 2 ⑤

03 고객만족 행동과 효과

(1) 고객만족 행동

고객만족은 고객충성도의 선행행동으로 파악된다. 즉, 만족한 고객은 충성고객이 될 확률이 높으며, 재구매 및 긍정적 구전을 하려고 할 것이다.

1) 구전효과와 선전행동

① 구전의 정의
   ㉠ 구전이란 영향력의 특성과 관련된 개인 혹은 집단 간의 영향력이다.
   ㉡ 구전은 단순하게 언어적 커뮤니케이션에 한정되지 않는다.
   ㉢ 구전은 개인들의 경험에 의한 주관성이 강한 대면 커뮤니케이션이다.
   ㉣ 구전은 자신의 직·간접 경험을 비공식적으로 교환하는 활동 또는 행동이다.
   ㉤ 구전은 특정 제품 또는 서비스에 관하여 개인적 경험에 대한 정보를 비공식적으로 교환하는 의사소통이다.

② 구전의 중요성
   ㉠ 구전은 마케팅을 위해 기업이 제공하는 것이 아니므로 고객에게 신뢰도가 높은 정보이다.
   ㉡ 부정적 구전은 많은 사람들에게 빠르게 전파되는 특성을 갖고 있으므로 기업의 입장에서는 잠재고객 상실과 매출 감소로 이어질 수 있다.
   ㉢ 구전은 일대일 커뮤니케이션의 특성에 의해 더 큰 효과를 가진다.
   ㉣ 구전은 고객의 직간접 경험적 요소에 근거하므로 확실한 정보를 제공한다.
   ㉤ 고객준거집단에서의 추천 의도는 재방문으로 확산되고 긍정적 구전 커뮤니케이션으로 작용하여 중요한 의미를 지닌다.

③ 구전과 구매행동과의 관계
   ㉠ 경험에 의한 소비자 간의 구전은 매우 신뢰성이 높은 정보의 원천이다.
   ㉡ 일대일 커뮤니케이션에 따른 쌍방향 의사소통이 이루어진다.
   ㉢ 구전을 통해 제품 구매, 가격 등에 대한 정보를 얻음으로써 구매 실패에 대한 위험을 줄일 수 있다.
   ㉣ 소비자는 기업이 제공하는 자사제품에 대한 정보를 상업적이라 인식하여 구전보다 신뢰도가 낮은 정보로 인식한다.
   ㉤ 실제 제품 구매 결정을 할 때 상업적 정보보다 지인으로부터 전해지는 구전을 신뢰하는 경향이 있다. 이는 가족, 친구, 이웃, 동료 등 자신의 주변 사람들로부터 얻는 비상업적 정보원이 보다 진실하고 신뢰성이 높다고 인식하기 때문이다.

> **T·I·P 구전의 효과**
>
> • 부정적 구전은 긍정적 구전보다 더 많은 사람에게 빠른 속도로 전파되므로 기업에 더 큰 손해를 입힐 수 있다.
> • 쌍방향 의사소통의 효과는 매스커뮤니케이션에 의한 효과보다 더 크다.
> • 불필요 지출을 줄여줌으로써 비용절감 효과가 있다.

2) 고객 충성도와 재구매 행동

① 브랜드 로열티(Customer Loyalty)

㉠ 고객이 브랜드(상표)에 대해 갖는 충성도 또는 브랜드 애호도를 의미한다.

㉡ 브랜드가 높은 고객충성도를 가지면 가격 민감도가 낮아진다.

㉢ 기업에 대한 호의적인 평판의 증대를 기대할 수 있는 고객만족 행동이다.

> **TIP** 올리버의 4단계 충성도모델(Oliver, 1997, 4 stages' loyalty model)
>
> ① **인지적 충성도(cognitive loyalty)** : 가장 충성도가 낮은 단계로 예를 들어 소비자는 저가격, 나은 서비스 등에 대해 다른 상점이 유리한 조건을 제시하면 이탈해 버리는 단계이다.
> ② **감정적(affective) 충성도** : 충성도가 훨씬 강해진 단계로 해당 상점에 대한 이전의 태도에 의해서 형성되며 나중에는 만족에 의해서 영향을 받게 된다.
> ③ **능동적(conative) 충성도** : 소비자는 구매할 관여를 가진 것으로 재구매 의도와 타인에게 추천할 의도를 나타내는 단계이다.
> ④ **행동적(action) 충성도** : 실제 행동을 반영한 것으로 행동은 이전 3단계의 집합결과로 보고 방문횟수나 점유율을 평가지표로 한다.

② 재구매 행동

㉠ 일반적인 고객에게는 마케팅이 강화되어야 하지만 우량 고객에게는 서비스가 강화되어야 한다.

㉡ 기존 우량 고객을 유지하는 비용이 새로운 고객을 창출하는 비용의 1/6~1/8이라는 점을 인식하여 브랜드 로열티를 극대화하는 전략이 필요하다.

㉢ 고객의 재구매 행동은 기업의 이윤 증대와 비용 절감 효과를 가져다준다.

> **TIP** 브랜드 로열티 고객을 만족시키는 6가지 프로그램
>
> ① 이익환원(benefit return)   ② 일관성과 신뢰성의 부여
> ③ 긍정적인 태도와 고객 설득   ④ 호감과 설렘
> ⑤ 희귀성과 부가가치성   ⑥ 부귀와 명예

3) 고객 이탈

① 불만족에 대한 소비자 반응 : Landon(1997)

㉠ **공적 반응** : 교환, 환불, 불만시정요구, 소비자단체고발, 소송 및 법적 피해구제 등

㉡ **사적 반응** : 구매중단 및 부정적 구전의 전파

㉢ 고객 이탈률(Customer Defection)이 5% 감소하면 순이익(Net Profit)은 25~85%의 큰 증가를 가져올 수 있다.

② 고객 불평 행동 : 리친스(Richins)

    ㉠ 고객 불평 행동의 인지적 과정 : 만족·불만족 평가, 귀인 평가, 대체안 평가

        ※ 대체안 평가 : 비용 대비 이익 비교로 불평 행동 여부를 결정

    ㉡ 고객 불평 행동 요인 : 제품의 특성, 구매 및 소비 시 상황(탐색시간, 제품 사용 주체, 판매 상호관계), 준거 집단의 의견/역할/영향, 가족 및 사회적 배경, 개인적 특성(고객의 개성/ 가치관/재무 상태/시간적 압박)

(2) 고객만족 실천과제

TIP 고객만족경영에 관한 연구(최계봉)

- 최고경영자는 고객만족을 경영목표로 하는 경영 패러다임을 받아들이고 고객만족을 달성하기 위해 기업 내부 조직구성원과 함께 공유해야 한다.
- 성공적인 고객만족경영은 모든 조직구성원의 적극적인 참여가 있어야 하며, 고객만족 성과의 명확한 측정과 철저한 보상을 위한 평가시스템의 운영이 필요하다.
- 모든 구성원이 고객만족을 최우선 목표로 하여 고객만족경영 문화를 정착시켜야 한다.
- 외부고객을 만족시키기 위해서는 먼저 내부고객의 만족이 선행되어야 한다.
- 고객만족도를 지수화하고 이를 통한 지속적인 개선활동이 가능하도록 고객만족 실현을 위한 고객정보관리체계를 구축해야 한다.
- 고객만족경영을 위해서는 고객을 가장 중요시하는 역피라미드 조직구조가 필요하다.

Warming Up

01 다음 중 불만족에 대한 소비자의 반응으로 유형이 다른 하나는?

    ① 구전   ② 교환   ③ 환불   ④ 소송   ⑤ 고발

02 다음 고객만족경영에 관한 연구에 대한 설명 중 가장 올바르지 않은 것은?

    ① 고객만족을 경영목표로 하는 경영 패러다임이 필요하며 최고경영자는 이를 받아들이고 내부 조직구성원과 함께 공유해야 한다.

    ② 모든 조직구성원의 적극적인 참여가 고객만족경영을 가능케 하는 원동력이다.

    ③ 외부고객을 만족시키기 위해서는 먼저 내부고객만족이 선행되어야 한다.

    ④ 고객만족도 지수화하고 이를 통한 지속적 고객만족을 실현하기 위한 고객정보관리체계를 구축해야 한다.

    ⑤ 성공적인 고객만족경영을 위해서는 피라미드 형태의 조직구조가 필요하다.

정답 1 ① 2 ⑤

04 고객만족경영의 발전 가능성

(1) 패러다임의 변화

기업의 경영환경은 급속하게 변화하고 있으며 이는 기업들에게 새로운 기회인 동시에 위협이 되고 있다. 이러한 경영환경의 변화는 기업들이 새로운 기업 목표와 전략을 수립하고 조직과 경영 프로세스를 재구축하도록 한다.

1) 마이클 해머의 3C

 ① Customer : 대량시장의 구매자가 아닌 선택의 주체가 되는 개별적 고객만이 있으며 고객들은 더 이상 수동적인 구매자로서의 입장이 아닌 적극적인 주체이다. 1980년대 이후로는 고객 주도적 시장의 형성으로 거래회사, 제품, 제품의 시기, 지불방법, 공급 루트 등을 고객들이 직접 결정하게 되었다.

 ② Competition : 시장의 주도권이 고객에게 이양되면서 공급자 중심에서 수요자 중심으로 시장 환경이 변화하고 고객은 과거에 비해 막강한 힘을 갖게 되었다. 즉, 고객은 가격, 선택의 폭, 품질 등을 더 다양하고 복잡하게 경쟁자들과 비교를 하게 되었다.

 ③ Change : 연속적인 기술발전에 따라 제품의 출시기간 및 수정주기 등이 단축되고 이에 발맞춰 기업은 신속하게 변화에 적응하고, 유연하게 변화에 대처해야 한다.

2) 마이클 포터(Michael Porter)의 산업경쟁을 촉진하는 5대 세력(five force)

 ① 기존 경쟁자 : '산업 내에서 현재 경쟁자와의 경쟁강도는 얼마나 되는가?'

 ② 공급자의 협상력 : '공급하는 자, 즉 판매자가 가지고 있는 협상력은 얼마나 되는가?'

 ③ 구매자의 협상력 : '구매자(고객)가 갖고 있는 협상력은 얼마나 되는가?'

 ④ 대체재의 위협 : '우리 산업의 제품을 대신할 대체 상품 혹은 대체 서비스가 있는가?'

 ⑤ 신규 진입자의 위협 : '새로운 경쟁자들이 우리가 활동하는 산업 내로 진입하는가?'

3) 시어도어베일의 3S 운동

 ① 생산성 향상과 다양화를 위한 표준화(Standardization), 전문화(Specialization), 단순화(Simplification)를 의미한다.

 ② "포드주의"가 도입한 3S 운동

표준화	실행절차, 규격 등의 요소들에 대한 기준
전문화	문제 또는 목표에 대한 지식과 기술을 전문화 하에 적용
단순화	수익 창출이 미미한 제품을 축소

(2) 전사적 고객만족경영(Total Customer Satisfaction ; TCS)

1) 경영 혁신

① 혁신이란 아이디어의 원천이 조직 내부이든 외부이든 상관없이 새로운 아이디어를 도입하고 그것을 개발해 실용화하는 전 과정을 의미한다.

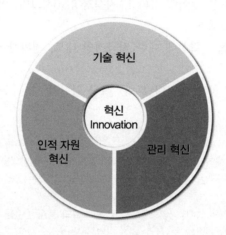

② 전사적 고객만족경영의 혁신
- 회사의 전 조직원을 품질관리에 참여시킨다.
- 다양한 고객욕구에 대응하기 위하여 기업경영의 최우선 과제를 품질혁신에 두고 지속적인 품질혁신을 통하여 고객만족을 유도하고 궁극적으로 시장경쟁력을 강화하고자 하는 경영 혁신 전략이다.
- 내부 핵심역량 강화 요소와 시장경쟁력 요소를 총체적으로 고객을 지향하는 고객만족의 방향으로 혁신해야 한다.
  - ㉠ 내부 핵심역량 강화 요소
    - ⓐ 변화관리(인사조직 등)
    - ⓑ 시설환경관리
    - ⓒ 프로세스혁신
    - ⓓ 전략적 성과관리(지식, 정보기술 등)
  - ㉡ 시장경쟁력 요소
    - ⓐ 상품력
    - ⓑ 가격경쟁력
    - ⓒ 브랜드경쟁력
    - ⓓ 기업이미지
    - ⓔ 고객관리
    - ⓕ 신상품 개발

제 1 과목 ★ 고객만족(CS) 개론

2) 전사적 고객만족경영 혁신의 성공요인

① **고객과 시장** : 시장 세분화, 고객과 시장 발굴, 경쟁사 분석 등 고객/시장 중심의 마케팅 및 시장조사 실시

② **자원지원** : 보상, 인재육성, 자원분배 및 관리 등 경영지원

③ **프로세스 기법** : 리엔지니어링, TQM, 지식경영, 6시그마, 아웃소싱 등 서비스 기업에 요구되는 경영혁신 프로세스

④ **최고경영자의 리더십** : 혁신에 대한 적극적인 태도, 명확한 비전 제시, 의사소통 등에 대한 리더의 태도

⑤ **조직문화** : 혁신을 위한 조직의 문화, 혁신 담당자, 조직구조 등

TIP 관련 용어

• **리엔지니어링** : 마이클 해머가 제창한 기업의 체질 및 구조와 경영방식을 근본적으로 재설계하는 혁신 기법
• **지식경영** : 급격하게 변화하는 경영환경 속에서 기존의 경영기법과는 달리 창조적 능력이 경쟁력의 핵심이라고 보는 경영기법
• **6시그마** : 비즈니스 혁신의 10대 경영도구로 기업이 최고의 품질 수준을 달성할 수 있도록 유도하는 고객에 초점을 맞추고 데이터에 기반을 둔 경영 혁신 방법론(Weiner, 2004)
• **아웃소싱** : 경영 효과와 효율의 극대화를 위한 방안으로 기업 업무의 일부 프로세스를 제3자에게 위탁해 처리하는 것을 말한다.

TIP 고객만족경영 혁신의 실패요인

첫째, 전사적으로 합의점을 미도출
둘째, 혁신에 필요한 물적, 인적자원의 부족
셋째, 기회 포착 시기 부적절
넷째, 기업의 지나친 비용절감을 강조

(3) 감성경영(Emotional Management)

1) 감성경영의 정의

① 조직의 제반경영활동에 이성보다는 감성의 중요성을 반영하는 경영
② 구성원 및 조직전체에 감성 리더십을 적용한 경영
③ 즐거운 직장문화 조성, 활기가 있는 인적자원 개발의 인간지향적 경영

2) 대니얼 골먼의 감성지능의 5가지 영역

① Self Awareness(자아 인식) : 자신을 확실하게 이해해야 한다.
② Self Regulation(자기 조절) : 자신의 감정을 잘 조절해야 한다.
③ Motivation(동기부여) : 직원들의 동기를 효과적으로 유발하여야 한다.

④ Empathy(감정이입) : 직원들의 감정을 잘 이해하고 공감해야 한다.

⑤ Social Skill(대인관계 기술) : 사회적 기술들에 대해 잘 알고 있어야 한다.

> **TIP 미하이 칙센트미하이(Mihaly Csikszentmihalyi)**
>
> "사람들은 그들에게 평소보다 약간 더 요구할 때 가장 잘 집중하는 것 같다. 그러면 그들은 평소보다 조금 더 좋은 결과를 낸다. 만약 요구가 너무 적으면 지루해하고, 너무 많으면 걱정하기 시작하기 때문이다. 몰두(Flow)라는 것은 지루함과 걱정 사이의 아주 예민한 부분에서 생겨나는 것 같다."

3) 감성경영의 효과

① **대내적인 측면** : 직원들의 직무만족도 향상 및 충성도 강화, 핵심 인재 양성을 위한 피그말리온 효과(Pygmalion Effect)

> **TIP 피그말리온 효과**
>
> • 특정인에 대한 믿음이나 기대, 예측이 그대로 실현되는 경향을 의미한다.
> • 타인으로부터 긍정적인 기대를 받으면 기대에 부응하기 위해 노력하게 되어 실제로 기대하는 결과가 일어나는 효과를 말한다.

② **대외적인 측면** : 감성 마케팅(Emotional Marketing)을 통한 매출 증대 및 브랜드 가치 상승

㉠ 고객의 기분과 정서에 영향을 미치는 감성적 동인을 활용해 기업 및 브랜드와 고객 간의 유대 관계를 강화하는 활동으로 마케팅에서 감성의 활용은 브랜드 충성도와 밀접한 관계가 있다.

㉡ 향기, 음악, 맛 등의 사람의 오감 인식능력을 활용한 판매촉진 마케팅이다.

4) 한국인의 특성에 맞는 감성경영 전략에서 경영자가 고려해야 할 사항

① 화합과 권위를 조화시키려는 리더의 노력

② 공동체 의식과 개인주의의 조화

③ 가족주의를 바탕으로 한 경영가족주의, 조직의 간소화, 건전한 자본주의 정신의 함양

④ 깊이 있는 사고와 토론의식

⑤ 유연성 있는 리더십 환경 조성과 발휘

Warming Up ↗

01 다음 〈보기〉 중 마이클 해머 교수의 3C에 해당하는 것은?

┌ 보기 ─────────────────────────────────────
│ 가. Change   나. Competition   다. Customer
│ 라. Consumer   마. Challenge
└──

① 가, 나, 다   ② 가, 나, 라
③ 가, 다, 마   ④ 나, 다, 마
⑤ 나, 라, 마

02 다음 중 고객만족경영 혁신의 성공요인 중 프로세스 기법에 해당하는 것은?
① 최고경영자의 리더십
② 조직문화, 혁신 담당자, 조직구조
③ 고객을 중시하는 마인드
④ 물리적·심리적 보상, 칭찬이나 격려, 자원분배
⑤ 리엔지니어링, TQM, 지식경영, 6시그마, 아웃소싱

정답 1 ① 2 ⑤

CHAPTER 03 고객(소비자) 행동

학습개요	고객의 개념과 다양한 기준에 따라 고객을 분류하고 고객의 의사결정단계와 고객의 성격유형을 이해함으로써 구매를 위한 고객의 특성을 학습한다.
절 구성	1. 고객의 정의와 고객 분류 2. 고객 행동과 의사결정단계 3. 고객의 역할 4. 고객의 성격유형(MBTI)
학습중점	1. 고객의 범주와 고객 분류 2. 고객 행동의 영향요인 3. 고객의사결정단계 4. 고객 특성 정보 5. MBTI의 네 가지 선호 경향
마인드 맵	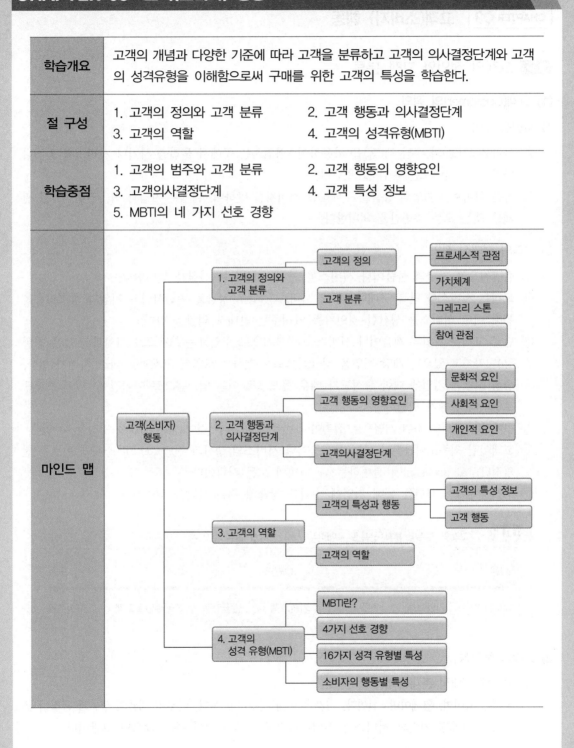

CHAPTER 03 고객(소비자) 행동

01 고객의 정의와 고객 분류

(1) 고객(Customer)의 정의

1) 사전적 의미

① 돌아볼 고(顧)와 손님 객(客)을 사용하여 "영업하는 곳에서 물건을 사거나 서비스를 받거나 하기 위해 찾아오는 손님"을 뜻한다.

② 좁은 의미로는 기업의 상품을 구매하는 소비자를 말하며, 넓게는 기업과 직·간접적으로 관계를 맺는 모든 주변인을 의미한다.

2) 고객의 현대적 정의

① 습관적으로 자사의 물품이나 서비스를 구매, 이용하는 사람을 의미한다.

② 고객은 서비스를 반복 구매함으로써 서비스 기업의 성장을 촉진시키고 기업과 상호작용을 통해 어떤 서비스를 생산할 것인가를 알려주는 안내자 역할을 한다.

③ 단골 고객은 기업의 제품이나 서비스를 반복적으로 구입하는 고객으로 기업과의 높은 친밀감을 가지고 있으나 해당 기업을 적극적으로 추천하는 로열티 고객과는 다소 차이가 있다.

④ 충성 고객은 기업에 대한 충성도가 매우 높으므로 이는 입소문으로 이어질 수 있어 브랜드 로열티와 관계가 밀접하다.

⑤ 구매자는 고객의 하위 개념으로 접촉이나 반복 구매를 한 적이 없는 사람을 지칭할 수 있다.

⑥ 고객이란 최종소비자뿐만 아니라 상품이나 서비스의 생산과 전달 그리고 소비에 이르는 전 과정(Total process)에 관여하는 나 이외의 모든 사람이다.

⑦ 고객생애가치 실현을 통해 기업에 수익을 창출해 주는 사람을 의미한다.

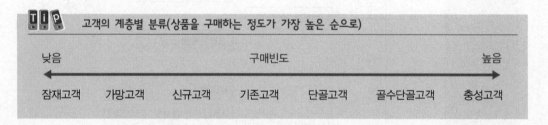

TIP 고객의 계층별 분류(상품을 구매하는 정도가 가장 높은 순으로)

낮음 ← 구매빈도 → 높음

잠재고객　가망고객　신규고객　기존고객　단골고객　골수단골고객　충성고객

3) 고객의 중요성

① 고객은 절대적 존재이다.

고객은 왕이며, 황제이며, 신이다. 고객은 항상 정당하고 옳다. 아무리 제품의 성능과 품질이 우수하고 마케팅 기술과 서비스가 뛰어나더라도 고객이 팔아 주지 않으면 그만이다.

② 고객은 기업의 주인이다.

고객을 잃으면 기업을 잃는 것이다. 기업의 재산은 고객이다. 그러므로 단골고객의 확보는 재산의 축적이 되며 고객관리는 재산관리라 할 수 있다.

③ 고객은 안내자이다.

고객은 구매를 통하여 기업의 성장을 촉진시키고 기업으로 하여금 어떤 제품과 서비스를 만들어 낼 것인가를 알려주는 안내자로서의 역할을 한다.

④ 고객은 변덕이 심하다.

고객과 개구리와 럭비공은 공통점을 갖는다. 고객 개개인의 자유분방함과 독특한 개성은 마케팅 전략도 다품종 소량생산의 방식으로 바꾸어 놓았다.

⑤ 고객은 민감하다.

고객은 단순한 소비단위로서가 아닌 가치, 문화의 생산단위로서 받아들여져야 한다. 고객은 소비를 통해 자신의 존재를 타인과 차별화시켜 나간다.

4) 시대에 따른 고객의 개념

시대의 흐름	생산자 중심 시대	판매자 중심 시대	마케팅 중심 시대	고객 중심 시대
특징	생산자 우선 개념	대량생산 대량판매	고객 욕구 충족을 통한 수요 창출	고객만족을 통한 품질 혁신
고객의 개념	고객 개념이 없음	판매자 욕구 중심	고객의 관점 도입	고객 감동 실현

(2) 고객 분류

1) 평면적, 전통적인 고객 : 재화나 서비스를 구매하는 사람

2) 프로세스적 관점에 따른 고객

① 외부고객 : 최종 제품의 구매자 또는 소비자
② 중간고객 : 도매상 또는 소매상
③ 내부고객 : 동료, 부하직원 등 "나" 이외의 모든 기업 구성원

3) 가치체계에 따른 고객 분류

① 가치 생산 고객(사내고객) : 상사와 부하직원, 부서와 부서, 동료와 동료 등
② 가치 전달 고객(중간고객) : 기업과 협력업체, 대리점 등
③ 가치 구매 고객(최종고객) : 기업과 최종고객, 구매자와 사용자 등

4) 그레고리 스톤의 고객 분류(Gregory Stone, 1945)

경제적 고객	윤리적 고객
• 고객 가치를 극대화하려는 고객으로 투자한 돈(시간, 노력 등)에 대해 최대한의 효용을 얻으려는 고객 • 경제적 고객을 잃는 것은 경고 신호로 인식 필요 • **가성비** : 가격대비성능으로, 소비자가 지급한 가격에 비해 성능이 얼마나 큰 효용을 주는지를 나타내는 말 • 바겐형 고객(Bargain Counter)	• 기업이 일부 수익금을 취약계층에게 기부하거나 윤리적 사회공헌 활동을 할 경우 이를 선호하는 고객의 유형 • 사회적 책임을 다하는 활동으로 고객 유치 필요 • **착한 소비** : 해당 제품을 구매하는 것이 사회에 긍정적인 영향을 미친다는 것을 인식하고 소비하는 것
개인적 고객	편의적 고객
• 서비스를 제공받을 때 형식적이고 천편일률적인 서비스보다 자기를 인정해 주는 서비스에 만족을 느끼는 고객 유형 • 자신을 기억해주고 이름을 불러준다든지 하는 개별화 서비스를 원하는 고객 • 고객관계관리 활동 강화를 통한 마케팅 필요	• 자신의 편의를 위해서는 추가로 비용을 더 지불하는 것에 거리낌이 없는 고객 • 추가로 비용을 지불하더라도 편의성을 선호하는 특성을 고려한 선물용 포장 또는 배달 서비스 제공 필요 • 부유계층형 고객(Carriage Trade)

5) 참여 관점에 따른 고객 분류

① **직접 고객** : 1차 고객으로 제품 및 서비스를 구입하는 소비자를 말한다.

② **간접 고객** : 2차 고객으로 특정 제품을 영업사원이 공급하여 판매하는 경우 영업사원이 직접 고객이 되고 최종소비자는 간접 고객이 된다.

③ **공급자** : 제품 및 서비스를 제공함과 동시에 돈을 지급받는 자에 해당한다.

④ **내부고객** : 기업 내부의 종업원 또한 고객이 될 수 있으며, 그 가족이나 주주도 내부고객이 될 수 있다.

⑤ **의사결정고객** : 고객의 선택에 영향을 끼치는 개인 또는 집단을 말하며, 직접적으로 돈을 지불하지는 않지만 1차 고객이 선택하는 데 커다란 영향을 미치므로 고객의 범주에 포함된다.

⑥ **의견선도고객** : 소비자 보호단체, 평론가, 기자 등이 이에 해당하며 제품을 직접 구입하기보다는 평판, 심사, 모니터링 등으로 고객에게 영향을 미치는 집단을 말한다.

⑦ **단골고객** : 기업의 제품 또는 서비스를 반복적으로 구매하는 고객으로 다른 사람들에게 적극적으로 추천하는 로열티와는 다소 차이가 있다.

⑧ **충성고객** : 기업의 제품 또는 서비스를 반복적으로 구매함과 동시에 충성도가 높은 고객으로 다른 사람들에게 적극적으로 추천하는 로열티가 있다.

⑨ **한계고객** : 기업의 이익에 오히려 마이너스를 초래하여 디마케팅의 대상이 되는 고객 유형으로 블랙 컨슈머(Black Consumer)가 이에 해당한다.

⑩ **체리피커(Cherry Picker)** : '달콤한 체리만 골라먹는 사람'이란 뜻으로 상품 구매나 서비스 이용실적은 좋지 않으면서 자신의 실속 챙기기에만 급급한 소비자를 지칭한다.

⑪ **법률 규제자** : 의회나 정부, 소비자 보호나 관련 조직의 운영에 적용되는 법률을 만드는 사람을 말한다.

⑫ **경쟁자** : 전략이나 고객관리 등에 중요한 인식을 심어주는 고객을 말한다.

TIP 고객 유형의 다양화

- **블랙 컨슈머** : 기업을 상대로 과도한 피해보상금을 요구하거나, 거짓으로 피해를 꾸며 보상을 요구하는 고객 유형
- **프로슈머(Prosumer)** : 생산자(Producer) + 소비자(Consumer). 즉 생산에 참여하는 소비자 유형으로 소비는 물론 제품 생산과 판매에도 직접 관여하여 소비자의 권리를 행사하는 능동적 소비자의 개념에 가깝다.
- **얼리어답터(Early Adopter)** : 제품이 출시될 때 가장 먼저 구입해 평가를 내린 뒤 다른 사람들에게 제품의 정보를 알려주는 고객 유형
- **모디슈머** : 기성품을 자신만의 방식으로 자기화하여 새로운 형태로 창출하는 소비자
- **웹시족(Websy)** : 웹(Web) + 미시(Missy)의 합성어. 인터넷을 활용해 육아, 쇼핑, 여가생활 등과 관련된 정보를 얻거나 여가를 즐기는 20대 후반~30대 초반의 젊은 주부들
- **프리터족** : 프리(Free) + 아르바이트(Arbeit)를 줄인 말로 90년대 초반 일본의 경제 불황으로 인해 발생되었으며 안정적인 직업 없이 갖가지 아르바이트로만 생활하는 젊은 계층
- **호모 에코노미쿠스** : 합리적 소비를 추구하는 소비자 유형으로 상품의 가격에 비례한 효율에 큰 의미를 부여하여 공산품은 최저가를 선호하지만 식품 등의 민감 상품은 유기농으로 구입하는 성향이 있다.
- **포미족** : 자기관리와 삶의 질을 높이기 위해 소비를 줄이지 않으나 합리적인 소비를 추구하는 자
- **딩크족** : 결혼하여 수입은 늘어났지만 아이를 갖지 않으려는 맞벌이 부부의 새로운 가족형태
- **코쿠닝족** : 외출보다는 인터넷을 활용한 소비생활 등 집에서 안락한 생활을 추구하는 은둔자
- **루비족** : 가족을 위해 희생하던 어머니 상의 평범한 아줌마를 거부하며 자신을 위해 투자하는 중년 여성
- **헝그리 어답터(Hungry Adopter)** : 구매한 신제품을 일정기간 사용 후 중고로 팔아 신제품을 구매하는 고객
- **매스클루시버티** : 맞춤 생산방식에 의해 제공되는 고급 제품 및 서비스를 의미, VVIP 개념의 고객 차별화 전략

Warming Up

01 다음 보기 중 고객 분류의 관점이 다른 하나는?

① 상사와 부하직원
② 기업과 협력업체
③ 기업과 최종고객
④ 구매자와 사용자
⑤ 구매자와 소비자

02 그레고리 스톤의 고객 분류 중 기업의 사회적 책임감을 중시하고 착한 소비의 소비형태를 보이는 고객의 유형은?

① 개인적 고객
② 윤리적 고객
③ 편의적 고객
④ 경제적 고객
⑤ 통합적 고객

정답 1 ⑤ 2 ②

02 고객 행동과 의사결정단계

(1) 고객 행동의 영향요인

고객의 행동에 영향을 미치는 요인은 크게 문화적 요인, 사회적 요인, 개인적 요인이 있다.

1) 문화적 요인

① 문화란 사람들이 여러 세대를 거치는 동안 남겨 놓은 사회적 유산이며 사람이 환경에 적응하여 살아가는 방식이다.

② 문화는 개인의 지각 및 행동, 선호성, 신념, 가치관 형성의 원천이며 개인의 욕구와 행동을 결정하는 가장 기본적인 요소로서 고객 행동에 영향을 미친다.

③ 문화의 특성

규범성	규범은 생리적, 사회적, 개인적 욕구해결의 지침이 된다.
연대성	타 문화의 압력에 의한 연대성을 갖는다.
학습성	문화는 타고나는 것이 아니라 학습을 통해 형성된다.
공유성	신념 및 관습은 대다수의 구성원과 공유가 되어야 비로소 문화적 특성으로 인정받을 수 있다.
지속성	문화는 사회 구성원들에 의해 유지되고 계승되기를 바란다.
동태성	문화는 점진적으로 변화한다.
만족성	문화는 학습된 욕구뿐만 아니라 생리적 욕구도 만족시킨다.

2) 사회적 요인

① 준거 집단 : 개인의 태도 및 행동에 직·간접적으로 영향을 미치는 집단
  ㉠ 1차 집단 : 가족, 친구, 이웃, 동료 등으로 특히 가족은 가장 영향력이 큰 집단이다.
  ㉡ 2차 집단 : 정당, 종교단체, 전문가 집단, 학교, 회사 등이다.

> **TIP 준거 집단이 주는 영향**
>
> ① **실용적 영향** : 소비자가 보상을 기대하거나 처벌 등을 회피하기 위해 다른 사람의 기대에 순응할 경우 발생된다.
> ② **정보적 영향** : 소비자는 준거 집단의 정보를 신뢰하고 이에 영향을 받는다.
> ③ **가치표현적 영향** : 자신의 이미지 강화를 위해 준거 집단의 가치, 규범, 행동 등을 받아들인다.

② 역할과 지위 : 준거 집단에서의 역할과 지위에 의해 개인의 위치가 정의되며 집단은 행동에 대한 규범을 정의한다.

3) 개인적 요인

① 고객 행동은 개인의 개성과 자아개념, 특히 생활방식(Life Style) 등에 영향을 받는다.
② 제품 또는 서비스에 대한 선호도는 고객의 연령, 가치관, 직업 및 경제적 상황 등에 따라 영향을 받기도 한다.

(2) 고객의사결정단계

▸ 고객의사결정단계

| 욕구 인식 | → | 정보 탐색 | → | 대안 평가 | → | 구매 | → | 구매 후 행동 |

1) 욕구 인식

① 매슬로(Maslow)의 욕구5단계 이론

5. 자아실현 욕구

4. 존경의 욕구

3. 애정과 소속의 욕구

2. 안전의 욕구

1. 생리적 욕구

② 내부 자극과 외부 자극

㉠ 내부 자극 : 배고픔, 목마름, 수면 등

㉡ 외부 자극 : 고급 승용차, 명품 가방 등

2) 정보 탐색

① 욕구 충족과 정보 탐색

㉠ 욕구를 인식하면 충족을 위해 제품 및 서비스의 정보를 탐색한다.

㉡ 정보 탐색은 구매 시 발생하는 위험을 줄여 준다.

㉢ 정보 원천의 영향력은 고객의 특성에 따라 다르게 나타난다.

㉣ 고객은 인적정보원(가족, 친구, 전문가 등)에 더 의존하는 경향이 있다.

㉤ 제품이나 서비스가 고관여일수록 많은 정보를 탐색한다.

② 고객의 정보 원천

㉠ 개인적 원천 : 가족, 친구, 이웃, 직장 동료 등 구전을 통한 정보이다.

㉡ 중립적(공공적) 원천 : 소비자 단체, 대중 매체 등을 통한 정보로 기업 정보보다 신뢰한다.

㉢ 경험적 원천 : 제품 사용 및 검사, 조사, 시험조작 등 고객의 직접적 경험을 통한 정보로 가장 신뢰도가 높다.

㉣ 기업정보(상업적) 원천 : 포장, 광고, 웹사이트, 판매사원 등을 통해 기업이 제공하는 정보이다.

③ 고객의 불안

㉠ 고객 불안 : 고객 불안은 기업이나 제품을 선택할 때 고객이 느낄 수 있는 위험으로, 고객은 구매 실패에 대한 리스크를 최소화하고자 한다.

㉡ 고객 불안의 유형(기업 및 제품 선택에 영향을 미치는 위험 유형)

신체적 위험	제품 사용에 의해 고객이 해를 입을 가능성에 대한 불안감
재무적 위험	구매 실패로 입게 되는 고객의 금전적 손실 위험
심리적 위험	자아 이미지에 부정적 영향을 미칠 수 있는 위험
성능적 위험	기대한 만큼 성능이 좋지 않을 경우에 대한 위험
사회적 위험	사회 또는 준거 집단으로부터 부정적 평가를 받게 될 위험
시간적 위험	구매 상품의 반품 및 A/S를 위한 시간상실의 위험

㉢ 불안 및 위험을 줄이기 위한 고객의 행동

ⓐ 정보 탐색에 더 많은 시간과 노력을 들인다.

ⓑ 소량을 먼저 구매한 후 대량으로 구매한다.

ⓒ 유명한 브랜드 등 상품 보증이 강한 제품을 찾는다.

ⓓ A/S나 보증기간이 길수록 고객의 불안은 줄어든다.

ⓔ 과거의 경험에 비추어 신뢰할 만한 브랜드를 구입한다.

ⓕ 자신이 신뢰할 만한 사람에게 정보를 구한다.

㉣ 고객 불안을 다루는 기본 원칙

ⓐ 결과에 대한 불안을 존중한다.

ⓑ 초기에 믿음과 신뢰를 구축한다.

ⓒ 고객 스스로가 불안을 해결할 수 있는 조건을 마련해 준다.

TIP 고객 불안을 다루는 3가지 치명적 실수

① 최소화하기 : 고객 불안을 부인하거나 소홀히 다루는 것
② 처방하기 : 고객의 불안에 대한 해결 방법으로 세일즈맨의 생각이나 해결책을 강하게 촉구하는 것
③ 압력 가하기 : 고객에게 결정을 강요하거나 고객을 압박하는 것

---

3) 제품 또는 서비스 대안 평가

① 대안 평가

㉠ 소비자는 구매할 제품을 선택하기 위해 자신의 평가 기준에 따라 그 제품의 여러 브랜드 대안들을 비교, 평가하게 된다.

㉡ 수집된 정보를 바탕으로 대안 평가를 하는 과정은 개인적인 차이나 문화적인 차이, 경제적인 환경에 의해서 영향을 받는다.

ⓒ 서비스는 무형적 특성으로 인하여 구매 전에 새로운 대안에 대한 정보수집이 어렵기 때문에 계속적으로 대안을 찾기보다는 처음의 대안을 선택하는 경향이 있다.

② 제품 평가

　　㉠ 객관적 평가기준 : 가격, 성능, 편의성, 적합성

　　㉡ 주관적 평가기준 : 상품의 중요도, 상징적인 가치

　　㉢ 상품평가를 위한 기업평가 기준 : 기업 이미지

③ 신념과 태도

　　㉠ 개개인의 경험과 학습에 의해 형성되는 신념과 태도는 구매 제품에 대한 긍정적 또는 부정적 평가로 이어지며 이는 구매행동에 영향을 미친다.

　　㉡ 개인의 태도는 인지적 차원, 감정적 차원, 행동적 차원으로 구성된다.

4) 구매

① 구매 결정

　　㉠ 평가 과정 후 고객은 가장 적합한 제품이나 서비스를 선정하는데 이를 구매 결정이라고 한다.

　　㉡ 서비스는 동시성을 지니고 있어, 고객이 충분한 체험 후 구입할 수가 없으므로 고객의 입장에서는 위험 부담을 가지게 된다.

② 구매 결정 요인

　　㉠ 가격과 상표 : 제품 구매 결정에 있어서 중요한 선택의 요인

　　㉡ 구매시점의 상황요인 : 경제적 요인(구매 예산), 시간적 요인(구매 허용시간), 물리적 요인(배달 가능성), 인적 요인(구매동반자)

　　㉢ 기업 상황요인 : 상품 요인(가격, 품질, 재고수준), 판촉 요인(판매사원), 물리적 요인(진열상태 등)

③ 구매 의사결정의 방해 요인

　　㉠ 다른 사람의 태도 : 고객의 선호 제품/서비스에 대한 타인의 부정적 태도(구매후기, 평론가, 전문가)

　　㉡ 예측하지 못한 상황 : 직원의 불친절, 다른 상품구매가 시급히 요구될 때, 경제여건 등

　　　※ 마케터가 의사결정 위험을 줄일 수 있는 방안 : 가격할인, 무료쿠폰 / 포인트 활용, 시설개방 등

5) 구매 후 행동

① 구매 후 인지 부조화 현상 : 구매 후 만족/불만족을 느끼기에 앞서 선택을 잘 한 것인지에 대한 심리적 불안감을 갖는 현상을 말한다.

② 고객은 구매한 제품이나 서비스를 사용해 본 후 그 선택이 잘 되었는지를 평가해본다.

③ 평가 결과 고객은 만족과 불만족을 경험하게 되고 이것이 긍정적, 부정적 구전 및 다음 구매(브랜드 애호도)에 영향을 미친다.

┌───┐
TIP **TIP 소비자의 지각된 위험을 줄이는 방안**
───

- 구매 전 제품 및 서비스 사용 기회 확대   · 현금 환불보증 강화
- 제품 보증기간 확대   · 구매 후 추가정보 제공
└───┘

Warming Up ↗

01 다음 〈보기〉의 고객의 행동에 영향을 미치는 요인 중 개인적 요인에 해당하는 것을 모두 고르시오.

┌─ 보기 ──┐
가. 개성   나. 연령   다. 준거집단
라. 가족   마. 라이프스타일   바. 종교집단
└───┘

① 가, 나, 다   ② 가, 나, 라
③ 가, 나, 마   ④ 가, 마, 바
⑤ 가, 다, 라

02 다음 〈보기〉의 고객의사결정단계를 올바르게 나열한 것은?

┌─ 보기 ──┐
가. 욕구인식   나. 제품 또는 서비스 대안평가
다. 구매 후 행동   라. 제품 또는 서비스 구매
마. 정보 탐색
└───┘

① 가 → 나 → 라 → 마 → 다   ② 가 → 마 → 라 → 나 → 다
③ 가 → 마 → 다 → 나 → 라   ④ 가 → 마 → 나 → 라 → 다
⑤ 가 → 나 → 다 → 마 → 라

03 고객의사결정을 위해 필요한 정보 원천의 분류 중 제품사용 및 조사, 제품 검사 등에 해당하는 것은?

① 개인적 원천   ② 상업적 원천
③ 공공적 원천   ④ 경험적 원천
⑤ 기업적 원천

정답 1 ③ 2 ④ 3 ④

03 고객의 역할

(1) 고객 특성과 행동

1) 고객 특성 정보

① 인구 통계적 정보

고객 프로필 정보	이름, 주소, 이메일, 직장명, 기념일, 전화번호, 출신학교 등
관계 정보	가족, 친구, 커뮤니티, 기타 관계정보

② 고객 가치 정보

계약 정보	구입 상품명/시기, 구입 빈도, 금액, 고객 지갑 점유율, 매출채권 관련, 고객 평생가치(CLV : Customer Lifetime Value)
구매력 정보	소득 수준, 소득의 원천, 소득 변화, 재산 상태 등
고객 분류 등급 정보	기업별 고객 등급분류(5등급 : S, A, B, C, D)

③ 고객 성향, 니즈 정보

고객 성향 정보	취미, 특기, 기호, 성격, 커뮤니케이션 스타일, 문화예술적 소양, 의사결정 스타일 등
고객 니즈 정보	선호 브랜드, 선호 상품, 선호 디자인/컬러 등 상품에 대한 니즈

2) 고객 행동

① 고객 특성(국가, 관습, 문화, 개인/조직/가족 등의 차이)에 따라 고객 행동은 다르게 나타난다.

② 문화의 차이에 따라 가치관, 규범, 태도가 다르게 나타난다.

(2) 고객의 역할

생산자원(Productive Resources)으로서의 고객	서비스 품질, 가치, 만족에 기여하는 공헌자	잠재적 경쟁자로서의 고객
고객을 인적자원의 한 부분으로 보는 관점	고객을 서비스 생산에 공헌하는 한 부분으로 보는 관점	서비스 기업의 잠재적 경쟁자로 보는 관점
고객은 서비스 프로세스의 한 부분으로 고객이 조직에 기여함으로써 서비스 생산성에 영향을 미친다.	서비스의 성과가 고객 참여에 의존하며, 고객이 공헌자로서의 역할을 효과적으로 수행하여야 좋은 성과를 기대할 수 있다.	고객은 서비스 제공 과정의 일부분을 수행하기도 하고 때로는 전체적으로 수행하기도 한다.
• 승객이 비행기를 탈 때 스스로 짐을 옮기고 직접 좌석을 찾아가 앉는다. • 셀프 서비스를 활용한다.	• 참여하는 교육생의 학습 효과가 더 크게 나타난다. • 환자는 의사의 처방을 잘 받아들이고 실천해야 한다.	서비스를 외부에서 제공받지 않고 고객이 직접 생산한다면 고객은 서비스 기업의 경쟁자가 된다.

Warming Up ↗

01 고객의 특성을 파악하기 위한 고객 가치 정보 중 구매력 정보에 해당하지 않는 것은?

① 소득 수준　　　　② 소득 변화 추이　　　③ 재산 상태
④ 소득의 원천　　　⑤ 고객 평생 가치

02 다음 〈보기〉의 고객의 역할에 해당하는 것은?

┌ 보기 ─────────────────────────────
교육 서비스의 경우, 가만히 앉아서 듣는 수동적 교육생보다는 직접 참여하는 적극적
교육생의 학습효과가 더 크게 나타날 수 있다.
└──────────────────────────────────

① 품질에 기여하는 공헌자　　　　② 부분직원으로서의 고객
③ 인적자원의 역할을 고객　　　　④ 기업의 잠재적 경쟁자
⑤ 생산자원으로서의 고객

정답 1 ⑤ 2 ①

04 고객의 성격유형(MBTI)

(1) MBTI(Myers – Briggs Type Indicator)

1) MBTI란

① 칼 융(Carl Jung)의 심리 유형론을 근거로 하는 심리검사로서 마이어스(Isabel Briggs Myers)와 브릭스(Katharine Cook Briggs) 모녀가 쉽고 일상생활에 유용하게 활용할 수 있도록 고안한 자기보고서식 성격유형지표이다.

② 개인이 쉽게 응답할 수 있는 95개의 자기 보고식 문항을 통해 개인의 선천적인 선호 경향을 알아볼 수 있다.

③ 선호 경향은 교육 등의 환경의 영향을 받기 이전의 선천적인 심리 경향을 말하며, 4가지 분리된 선호 경향과 16개의 성격 유형으로 구성된다.

④ 4가지 분리된 선호 경향은 교육이나 환경의 영향을 받기 이전에 잠재되어 있는 선천적 심리 경향이며 외향형과 내향형, 감각형과 직관형, 사고형과 감정형, 판단형과 인식형이 있다.

⑤ 주로 장점을 위주로 구분시키는 특징으로 자신과 타인의 심리적 특성을 이해하는 데 도움을 주며, 개인의 성장을 돕고 다양한 집단의 조화와 효율성을 높이는 데 유용하게 활용할 수 있다.

2) 4가지 선호 경향

각 개인의 성격 유형은 다음 표에 제시된 4가지의 선천적 심리 경향으로 구성되며(Jung, 1920), 성격 유형은 사람들 간의 성격차이를 나타내고, 개인의 고유한 적성, 흥미, 대인관계, 의사소통 등과 관계가 있다.

외향(E Extraversion)	에너지 방향	내향(I Introversion)
에너지 방향이 외부로 향해 있으며 외부와의 상호작용을 선호한다.	에너지의 방향이 어느 쪽인가?	에너지 방향이 내부로 향해 있으며 관심과 주의를 내부로 향하는 것을 선호한다.
폭 넓은 대인관계, 외부활동과 적극성, 사교적, 정열적이며 활동적이다.		깊이 있는 대인관계 선호, 조용하고 신중하며 자기 내부에 집중한다.
감각(S Sensing)	**인식기능**	**직관(N iNtuition)**
오감을 통한 현실과 구체적인 사실이나 사건에 주의를 기울인다.	개인이 무엇을 인식하는가?	직감을 통한 가능성과 사실 이면의 관계나 패턴에 주의를 기울인다. 육감 또는 영감에 의존한다.
실제의 경험을 중시하며 지금 현재에 초점을 맞추고 정확한 일처리를 한다.		미래지향적이고 의미나 가능성을 추구한다. '왜?'라는 질문이나 대략적인 표현을 사용한다. 신속, 비약적으로 일처리를 한다.
사고(T Thinking)	**판단기능**	**감정(F Feeling)**
결정과 선택을 할 때 객관적이고 논리적이며 분석적인 과정을 선호한다.	어떻게 결정하는가?	결정과 선택을 할 때 주관적인 가치와 관계 조화에 초점을 맞추는 것을 선호한다.
진실, 사실에 큰 관심을 갖는다. 원리와 원칙/맞다, 틀리다 분석적, 논리적, 객관적 판단		사람, 관계에 주된 관심을 표현한다. 의미와 영향/좋다, 나쁘다 상황적, 정상 참작, 우호적 협조
판단(J Judging)	**생활양식**	**인식(P Perceiving)**
체계적이고 계획에 따른 생활양식을 선호한다.	채택하는 생활양식은 무엇인가?	개방적이고 상황에 따른 생활양식을 선호한다.
분명한 목적과 방향이 있다. 철저한 사전계획으로 기한을 엄수하고 체계적이며, 뚜렷한 기준과 자기의사가 있다.		목적과 방향은 상황에 따라 변화할 수 있다. 개방성과 포용성이 있다. 이해와 융통, 적응

3) 16가지 성격 유형별 특성

	감각(S)		직관(N)		
판단 (J)	**ISTJ 소금형** 조용, 신중, 철저함과 신뢰성으로 좋은 결과를 얻는다. 구체적, 현실적이고 책임감이 강하다. 일을 논리적으로 결정하고 흐트러짐 없는 모습으로 꾸준히 해 나간다. 전통과 성실을 가치 있게 여긴다.	**ISFJ 권력형** 조용, 다정, 세심하다. 철저하고 열심히 노력하며 정확하다. 성실하고 사려가 깊으며 다른 사람들에게 관심이 많아서 중요한 사람들과 관련된 구체적 사항을 잘 알아차린다.	**INFJ 예언자형** 아이디어와 물질적 소유, 그리고 사람과의 관계 안에서 의미와 연관성을 찾는다. 통찰력, 양심이 있고 공동선을 추구하기 위한 명확한 비전을 제시한다. 비전 수행을 위해 조직화하고 결단력이 있다.	**INTJ 과학자형** 독창적 마인드와 추진력으로 목표를 성취하고 아이디어를 수행한다. 외부사건에 대한 패턴을 빠르게 파악하고 장기적 관점에서 이를 해석한다. 회의적이고 독립적이며, 자신이나 타인의 역량에 대해 높은 기대수준을 갖는다.	내향 (I)
인식 (P)	**ISTP 백과사전형** 관대하고 유연하며 어떤 문제가 나타날 때까지는 조용히 관찰하나 문제가 발생하면 빠르게 움직인다. 문제원인과 결과에 관심이 있고, 논리적 원리를 통해 사실들을 구조화하고 효율성을 중시한다.	**ISFP 성인군자형** 조용, 세심, 친절하고 현재의 상황을 즐긴다. 자신만의 공간과 시간을 좋아하며, 자신의 가치를 중요하게 여기나 강요하지 않고, 자신에게 중요한 사람들에게 충실하며 헌신적이다. 논쟁과 갈등을 싫어한다.	**INFP 잔다르크형** 이상주의자로, 자신에게 의미 있는 가치나 사람에게 충성한다. 호기심이 많고, 가능성을 빨리 파악하며, 아이디어를 수행하기 위한 촉매 역할을 한다. 이해심과 융통성이 있으며 수용적이고 가능성 성취를 돕는다.	**INTP 아이디어형** 이론적이고 추상적이며 상호작용보다는 아이디어에 관심을 갖는다. 모든 것에 대해 논리적으로 설명하려 한다. 조용하고 침착하며 유연성이 있고, 적응력이 뛰어나다. 때로는 비판적이고 회의적이다.	
	ESTP 활동가형 유연, 관대하고 즉각적인 결과에 초점이 맞춰진 실제적인 접근을 선호하며 이론적 설명을 지루해한다. 지금-여기에 집중하고 자발적이고 즉흥적이며 활동적이다. 행동을 통해서 더 많은 것들을 배우고 순간을 즐긴다.	**ESFP 사교형** 다정, 수용적이며 사랑하는 사람들에 대해 열정을 쏟고 물질적인 안정을 추구한다. 함께 일하는 것이 즐겁다. 업무에 있어서는 보편성을 따르고자 하고, 현실적인 접근을 하며, 즐겁게 일한다. 융통성, 자발성, 적응력이 있다.	**ENFP 스파크형** 열정적이며 따뜻하고 상상력이 풍부하다. 세상을 가능성이 풍부한 곳으로 바라보고 사건과 정보를 매우 빨리 연관 지으며, 자신감이 있다. 칭찬과 인정을 갈구하며 즉각적인 감사와 지지를 표현한다. 즉흥적이며 유창한 언변 능력이 있다.	**ENTP 발명가형** 재빠르고 영리하며 활기차고, 기민하다. 도전적인 문제에도 수완이 좋고 거리낌이 없다. 개념적 가능성을 창출하고, 후에 전략적으로 분석한다. 타인을 파악하는 데 익숙하다. 일상적인 일에 지루해하고, 흥미가 계속 바뀐다.	외향 (E)
판단 (J)	**ESTJ 사업가형** 구체적, 현실적, 사실적이며 결단력과 빠른 행동을 선호한다. 프로젝트를 구조화하고, 사람들을 조직화한다. 명확한 일련의 논리적인 기준들을 가지고 이를 따르며 다른 사람들도 자신의 기준에 따르길 바란다. 계획은 단호하게 이행한다.	**ESFJ 친선도모형** 따뜻하며 양심적이고, 협조적이다. 조화를 추구한다. 맡은 업무를 정확하고, 제시간에 완수하기 위해 함께 일하는 것을 좋아한다. 사소한 일도 성실하게 해낸다. 타인의 욕구를 잘 알아차려 필요한 것을 제공하기 위해 노력한다.	**ENFJ 언변능숙형** 따뜻하고 감정이입을 잘하며, 책임감이 강하다. 다른 사람의 정서, 욕구, 동기에 높은 관심을 갖는다. 개인과 집단의 성장을 위한 촉매 역할을 한다. 충성스럽지만, 칭찬과 비판에 대해 민감하다. 집단 내 상호작용을 촉진하고, 리더십을 발휘한다.	**ENTJ 지도자형** 솔직하고 결단력과 리더십이 있다. 비논리적, 비효율적인 절차나 정책을 빠르게 간파한 후, 문제해결을 한다. 장기적인 계획수립과 목표수립을 즐긴다. 지식이 많고, 지식을 확장하고자 하며 이를 타인에게 전달하는 것을 즐긴다.	
	사고(T)	감정(F)		사고(T)	

4) 소비자의 행동별 특성

외향(E Extraversion)	내향(I Introversion)
• 복잡한 쇼핑몰을 좋아한다. • 판매원과 상호작용 높음 • 경험한 다음에 이해 • 정열적, 활동적	• 만족한 제품은 재구매한다. • 판매원과 상호작용 낮음 • 이해한 다음 경험 • 조용하고 신중
감각(S Sensing)	**직관(N iNtuition)**
• 제품 구매 시 실용성 중시 • 지금 현재에 초점 • 정확, 철저한 일처리 추구 • 나무를 보려는 경향	• 제품의 다양한 기능 중시 • 미래의 가능성에 초점 • 신속, 비약적인 일처리 추구 • 숲을 보려는 경향
사고(T Thinking)	**감정(F Feeling)**
• 객관적인 정보 수집을 많이 한다. • 논리적이고 사실적 광고를 선호한다. • 혼자 쇼핑을 즐긴다. • 주변의 의견보다 자신의 판단으로 상품 구입 • 규범, 기준 중시	• 판매원의 태도가 의사결정에 영향을 미친다. • 동료의 의견을 잘 수용한다. • 나에게 주는 의미 중시 • 우호적 협조
판단(J Judging)	**인식(P Perceiving)**
• 정보 수집을 많이 한다. • 계획적 쇼핑 • 분명한 목적의식과 방향감각 • 뚜렷한 기준과 자기의사	• 충동적이며 비계획적 정보탐색 • 충동구매의 가능성 • 목적과 방향의 변화가 가능한 개방성 • 재량에 따라 처리될 수 있는 포용성

제1과목

고객만족(CS) 개론

Warming Up

01 MBTI에서 말하는 선호 경향 중 육감 또는 영감에 의존하며 미래지향적 가능성과 의미에 초점을 두고, 신속한 일처리를 추구하는 경향을 가진 유형은?

① 외향형   ② 판단형

③ 감정형   ④ 감각형

⑤ 직관형

02 다음 중 소비자의 인성유형별 행동 연구에서 〈보기〉의 설명과 가장 가까운 선호 경향은?

┌ 보기 ─────────────────────────────────────
• 객관적인 정보 수집을 많이 한다.
• 혼자 쇼핑을 즐긴다.
• 논리적이고 사실적인 광고를 선호한다.
• 주변의 의견보다는 자신의 판단으로 제품을 선택하고 구매한다.
└──

① 감정형   ② 사고형

③ 감각형   ④ 직관형

⑤ 인식형

| 정답 | 1 ⑤   2 ② |

CHAPTER 04 고객관계관리(CRM)

학습개요	고객관계관리(CRM)의 기본적인 정의와 특징, 효과적인 CRM 전략수립 및 시스템 구축에 대해 알아보고, 성공사례와 실패사례 분석을 통해 기업이 나아갈 방향을 설계할 수 있다. 또한 고객관계를 위한 인간관계와 의사소통 기술에 대해 살펴본다.
절 구성	1. 고객관계관리(CRM)의 중요성 2. CRM 전략수립 3. CRM 성공&실패 분석 4. e-CRM의 이해 5. 인간관계와 의사소통 6. 교류분석(TA)
학습중점	1. CRM의 분류와 특징 2. CRM 전략수립 6단계 3. e-CRM의 특징 4. 인간관계 속의 문제 5. 교류분석 시간의 구조화 영역
마인드 맵	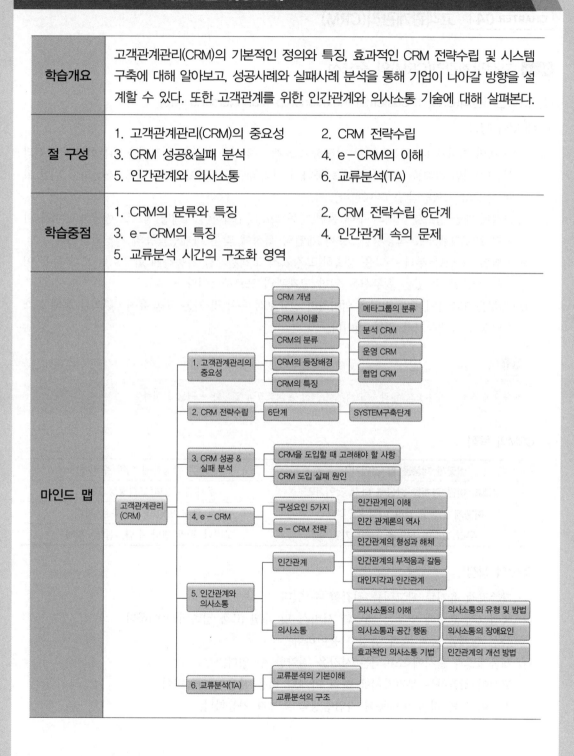

CHAPTER 04 | 고객관계관리(CRM)

01 고객관계관리(CRM)의 중요성

(1) 고객관계관리(CRM : Customer Relationship Management) 개념

1) CRM의 정의

① "고객의 가치와 니즈(Needs)를 이해하고 고객 수익성을 기준으로 고객을 세분화하여 고객과의 장기적인 관계를 구축하고 이를 통하여 기업의 경영성과를 지속적으로 개선하기 위한 고객 중심의 경영방식"을 의미한다.

② 고객에 대한 정보를 고객의 구매 관련 행동으로 지수화하여 마케팅 정보로 변환하고 이를 마케팅 프로그램으로 적용시킴으로써 개인의 특성에 맞춘 마케팅활동의 경영방법이다.

③ 선별된 고객으로부터 수익을 창출하고 장기적 고객관계를 가능하게 함으로써 보다 높은 이익을 창출할 수 있는 솔루션을 위한 고객관리 프로세스이다.

④ CRM은 고객가치 중심 경영을 의미하며 신규고객 유치 및 기존 고객 유지·관리를 통해 고객 수익성을 증대시키기 위한 것이다.

> **TIP**
>
> **CRM Cycle**
>
> 신규고객 획득 → 우수고객 유지 → 고객가치 증진 → 잠재고객 활성화 → 평생 고객화

2) CRM의 목적

어떻게 제품을 팔 것인가?	기존고객 활성화에 의한 수익증대
고객과 어떤 관계를 형성해 나갈 것인가?	유대관계강화(고객평생가치)
어떻게 고객을 늘려 나갈 것인가?	고객 확대 방안(고객점유율 확대)
우리 고객이 무엇을 원하는가?	로열티 관리 전략 수립, 실행, 평가

3) CRM의 장점

① 기존고객 유지로 광고비를 절감할 수 있다.

② 특정고객 요구에 맞추는 개별화 서비스 및 개별 고객 접촉이 용이하다.

③ 특정 캠페인 등의 효과 측정이 용이하다.

④ 제품개발과 출시에 소비되는 시간을 절약할 수 있다.

⑤ 고객이 창출하는 부가가치에 따라 마케팅 비용 사용이 가능하다.

⑥ 가격이 아닌 서비스를 통해 기업경쟁력 확보가 가능하다.

(2) CRM의 등장배경

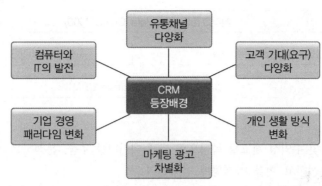

1) **유통채널의 다양화** : 인터넷의 등장으로 인해 고객접촉과 상품판매 등 고객을 관리, 유지하는 방법이 다양하게 변화하였다.

2) **고객 기대(요구)의 다양화** : 고객 요구의 다변화로 기업은 고객을 더 적극적으로 관리하는 고객 중심사고로 변화하였다.

3) **개인 생활 방식의 변화** : 소비 환경에 부가가치욕구가 부가되면서 개인의 생활방식 또한 다양하고 복잡하게 변화하였다.

4) **마케팅 광고의 차별화** : 비효율적인 매스마케팅 방식에서 차별화된 One to One 마케팅이 등장하였다.

5) **기업 경영 패러다임의 변화** : 매출 중심의 기업경영에서 가치경영으로 변화하면서 기존 우수고객을 유지하고 이탈 고객을 최소화하려는 관계 마케팅(Relationship Marketing)으로 이동하였다.

6) **컴퓨터와 IT의 발전** : 데이터 웨어하우스의 활용

TIP 시대 변화에 따른 마케팅 변화

연대	소비환경	마케팅	마케팅개념
1960	동질욕구	매스 마케팅	적정상품의 대량생산 매스광고에 의한 대량판매 상품 어필
1970	이질욕구	타깃 마케팅	니즈와 원츠의 탐구, 신제품 기획
1980	개성욕구	니치 마케팅	품질 어필, 서비스 어필
1990~	부가가치욕구	인디비주얼 마케팅	부가가치 정보, 커뮤니케이션

마케팅 광고 차별화

(3) CRM의 분류

메타그룹의 분류Meta Group(2000)

분석 CRM(Analytical CRM)	운영 CRM(Operational CRM)

협업 CRM(Collaborative CRM)

1) 분석 CRM

① 시장점유율 및 수익성 제고를 목적으로 고객 데이터를 추출, 분석하는 시스템으로 모든 정보를 통합, 분석하고 이를 마케팅에 응용한다.

② 고객 캠페인을 통한 '타깃 마케팅'이 이에 해당한다(표적고객 선정).

③ 고객정보를 저장하고 분석하여 의미 있는 데이터를 도출하는 데 필요한 IT시스템으로 데이터 웨어하우스, 데이터마이닝, OLAP 등이 있다.

④ 고객 세분화, 고객 프로파일링, 제품컨셉발견, 캠페인 관리, 이벤트 계획, 프로모션 계획 등의 기획 및 방법에 대한 아이디어 도출 가능

2) 운영 CRM

① 운용비용 절감을 목적으로 프론트 오피스를 연계한 거래이력 업무 지원, 백오피스와 CRM의 통합 등 자동화된 비스니스 프로세스를 의미한다.

② 고객과의 접점을 자동화함으로써 고객관리를 효율화하는 것을 목적으로 영업활동자동시스템(SFA), CTI(Computer Telephone Integration), 고객지원 서비스 시스템 등이 있다.

③ 운영 CRM의 대표적인 솔루션으로는 EMS(E-mail Marketing Solution)와 웹 로그 솔루션(Web-log Solution)이 있다.

3) 협업 CRM : 모든 정보를 고객에게 피드백

① 고객과의 관계 증진을 위한 효율성 향상을 목적으로 기업이 고객과 지속적으로 협력하고 정보를 나눔으로써 고객과의 친밀도를 강화하고 이로써 고객 유지 및 신규 고객 창출을 지원한다.

② 고객의 라이프사이클을 통해 비효율적인 프로세스를 탐색하고 다양한 접점 채널들을 통합한다.

③ 협업 CRM에서 적용되는 솔루션은 콜센터(전화), E-mail, 비디오, 팩스, FOD(Fax On Demand), 우편 등이 있다.

④ 접근방법 : 비효율적 프로세스 탐색, 채널통합, 지속적 자동화 제공

(4) CRM의 특징

"기업의 수익증대를 유지하면서 장기간 가치 있는 고객과의 관계를 향상하기 위한 목적으로, 고객을 올바로 이해하여 고객을 세분화 및 개발하면서 마케팅, 세일즈 및 서비스를 하는 전 과정"

- Anderson Consulting, 1990

1) 고객 지향적이다.

고객에게 필요한 상품, 서비스는 물론 차별화된 보상 등 적절한 혜택을 제공하여 고객과의 관계관리에 기업의 초점을 맞추는 고객중심적인 경영방식이다.

2) 고객평생가치가 핵심이다.

고객의 생애 전체에 걸쳐 관계를 구축하고 강화시켜 장기적인 이윤을 추구하는 동적인 경영방식이다.

3) 기본적으로 개별 고객의 생애 전체에 걸쳐 거래를 유지하거나 늘려나가고자 한다(고객생애가치 ; CLV).

특정생애주기를 구분하여 거래를 유지하는 것이 아닌, 고객과 기업이 상호 신뢰를 바탕으로 쌍방향의 관계를 형성하고 이를 지속적으로 발전하기 위해 노력해야 한다.

4) 정보기술에 기초를 둔 과학적인 제반 환경의 효율적 활용을 요구한다.

CRM을 위한 고객 데이터를 분석하고 구체적인 ROI와 경영효율의 특징을 통해 가시적인 경영개선을 지향하며, 비효율적인 매스마케팅이 아닌 차별적인 타깃 마케팅을 추진한다.

5) 고객과의 직접적인 접촉을 통해 일방향이 아닌 쌍방향 커뮤니케이션을 지속한다.

6) 단순히 마케팅에만 초점을 두는 것이 아닌 기업의 모든 내부 프로세스의 통합을 요구한다.

(5) CRM의 범위

고객 분석	고객 선별	고객 확보	고객 유지
• 정확한 고객 니즈 / 기대수준 파악 • 고객 접촉점 파악	• 수익성을 얻을 수 있는 고객 선별 • 우량고객 선별 • 고객평생가치(CLV)	• 신규고객 유치 • 제휴를 통한 신규고객 확보 • 고객 재유치, 교차판매	• 지속적인 고객만족 • 고객의 기호, 가치, 요구사항, 문제점 관리 • 다양한 채널 활용

(6) CRM의 기대효과

1) 매출증대 : 신규고객 유치 및 고객평생가치(CLV) 향상

① 기업은 매출 증대를 위해 외부DB 및 다양한 채널을 활용해 신규고객을 확보한다.
② 고객 수 증대와 함께 고객평생가치(CLV)를 높이는 것이 중요하다.
③ 고객평생가치(CLV)란 고객이 평생 동안 특정상품 및 서비스를 소비하는 데 지출하는 금액의 현재가치를 말한다.

> CLV = 고객의 거래건수 × 고객의 거래단가(매출액/거래건수) × 고객의 거래기간

	고객평생가치 제고를 위한 3가지 핵심 활동

① 교차판매(Cross selling)
- 거래건수 및 고객 수 증대를 위한 방법
- 기존의 상품계열에 고객이 관심을 가질 만한 다른 상품을 접목시켜 판매하는 활동

② 추가판매(Up selling)
- 고객의 거래단가 및 매출액 증대를 위한 방법
- 고객이 기존에 구매하던 상품에서 업그레이드된 상품으로 판매 유도

③ 고객유지(retention)
- 고객과의 거래기간을 유지하기 위한 방법
- 고객이 타사로 이탈하지 않고 계속해서 자사 고객으로 유지됨

2) 고객유지 비용의 감소

① CRM은 고객 DB에 근거하고 인터넷과 같은 통신수단을 이용하기 때문에 기존의 매체에 비해 비용 측면에서 유리하다고 볼 수 있다.

② 수익성 낮은 고객의 유지비용은 절감시키고 우량고객의 수익증대 요소를 활성화함으로써 우량 고객과의 장기적인 관계에 집중하고 또 이는 고객 이탈률을 감소시켜 고객확보 비용의 절감이 가능하다.

3) 신규 사업 진출 다각화

고객의 라이프스타일, 행동양식, 니즈 등을 분석하고 이를 통해 개별화 서비스 제공이 가능하므로 기업은 CRM을 통해 다양하게 사업방향을 모색할 수 있다.

4) 기타분야

비즈니스	• 우량고객 이탈방지, 가망고객 발굴 등 CRM을 통한 수익성 증대 • 수익 지향적 영업 및 마케팅의 효과분석, 효율적인 판매촉진정책 실현 • 신 채널과의 연계를 통한 통합마케팅 활동
정보기술	• 부서 간 연계한 데이터의 활용 • 다양한 운영데이터 요구 감소에 따른 시스템 유지보수 비용 절감 • 정보를 기반으로 전략적 경영 가능, 정보자산의 효율적 활용

(7) CRM이 필요한 산업

1) 고객생애가치를 실행할 수 있는 산업(고객가치가 큰 산업) : 금융, 전자제품, 자동차 등
2) 고객과의 직접적 접촉빈도가 큰 산업 : 음식점, 금융업 등
3) e-Business가 가능한 산업 : 온라인 쇼핑몰
4) 제품 차별화가 어려운 산업
5) 영업인의 이동이 빈번한 산업 : 보험, 자동차, 사무기기 산업 등 고객관리가 어려운 경우
6) 고객과 직접적인 접촉이 이루어지는 서비스업

> **TIP** **CRM과 DBM의 차이점**
>
> ① CRM은 기업의 업무 프로세스 혁신을 추구한다. 즉, DBM은 단지 DM(Direct Mail)의 반응률 향상과 같은 미세한 목표들을 중심으로 관리하는 반면, CRM은 고객과 접하는 프로세스 전체의 효과와 효율성을 추구한다.
> ② DBM은 세일즈에 초점을 둔 반면, CRM은 마케팅, 세일즈, 서비스, 고객접점 등의 통합을 통해 고객정보를 보다 다양하고 적극적으로 활용하고자 한다.
> ③ DBM은 단기적인 관점에서 신규고객 창출이 목적이라면, CRM은 보다 장기적인 관점에서 고객과의 관계를 통해 기존 고객 유지와 신규고객을 함께 창출함으로써 수익을 증대시키는 것을 목표로 한다.
> ④ CRM은 고객세분화를 통해 신규고객을 창출하고, 기존고객을 확보, 유지하여 평생고객화하는 등의 지속적인 사이클을 통해 고객의 평생가치를 극대화시키는 전략이다.

Warming Up ↗

01 다음 중 CRM의 장점에 대한 설명으로 올바르지 않은 것은?

① 기존 고객 유지로 광고비를 절감할 수 있다.
② 자사의 요구에 초점을 맞춤으로써 표준화가 용이하다.
③ 특정 캠페인 등의 효과 측정이 용이하다.
④ 개품 개발과 출시에 소비되는 시간을 절약할 수 있다.
⑤ 가격이 아닌 서비스를 통해 기업의 경쟁력을 확보할 수 있다.

정답해설
특정 고객의 요구에 맞추는 개별화 서비스에 용이하다.

02 메타그룹에서 제시한 고객관계관리(CRM)의 분류 중 '분석 CRM'에서 사용되는 대표적인 분석 도구는?

① Data Warehouse
② EMS
③ Weblog Solution
④ FOD
⑤ E-mail

정답해설
Data Warehouse, Data Mining, OLAP, OSD 등이 있다.

03 다음 중 CRM의 특징에 해당하지 않는 것은?

① 고객평생가치가 핵심이다.
② 고객지향적이다.
③ 정보기술에 기초를 둔 과학적인 제반 환경의 효율적 활용을 요구한다.
④ 기업의 모든 내부 프로세스의 통합을 요구한다.
⑤ 고객에게 정보를 제공하는 등의 일방향 커뮤니케이션의 일종이다.

[정답해설]
고객과의 직접적인 접촉을 통해 쌍방향 커뮤니케이션을 지속한다.

[정답] 1 ② 2 ① 3 ⑤

02 CRM 전략수립

(1) 고객관계관리 SYSTEM 구축 5단계

▸ 고객관계관리 SYSTEM 구축단계

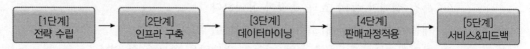

[1단계] 전략 수립 → [2단계] 인프라 구축 → [3단계] 데이터마이닝 → [4단계] 판매과정적용 → [5단계] 서비스&피드백

1단계	기업의 특성에 맞는 고객 전략 수립
	CRM 구축 목적과 그에 따른 기업의 목표를 구체적으로 파악하고 고객이 해당 기업의 제품 또는 서비스를 어떤 채널을 통해 구매하는지 파악하여 고객 전략을 수립한다.
2단계	인프라(기반시설)의 구축
	• 데이터 웨어하우스(Data Warehouse)와 정보분석 지원환경을 구축한다. • 개별 고객 분석 : 구축된 인프라를 통해 고객의 인구 통계적, 심리적 행동 특성 등을 확보·분석한다. • Back Office(후방지원부서)와 Front Office(고객접점일선) 시스템, 전자상거래 등 새로운 커뮤니케이션 채널을 확립한다.
3단계	데이터마이닝(DM)을 통한 고객 분석과 마케팅 실시
	• 데이터마이닝(DM)을 통해 고객의 성향을 분석하여 구매를 창출하고 잠재고객, 충성고객 등 다양한 고객층에 대한 차별화 마케팅 전략을 시도한다. • DM 6단계 : 문제의 정의 → 데이터 준비 → 데이터마이닝 처리과정 → 비즈니스 리포터 및 그래프 작성 → 의사결정 → 피드백

4단계	고객 분석 결과를 실질적으로 판매과정에서 활용
	• 단순 상품 판매에서 고객 분석 결과를 반영한 개별화 마케팅으로 활용한다. • 교차판매, 추가판매, 재구매 등을 통해 고객생애가치의 극대화를 추구한다.
5단계	고객 유지를 위한 서비스와 피드백 관리
	• 고객과의 유대관계를 강화한다. • 차별화, 개별화된 서비스를 제공한다. • 이탈 고객을 감소시킨다. • 기존 고객을 양질의 우수 고객으로 전환시킨다.

TIP 데이터 웨어하우스와 데이터 마이닝

• 데이터 웨어하우스 : 기업의 각 사업부문에서 수집된 자료를 바탕으로 축적된 데이터를 추출하여 고객이나 시장을 분석하고 조사활동에 언제든지 쉽게 활용할 수 있도록 방대한 분량의 고객 데이터를 체계적으로 보관하는 창고, 고객 이력과 고객 캠페인의 다차원 분석 데이터 구조
• 데이터 마이닝 : 대량의 데이터에 숨어 있는 유용한 정보를 통계적 기법을 이용해 찾아내는 과정으로 새로운 정보 및 지식을 추출

(2) CRM 전략 수립 6단계

1단계	환경 분석	고객과 시장 환경을 모두 고려하여 CRM 전략을 계획
2단계	고객 분석	자사 고객에 대한 심층적인 분석 실시, 고객평가와 고객 세분화가 핵심
3단계	CRM 전략 방향 설정	CRM의 목적 달성을 위해 필요한 활동과 활동의 주체 등을 설정
4단계	마케팅 제안 결정	고객에게 무엇을 줄 것인가를 결정(제품, 서비스, 부가적 혜택)
5단계	제품, 서비스 개인화 설계	고객 개별적 특성에 적합한 제품, 서비스 설계
6단계	대화 설계	고객에게 해당 제품, 서비스를 어떻게 제공할 것인가의 방법 설계

1) 1단계 : 환경 분석

① CRM 전략의 수립은 고객과 시장 환경을 바탕으로 하여 계획해야 하며, 환경 분석을 실시할 때 다음과 같은 사항을 고려해야 한다.
  ㉠ 고객의 구매 결정 요소
  ㉡ 타사의 고객관리활동 동향
  ㉢ IT시스템 현황
  ㉣ 기업 전체의 사업전략

② 시장매력도 분석(사업에 대한 기회와 위협을 평가)의 영향 요인
  ㉠ **시장요인** : 시장의 규모, 시장의 성장성, 매출의 순환성, 계절성
  ㉡ **산업요인** : 공급업자의 협상력, 경쟁자의 수준, 신규진입자의 위협
  ㉢ **환경요인** : 기술적 환경, 경제적 환경, 정치·사회적 환경

2) 2단계 : 고객 분석

① 고객평가 : 우량고객과 불량고객 선별 및 평가를 통한 고객의 특성을 파악한다.

㉠ 양적분석

절대평가	일정한 수치를 기준으로 고객을 평가하는 방법
상대평가	고객들의 상대적 분포특성을 반영하여 상대적 차이를 파악하는 방법
기술평가	자사고객들을 기여도 순서로 평가하는 것이 해당됨
예측평가	고객의 미래 행동 가능성을 예측하여 평가하는 방법

㉡ 고객을 평가하는 방법

수익성 점수	고객별 매출액, 순이익, 거래기간 등 자사에 기여하는 수익에 대한 점수
위험성 점수	고객별 기업에 대한 나쁜 영향력의 정도를 나타내는 점수
커버리지 점수	고객이 자사의 상품 중에서 얼마나 많은 종류의 상품을 구매하는지를 나타내는 점수로 고객 로열티의 지표이자 교차판매의 가능성이 있음
RFM점수	최근성(Recency), 거래빈도(Frequency), 구매금액(Monetary)에 따라 측정된 고객의 점수

② 고객 세분화(질적 분석)

마케팅 믹스에 의한 세분화	제품, 가격, 유통, 촉진
고객 특성에 따른 세분화	고객 프로필 및 관계, 니즈 및 성향정보
심리적 변수에 따른 세분화	라이프스타일
고객 가치 정보에 따른 세분화	구매행동 변수, 브랜드 애호도

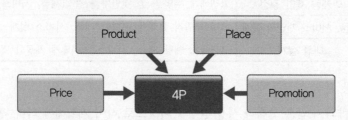

3) 3단계 : CRM 전략 방향 설정

① 전략 방향 : CRM 목적을 정의하고 실행방법과 주체를 결정해야 한다.

② CRM의 목적을 달성하기 위한 활동

㉠ 고객 수 증대 활동 : 기존 고객 유지 활동과 함께 제휴 이벤트, 추천 등을 활용한 신규고객 창출 활동

㉡ 고객의 거래 단가 증대 활동 : 추가판매, 교차판매, 재판매 등

㉢ 구매 빈도 증대 활동 : 사용방법의 다양화를 통한 사용량 및 구매횟수 증대

4) **4단계 : 고객 마케팅 제안(Offer) 결정**

① 고객에게 무엇을 줄 것인지를 결정하여 고객에 대한 마케팅을 제안한다.

② 마케팅 제안은 고객이 얻을 수 있는 제품 및 서비스와 부가적인 혜택을 의미한다.

    ㉠ **사전적 유인** : 거래를 유인하기 위해 고객에게 제공하는 혜택으로 할인쿠폰 또는 무료제공 이벤트 등

    ㉡ **사후적 보상** : 거래실적에 대한 보답차원으로 고객에게 제공하는 혜택으로 항공사 마일리지에 따른 무료 항공권 제공, 홈쇼핑 마일리지 제공 등

    ㉢ **맞춤 상품 제공** : 여행, 결혼 이벤트 등에 대해 고객이 원하는 대로 맞춤 서비스 제공

    ㉣ **적합한 상품 권유** : 미리 만들어진 상품 중 고객에게 적합한 상품을 파악하여 권유함. 오퍼(offer) 제공의 차별성은 낮지만 현실성이 높음

    ㉤ **개별적 가격 적용** : 같은 상품이라도 고객에 따라 가격을 달리 적용하여 지속적인 관계 구축

    ㉥ **제품 개발에 반영** : 고객과의 접촉과정에서 신제품 개발에 관한 고객 니즈를 수집 및 반영

    ㉦ **부가적인 혜택** : 금전적 혜택(사은품, 캐시백, 사이버 머니, 제휴업체 할인, 무상 A/S 등), 비금전적 혜택(주문형 정보제공, 맞춤형 웹페이지, 맞춤형 이메일, 고객존중 욕구 충족을 위한 축하 편지 발송, 전화상담원, 고객 커뮤니티 지원 등)

5) **5단계 : 개인화 설계**

① 결정된 제안에 대하여 고객에게 전달할 적합한 형태와 내용을 결정하는 방법이다.

② 고객의 인적, 심리적 특성 등을 고려하여 개인적 특성에 적합한 서비스 상품을 설계한다.

③ 개인화 설계 시 착안사항(개인화 규칙 유형)

    ㉠ **고객의 인적특성 기반** : 나이, 성별, 거주지, 직업, 구매 특성 및 주기 등 반영

    ㉡ **선호 상품 및 정보 기반** : 상품 구매, 관심 정보 등의 변수 반영

    ㉢ **사례 기반** : 유사한 인적특성과 구매형태의 다른 고객이 선택한 제품 반영

    ㉣ **제약 기반** : 고객의 제한 조건 반영

    ㉤ **결합 조건** : 인적 특성 및 상품 특성의 변수 반영

④ 웹 개인화 유형 : 실전적 개인화, 형식적 개인화, 복합적 개인화

6) **6단계 : 대화(Communication) 설계**

① 고객관계 관리를 위해 개인화 설계된 제안(무엇)을 제공하는 방법(Communication 채널)을 결정하는 것이다.

② 제공방법(Communication 채널)의 종류 : 우편, 전화, 대면접촉, 매스미디어, e-mail, 문자, SNS 등

③ 대화 설계의 효율성 향상 조건

    ㉠ **표현(Dialog)** : 고객의 이해도 수준 반영 및 핵심 내용의 강조로 공감대 형성을 위해 표현

    ㉡ **포장(Packaging)** : 메시지 전달의 최적화를 위한 포장 방법을 선택한다.

Warming Up

01 CRM의 전략수립 2단계 고객 분석에 있어 고객을 평가하는 방법 중 다음 〈보기〉에 해당하는 방법은?

┌─ 보기
고객이 자사의 상품 중에서 얼마나 많은 종류의 상품을 구매하는가를 나타내는 점수로 고객 로열티를 나타내는 지표가 된다.

① 커버리지 점수
② 핵심요소 점수
③ RFM 점수
④ 수익성 점수
⑤ 위험성 점수

02 다음 중 고객관계관리 시스템 구축과 관련해, 기업에서 수집된 데이터를 추출하여 고객이나 시장을 분석하고 조사활동에 언제든지 쉽게 활용할 수 있도록 방대한 분량의 고객 데이터를 체계적으로 보관하는 창고를 의미하는 것은?

① Back Office
② Front Office
③ Data Mining
④ Data Warehouse
⑤ Web log

정답 1 ① 2 ④

03 CRM 성공&실패 분석

(1) CRM의 성공 분석

1) 효과적인 CRM의 실행

① 전사적인 고객 중심의 문화가 형성되어야 하며, 공감대의 형성, 인적자원, 비현실적인 기대치, 교육훈련에 대한 전제조건이 필요하다.

② CRM은 정보기술시스템이 아니다. 따라서 마케팅 또는 IT부서 이외의 고객과 관련되지 않은 부서라 할지라도 유기적인 협업과 커뮤니케이션을 위한 모든 부분의 변화가 이루어져야 한다.

③ CRM의 성공은 경영전략, 조직운영체계, 고객접점 등 전사적인 변화를 요구한다.

2) CRM을 도입할 때 고려해야 할 사항

① CRM을 도입하는 비전 확립

② CRM 도입에 대한 최고경영자의 확신과 적극적인 지원

③ 고객 중심의 업무절차를 통한 고객 중심의 CRM 구현

④ 적절한 파트너사를 선정

⑤ 적절한 팀을 구성

⑥ 관련된 모든 인원 간 지속적, 유기적인 정보 교환

⑦ 자료의 정리와 교육 실시

TIP 성공적인 고객관계관리(CRM)를 위한 '스탠리 브라운'의 제안

- 목표를 분명하게 설정하라.
- 관련된 모든 부서를 참여시킨다.
- 구현의 수익성을 고려한다.
- 기업에서 가장 유능한 직원을 참여시킨다.
- 위기의식 조성으로 프로젝트를 가속화하라.
- 조직에 영향을 주어라.
- 기업의 다른 전략과제들과 조율하라.
- 교육훈련에 인색하지 마라.

- 가시적인 성과에 초점을 맞추어라.
- 프로젝트의 진척 현황을 주의 깊게 살펴라.
- 이해관계가 상충되는 부서와 끊임없이 커뮤니케이션을 한다.
- 직원들로 하여금 프로젝트에 참여하고 싶도록 하라.
- 인터페이스, 데이터 전환, 데이터 전송에 유의하라.
- 지나치게 전문화된 솔루션을 피하라.
- 비판적인 자세로 방법론을 선택하라.

---

(2) CRM의 실패 분석

1) CRM의 실패 요인

① 고객 데이터베이스 구축을 위한 과도한 비용 투자

② **의미 없는 데이터** : 단위당 판매가 작은 경우, 정보 수집에 비용이 많이 들거나 상표 충성심과 연관이 없는 등 장기적으로 타산이 맞지 않는 경우의 데이터

③ **역기능 고객의 불량 행동** : 의도적 혹은 비의도적으로 서비스 조직과 다른 고객에게 부정적인 영향을 미쳐 서비스 전달을 방해

④ 기업의 개인정보 수집에 비우호적인 거부감

⑤ **역차별로 인한 소외감** : 고객을 유지하고 차별화하는 과정에서 역차별에 의한 소외감 인식은 CRM의 실패로 이어질 수 있음

2) CRM 도입 실패 원인(Gartner Group)

① 방대한 양의 고객정보 데이터 무시 및 데이터 관리의 부주의

② 일부 부서에만 적용 및 명확한 전략 부재와 무계획

③ 정보시스템조직과 업무부서 간의 협업 부족

④ 문제 있는 업무의 프로세스 자동화와 고객중심이 아닌 기업을 위한 CRM

⑤ 충분하게 기술 숙련도에 대한 고려를 하지 않음

Warming Up

01 다음 중 성공적인 CRM의 구현단계로서 '스탠리 브라운'이 제시한 내용에 해당하는 것이 아닌 것은?

① 목표를 분명하게 설정하라.
② 구현의 수익성을 고려하지 마라.
③ 교육훈련에 인색하지 마라.
④ 관련된 모든 부서를 참여시킨다.
⑤ 기업에서 가장 유능한 직원을 참여시킨다.

정답해설
구현의 수익성을 고려한다.

02 다음 중 고객관계관리(CRM)의 실패 요인으로 가장 적절하지 않은 것은?

① 과도한 비용 투자
② 데이터베이스 중에서 의미 없는 데이터
③ 역기능 고객
④ 단위 조직이 아닌 전사적 추진
⑤ 역차별

정답 1 ② 2 ④

04 e-CRM의 이해

(1) e-CRM의 개념

1) e-CRM의 정의

① 인터넷상에서 고객행동과 성향을 분석해 고객만족을 극대화하고 실시간 1대1 마케팅을 실현해 주는 것으로 인터넷을 이용한 통합마케팅 기법이다.
② e-Business 프로세스 기반하에 고객 정보를 바탕으로 한 마케팅, 영업, 서비스 프로세스의 자동화 및 최적화를 통한 고객관리이다.
③ e-Business 프로세스 기반으로 수익성 있는 고객을 선별하고, 고객만족 가치 극대화를 통한 고객과의 관계 개선을 위한 프로세스이다.

2) e-CRM의 등장 배경

① 고객 서비스 채널의 다양화
② 고객 접점 관리를 위한 요원의 인건비 증가
③ 시간, 장소의 제약
④ 고객 수요에 대한 "Just in Time"으로의 적절한 대응 필요

3) e-CRM의 특징

① **온라인상에서 실시간 고객 접점 관리** : 실시간 반응을 통한 실시간 가격정책, 실시간 프로모션 등이 가능하다.
② **구축 초기에 대규모 투자 요구** : 초기 기반시설 설치비용이 높다.
③ **유지관리비용 낮음** : 신규고객 진입 및 관리에 소요되는 비용은 거의 제로(zero, 0)에 가깝다.
④ **커뮤니케이션, 마케팅의 다양성** : 대량 이메일 발송, 동시 캠페인 실시, 이벤트 참여 등 다양한 마케팅 활동의 공격적 전개가 가능하다.
⑤ **멀티미디어 수단의 통합 구축** : e-mail, 음성서비스, 동영상 등의 멀티미디어 수단의 통합 구축이 가능하다.
⑥ **관리비용의 절감** : 복수채널의 운영으로 인한 불필요한 관리비용의 절감이 가능하다.

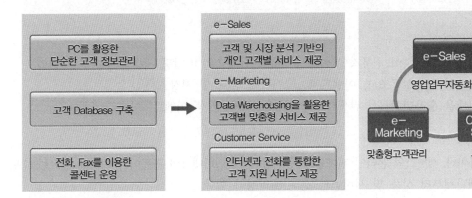

4) e-CRM과 CRM 비교

구분	e-CRM	CRM
주요 이용 대상	e-비즈니스 기업	서비스 등 오프라인 중심 기업
고객 접점	온라인(인터넷)	콜센터, 오프라인 중심
구성 요소	e-Sales + e-Service + e-Marketing	Sales + Service + Marketing
판매 관련 요소	전자상거래(B2B, B2C)	전화 판매, 판매 자동화
서비스 관련 요소	온라인 Self-Service, 메일 관리	기술지원, 필드 서비스
마케팅 관련 요소	e-Marketing + 개인별 서비스	캠페인관리 + 분석 도구
데이터 채널	인터넷을 활용한 단일 통합체계	복수의 분산된 채널

비용	초기비용은 높으나 관리비용은 낮음	관리비용이 상대적으로 높음
서비스 범위	시·공간적 제약 탈피	시·공간적 제약 존재
고객요청처리과정	On-demand access로 단순한 절차와 시간 처리	복잡하고 처리 과정에 오류 가능성 존재
관계 본질	복잡, 유동적	단순, 통제적
관계 통제	기업과 고객	기업
관계 범위	확장된 전사적 관계	전사적 관계
관계 초점	고객	기업 종사원
데이터	고객이 행위로 표현한 정보 (구매 이력, 방문 횟수, 게시판 사용횟수 등)	구매 및 서비스 데이터에 근거한 데이터 요약 (구매 금액, 구매 건수 등)
활용	웹 페이지 개인화, 상품추천 시스템, 캠페인 관리	판매원 배정, 캠페인 관리 마케팅-영업-서비스에 전달

(2) e-CRM의 구성요인

e-Marketing	e-Sales (pre-Sales)	e-Service (Point of Sales)	e-Community (post Sales)	e-Security

1) e-Marketing

① 인터넷을 활용하여 전통적인 마케팅 기능 및 새로운 마케팅 개념을 구현하는 전략
② 인터넷상에서 설문조사, 이벤트 등 고객참여 유도 및 시장조사
③ 인터넷을 활용한 광고, 검색사이트 키워드 제공, 각종 이벤트, 이메일, SNS 등

2) e-Sales

① 상품이나 서비스의 온라인 판매를 지원하기 위한 인터넷상의 활동이나 여기에 필요한 수단
② 검색단계부터 상품 및 서비스의 전 구매과정이 해당
③ 고객 스스로가 웹을 통해 전 구매과정 절차에 직접 참여하는 Self Service화
④ 인터넷상에서 고객의 과거 구매이력, 관심목록 등의 구매의사와 지불 능력 파악
⑤ 고객의 구매정보 및 지원정보 이력화로 고객 구매의도에 맞는 적정 상품 추천

3) e-Service

① 인터넷에서 고객에게 제공되는 서비스를 관리하는 활동
② Q&A나 FAQ, A/S 및 환불 정책, 반품, 주문 제품의 인도 절차 등 고객이 처리 현황 검색
③ 고객의 서비스 주문 및 질의사항, 불편사항 접수 처리
④ 인터넷을 통해 고객이 고객 정보를 입력하고 갱신
⑤ 고객이 접속한 정보를 데이터베이스에 저장
⑥ 고객 유형에 따른 맞춤 서비스를 제공하는 기능 등이 포함

4) e – Community

① 가상소통 공간으로, 개인 간의 정보 교환, 개인과 기업 간의 정보교환의 매개체 역할
② 기업 웹사이트 또는 쇼핑몰 사이트 등은 카페나 동호회 등에 다양한 정보와 활동을 지원

5) e – Security

① 인터넷의 전자 보안 서비스
② 정보기술 발달로 인해 긍정적 측면과 더불어 바이러스, 개인정보 유출 등의 부정적 사회문제 대두
③ 기업의 웹 사이트를 방문한 고객들의 개인정보를 바이러스와 해킹의 피해로부터 보호하기 위해 확보해야 하는 요인

(3) e – CRM의 전략과 목표

1) e – CRM의 전략

① 고객 접근 전략

퍼미션 마케팅 (Permission Marketing)	• **허용마케팅** : 기업의 접근에 대해 고객에게 동의를 받은 마케팅 행위 • 이메일 등을 통해 고객이 원하는 정보를 주기적 혹은 비정기적으로 통보해주는 e – 메일 퍼미션 마케팅 • '강요당하는 느낌이 들지 않게 하는 것'이 e – CRM의 핵심
옵트 인 메일 (opt – in – mail)	• 사이트에 회원으로 가입할 때 광고 수신 여부와 필요로 하는 정보를 등록함으로써 허가 받은 사람에게만 이메일을 발송하는 서비스 • 옵트 인 메일의 정보는 광고가 아니라 고객이 필요로 하는 서비스로 인식
정크 메일 (Junk Mail)	• 일방적으로 전달되는 대량의 광고성 이메일 • 스팸 메일(Spam Mail)로 처리되므로 유익한 정보만 보낼 때 긍정적 기업 이미지 부여 가능

② 고객 창출 전략

커뮤니티 서비스 (Community Service)	기업이 이용자 상호간의 정보교환을 위해 카페, 게시판 기능 등의 서비스를 제공
인비테이션 서비스 (Invitation Service)	• 기존 고객이 다른 사람들에게 해당 웹사이트를 추천해주도록 유도함으로써 고객을 창출하는 전략 • 추천인 아이디

③ 고객 유지 전략

개인화 서비스 (Personalize Service)	1:1 마케팅 실현 및 차별화된 서비스를 통해 고객 만족 향상과 고객 유지가 가능
레커멘데이션 서비스 (Recommendation Service)	고객에게 상품을 추천하는 서비스

인센티브 서비스 (Incentive Service)	추가적인 혜택을 제공하는 서비스
원 스톱 쇼핑 서비스 (One-Stop-Shopping Service)	소비자가 상품 구입을 모두 한 곳에서 마칠 수 있도록 하는 서비스 제공

④ 고객만족 전략

어드바이스 서비스 (Advice Service)	고객이 상품 구입을 망설이고 있을 때 사람이 직접 조언을 해주거나 안내해주는 서비스
서스펜션 서비스 (Suspension Service)	위시리스트 및 찜상품 기능 등을 추가하여 상품 정보를 개인 홈페이지에 기록한 개별 고객이 원하는 사양의 제품을 제공하는 서비스
매스 커스터마이즈 서비스 (Mass Customize Service)	개별 고객이 원하는 사양을 가진 제품을 제공하는 서비스
저스트 인 타임 서비스 (Just-In-Time Service)	시간이나 장소에 구애받지 않고 고객의 상황에 맞추어 상품을 제공해주는 서비스
리마인드 서비스 (Remind Service)	고객의 과거 구매력 등의 속성으로부터 향후 행동을 예측하거나, 생일, 기념일 등을 등록하도록 유도하여 이를 프로모션에 활용

2) e-CRM의 목표

① 자사의 웹사이트를 방문한 고객들이 기업에 주는 가치 극대화
② 인터넷을 통해 고객의 요구사항에 신속히 대응하는 쌍방향 커뮤니케이션
③ 고객 행동(쇼핑 패턴 및 구매 패턴)에 대한 예측성을 제고
④ 고객만족도와 고객 점유율 증대를 통한 기업의 수익성 증가

▸ e-CRM의 시스템 구성(예시)

고객 접점-웹 브라우저, E-mail, 무선단말기		

e-Sales	온라인 주문접수, 판매관리	고객 행동자료 수집	SFA
e-Service	고객 지원 서비스		
e-Marketing	고객정보관리	제품안내관리	Call Center

고객정보 DataBase-DW, Data Mining 통계 Tool		

(4) e-CRM 운영의 효과

기업의 운영비 감소, 고객만족도 증가, 기업의 영업수익 증가

Warming Up ↗

01 다음 e-CRM의 구성요인 중 기업의 웹사이트를 방문한 고객들의 개인정보를 바이러스와 해킹의 피해로부터 보호하기 위해 확보해야 하는 요인은?

① e-Sales　　　　　　　② e-Service
③ e-Community　　　　④ e-Security
⑤ e-Markrting

02 다음 e-CRM의 다양한 전략 중 〈보기〉에 해당하는 것은?

┌ 보기 ─────────────────────────────
고객이 사이트에 회원으로 가입할 때 광고 수신 여부와 필요로 하는 정보를 등록함으로써 허가 받은 사람에게만 이메일을 발송하는 서비스로 이는 고객이 필요로 하는 정보이기 때문에 광고가 아닌 서비스로 인식한다.
└──────────────────────────────────

① 퍼미션 마케팅　　　　② 옵트 인 메일
③ 인센티브 서비스　　　④ 서스펜션 서비스
⑤ 인비테이션 서비스

정답 1 ④ 2 ②

05 인간관계와 의사소통

(1) 인간관계

1) 인간관계의 이해

① **인간관계의 정의**

인간 상호간에 있어서 본성이나 직접적 접촉에 의해 자연발생적으로 형성되어 지속적으로 유지되는 내면적, 감정적인 인간 대 인간의 관계이다.

㉠ **외적인 제도적 측면** : 구체적인 조직이나 집단 중에서 성립하고 있는 구성원 간의 상호관계이다.

㉡ **내적인 인간적 측면** : 인간관계 형성의 출발점은 자신의 내면이고, 우리 자신의 내적 성품이다.

② **인간관계의 의의**

인간과 인간의 만남에 있어 상호간의 가치에 대한 존중과 신뢰의 바탕 위에서 구성원의 욕구를 충족시키고 조직의 목적을 달성하기 위하여 상호 협력 관계를 이룩하는 것이다.

③ 인간관계와 욕구단계론(theory of need hierarchy)

인간은 사회적 동물로 타인과의 지속적인 교류를 통해서만 살아갈 수 있는 존재이다. 매슬로 (Abraham H. Maslow)는 욕구단계론을 통해 인간의 기본적인 다섯 가지 욕구에 대해 주장 하였다.

5단계	자아실현의 욕구	self - actualization needs
4단계	존경의 욕구	esteem needs
3단계	사회적 욕구(사랑과 소속감의 욕구)	love and belongingness needs
2단계	안전 욕구	safety needs
1단계	기본적인 욕구(생리적 욕구)	physiological needs

2) 인간관계론의 역사

① 초기 인간관계론

1800년대 중반~	• 1800년대 중반 : 인간관계론이 논의되기 시작 • 산업화 이후 : 생산성과 능률성 향상을 위해 인력관리에 대한 관심으로부터 인간관계론 대두

② 과학적 관리론과 호손 실험

1900년대	① 프레드릭 테일러의 과학적 관리론 : 작업과정에서 활용되는 지식과 기술을 체계화하고 작업과정을 철저하게 관리해야 한다. ② 엘튼 메이요의 호손 실험 : 근로자들의 작업환경과 생산성에 미치는 효과를 연구 　• 호손실험(Hawthorne Experiment) : 조직의 생산성 향상을 위해 인간의 정서적 요인에 초점을 맞춘 관리기술을 제시하였고, 이는 인간관계론이 본격적으로 대두되는 계기가 되었다. 　• 호손실험의 결과 : 종업원의 태도나 감정은 집단 내의 인간관계에서 영향을 받고 이는 생산성에 영향을 미친다. 또한 공식적 조직 내에서 자생한 비공식적 조직이 구성원의 행동을 강하게 통제할 수 있다.

③ 현대 인간관계론

2000년대	• 강화이론(스키너) : 특정 행동의 결과가 긍정적 보상을 받게 되면 그 행동은 반복·강화되고, 처벌 등 부정적 보상을 받게 되면 행동은 억제·약화된다. • 사회교환이론 : 호혜성의 원리 　인간관계는 대가와 보상의 교환과정에 의해 형성되고 유지된다.

3) 인간관계의 형성과 해체

① 인간관계의 형성 : 휴스턴(Huston)과 레빙거(Levinger)

면식단계	접촉단계	상호의존단계
인상 형성 단계	피상적 역할 단계	친밀한 사적 단계
• 관찰을 통해 서로를 파악하는 단계 • 첫인상은 성별, 연령, 외모와 옷차림, 언어적 요소 등을 통해 형성된다. • 상투적 표현, 선입견, 후광효과, 악마효과가 발생할 수 있다.	• 직접적인 교류가 일어나는 단계 • 인격적인 특성보다는 역할이 중시되므로 친밀감이나 상호의존성이 증진되기 힘들다. • 공정성과 호혜성이 관계유지의 주요 요인이 된다.	• 두 사람 사이에 크고 작은 상호작용이 나타나는 단계 • 호혜성의 원칙을 초월하여 상호교류가 개인적 수준까지 발전하는 사적인 관계이다.

② 인간관계의 유형

공유적 관계	• 가족과 친구 사이에서 주로 나타나며 호혜성의 원칙이 무시됨 • 상대방과 자신이 하나라고 지각하는 관계
교환적 관계	거래적이고 교환적 성격의 관계로 호혜성과 형평성의 원칙을 요구
종적 관계	사회적 지위가 서로 다른 사람들 사이의 상호작용이며 형식적이고 수단적인 속성 강함
횡적 관계	사회적 위치가 서로 유사한 사람들 사이의 상호작용이며 자발적 속성을 가짐

③ 인간관계 심화요인 : 넬슨 존슨

	Reward (보상성)	• 인간관계에서 얻을 수 있는 긍정적 보상의 효과 • 보상의 범위와 깊이가 확대될수록 인간관계는 더 심화된다.
3R	Reciprocality (상호성)	• 인간관계에서 보상이 서로 균형 있게 교류되는 것 • 긍정적 보상의 영역이 넓어지고 인간관계가 더 심화된다.
	Rule (규칙)	• 인간관계에서 서로의 역할과 행동에 대해 명확하게 설정된 기대나 지침 • 분명한 교류 규칙에 의해 인간관계가 더 심화된다.

④ 인간관계의 촉진요인과 해체요인

촉진요인	해체요인
• 자기공개 • 상대에 대한 관심 • 정서적 지지와 이해, 공감 • 관심사와 취미를 통한 재미와 즐거움 공유 • 현실적 도움의 교환	• 접촉과 관심의 감소 • 갈등해결의 실패 • 투자와 보상의 불균형 • 사회교환이론 　- 인간관계는 각자에게 돌아가는 성과에 따라 관계의 지속여부가 결정된다. 　- 새로운 인간관계에서 대체관계 비교수준(CL alt : Comparison Level)이 현재의 인간관계에서의 성과보다 높은 경우 현재의 관계를 청산하고 새로운 관계로 옮겨간다.

4) 인간관계 부적응과 갈등

① 부적응 유형 : 머튼

㉠ 특정사회에서 문화적 목표는 지나치게 강조하는 반면 제도적 수단으로 그 목표를 달성할 수 있는 기회가 제한되어 있기 때문에 사회적 '긴장'이 발생한다. 사회에서 인정하는 문화적 목표와 제도적 수단에 따르지 않는 행동양식을 부적응이라 한다.

㉡ 머튼(Merton) 아노미 이론에서의 5가지 부적응 유형

동조형	문화적 목표와 제도적 수단을 수용하는 적응방식
혁신형	• 문화적 목표는 수용하지만 제도화된 수단은 거부하는 적응방식 • 비합법적인 수단으로 사회적으로 가치있는 목표를 달성하려는 대부분의 범죄(강도, 사기, 횡령 등)에 해당
의례형	• 문화적 목표를 거부하고 제도화된 수단만을 수용하는 적응방식 • 조직의 목표보다는 절차적 규범에만 치중하는 무사안일한 관료
도피형 (패배주의형)	• 문화적 목표와 제도화된 수단을 모두 거부하고 사회로부터 도피 • 만성적 약물중독자, 은둔자 등이 해당
반역형	• 도피형과 같이 문화적 목표와 제도화된 수단을 모두 거부하면서 동시에 새로운 문화적 목표와 제도화된 수단으로 대치하려는 적응양식 • 사회운동가, 히피 등이 해당

② 부적응적인 인간관계 유형 8가지

회피형	경시형	• 인간관계는 무의미하다, 고로 맺지 않는다. • 인간관계에 대한 동기나 욕구가 적고 오히려 고독을 즐긴다.
	불안형	• 사람을 만나는 것에 대한 불안함, 두려움을 가지고 있어 인간관계를 회피하는 유형이다. • 피해의식이 심할 경우 대인공포증으로 발전할 수 있다.
피상형	실리형	• 인간관계를 이득을 위한 거래관계로 생각하는 유형으로 일 중심적 인간관계에 치중하는 유형이다. • 내면의 고독이 깊다.
	유희형	• 유희를 위한 인간관계를 즐기며 진지하고 무거운 주제는 피하려는 유형이다. • 아이러니하게도 내면의 고독을 잊고 싶은 심리가 있다.
미숙형	소외형	• 관계를 맺고자 하는 행동이 능동적인 데 반해 미숙한 대인관계 기술로 인해 오히려 따돌림을 당하는 유형이다. • 자기 자신의 문제점이 무엇인지 모르는 경우가 많다.
	반목형	• 여러 인간관계에서 다툼과 대립을 반복하는 사람들로 친구보다 적이 더 많은 유형이다. • 트러블 메이커(troublemaker), 다혈질, 조울증이 해당된다.

탐닉형	의존형	• 친밀한 인간관계를 강박적으로 추구하고 관계에 많은 의지를 하면서 그들을 통해 항상 관심과 애정을 확인하고자 하는 유형으로 피상형의 반대 개념이다. • 추종형, 애정결핍, 질투, 집착 등이 해당된다.
	지배형	• 다른 사람들에게 주도적인 역할을 하려고 하며 자신을 중심으로 집단을 만들려고 하는 유형이다. • 이끌어 나가기를 좋아하고 자기주장이 강하다.

Tip 머튼의 아노미 이론

① 문화적 목표와 목표달성을 위한 제도화된 수단 간의 괴리감 형성 시 아노미가 발생한다.
② 아노미 이론의 장점
  사회적 일탈의 원인을 문화와 사회구조 간의 관계에서 파악. 청소년 범죄 및 배경 이해에 도움(예 빈민계층의 범죄 발생원인 등)
③ 아노미 이론의 한계점
  • 일시적으로 발생하는 범죄는 문화적 목표와 무관한 일탈행위로 설득력 부족(충동적 일탈)
  • 중산층 또는 상류계층에서 발생하는 일탈행위에 대한 설득력 부족(개인의 반응의 차이)
  • 목표의 다양성과 문화의 다양성을 깊이 인식하지 못하는 한계성

③ 인간관계 갈등의 원인
  ㉠ 상호의존적 관계   ㉡ 상반된 목표   ㉢ 한정된 자원
  ㉣ 타인 개입에 의한 좌절   ㉤ 감정과 행위의 충돌

5) 대인지각과 인간관계
① 대인지각의 개념
  ㉠ 대인지각이란 주관적 판단에 근거하여 다른 사람에 대한 인상을 형성하는 것으로 '어떻게 대인지각을 행하고 있는가'하는 것은 사회적 행동이해를 위한 기초문제가 된다.
  ㉡ 대인지각의 특징
    ⓐ 초두효과(초출효과) : 최초에 출현된 정보에 의해 강하게 규정된다.
    ⓑ 후광효과 : 측면의 평가가 다른 측면에까지 확대된다.
    ⓒ 자신의 심리적 상태를 인지하는 상대에게 투사하는 경향이 있다.
    ⓓ 상대를 정확하게 인지하는 능력은 개인차가 있다.
  ㉢ 대인지각의 형성 과정

자극의 선택과 단순화 단계	자극의 조작화 단계	의미해석의 단계
선택주의 : 자극을 선택적, 선별적으로 받아들임	조작 : 선택된 자극들을 이해하기 편한 효율적인 패턴으로 조작화하는 과정	각자가 가지고 있는 경험이나 지식에 따라 의미 부여

  ㉣ 대인지각의 경향 : 단순화(강도의 지나친 강·약), 일관화(부적절한 생활의 후광, 초두 관용 효과)

TIP 자극의 조작화 단계에서 나타나는 경향

① 주어진 사실을 그대로 보지 않고 필요하다고 생각되는 다른 사항들을 첨가해서 묶어보려는 경향이 있다.
② 방해가 되는 사항들은 고려대상에서 제외시켜 가능한 한 이해하기 쉽도록 간소화하는 경향이 있다.
③ 지각한 사실들을 구조화시키고 패턴화하여 의미 있는 형태로 만들려고 하는 경향이 있다.

② 대인지각 왜곡유형

왜곡유형	특징
후광효과 (Halo Effect)	• 한 대상의 두드러진 특성이 그 대상의 다른 세부 특성을 평가하는 데에도 영향을 미치는 현상 • '헤일로 효과'라고도 불림
낙인효과	• 어떤 사람이 나쁜 사람으로 낙인되면 그 인식은 사라지지 않는다는 이론 • 악마효과(Devil Effect)
관대화 경향	자기와 가까운 사람(학연, 지연 등)에게 관대한 평점을 주게 되는 성향 및 오류
중심화 경향	평가 대상들을 모두 중간 점수로 평가하는 경향(아주 나쁨이나 좋음 판단을 기피)
최근효과	가장 최근에 제시된 정보를 더 잘 기억하는 현상(신근성 효과, 막바지 효과)
초두효과	• 먼저 제시된 정보가 추후 알게 된 정보보다 더 강력한 영향을 미치는 현상 • '첫인상 효과', '3초의 법칙', '콘크리트 법칙'
대비효과	• 판단을 함에 있어 최근에 주어진 정보와 비교하여 판단(대조효과) • 미지근한 물은 손을 담그기 전에 뜨거운 물을 만졌는지 차가운 물을 만졌는지에 따라 차갑게 여겨지거나 뜨겁게 여겨질 수 있음
투영효과	판단을 함에 있어 자신과 비교하여 남을 판단하는 경향
방사효과	매력적인 짝과 함께 있는 사람의 사회적인 지위나 가치를 높게 평가하는 현상
스테레오타입 (Stereotype)	**고정관념** : 어떤 특정한 대상이나 집단에 대하여 많은 사람이 공통으로 가지는 비교적 고정된 견해와 사고로 집단 특성에 근거하여 판단하는 경향(직무, 인종상 특성)

③ **자아의식 모델** : 조하리의 창(Johari Window)
  ㉠ 조하리(Johari)란 조셉 루프트(Joseph Luft)와 해리 잉햄(Harry Ingham)의 이름을 결합한 것으로, 마음의 4가지 창이라고 한다.
  ㉡ 자기공개의 정도(말하기)와 피드백을 얻는 정도(듣기)의 두 가지 요소에 의해 결정되며 네 가지 영역으로 구분하고 있다.
  ㉢ 공개된 영역(Open Area) : 개방형, 넓은 인간관계
  ㉣ 맹목 영역(Blind Area) : 자기주장형, 거침없는 말, 경청 필요
  ㉤ 숨겨진 영역(Hidden Area) : 신중형, 적은 실수, 공격당하는 일 적음
  ㉥ 미지 영역(Unknown Area) : 고립형, 특성증상(무관심, 무감동, 무감각), 소극적, 많은 고민

구분		피드백을 얻는 정도(듣기)	
		내가 알고 있는 정보	내가 모르는 정보
자기 공개의 정도 (말하기)	타인이 알고 있는 정보	**공개된 영역(Open Area)** • 인간관계가 넓음 • 자기표현과 경청을 잘 함 • 개방형 • 개방영역이 지나치게 넓으면 주책없고 경박스러운 사람으로 비춰질 수 있음	**맹목 영역(Blind Area)** • 거침없이 이야기함 • 자기주장형 • 타인의 말을 경청할 줄 알아야 함

	타인이
	모르는
	정보
		숨겨진 영역(Hidden Area)
		• 실수, 공격당하는 일이 적음
		• 신중형, 계산적, 실리적
		• 현대인에게 가장 많은 유형
		• 자신의 이야기를 잘 하지 않으며 신중
		  하고 실리적인 인간관계 선호
			미지 영역(Unknown Area)
			• 소극적이고 고민이 많음
			• 고립형
			• 감정표현 결여, 무감동, 무관심, 무감각
			• 인간관계에 좀 더 적극적이고 긍정적인
			  대도를 가질 필요가 있음

④ 자아개방의 5단계 : 존 포웰(John Powell)

5단계	상투적 표현단계(일상적인 대화 수준)	안녕하세요. 반갑습니다.
4단계	정보교환단계(객관적 사실 전달 수준)	점심은 무엇을 드셨나요?
3단계	생각 나누는 단계(가치판단에 의한 표현 수준)	탈원전에 대한 내 생각은 …
2단계	감정과 느낌 전달 단계(진정한 자아 개발 이루는 수준)	자연훼손이 걱정돼. 오늘 기분 좋아
1단계	상대방 감정 지지하는 진실의 대화 단계(최고의 의사소통 수준)	당신의 의견에 공감하며 추가 의견은 …

(2) 의사소통

1) 의사소통(communication)의 이해

① 의사소통이란 라틴어의 Communis(공유의)에서 유래되었으며 사실이나 생각을 공유한다는 의미로, 사람들 간에 생각이나 감정 등을 교환하는 총체적인 행위이다.

② 의사소통의 과정(SECDR)

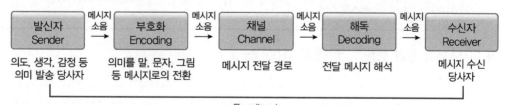

③ 효과적인 의사소통

　ⓐ 발신자는 전달하고자 하는 내용을 분명하게 인식하고 이를 적절한 메시지로 전환한다.

　ⓑ 수신자의 메시지 인식 결과에 대해 Feedback을 받는 것이 중요하다.

　ⓒ 메시지 전달을 위한 적절한 전달 매체와 경로를 선택한다.

　ⓓ 비언어적 메시지 활용 및 반복적 전달을 통해 의도 전달의 효과성과 명확성을 높인다.

④ 이상적인 의사소통 상태를 이루는 기준 : 하버마스(Habermas)

이해가능성(Comprehensibility)	쉬운 용어 선택, 명확한 의도 전달
진지성(Sincerity)	정확하고 사실적인 내용 전달
타당성(Rightness or Legitimacy)	주제에 적합한 내용 전달
진리성(Truth)	거짓없는 진실한 내용 전달

2) 의사소통의 유형 및 방법

공식적 의사소통	하향적 의사소통 (상의하달)	• 수직적 의사소통, 지시, 명령, 일반정보 전달 • 일방적, 획일적이며 의사소통의 왜곡, 오해의 가능성 • 편람, 뉴스레터, 구내방송, 게시, 강연 등
	상향적 의사소통 (하의상달)	• 수직적 의사소통, 보고, 정보 전달 • 쌍방향 의사소통 가능, 하향적 의사소통의 문제점 시정 • 선택적 여과 현상 발생 가능(좋은 소식만 전달) • 보고, 제안, 의견조사, 면접 등
	수평적 의사소통	• 횡적 의사소통 • 동일 계층 또는 직급과 상관없는 관계에서 이루어지며 문제해결, 정보 공유, 갈등해소 등에 효과적 • 회의, 회람, 통보 등
비공식적 의사소통	포도넝쿨 유형	• 친화관계, 학연, 지연 등 인간적 접촉에 의해 자생적으로 형성(동문 회 등) • 공식적인 의사소통이 전달하지 못하는 유익한 정보를 제공 • 전달속도가 빠르며 조직의 응집력을 높임 • 전달 과정에서 왜곡될 가능성이 높으며 정확성이 낮음
	뜬소문	• 사실에 근거를 두지 않는 비공식적인 커뮤니케이션 • 루머(Rumor)

3) 의사소통과 공간 행동 : 에드워드 홀(Edward T. Hall)

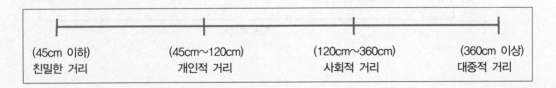

| (45cm 이하)
친밀한 거리 | (45cm~120cm)
개인적 거리 | (120cm~360cm)
사회적 거리 | (360cm 이상)
대중적 거리 |

① 친밀한 거리
　㉠ 가족이나 연인 등의 친밀한 거리
　㉡ 이외의 사람이 이 거리 안으로 들어오게 되면 매우 불쾌감을 느낌

② 개인적 거리
　㉠ 신뢰감을 가지고 마주보고 대화할 수 있는 친한 친구 또는 동료
　㉡ 오랜 기간 친근한 관계를 맺어온 고객 사이에서 형성되는 적당한 간격
　㉢ 격식과 비격식의 경계지점

③ 사회적 거리
　㉠ 사무실 또는 제3자와 대화하면서 유지하는 거리
　㉡ 보다 정중한 격식과 예의 요구, 대화도중 개입과 이탈이 자유로움

④ 대중적 거리
　㉠ 전혀 모르는 타인과의 거리
　㉡ 연설이나 강의와 같은 특수한 경우에 한정
　㉢ 개인적으로 대화나 설득하는 것은 거의 불가능

4) 의사소통의 장애요인

① 개인의 특성에 따른 선택적 지각
② 개인의 감정상태 또는 가치관
③ 준거 틀의 차이
④ 조직 내 위신관계
⑤ 정보원에 대한 신뢰도
⑥ 가치판단과 고정관념
⑦ 청취 태도
⑧ 정보의 여과
⑨ 집단의 응집력
⑩ 지나치게 많은 정보

TIP 정보의 여과

정보의 여과란 수신자가 더욱 선호하도록 발신자가 정보를 조작하는 현상을 말한다.
이러한 현상은 주로 조직 내 상향적 커뮤니케이션에서 나타나는데, 예를 들어 하급자가 불리한 정보를 은폐한 채 상급자에게 긍정적인 정보만을 전달하여 자신의 성과에 대해 유리한 평가를 끌어내고자 할 때 정보를 여과하려는 경향이 나타난다.

5) 효과적인 의사소통 기법

① **적극적 경청**(Active listening) : 상대방의 말에 대한 반응과 공감

② **피드백**(Feedback) : 정확한 의사소통을 위한 과정

③ **자기 표현하기**(Self-expression)

　　㉠ **부정적인 감정을 표현할 때** : 부정적인 감정을 효과적으로 표현하는 방법의 핵심은 상대방의 마음을 상하지 않게 하면서 그의 행동이 변화될 수 있도록 전달하는 것이다.

　　㉡ **Yes, but화법** : 상대의 감정을 해치지 않고 체면을 지켜주면서도 자신의 반대 의견을 내놓는 화법

　　㉢ **I-Message화법** : 상대를 비난하지 않고 나의 감정 표현으로 상대방의 마음을 움직이는 화법

④ **효과적인 부탁 기술**

　　㉠ **한 발 들여놓기 기법** : 상대방이 충분히 들어줄 수 있는 작은 요청을 한 후 일단 수용이 되면 조금씩 요청을 증가시켜 나가는 기술이다.

　　㉡ **얼굴 부딪히기 기법** : 자신이 원하는 것보다 훨씬 큰 것을 상대방에게 요청하고 그가 이를 거절하면 요구의 규모를 조금씩 축소해 나가며 자신이 원하는 것을 순차적으로 얻어내는 방법이다(**데** 워터게이트 사건).

⑤ **효과적인 거절 기술**

　　그랬구나 기법 : 도움이 필요한 상대방의 상황을 충분히 이해했음을 표현하고(그랬구나), 도움을 주지 못하는 자신의 상황이나 이유를 분명하게 설명하는 방법이다.

⑥ **이해하기 쉬운 평이한 언어 사용** : 외국어, 전문용어, 비속어 사용 금지

⑦ **다양한 의사소통 채널 사용**

⑧ **정보기술의 적극적 활용** : 이메일, 문자 메시지, 팩스, 인터넷 채팅 등

T I P　의사소통 채널의 종류와 특성

낮아짐		의사소통의 충실성			높아짐
게시판/공지	메모/편지	e-mail	전화	화상회의	면대면회의
• 다중적					• 개인적
• 단방향					• 쌍방향
• 빠름					• 느림
• 집중도 낮음					• 집중도 높음
• 정확성 낮음					• 정확성 높음

✦ 출처 : 생활속의 경영학 3편, 정영광·정기만

6) 인간관계의 개선 방법

① 대안적 사고(Alternative Thoughts)

불쾌한 감정을 유발한 사건을 보다 사실적, 논리적이며 유용한 대안적 사고를 찾아 생각을 바꾸어 보는 방법으로 원래의 대안사고를 대체할 경우 결과적으로 감정이 변화하게 된다.

> A-B-C기법(Allies)
> * 선행사건 Activating events - 사고나 신념 Belief system - 결과 Consequence
>   사건(A)이 일어나면 자신의 신념(B)을 토대로 지각하고, 행동적인 결과(C)가 발생한다.
>   → 결과(C)를 구체화하고 사건(A)를 객관적으로 기술한 후 불쾌한 사고내용(B)을 찾아낸다.
> * 자기 신념의 불합리성 여부를 검토한 후 문제점을 인식하여 패배의식 극복에 적용한다.
> * 불쾌한 감정의 내면을 통찰하여 합리적인 관념과 조화로운 삶을 유지하기 위해 적용한다.

② 대인신념의 변화

사고내용이 사실성, 논리성, 유용성의 합리성 평가를 제고해 봐도 자신의 생각이 옳다고 판단되는 경우, 수직 화살표 기법을 적용하는 것이 효과적이다.

> 수직 화살표 기법
> 부정적 사고가 자신에게 의미하는 바를 자문함으로써 역기능적 신념을 확인하는 방법으로 대인 신념이 확인되면 그 신념의 타당성을 제고한다.

③ 대인환경 개선

㉠ **사회적 대인환경** : 개인이 소속되어 있는 집단의 여건
㉡ **물리적 대인환경** : 주거지 환경 또는 주거 시설구조, 대화를 위한 공간 또는 시설들
㉢ **개인적 대인환경** : 개인이 속한 집단에서 필연적으로 관계를 맺게 되는 사람들

Warming Up

01 다음 〈보기〉 중 휴스턴과 레빙거의 인간관계 형성 단계에 해당되는 내용을 모두 고른 것은?

보기
가. 인상 형성 단계 　　　　　　　　 나. 공유적 단계
다. 친밀한 사적 단계 　　　　　　　 라. 피상적 역할 단계
마. 교환적 단계

① 가, 나, 다 　　　　　　　　　② 가, 나, 라
③ 가, 다, 라 　　　　　　　　　④ 나, 다, 라
⑤ 나, 다, 마

02 다음 중 넬슨 존슨이 제시한 인간관계 심화 요인을 모두 찾아 나열한 것은?

① 관심 – 규칙 – 동기 　　　　　② 관심 – 규칙 – 상호성
③ 규칙 – 상호성 – 보상성 　　　④ 규칙 – 상호성 – 공감
⑤ 규칙 – 보상성 – 공감

03 다음 '머튼'이 제시한 인간관계 부적응 유형에서 문화적 목표와 제도적 수단을 모두 수용하는 적응방식으로 부적응에서 제외될 수 있는 유형은?

① 동조형 　　　　　　　　　　　② 혁신형
③ 도피형 　　　　　　　　　　　④ 의례형
⑤ 반역형

정답　1 ③　2 ③　3 ①

06 교류분석(TA)

(1) 교류분석(Transactional Analysis)의 기본이해

1) 교류분석(TA)의 개념

① 미국의 정신과 의사인 에릭 번(Eric Berne)에 의해 창안되었으며 서로 반응하고 있는 사람들 간의 교류나 행동에 관한 이론 체계이자 효율적인 인간 변화를 위한 치료 방법이다.

② 교류분석은 개인의 성장과 변화를 위한 체계적인 성격이론이자 집단 치료에 있어 새롭고 효과적인 심리치료법이다.

③ 교류분석은 성격변화에 중점을 둔 치료 방법으로 긍정성, 책임, 사고와 감정과 행동의 조화로운 통합을 통한 자기분석의 심리치료이다.

④ 정신분석과 행동주의에 기반하여 일반인이 이해하기 쉬운 사고방식, 방법을 치료에 도입

⑤ 심리적 갈등해소, 자기성장 / 자각 증진, 대인관계 개선방법 제시

⑥ 초기 집단치료에 이용되었으나 점차적으로 개인상담 및 치료, 다른 심리치료 등에 이용

2) 교류분석(TA)의 목적

① 교류분석은 자율성을 높임으로써 자신의 사고방식, 행동방식에 대한 책임을 갖는 수준으로 성장시킨다.

② 대인관계에 있어서 대화방법 및 상호관계를 학습함으로써 자기 자신의 자아 상태 모습에 대한 깊은 자각을 하고 상황에 따라 적절한 자아 상태를 스스로가 자발적으로 통제할 수 있도록 한다.

③ 교류분석은 커뮤니케이션 능력을 향상시킴으로써 원활한 인간관계를 형성한다.

3) 교류분석(TA)의 철학적 가정(인간관)

① 긍정성

사람들은 긍정적(OK)이다 : People are OK.

② 합리성

모든 사람들은 자율적인 사고능력을 갖고 있다 : Everyone has the capacity to think.

③ 변화 가능성

우리들은 자신의 운명을 결단하며, 그 결단은 변화를 가능하게 한다 : People decide their own destiny, and these decisions can be changed.

4) 교류분석(TA)의 목표

① **자주적 인간** : 인간은 자율적인 존재로 태어났으며 내부에는 자율성을 회복할 수 있는 상당한 잠재능력을 갖고 있다.

② 자각, 자발, 친교

(2) 교류분석(TA)의 자아상태(마음과 행동)

부모자아 (P)	• Parent ego state • 부모자아 상태에서는 특정 상황에 대해 부모가 느낄 것이라고 상상했던 감정을 재경험한다. • 의무나 당위를 포함한다.		
	비판적 부모자아(CP)	• Controlling parent ego state • 통제적, 비판적 자아 상태	
	양육적 부모자아(NP)	• Nurturing parent ego state • 보호적, 양육적 자아 상태	
성인자아 (A)	• Adult ego state • 정보를 수집하고 자료를 처리하는 인간의 객관적인 부분으로 정서적 판단이 아닌 사실이나 외적 현실들을 다룬다.		
어린이자아 (C)	• Child ego state • 감정, 충동, 자발적 행동으로 이루어진다.		
	자유 어린이(FC)	• Free child ego state	• 감정적, 느낀 대로의 자아 상태
	순응적 어린이(AC)	• Adapted child ego state	• 순종적, 복종적 자아 상태

(3) 4가지 분석 이론 : 구조분석, 교류패턴분석, 게임분석, 각본분석

1) 구조분석

① 기본 구조 분석

인간은 누구나 세 가지 자아 상태를 가지고 있으며 이것은 서로 구별이 되고 명확한 행동의 원천이 된다.

㉠ 어버이 자아상태(P) : 타인에 대한 편견, 비판, 보호적 행동 등으로 표현, 양육적 자아/비판적 자아

㉡ 어른 자아상태(A) : 현실검증에 의해 가능성을 평가하고 냉정하게 계산

㉢ 어린이 자아상태(C) : 유아가 자연스럽게 나타내는 모든 행동을 표현, 자유로운 어린이/순응하는 어린이

② 병적인 구조

㉠ 사람들은 자아 상태 사이를 상황에 따라 의도적으로 이동할 수 있다.

㉡ 두 개의 자아 상태의 내용이 서로 섞이거나 혹은 특정 자아 상태에 갇혀 다른 자아 상태로 이동할 수 없는 병적 구조가 발생하기도 한다.

㉢ 오염(Contamination) : 하나의 자아 상태의 내용이 다른 자아 상태와 혼합

ⓐ 부모자아(P)가 성인자아(A)를 오염시키는 경우 : 편견, 선입견

ⓑ 어린이자아(C)가 성인자아(A)를 오염시키는 경우 : 논리적 기능 저해

ⓔ 배타(Exclusion) : 자아 상태의 경계가 두꺼운 벽처럼 지나치게 경직되어 자아 상태 간의
교류가 차단

ⓐ **부모의 불변 자아(P)** : 부모자아에 고착(엄부형), 비판적, 지시적, 권위적

ⓑ **성인의 불변 자아(A)** : 성인자아에 고착(뉴스 해설형), 논리적, 객관적

ⓒ **어린이의 불변 자아(C)** : 어린이자아에 고착(피터팬형), 반사회적 행동 또는 성장
거부, 하고 싶은 대로 행동

2) 교류 패턴 분석

상보교류 (평행교류)	• 보내지는 메시지에 대하여 예상대로의 반응이 되어 돌아오는 경우 • 화제로 삼은 내용에 대해서 계속 진행될 가능성이 높음 • 목적을 달성, 상호 지지
교차교류	• 타인에게 기대한 반응이 아닌 예상 외의 반응이 되돌아 오는 경우 • 화제로 삼은 내용에 대해서 즉각 대화가 단절될 가능성이 높음(침묵, 싸움) • 목적을 저해
이면교류 (암묵교류)	• 표면적으로 당연해 보이는 메시지를 보내고 있는 것 같으나 그 주된 욕구나 의도가 이면에 숨겨져 있음 • 표면상 교류와 이면상 교류가 서로 다른 교류

3) 게임분석

① 게임은 표면상 합리적이라 하더라도 내면적으로 동기수반의 계략을 가진 일련의 교류이다.

② 게임은 반복해서 일어나는 일련의 상보 및 이면교류이다.

4) 각본분석

① 에릭 번과 슈타이너에 의해 개발되었으며 각본은 매우 어린 시기에 형성된다.

② 각본은 어린 시절에 형성되어 부모에 의해 강화되고 이후 정당화되며 최종 선택된 하나의
대안으로 결정에 도달한다.

(4) 3가지 욕구 이론 : 스트로크, 시간의 구조화, 기본적인 인생태도와 행동양식

1) 스트로크(Stroke)

① 상대의 존재나 가치를 인정하기 위해서 하는 언행이나 접촉, 자극의 모든 행위

② 인간의 건전한 정신 발달과 행동의 동기

스트로크	신체적	정신적(상징적)	조건부	무조건
존재 인지	접촉에 의한 직접적	말에 의한 간접적	행위나 태도에 대해서	존재나 인격에 대해서
긍정적 상대방이 좋게 느낀다	머리를 쓰다듬는다, 손을 잡아 준다	칭찬을 듣는다, 금일봉, 미소, 표창	'심부름 해줘서 고맙다' '좋은 일을 했다'	'자네하고 같이 있는 것이 행운일세' '나는 너를 좋아한다'

부정적 상대방이 나쁘게 느낀다	때린다 꼬집는다 걷어찬다	꾸중한다 흘겨본다 얕잡아본다	'공부 안하면 안 돼' '또 망쳤구나'	'이혼합시다' '회사를 그만 두게'

③ 긍정적 스트로크는 'I'm OK, You're OK'의 인생태도를 지니게 되며 수용적 어휘, 친근한 태도 및 신체 접촉으로 나타나고 상대의 존재 의미를 인정하는 효과를 지닌다.

④ 부정적 스트로크는 'I'm not OK'라는 자기 부정적 인생 태도를 형성하며 개인의 행동방식을 상대방이 좋아하지 않음을 의미한다.

⑤ 좋은 의도라도 상대방의 기분에 따라 긍정과 부정이 달라질 수도 있다.

2) 시간의 구조화 6개 영역(에릭 번)

폐쇄 (Withdrawal)	• 타인으로부터 멀리하고 자신의 고유한 세계에 틀어박히거나 자신을 가두어 버리는 것 • 자기 스스로의 방법으로 스트로크를 주려고 하는 자기애적인 것
의식 (Ritual)	• 전통이나 관습에 따라 프로그램된 단순한 정서적 교류 • 일상의 인사, 결혼식, 입학식, 졸업식 등 전통이나 습관에 따름으로써 간신히 스트로크를 유지하는 것
활동 (Activity)	• 지금, 여기서 행하고 있는 일을 통해 서로 스트로크를 주고받는 실용적인 시간 구조화 형태 • 생산적이고 창의적인 경우 그것을 완성함으로써 높은 긍정적 스트로크를 획득할 수 있음
잡담 (Pasting)	직업, 취미, 스포츠, 육아 등 무난한 화제를 대상으로 특별히 깊이 들어가지 않고 즐거운 스트로크의 교환을 하는 것
게임 (Game)	• 일종의 심리적 게임으로 필요악과 같은 교류 • 게임은 어떤 이유로 신뢰와 애정이 뒷받침된 진실한 교류가 영위되지 않기 때문에 부정적 스트로크를 교환하고 있는 것
친교 (Intimacy)	• 욕구나 감정을 직접적으로 교환하는 교류로 두 사람이 서로 의뢰하고 상대방에게 순수한 배려를 행하는 관계 • 이 관계가 성립하기 위해서는 두 사람이 모두 'I'm OK, You're OK.'라는 기본적 태도를 갖는 것이 필요함

3) 기본적 인생태도와 행동양식(해리스의 인간관계 유형)

구분	자기긍정과 타인긍정 I'm OK, You're OK (원만형)	자기부정과 타인긍정 I'm not OK, You're OK (패배형)	자기긍정과 타인부정 I'm OK, You're not OK (자아도취형)	자기부정과 타인부정 I'm not OK, You're not OK (염기세포형)
타인에 대해	• 사이좋게 함께 해간다. • 친밀함, 편안함, 안정감	• 다른 사람으로부터 도망간다. • 타인의 장점을 더 크 게 인식	• 다른 사람을 지배한다. • 지적한다, 벌한다, 내쫓는다.	• 다른 사람을 믿지 않는다. • 다른 사람에게 대든다.
자기에 대해	건강한 자존감/자아상	• 자신감을 가질 수 없다. • 자기는 강력하지 않고 무능하다 생각한다. • 자신의 장점 미발견 • 열등의식	• 다른 사람을 진정으로 받아들인 경험이 없다. • 자신이 타인보다 우월하다고 인식	• 자기를 인간으로서 받아들이지 않는다. • 이 세상에 존재할 권리가 없다고 생각한다. • 자기자신에게 대든다.
삶에 대해	• 지금, 여기에 산다. • 성공을 겨냥한 승자 • 자유와 자기변화를 겨냥한다. • 타인과 조화롭게 살아가는 태도	• 무엇을 원하는지 스스 로 알 수 없다. • 자기 것을 챙기지 못 한다. • 문제, 책임으로부터 도 망친다. • 쉽게 좌절한다.	• 흑백이 아니면 만족하 지 않는다. • 독선적, 자기중심적, 이기적 태도	• 인생목표가 없다. • 목표도 없고 어찌할 방도도 없는 인생 • 절망감, 허무감, 무기력, 무관심적 • 비판적, 반항적, 체념적 태도
대화	개방적	• 타인을 비난, 자기방어 • 변명	• 자기방어, 공격적 • 상황을 통해 대화를 지배, 권력장악 경향	• 적의를 갖고, 험악함 • 반항적
문제에 대해	불일치점을 명확히 하 려고 하고 쌍방의 해 결을 구한다.	불일치는 자기가 적절 하지 못한 증거라고 느 낀다.	• 타인을 몰아붙인다. • 주변인과 갈등과 충돌을 일으킨다.	• 불일치를 상승시킨다. • 제3자를 끌어들인다.
문제 해결	• 스스로를 믿고, 타인 과 서로 이야기한다. • 건설적 문제해결	타인에게 의지한다.	일방적으로 타인의 생각을 거부한다.	문제에 압도된다.

TIP 게슈탈트 접촉경계혼란

① 내사 : 부모나 사회의 영향을 받거나 스스로의 경험에 의해 형성된 내면화된 가치관
② 투사 : 자신의 욕구나 감정 혹은 생각이나 가치관 등을 타인의 것으로 왜곡해 지각하는 것
③ 융합 : 개인이 중요한 타인과 자신의 경계를 짓지 못하고 의존적인 관계를 형성하여 동일한 가치를 지닌
 것처럼 여기는 것
④ 반전 : 외부의 타인에게 표출할 행동을 내적으로 자신을 대상으로 행동하는 것
⑤ 자의식 : 자신을 대상으로 주의를 기울여 관찰하는 행동

Warming Up

01 다음 중 인간의 행동에 관한 이론체계임과 동시에 치료요법인 교류분석에 대한 개념으로 올바른 것은?

① 인간행동 유형을 4요소로 분류하여 설명하고 있다.
② 기본적으로 인간 성격의 구분을 배(본능)-가슴(감성)-머리(사고) 중심으로 구분하고 있다.
③ 상호 반응하고 있는 인간 사이에서 이루어지고 있는 교류를 분석하는 것이다.
④ 미국 콜롬비아 대학 심리학 교수인 마스톤(Marston) 박사에 의해 연구되었다.
⑤ 외향-내향, 감각-직관, 사고-감정, 판단-인식의 조합으로 이루어진다.

02 다음 중 교류 패턴 분석 중 표면적으로 당연해 보이는 메시지를 보내고 있는 것 같으나 그 주된 욕구나 진의가 이면에 숨어 있는 교류 유형은?

① 이면 교류　　　　　　② 평행 교류
③ 교차 교류　　　　　　④ 인지 교류
⑤ 상보 교류

정답　1 ③　2 ①

CHAPTER 01 서비스의 개념

학습개요	서비스 정의에 대한 학자들의 견해와 서비스 특징을 살펴보고 이에 대한 대응방안을 도출함으로써 서비스의 개념을 각인한다.
절 구성	1. 서비스 개념과 정의 2. 서비스의 3단계 3. 서비스의 분류와 특징 4. 관광 서비스의 개념
학습중점	1. 서비스 개념과 학자별 정의 2. 서비스 분류 3. 러브락의 다차원적 서비스 분류 4. 서비스 특징 5. 관광 서비스 특징
마인드 맵	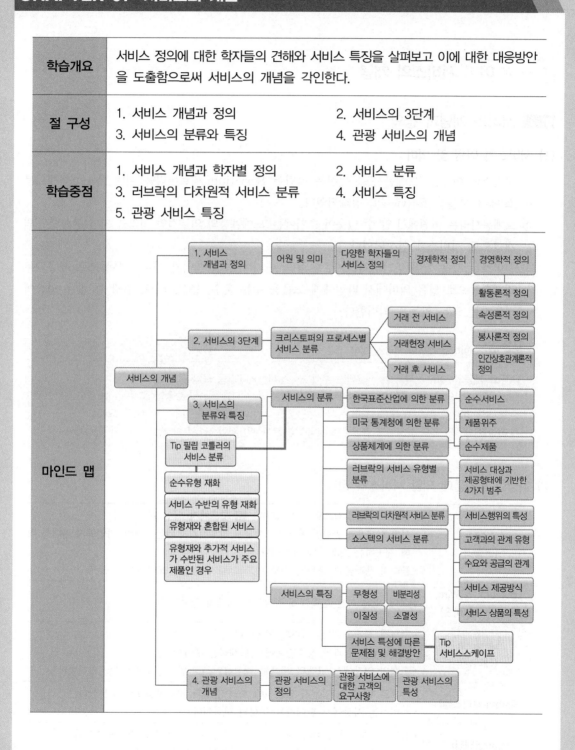

CHAPTER **01** 서비스의 개념

01 서비스 개념과 정의

(1) 서비스의 어원 및 의미

① 서비스의 어원은 "노예봉사"를 뜻하는 라틴어 'Servitium(세르비티움)'이며 'Servus'(세르부스)에서 오늘날 'Service'로 정착되었다.

② 노예봉사라는 어원에서 알 수 있듯이 초기에는 '노예계층의 의무적인 성격을 지닌 봉사행위'의 개념으로 서비스가 인식되었다.

③ 서비스는 값을 깎아 주거나 덤을 주는 등의 단지 무상의 의미가 아니라 유상으로 제공되는 경제활동으로 넓은 의미에서 타인에게 도움을 주는 운수, 통신, 의료, 관광 등 많은 업종이 산출하는 모든 활동을 의미한다.

> **TIP 현대적 개념의 서비스 의미**
>
> ① **무료 제공의 의미** : 식사 후 제공되는 후식 → 커피는 서비스로 드립니다.
> ② **사후관리의 의미** : 판매한 제품을 무료로 유지 및 수리 → 1년간 A/S 보증합니다.
> ③ **봉사의 의미** : 무보수 타인을 위한 봉사, 각종 민원 서비스 → 오늘은 내가 짜파게티 요리사
> ④ **친절한 행위의 의미** : 고객을 환대하는 서비스의 본질적인 의미 → 저 식당은 서비스가 만점이야.

(2) 다양한 학자들에 의한 서비스의 정의

Kotler (코틀러)	• 서비스는 본질적으로 무형적이다. 예 코트에서 일인 판매 활동 • 서비스 제공과 관련된 어떠한 소유권도 발생시키지 않는 일방이 타인에게 판매를 위해 제공하는 활동이나 혜택이다. • 물리적 생산물과 결부될 수도 있고 그렇지 않을 수도 있다.
Lovelock & Wirtz (러브락 앤 비츠)	한쪽에 의해 다른 한쪽에게 제공되는 경제적 활동이다.
Lehtinen (레티넨)	• 무형적 성격을 띠는 일련의 활동이다. • 고객과 종업원과의 상호관계에서 발생하는 관계이다. • 고객의 입장에서 고객의 문제를 해결하여 고객만족을 주는 것을 의미한다.
Rathmell(라스멜)	• 손으로 만질 수 있는지 없는지에 따라 유형과 무형상품으로 구분한다. • 서비스는 시장에서 판매하는 무형의 상품이다.
Berry(베리)	• 유형물, 객관적 실체의 제품과 달리 서비스는 무형 활동이나 노력이다. • 구매제품의 본질이 유형적인지 무형적인지 여부로 판단한다.

Bessom(베솜)	자신이 수행할 수 없거나 수행하지 않는 활동으로서 만족과 혜택으로써 판매될 수 있는 것이다.
Zeithaml(자이다믈)	**행위, 과정, 그리고 그 결과물인 성과가 결합된 것이다.** ※ Bitner and Gremler(비트너와 그레머)

(3) 경제학에서의 정의

Marshall (마샬)	• 인간은 물질적인 물체를 **창조**할 수 없다. • 인간은 물질적인 물체를 만들었다 할지라도 **효용**을 위해 만든 것이다. • 모든 경제활동은 **욕구만족**을 위하여 서비스를 생산하는 것이다.
A. Smith (애덤 스미스)	• 생산적 **노동은 자본과 교환**되는 노동이나 상품에 실현되는 노동이다. • **서비스 노동은** 부를 창출할 수 없기 때문에 **비생산적** 노동이다.
J.B. Say (세이)	• 물질이 아닌 것은 부가 아니라는 애덤 스미스의 견해를 부인하였다. • 효용의 개념을 사용하여 서비스를 "비물질적 부"로 정의하였다. • 부의 본질은 효용이며 생산이란 물질의 창조가 아닌 효용의 창조이다.

(4) 경영학적 4가지 주요관점에서의 서비스 정의

1) 활동론적 정의 : 서비스는 판매와 관련한 일련의 활동(호텔, 미용 등의 서비스)

미국 마케팅협회	판매를 위하여 제공되거나 제품의 판매와 관련해서 준비되는 여러 활동, 편익, 만족이다.
K.J. Blois (블루아)	한 재화의 형태에서 물리적 변화가 없이 편익과 **만족을 낳는 판매에 제공되는 활동이다.**
W.J. Stanton (스탠턴)	• 소비자나 이용자에게 **판매**될 경우 **욕구**에 대한 **만족을 가져오는 무형의 활동이다.** • 제품이나 타 서비스의 판매 외 연계되지 않고 **독립**적 확인이 가능한 것이다.
Zeithaml(자이다믈) Bitner and Gremler (비트너와 그레머)	**행위, 과정, 그리고 그 결과물인 성과가 결합된 것이다.**
Bessom (베솜)	자신이 수행할 수 없거나 수행하지 않는 활동으로서 **만족**과 혜택으로써 **판매**될 수 있는 것이다.

2) 속성론적 정의 : 무형의 속성을 중심으로 제품의 유형성과 다른 점으로 정의

R.C.Judd (주드)	• 소유권 이전이 없는 재산이다. • 서비스에 있어 유형과 무형의 차이는 손으로 **만질 수 있는가**의 여부에 따라 달라진다.
Shostack (쇼스택)	• 서비스는 **무형재가 아니며 무형재로도 판매되지 않는다.** • **무형성**은 하나의 상태와 일개속성으로 서비스 자체의 **본질**은 아니다.
J.M. Rathmell(라스멜)	서비스는 시장에서 판매하는 무형의 상품이다.
Berry(베리)	• 제품과 달리 서비스는 무형 활동이나 노력이다. • 구매제품이 유형적인지 무형적인지 여부로 판단해야 한다.

3) 봉사론적 정의 : 인간의 인간에 대한 봉사라는 기존의 서비스에 대한 통설에서 벗어나야 한다는 관점에서 정의

Levitt (레빗)	• 인간이 제공하는 봉사적 서비스를 인간으로부터 분리하는 것을 의미한다. • 인간의 노동을 기계로 대체하고 서비스의 산업화를 통해 서비스 제공의 효율성을 달성할 수 있다.

4) 인간 상호관계론적 정의 : 종업원과 상호관계에서부터 발생하여 고객의 문제를 해결한다는 최근 서비스의 솔루션 개념

Lehtinen (레티넨)	• 무형적 성격을 띠는 일련의 활동이다. • 고객과 종업원과의 상호관계에서 발생하는 관계이다. • 고객의 입장에서 고객의 문제를 해결하여 고객만족을 주는 것을 의미한다.

Warming Up

01 다음 중 〈보기〉와 같이 서비스를 정의한 학자는?

┌ 보기
자신이 수행할 수 없거나 수행하지 않는 활동으로서 만족과 혜택으로써 판매될 수 있는 것

① 베솜   ② 베리
③ 자이다믈   ④ 레티넨
⑤ 마샬

02 다음 중 서비스에 대한 학자의 정의가 다르게 연결된 것은?

① 코틀러 : 서비스는 어떤 사람이 상대방에게 제공할 수 있는 활동이나 혜택으로 무형적이며 소유할 수 없는 것으로 물리적 생산물과 결부될 수 있고 그렇지 않을 수도 있다.
② 레티넨 : 고객만족을 제공하려는 고객접촉 인력이나 장비의 상호작용 결과 일어나는 활동 또는 일련의 활동으로 소비자에게 만족을 제공하는 것이다.
③ 라스멜 : 비물질적인 것은 보존이 용이하지 않으므로 부가 아니라고 주장하는 아담 스미스의 견해를 부인하였다.

④ 베리 : 제품은 유형물, 고안물, 객관적 실체인 반면 서비스는 무형 활동이나 노력이다. 그러므로 구매하는 대상의 본질이 유형적 혹은 무형적인가의 여부로 판단해야 한다.

⑤ 자이다믈 : 서비스는 행위, 과정, 그리고 그 결과인 성과이다.

03 **다음 중 서비스에 대하여 정의한 관점 또는 접근방법이 다른 것은?**

① 활동론적 정의　　　　　　　　　② 속성론적 정의
③ 인간상호관계론적 정의　　　　　④ 봉사론적 정의
⑤ 경제론적 정의

> 정답 1 ① 2 ③ 3 ⑤

02　서비스의 3단계

(1) 크리스토퍼의 프로세스별 서비스 분류

1) 거래 전 서비스(Before Service) : 제품의 판매 전 판매가능성을 높여서 판매 가능하도록 관리하는 단계

주요 내용	거래 전 제공되는 서비스
• **고객에게 사전에 서비스 소개, 잠재고객 발굴** 　* 제품인도 일시, 반송 처리 등 서비스를 고객이 사전에 인지하도록 　 제공, 사전에 고객을 위해 준비하는 것 • **사전 고객접촉 / 수요예측, 고객별 맞춤별 서비스 가능** 　* 우수한 고객서비스를 제공할 수 있는 환경 조성 • **잠재고객에게 마케팅 실시로 새로운 서비스 수요 창출 가능** • **거래 전 과한 서비스는 서비스에 대한 부담, 불신 초래** • 파업, 자연재해 등 긴급 상황에 대한 유연성 있는 대응계획 • 고객만족도 향상을 위한 조직 정비 • 고객에게 기술적 훈련과 지침서 제공	• 회사의 정책 • 회사에 대한 고객의 평가 • 회사 조직 정비 • 사고에 대한 시스템적 유연성 • 기술적 서비스

※ 중요성 : 판매 전에 고객을 위해 준비 및 제공되는 서비스, 판매 가능성을 확인 및 촉진 가능

2) 거래현장 서비스(On Service) : 고객과 현장 서비스 제공자의 직접 거래 단계

주요 내용	거래현장에서 제공되는 서비스
• **고객이 서비스 접점에 들어온 순간부터 현장 서비스가 시작됨** • **서비스가 고객에게 직접 제공되는 단계** * 고객과 직접적으로 거래가 이루어지는 서비스 본질임 • **서비스맨의 역량이 발휘되고 크게 평가되는 단계** • 고객에 대한 거래현장의 요소는 고객에게 제품을 제공하는 것과 관련된 것들임(재고수준 설정, 수송수단 선택, 주문처리결과 확립 등) • 거래현장 서비스는 제품을 고객에게 제공할 때 제품의 상태, 요구시간, 요청된 요구사항 조치의 정확성, 재고 가용성 등 주문 처리에 영향을 미침	• 재고품의 품질 수준 • 제품 대체성 • 시간(신속한 쇼핑 시간) • 주문요청의 편의성 • 백오더 이용 가능성

3) 거래 후 서비스(After Service) : 상호 거래의 유지 서비스

주요 내용	거래 후 제공되는 서비스
• **거래현장 서비스 종료 후 지속되는 서비스** • **충성고객 확보를 위해 중요** • **서비스에 대한 고객의 평가를 바꿀 수 있는 기회이며 위기** • **고객과의 커뮤니케이션을 통해 부족한 부분에 대해 보완 가능** • 거래현장에서 제품 판매 지원이 필요한 서비스 요소 • 결함이 있는 제품으로부터 고객을 보호하기 위한 회수 반품 처리, 고객 불만, 클레임 등의 서비스가 해당 • 거래 후 서비스는 거래 전 또는 현장 거래 시에 계획되어야 함	• 보증, 수리, 변경, 부품제공 등 • 제품상태 추적관리 • 컴플레인, 클레임 • 수리 중 일시적 제품 대체 • 제품 포장(**거래 종료 후**)

※ 중요성 : 거래현장 서비스 종료 후 서비스 유지로 A/S제공 등을 통해 충성고객 확보 가능

Warming Up ↗

01 고객서비스 3단계 중 거래 전 서비스에 해당되는 것은?

① 회사에 대한 고객의 평가   ② 제품 포장
③ 시간   ④ 컴플레인
⑤ 주문요청의 편의성

02 거래 후 서비스에 해당되지 않는 것은?

① 설치, 보증, 변경, 부품제공   ② 수리 중 일시적 제품 대체
③ 제품 포장   ④ 클레임
⑤ 기술적 서비스

[정답해설]
⑤ 거래 전 서비스

03 거래 후 서비스에 대한 설명으로 맞지 않는 것은?

① 충성고객 확보를 위해 중요
② 고객과의 커뮤니케이션을 통해 부족한 부분에 대해 보완 가능
③ 파업, 자연재해 등 긴급 상황에 대한 유연성 있는 대응계획
④ 서비스에 대한 고객의 평가를 바꿀 수 있는 기회이며 위기임
⑤ 거래현장에서 제품 판매 지원이 필요한 서비스 요소

[정답해설]
③ 거래 전 서비스

[정답]   1 ①   2 ⑤   3 ③

03 서비스의 분류와 특징

(1) 서비스의 분류

1) 서비스의 분류는 국가별, 기관별로 조사목적 등에 따라 분류기준이 다르고 다양한 학자들에 의해 다양한 관점에서 분류되고 있다.

2) 한국표준산업에 의한 분류

① 통계청의 한국표준산업분류는 1963년 광업과 제조업 부분에 대한 산업분류를 처음으로 제정, 1964년에 비제조업 부분에 대한 산업분류를 추가 제정함으로써 우리나라 표준산업 분류체계를 완성 후 주기적으로 개정하여 왔다.

② 서비스 분야 한국표준산업 분류

대분류	주요 서비스업
E. 수도, 하수 및 폐기물처리, 원료재생업	수도, 산업·생활 폐기물의 수집·운반처리, 환경 정화 복원, 원료재생 등
G. 도매 및 소매업	각종 물품에 대한 도·소매업, 무점포 소매업, 상품중개업 등
H. 운수 및 창고업	• 철도, 도로, 해상 및 항공 등으로 여객 및 화물 운송, 화물취급업 • 창고업, 터미널시설 운영업 등 운송관련 서비스업 수행
I. 숙박 및 음식점업	• 숙박업 : 호텔, 여관, 콘도, 캠프장 및 캠핑시설 등 • 음식점업 : 식당, 음식점, 간이식당, 카페, 다과점, 주점 등
J. 정보통신업	• 출판 : 일반서적 및 정기간행물 발간, 소프트웨어 개발 및 공급 등 • 영상 : 영화, 비디오물, 방송프로그램 제작·배급·상영 등 • 방송 : 라디오, 텔레비전 송출 • 통신 : 우편, 유무선 정보 송·수신 전달 • 컴퓨터 : 컴퓨터 시스템의 통합관련 기획 및 설계서비스 등 • 정보 : 자료처리, 포털, 뉴스제공, 데이터베이스 및 온라인 정보제공 등
K. 금융 및 보험업	• 금융업 : 자금조성, 자금 재분배, 공급, 중개 • 보험업 : 개인 및 단체 대상 보험 공제사업 또는 연금사업
L. 부동산업	부동산업 : 건물, 토지 등의 운영 및 임대, 구매, 판매 등
M. 전문, 과학 및 기술 서비스업	• 연구개발 : 기초탐구, 응용연구, 실험개발 등 연구개발활동 • 전문서비스 : 법률, 회계·세무, 광고, 시장·경영컨설팅 등 • 과학기술 : 건축 기술, 엔지니어링 서비스, 검사·분석, 지질조사 등 • 기타 : 수의, 전문디자인, 사진촬영, 매니저, 통·번역 등
N. 사업시설관리 및 사업 지원 및 임대 서비스업	• 사업시설관리 : 청소, 소독 및 방제 서비스, 조경관리 등 • 사업지원 : 인력공급·고용알선, 경비·경호·보안, 문서작성·복사 등 • 임대업 : 산업용·개인·가정용 기계장비, 용품, 무형재산권 임대

O. 공공 행정, 국방 및 사회보장 행정	입법행정, 일반정부행정, 사회·산업정책행정, 외무·국방행정, 사법 및 공공질서, 경찰, 소방서 등 행정, 사회보장행정
P. 교육 서비스업	• 초등·중등·고등교육 정규교육기관 • 특수·외국인·대안학교, 일반 교습학원, 직업훈련
Q. 보건업 및 사회복지 서비스업	• 보건업 : 병원, 의원, 공중보건의료, 기타 유사 의료 • 사회복지 서비스업 : 노인요양/장애인 복지시설, 양로원, 보육시설
R. 예술, 스포츠 및 여가 관련 서비스업	• 창작 및 예술 : 연극, 무용, 음악 등 공연 기획·시설운영 • 도서관·사적지 등 : 도서관·박물관·식물원·동물원 등 운영 • 스포츠 : 골프장, 스키장, 수영장 등 운영 • 유원지 및 기타 오락 : 유원지, 테마파크, 오락, 복권발행 등
S. 협회 및 단체, 수리 및 기타 개인 서비스업	• 협회 및 단체 : 산업·전문가단체, 노동조합 • 수리업 : 컴퓨터·통신장비, 자동차·모터사이클, 가정용품 등 • 개인서비스 : 미용업, 세탁, 예식장업, 결혼상담업
T. 가구 내 고용 및 자가소비 생산활동	• 가구 내 고용 : 가정교사, 가정부, 개인비서, 집사, 운전사 • 자가소비 : 수확, 농장일 등 자가소비를 위한 가사 생산활동
U. 국제 및 외국기관	주한 외국공관, UN·OECD 등 근무

3) 미국 통계청의 분류 : 기능성에 의해 5가지로 분류

서비스 분류	서비스의 종류
유통 서비스	• 물건 또는 인적 이동을 위한 수송 서비스 • 정보이동을 위한 정보통신 또는 정보처리 산업 제공 • 운송, 통신, 무역 서비스
생산자 서비스	• 제조업 또는 서비스업에 제공되는 중간재적 성격의 전문가 서비스 • 어떤 기업의 결과물이 타 기업의 투입물로 판매 가능한 서비스 • 기업 내 제공 시 경상비로 분류 • 금융, 부동산, 법률, 재무, 기업(사업)서비스(호텔, 항공사, 백화점 등)
소비자 서비스	• 민간 가계를 포함한 사회적, 개인적 서비스 • 생활의 질을 높이기 위해 개인에게 제공하는 서비스 • 의료, 교육, 레저, 여행, 정비, 가사, 숙박, 음식, 용역 서비스
비영리 서비스	• 정부와 지방자치단체 등 사적 이익을 추구하지 않는 비영리 조직에서 일반 주민에게 제공하는 서비스 • 군대, 소방서, 우편, 학교, 주민행정, 보건 및 사회복지사업 등 공공서비스
도·소매업	• 제품 상거래 관련 생산자와 소비자를 연결 • 생산자와 소비자를 연결하여 장소 혹은 시간적 편의성을 제공하는 서비스

4) 상품체계에 의한 분류

① 상품은 제품과 서비스를 포괄하는 개념
② 제품과 서비스의 비중이 어느 쪽이 높은가에 따라 제품인지 서비스인지 구분

순수제품	• 제조업체에서 생산하는 유형재로 서비스가 수반되지 않음 • 칫솔, 치약, 비누 등의 소비재와 철강 등 산업재
제품위주	• 제조업체에서 생산되지만 서비스가 수반 • 공장에서 대량생산되어 유통과정을 거쳐 소비자에게 전달된 후 사후 서비스 부가 • 자동차, 컴퓨터, 복사기, 가전제품 등
순수서비스	• 소비자가 어떠한 유형물을 획득하지 못하고 편익만 제공 • 제품 자체가 서비스 • 시설편익 서비스 : 숙박업, 운수업, 헬스 센터 등 • 인적편익 서비스 : 의료, 미용, 여행사, 가사 돌보미 등 • 지식/정보 편익 서비스 : 컨설팅, 법률, 교육, 통신 등 • 유통편익 서비스 : 백화점, 도·소매업, 주유소 등 • 기타 편익 서비스 : 금융, 오락, 방송, 공공기관 등

Tip 필립 코틀러의 서비스 분류(재화·서비스의 결합수준)

① 순수유형 재화
   서비스가 수반되지 않고 유형재만 제공(예 치약, 칫솔, 비누 등)
② 서비스 수반의 유형 재화
   ㉠ 소비자 욕구 강화를 위해 제품에 서비스가 수반되며 서비스 수준의 질과 소비자의 이용 가능이 높을수록 제품 판매는 높아짐(예 사용자 교육, A/S, 배달 등)
   ㉡ 컴퓨터, 자동차, 정수기, 가전제품 등
③ 유형재와 혼합된 서비스
   제품과 서비스 제공의 중요도가 비슷한 정도로 제공(예 레스토랑, 카페, 패스트푸드 등)
④ 유형재와 추가적 서비스가 수반된 서비스가 주요 제품인 경우
   ㉠ 어떤 재화에 추가적 서비스에 따라 지원되는 재화에 수반되는 서비스
   ㉡ 항공기 탑승권, 크루즈 관광 : 여객 또는 관광 서비스가 주 품목임
      항공기 여객 또는 크루즈 관광 서비스를 구매한 고객에게 항공기 및 유람선의 제품과 함께 추가적으로 음식, 영화, 음료 등의 유형 재화를 제공

5) 러브락(Lovelock)의 서비스 유형별 분류

서비스 대상과 서비스의 제공형태에 기반하여 서비스를 4가지 범주로 분류하였다.

구분		서비스 대상	
		사람	사물
서비스 제공 형태	유형적	**사람의 신체에 대한 유형적 서비스** • 신체를 대상으로 물리적 접촉을 통한 가장 전형적인 서비스 유형 • 고객이 서비스 제공 현장에 반드시 있어야 서비스를 제공받을 수 있음 • 고객과의 커뮤니케이션이 활발하고 고객의 참여도가 가장 높음(고객 참여가 반드시 필요) • 고객이 원하는 서비스 반영이 필요 • 고객의 불필요한 대기시간과 노력 등 니즈에 대한 관리 필요 • 현장 직원의 업무능력, 태도가 중요 • 병원, 미장원, 식당, 헬스케어 등	**유형물에 대한 유형적 서비스** • 고객의 소유물에 한정된 서비스 • 고객이 서비스 장소에 반드시 있어야 할 필요가 없음(Door to Door) • 서비스 제공 도중 고객이 참여하는 경우가 거의 없음 • 고객의 참여도가 사람보다 낮음 • 생산과 소비가 분리 • 소포발송, 시계수리, 청소서비스, 세탁물, 고장수리서비스 등
	무형적	**정신에 대한 무형적 서비스** • 고객에게 새로운 경험, 교육, 정보 제공으로 감동을 주는 정신적 서비스 • 감성, 지성 등 정신적 영역에 영향을 미치며 서비스 핵심은 정보가 근간임 • 전문적인 서비스가 대부분 • 무형이므로 서비스 품질 평가가 곤란 • 서비스 평가 중요부분은 물리적 환경, 다른 고객 참여 등 주변단서 • 정신에 대한 무형적 서비스이므로 사회적 도덕성 보유 필요 • 사후평가가 곤란한 특성상 신뢰 이미지가 중요 • 연예, 오락, 교육, 예술전시, 공연, 뉴스와 정보, 전문적 조언, 종교 등	**무형자산(정보)에 대한 무형적 서비스** • 고객이 보유한 돈, 기록, 데이터 등 무형적 자산 대상의 서비스 • 서비스 결과물은 대부분 무형의 형태로 가장 무형적인 형태의 서비스 • 고객의 서비스 품질 평가가 어려움 • 고객이 서비스 장소에 있는 경우가 드물고 고객의 참여도가 낮음 • 인터넷, 스마트폰 등이 미숙한 경우 사람에 의한 서비스를 선호 • 전문적인 분야에 대한 정보를 얻기 위한 서비스로 정신에 대한 서비스와 다름(정신은 경험 및 태도에 영향을 미침) • 정보화 사회에 가장 발전하는 서비스 분야 • 회계, 은행, 법무, 보험 등

6) 러브락(Lovelock)의 다차원적 서비스 분류

① 서비스 행위의 특성에 따른 분류

서비스 행위의 특성에 따른 분류		서비스의 직접적인 대상	
		사람	사물
서비스 행위의 특성	유형적	의료, 호텔, 여객운송	화물운송, 장비수리
	무형적	광고, 경영자문, 교육	은행, 법률 서비스

※ 서비스 대상이 받는 편익과 서비스 상품의 본질의 이해 가능

제1과목
고객만족(CS) 개론

② 고객과의 관계유형에 따른 분류

고객과의 관계유형에 따른 분류		서비스 조직과 고객과의 관계유형	
		회원관계	공식적 관계 없음
서비스 제공의 성격	계속적 제공	은행, 전화가입, 보험	라디오방송, 경찰, 무료고속도로
	단속적 제공	국제전화, 정기승차권, 연극회원	렌트카, 유료서비스, 유료고속도로

※ 서비스 조직이 회원관계인 고객들과 지속적인 관계를 맺기 위한 전략을 통해 반복구매가 유지 가능
※ 비공식적 관계인 고객들은 계속적 제공 시 공공재의 성격을 띠며 고객의 성격, 소비목적의 파악이 어려움

③ 수요와 공급의 관계에 따른 분류

수요와 공급의 관계에 따른 분류		시간에 따른 수요의 변동성	
		많음	적음
공급이 제한된 정도	피크 수요를 충족시킬 수 있음	전기, 전화, 소방	보험, 법률 서비스
	피크 수요에 비해 공급능력이 적음	회계, 호텔, 식당	위와 비슷하나 기본적으로 불충분한 설비능력을 가짐

※ 제조업과 달리 서비스에서는 수요와 공급을 관리하는 데 어려움이 많음
※ 수요와 공급의 관리는 서비스의 수익성을 유지하는 데 중요한 역할을 함

④ 서비스 제공방식에 따른 분류

서비스 제공방식에 따른 분류		서비스 지점	
		단일입지	복수입지
고객과 서비스 기업과의 관계	고객이 서비스 기업으로 감	극장, 이발소	버스, 패스트푸드, 레스토랑
	서비스 기업이 고객에게 감	회계, 호텔, 식당	우편배달, 긴급자동차 수리
	떨어져서 거래함	신용카드, 지역TV방송	방송네트워크, 전화회사

※ 고객과 서비스 조직 간의 상호작용방식과 서비스 조직의 이용 가능성에 따른 분류

⑤ 서비스 상품의 특성에 따른 분류

서비스 상품의 특성에 따른 분류		서비스가 설비, 시설에 근거한 정도	
		높음	낮음
서비스가 사람에 근거한 정도 (종업원 재량 정도)	높음	일류호텔, 병원, 법률	경영컨설팅, 회계, 교육
	낮음	지하철, 렌트카	전화

※ 고객의 요구에 대응하는 종업원과의 상호작용 정도와 고객의 요구에 대해 권한위임을 행사할 수 있는 정도에 따른 분류

※ 서비스 특성에 따라 노동집중도와 고객의 상호작용의 정도에 따라 서비스의 개별화와 표준화를 하는 전략

7) 쇼스택(Shostack)의 서비스 분류(유형성 스펙트럼)

① 유형재 스펙트럼을 보여 주는 것으로 서비스와 제품은 유형성과 무형성을 모두 포함하고 있기 때문에 하나의 연속선상에 있다.

② 제품은 서비스보다 유형적인 경향을, 서비스는 제품보다 무형적인 경향을 가진다.

③ 완전히 유형적이거나 무형적인 재화 또는 서비스는 존재하지 않는다.

④ 유형성 스펙트럼

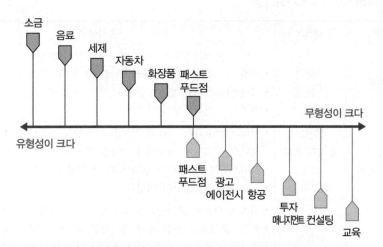

✦ 출처 : Zeithaml, V.A., Bitner, M.J. & Gremler, D.D, (2006), Service Marketing-Intergrating, Custormer Focus Across the Firm, Custormer Focus Across the Firm, McGraw-Hill, International Edition, 4th edditional, 0.6.

(2) 서비스의 특징

1) 서비스 학자들에 의해서 주장된 일반화된 서비스의 특성은 무형성, 비분리성(동시성), 이질성, 소멸성의 4가지 측면에서 유형재와 기본적 차이점을 가지고 있다.

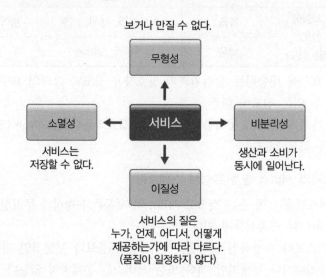

2) 재화와 서비스의 차이(자이다믈)

재화	서비스	관리적 의미
유형적	무형적 (무형성)	• 서비스는 재고형태로 보관 및 저장할 수 없다. • 서비스는 쉽게 전시되거나 전달할 수 없다. • 서비스는 특허를 낼 수 없다. • 서비스는 가격책정이 어렵다.
생산과 소비의 분리	생산과 소비가 동시 발생 (비분리성)	• 서비스는 고객이 거래에 참여하고 영향을 미친다. • 서비스는 고객이 서로에게 영향을 미친다. • 서비스 직원이 서비스 결과(성과)에 영향을 미친다. • 서비스는 대량생산이 어렵다.
표준	이질적 (이질성)	• 서비스 제공과 고객만족은 직원의 행위가 영향을 미친다. • 서비스품질은 다양한 통제 불가능한 요인에 의해 영향을 받는다. • 제공된 서비스가 계획되거나 촉진된 것과 일치하는지를 확신하기 어렵다. • 서비스는 변동적이어서 규격화, 표준화가 어렵다. • 주로 경제적, 사회적, 문화적 요인에 의해 발생한다.
비소멸(재고 보관 가능)	소멸 (소멸성)	• 서비스는 수요와 공급을 맞추기가 어렵다. • 서비스는 반품될 수 없다.

3) 무형성(비가시성) : 보거나 만질 수 없다.

① 보거나 만질 수 있는 실체가 없기 때문에 고객은 리스크가 높으며 공급자는 서비스를 사전에 설명하기 어렵고 진열판매가 안 된다.

② 객관성이 없으므로 주관적인 의미가 강하다.

③ 객관적 실체가 아니라 경험을 통해서 감각적, 심리적으로 느껴야 하는 무형의 가치재이다.

④ 하나의 경험이기 때문에 일률적인 품질규격을 정하기 어렵고 견본제시가 어려워 경험 전까지 그 내용과 질을 판단하기 매우 어렵다.

⑤ 특허가 어려워 경쟁사가 쉽게 모방 가능하다.

⑥ 사용자의 능력과 신뢰감이 중요한 요인이다.

⑦ 기업과 고객 간 시설과 관련된 물리적 환경에 영향을 받는다.

4) 비분리성(동시성) : 생산과 소비가 동시에 일어난다.

① 서비스는 고객과 제공자 간의 직접 접촉을 통해서 전달되므로 생산과 동시에 소비된다.

② 서비스는 제공자, 서비스 공간 및 시설, 사용자가 함께 참여하여야만 발생한다.

③ 서비스 직원과 고객이 직접 접촉하여 상호작용이 이루어지므로 공동생산이라고 한다.

④ 서비스 이용 전 테스트가 불가능하며 품질 통제의 어려움이 있다.

5) 이질성 : 품질이 일정하지 않다.

① 같은 서비스 업체에서도 종업원에 따라서 제공되는 서비스 내용이나 질이 달라진다.

② 동일 제공자의 서비스는 고객, 서비스 시간, 장소에 따라 내용과 질이 달라질 수 있는 변화의 가능성이 존재한다.

③ 동일한 제공자가 동일한 서비스를 제공하더라도 고객들은 개인적 선호성향과 개인적 감성차이로 인해 서비스를 다르게 평가할 수 있다.

④ 서비스는 변동성으로 인해 내용과 질의 규격화, 표준화가 불가능하다.

6) 소멸성 : 서비스는 저장할 수 없다.

① 서비스는 제품과 달리 일시적으로 제공되는 편익이다.

② 서비스를 생산하여 그 성과를 저장하거나 다시 판매할 수 없다.

③ 과잉생산에 따른 예산 손실과 과소 생산에 따른 이익 감소의 가능성이 있다.

7) 서비스의 특성에 따른 문제점 및 해결방안

특성	문제점	해결방안
무형성	• 저장 불가능 • 객관적 제시 곤란 • 특허 불가 • 전시/전달/설명의 어려움 • 가격책정의 어려움	• 실체적, 유형적 단서를 제공 　* 장소의 안락함, 종업원 태도 등 물리적 환경에 영향을 받음 • 개인적 접촉 강화 • 기업 이미지 관리 및 긍정적 구전의 적극적 활용 • 판매 후 커뮤니케이션 강화

비분리성	• 제공자와 고객의 개입 • 집중화 및 대량생산의 어려움 • 구입 전 사전 품질 확인 불가 및 시험사용 불가	• 서비스 제공자 교육으로 고품질의 서비스 제공 • 서비스 사용자에 대한 관리(교육) • 서비스 제공을 위한 다양한 입지 제공 및 서비스망 구축
이질성	• 표준화와 품질 규격화의 어려움 • 경제적, 사회적, 문화적 요인에 의한 이질성 발생 • 고객 및 직원에 따라 서비스 품질이 달라질 수 있음	• 서비스의 수행과정 및 불평, 불만 처리 시스템 구축의 표준화 등 서비스 기계화 • 서비스의 개별화 및 고객만족도 조사 실시 • 우수 요원 선발 및 교육훈련 실시
소멸성	• 재고보관 불가로 재활용 및 재판매 불가 • 재고 통제 불가	• 수요와 공급 간의 조화 및 대기·예약 시스템으로 수요 조절 * 유휴시설 / 장비의 새로운 이용방안, 임시직원 채용 등 공급의 유연성 등 • 서비스 실패 시 서비스 회복전략 강화

T!P 물리적 환경(서비스스케이프)

① 물리적 증거는 물리적 환경(서비스스케이프)과 유형적 요소로 구성된다.
② 서비스(service)와 경치, 풍경을 의미하는 랜드스케이프(landscape)의 접미사 스케이프(scape)를 합성한 것으로 "인간이 창조한 환경"을 의미한다.
③ 서비스스케이프라는 용어를 처음 사용한 Bitner는 서비스스케이프를 "서비스 접점에서의 서비스 환경"으로 정의하였고 이론적 모델을 제시하였다.
④ 서비스스케이프의 요소
　㉠ 주위환경 : 건물외관, 주차장, 안내데스크 등
　㉡ 공간배치와 기능성 : 설비, 시설, 가구 등의 배치와 공간배치의 효율성
　㉢ 사인, 신호, 심볼, 상징물 : 장소에 대한 정보를 제공하는 안내표지판, 간접적 단서를 제공하는 심볼 및 상징물(인공물)
　㉣ 사람 : 서비스를 제공하는 사람과 고객, 이들의 용모와 행동은 인상을 강하게 또는 약하게 할 수도 있다.
⑤ 서비스 기업의 서비스스케이프

업종	서비스스케이프	기타 유형적 단서
호텔	건물외관, 주차장, 안내데스크, 로비 인테리어, 식당, 객실 등	로고, 직원 유니폼, 조명 및 음향, 객실비품, 홍보자료, 웹사이트 등
병원	건물외관, 주차장, 안내표지판, 대기장소, 외래진료소, 의료장비 등	간호사 유니폼, 청구서, 홍보자료, 웹사이트 등
미용실	건물외관, 주차장, 내부인테리어, 시설 및 장비 등	유니폼, 대기서비스, 안내책자 등

Warming Up ↗

01 미국 통계청은 서비스를 기능성을 기준으로 5가지로 분류하였다. 다음 중 관련 내용이 바르지 않은 것은?

① 비영리 서비스 : 정부와 지방자치단체 등 사적 이익을 추구하지 않는 비영리 조직에서 일반 주민에게 제공하는 서비스
② 유통 서비스 : 제조업 또는 서비스업에 제공되는 중간재적 성격의 전문가 서비스
③ 소비자 서비스 : 민간가게를 포함한 사회적, 개인적 서비스로 생활의 질을 높이기 위해 개인에게 제공하는 서비스
④ 생산자 서비스 : 어떤 기업의 결과물이 타 기업의 투입물로 판매 가능한 서비스
⑤ 도·소매업 : 제품 상거래 관련 생산자와 소비자를 연결함으로써 생산자와 소비자 간 장소 및 시간적 편의성을 제공하는 서비스

정답해설

② 생산자 서비스에 대한 내용이다. 유통서비스는 물건 또는 인적 이동을 위한 수송 서비스를 말한다.

02 상품체계에 의한 분류 중 〈보기〉의 설명에 해당하는 분류 유형은?

보기

소비자가 어떠한 유형물을 획득하지 못하고 편익만 제공하며 제품 자체가 서비스로서 시설편익 서비스, 인적편익 서비스, 지식/정보 편익 서비스, 유통편익 서비스, 기타 편익 서비스로 나누어진다.

① 순수제품
② 제품위주
③ 순수 서비스
④ 유형재와 혼합된 서비스
⑤ 순수유형재화

03 다음 중 〈보기〉의 설명에 해당하는 서비스 분류의 유형은?

보기

제품과 서비스 제공의 중요도가 비슷한 정도로 제공되며 레스토랑, 카페, 패스트푸드 등이 해당된다.

① 순수유형 재화
② 서비스 수반의 유형 재화
③ 유형재와 추가된 서비스가 수반된 서비스가 주요 제품인 경우
④ 유형재와 혼합된 서비스
⑤ 순수 서비스

04 **러브락의 서비스 유형 중 바르게 연결된 것은?**

① 유형물에 대한 유형적 서비스 : Door to Door 서비스
② 사람의 신체에 대한 유형적 서비스 : 사람을 대상으로 하며 대부분 전문적인 서비스가 차지한다.
③ 사람의 정신에 대한 무형적 서비스 : 서비스를 제공하는 행동이나 자세는 서비스 평가에 있어서 크게 중요하지는 않다.
④ 무형자산에 대한 무형적 서비스 : 서비스 내용이 무형적이며 그 대상은 사람이다.
⑤ 사람의 신체에 대한 유형적 서비스 : 고객이 느끼는 실질적인 혜택이 매우 중요한 평가요소이다.

[정답해설]
②, ③ 사람을 대상으로 하는 전문적인 서비스는 사람의 정신에 대한 무형적 서비스이며 서비스 제공의 행동, 자세는 서비스 평가에 있어서 매우 중요하다.
④ 무형자산에 대한 무형적 서비스는 서비스 내용이 무형적이며 대상은 고객이 가지고 있는 돈, 기록 등 무형적 자산이다.
⑤ 고객이 느끼는 실질적인 혜택이 중요한 평가요소는 무형자산에 대한 무형적 서비스이다.

05 **다음 중 쇼스택의 유형성 스펙트럼에서 유형성의 지배가 가장 강한 업종은?**

① 패스트푸드   ② 화장품
③ 자동차   ④ 항공사
⑤ 소금

06 러브락의 다차원적 서비스 분류에서 〈보기〉에 해당하는 것은?

> ┌보기─
> • 고객의 요구에 대응하는 종업원과의 상호작용 정도와 고객의 요구에 대해 권한 위임을 행사할 수 있는 정도에 따른 분류이다.
> • 서비스 특성에 따라 노동집중도와 고객의 상호작용의 정도에 따라 서비스의 개별 화와 표준화를 하는 전략이다.

① 서비스 상품의 특성에 따른 분류
② 서비스 제공방식에 따른 분류
③ 서비스 행위의 특성에 따른 분류
④ 고객과의 관계유형에 따른 분류
⑤ 수요와 공급의 관계에 따른 분류

07 러브락의 다차원적 서비스 분류 중 서비스 상품의 특성에 따른 분류표이다. 표의 빈칸 에 들어갈 업종으로 바르게 연결된 것은?

구분		서비스 설비, 시설에 근거한 분류	
		높음	낮음
서비스가 사람에 근거한 정도	높다	(가)	(나)
	낮다	(다)	(라)

① (가) : 일류호텔   ② (나) : 전화
③ (다) : 경영컨설팅   ④ (라) : 병원
⑤ (라) : 지하철

[정답해설]
전화(라), 경영컨설팅(나), 병원(가), 지하철(다)

08 서비스의 특징을 설명한 것 중 바른 것은?

① 서비스의 무형성에 의해 대량생산이 어렵다.
② 서비스의 이질성에 의해 고객이 거래에 참여하고 따라서 고객은 서로에게 영향을 미친다.
③ 관리적 의미에 있어서 서비스의 특징 중 소멸성은 수요와 공급을 맞추기 어렵다.
④ 서비스의 무형성에 의해 서비스는 반품될 수 없다.
⑤ 서비스의 비분리성에 의해 제공된 서비스가 계획되거나 촉진된 것과 일치하는 지를 확신하기 어렵다.

① 비분리성, ② 비분리성, ④ 소멸성, ⑤ 이질성

09 서비스의 특징 중 이질성에 대한 설명이 잘못된 것은?

① 서비스는 누가, 언제, 어디서 제공하는가에 따라 달라질 수 있는 변화의 가능성이 존재한다.
② 한 고객에 대한 서비스가 다른 고객에 대한 서비스와 다를 가능성이 있다.
③ 종업원의 행동과 태도가 예의바르며 도와주려는 의지가 있는가에 대한 증거와 심상을 제시하는 것이 극복방안이다.
④ 서비스는 변동적이어서 규격화, 표준화하기 어렵다.
⑤ 서비스 변화 극복을 위해서는 우수한 서비스 요원을 선발하여 훈련을 제공하는 것이 극복방안이다.

③은 무형성에 대한 극복방안이다.

10 병원의 서비스스케이프의 요소에 해당되지 않는 것은?

① 병원의 의료기기　　　　　② 간호사 유니폼
③ 주차장　　　　　　　　　④ 주변 자연경관
⑤ 대기실 인테리어

② 유형적 단서에 해당된다.

정답 1 ② 2 ③ 3 ④ 4 ① 5 ⑤ 6 ① 7 ① 8 ③ 9 ③ 10 ②

04 관광 서비스의 개념

(1) 관광 서비스의 정의

구분	내용
기능적인 측면	수입증대에 이바지하기 위한 종사원의 헌신, 봉사하는 자세와 업무에 대해 최선을 다한다는 태도, 즉 "세심한 봉사정신"
비즈니스 측면	관광기업 활동을 통해 고객인 관광객이 호감과 만족감을 느끼도록 하여 가치를 낳는 지식과 행위의 총체
구조적인 측면	• 관광 서비스 기업의 기업 활동을 통해 관광객의 요구에 맞추어 소유권 이전 없이 제공하는 상품적 의미인 무형의 행위 또는 편익의 일체 • 관광객의 관광 활동 기간 중 관광객을 위해 제공 또는 부수되는 욕구충족의 주체적이고 핵심적인 것으로, 소득에 의해 소비자 효용이 일어나기보다는 행위나 성과에 의해 효용이 나타나는, 즉 소유권 이전이 수반되지 않는 무형의 행위 또는 편익의 총체

(2) 관광 서비스에 대한 고객의 요구사항(관광 서비스의 중요성)

① 고객은 물리적 증거보다 정신적 만족과 감동을 주는 서비스 제품을 선호한다.
② 고객은 서비스 제공자의 고도로 숙련되고 전문화된 서비스를 요구한다.
③ 고객은 다른 관광 서비스 기업에 대하여 차별화된 서비스를 요구한다.
④ 고객은 관광을 통해 자아실현욕구를 충족하고자 하며, 이를 위해 완벽한 준비를 요구한다.

(3) 관광 서비스의 특성

① 서비스의 기본적인 특성 보유

무형성	• 보거나 만질 수 있는 실체가 없는 무형의 가치재이다. • 모방이 쉽지 않다.
비분리성 (동시성)	• 서비스 직원과 고객이 직접 접촉하여 생산되어 관광객에게 제공된다. • 생산과 동시에 소비된다.
이질성	동일한 서비스라도 서비스 직원과 관광객이 누구인가에 따라 내용과 질이 달라질 수 있다.
소멸성	서비스는 제품과 달리 일시적으로 제공되는 편익으로서 저장 또는 반복 제공되지 않는다.

② **고급화** : 관광 서비스를 구성하는 요소 중 물리적 환경의 고급화를 지향한다.
③ **동시성** : 각종 관광시설 및 자원인 유형재를 제공하는 물적 서비스와 사람에 의해 제공되어야 하는 인적서비스에 동시 의존적이다.
④ 관광 서비스의 가장 중요한 요인은 서비스를 제공하는 인적자원이다.
  ※ 관광객의 만족은 많은 시간을 함께하며 상품 및 편의 제공을 위한 안내 등의 역할을 하는 관광 서비스 종사원의 역량, 태도 등 서비스 품질에 영향을 크게 받으며 정보에 대한 의존성은 한계가 있다.
  ※ 관광 종사원의 태도와 행동에 미치는 5가지 요인 : 지식, 기술, 능력, 인성, 신체적 특성

⑤ 계절성 : 관광수요는 계절에 대하여 탄력적으로 불규칙성을 갖는다. 즉 성수기에는 관광수요가 많고 비수기와 가격차이가 크다.

⑥ 타 관광 서비스와 상호 보완적이다(항공기, 호텔, 놀이시설, 식당 등).

⑦ 지역 관광자원 및 환경과의 연계성이 높다.

Warming Up

01 〈보기〉는 관광 서비스를 정의한 것이다. 내용에 맞는 서비스 정의는?

> ┌ 보기 ─────────────────────────────
> 관광기업 활동을 통해 고객인 관광객이 호감과 만족감을 느끼도록 하여 가치를 낳는 지식과 행위의 총체
> ─────────────────────────────────

① 기능적 정의   ② 구조적 정의
③ 기술적 정의   ④ 비즈니스적 정의
⑤ 경제적 정의

02 관광 서비스의 중요성에 대한 설명 중 맞지 않는 것은?

① 인적 서비스에 대한 의존도가 높은 무형적 서비스이므로 모방하여 적용하기가 쉽다.

② 물리적 서비스도 중요하지만 물리적 서비스보다 더 선호하는 것은 완벽한 만족과 감동이다.

③ 고급서비스의 이미지로 인해 최고급의 숙련되고 전문화된 서비스를 요구한다.

④ 타 기업에 대하여 특화되고 차별화된 고품위 서비스가 요구된다.

⑤ 고객은 관광을 통해 자아실현욕구를 충족하고자 하며 충족을 위한 완벽한 준비가 요구된다.

〔정답해설〕
① 관광 서비스는 무형적인 서비스이므로 모방하기 쉽지 않다.

03 관광 서비스의 특징을 설명한 내용 중 잘못된 것은?

① 관광 서비스는 물리적 환경의 고급화를 지향한다.

② 유형재의 물적서비스와 인적서비스에 동시 의존적이다.

③ 관광수요는 계절에 대하여 비탄력적으로 불규칙성을 갖는다.

④ 타 관광서비스와 상호 의존적이다.

⑤ 지역 관광자원 및 환경과 연계성이 높다.

정답해설

③ 계절에 탄력적이다.

04 〈보기〉의 내용 중 (　　)에 들어갈 알맞은 말은?

┌─ 보기
관광 서비스의 가장 중요한 요인은 서비스를 제공하는 (　　　　　)이다.

① 관광상품　　　　　　　　② 인적자원

③ 자본　　　　　　　　　　④ 유형재의 물리적 시설

⑤ 관광자원과 환경

정답해설

② 관광객의 만족은 많은 시간을 함께하며 상품 안내 및 편의 제공을 위한 안내 등의 역할을 하는 관광 서비스 종사원의 역량, 태도 등 서비스 품질에 영향을 크게 받는다.

정답 1 ④ 2 ① 3 ③ 4 ②

CHAPTER 02 서비스 리더십

학습개요	조직의 목표를 효과적으로 달성하기 위해 조직의 구성원이 갖추어야 하는 리더십의 핵심요소와 리더로서의 역할 및 리더십의 종류에 대해 살펴보고, 끊임없이 변화하는 서비스 산업의 패러다임과 경쟁전략에 대해 알아본다.
절 구성	1. 서비스 리더십의 핵심요소 2. 서비스 리더의 역할 3. 서비스 리더십의 유형 4. 서비스 경영 패러다임과 경쟁전략 5. 새로운 서비스 창출기법
학습중점	1. 서비스 리더십의 개념과 관련된 리더십 이론을 학습한다. 2. 인간의 동기부여와 관련된 이론을 학습한다. 3. 참여적 리더십, 감성 리더십, 카리스마 리더십, 서번트 리더십 등의 리더십의 특징을 학습한다. 4. 서비스 패러다임을 이해하고 경쟁우위 전략을 학습한다.
마인드 맵	

CHAPTER 02 **서비스 리더십**

01 서비스 리더십의 핵심요소

(1) 리더십(Leadership)

1) 리더십의 개념

① 조직의 목표를 효과적으로 달성하기 위하여 집단의 구성원으로 하여금 목표 수행에 자발적으로 공헌할 수 있도록 유도하는 리더의 행동

② 조직의 목표 달성을 위해 대책을 마련하고 조직의 활동이 리더의 뜻에 따라 일사불란하게 이루어지도록 하기 위한 리더의 능력과 작용

> **TIP 로크(E.A.Locke)의 리더십 핵심**
>
> | 관계 | 리더와 구성원 사이에서 형성되는 역동적인 현상 |
> |---|---|
> | 행동화 유도 | 구성원들의 바람직한 행동을 이끌어내기 위한 다양한 방안 적용 |
> | 과정 | 조직 내 직위 또는 직책에서 요구되는 사항에 한정하여 수행하는 활동 그 이상의 것 |

2) 학자들의 리더십 정의

학자	정의
Hemphill & Halpin(1957)	조직의 목표를 달성하거나 그것을 바꾸기 위한 절차를 주도하는 일
Gibb(1969)	집단목표를 위해 집단 구성원들이 활동하는 것을 지도하는 개인의 활동
Hersey & lanchard(1977)	어떤 주어진 상황 속에서 목표를 달성하기 위하여 개인 또는 집단의 활동에 영향을 미치는 과정
Campbell(1980)	새로운 기회를 창출하기 위해 자원의 역량을 집중시키는 활동
Owens(2004)	구체적인 상황에서 사람들의 목표를 성취하도록 영향을 주는 과정
Reitz(1987)	목표를 달성하기 위해 집단에게 영향을 끼치는 과정
Juran(1994)	총체적 품질경영의 성공에 가장 결정적인 장애물은 최고 경영자의 리더십 부재
Katz & Kahn(1978)	기계적으로 조직의 일상적 명령을 수행하는 것 이상의 결과를 가져올 수 있게 하는 영향력

3) 리더십 이론

① 특성론

ⓐ 리더라는 특성을 선천적으로 가지고 태어날 것이라는 가정하에서 리더와 해당 구성원들 간의 특성상의 차이를 발견하려고 한 접근방법이다.

ⓑ 후천적으로 육성될 수 있는 가능성이 상대적으로 적다는 입장으로서 리더는 육성될 수 있는 가능성이 매우 적다는 견해이다.

© 특성론은 리더의 성격속성(지능, 언어구사력, 통찰력, 결단력, 사명감 등)과 신체적 특성(신장, 외모, 건강상태 등)을 고려하였다.

TIP 리더의 특성에 대한 일반적인 개별적 요인 5가지

능력	지능, 기민함, 언어적 유창성, 독창성, 판단력
성취	학식, 지식, 운동기능
책임감	신뢰성, 주도성, 인내력, 공격성, 자신감, 수월성, 욕망
참여	적극성, 사회성, 협동성, 적응성, 유머
지위	사회경제적 지위, 대중적 인기

TIP 신언서판(身言書判)

특성론 관점에서 인재등용을 한 사례
① 중국 당나라 때 관리를 등용하는 시험에서 인물평가의 기준으로 삼았던 풍채[體貌], 언변[言辯], 문필[筆跡], 판단[文理]의 네 가지 재능을 이르는 말이다.
② 조선시대에 인재등용의 원칙으로 삼았다.

② 행동이론(행위론)
　　㉠ 리더가 취하는 행동에 관심을 두고, 어떠한 조직이나 상황에서 리더의 행동이 어떻게 발휘되느냐를 분석하는 접근방법이다.
　　㉡ 특성론의 경직성을 극복하는 과정에서 행위 중심의 리더십 이론이 제시되었다.
　　㉢ 행위론적 리더십은 후천적으로 훈련과 개발을 통하여 리더의 육성이 가능하다고 본다.
　　㉣ 리더십의 유형을 권위형, 중도형, 방임형, 사교형, 팀형 등의 대표적인 5가지 유형으로 구분하였다.
　　㉤ 취약점은 리더의 스타일이 어느 상황에서나 효과적으로 적용될 수 있다는 보편론적 입장을 취하고 있다는 점이다.

③ 상황론
　　㉠ 행위론의 한계를 극복하기 위해 등장한 이론이다.
　　㉡ 리더의 행동과 스타일이 상황에 따라 바뀔 수 있다는 이론이다.

TIP 상황론을 연구한 학자들의 이론

① 피들러의 상황이론
　• 관계, 과업특성, 구조적 권한 등을 상황변수로 설정하고 리더가 상황을 자신의 스타일에 맞도록 변화시켜 나가야 한다는 이론
　• 리더에게 큰 비중을 두고 있다.
② 허쉬와 블랜차드의 성숙도 이론
　팔로워들의 성숙도에 따라 리더십 스타일을 적용해야 한다는 이론

③ 하우스의 목표 - 경로 이론
  팔로워들에게 개인 또는 조직의 목표 달성을 위해 동기를 부여하는 것을 리더의 역할로 정의

④ 변혁론 및 비전론
  ㉠ 구성원이 외재적인 보상이 아니라 자아실현 또는 일에서의 의미를 찾아 자발적으로 일하게
     하도록 리더십을 발휘하는 것을 말한다.
  ㉡ 보상에 따라 일하는 구성원이 자신이 추구하는 가치와 의미를 좇아 일하는 모습으로 변혁을
     이루어 낸다.
  ㉢ 리더에 대한 부하의 믿음이나 신념을 유발시키고, 리더가 부하에게 확실한 목표를 설정해
     주고 모범을 보이며, 부하의 욕구에 대한 세심한 배려와 적절한 자극을 통하여 조직의
     성과와 팔로워의 만족을 높일 수 있다.
  ㉣ 리더십은 특성이나 행위이지만 리더십의 유효성은 상황변수의 조건에 따라 달라진다.

4) 동기이론
  ① 동기이론의 개념
    ㉠ 팔로워들에게 어떠한 목표에 대해 긍정적인 변화를 이끌어 낼 수 있는 원인을 제공하기
       위해 연구한 이론이다.
    ㉡ 업무를 회피하려는 사람을 일하도록 유도하거나 지속적으로 충실한 업무 수행을 하도
       록 팔로워들을 움직이게 하는 고민을 연구한 이론이다.

  ② 동기부여
    ㉠ 동기(motivation)란 움직이다(move)라는 뜻을 가진 Movere라는 라틴어에서 유래하였다.
    ㉡ 동기는 사람을 자극해 유도한 행동을 수행하도록 이끄는 힘을 의미한다.
    ㉢ 동기는 인간으로 하여금 어떠한 행동을 하는 내적 요인 또는 마음 상태를 의미한다.
    ㉣ 동기는 행동반응을 자극하고 이끌어 내며 그 반응에 특정 방향을 제공해주는 관찰할 수
       없는 내적인 힘을 나타내는 개념이다.
    ㉤ 동기부여는 조직 구성원이 어떤 목적을 달성하기 위해 특정 방향으로 행동하도록 의도적
       으로 노력하는 것이다.
    ㉥ 동기부여방법으로 팔로워에 대한 공평한 인사시스템, 공정한 인센티브, 지속적인 교
       육 등이 있다.

  ③ 다양한 동기이론

매슬로의 욕구 5단계	• 인간의 욕구는 계층에 따라 질서를 가질 수 있다. • 욕구는 일련의 단계에서 하위단계의 욕구가 충족되어야 상위단계의 욕구 충족을 위한 동기부여가 형성된다는 이론이다. • 1단계(생리적 욕구) 　㉠ 인간의 가장 기초적인 욕구 　㉡ 조직에서는 적정한 임금과 휴식, 업무환경 등을 통해 충족시키려는 욕구

	• 2단계(안전의 욕구) 　㉠ 위험과 위협 등으로부터 자기보존의 욕구 　㉡ 조직에서는 작업환경의 안전, 물가상승에 따른 임금인상 보장, 직무의 안정도 등의 욕구 • 3단계(사회적 욕구) 　㉠ 소속감, 사랑, 우정에 대한 욕구 　㉡ 조직 내의 다른 구성원과의 교제나 친구를 사귀려는 욕구 • 4단계(존경의 욕구) 　㉠ 타인으로부터 인정받으려는 욕구 　㉡ 조직에서의 직위, 업무 완성도, 성과 향상, 의사결정 반영, 승진기회 등의 욕구 • 5단계(자아실현의 욕구) 　㉠ 자기발전을 이루고 싶은 욕구 　㉡ 조직에서는 개인의 기술향상, 사회적 성공, 승진 등의 욕구
허츠버그의 동기위생 요인 (2요인 이론)	• 매슬로의 욕구이론에 근거를 두고 동기위생 이론을 개발하였다. • 동기(만족)요인 　㉠ 개인의 동기자극과 관련하여 만족 여부에 영향을 미치는 요인 　㉡ 심리적 성장에 관련한 요인(성취, 인정, 승진, 성장 가능성 등) 　㉢ 동기요인은 업무만족에 적극적인 영향을 주고 생산능력 향상에 기여 • 위생(불만족)요인 　㉠ 불만족 여부에 영향을 미치는 요인 　㉡ 불만족 요인 : 방침, 행정, 감독, 임금, 작업조건, 안전 등
알더퍼의 ERG 이론	• 매슬로와 허츠버그의 이론을 확장한 이론이다. • 매슬로의 욕구체계론에 대한 설명력과 경험적 타당성의 개선을 위해 제안하였다. • 인간이 가지고 있는 욕구는 체계적으로 정돈되어 있다. • 낮은 수준의 욕구와 높은 수준의 욕구 간에 근본적인 차이가 있다. • 여러 가지 욕구를 동시에 경험하며 상위욕구가 반복적 좌절 시 하위욕구로 귀환한다. • 1단계(존재욕구) 　㉠ 인간이 존재하기 위해 필요한 생리적·물리적 욕구 　㉡ 매슬로의 욕구단계론에서 생리적 욕구와 안전의 욕구 중 물리적 욕구에 해당 • 2단계(관계욕구) 　㉠ 인간의 사회생활과 관련된 욕구 　㉡ 매슬로의 욕구단계론에서 안전의 욕구 중 타인과 관련된 욕구와 소속 욕구, 존경 　　 의 욕구 일부에 해당 • 3단계(성장욕구) 　㉠ 개인의 자아실현과 성장에 대한 욕구 　㉡ 매슬로의 욕구단계론에서 존경의 욕구 일부와 자아실현의 욕구에 해당
애덤스의 공정성 이론	• 조직생활에서의 동기가 개인이 자신의 작업 상황에서 지각한 공정성의 정도에 의해 영향을 받는다는 것에 착안하였다. • 개인이 어떤 일을 수행하는 데 투입한 요소들과 이로부터 얻은 성과 비율을 다른 사람의 투입 및 산출의 비율과 비교하여 공평한 정도를 파악한다. • 개인은 항상 자신의 성과 및 투입비율을 계산하고 타인의 성과 및 투입비율을 참작하여 자신의 조직에 대한 행동의 실행여부를 결정한다. • 투입과 성과의 조정, 투입 및 성과의 인지적 왜곡, 비교대상 변경, 비교대상의 투입과 성과에 대한 영향력 행사 등은 공정한 균형상태를 이루기 위한 행동들로 나타난다.

맥그리거의 X · Y이론	• 인간의 낮은 수준의 욕구와 관련된 인간관과 그 전략으로서 X이론을, 인간의 높은 수준의 욕구와 관련된 인간관과 그 전략으로서 Y이론을 설명하였다. • X이론 ㄱ 인간은 본질적으로 악하다.　　ㄴ 인간은 본능적으로 행동한다. ㄷ 인간은 강제적으로 동기화된다.　ㄹ 개인이 가장 중요하다. ㅁ 인생관은 염세적이다.　　　　ㅂ 인간은 본질적으로 일을 싫어한다. • Y이론 ㄱ 인간은 본질적으로 선하다.　　ㄴ 인간은 인본주의에 따라 행동한다. ㄷ 인간은 자발적인 협력에 의해 동기화된다. ㄹ 인간의 본성은 협동적이다.　　ㅁ 집단이 가장 중요하다. ㅂ 인간은 낙천적이다.　　　　　ㅅ 인간은 본질적으로 일을 하고 싶어 한다.
기대이론	• 기대이론은 특정한 노력(욕구)이 성과로 연결될 수 있다는 기대를 바탕으로 근로자들이 자신들의 직무에서 스스로 원하는 것을 얻을 수 있다고 믿을 때 동기부여가 된다는 이론이다.

제1과목 ★ 고객만족(CS) 개론

TIP 동기이론 간의 관계

허츠버그의 동기위생이론	매슬로의 욕구 계층		알더퍼의 ERG이론
위생요인	생리적 욕구		존재욕구
	안전욕구	물리적 안전	
		신분보장	
동기요인	애정과 소속감에 대한 욕구		관계욕구
	존경욕구	타인의 인정	
		자기존중	성장욕구
	자기실현의 욕구		

(2) 서비스 리더십

1) 정의

① 서비스 리더십은 '리더의 서비스를 통해 직원들이 행복해하고 이를 통해 외부고객의 만족이 이루어질 수 있도록 만드는 리더십'이라 한다.

② 서비스 리더십에 관한 이론적 개념화는 삼성에버랜드 ESL(Everland Service Leadership)에서 시도하여 서비스 리더십 모델을 개발하여 사용하였다.

③ 서비스 리더의 역할은 조직 구성원들의 서비스 품질을 높여 외부고객의 만족을 이끌어내는 것이며, 외부고객의 만족을 이끌어내기 위해서는 내부고객인 조직구성원의 만족이 전제되어야 한다.

④ 서비스 리더십은 품성과 관련된 내부고객과의 관계성으로 내부고객이 리더에 대한 존경을 바탕으로 하는 마음으로부터 동의할 때 성립된다.

⑤ 리더와 내부고객 사이에서 수평적으로 작용하며 설득과 동의를 통해 이루어지는 내부 서비스
이다.

2) 서비스 리더십의 구성요소(삼성에버랜드)

① 서비스 리더십은 직원의 만족을 만들어내는 리더의 만족유도 행위를 많이 하도록 하고 만족
훼손 행위를 줄이는 것을 목표로 한다.

② 이를 위해서 리더는 다양한 접근을 통해 노력을 해야 한다. 그중에서 가장 핵심적인 것을
C(Concept), M(Mind), S(Skill)라고 한다.

③ 공식으로는 'C×M×S=고객만족'으로 표현할 수 있다. 서비스 리더가 C, M, S를 고루 갖출
때만이 진정으로 바람직한 리더의 행동을 하게 되고, 그 리더의 행동은 직원만족과 고객만
족으로 연결된다.

서비스 신념 (Service Concept)	서비스 리더십의 기초를 세워주는 철학과 전체가 공유해 나가고자 하는 비전, 이를 위해 현재를 어떻게 바꿔 나가야 할 것인가 하는 변화와 혁신으로 설명할 수 있다.
서비스 태도 (Service Mind)	파트너십을 형성하고 만족을 주고 싶은 자세나 마음 상태를 말한다. 이것을 바탕으로 리더의 행동은 자연스럽게 고객의 만족을 이끌어 낼 수 있다.
서비스 능력 (Service Skill)	고객의 니즈를 파악하고, 이를 충족시키기 위해 필요한 서비스 창조 능력, 관리 운영 능력, 인간관계 형성, 개선능력을 말한다.

※ 서비스의 세 가지 요소가 상호 작용을 이룰 때 고객만족이 이루어진다.

3) 커트 라이맨(Curt Reimann)의 우수한 리더십 특성 7가지

특성	내용
도전적 목표	달성하기 어려운 목표 설정
고객에 대한 접근성	고객을 생각하는 리더십 발휘
일에 대한 열정	업무에 대한 애정과 열중하는 자세
솔선수범과 정확한 지식의 결합	무엇을 어떻게 해야 하는지를 잘 알고 솔선수범을 실천
기업문화의 변화	구성원에게 기업에서 추구하는 가치가 무엇인지 알려 주어 원하는 방향으로 기업문화를 변화
강력한 추진력	강력하게 일을 밀고 나아가는 능력
조직화	이상의 모든 요소를 잘 조직화하여 실천

4) 서비스 리더십의 효과 : 적극적, 고품질의 서비스 제공, 고객 만족을 위한 서비스 제공의 성과
창출

Warming Up

01 매슬로(A. Maslow)의 욕구단계 이론에서 인간의 욕구 중 가장 먼저 충족되어야 하는 단계는?

① 안전의 욕구   ② 생리적 욕구

③ 애정과 소속감에 대한 욕구   ④ 자아실현의 욕구

⑤ 자아 존중의 욕구

정답해설

1단계 욕구

02 매슬로의 욕구단계론이 직면한 문제들을 극복하고자 실증적인 연구에 기반하여 제시한 수정된 이론으로 인간의 욕구를 생존욕구, 대인관계욕구, 성장욕구 등 3가지로 구분하여 알더퍼가 제안한 이론은 무엇인가?

① 동기 이론   ② ERG이론

③ 기대 이론   ④ 공정성 이론

⑤ XY 이론

정답 1 ② 2 ②

02 서비스 리더의 역할

(1) 서비스 리더와 역할

① 조직의 구성원이 조직의 부속물이 아닌 한 인간으로서 온전하게 평가받고 인정받는 사람으로 거듭나도록 만드는 사람을 '리더(Leader)'라고 한다.

② 리더는 자신에게 지도의 권한을 부여하는 사람들의 삶에 의미 있는 변화를 가져다주는 존재가 되어야 한다.

③ 역할이란 집단이 수행하는 과업과 조직 내 수평적·수직적 분업 구조하에서 리더에게 '기대되는 행위'이며, '어떤 직위를 가진 사람들이 해야 할 것으로 기대되는 행위'라고 할 수 있다.

레오나드 베리(Leonard Berry)	서비스 기업의 리더의 역할 : 존경, 정직, 기쁨이라는 가치를 공유하고 조직 전사적으로 이 가치를 전한다.
캐일라 패런(Caela Farren)과 베벌리 케이(Beverly Kaye)	현대 조직에 필요한 리더의 역할 5가지 분류 : 지원자, 평가자, 예측자, 조언자, 격려자

프레드릭 라이할트 (Frederick F. Reichheld)의 충성스러운 리더가 되기 위한 6가지 원칙	• Win−Win 전략을 사용하라. 기업이 종업원과 그들의 파트너에게 제공하는 처우는 해당 기업이 고객을 대하는 태도와 상관관계가 있다. • 실천을 통해 설득하라. 기업이 추구하는 가치가 명확해야 하며, 전사적으로 모든 직원들이 실천해야 한다. • 고객과 종업원을 신중히 선정하라. 고객과 종업원에게 '선택이 됐다'라는 의식은 중요하므로 진정한 가 치가 있는 고객을 타깃으로 선정하여 최상의 서비스를 제공한다. • 잘 듣고 분명하게 말하라. 최고경영자와 콜센터, 직원, 고객 사이에서 의견을 들을 수 있는 피 드백 채널을 통해 쌍방향 커뮤니케이션이 원활히 이루어져야 한다. 문제점이나 기회에 대응하고 최선의 서비스를 제공하기 위해서 신 속하며 적절한 피드백이 이루어지는 것이 중요하다. • 단순한 조직을 유지하라. 조직을 탄력적이고 빠르게 운영하기 위해서는 의사결정의 준거가 되는 원칙을 단순하게 유지해야 한다. • 성과에 대해서는 적절히 보상하라. 충성도가 높은 고객에게 최상의 서비스를 제공하고 충성도가 높은 직원에게 적절한 보상을 통해 동기를 부여해준다.

(2) 팀 리더의 5가지 역할

팀 리더의 역할은 아래와 같이 전략계획설정자(strategic planner), 팀형성자(team builder), 정보소식통(gatekeeper), 전문가(expert), 챔피언(champion)의 5가지 역할로 구분된다.

역할	주요내용
전략계획 설정자 역할 (strategic planner)	• 프로젝트의 목표와 비전 설정 • 과제수행을 계획·조정하며 과제의 목표와 개발범위 및 일정을 수립 • 과제의 전체적 방향설정과 팀 내의 구성원에게 구체적인 업무 목표를 분담하고 조정 • 사안별로 세부추진 일정을 수립하며 중간점검 및 보고계획을 세워 프로젝트의 방향을 확인하며 상황에 맞는 유연성 있는 계획을 수립
팀형성자 역할 (team builder)	• 일하고 싶은 의욕을 고취시키며 혁신적 분위기를 창출·유지하도록 하는 분위기 창출자 역할 • 팀응집력 구축 및 구성원에 대한 권한부여 • 구성원들 간의 갈등 조정 및 해결의 역할
정보소식통 역할 (gatekeeper)	• 팀 내외의 기술적 정보교환의 구심적 역할 • 정보를 가공하여 전달 • 국내의 전문가와 접촉 및 학회 등에 참석하여 기술정보 및 아이디어를 획득하고 회사 내의 다른 부문과의 정보교환 및 유대관계 형성

전문가 역할 (expert)	• 신선한 아이디어나 새로운 접근방법에 대한 제안 • 핵심경쟁요소 • 기술적 문제에 부딪혔을 때 해결안이나 아이디어를 제공 • 구성원의 능력 배양
챔피언 역할 (champion)	• 프로젝트에 사명감을 가지고 자발적으로 몰입하여 열성적으로 추진함으로써 구성원들로 하여금 프로젝트 수행에 능동적인 자세를 갖게 함 • 프로젝트 실행을 위한 승인과 자원획득 • 관련 부서와 제휴 및 연대 • 대외적인 홍보와 세일즈맨 역할

Warming Up

01 **서비스 리더의 역할 5가지 중 알맞지 않은 것은?**

① 전략계획설정자 역할　　　　② 팀형성자 역할
③ 정보소식통 역할　　　　　　④ 전문가 역할
⑤ 혁신적 역할

02 **프레드릭 라이할트(Fredrick F. Reichheld)의 충성스러운 리더가 되기 위한 6가지 원칙 중 알맞지 않은 것은?**

① 성과와 보상은 비례하지 않는다.
② 단순한 조직을 유지한다.
③ 고객과 종업원을 신중히 선정한다.
④ 실천을 통해 설득한다.
⑤ 잘 듣고 분명하게 말한다.

[정답해설]
성과에 대해서는 적절히 보상한다. 즉, 충성도가 높은 직원과 종업원에게 적절한 보상을 한다.

정답　1 ⑤　2 ①

03 서비스 리더십의 유형

(1) 서번트 리더십(Servant Leadership)

1) 정의

① 'Servant'와 'Leadership'의 합성어로서 다른 사람을 섬기는 사람이 리더가 될 수 있다는 개념이다.

② 타인을 위한 봉사에 초점을 두고 종업원, 고객, 조직을 우선으로 여기며 그들의 욕구를 만족시키기 위해 헌신하는 리더십이다.

③ 인간 존중을 바탕으로 구성원들이 잠재력을 발휘할 수 있도록 앞에서 이끌어 주는 리더십이라고 할 수 있다.

④ 서번트 리더십은 종사원들의 인격적인 존엄성, 창조적 역량을 일깨워주는 데 크게 기여하는 것으로, 조직이 추구하는 비전을 공유하고 촉진하며, 구성원들이 필요로 하는 욕구에 능동적으로 대응할 수 있는 장점이 있다.

2) 서번트 리더십의 역할

① 고객만족을 실천하고 실현하는 사람은 기업의 구성원이다.

② 고객만족경영, 서비스경영의 필요성을 인식해야 한다.

③ 기업의 구성원에게 만족을 주기 위해 봉사한다.

④ 고객만족 실현을 위해 기업의 구성원 개개인을 내부고객으로 인식한다.

서번트 리더십의 특성 10가지	• 경청하는 자세 • 설득하는 자세 • 공감하는 자세 • 치유에 대한 관심 • 비전 제시	• 통찰력 • 분명한 인식 • 섬기는 마음 • 공동체 형성 의식 • 폭넓은 사고

(2) 카리스마 리더십

1) 카리스마 리더십의 이론과 정의

① 카리스마(Charisma)란 '능력'을 의미하는 그리스어로 성서에 등장하고 있는데, 주로 성령의 의미로 사용된다. 따라서 예언, 통치, 교리, 봉사, 지혜, 정화 등이 카리스마 능력이다.

② 정치학·사회학에서는 카리스마를 '개인적 능력을 바탕으로 부하에게 강력하고 특별한 영향을 미치는 힘'으로 정의한다. 따라서 카리스마 리더는 이러한 '힘'을 지닌 리더를 말한다.

③ 학문적 연구에서 카리스마 리더십 이론이 주장하는 내용은 서로 다르지만 주로 3가지 공통된 주제가 있다.

 ㉠ 부하들의 관심을 이끌 수 있는 능력

 ㉡ 효과적으로 의사소통을 할 수 있는 능력

 ㉢ 정서적 수준에서 부하들에게 영향을 미칠 수 있는 능력 등

캉거와 카눙고(1987)	• 부하들은 리더의 행동과 그에 따른 결과를 관찰한 것을 토대로 리더에게 카리스마적인 특성들을 귀인시킨다는 것이다. • 리더십 귀인이론 중에서 특히 리더의 영웅적 면모, 특출한 점을 부각시키고 있다.
하우스(1997)	추종자들에게 깊고 경이적인 영향력을 행사할 수 있는 카리스마적 리더는 극단적으로 높은 수준의 자기신뢰성, 자신의 신념의 도덕적 정당성에 대한 강한 확신, 지배성에 대한 강한 요구 등을 지니고 있다.
배스(1995)	• 전통적으로 인정되었던 카리스마 리더의 특성과 카리스마적 리더십의 결과 등을 추가하여 이론을 확대하였다. • 부하들은 리더를 초인간적인 영웅이나 영적인 존재로서 이상화하고 숭배한다. • 단순한 유기체 이상의 것으로 받아들여 정신적인 기제에 대한 촉매 역할을 한다. • 카리스마적 리더는 부하들이 규범, 신념, 환상 등을 공유하고 있을 때 발생한다.

2) 카리스마 리더의 특성

각 학문에서 지금까지 제시된 카리스마에 관한 경험적 연구를 검토해보면 카리스마와 관련된 특징은 다음의 3가지로 요약해 볼 수 있다.

비전 관련 행동	환경에 대해 민감성을 표출하는 행동, 부하들의 욕구를 충족시킬 수 있는 비전을 제시하는 행동, 미래 목표를 설정하는 행동, 이데올로기를 강조하는 행동, 미래 목표 달성을 위해 계획을 수립하는 행동 등 포함
몸소 실천하는 행동	비전에 대한 리더의 확신, 그러한 비전을 달성할 수 있으리라는 자신감, 비전을 달성하기 위한 리더 자신의 헌신 등이 포함
권한위임행동	부하의 능력에 대해 자신감을 보여 주는 행동, 성과에 대한 높은 기대를 보여 주는 행동, 부하의 아이디어를 지지해주는 행동, 부하의 욕구수준을 높여주는 행동 등 포함

3) 카리스마적 리더십과 부하의 관계형성에 따른 특성

① 부하는 리더와 강한 감정적 유착을 보여 주고 리더의 가치, 목표를 내면화시키며 비전을 일체시키고 그러한 가치에 대해 강력한 몰입을 가져올 수 있다.

② 카리스마적 리더는 희생 및 모범과 같은 행동을 보여 부하들은 리더의 행동을 모방하고 리더의 목표를 수용하고 리더의 요구에 따르며 희생한다.

③ 부하들은 리더를 무조건적, 맹목적으로 추종하거나 혹은 자발적으로 수용한다.

(3) 참여적 리더십

1) 정의

① 리더가 결정을 하기 전에 구성원들과 협의하여 그들의 아이디어를 공유하고 정보자료 등을 많이 활용하여 함께 문제를 해결하는 리더십 스타일로 정의된다.

② 리더는 구성원들과 공동으로 의사결정을 하고, 구성원들에게 더 많은 재량권을 부여하며 추가적인 관심과 지원을 제공한다.

2) 참여적 리더의 역할

① 조직 학습 기회를 창출하고 혁신을 장려한다.
② 구성원들에게 참여할 수 있는 기회를 부여하고 상호작용의 활성화를 통한 높은 지식공유 수준을 구축한다.
③ 조직 내 정서적 신뢰를 구축한다.
④ 새로운 정보를 생성하고 성과를 달성하도록 독려한다.

3) 참여적 리더의 장점

① 조직의 목표를 구성원이 내재화하는 경향이 나타나 업무수행력이 높아진다.
② 조직에서는 다양한 견해가 직접적으로 표현되고 문제 해결에 사용된다.
③ 조직 활동에 더욱 헌신하게 한다.
④ 집단의 지식과 기술 활용이 용이하다.
⑤ 조직 목표에 대한 참여 동기를 증대시킨다.
⑥ 자유로운 의사소통을 장려할 수 있다.
⑦ 개인적 가치와 신념을 고취한다.
⑧ 참여를 통해 경영에 대한 사고와 기술을 익힌다.

4) 참여적 리더의 단점

① 헌신적인 리더를 찾기가 어렵다.
② 참여적 방식을 배우는 데 시간이 걸리며 배우기가 쉽지 않다.
③ 책임분산으로 인해 무기력해질 수 있다.
④ 구성원들의 지위나 자격이 비슷한 상황에서 제한적으로 효과가 발휘된다.
⑤ 타협에 의해 어중간한 결정에 도달한다.

(4) 감성 리더십

1) 정의

① 감성 리더십이란 리더 스스로가 자신의 감정을 잘 이해하고 구성원의 감성 및 필요조건을 이해하고 배려하는 행동과 더불어 공동체 전체를 위한 비전을 제시하고 자연스럽게 조직 내 구성원을 이끌 수 있는 능력이다.
② 감성 리더는 조직원들에게 기회와 자극을 주며 격려와 지지를 보내기 때문에 리더에 대한 무한의 신뢰로 생동감 있는 조직문화를 가능하게 한다.

2) 감성지능(Emotional Intelligence)의 개념

① 미국의 심리학자인 대니얼 골먼의 저서인 「감성지능」에 의해 대중화되었다.
② 감성지능이란 자신의 한계와 가능성을 객관적으로 판단해 자신의 감정을 잘 다스리고, 상대방의 입장에서 그 사람을 진정으로 이해하고 타인과 좋은 관계를 유지할 수 있는 능력을 말한다.

③ 감성지능이 높은 사람은 자신감이 강하고 적극적이며 인간관계의 갈등도 원활하게 처리하는 리더십을 발휘할 수 있다.

3) 감성지능의 5가지 구성요소

1995년에 미국의 심리학자인 대니얼 골먼(Daniel Goleman)은 감성지능이라는 개념을 통해 감성 리더십이 조직성과에 중대한 영향을 미칠 수 있음을 강조하며 감성지능의 5가지 구성요소를 제시하였다.

능력	의미	내용
자기인식능력 (self-awareness)	자신의 감성을 명확하게 이해하고 타인에게 미치는 영향을 인식하는 능력	• 자신의 능력, 한계에 대한 정확한 평가 • 자신의 감정이 업무 및 조직에서의 상호관계에 미치는 영향을 잘 파악하고 이해하는 능력
자기통제능력 (self-control)	자신의 감성을 효과적으로 관리하는 능력	• 자신에 대한 통제와 자제력 • 변화에 대한 개방성 및 적응력
동기부여 능력 (Motivation)	목표를 위해 일하는 열정, 에너지와 끈기를 갖고 목표를 추구하는 성향	• 성취를 위한 강력한 추진력 • 조직에 대한 희생과 헌신 • 실패 앞에서 긍정적이며 낙천적
감정이입 능력 (Empathy)	다른 사람의 감성을 명확하게 이해하고 대처하는 능력	• 타인을 이해하고 타인의 능력을 개발하고 유지 • 고객욕구에 부응하는 서비스
대인관계기술 능력 (relationship management)	인간관계를 효율적으로 구축하고 관계를 유지하는 능력	• 설득력 있는 메시지 전달 • 원활한 커뮤니케이션을 통한 변화 주도 • 갈등 관리 및 연대감 조성 • 팀을 조성하고 팀워크를 이끌어 내는 능력

4) 감성 리더십 역량의 발휘

냉철한 자아관찰 및 이해	• 자아인식능력을 갖춘 리더는 스스로 감성상태, 강점과 약점, 가치, 욕구 등을 파악할 수 있다. • 자아인식능력이 높을수록 강한 자신감과 신념을 갖추고, 자신의 과오나 실수도 인정하는 태도를 갖추고 있다.
자신의 감정 통제	• 자기 자신의 감정을 효과적으로 통제할 수 있는 자기관리능력을 갖춘 리더는 참을성과 자제력이 강하고, 책임감과 정직성을 일관되게 보여 준다. • 갑작스러운 변화에 당황하지 않으며, 냉철한 판단력을 발휘하여 변화 속에서도 조직의 구성원들이 자신을 믿고 따를 수 있게 하는 힘이 있다.
타인에 대한 배려와 열정	• 구성원의 감정이나 입장을 폭넓게 이해하고 적극적으로 관심을 표현하는 타인의식능력을 통해 Win-Win 할 수 있다는 믿음을 구성원에게 심어 준다. • 구성원을 배려하고 애정을 줌으로써 그들의 역량을 향상시키고 성장을 이끄는 인재육성형의 기본자질을 갖춘다.
도전정신과 열정	• 높은 도전정신과 열정은 감성적 리더십 발휘의 원천이 된다. • 열정을 통해 부하들에게 조직에 대한 충성심을 보여 주고 실천할 수 있도록 독려한다.

(5) 상황대응 리더십

1) 정의

리더십 스타일과 상황 간의 권력을 기술한다. 모든 상황에 적합한 리더십은 없다. 맞는 리더십이 있을 뿐이다.

2) 개념

① 개인 발달 단계에 따라 다른 리더십이 필요하다.
② 상황과 구성원에 맞는 리더십 발휘가 필요하다.

3) 리더십 스타일

① **지시형** : 무엇을 언제 누구와 할 것인지를 대부분 결정하고 구체적으로 지시하여 문제 해결을 주도한다.
② **지도형(설득형)** : 목표설정, 문제 해결, 의사결정과정에서 구성원에 맞는 리더십 발휘 필요
③ **지원형(참여형)** : 문제인식, 목표설정에 구성원과 공동책임을 지며 구성원이 독자적으로 문제해결을 할 수 있도록 격려와 지지를 아끼지 않는다.
④ **위임형** : 직원이 책임지고 업무를 수행할 수 있도록 하며 목표설정, 계획수립, 의사결정은 주로 구성원이 하도록 한다.

Warming Up

01 다음 〈보기〉의 (   )에 들어갈 알맞은 용어는 무엇인가?

┌ 보기
( )이란 부하의 성장을 돕고 팀워크와 공동체를 형성하는 리더십 유형으로 '경청, 설득, 공감, 치유, 통찰, 비전제시, 분명한 인식, 섬기는 마음, 공동체 형성의식, 폭넓은 사고'의 10가지 차원의 특성이 있다.

① 카리스마 리더십   ② 감성 리더십
③ 참여적 리더십   ④ 서비스 리더십
⑤ 서번트 리더십

02 다음 중 참여적 리더십의 장점에 대한 설명으로 틀린 것은 무엇인가?

① 헌신적인 리더를 찾기가 쉽다.
② 조직의 목표를 구성원이 내재화하는 경향이 나타나 업무수행력이 높아진다.
③ 참여를 통해 경영에 대한 사고와 기술을 익힌다.
④ 자유로운 의사소통을 장려할 수 있다.
⑤ 조직에서는 다양한 견해가 직접적으로 표현되고 문제 해결에 사용된다.

[정답해설]
① 참여적 리더십은 헌신적인 리더를 찾기가 어렵다.

정답 1 ⑤ 2 ①

04 ■ 서비스 경영 패러다임과 경쟁전략

(1) 서비스기업의 변화와 경쟁 환경

1) 서비스 경영의 패러다임

① 도시화, 기술발전, 글로벌화, 사업성장, 낮은 임금 등의 변화로 농업과 제조업에서 서비스산 업으로의 노동력 이동은 전 세계적으로 광범위하게 이루어지고 있다.

② 제조기업에서 일어나는 서비스활동뿐만 아니라 기업간거래(B2B), 공공기관과의 거래(B2G) 에서 발생하는 서비스까지 포함하면 서비스의 비중은 더욱 커지고 있다.

③ 전반적인 경제에 있어 서비스가 차지하는 규모나 중요성이 커지면서 새로운 유형의 서비스 가 생겨나고 경제의 구조적 변화를 일으키고 있다.

④ 서비스 기업 경영은 고객중심경영, 가치중심경영, 인터넷중심경영, 혁신경영, 글로벌경영이 라는 패러다임으로 변화하고 있다.

2) 서비스경제가 성장하는 이유

소비자 욕구의 다양화	현대 사회에서 소비자의 욕구는 단순한 생존을 위한 욕구가 아니라 생활을 즐기고 쾌락을 추구한다는 측면으로 욕구의 개념이 변화되고 있다.
기술의 진보	AI기술의 발달로 이전과는 차별화된 방식으로 고객관계 유지가 진화됨에 따라 기업은 추가적으로 가치를 창출할 수 있게 되었다.
규제완화와 전문서비스 경쟁 심화	세계적으로 정부의 규제를 받았던 금융, 통신, 항공 등과 같은 산업 분야의 규제가 완화되면서 이들 산업의 마케팅 활동을 각 기업의 역량에 따라 전개할 수 있게 되었다.
국제화	국제화로 인한 많은 기업의 다국적 운영은 제공되는 서비스의 범위가 점차 확대되어 직원들의 역량과 서비스의 품질이 높아지고 있다.

3) 서비스기업의 경쟁 환경이 제조기업과 다른 점

진입장벽이 상대적으로 낮다.	• 서비스 상품은 특허로 보호받기가 어렵다. • 대다수가 노동집약적이다. • 경쟁사가 쉽게 모방할 수 있다.
규모의 경제를 실현하기 어렵다.	• 서비스는 소멸성이란 특성 때문에 재료로 보관할 수 없다. • 이러한 특성상 대량생산을 통한 규모의 경제를 실현하기가 어렵다.
수요의 변동이 심하다.	• 서비스는 시간, 요일, 계절에 따른 수요의 차이가 많다. • 수요와 공급을 맞추는 것이 중요하다.
내부고객의 만족도가 다르다.	내부고객의 만족은 외부고객의 만족을 이끌어내는 요인이기에 고객충성도를 확보하기 위해 중요하다.
고객충성도의 확보가 중요하다.	기업이 경영을 지속하기 위해 가장 중요한 것은 고객의 충성도이다.

(2) 서비스 경쟁전략

1) 경쟁우위의 이해

① 경쟁기업보다 제품 및 서비스의 비용을 낮추거나, 편의시설을 좋게 하거나, 높은 가격을 정당화하는 서비스 제공 등과 같이 고객에게 최고의 가치를 제안하여 경쟁자를 뛰어 넘어 유리한 경쟁지위를 확보하는 것이다.

② 기업의 효율성이나 차별화로 획득되기도 하지만 실질적인 경쟁우위는 유일한 경쟁지위를 확보하는 것이다.

③ 마이클 포터는 세 가지의 본원적 경쟁전략으로 가격우위 전략, 차별화 전략, 집중화 전략을 제시하였다.

2) 원가우위 전략

① 경쟁사보다 낮은 원가를 유지하여 고객에게 낮은 가격으로 제품 및 서비스를 제공하여 고객 가치를 높이는 전략이다.

② 원가우위 전략은 흔히 상품의 차별화가 어렵거나 산업이 성숙기에 접어들어 시장경쟁이 치열한 경우에 채택된다.

③ 저원가 전략을 실행하기 위해서는 최신 장비를 구입하기 위한 자본의 투자, 공격적인 가격의 정책, 시장점유율을 확보하기 위한 초기 손실이 따른다.

원가우위 전략 실행 방안	• 저가격을 찾는 고객을 목표로 한다. • 고객 서비스를 표준화한다. • 서비스 전달에서 개인적 요소를 줄인다. • 네트워크 비용을 감소시킨다. • 고객이 참여하지 않아도 되는 오프라인 서비스 운영을 활용한다.
가치사슬 활동의 비용 측면의 효율성 제고를 위한 실천 방안	• 공급망의 효율적 운영 • 고가격의 원재료, 부품의 저가품 대체 • 비용우위(수직적 통합, 아웃소싱) • 규모의 경제 실현(서비스의 표준화, 공업화) • 경험 곡선 및 학습곡선 효과
가치사슬에서 불필요한 활동을 제거하는 개선방안	• 시설 재배치 • 한정된 제품계열의 유지 • 부대서비스를 제공하지 않는 제품 제공 • 고객에게 직접 판매하여 중간상에게 소요되는 비용 및 활동을 고객에게 전가

3) 차별화 전략

① 차별화 전략의 핵심은 경쟁사에 비해 독특하다는 인식을 갖게 하는 서비스를 창출하는 데 있다. 브랜드 이미지, 제품의 특성, 고객서비스, 디자인 등은 차별화를 위한 방법으로 사용된다.

② 가격보다는 제품이나 서비스에 주안점을 두어 브랜드 로열티를 강화시킬 수 있다.

③ 서비스차별화는 종종 비용 증가를 수반하며 목표 고객이 기꺼이 금액을 지불할 의향이 있는 것이어야 한다.

④ 주로 충성고객 창출을 목표로 한다.

차별화 전략 실행 방안	• 무형적인 요소를 유형화한다. • 일관성 있는 서비스 품질을 유지하기 위해 품질을 통제한다. • 서비스 및 제품에 대한 고객의 인식된 위험을 감소시킨다. • 서비스 품질을 향상시키기 위해 서비스 직원의 훈련에 관심을 기울인다. • 경쟁사가 모방할 수 없는 역량과 능력에 기반을 두고 고객에게 가치를 제공한다.

4) 집중화 전략

① 집중화 전략은 좁은 목표시장을 서비스하는 기업이 넓은 시장을 서비스하는 회사보다 더 효과적일 수 있다는 전제를 기반으로 특정한 목표시장에서 고객의 특정한 요구에 대해 서비스를 제공하는 전략이다.

② 전체 시장이 아닌 특정 시장에 대한 원가우위 전략 혹은 차별화 전략의 응용이라 할 수 있다.

③ 경쟁자와의 전면적 경쟁이 불리한 기업이나, 보유하고 있는 역량이나 자원이 열세한 기업에게 적합한 전략이다.

(3) 서비스의 지속적 경쟁우위

1) 개념

① 지속적 경쟁우위(Sustainable Competitive Advantage : SCA)란 경쟁자들과는 다른 우수하고 독특한 서비스를 의미한다.

② 기업이 경쟁에서 성공하기 위해서는 장기적으로 수익성이나 성장가능성이 높고 기업의 강점을 최대한 발휘할 수 있는 사업을 선택하고 확보하여 그 사업영역에서 지속적으로 경쟁우위를 차지해야 한다.

2) 지속적인 경쟁우위를 확보하기 위한 4가지 조건

대체 불가능성	고객 개별화 전략
고객의 가치 인식	고객의 가치평가
기업의 자원과 능력의 희소성	탁월한 경영자원 및 핵심역량
모방 불가	지속 가능한 경쟁우위

3) 경쟁우위의 원천

정보기술	전자수단을 통한 정보의 수집, 결합, 저장, 전달, 처리, 검색 등
브랜드 자산	브랜드 상품 가치의 증가
고객관계	고객과의 행동적·인지적·정서적인 신뢰 관계
공간적 선점	고객에게 편리한 최적의 입지 확보
원가와 수요 시너지	비용절감으로 저가격 또는 높은 품질의 서비스 제공
서비스 경쟁 전략	경쟁 전략을 다른 경쟁 전략으로 바꾸거나 서비스과정의 다양성이나 복잡성 변화
규모의 경제 효과	기업 특유의 경제, 서비스 특유의 경제, 입지 특유의 경제를 통한 획득

(4) 시장방어 전략

시장방어 전략이란 신규 진입자나 기존의 경쟁자로부터 현재 시장점유율을 방어하는 전략을 말한다.

1) 저지 전략(Blocking)

① 새로운 진입자의 시장진출을 막는 전략을 말한다.
② 경쟁사의 시장 진입비용을 증가시키거나 예상 수익을 감소시켜서 시장진출을 저지할 수 있다.

전환비용	마일리지 전략, 고객DB 구축, 개별화 전략을 통한 경험적 만족요인 향상
집중광고	브랜드 이미지 및 신뢰도 향상
입지 및 유통통제	좋은 입지적 공간 및 유통망 선점
서비스 보증	높은 품질의 서비스를 제공

2) 보복 전략(Retaliation)

① 보복 전략은 경쟁사가 그들이 예상하거나 원하는 수준의 수익을 확보할 기회를 막는 데 목표가 있다.
② 신규서비스를 줄이고 시장점유율을 유지하기 위해 공격적으로 경쟁한다.

장기간의 계약기간	고객과의 장기계약 체결을 통한 새로운 서비스 시도 기회 제한
다양한 혜택제공	가격인하 및 장기고객 요금 할인
판매촉진	판매원 활동 및 광고 등

3) 적응 전략(Adaption)

적응 전략은 경쟁사가 이미 시장에 안착했을 경우 신규진입자가 시장을 잠식하는 것을 막기 위한 전략이다.

서비스 추가 및 수정	신규진입자의 서비스를 능가하도록 서비스를 개선
서비스패키지 확장	고객이 신규진입자에게 전환하지 못하도록 서비스패키지를 확장
경쟁우위 개발	경쟁사들이 쉽게 모방할 수 없는 기술개발

Warming Up

01 다음 중 생산규모를 늘리기 어려워 '규모의 경제' 효과를 누리지 못하는 중소기업에게 유리한 전략으로 특정세분시장을 상대로 원가우위전략을 펼치는 전략은 무엇인가?

① 세분화 전략　　　　　　　　　② 집중화 전략
③ 틈새 전략　　　　　　　　　　④ 개별화 전략
⑤ 원가우위 전략

02 서비스 기업이 제조 기업과 다른 점 중에서 혁신적인 업무 운영방식을 개발해도 특허로 보호받기 어렵고 노동집약적이기 때문에 경쟁사에 쉽게 모방된다는 특징은 무엇인가?

① 내부고객만족의 어려움　　　　② 고객충성도 확보의 어려움
③ 진입장벽이 낮음　　　　　　　④ 수요변동의 심함
⑤ 규모의 경제 실현이 어려움

정답 1 ① 2 ③

05　새로운 서비스 창출기법

(1) 체험 마케팅

1) 체험 마케팅의 이해

① 체험 마케팅은 소비자들의 경험과 체험에 중점을 두는 마케팅으로서 상품 구매 과정에 있는 경험과 상품을 사용해보는 과정의 체험, 사용이 끝나고 나서의 체험 등을 포함한다.

② 기존 마케팅과는 달리 소비되는 분위기 및 이미지나 브랜드를 통해 고객의 감각을 자극하는 체험을 창출하는 데 초점을 둔 마케팅이다.

③ 체험 마케팅에서는 구매 후의 소비과정이 브랜드나 기업에 큰 영향을 끼치며, 소비자의 제품 및 서비스에 대한 만족도와 브랜드 충성도를 결정하는 중요한 요인이다.

> **TIP** 브랜드 터치포인트(Brand Touchpoint)란?
>
> ① 브랜드 터치포인트(Brand Touchpoint)란 특정브랜드 제품에 대한 사용 경험, 주위 사람들의 입소문, 광고, 제품 포장, 웹사이트 등 소비자가 브랜드를 경험하게 되는 순간을 말한다.
> ② 브랜드 터치포인트는 고객과 브랜드가 접촉하는 일련의 접점들, 고객들이 제품뿐 아니라 브랜드에 관한 인식이 제품과 관련된 일련의 서비스의 과정에서 경험하게 되는 관계에 따라 좌우될 수 있다는 점에 주목하면서, 서비스의 과정에서 고객이 브랜드를 만나게 되는 순간인 '브랜드 접점'이 중요하게 다루어지기 시작하면서 등장한 개념이다.

2) 체험 마케팅의 5가지 구성요소

체험 마케팅은 감각, 감성, 인지, 행동, 관계의 총 5가지 요소로 구성된다.

감각 마케팅 (sense marketing) (감각적 경험)	• 시각, 청각, 촉각, 미각, 후각 등 오감을 통한 감각 체험을 창출할 목적으로 소비자의 오감에 호소한다. • 회사와 제품의 차별화와 고객에게 동기부여, 제품에 가치를 더하기 위한 목적으로 이용된다. • 소비자가 아름다움과 즐거움, 흥분 등을 느낄 수 있도록 감각을 자극하는 감각적 요소를 감각 전략의 일부분으로 통합시키는 데 목적이 있다.
감성 마케팅 (feel marketing) (감성적 경험)	• 고객에게 정서적인 체험을 제공하는 데 목적이 있다. • 감성은 구체적이고 강한 심리상태를 의미하는 감정과 총괄적이며 일시적으로 스치는 기분을 아우르는 체험이라고 볼 수 있다. • 기업은 어느 정도의 긍정적인 감정부터 즐거움과 자부심 같은 강한 감정에 이르기까지 다양한 감성적 체험을 창출하기 위해 노력해야 한다.
인지 마케팅 (think marketing) (인지적 경험)	• 고객들의 지성에 호소하여 고객들을 창조적으로 몰두하게 만들고, 인지적이고 문제 해결적인 체험을 만드는 것에 목적이 있다. • 놀람, 호기심, 도발, 흥미 같은 자극을 활용해 고객이 수렴적, 확산적 사고를 갖도록 하는 데 인지 마케팅이 효과적이다.
행동 마케팅 (act marketing) (행동적 경험)	사람들과 상호작용을 통해 발생하는 체험을 비롯하여 소비자의 장기적인 행동 유형(pattern), 사람의 신체 및 라이프스타일에 관련된 고객의 체험을 창조하기 위해 수립하는 것으로서, 신체적 경험(physical body experience)을 통해 나타난 상호작용과 라이프스타일에서 나타나는 전략이다.
관계 마케팅 (relate marketing) (관계적 경험)	• 고객과 브랜드 사이에 타인 또는 다른 사회적 집단과의 연결을 통해 사회적 관계가 형성되도록 하는 것이다. • 감각, 감성, 인지, 행동 체험을 통해 이루어진다. • 개인의 자아를 브랜드에 반영하여 보다 광범위한 사회적, 문화적 상황과 연관되어 개인별 감정, 감각, 인지와 행동까지 이어지는 것을 목표로 한다.

(2) 바이럴 마케팅

① 바이럴 마케팅이란 네티즌들이 블로그나 카페 등 전파가 가능한 매체를 통해 자발적으로 어떤 기업이나 기업의 제품의 홍보가 가능하도록 제작하여 널리 퍼지는 마케팅 기법을 말한다.

② 컴퓨터 바이러스처럼 확산된다고 해서 바이러스 마케팅(virus marketing)이라고도 불리며 기업이 직접 나서서 홍보를 하지 않고, 소비자의 인터넷 매체 활용을 통해 이루어지는 광고이다.

③ 상호작용이 풍부하고 전파 효과가 뛰어나다는 특징이 있다.

④ 신뢰성과 진실성을 기반으로 고객들의 브랜드에 대한 고정적인 선호도를 확보하는 데 용이하다.

⑤ 기존의 마케팅 기법과 가장 차별화된 부분은 네티즌의 자발적 구전 확산으로 소비자들의 주의를 일으켜 광고 노출을 유도하는 기법을 통해 네티즌의 기호에 따라 흥미로운 내용의 콘텐츠와 기업브랜드가 결합된 웹 콘텐츠를 제작한 후 이를 인터넷에 게재한다. 그리고 네티즌의 관심정도에 따라 다른 곳에 전파를 하고 이것이 반복되면서 네티즌 사이에 화제가 되어 자연스럽게 브랜드에 대한 인지도도 같이 상승시킬 수 있다.

▶ 바이럴 마케팅의 종류

블로그 마케팅	운영이 쉽고, 컨텐츠의 유입과 유출이 쉬우며 방문자와 댓글, 스크랩 서비스를 통해 즉각적인 타(他)블로거들의 방문과 관심도 체크가 가능
커뮤니티 마케팅	• 취미를 공유하고 같은 생각을 가진 사람들의 모임인 커뮤니티를 활용한 마케팅 • 상품의 구매를 유도하는 부분에서 뛰어남
SNS 마케팅	• 온라인 공간에서 벌어지는 소비자들 사이의 상호작용 과정 중에 긍정적으로 평가되는 상품은 댓글이나 추천 등에 의해 구전 • 전달하고자 하는 컨텐츠의 태그 등을 통해 다른 이용자에게 전달되기 용이하여 가장 큰 파급력을 갖는 것이 특징

Warming Up

01 〈보기〉에서 설명한 마케팅으로 알맞은 것은?

> ┌ 보기 ─────────────────────────────
> 사람들과 상호작용을 통해 발생하는 체험을 비롯하여 소비자의 장기적인 행동 유형 (pattern), 사람의 신체 및 라이프스타일에 관련된 고객의 체험을 창조하기 위해 수립하는 것으로서, 신체적 경험(physical body experience)을 통해 나타난 상호작용과 라이프스타일에서 나타나는 전략이다.

① 행동 마케팅 ② 체험 마케팅
③ 관계 마케팅 ④ 니치 마케팅
⑤ 역발상 마케팅

02 SNS 마케팅에 대한 설명으로 가장 적합한 것은?

① 개인의 자아를 브랜드에 반영하여 개인별 감정, 감각, 인지와 행동까지 이어지는 것을 목표로 한다.
② 고객들의 지성에 호소하여 고객들을 창조적으로 몰두하게 만든다.
③ 소비자가 아름다움과 즐거움, 쾌락 등을 느낄 수 있도록 감각을 자극하는 방식이다.
④ 고객의 감각을 자극하는 체험을 창출하는 데 초점을 둔 마케팅이다
⑤ 콘텐츠가 다른 이용자에게 전달되기 용이하여 가장 큰 파급력을 갖는다.

정답 1 ① 2 ⑤

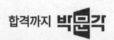

합격까지 박문각

제02과목

CS 전략론

CS리더스
관리사

CHAPTER 01 서비스 기법

학습개요	기존의 서비스를 개선하고 새로운 서비스를 개발하는 기법으로 무형의 서비스 프로세스를 설계하고 도출하는 서비스 청사진, 서비스 모니터링, MOT 사이클 차트, 서비스 디자인을 살펴본다.	
절 구성	1. 서비스 청사진 3. MOT 사이클 차트	2. 서비스 모니터링 4. 서비스 디자인
학습중점	1. 서비스 청사진 작성 방법 3. 고객의 소리(VOC)의 이점 5. MOT 사이클 차트 분석	2. 서비스 모니터링의 개념과 목적 4. 미스터리 쇼핑의 필요성
마인드 맵	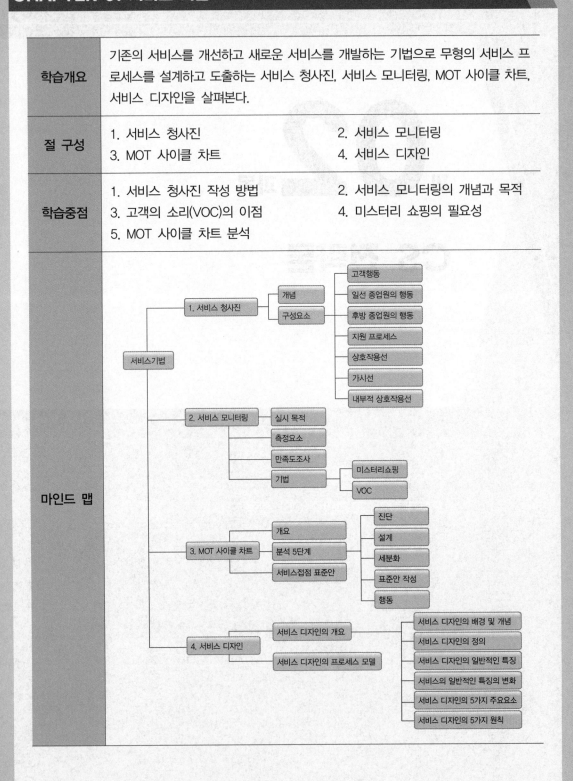	

PART 01 서비스

CHAPTER 01 서비스 기법

01 서비스 청사진(Service Blue Printing)

(1) 서비스 청사진의 개념(린 쇼스택)

① 서비스 청사진은 '서비스 시스템을 정확하게 묘사해서 그 서비스를 제공하는 데 연관되는 사람들이 그들의 역할 및 관점에 상관없이 객관적으로 서비스 시스템을 이해하고 다룰 수 있도록 해주는 그림 또는 지도'를 말한다.

② 기업, 고객, 직원이 서비스 전달과정에서 해야 하는 각자의 역할로 서비스 프로세스와 관련된 단계와 흐름 등의 서비스 전반을 이해하도록 묘사하여 다이어그램으로 표현한다.

※ 다른 다이어그램과의 다른 점은 고객의 관점 반영 및 고객 행동을 포함한다는 것이다.

③ 마케터에게 필수적인 계획, 실행, 통제의 도구로 사용된다. 그러나 지나치게 도식적인 구조는 마케터들의 계획, 실행, 통제 설계능력 향상에 저해가 될 수 있다.

④ 고객과의 상호작용을 구체적으로 확인하고 서비스 제공상의 실패점 파악 등을 관리하는 역할을 한다.

⑤ 서비스 실패 가능점을 파악하여 미연에 방지하거나 복구 대안을 강구하는 데 사용된다.

⑥ 장기적으로 고객에게 필요한 서비스를 제공하며 잠재적으로 사업의 개선 기회를 발견할 수 있다.

⑦ 서비스 제공의 전체적 프로세스를 파악하고 서비스 설계 및 제공관련 의사결정상의 제한사항을 도출할 수 있다.

⑧ 서비스 시스템 내의 실패 가능 포인트, 결정 포인트, 대기 포인트 등 중요 관리 포인트를 알 수 있다.

TIP 그림이나 단순묘사에 대한 위험 요소 4가지 : 린 쇼스택(Lynn Shostack)

불완전성	서비스를 표현할 때 관리자, 직원, 고객이 자신에게 익숙하지 않은 서비스의 요소나 세부항목을 빠뜨릴 수 있다.
단순화	지나치게·단순화할 수 있다.
편향된 해석	사람은 한 단어를 정확히 같은 뜻으로 해석하지 않는다.
주관성	어떤 사람이 서비스를 말로 표현하는 것은 그 서비스에 대한 노출 정도와 개인적인 경험에 의해 왜곡될 수 있다.

(2) 서비스 청사진의 구성요소

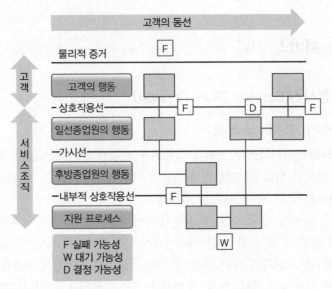

1) 고객의 행동(Customer Actions)

① 서비스를 구매하여 소비, 평가하는 프로세스에서 고객이 행하는 단계로, 선택, 활동, 상호작용 등을 포함한다.

② 사례로 여성병원의 경우, 고객의 병원 선택, 병원예약, 예진, 의사 진료, 처방 및 진료 수납 등이 해당된다.

③ 스마트컨슈머의 비행기 내에서 담요 등 비행기 물품을 외부로 들고나올 수 있는 방법을 카페에 공유하는 행위도 포함된다.

2) 종업원의 행동(Onstage Contact Employee Actions)

일선종업원의 행동 (Frontstage Contact Employee Actions)	• 고객의 눈에 가시적으로 보이는 현장에 있는 접점 종업원의 행위를 나타낸다. • 예를 들어 치과 병원의 경우 주차관리인의 주차안내, 접수계의 초기상담, 의사와 간호사의 진료, 진료비 계산 등이 해당된다.
후방종업원의 행동 (Backstage Contact Employee Actions)	• 고객의 눈에 직접적으로 보이진 않지만, 접점 종업원을 지원하는 후방에 있는 종업원의 행위를 나타낸다. • 예를 들어 여성병원의 경우, 전화예약 및 상담 담당 직원, 진료를 준비하는 의사, 주사약을 준비하는 간호사 등이 해당된다.

3) 지원 프로세스(Support Process)

① 서비스를 제공하는 접점 종업원들을 지원하기 위한 내부적 서비스를 의미한다.

② 예를 들어 치과 병원의 경우, 의사의 정확한 치료를 돕기 위한 임상병리센터나 행정직원의 친절 교육을 위한 교육센터 등이 해당된다.

4) 물리적 증거

① 고객과의 접점의 각종 시설 및 서류, 직원, 유니폼 등이 있다.

② 예를 들어 레스토랑의 경우, 내부인테리어, 시설의 외관, 메뉴, 음식, 식기 도구 등이 있다.

※ 위 4가지의 구성 요소들은 3개의 수평선으로 나누어진다.

5) 상호작용선(Line of Interaction)

① 고객과 서비스 접점 종업원의 직접적인 상호작용의 발생을 구분하는 선으로 서비스 접점을 의미한다.

② 고객과 일선 종업원이 상호작용할 때 수직선을 내려 그들의 관계가 성립한다는 것을 표시한다.

6) 가시선(Line of Visibility)

① 고객이 서비스를 받고 있다고 확신할 수 있는 가시적 현장을 나타내는 상부와 고객에게 보이지는 않지만 지원 업무를 하는 하부 영역으로 구분한다.

② 가시선은 고객의 눈에 보이는 기다림을 막기 위해 하부 영역의 지원 프로세스를 효율적으로 운영하여야 한다.

③ 고객에게 보이는 활동과 보이지 않는 활동을 구분한다.

④ 접점직원 활동과 후방지원활동을 구분하는 기준선이다.

7) 내부적 상호작용선(Lline of Internal Interaction)

① 최접점에서 고객을 응대하는 일선종업원을 지원하는 후방종업원과 서비스 지원프로세스를 구분하는 선을 의미한다.

② 내부적 상호작용선을 가로지르는 수직선은 내부적 서비스 접점을 나타낸다.

③ 예를 들어 고객에게 효율적인 서비스를 제공하기 위해 서비스 조직을 지원해주는 기업 내 정보시스템을 들 수 있다.

(3) 서비스 청사진의 작성 요건

> • 프로세스 차트의 형식은 시간과 활동의 흐름을 시계열적으로 나타낸다.
> • 고객과 각 부서가 참여하여 전체 부서의 작업으로 이루어져야 한다.
> • 고객 접점 종업원과 내부 과정에 어떠한 영향을 미칠 것인지 파악하고 전반적인 생산성과 효율성을 평가한다.
> • 허용될 수 있는 서비스의 변동성을 명확히 정해야 한다.

1) 서비스 청사진의 작성 목적

① 고객의 여타 활동에 대한 서비스 프로세스를 시각화하고 서비스 프로세스에 포함된 각 활동 간의 연결을 명확히 한다.

② 실수 가능점을 통하여 실수를 줄일 수 있는 기회를 제공한다.

③ 실패 예상지점을 미리 파악하여 개선 조치한다.

④ 서비스의 복잡한 이해관계를 재인식한다.

⑤ 서비스의 가장 큰 문제점인 무형성, 이질성, 동시성 등의 한계를 극복할 수 있게 해준다.

⑥ 공유된 서비스 비전을 개발할 수 있다.

⑦ 개발하려는 프로세스에서 서비스 청사진의 개념을 명확히 할 수 있다.

2) 서비스 청사진의 작성 단계

단계	과정	내용
1단계	과정의 도식화	• 서비스를 구성하고 있는 과정을 그림으로 나타내는 단계이다. • 전체과정에 포함되는 단계들과 각 단계에 필요한 투입 요소를 파악할 수 있어야 한다. • 각 단계에 대한 통제와 분석 및 개선을 가능하게 해준다.
2단계	실패 가능점의 확인	서비스 실패가 일어날 가능성이 큰 지점을 찾아 표시한다.
3단계	경과시간의 명확화	각 단계별 표준작업 시간과 허용작업 시간을 명확히 기재한다.
4단계	수익성 분석	서비스 실행의 표준시간을 확정해야 한다.
5단계	청사진 수정	서비스 진행 기간의 시장조사를 통해 청사진을 수정하여 서비스 실패 가능성을 감소할 수 있다.

(4) 서비스 청사진 이용에 따른 장점

① 서비스 청사진을 통하여 종업원 본인 직무에 대한 전체 과정을 연계하게 함으로써 전체 서비스 관계 파악을 통해 고객지향적 사고를 취할 수 있다.

② 서비스 제공자에게 서비스 실패 가능점을 파악하게 함으로써 품질 개선 및 창조적 사고를 하도록 도와준다.

③ 서비스 관리자는 고객과 종업원 사이의 상호작용선과 가시선을 통해 고객 역할을 인식할 수 있다. 이는 서비스 전달 개념 및 체계를 검증할 수 있도록 하여, 정확하고 합리적인 서비스 설계를 구축할 수 있도록 공헌한다.

④ 내부 상호작용선은 부서 및 직무 간의 상호 의존성 및 경계 영역을 명확히 하므로 이를 통한 합리적인 서비스 프로세스를 설계하여 고객 인지적 품질 개선을 할 수 있도록 도와준다.

⑤ 서비스 청사진 설계 전·후 시스템을 비교 분석함으로써 전략적 토의를 쉽게 할 수 있도록 해주며, 서비스 관리에 투입되는 비용, 원가, 이익, 자본 등을 확인하고 분석하는 데 기초적 자료를 제공해준다.

⑥ 품질 개선을 위한 상의하달(Top-Down)과 하의상달(Bottom-Up)을 촉진한다.

⑦ 서비스 청사진을 통하여 서비스 기업의 내·외부 마케팅 전략 수립에 합리적인 근거를 제공한다.

⑧ 교육적이다.

(5) 서비스 청사진의 목적이 재설계일 경우 고려할 사항

① 프로세스의 복잡성을 평가하기 위해 청사진을 전체적인 시각에서 본다.

② 서비스 프로세스의 실패점이나 병목점을 분석하고 발견 시 고객 관점에서 청사진을 수정한다.

③ 접점 종업원과 내부 과정에 어떠한 영향을 미칠 것인지 파악한다.

④ 서비스 시스템의 전반적인 효율성과 생산성을 평가한다.

Warming Up

01 서비스 청사진의 구성도에서 가장 하단에 위치한 가로선의 명칭은?

① 상호작용선   ② 물리적 증거

③ 가시선   ④ 지원 프로세스

⑤ 내부적 상호작용선

02 서비스 청사진의 그림이나 단순묘사에 대한 린 쇼스택(Lynn Shostack)이 제시한 위험요소로 다음 〈보기〉에 해당하는 것은?

> ┌ 보기
> 어떤 사람이 말로 서비스를 표현하는 것은 그 서비스에 대한 노출 정도의 개인적인 경험에 의해 왜곡될 수 있다.

① 불완전성   ② 주관성

③ 단순화   ④ 정보 수용

⑤ 편향된 해석

정답 1 ⑤ 2 ②

---

02 서비스 모니터링(Service Monitoring)

(1) 서비스 모니터링의 개요

1) 개념

① 서비스 모니터링은 고객만족도 조사와 함께 서비스 품질 측정 및 고객만족경영의 대표적인 리서치 방법 중 하나이다.

② 서비스 기업에서 정한 표준화된 서비스대로 고객 접점에서 서비스가 이루어지고 있는지를 전문가를 선발하여 과학적으로 평가하여 고객 접점의 서비스 품질 수준을 향상시키고 유지시키기 위해 활용된다.

③ 서비스 평가자가 고객으로 가장하여 '미스터리 쇼퍼(Mystery Shopper)'와 같은 암행감사 방식을 통해 서비스 현장의 서비스 품질을 측정한다.

④ 서비스 모니터링의 궁극적 목적은 종업원 서비스의 품질 향상으로 고객 만족 극대화, 고객 만족 및 수익성 향상을 위한 관리 수단이 된다.

2) 서비스 모니터링의 실시 목적

① 고객이 원하는 요구나 기대를 찾아낸다.
② 회사의 수익을 향상시킬 수 있는 중요한 정보를 얻을 수 있다.
③ 직원의 직무능력 향상을 통해 고객만족을 실현하고 고객충성도를 높인다.
④ 응대의 품질과 제공된 정보의 정확성을 측정한다.
⑤ 종업원의 잠재력 개발을 통한 전문적 서비스 응대 및 상담기술을 향상시킨다.
⑥ 종업원의 서비스 품질을 객관적으로 평가한다.
⑦ 고객만족과 로열티, 수익성 향상을 위한 관리 수단이다.

3) 서비스 모니터링 측정요소

① 고객서비스의 전반적 운영 부분
② 서비스 제공의 환경관리
③ 고객 접점 직원의 서비스 수준
④ 고객 접근 프로세스

4) 서비스 모니터링의 여섯 가지 요소

객관성	• 편견 없는 객관적인 기준으로 평가하여 누구든 인정할 수 있어야 한다. • 직원을 평가하기 위한 모니터링이 아닌 직원의 장점과 단점을 발견하고 능력을 향상시킬 수 있는 수단으로 활용한다.
차별성	• 모니터링 평가는 서로 상이한 스킬 분야의 차이를 인정하고 반영해야 한다. 모든 업무는 효과적인 대응행동과 비효과적인 대응행동이 있다. • 또렷한 차이를 명확히 정립하는 것은 각 업무의 약점과 강점을 아는 데 도움이 된다. • 탁월한 고객 서비스 스킬은 어떤 것인지, 거기에 대한 보상과 격려는 어떻게 해야 하는지 판단하는 데에 도움을 준다.
대표성	모니터링 대상접점을 통해 전체 접점서비스의 수준과 특성을 추정할 수 있어야 한다.
타당성	• 고객이 어떻게 대우를 받았는지에 대한 고객의 평가와 모니터링 점수가 일치해야 하고 이를 반영해야 한다. • 고객 응대 시의 모든 중요한 요소가 포함될 수 있도록 포괄적이어야 한다.

유용성	정보는 조직과 고객에게 영향을 줄 수 있어야만 가치를 발휘한다.
신뢰성	• 한 대상을 유사한 척도로 여러 번 측정하거나 한 가지 척도로 반복 측정했을 때 일관성 있는 결과가 나와야 한다. • 누구를 모니터링하더라도 일관되고 확고하며 객관적인 기준이 있어야 한다. • 모든 대상은 같은 방법으로 모니터링해야 하며 다른 누군가가 모니터링을 해도 그 결과값이 동일해야 한다.

5) 서비스 모니터링의 조건

① 모니터링 요원이 서비스를 객관적으로 평가할 수 있도록 사전교육과 지속적인 관리가 필요하다.

② 고객 응대 행동지침인 서비스 표준 매뉴얼을 작성한다.

③ 서비스 모니터링 시행 후 결과에 따른 교육을 이행할 수 있어야 한다.

④ 서비스 모니터링을 장기적인 측면에서 지속적으로 개선할 도구로 활용한다.

(2) 서비스 모니터링의 기법

1) 고객의 소리(VOC : Voice Of Customer)

① VOC의 정의

㉠ VOC(Voice Of Customer)란 고객의 소리에 귀를 기울여 고객의 불평과 불만을 수집하는 기법으로 그들의 욕구를 파악하고 이를 수용하여 경영 활동에 반영함으로써 궁극적으로는 고객만족을 추구하고자 하는 제도이다. 모든 기업의 서비스 품질향상과 고객만족은 VOC에서부터 시작한다.

㉡ 고객의 소리를 체계적으로 수집하고 저장하여 분석된 정보를 통해 다시 고객에게 피드백 해줌으로써 고객의 니즈를 충족시켜 주는 일련의 마케팅 활동 시스템이다.

② VOC의 목적

㉠ 변화하는 고객의 니즈와 기대를 파악하여 시장에 대한 끊임없는 주시와 고객의 관점에서 나오는 새로운 아이디어의 발견 및 장기적인 차원에서 기업과 고객 간의 유대강화로 고객을 기업에 밀착시키는 데 목적이 있다.

㉡ 기업이 제공하는 제품이나 서비스에 대한 만족여부를 파악함으로써 구체적으로 고객을 이해하기 위함이다.

③ VOC의 장 · 단점

㉠ 장점

ⓐ VOC는 제품 및 서비스에 대한 고객의 인식에 대한 상세한 이해를 제공한다. 이러한 이해는 고객의 선호도와 요구사항을 결정하는 데 사용할 수 있는 고객 요구사항을 식별하기 위한 핵심 단서를 제공한다.

ⓑ VOC는 고객이 가장 중요하게 생각하는 제품의 속성 및 개선이 필요한 속성과 같은 평가에 필요한 중요 영역을 발견하는 데 도움을 줄 수 있다.

ⓒ VOC는 공유된 공통언어를 제공함으로써 기업의 발전을 위한 전략적 방향을 제시할 수 있다.

ⓓ 가공된 것이 아닌 고객의 요구사항을 원시 데이터로서 알 수 있다.

ⓔ 고객의 실질 요구사항을 알 수 있어 향후 예상되는 기업의 대응 체제를 마련할 수 있다.

ⓕ 기업에 대한 고객 반응 정도의 트렌드를 분석할 수 있다.

ⓖ 고객의 입장에서 서비스 프로세스의 문제점을 파악하고 개선할 수 있다.

ⓗ 표준화된 서비스 응대로 고객의 기대를 충족시킬 수 있다.

ⓛ 단점

처리부서의 측면	• VOC 처리부서의 불명확성과 처리의 미신속성 • 동일한 내용의 VOC 제기에 의한 업무의 지장 초래 • 제한된 해결방안과 불명확한 VOC의 해결 기준 등
기업의 측면	• 고객접점이 처리되는 과정에서 추적이나 피드백의 어려움 발생 • 기업에서 고객의 소리에 대하여 보이는 부정적인 시각과 VOC에 대한 처리 권한이 불분명함 • 다양한 VOC로 인해 기업에 영향을 미치는 정보 분석의 어려움

④ VOC를 청취하기 위한 조사 방법

㉠ 전화조사　　㉡ 고객패널　　㉢ 우편조사　　㉣ 추적 전화　　㉤ 사후 거래조사 등

⑤ VOC관리에서 고객 피드백을 훼손하는 여덟 가지 : 굿맨(Goodman)

㉠ 일관성이 없는 자료의 분류

㉡ 사용되지 않는 오래된 자료

㉢ 비능률적인 자료 수집

㉣ 결론이 서로 다른 다양한 분석

㉤ 행동을 수반하지 않는 분석

㉥ 비능률적인 보고체계에 따른 자료의 상실

㉦ VOC를 통해 수행한 개선 효과에 대한 점검 소홀

㉧ 우선순위를 명시하지 않은 분석

⑥ VOC를 성공시키기 위한 조건

㉠ 고객의 문의, 건의, 불평, 신고, 칭찬 등의 접수를 기록한다.

㉡ VOC와 보상을 연계할 방안을 모색한다.

㉢ 통계보고서를 작성해 트렌드를 분석하고 변화를 파악한다.

㉣ 자료 신뢰성 형성을 위해 코딩으로 분류하여 체계적으로 관리한다.

㉤ VOC로 인해 발생된 조직의 변화를 평가한다.

㉥ 제품 및 서비스의 전 수명과 주기에 걸쳐 VOC를 적극적으로 추천한다.

㉦ 서비스 혁신에 도움을 주는 VOC에 보상한다.

2) 미스터리 쇼핑(Mystery Shopping)

① 미스터리 쇼핑의 정의

㉠ 미스터리 쇼핑은 고객이나 잠재고객으로 가장한 조사자 또는 면접원을 이용하여 서비스 제공 프로세스, 직원의 성실성, 능력, 친절도, 서비스 표준 준수여부, 물리적 환경, 제품과 서비스 품질 등을 모니터링하는 조사 기법이다.

㉡ 미스터리 쇼퍼(Mystery Shopper)라 불리는 익명의 훈련된 조사자는 일반 고객처럼 행동하면서 고객접점의 직원과 상호작용에서 얻은 결과를 평가하고 기업에 객관적으로 보고한다.

㉢ 미스터리 쇼핑의 결과는 '직원들이 무엇인가 올바른 일을 하도록' 만드는 긍정적인 방향으로 활용하고 동시에 직원들의 충성도와 사기를 높이는 긍정적인 결과를 만들어낸다.

㉣ 미스터리 쇼핑 결과는 잘못한 직원에 대한 징계에 이용되기보다는 코칭과 교육을 통한 직원개발과 훈련의 필요성을 인식하도록 만드는 데 사용되어야 한다.

② 미스터리 쇼핑의 목적

㉠ 고객에게 전달되는 서비스 수준의 측정 및 표준화 서비스 마련

㉡ 고객들의 요구사항에 대한 충족 여부 확인 및 조사 결과를 바탕으로 마케팅 전략 수립

㉢ 서비스 실패 가능점의 탐색 및 고객 응대 서비스 개선으로 고객 만족도 향상

㉣ 직원들에 대한 교육효과 측정과 개선

㉤ 본사에서 실시하는 새로운 전략·정책·판촉 또는 향상된 기능이 지점에서 적절히 수행되어 의사소통이 잘 되고 있는지에 대한 평가

㉥ 직원이나 부서의 사기진작과 인센티브를 통한 동기부여

㉦ 시설운영 및 직원의 업무 능력 등에 대한 모니터링 실시로 점포의 효율적인 관리

㉧ 관리자와 직원들의 성과 향상

㉨ 기업의 모든 부문에서 표준화된 규정이나 규칙이 잘 준수되는지 확인

㉩ 경쟁업체 서비스 표준과 절차의 벤치마킹 및 강·약점 비교

③ 미스터리 쇼핑의 필요성

㉠ 고객은 서비스 현장에서 한번이라도 불편한 서비스를 경험하거나 서비스에 불만을 느낀 경우 해당 기업에 대해 부정적인 인식을 할 가능성이 높다.

㉡ 지속적인 서비스 모니터링을 통해 직원들이 좀 더 긴장하고 기업에서 정한 서비스 표준을 충실하게 수행하게 만든다.

㉢ 지속적이고 체계적으로 서비스 실태를 분석 및 관리하고 서비스 표준을 강화하는 데 효과적이다.

④ 미스터리 쇼퍼(Mystery Shopper)의 자격 요건

㉠ 미스터리 쇼퍼는 사내에서 직접 하기도 하고 외부 전문기관에 의뢰하여 실시하기도 한다.

㉡ 보통 사내에서 직접 미스터리 쇼핑 프로그램을 실시하는 기업들은 직원을 활용하기도 하지만 고객이나 임시직원을 미스터리 쇼퍼로 채용하기도 한다.

ⓒ 직원들이 미스터리 쇼퍼 업무를 수행하는 경우, 일반직원들에게 잘 알려지지 않은 인물이 수행함으로써 대상점포의 관계자들에게 비밀이 유지될 수 있어야 한다.

신뢰성	미스터리 쇼퍼는 기본적으로 바른 인성과 소양을 통해 회사와의 신뢰에 대한 기대를 충족시킨다.
계획성	매장 마감시간을 고려한 계획적인 동선 이동 및 활동이 요구된다.
객관성	제삼자의 입장에서 사실 그대로를 작성한다.
정직성	보고, 들은 사항을 정확히 기록한다.
꼼꼼함	매장 모니터링을 위한 철저한 준비와 보고서 작성의 정확한 기록이 요구된다.
관찰력	모니터링을 수행하면서 대상자의 고객응대 태도를 주시하고 기억한다.
융통성	모니터링에 할당된 시간에 많은 것을 얻기 위해서는 사전에 기본적인 정보를 알아둔다.
작문능력	읽는 이가 보고서의 내용 및 코멘트를 쉽게 이해할 수 있도록 문장을 쓰는 능력이 요구된다.

⑤ 미스터리 쇼핑 시 유의점
　　㉠ 객관적이고 윤리적인 조사를 위해 종업원에게 미스터리 쇼핑을 통해 서비스가 평가되고 있다는 것을 통지하여야 한다.
　　㉡ 서비스 평가 기준과 방법에 대하여 공지하고 평가 기준에 맞는 종업원 교육을 실시한다.
　　㉢ **조사 유효성을 위한 고려 사항** : 객관성, 실용성, 안전성, 미스터리 쇼퍼의 적절성, 윤리성, 신뢰성

3) 고객패널(Customer Panels)
　① 고객패널의 정의
　　고객패널이란 일정기간 서비스에 대한 고객의 태도와 지각을 기업에 알려주기 위해 모집된 지속적인 고객집단이며, 상품이나 서비스를 제공하는 회사와 계약을 맺고 지속적으로 모니터링 자료를 제공해주는 역할을 수행한다.

　② 고객패널 제도의 조사 방법
　　고객패널은 현장의 비교체험, 시장조사, 모니터링, 설문조사 등의 활동을 통해 수집된 정보를 바탕으로 서비스 경영 개선사항을 제시하여 서비스 혁신을 도모한다.

　③ 패널의 구성원
　　㉠ 패널의 구성원은 최종 소비자 중에 규모가 큰 세분시장의 의견을 반영할 수 있도록 구성해야 하며 가구, 점포, 개인 소비자가 될 수 있다.
　　㉡ 구성원들이 동일 변수에 대해 반복적 응답하는 순수패널이 있다.
　　㉢ 구성원들이 동일하게 유지되나 수집정보와 달라질 수 있는 혼합패널이 있다.

Warming Up ↗

01 서비스 모니터링 제도를 효과적으로 활용하기 위해 갖추어야 할 요소로 적합하지 않은 것은?

① 객관성   ② 신뢰성

③ 타당성   ④ 대표성

⑤ 성과성

02 현장의 비교체험, 시장조사, 모니터링, 설문조사 등의 활동을 통해 수집된 정보를 기업에 알려주어 서비스 혁신을 도모하는 기법은 무엇인가?

① 고객의 소리   ② 고객패널

③ 서비스 청사진   ④ 식스시그마 경영

⑤ 서비스 시장조사

03 서비스 모니터링의 6대 요소 중 기대를 뛰어 넘는 뛰어난 스킬과 고객서비스 행동은 어떤 것인지, 또한 그것에 대한 보상과 격려는 어떻게 해야 할지 등을 판단하는 데 도움을 줄 수 있는 것은?

① 대표성   ② 차별성

③ 객관성   ④ 유용성

⑤ 신뢰성

정답   1 ⑤   2 ②   3 ②

---

03 MOT(Moment of Truth) 사이클 차트

(1) MOT 사이클 차트의 개요

1) MOT의 정의

① 서비스의 기본 용어가 된 고객접점은 서비스 인카운터(Service Encounter)라고도 하며, 일반적으로 MOT(Moment Of Truth)로 통용되고 있다.

② 고객접점순간이란 스페인의 투우 용어인 'Moment De La Verdad'를 영어로 옮긴 것인데, 스페인의 마케팅 학자인 리차드 노먼(R. Norman)이 서비스품질 관리에 처음 사용하였다.

③ MOT는 원래 투우사가 소의 급소를 찌르는 순간을 말하며, 실패가 허용되지 않는 매우 중요한 순간을 의미한다.

④ 고객의 관점에서 보면 서비스에 대한 가장 생생한 인상은 고객이 서비스 기업과 서로 상호 작용하는 서비스접점(Service Encounter) 또는 고객접점순간(Moment of Truth)에서 받게 된다.

통나무 물통 법칙	• 통나무 조각으로 만든 물통이 있다고 가정할 때 이 통나무 물통은 여러 조각의 나무 조각을 묶어서 만들었기 때문에 어느 조각이 깨지거나 높이가 낮으면 그 낮은 높이만큼의 물만 담기게 된다. • 이와 같이 고객도 접점에서 경험한 여러 서비스 중에 가장 나빴던 서비스를 유난히 잘 기억하고 그 기업을 평가하는 데 중요한 잣대로 삼는 경향이 있다는 법칙이다.
100 - 1 = 0의 법칙	100가지 서비스 접점 중 고객이 어느 한 접점에서 불만족을 경험하게 되면 그 서비스의 전반에 대하여 불만을 느낀다는 법칙이다.

2) MOT 사이클 차트의 정의

① MOT 사이클 차트는 서비스 프로세스에 나타나는 일련의 MOT를 보여 주는 도표로서 '서비스 사이클 차트'라고도 불린다.

② 고객이 기업과 접하는 부분을 전체적으로 이해하고 더 향상된 서비스의 전달과정이 될 수 있도록 서비스 전달시스템을 재구축하는 데 목적이 있다.

③ 서비스 전달 시스템을 고객 입장에서 이해하기 위한 방법으로 활용하며 고객이 경험하는 MOT를 원형차트의 1시 방향에서 시작하여 순서대로 기입하여 불량 포인트를 분석한다.

④ 고객이 원하는 다양한 서비스 속성 충족 여부는 계량적으로 평가하기 어렵다.

▸ MOT 사이클 세분화의 예시

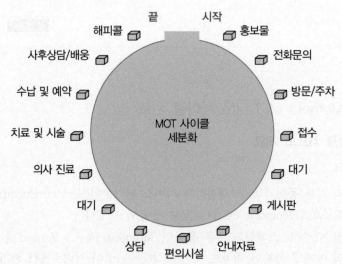

(2) MOT 사이클 차트의 분석 5단계

1) 1단계 : 서비스 접점 진단하기

① 소프트웨어, 하드웨어, 휴먼웨어의 세 가지 측면에서 고객 만족 및 고객 감동을 유발할 수 있는 감동 포인트 도출을 위해 고객의 입장에서 생각하는 서비스 접점 진단이 요구된다.
※ 접점별 기본응대와 예외적 상황에서 가장 적합한 대응 시 고객 만족도는 향상된다.

② 과정에서 점검해야 할 요소
ㄱ 서비스 지연에 따른 고객의 불만 사항
ㄴ 고객 관점에서의 만족도와 중요도
ㄷ 기대 수준에 미치지 못하는 서비스로 인해 발생하는 불만의 유형과 정도 분석
ㄹ 고객 관점에서의 서비스 품질 중요도

2) 2단계 : 서비스 접점 설계하기

기업 내 각 부서의 고객접점 특성을 파악하여 고객 접점의 단위를 구분하고, 고객만족에 영향을 주는 요소를 정의한다.

3) 3단계 : 고객 접점 사이클 세분화하기

① 업무별로 세분화가 필요한 고객접점의 사이클을 세분화하여 작성한다.
② 각각의 서비스 접점에서 서비스 불량 포인트를 고객의 입장에서 분석한다.
③ 고객접점 사이클 세분화를 통해 고객이 서비스 기업과 접하는 부문을 전체적으로 이해함으로써 더 원활한 서비스 전달 과정이 되도록 서비스 전달 시스템을 재구축한다.

4) 4단계 : 고객 접점 시나리오 만들기

① 세분화된 고객접점 사이클이 구성되면 각 고객접점마다 문제점과 개선점을 찾아 시나리오 차트를 만든다.
② T차트는 MOT를 효과적으로 관리하기 위해 만들어진 도표이며, 시나리오 차트 모양이 T자를 닮았다고 해서 T차트라고 부른다.
③ T차트의 작성방법은 중앙에 고객의 표준적 기대를 기록하고, 오른쪽에는 MOT 마이너스 요인, 왼쪽에는 MOT 플러스 요인을 적는다.

5) 5단계 : 새로운 표준안으로 행동하기

① 고객접점 개선안에서 새롭게 만들어진 고객응대 행동지침을 정리해 구체화된 고객접점 표준안을 만들고, 그에 따라 훈련하고 행동한다.
② 시행 이후에는 표준안대로 행동하고 있는지를 정기적으로 점검하고 보완할 점에 대해서 피드백이 있어야 한다.

(3) 측정 가능한 서비스 접점 표준안 만들기

1) 서비스 품질을 구체적으로 측정하기란 어려운 점이 있으나, 종업원이 수행해 주기를 바라는 구체적이고 측정 가능한 행동으로 서비스 표준을 전환해야 한다.

2) 예를 들어 '공손하게', '자연스럽게', '친절하게' 등은 구체적이지 않고 측정하기가 명확하지 않으며, 개인적인 기준도 다양하다. 서비스 표준에서 서비스 제공자가 '공손하기' 위해서는 '고객을 맞이할 때는 공수를 하고 고개를 숙여 인사를 하라', '고객과 대화를 할 때는 눈을 마주쳐라' 등의 정확한 준칙을 마련해야 한다.

3) 이와 같이 일정한 상황 조건에서 종업원이 수행해 주기를 바라는 구체적이고 측정이 가능한 행동으로 서비스 표준을 만드는 것이 중요하다.

4) 서비스 표준안 작성 기준

① 업무 명세와 수행 개요로 명문화한다.
② 최상의 표준은 경영진과 직원들이 고객의 요구에 대해 상호이해를 바탕으로 함께 만들어져야 한다.
③ 서비스 제공자에게 필요한 명백하고 정확한 지침을 구체적으로 작성하여 제공해야 한다.
④ 표준안은 최상위 경영층을 포함한 모든 조직 구성원들이 받아들여야 한다.
⑤ 고객의 요구를 바탕으로 작성되어야 한다.
⑥ 서비스 표준은 관찰이 가능하고 객관적인 측정이 가능해야 한다.
⑦ 누가 언제 무엇을 해야 하는지 간단하고 정확하게 지적되어야 한다.

5) MOT 관리 매뉴얼의 필요성

① 각 고객접점별로 서비스표준안을 도출하여 서비스품질의 상향평준화를 도모할 수 있다.
② 돌발 상황이나 이례적인 상황이 발생했을 경우 도출된 가장 적정한 대응을 가능하게 해준다.
③ 예측이 불가능한 상황이 발생했을 경우 행동 표준안을 종업원에게 제공하여 서비스의 품질을 일정하게 유지할 수 있다.
④ 관리 매뉴얼을 만드는 과정에서 종업원은 고객이 원하는 것을 파악하고 고객의 눈높이를 알수 있는 기회가 되며, 고객을 감동시킬 수 있는 감동 포인트도 도출하여 공유할 수 있다.

Warming Up ↗

01 MOT 사이클 차트의 분석 과정을 순서대로 나열한 것은?

┌ 보기 ─────────────────────────────────────
│ ⊙ 고객접점 사이클 세분화
│ ⓛ 서비스 접점 진단 및 서비스 접점 설계
│ ⓒ 나의 고객접점 시나리오 만들기
│ ⓔ 고객접점 및 서비스 접점 표준안 만들기
└──

① ⊙-ⓒ-ⓛ-ⓔ   ② ⓛ-ⓒ-ⓔ-⊙

③ ⓛ-⊙-ⓒ-ⓔ   ④ ⊙-ⓛ-ⓒ-ⓔ

⑤ ⓒ-⊙-ⓛ-ⓔ

정답 1 ③

04 서비스 디자인

(1) 서비스 디자인의 개요

1) 서비스 디자인의 배경 및 개념

① 서비스 디자인은 1970년대부터 서비스 전달 시스템의 속성과 이 속성을 결정하는 프로세스 설명에 사용하였으며 일반적으로 잠재 욕구를 파악하여 사용자에게 총체적인 서비스를 제공하기 위한 시스템과 프로세스를 디자인함으로써 고객에게 가치 있는 서비스 경험을 향상시키는 것이다.

② 1997년 영국이 부흥을 위해 국가차원에서 디자인과 디자인 산업을 육성하기 시작하였다.

③ 서비스 디자인은 서비스와 디자인의 특성이 결합하여 서비스 속성을 보다 구체적으로 드러내기 위한 방법론이다.

④ 서비스 디자인은 유·무형 매개체를 사용하는 경험에 초점을 둔다.

2) 서비스 디자인의 정의

① 학자들의 정의

스테판 모리츠	고객에게 더욱 유용하고 매력적인 서비스를 제공하고, 조직이 효율적이고 효과적으로 서비스를 제공할 수 있도록 기존의 서비스를 개선하거나 서비스를 혁신하는 것이다.
비르기트 마게르	서비스 인터페이스가 고객 입장에서는 편리하고 매력적이도록, 공급자 입장에서는 효과적이고 효율적이며 차별될 수 있도록 하는 것을 목표로 한다.

② 산업계의 정의

리브워크	• 서비스 디자인은 서비스 개발을 위한 디자인 프로세스와 역량이다. 서비스 디자인은 기존의 서비스를 개선하고 새롭게 혁신하기 위한 창조적이며 실질적인 방법이다. • 서비스 디자인은 비즈니스와 고객을 연결하는 방법 및 기술을 제공하고 새로운 고객 경험을 가능하게 할 수 있는 비즈니스 가치 창출 도구이다.
엔진서비스 디자인	• 서비스 디자인은 훌륭한 서비스를 개발하고 제공하는 데 도움을 주기 위한 분야이다. • 서비스 디자인은 프로젝트는 서비스를 제공하는 사람을 함께 고려하면서 환경, 의사소통, 제품 등의 사용성과 만족도, 충성도, 효율성을 개선한다.
프론티어 서비스 디자인	서비스 디자인은 기업이 고객의 요구를 종합적이고 깊이 있게 이해하기 위한 총체적 방법이다.
컨티늄	서비스 디자인은 직원들이 브랜드 메시지에 걸맞은 최상의 서비스를 제공할 수 있도록 업무환경과 도구, 프로세스를 개발하는 일이다.
위키피디아	서비스 디자인은 서비스 제공자와 고객, 고객경험 사이에 질을 높이기 위해 사람과 인프라, 커뮤니케이션 또한 서비스를 구성하는 물질적인 것을 계획하는 활동이다.
서비스 디자인 네트워크	유용하게 관리하며 바람직한, 효율적이고, 효과적인 서비스 창출을 목적으로 하는 고객경험에 초점을 둔 서비스 이용 품질을 핵심가치로 추구하는 인간중심적 접근방식이다.

3) 서비스 디자인의 일반적인 특징

① 숨겨진 고객의 욕구를 발견하기 위해 강화된 리서치를 적용한다.

② 서비스의 시각화 및 구체화를 위하여 다양한 시각화 방법을 사용한다.

③ 고객의 경험을 공유하고 공감하며 문제 해결을 위한 효과적인 방안을 서비스로 도출하는 방법을 제공하여 고객의 가치를 서비스에 반영한다.

④ 서비스 디자이너는 고객과 서비스의 최종 사용자가 함께 문제를 정의하고 해결책을 도출하는 효과적인 방법을 사용한다.

4) 서비스 디자인을 통한 서비스의 일반적인 특징의 변화

① **무형성을 유형성으로 변화** : 무형의 가치를 눈에 보이는 형태로 전달한다.

② **이질성을 일관성으로 변화** : 고객 경험을 일관성 있게 전달한다.

③ **소멸성을 지속성으로 변화** : 고객에게 지속적인 경험을 전달한다.

④ **비분리성을 시스템화로 변화** : 고객관리의 시스템화 가이드, 서비스 매뉴얼을 획득 및 활용한다.

5) 서비스 디자인의 5가지 주요 요소

시스템	• 서비스는 사람, 사물, 프로세스로 이루어진 시스템을 통해 전달된다. • 서비스 혁신은 이러한 시스템에서 고객의 욕구를 감지하고 이를 고객의 마음속으로 전달하는 과정에서 발생한다.
가치	• 고품질의 서비스 상품은 사용자와 제공자 모두에 의해 평가됨으로써 서비스를 사용하는 모든 사람을 만족시킬 수 있어야 한다. • 서비스의 사용자를 위해 제공된 서비스는 유용하고 편리하며 매력적이어야 하고 제공자를 위해서는 서비스 시스템이 효율적이고 효과적이어야 한다.
사람	서비스 디자인을 위한 조사와 개발에 관여한 사람들의 적극적인 참여는 서비스를 디자인할 때 필수적인 요소로 반드시 고려되어야 한다.
여정	시간의 흐름에 따라 서비스 경험의 시작 전과 후에 고객의 서비스 인식을 비교할 수 있도록 하여 서비스 혁신을 지속적으로 가능하게 한다.
제안	시장에서 상품으로서의 서비스와 이의 설비가 어떻게 설계되는지와 이것이 향후 미래에 어떤 비전을 가지고 변화해 갈 것인가에 대한 인식이 필요하다.

6) 서비스 디자인의 5가지 원칙

사용자 중심	서비스는 고객의 입장에서 디자인되어야 한다.
공동 창작	모든 이해관계자가 서비스 디자인 과정에 참여해야 한다.
순서 정하기	서로 밀접하게 연관된 기능의 순서대로 시각화되어야 한다.
증거 만들기	무형의 서비스는 유형의 형태로 시각화되어야 한다.
총체적 관점	서비스의 모든 환경이 고려되어야 한다.

(2) 서비스 디자인의 프로세스 모델

1) 서비스 디자인 프로세스 구조화를 위한 기본적인 접근방식 4단계 : 탐구, 창조, 반영, 실행

2) 다양한 프레임워크에 따른 서비스 디자인 프로세스 단계의 사례

① 발견(Identify) - 개발(Build) - 평가(Measure)

② 통찰(Insight) - 발상(Idea) - 프로토타이핑(Prototyping) - 전달(Delivery)

③ 발견(Discovering) - 개념화(Concepting) - 디자인(Designing) - 개발(Building) - 실행(Implementing)

3) 더블 다이아몬드 디자인 프로세스 모델

구분		핵심이슈	주요내용	서비스 디자인의 방법과 도구
1 단계	발견	문제발견	• 고객의 숨겨진 니즈 파악 및 문제 발견 • 서비스 디자인 목표 설정	관찰, 아이디어 발상, 섀도잉, 맥락적 인터뷰, 페르소나, 브레인 스토밍
2 단계	정의	문제에 대한 정의	• 서비스 방향 설정을 위해 고객의 니즈와 문제를 정의하고 주제 도출 • 서비스 원칙 수립	관찰, 아이디어 발상, 서비스 청사진, 고객 여정지도, 공동창작, 카노모델, 품질기능 전개, 가치사슬분석, FMEA, 브레인 스토밍
3 단계	개발	문제해결을 위한 시제품화	• 아이디어의 구체화 • 서비스 컨셉 개발 및 아이디어 향상	관찰, 아이디어 발상, 서비스 청사진, 고객 여정지도, 서비스 프로토타입, 디자인 시나리오, 벤치마킹, 역할극
4 단계	전달	결과물 테스트	• 원칙에 따라 일관된 서비스 실행이 가능하도록 전달 • 최상의 결과 미도출 시 이전 과정의 반복, 테스트, 최종 컨셉 도출, 평가의 과정을 갖는다.	관찰, 서비스 청사진, 공동창작, 서비스 프로토타입, 디자인 시나리오, 사용성 테스트

TIP 서비스 디자인의 방법과 도구

1. **관찰** : 조사대상에 대하여 직접 질문을 피하고 조사자의 감각과 시각을 활용하여 조사대상을 파악하는 방법

2. **아이디어 발상**
   • 아이디어 발상은 서비스 디자이너들이 브레인스토밍을 체계적으로 운영하고 영감을 얻기 위해 사용하는 방법이다.
   • 사용방법 : 마인드 맵핑, 브레인스토밍 기법, SWOT 분석, 여섯 가지 모자, 친화도 분석기법 등
   • 목적 : 그룹 토론을 활성화하고 깊은 사고를 유도하여 아이디어 생성을 자극한다.

3. **섀도잉**
   • 리서치들이 고객과 전방 종업원·후방 종업원의 생활에 참여해 그들의 입장이 되어 행동과 경험을 관찰, 기록하는 것이다.
   • 사용방법 : 리서치들은 눈에 띄지 않게 행동하며 메모, 영상 촬영, 사진 등을 통해 과정을 기록한다.
   • 목적 : 문제가 발생하는 순간을 발견하고 직접 관찰하여 고객이나 직원이 깨닫지 못하던 문제를 발견한다.

4. **맥락적 인터뷰**
   • 서비스 과정 가운데 특정 상황이나 맥락에서 이루어진다.
   • 사용방법 : 고객과 직원 및 다른 이해관계자가 대상이며 인터뷰 대상자들이 실제 상호작용하는 환경에서 진행, 질문과 관찰을 동시에 사용하고 음성과 사진, 영상으로 기록한다.
   • 목적 : 인터뷰들이 전형적인 포커스 그룹 상황에서 자칫 잊어버리기 쉬운 세부 사항을 놓치지 않기 위함이다.

5. **페르소나**
   • 고객과 디자인팀이 프로젝트에서 활용하는 가상의 인물, 공통된 관심사를 가진 특정 그룹을 표현하는 방법으로 사용(특정 인물, 그룹을 가상하여 연구하는 방법)된다.
   • 사용방법 : 연구에서 얻은 통찰을 공통 관심사에 따라 분류한 후 이를 다시 하나의 캐릭터로 발전시킨다.
   • 목적 : 목표 시장에 존재하는 다양한 관심 그룹을 정의하고 참여하게 하여 서비스에 대한 다양한 관점을 제공한다.

6. 서비스 청사진
- 서비스 전달 과정을 상세하게 명시하는 방법으로, 사용자와 서비스 제공자, 다른 당사자들의 관점으로 터치 포인트는 물론 그 뒤의 과정까지 상세하게 도식화한 것(쇼스택이 제시)이다.
- 사용방법 : 서비스 전달과정에 영향을 주는 여러 부서가 함께 서비스 청사진을 만들도록 하여 전체 맥락을 공유하며 정기적으로 그 내용을 개정하여 생생함을 유지한다.
- 목적 : 서비스 전달과정에서 중복되는 부분과 가장 중요한 부분을 확인하고 조직의 팀워크를 강화하며 서비스 전달을 위한 명확한 로드맵을 제공한다.

7. 고객 여정지도
- 아셀라 고속철도 프로젝트를 통해 처음 소개된 도구로서 고객의 서비스 경험을 체계적으로 시각화하는 방법으로 서비스 경험에 따른 고객의 감정을 파악 가능하다.
- 고객이 서비스 상호작용을 통해 만족정도와 개선할 점 등을 고객 여정지도를 통해 찾아가는 방법이다.
- 사용방법 : 사용자의 블로그, 비디오 활용 등 사용자 통찰을 바탕으로 사용자 입장에서 터치 포인트를 정의하고 공식적, 비공식적 터치 포인트 모두를 도식화하여 연결함으로써 전체적인 서비스 경험을 시각적으로 설명한 다(고객이 서비스를 체험하게 되는 부분의 합이 시계열적으로 순차적으로 배열).
- 목적 : 사용자 관점에서 사용자 경험에 영향을 끼치는 요인에 대한 수준 높은 이해를 제공하며 문제와 함께 혁신의 기회를 발견하고 특정 터치 포인트에 집중할 수 있도록 한다.

8. 공동창작
- 서비스 디자인의 핵심으로 공동창작의 대상은 직원, 디자이너, 경영진, 고객 모두를 포함한다.
- 사용방법 : 공동창작의 효과적 진행을 위해 진행자는 참여자의 다양한 반응을 제한하지 않는 선에서 토론의 범위를 설명하고, 토론 시작을 위한 일반적 질문 시기와 서비스 초점을 되돌리기 위한 특정 요점을 확인하는 시기를 알아야 순조로운 공동창작을 진행할 수 있다.

9. 서비스 프로토타입
- 시뮬레이션으로 서비스를 경험하는 것을 말한다. 시뮬레이션은 간단한 역할극에서 실제 사용자 참여는 물론 상세한 상황 재연 등 다양한 형태로 시뮬레이션을 실제로 구현해보고 직접 체험해 볼 수 있다.
- 사용방법 : 일반적으로 서비스 시스템의 목업을 만든다. 실제 환경과 비슷한 곳에서 서비스를 시험할 수 있는 목업은 시뮬레이션을 통해 다양한 의견과 개선사항을 받아 반복적으로 만들어진다.
- 목적 : 사용자의 경험에 중점을 둔 프로토타입에서 사용자는 서비스를 위한 더욱 실질적인 해결책을 발견할 수 있다.

10. 디자인 시나리오
- 서비스의 특정 측면을 조사하기 위해 상세한 정보가 더해진 가정을 말한다.
- 사용방법 : 시나리오는 글, 영상, 스토리보드 등으로 만들 수 있으며 조사 자료들은 시나리오를 뒷받침하는 실제 상황을 만드는 데 사용된다. 현실적 상황을 만들기 위해 시나리오에 페르소나를 포함해 명확하게 정의된 캐릭터를 중심으로 특정상황을 만든다.
- 목적 : 서비스 경험을 정의하는 중요 요소를 이해·분석하고 검토할 수 있도록 도와주며 다양한 이해관계 자를 참여하게 하여 그룹별로 시나리오 개발을 통해 더욱 다양한 지식을 공유할 수 있다.

11. 역할극
- 아이디어 탐색과 생성을 위해 연극에서 활용하는 방법을 사용하여 다양하게 떠오른 아이디어를 적용하는 방법이다.
- 사용방법 : 직원들에게 고객과 마주칠 수 있는 몇 가지 상황을 재연하도록 하고 참여자들은 서로의 역할을 바꾸어가며 역할극에서 발견된 새로운 아이디어를 확인한다.
- 목적 : 직원들에게 고객의 요구를 효과적으로 충족시켜 주는 데 필요한 방법과 훈련을 제공한다.

12. 모바일 민족지학

- 모바일을 참여자들에게 제공하여 지리적 위치, 시간과 관계없이 사용자 중심의 정보를 수집하는 것이 하나의 예이다.
- 사용방법 : 특정 서비스와 상호작용하고 있는 참여자가 서비스 터치 포인트에서 문자, 음성, 사진, 동영상 등을 이용해 그 내용을 기록한다.
- 목적 : 참여자 스스로 서비스 터치 포인트를 정의하고 서비스 효과 측정으로 서비스 체계에 대한 사용자 관점의 이미지 제공을 통해 고객의 의견을 끌어내고 내부 직원들의 업무 프로세스, 경험 등에 대한 통찰을 끌어내는 데 있다.

13. 이해관계자 지도

- 특정 서비스와 관련된 직원과 고객, 파트너 조직 등 다양한 이해관계자를 정의하고 그룹 간의 역학 관계를 도식화하여 상호작용을 분석함으로써 이해관계자 그룹이 중요하게 여기는 문제의 개요를 확인하기 좋은 방법이다.
- 사용방법 : 이해관계자의 목록을 작성하고 각 그룹이 서로 어떻게 관련되고 상호작용하는지 살펴봄으로써 불만 요인을 파악하고 잠재적 기회의 영역을 확인 후 이해를 위한 개요를 설명한다.
- 목적 : 외부 및 내부의 이해관계자가 프로젝트에 대한 각자의 역할의 중요성을 이해하고 다른 사람들과의 관계를 명확하게 인지하도록 하여 업무개선을 돕는다.

14. 일상의 하루(하루 동안 되어보기)

- 특정 고객의 일상을 설명하기 위해 그 고객과 관련된 자료를 수집하는 일이다.
- 이용방법 : 그래픽, 만화, 비디오, 사진 등의 다양한 형태로 구현함으로써 많은 통찰을 얻을 수 있어야 한다.
- 목적 : 고객이 서비스를 사용하는 맥락을 이해할 수 있도록 특정 터치 포인트와 상호작용할 때 고객의 생각 등의 정보를 제공하는 데 있어서 고객들의 일상에서의 문제와 해결책을 찾아 그들이 움직이는 요인과 동기를 얻어 고객과 맞닥뜨리는 순간에만 집중함으로써 전체 맥락에 관한 내용을 간과하지 않도록 한다.

15. 스토리보드

- 영화, 광고 등 영상물 제작을 위해 어떤 사건의 특정 상황을 그림이나 사진을 이용해 시각화한 것을 말한다.
- 이용방법 : 워크숍 또는 협업 시 서비스의 중요 요소를 가능한 한 직관적으로 모두 이해할 수 있도록 서비스가 사용되는 상황이나 반대의 시나리오를 만화 등 다양한 방법을 통한 일러스트레이션으로 표현한다.
- 목적 : 서비스 또는 프로토타입에 대한 특정 관점을 제공하거나 시행 전인 서비스라 할지라도 잠재된 문제점과 해결방법에 대해 분석 및 토론을 통한 교훈을 서비스 디자인 프로세스에 포함할 수 있다.

16. 스토리텔링

- 새로운 서비스 콘셉트와 통찰을 공유하는 방법으로 고객의 일상과 직원의 경험, 그것이 제공하는 서비스 경험을 바탕으로 서비스의 모든 측면을 사건, 사물에 대한 물리적 속성이나 사실적 보도가 아닌 개인적 이야기로 구성하는 것이다.
- 스토리텔링의 기본적인 구조는 스토리, 담론, 텍스트이며 구성요소는 배경, 사건, 인물로 이루어진다.
- 이용방법 : 새롭거나 개선된 서비스를 서술적 맥락에서 볼 수 있으며 핵심적인 통찰과 아이디어로 다양한 관점에서 설득력 있는 이야기를 만들 수 있다. 사용자 경험에 대한 공감 가는 통찰을 전달하기 위해 페르소나와 함께 사용한다.
- 목적 : 효과적이고 이해하기 쉬운 이야기와 함께 아이디어를 전달함으로써 새로운 서비스 제안에 대한 흥미와 공감을 높인다.

CHAPTER 02 마케팅 전략과 서비스 차별화

학습개요	서비스 차별화를 할 수 있는 마케팅 전략과 틈새시장의 전략방안, 서비스 실패 시 회복방안과 사후서비스의 중요성에 대하여 학습한다.
절 구성	1. 마케팅과 틈새시장 2. 서비스 패러독스 3. 서비스 포인트 – 서비스 실패 4. 애프터서비스
학습중점	1. 마케팅의 개념과 마케팅 믹스 4P's를 설명할 수 있다. 2. SWOT 분석, STP 전략을 설명할 수 있다. 3. 틈새마케팅 전략을 설명할 수 있다. 4. 서비스 패러독스의 원인을 이해하고 서비스 실패 시 회복전략을 설명할 수 있다. 5. 애프터서비스의 구성요소를 설명할 수 있다.
마인드 맵	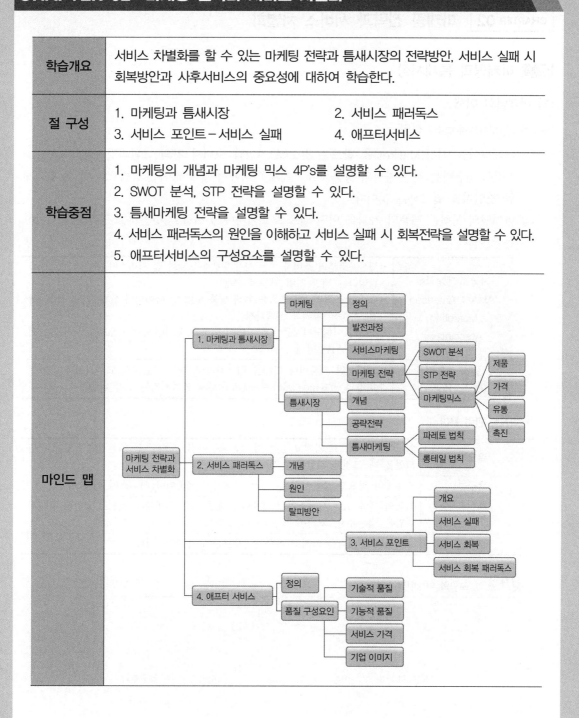

CHAPTER 02 **마케팅 전략과 서비스 차별화**

01 마케팅과 틈새시장

(1) 마케팅의 이해

1) 마케팅(Marketing)의 정의

① 마케팅이란 '시장(Market)을 만드는 것'으로 기업과 소비자 간의 교환과정이다.

② 시장을 만든다는 것은 자사의 상품을 누구에게 어디에서 얼마에 어떤 방법으로 더 잘 팔리게 할 것인지를 결정하는 것이다.

③ 마케팅의 목적은 제품의 가치를 어떤 식으로 소비자에게 전달할 것인지를 명확하게 제시하는 것이다.

미국 마케팅학회 (AMA : American Marketing Association)	• 생산자로부터 소비자 또는 사용자에게로 재화 및 서비스가 원활히 흐르도록 관리하는 제반 기업 활동의 수행 • 고객과 조직의 목표충족을 위해 상품 서비스, 아이디어 설계, 가격 결정, 촉진, 유통의 계획과 실행과정 • 조직과 이해당사자들에게 이익이 되도록 고객에게 가치창조를 알리고 고객 관리를 위한 일련의 과정들
필립 코틀러 (Philip Kotler)	마케팅이란 제품이나 가치를 창조하거나 다른 사람과의 교환과정을 통하여 소비자의 필요(needs)와 욕구(wants)를 충족시키는 인간 활동

▸ 마케팅 관련 용어

필요	인간이 본원적으로 가지고 있는 의, 식, 주, 안전, 소속감 등 기본적인 것들이 결핍되었을 때 그것을 갈망하는 것
욕구	소비자의 필요를 충족시킬 수 있는 구체적인 제품이나 서비스에 대한 바람
교환	기업의 제품 또는 서비스와 소비자의 화폐를 서로 맞바꾸는 것으로 교환을 통해서 기업은 생존유지, 고객은 욕구충족이 실현됨
수요	소비자가 구매력을 가지고 욕구를 충족시키고자 하는 상태

T!P 교환의 마케팅적 의미

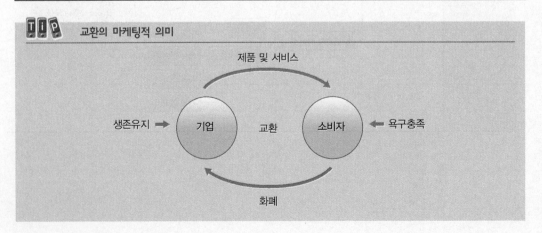

2) 마케팅 개념의 발전과정

마케팅 개념의 발전과정은 생산 개념, 제품 개념, 판매 개념, 마케팅 개념, 복합적 마케팅 개념의 다섯 단계의 발전과정을 보인다.

▸ **마케팅 개념의 발전과정**

① **생산 개념**

㉠ 생산 개념(production concept)은 '만들면 팔린다'는 방식이다. 제품의 공급이 수요에 비해 부족한 시장환경하에서는 제품은 만들기만 하면 판매가 된다거나 소비자에게 저렴한 가격으로 원하는 만큼 구매할 수 있게 해주는 것이 마케팅의 중요한 기능 중 하나라고 생각하는 견해이다.

㉡ 소비자의 수요와 욕구충족을 위해 생산성의 향상과 원가절감, 광범위한 유통 범위에 초점을 맞추어야 한다는 생산지향적인 마케팅 이념을 생산 개념이라고 한다.

㉢ 가장 오래된 개념으로서 기업이 시장을 확대하고자 할 때 이용하며 개발도상국에서 의미가 있다.

㉣ 생산 개념에서는 소비자가 원가가 낮은 제품을 선호하거나 이용범위가 넓을 경우에 선호할 것이라 주장한다.

㉤ 기업의 잠재적 능력보다 시장의 욕구에 초점을 맞추는 시장주의적 관점에 해당한다.

② **제품 개념**

㉠ 제품 개념(product concept)은 '잘 만들어야 팔린다'라는 품질지상주의 방식이다.

㉡ 소비자가 제품을 선택하는 기준이 제품의 품질, 혁신적인 특성, 성능에 있다는 가정으로 기업 최대의 과업으로 품질이 가장 중요한 핵심경쟁력이다.

㉢ 오늘날 기업 간의 경쟁구도 하에서는 품질의 수준이 비슷해지고 있다는 점에서 품질로 경쟁하는 시대가 아니라 품질은 제품생산에 기본적인 요소가 되었다.

㉣ 제품 개념의 문제점은 기업이 자사가 관장하는 제품시장의 영역을 너무 좁게 규정하여 경쟁의 범위를 잘 파악하지 못하는 실수를 범할 수 있다(레빗의 마케팅 근시안).

③ **판매 개념**

㉠ 판매 개념(sales concept)은 기업에서 과잉생산에 처할 때 시행하는 개념으로 소비자가 요구하는 것을 제조하는 것보다는 기업에서 만든 것을 판매하는 것이다. 즉 소비자가 사고 싶어서 스스로 구매하는 풀(pull) 전략이 아니라 일방적으로 생산된 것을 소비자에게 전달하는 푸시(push) 전략이다.

> **TIP** **판매 개념의 마케팅의 목적(서지오 지먼)**
>
> 더 많은 이익을 창출하기 위해 더 많은 비용을 지출하며 더 많은 사람들에게 더 많은 것을 판매한다.

ⓒ 경쟁회사보다 소비자를 효과적으로 설득할 수 있어야 하고 활용이 가능한 모든 판매 활동과 촉진 도구 활용을 추구한다.

ⓒ 고객의 구매동기나 욕구를 파악하지 않는다는 한계점이 있으며, 또한 기업은 판매 자체가 목적일 뿐 소비자의 구매 후 만족도에 관심을 기울이지 않는 실수를 범할 수 있다.

④ 마케팅 개념

ⓐ 마케팅 개념(marketing concept)은 고객지향적 개념으로서 기업의 목표달성 여부는 시장에 있는 소비자의 욕구를 파악하고 이들에게 만족을 전달해 주는 활동을 얼마나 경쟁자보다 효율적으로 수행할 수 있느냐에 달렸다고 보는 것이다.

ⓑ 오늘날 기업은 제품을 만들기 전에 고객의 욕구를 반영해야 한다는 마케팅적 사고를 하게 되었고, 고객 중심적으로 생각하지 않으면 생존할 수 없다는 것을 인식하게 되었다.

⑤ 복합적 마케팅 개념

복합적 마케팅은 장기적이며 상호 만족하는 관계, 중요한 이해관계자들 간의 상호번영을 구축하는 것을 목적으로 가치탐구, 가치창조 및 가치전달 활동을 통합하는 것이다.

TiP 복합적 마케팅의 네 가지 구성요소

관계 마케팅	사업을 형성·유지·발전시키기 위해 고객, 공급업자, 유통분배업장 등의 동반자를 비롯한 주요 당사자들을 만족시키는 관계를 구축하는 것이 목표이다. 당사자들 간에 강력한 경제적, 기술적, 사회적 연결을 구축한다.
통합적 마케팅	마케팅 기업의 과업은 고객을 위한 가치를 창조하고 커뮤니케이션하여 전달하기 위해 통합된 마케팅 프로그램의 모든 형태를 취한다. 이는 마케팅 프로그램을 이용하고자 하는 고객향상적 마케팅 활동에 대한 수많은 의사결정이 포함된다.
내적 마케팅	내적 마케팅을 결합하는 데 조직 내의 모든 구성원들이 갖추어야 할 마케팅의 원칙으로서 특히 상위 경영층을 확실하게 신뢰해야 한다. 내적 마케팅은 고객을 잘 응대하는 능력 있는 종사원을 고용하고 훈련하며 동기를 부여하는 활동이다.
사회적 마케팅	조직의 과업은 표적시장의 욕구, 요구, 관심사를 결정하고 소비자의 복지와 사회의 복지를 보존하거나 향상시키는 데 경쟁사보다 효율적이고 효과적으로 충족시키는 활동이다.

3) 서비스 마케팅의 이해

① 서비스 마케팅의 개념

ⓐ 마케팅에서 서비스에 관한 연구는 1960년대 초부터 시작되었으나 연구 초기에는 제품과 서비스의 특성비교를 통한 연구가 주를 이루었다.

ⓑ 1970년대와 1980년대에는 서비스의 특성 및 서비스 마케팅의 적용에 관한 연구가 활발하게 이루어졌고, 1990년대부터는 보다 체계적으로 서비스에 대한 이론과 전략적 측면에서 다수의 연구가 이루어지고 있다.

ⓒ 서비스 마케팅은 마케팅이 지향하는 고객지향, 통합적 고객만족과 고객이익지향의 세 가지 요소를 받아들이면서 소비자가 생산과정에 직접 참여한다는 점에서 소비자의 의견이 가장 큰 비중을 차지한다.

② 서비스 시대에서의 마케팅 활동 : 피터 드러커(Peter Drucker)

ⓐ 경쟁시장에서 어떤 훌륭한 가치를 고객에게 제공할 수 있는지 판단

ⓑ 고객중심, 고객지향적인 방식으로 모든 일을 처리

ⓒ 목표시장을 명확히 선정하고, 시장의 특성을 파악

ⓓ 고객이 제품과 서비스를 어떻게 사용할 것이고, 그것으로 무엇을 할 것인가에 초점을 두고 마케팅 전개

③ 서비스 삼각형

ⓐ 칼 알브레히트(Karl Albrecht)는 초우량 서비스 기업은 세 가지 요소를 가지고 있다고 하면서 서비스 삼각형(service triangle)을 제시하였다.

ⓑ 이것은 서비스 기업이 성공하기 위해 수행해야 할 마케팅의 세 가지 유형을 설명한다.

ⓒ 세 가지 마케팅 유형은 모두 고객들과의 약속과 관련이 있다.

외부 마케팅	• 서비스 기업이 고객의 기대를 설정하고 고객에게 제공해야 하는 것과 관련된 약속을 하기 위해 노력한다는 의미이다. • 기업이 고객에게 제공할 서비스를 설계하고, 가격을 책정하고 분배 및 촉진하기 위해 실행하는 모든 업무이다.
상호작용적 마케팅	• 접점마케팅이라고도 한다. • 서비스 기업의 직원들이 직접적으로 고객들과 접촉을 하면서 실제 서비스 제공이 이루어지게 된다. • 외부 마케팅을 통해 약속한 것과 상호작용적 마케팅을 통해 제공되는 것을 일치시키는 것이 중요하다.
내부 마케팅	• 고객에게 했던 약속을 이행할 수 있도록 서비스제공자를 지원하는 활동이다. • 기업이 직원들을 교육시키고, 동기를 부여하며, 보상하며 장비와 기술을 확충하는 일련의 활동들을 말한다.

(2) 서비스 마케팅 전략

1) 마케팅 전략의 개념

① 전략(strategy)이란 용어의 어원은 'strategos'라는 희랍어에서 시작되었는데 '장군이 갖추어야 할 기술이나 과학'을 의미한다.

② 마케팅 전략은 수립된 목표를 달성하기 위한 기업의 의도적이고 장기적인 노력으로 지속적인 기업 및 내·외부적인 환경변화에 따른 기회와 위협, 강점과 약점 파악으로 시장기회 모색을 통하여 기업의 전략 방향의 경쟁 우위를 차지하기 위한 전략적 활동이다.

③ 학자들의 마케팅 전략의 정의

porter	경쟁에 있어서 유일한 가치 있는 지위를 창조하고 교환하는 활동
webster(1992)	선택된 사업영역에서 STP를 중심으로 기업의 경쟁대응방식을 결정하는 것
Noble & Mokwa(1999)	시장환경에서 적용하는 실천적 마케팅은 마케팅 전략에 대한 의사소통, 해석, 수용, 실천이다.

2) SWOT 분석

① SWOT 분석의 개념

㉠ SWOT 분석이란 자사 내부의 강점(strength)과 약점(weakness), 자사 외부의 기회(opportunity)와 위협(threat)요인을 분석하는 것을 말한다(코틀러).

㉡ 마케팅 환경 분석의 목적은 시장에서 기회와 위협 요소를 찾아내고 자사의 강·약점을 파악하여 마케팅의 전략적 과제를 도출하는 데 있다(전략 방향과 세부 전술 수립).

㉢ 기업은 시장 환경의 변화를 분석하여 시장기회를 포착하여 마케팅에 활용한다.

② SWOT 분석방법

㉠ 1단계 : 기업경영의 외부적 환경인 기회 및 위협요인을 파악한다.

외부환경 분석과정에서는 분석대상을 제외한 모든 정보와 상황을 분석하여 서술하되, 분석대상에 대해 긍정적으로 작용하는 요인은 기회요인으로 분류하고 부정적으로 작용하는 요인은 위협요인으로 분류한다.

외부기회요인	새로운 기술의 출현, 경제호황, 새로운 시장과 세분시장에의 진입, 경쟁력이 약해진 경쟁사, 시장의 빠른 성장, 제품계열의 추가 등
외부위협요인	새로운 경쟁자의 진입 가능성, 자원의 고갈, 경기 후퇴, 정부의 규제, 소비자 기호의 변화, 경쟁적 압박, 경쟁력 있는 대체재 등장 등

㉡ 2단계 : 자사의 내부적 환경인 강점과 약점을 파악한다.

분석대상의 내부적 환경 분석과정에서는 분석대상을 그 경쟁자나 경쟁집단과 비교하여 분석대상이 지닌 강점과 약점을 규명한다.

내부강점요인	적절한 재무적 지원, 규모의 경제 활용, 우월한 제조기술, 높은 시장 점유율, 제품 혁신능력, 탄탄한 마케팅 조직, 고객의 높은 충성도 등
내부약점요인	무능한 직원, 불분명한 전략적 방향, 낙후된 시설, 경쟁력 없는 기획팀, 연구개발투자의 열등, 높은 이직률, 자금동원능력의 부족 등

ⓒ 3단계 : 기회와 위협요인, 강점과 약점요인을 바탕으로 SWOT 매트릭스를 작성한다. SWOT 매트릭스는 시장환경 분석에 따른 정보를 이차원으로 정리하여 상관관계와 인과관계를 쉽게 파악할 수 있다. 매트릭스의 작성은 시장환경의 기회요인과 변화요인으로 분류하여 작성한다.

ⓔ 4단계 : 분석결과 도출된 것 중 핵심적인 SWOT를 대상으로 전략을 세운다. SWOT 분석 결과를 활용하여 전략들을 도출하고 그중 가장 유용한 전략을 설정하기 위해서는 SO전략, ST전략, WO전략, WT전략으로 구분하여 도출하는 것이 효과적이다.

ⓤ 5단계 : SWOT 분석을 활용하여 동태적 마케팅 전략을 수립한다. 네 가지 유형의 전략들 중 평가기준에 적합한 최강전략을 선택하고 마케팅 전략을 수립한다.

③ SWOT 분석의 네 가지 전략

구분	강점(S)	약점(W)
기회 (O)	강점 – 기회전략(SO) • 기회 활용을 위한 강점 사용 마케팅 확대 전략 • 시장기회 선점 전략, 시장/제품 다각화 전략	약점 – 기회전략(WO) • 기회 활용을 위한 약점 극복 마케팅 우회, 개발전략 • 전략적 제휴, 핵심역량 강화전략
위협 (T)	강점 – 위협전략(ST) • 위협 최소화를 위한 강점 사용 마케팅 안전성 장전략 • 시장침투전략, 제품확충 전략	약점 – 위협전략(WT) • 위협 회피를 위한 약점 보완 마케팅 축소/철수 전략 • 철수전략, 제품/시장 집중화 전략

3) STP 전략

① STP 전략의 정의

㉠ STP 전략은 시장의 급격한 팽창과 심화되고 다양해지는 고객의 욕구를 충족시키기 위하여 '맞춤제품' 혹은 '맞춤서비스'를 제공함으로써, 타사와의 차별성 및 경쟁력을 확보하는 마케팅 기법이다.

㉡ STP 전략의 단계는 시장 세분화(Market Segmentation)를 통해 표적시장(Market Targeting)을 선정한 후 고객에게 경쟁사와 자사를 구분할 수 있는 시장을 자리매김(Market Positioning)하려는 포지셔닝이며 이들 단계의 첫 글자를 따서 STP 전략이라 한다(STP를 통해 효율적으로 표적시장에 도달하는 것).

㉢ 시장을 여러 가지 지표로 분류하고, 고객을 명확히 분석하기 위한 도구로 사용되고 있다.

② STP 전략 단계

㉠ 시장 세분화(Maket Segmentation)

ⓐ 시장 세분화는 기업이 경쟁상의 우위를 갖고 효율적으로 수요를 창출할 수 있는 세분 시장 중에서 표적시장을 설정하여 보다 효율성 있는 경영을 하고자 하는 전략이다.

ⓑ 시장 세분화는 전체 시장을 일정한 기준에 의해 동질성을 갖는 세분시장(homogeneous segments)으로 구분하는 과정이다(시장 세분화 기준과 세분시장 파악).

ⓒ 전체 시장을 세분시장으로 나누는 이유는 기업의 입장에서 볼 때 모든 소비자들의 다양한 욕구를 충족시켜 줄 수 없기 때문에 동질적 욕구를 갖는 소비자들에게 차별적 마케팅 전략을 개발하는 것이 궁극적인 목적이다(시장 세분화 계획 발전).

ⓓ 시장 세분화의 장점 : 얀켈로비치(Yankelovich)

• 세분화된 시장의 요구에 적합하게 제품의 계열을 결정할 수 있다.

• 광고매체를 합리적으로 선택할 수 있고 각 매체별로 효과성에 따라 예산을 할당할 수 있다.

• 이익 가능성이 높은 몇 개의 세분화 시장에 대해서만 판매 촉진비를 설정할 수 있도록 범위를 지정할 수 있다.

• 판매 저항의 최소화, 판매 호응의 최대화가 예측되는 기간에 판촉 활동을 집중할 수 있다.

• 미래의 시장 변동에 대비해 계획을 수립하고 대책을 마련할 수 있다.

ⓔ 시장 세분화 방법

• 소비재 시장에서 가능한 시장 세분화 방법

지리적 특성에 따른 세분화	국가, 도, 지구, 군, 도시, 도시 근교, 인구밀도, 기후 등의 여러 가지 지리적 단위
인구 통계적 특성 변수에 따른 세분화	연령, 성별, 가족의 규모/세대/라이프사이클, 소득, 직업, 교육, 종교, 인종, 국적 등의 인구통계적 변수
심리 분석적 세분화	구매자를 사회계층, 생활양식, 개성(경제/사회/권위/야심적), 라이프 스타일(문화/스포츠/외부 지향적) 등의 특성을 기초로 하여 몇 개의 집단으로 구분
행동분석적 특성 변수에 따른 세분화	구매자를 제품에 대한 그들의 지식, 태도, 사용 또는 반응을 기초로 제품 구매 빈도/사용량, 브랜드 충성도, 가격 민감도, 구매 시 변수(품질, 서비스, 경제성), 상표 충성도 등에 따라 구분

• 산업재 시장에서 가능한 시장 세분화 방법

인구통계적 세분화	입지, 산업의 종류, 기업의 규모, 산업의 규모 등
운영적 세분화	사용자와 비사용자의 지위, 보유한 기술, 고객능력 등
상황적 변수	특수 용도성, 구매 규모, 구매의 긴급도 등
개인적 세분화	구매자와 판매자의 유사성, 충성심, 위험에 대한 태도 등
구매 습관적 세분화	구매기능조직, 권한구조, 구매의 기준 등

ⓕ 바람직한 시장 세분화가 갖추어야 할 5가지 조건 : 코틀러(2007)

접근 가능성(Accessibility)	세분시장에 효과적으로 접근할 수 있는 정도
측정 가능성(Measurability)	세분시장의 규모와 구매력 및 특성 측정
실질적 규모(Substantiality)	세분시장이 충분히 크거나 수익이 있는 정도
실행 가능성(Actionability)	효과적인 마케팅 프로그램을 수립할 수 있는 정도
차별화 가능성	마케팅 믹스와 프로그램에 대해 서로 다른 반응

ⓛ 표적시장선정(Market Targeting)

ⓐ 시장 세분화 과정에서 나타나는 주 고객의 집단을 표적시장이라고 한다. 소비자들의 욕구가 갈수록 다양해지고 있는 시장에서는 세분화된 특정시장의 소비자 욕구에 대응하는 '표적 마케팅 전략'을 펼치고 있다.

ⓑ 표적세분시장 선정 시 고려사항
  • 세분시장의 크기와 예상매출
  • 기업의 자원
  • 기존사업과의 연관성
  • 경쟁자의 전략
  • 제품수명주기 및 제품의 동질성

ⓒ 세분시장 평가 기준
  • 해당 조직의 규모를 감안한 세분시장의 적정한 규모와 성장 가능성이 있어야 한다.
  • 시장의 잠재력과 달성 가능한 최대 매출액을 추정한다.
  • 기업의 목표와 필요한 기술과 자원을 확인한다.
  • 세분시장이 매력적인 특징을 갖추고 있어야 한다.

ⓓ 세분시장의 유형
  • 기업이 진입할 세분시장과 그 범위를 결정하는 방법으로 전체시장 도달 전략과 부분시장 도달 전략으로 구분되며 여섯 가지 형태로 나뉜다.

• 전체시장 도달 전략

단일제품 전체시장 도달 전략	• 시장을 하나의 통합체로 파악 • 모든 계층의 소비자로부터 공통적인 욕구 발견 • 실행 가능한 이미지 목표 설정 • 단일제품과 단일 마케팅 프로그램 개발
다수제품 전체시장 도달 전략	• 시장 세분화 후 모든 세분시장을 표적시장으로 선정 • 각 부문에 적합한 제품과 마케팅믹스를 투입

• 부분시장 도달 전략

단일시장 집중 전략	• 단일제품으로 단일 세분시장에 펼치는 전략 • 주로 기업의 자금 및 능력이 제한되어 있거나 새로운 시장에 진입할 때 이용 • 추가적인 세분시장의 확장이 목표 • 소비자의 욕구 변화 및 새로운 경쟁자 진입 시 위험 분산에 취약
제품 전문화 전략	• 다양한 세분시장에 단일제품 • 품목, 색상 및 디자인이 다양하여 소비자 선택의 폭을 확장 • 현재의 기술을 대체할 수 있는 혁신적인 기술 개발로 인한 위험 가능성 존재
선택적 전문화 전략	• 세분시장 중에서 매력적이고 기업의 목표에 적합한 소수의 세분시장에 진입 • 각 세분시장별 상이한 제품 및 전략 수립 • 위험을 분산시킨 복수의 단일 집중화 전략 • 시너지 효과가 낮고 상당한 제품개발 및 마케팅 비용의 수반
시장 전문화 전략	• 특정소비자 집단의 다양한 요구를 충족시키기 위한 전략 • 다양한 제품 판매 • 특정 집단의 구매가 급격히 감소할 경우 위험 분산에 취약

ⓔ 표적시장 선정 전략(표적 마케팅 전략)

무차별화 전략	• 고객의 요구가 공통적이라는 점에 주목하여 세분시장이 동일하다는 가정 아래 전체시장에 하나의 시장 제품이나 서비스로 출시하는 전략 • 대량 유통경로와 대량광고에 집중 • 제조에 있어서 표준화와 대량생산에 해당하는 마케팅 • 제품 및 서비스가 소비자의 마음속에서 우월한 이미지를 갖도록 하는 것이 목표	
	장점	단점
	• 단순한 생산라인으로 제조 및 재고관리, 유통 등의 비용 절감 효과 • 단일 광고 프로그램으로 광고비용 및 마케팅 비용 절감 효과	• 큰 세분시장을 공략하므로 경쟁이 치열 • 이익 창출이 어려움

차별화 전략	• 기업은 여러 개의 시장 세분화를 표적으로 삼고 각 세분시장에 대하여 다른 제품이나 서비스를 설계 • 일반적으로 무차별화 전략보다 높은 이익을 낼 수 있음 • 마케팅에 있어 윤리적 기준으로 표적을 선택해야 함	
	장점	단점
	• 제품생산비, 광고비, 유통, 수송, 재고비용 절감 효과 • 마케팅 조사비용 절감 효과	각 세분시장 별 조사, 예측, 계획, 유통관리, 차별적 광고 제작을 위한 많은 비용 발생
집중화 전략	• 자원이 한정되어 있는 기업에서 주로 펼치는 마케팅 전략 • 대규모 시장에서 시장점유율을 추구하는 대신에 기업은 하나 또는 소수의 소규모 시장에서 큰 점유율을 획득하는 전략 • 큰 시장에서 낮은 시장점유율을 차지하기보다 소규모의 시장에서 높은 시장점유율을 차지하기 위한 전략	
	장점	단점
	자사가 공략하는 시장의 전문적인 욕구 파악 능력으로 강력한 시장 입지 마련	• 소규모 시장에서의 고객행동의 변화에 따른 위험 감수 • 큰 경쟁자가 동일시장에 진입할 경우 시장 입지 우려

제2과목

CS 전략론

ⓕ **5대경쟁 요인분석**(5 Forces Model) – 마이클 포터(Michael Porter)
산업의 경쟁강도와 수익성, 산업의 매력도 등을 결정하는 분석의 도구로 5가지 경쟁
요인으로 구분된다(매력도 평가요인).
- 산업 내 경쟁자
- 잠재적 진출자
- 대체재
- 구매자
- 원자재 공급업자

ⓒ **포지셔닝**(Positioning)

ⓐ 소비자의 마음(mind)속에 자사의 제품이 경쟁사와 차별화되어 경쟁적 위치(position)를 차지할 수 있도록 인지시키는 전략이다(포지셔닝 개념 파악 및 전달).

ⓑ 소비자들에게 가장 중요한 혜택을 강조하는 이미지를 그려주고, 타사(또는 상품)와 차별화된 커뮤니케이션을 전달하기 위한 전략을 말한다.

ⓒ **학자들의 정의**

Kotler	상품, 기업, 서비스, 기관, 개인까지도 포함하는 상품을 소비자들의 마음속에 위치시키는 마케팅 전략을 계획하고 고찰하는 활동
Al Ries & Jack Trout	상품에 대한 총체적인 개념으로서 경쟁자와 비교되는 상품의 가격, 형태, 규모 등을 의미하며, 상품의 이미지, 소비자 자각 등에 대한 의미를 상품이 경쟁자에 대하여 가지는 주관적인 속성

ⓓ 차별화된 서비스 포지셔닝의 일반적인 방법

서비스 속성	기업이 '가장 잘 할 수 있는 것'에 중점을 두고, 다른 업체와 차별화된 서비스 속성으로 포지셔닝하는 가장 일반적인 방법
서비스 용도	제공되는 서비스가 어떻게 사용되고 적용되는가에 중점
가격, 품질 관계	최고의 품질로 서비스를 제공하거나, 가장 저렴한 가격을 제시
경쟁사	경쟁사와 비교하여 자사의 서비스가 더 나은 점이나 차별화된 점을 부각
서비스 등급	서비스 등급이 높기 때문에 높은 가격을 매길 수 있다는 측면을 강조
서비스 이용자	예를 들면 비즈니스 호텔을 표방한다든지, 여성 전용 사우나, 백화점의 여성 전용 주차장 등과 같이 이용자를 기준으로 서비스를 포지셔닝하는 방법

ⓔ 포지셔닝 전략 수행절차 여섯 단계 : 아커(Aaker)와 샨비(Shanby)

단계	내용
1단계	경쟁자 확인
2단계	경쟁자 인식 및 평가분석을 통한 파악
3단계	경쟁자 기업과 제품 시장에서의 포지셔닝 결정
4단계	소비자에 대한 분석
5단계	포지셔닝 의사결정 실천
6단계	모니터링 실시

ⓕ 포지셔닝의 역할
- 경쟁자에 대응할 수 있는 다른 마케팅 믹스를 결정함으로써 경쟁우위를 확보
- 경쟁자의 시장진입과 모방으로부터 자사를 보호
- 시장기회의 확인
- 제품과 시장 간의 관계성을 정의하고 이해에 도움을 주는 진단적 도구의 제공

4) 서비스 마케팅 믹스(Marketing Mix) 전략

① 전통적인 마케팅 믹스 : 생산판매 지향의 관점

㉠ 제품(Product)

ⓐ 제품이란 '교환에 자발적으로 참여함으로써 상대방이 원하는 것을 제공하고 그 대가로 얻게 되는 것'으로 상품, 서비스, 포장, 디자인, 브랜드, 품질 등의 요소를 포함한다.

ⓑ '잠재고객들의 욕구와 필요를 충족시켜 고객만족을 창출하기 위하여 설계된 물리적·화학적 및 상징적 속성과 부수 서비스의 결합체'를 말한다.

ⓒ 믹스 요인 : 물리적 제품의 특징, 브랜드, 품질, 서비스, 다양성, 보증, 상품의 편의성, 반품

ⓛ **가격(Price)**

ⓐ 가격은 기업의 수익을 창출하는 유일한 요소이고 이익의 원천으로서 총수익에 영향을 주며 목표이익 달성 및 판매량에 영향을 주는 요소이다.

ⓑ 고객이 인지하는 가치에 비해 가격은 낮게, 가격에 비해 비용은 낮게 책정해야 한다.

ⓒ 기업이 책정하는 가격은 판매 극대화, 이윤 극대화, 경쟁자 진입 규제 등의 시장 전략에 따라 달라질 수 있다.

ⓓ 믹스 요인 : 고객인지 가격, 가격 수준, 표준가격, 할인, 거래 조건(할부, 신용) 차별화, 통제

ⓒ **유통(Place)**

ⓐ 기업이 재화나 서비스를 판매, 유통시키는 장소이다.

ⓑ 제품이 고객에게 노출되는 물리적 장소이다.

ⓒ 기업이 소비자가 원하는 제품을 만드는 것도 중요하지만 제품이 소비지에게 적절한 시간에, 접근이 용이한 위치에, 적절한 수량으로 제공될 수 있어야만 제품이나 서비스가 소비자에게 의미를 갖게 된다.

ⓓ 유통경로(distribution channels)란 '생산자로부터 소비자와 이용자에게 제품과 서비스를 이용하게 하는 과정에서 포함되는 모든 조직의 집합'을 말한다. 유통경로는 생산자, 중간상, 최종소비자를 포함하고 있다.

ⓔ 믹스 요인 : 수송(배송)보관, 경로, 재고, 점포일지, 범위, 분류(3색)

ⓔ **촉진(Promotion)**

ⓐ 고객에게 자사의 상품을 알리고 자사의 상품을 선택하도록 하기 위해 광고, PR 등을 통한 마케팅 커뮤니케이션 활동을 말한다.

ⓑ 고객에게 정보를 제공하고, 호의적인 태도를 갖도록 하며, 궁극적으로는 소비자행동에 영향을 주어 구매를 유도한다.

광고	매체, 인터넷, 옥외, 직접우편 등
판매촉진	할인, 쿠폰, 선물 및 경품, 마일리지, 전시회 등
인적 커뮤니케이션	인적 판매, 고객 서비스, 텔레마케팅, 구전 등
홍보	보도자료, 기자회견 및 설명회, 지역사회 이벤트, 스폰서십, PPL 등
커뮤니케이션 도구	웹 사이트, 브로슈어, 비디오, CD 등
기업 디자인	간판, 인테리어 및 장식, 차량, 유니폼 등

② **현대적 마케팅 믹스**

㉠ **사람(People)**

ⓐ 서비스 제공에 참여하여 소비자의 지각에 영향을 미치는 모든 행위자를 의미한다.

ⓑ 서비스가 제공되는 순간에 존재하는 직원과 고객, 다른 사람들이 이에 해당한다.

ⓒ 믹스 요인 : 고객, 고객행동, 직원, 고객 개입/접촉

    ⓛ 물리적 증거(Physical Evidence)

        ⓐ 서비스가 고객에게 전달되고 기업과 고객의 상호작용이 이루어지는 환경을 말한다.

        ⓑ 외부환경(시설의 외형, 주변 환경 등)과 내부환경(인테리어, 시설물 등), 기타 유형요소 (유니폼, 입장 티켓 등) 세 가지로 나뉜다.

        ⓒ 믹스 요인 : 시설, 장비, 환경, 직원 복장, 기타 유형적 단서

    ⓒ 프로세스(Process)

        ⓐ 서비스가 고객에게 전달되는 절차나 활동의 흐름을 의미한다.

        ⓑ 고객이 체험하는 서비스의 운영시스템이라 할 수 있다.

        ⓒ 믹스 요인 : 활동의 흐름, 고객 관여도, 단계 수(단순, 복합), 제도적 장치, 정책결과

    ⓔ 성과(Performance)

        ⓐ 상표자산이나 고객자산을 포함한 수익성인 재무적·비재무적 시사점과 기업의 법적 ·사회적·윤리적 책임과 같은 기업 자체의 차원을 넘는 시사점을 제시하여 가능한 범 위의 결과 측정치를 간파한다.

        ⓑ 고객 서비스 지향 4C : 로버트 로터본(Robert Lauterbon)

        • 기업의 시각에서 바라본 4P를 고객가치를 중심으로 마케팅 전략을 재정립하면서 고객 의 입장에서 바라보는 4C를 제시하였다.

        • 새로운 마케팅 시대에 판매자 관점인 4P는 고객 관점의 4C에 합치되어야 한다고 하였다.

고객의 요구(문제) (Consumer Solution)	제품공급의 기본 원칙은 고객의 요구를 어떤 방식으로 얼마만큼 충족 시켜 주는가에 따라 결정된다.
고객과의 소통 (Communication)	다양한 정보 검색 환경과 모바일의 확산은 SNS를 통한 의사소통의 자 율성을 지속적으로 증가시키고 있다.
고객의 편의성 (Convenience)	• 고객에게 제품의 유통경로는 중요한 마케팅도구로 인식된다. • 과거에는 판매처 중심으로 소비가 이루어졌다면 현재는 유통경로 중 심의 소비가 이루어지고 있다.
고객의 비용(Cost)	가격은 판매자에게는 전략의 요소이지만 고객에게는 가치평가의 요 소에 해당한다.

        ⓒ 믹스 요인 : 판매 수익, 재무/비재무적 성과, 상표/고객자산, 기업의 윤리/법규/관행, 공동체

(3) 틈새시장(Niche Marketing)

1) 틈새시장의 개념

    ① 니치(niche)란 대중시장이 붕괴된 후의 세분화된 시장 및 소비상황을 설명하는 말로써 '빈틈' 또는 '틈새'로 해석되며, 본래의 의미는 '남이 아직 모르는 좋은 낚시터'라는 은유적인 뜻을 나타낸다.

    ② 틈새시장이란 세분시장을 더욱 세분화한 보다 작은 규모의 소비자집단(subsegment)을 의미한다.

③ 소규모 시장의 빈틈을 공략하는 특화된 새로운 상품을 잇따라 시장에 출시하여 시장점유율을 유지하는 전략

④ 기업의 시장 환경 속에서 자사의 최적 위치 추구

⑤ 타 기업의 진입 전까지 독점이 가능한 잠재성 있는 시장 추구

2) 틈새시장의 공략전략

① 큰 업체가 진출하지 않은 시장을 찾아 그곳에 경영자원을 집중하라.

② 틈새시장에 맞는 특화된 서비스를 개발하라.

③ 시장의 규모가 크지 않기 때문에 전문성으로 승부하라.

④ 나름대로의 브랜드 파워를 유지하라.

3) 틈새시장의 특징과 공통요소

① 끊임없이 변화한다.

② 틈새시장이 대형시장이 되기도 한다.

③ 여러 기업이 똑같은 틈새시장에 공존하기도 한다.

④ 시장이 없어지거나 새로 생성되기도 한다.

4) 이상적인 틈새시장이 존재하기 위해 필요한 전제 조건

① 틈새시장은 장기적인 시장 잠재력이 있어야 한다.

② 이상적인 틈새시장이 주요 경쟁자들의 관심 밖에 있어야 한다.

③ 기업이 소비자로부터 확립해 놓은 신뢰 관계를 통해 주요 경쟁자들의 공격을 방어할 수 있어야 한다.

④ 매스 마케팅을 펼치는 기업들이 높은 매출액을 달성한다면 틈새마케팅 전략을 펼치는 중소기업은 높은 매출액을 달성할 수 없을지라도 높은 수익성을 보장할 수 있는 충분한 시장규모와 구매력이 있어야 한다.

⑤ 기업은 시장의 욕구를 충족할 수 있는 능력과 자원을 보유하고 있어야 한다.

5) 틈새시장의 전략과 유형

① 틈새시장 전략은 일반적으로 중소기업이나 벤처기업 혹은 규모가 작은 기업에 유용한 전략이다.

② 세분화된 시장에서 다시 세분화된 시장에 좁지만 깊게 접근하여 그 시장에 집중전략을 펼쳐 경쟁우위를 차지하기 위한 전략이다.

③ 소비자가 추구하는 개성화를 전제로 소비자의 니즈를 충족시키고자 펼치는 마케팅 전략이다.

④ 전문화 유형은 크게 4가지로 분류된다.

마케팅믹스의 전문화	특정지역, 유통경로, 품질, 가격 등
제품의 전문화	제품특성, 전문화, 주문생산 등
고객의 전문화	고객의 차별화
최종 용도	시장의 전문화

6) 틈새마케팅

① 틈새마케팅은 소비자의 개성과 기호에 따른 수요를 세분화하고 특정한 성격을 가진 소규모의 소비자를 대상으로 판매목표를 설정하여 마케팅을 전개하는 것을 말한다.

② 남이 하지 않거나 남들과 다른 아이템과 시스템으로 차별화된 상품과 새로운 서비스를 판매하는 전략이다.

  ⊙ **파레토 법칙**(Pareto's Law)

    ⓐ 1909년 이탈리아의 경제학자 빌프레도 파레토(Vilfredo Pareto)는 소득분포의 불평등도에 대한 계수가 일정한 범주 내에 있음을 발견한 80 : 20 법칙을 제시하였다.

    ⓑ 소비자 행동론에 기초하여 여러 분야에 활용되며 대표적인 예로 백화점업계에서는 오래전부터 '총 매출액의 80%는 20%의 고가의 제품을 구입하는 고객으로부터 발생한다'는 것이다(대부분의 협상이 중요한 소수에 의해 결정된다는 법칙).

    ⓒ 파레토 법칙을 잘 활용하기 위해서는 개인적, 조직적으로 80%의 작은 일에 집중하기보다는 20%의 핵심적인 일을 선택하여 자원을 집중하는 것이 최고의 효율을 발생시킨다는 것이다(선택과 집중이라는 키워드와 결합되어 형성된 기업전략의 중요 축).

    ⓓ 조셉 주란(Joseph M. Juran)은 1920년대에서 1930년대에 걸쳐 파레토 법칙의 개념을 더 연구하여 '중요한 소수', '대수롭지 않은 다수'의 이론으로 경영학에 최초로 적용하였다.

  ⊙ **롱테일**(Long Tail) **법칙** : 크리스 앤더슨(Chris Anderson)

    ⓐ 1년에 몇 권밖에 팔리지 않는 '흥행성 없는 책'의 판매량을 모두 합하면 놀랍게도 '잘 판매되는 책'의 매상을 추월한다는 온라인 판매의 특성을 이르는 개념이다.

    ⓑ 판매분포도에서 마치 공룡의 긴 꼬리처럼 길게 이어지는 부분에 해당하는 사소한 상품 80%가 차지하는 판매량이 상위 20%의 매출을 압도한다는 의미이다.

    ⓒ 롱테일 법칙은 80%를 차지하는 '사소한 다수'가 만들어 내는 새로운 시장과 지식 등 다양성의 힘을 강조한다.

    ⓓ 예를 들어 아마존의 10만여 종에 달하는 서적 중 98%가 한 권 이상 판매되었다는 사실로 롱테일 경제학의 중요성이 더 강조되었다.

    ⓔ 20%의 핵심고객으로부터 80%의 매출이 나온다는 파레토 법칙과는 반대되어 '역 파레토 법칙'이라고도 불린다.

Warming Up

01 '로버트 로터본' 교수가 제시한 고객서비스 지향 관점인 4C에 해당되지 않는 것은?

① Cost   ② Concept
③ Customer   ④ Convenience
⑤ Communication

02 시장 세분화를 위한 주요 요소 중 소비자의 라이프스타일, 개성, 삶의 방식 등에 속하는 것은?

① 심리분석적 변수   ② 지리적 변수
③ 사회·경제적 변수   ④ 행동분석적 변수
⑤ 인구통계적 변수

정답 1 ② 2 ①

02 서비스 패러독스(Service Paradox)

(1) 서비스 패러독스의 개념

현대 사회에서 서비스가 경제에서 차지하는 비중이 높아졌음에도 불구하고 소비자가 서비스에 대해 불평하는 사례를 흔히 접할 수 있는데, 서비스는 발전했지만 고객이 체감하는 서비스의 품질이 더 악화되고 있는 아이러니한 현상을 서비스 패러독스(Service Paradox)라 한다.

(2) 서비스 패러독스의 원인(서비스 공업화의 한계점)

① 서비스의 획일화 및 표준화
차별화의 추구가 중요한 서비스 분야에서 기존의 공업화가 지향하던 생산성 증대와 품질의 일관성을 토대로 서비스의 획일화와 표준화를 추구하다 보니 서비스의 핵심인 개별성을 상실하게 되었다.

② 서비스의 인간성 상실
서비스 생산의 특징은 제조업과는 달리 직원과 고객의 상호작용으로 이루어지기 때문에 직원의 사기 저하나 정신적 피로는 곧바로 서비스 품질에 반영된다. 따라서 서비스 직원의 인간성 상실은 심각한 문제가 될 수 있다.

③ 기술의 복잡화

　　㉠ 제품 기능의 다양성과 복잡성으로 인해 소비자나 직원이 기술의 진보를 따라가지 못하는 경우가 발생한다.

　　㉡ 고객이 서비스가 필요한 경우 쉽게 인근 센터에서 수리를 받던 시대가 지나가고 고객이 멀리까지 가서 기다려야 하는 시대가 되었다.

④ 일선 직원 확보의 악순환

　　㉠ 기업에서는 점차 인력수급이 어려워지면서 고객서비스 직원에게 충분한 교육훈련을 제공하지 못한 채 현장에 투입하게 된다.

　　㉡ 또한 고도의 기술 없이도 가능한 업무로 설계해서 직원이 사직한 경우에도 손쉽게 인력을 채용하고 교육훈련도 최소한도로 줄이려고 한다.

　　㉢ 따라서 직원이 제공하는 서비스의 품질이 저하되고 이에 따라 기업의 이익은 낮아질 수 있다.

　　㉣ 결국 직원에게 제공할 수 있는 임금은 낮아지고 고급인력을 확보하지 못하여 단순 업무로써 직무를 설계하게 된다.

TIP　서비스 공업화(Service Industrialization)

- 서비스의 성과 측면에서 서비스 질을 악화시키는 주 원인은 기업 중심의 서비스 공업화이다.
- 서비스 공업화는 제조업의 마케팅 이론을 서비스업에 그대로 적용해 나타난 결과이다.
- 기업은 효율성 제고와 비용 절감 등을 위해 서비스 활동의 인력을 기계로 대체하고 인간이 아닌 시스템이나 설비가 서비스의 매개로 등장하였다.

---

(3) 서비스 패러독스의 탈피방안

① Sincerity, Speed&smile

서비스는 성의 있고 신속하며 미소로써 응대할 때 좋은 서비스가 된다.

② Energy

서비스에는 활기가 넘쳐야 한다. 직원의 활기찬 걸음걸이와 응대 태도가 고객이 서비스를 체감하는 인상에 영향을 미친다.

③ Revolutionary

서비스는 혁신적이고 신선해야 한다. 조금씩 새로운 서비스를 추가한다.

④ Valuable

서비스는 가치 있는 것이어야 한다. 서비스 제공자와 고객 모두에게 이익이 되고 가치가 있어야 한다.

⑤ Impressive

서비스는 감명 깊어야 한다. 기쁨과 감동을 통해 고객만족을 실천한다.

⑥ Communication

서비스는 쌍방향의 소통이 되어야 한다. 직원은 고객의 소리를 경청하고 요구를 반영할 수 있도록 노력한다.

⑦ Entertainment

서비스는 고객을 환대해야 한다. 진심으로 고객을 즐겁게 맞이하고 정성껏 응대한다.

Warming Up

01 서비스 패러독스(Service Paradox)의 발생원인으로 적합하지 않은 것은?

① 서비스의 표준화　　　　　② 서비스의 차별화

③ 서비스 인간성 상실　　　　④ 기술의 복잡화

⑤ 종업원 확보의 악순환

02 다음 중 서비스 패러독스의 탈피방안으로 적합하지 않은 것은?

① Sincerity　　　　　　　　② Energy

③ Impressive　　　　　　　④ Communication

⑤ Cost

정답　1 ②　2 ⑤

03 | 서비스 포인트 – 서비스 실패

(1) 서비스 포인트의 개요

① 서비스 관리자는 서비스 포인트를 명확히 파악하고 고객에게 서비스를 제공하여야 고객만족 및 고객감동을 가져올 수 있다.

② 7대 서비스 포인트

고객	고객은 상품을 구매하고 소비하는 존재이기 전에 만족시키고 삶의 질을 향상시켜야 할 대상이다.
상품	서비스가 곧 제품의 질을 결정한다.
구매	고객은 제품에 돈을 지불하는 것이 아니라, 만족에 투자하는 것이다.
운명	서비스는 무형의 상품으로 눈에 보이지 않지만 무서운 잠재력을 갖는다.
고객감동	고객이 가진 기대치 이상으로 고객의 만족을 충족시킨다.
표정	친절한 서비스는 머리가 아니라 따뜻하고 편안한 미소에서부터 시작된다.
직업의식	1차적으로 종업원을 만족시켜야 서비스의 질을 향상시킬 수 있고, 종업원이 만족스러운 상태에서 고객만족이 비롯된다.

(2) 서비스 실패

1) 서비스 실패의 정의

① 서비스 실패란 서비스 접점에서 고객 불만족을 초래하는 열악한 서비스 경험으로 서비스가 전달되는 동안 발생되는 다양한 실수, 고객에 대한 서비스의 약속 위반, 서비스 오류 등을 포함하는 유쾌하지 못한 경험이라고 정의되고 있다.

② 서비스 실패에 대한 학자들의 정의

벨과 젬케 (Bell and Zemke)	고객기대 이하로 심각하게 떨어지는 서비스 결과를 경험하는 것
파라슈라만, 자이다믈, 베리(PZB)	서비스 성과가 고객의 인지된 허용영역(perceived zone of tolerance) 이하로 떨어진 상태
헤스켓(Heskett), 새서(Sasser), 하트(Hart)	소비자의 감성적인 차원에서 서비스 과정이나 결과에 대하여 서비스를 경험한 고객이 좋지 못한 감정을 갖는 것
존스턴(Johnston)	책임소재와 무관하게 서비스 과정이나 결과에 있어서 무엇인가 잘못된 것
윈(Weun)	서비스 접점에서 고객 불만족을 야기하는 열악한 서비스 경험을 말하는 것으로 서비스를 공급하는 동안 일어나는 여러 실수들, 고객에 대한 서비스의 약속 불이행 혹은 여러 형태의 서비스 오류 등을 서비스 실패에 포함하여야 한다고 주장

2) 서비스 실패의 원인

① 주로 기업 내의 문제나 서비스 종사자와 고객의 상호작용에서 발생한다.

② 노동집약적, 이질성이라는 서비스의 특성상 표준화가 불가능하므로 서비스의 결과가 달라진다.

③ 생산과 소비가 동시에 일어나는 비분리적인 특성으로 서비스를 수정하거나 보완할 수 없다.

④ 고객이 직접 생산에 관여하는 서비스의 특성상 서비스 결과에 고객의 영향력이 미치기 때문에 종업원이 원하는 수준의 서비스를 제공할 수 없다.

3) 서비스 상황에서 고객 이탈 및 전환행동 : 수잔 키비니(Susan M. Keaveney)

① 수잔 키비니 교수는 서비스 상황에서 고객 이탈 및 전환행동에 있어서 서비스 실패가 가장 중요한 요소라는 것을 제시하였다.

② 고객이 이탈하는 것을 '전환행동(Switching Behavior)'이라고 하며 고객은 타 업체로 갈아타는 과정에서 발생되는 전환비용이 든다.

③ **고객 이탈 및 전환 발생 요인의 유형별 순위**

핵심가치 제공실패 > 불친절한 고객응대 > 가격 > 이용불편 > 불만처리 미흡 > 경쟁사의 유인 > 기업의 비윤리적 행위 > 불가피한 상황

TIP 고객 전환발생요인별 서비스 상황

순위	고객 이탈 및 전환 발생 요인의 유형	세부 서비스 상황
1	핵심 가치(서비스)제공 실패	직원의 업무 실수, 계산 오류, 약속 시간 연장, 서비스 파멸
2	서비스 접점 실패(불친절한 고객 응대)	고객에 대한 무관심, 무반응, 무례함, 전문기술 부족
3	가격문제	높은 가격, 불공평한 가격책정, 가격인상
4	이용 불편	서비스 제공 위치 및 영업시간, 대기시간의 불편
5	불만처리 미흡	부정적 반응, 무성의한 태도, 고객에게 책임 전가
6	경쟁사의 유인	경쟁사의 더 좋은 서비스
7	기업의 윤리적 문제	부정직한 행위, 강압적 판매, 불안전성, 이해관계 대립
8	불가피한 상황	소비자의 이사, 서비스 업체의 업무중단 및 양도

4) 서비스 실패의 유형

① 그렌루스(Grönroos)와 파라슈라만, 자이다믈, 베리(PZB)의 연구(1995)

실패 유형	내용
서비스의 결과적 실패	• 소비자가 서비스로부터 실제적으로 제공받는 것 • 기업과 종사원이 기본적인 서비스를 충족시키지 못했거나 핵심 서비스 수행에서 결함이 발생
서비스의 과정적 실패	• 소비자가 어떻게 서비스를 받느냐는 것 • 핵심 서비스의 전달 과정에서 결함이 발생

(3) 서비스 회복

1) 서비스 회복의 정의

① 학자들의 서비스 회복의 정의

그뢴루스(Grönroos)	부정적 불일치로 인해 발생되는 서비스 실패는 결국 고객 불만족으로 이어지므로 적절한 서비스 회복을 통해 불만족한 고객을 만족한 상태로 회복시킬 수 있다. 서비스 회복을 통해 고객과의 신뢰를 재구축할 수 있다면 해당 고객은 충성고객이 되어 기업과 재거래를 하기도 한다.
존스턴(Johnston)	서비스 회복은 고객의 불만족을 해소하기 위해 공급자가 취하는 행동으로 잘못된 서비스를 수정하거나 이를 회복하는 것이다.
켈리와 데이비스 (Kelly & Davies)	서비스 기업의 노력에도 불구하고 완벽한 서비스를 제공한다는 것은 서비스 상품이 가지고 있는 본연의 특수성으로 인해서 불가능하며 이와 같은 서비스 실패로 인한 피해를 최소화하는 일련의 과정이다.

② 이중일탈효과(Double-deviation Effect)

ㄱ 서비스 회복을 진행하는 과정에서 지나치게 서두르게 되면 고객의 마음에 한번 더 서비스 실패를 가져오는 상황을 의미한다(서비스 회복의 문제점).

ㄴ 대다수의 고객이 불만을 갖게 된 원인은 처음 발생한 서비스 실패뿐만이 아니라 그 실패에 대한 종업원의 태도 및 반응이다.

③ 서비스 회복의 영역 : 실체적 영역(무엇을 제공받았는가?) 상호적 영역(어떻게 받았는가?)

④ 서비스 회복의 유형 : 심리적 회복(사과, 공감), 물질적 회복(손실에 대한 보상)

2) 서비스 회복의 중요성

① 우수한 서비스 회복은 항상 불만족한 고객을 만족한 수준으로 되돌릴 수 있다.

② 서비스 경험의 전반적인 평가에 긍정적인 영향을 주며 서비스 제공자의 사과는 서비스 실패를 경험한 고객에게 공손함, 친절, 관심, 노력 및 동정을 전달하며 접점에 대한 평가를 오히려 향상시킬 수 있다.

③ 효과적인 서비스 회복을 통하여 만족을 경험한 고객들은 오히려 처음부터 서비스 실패를 경험하지 않은 고객들보다 해당 기업의 서비스에 대하여 더 높게 평가한다.

3) 서비스 회복의 과정과 전략

① 서비스 회복 단계

서비스 회복 전 단계	서비스 회복에 대한 기대 형성
서비스 회복 단계	서비스 실패를 인지한 시점에서 시작되어 고객에 대한 적절한 조치로 종료
서비스 회복 후 단계	회복 성공여부에 따라 필요하지 않을 수 있음

② 학자들의 서비스 회복전략

학자	내용
레베스크Ievesque, 맥두걸McDougall(2000)	고객에게 사과와 지원, 보상을 제시
보소프Boshoff(1997)	최고 관리자의 신속한 대응, 전액 환불, 적당한 보상, 신속한 대응, 최고 관리자에 의한 최대 보상
호프만Hoffman, 켈리Kelley, 로탈스키Rotalsky(1995)	고객에게 제품 및 서비스의 무료제공, 할인, 쿠폰, 관리자의 관여, 교환, 정정, 사과, 무반응이라는 8가지 제시
호프만Hoffman, 켈리Kelley, 데이비스Davis(1993)	• 고객에게 할인, 정정, 관리자의 개입, 무료 보너스, 교환, 사과, 환불을 제시 • 고객이 먼저 정정을 요구 한 경우 판매자의 신용 제시, 불만스러운 부문의 정정, 실패의 증가, 무반응의 총 12가지 제시
비트너Bitner(1990)	실패 문제의 인식, 설명, 사과, 물질적 회복

(4) 서비스 회복 패러독스(Service Recovery Paradox)

1) 서비스 회복 패러독스의 정의

① 서비스 회복 패러독스란 서비스 실패가 일어났다 하더라도 효과적으로 회복만 된다면 서비스 실패 발생 전보다 고객에게 더 큰 만족을 줄 수 있다는 이론이다.

※ 회복 패러독스 : 효과적인 회복은 만족도를 더 높일 수 있다(맥컬로와 브하라드워지).

② 서비스 실패 회복을 위한 기업 입장, 종업원의 호의적 반응(행동)이 서비스 만족도에 영향을 주어 고객 만족도를 더 높일 수 있다.

③ 서비스 회복이 기업에 주는 편익

에이브람스와 파에제 (Abrams & Paese)	적극적인 해결 노력에서 비롯된 이러한 강한 유대감은 고객의 참여도 향상과 강한 재구매 의도를 가져온다.
코틀러(Kotler)	불평이 만족스럽게 해결된 고객은 전혀 불만족하지 않은 고객보다 회사에 대한 충성도가 더 높을 것이다.
미셸(Michel)	서비스 실패를 교정하는 노력을 의미할 뿐만 아니라 고객만족을 증가시키는 강력한 수단이 된다.

2) 서비스 회복 패러독스의 영향요인

① 공정성 이론(Equity Theory)

• 서비스 회복에 관한 많은 연구들은 공정성 이론에 근거하고 있는데 고객들은 서비스 경험이 공정할 때 보다 공정하지 않을 때 더욱 강하게 반응하기 때문에 공정성이 중요하다고 할 수 있다.
• 공정성 이론은 투입과 산출의 비율로서 자신의 투입에 따른 경제적 결과와 다른 사람의 투입의 결과가 균형을 이루는가를 비교하는 이론이다.
• 불공정은 교환과정에서 고객이 투입 내용(시간, 비용, 노력 등)이 얻은 결과(제품 및 서비스 등)보다 초과 했다고 지각할 때 느낀다.
• 지각된 공정성은 애덤스의 공정성 이론의 구성요소인 균형과 정확성이라는 두 가지 원칙에 의하여 평가된다.

㉠ 공정성 인지

ⓐ 개인이 자신의 교환 상황이 "공정한가" 또는 "그렇지 못한가"를 인지하는 정도라고 정의를 내릴 수 있다.

ⓑ 공정성 인지는 애덤스(Adams)가 주장한 공정성 이론의 구성요소이며 형평성(balance)과 적절성(correctness)으로 평가된다.

ⓒ 서비스 회복에 대해 고객들이 인지하는 결과의 공정성과 과정의 공정성이 고객들의 구전의도에 영향을 미치며 이는 다시 해당 서비스기업의 충성도 및 구매의도에 영향을 미친다.

㉡ 서비스 실패 처리에서 고객이 기대하는 공정성 유형 : 스티브 브라운(Steave Brown)과 스티브 택스(Steave Tax)

공정성의 개념은 일반적으로 분배적 공정성, 절차적 공정성, 상호작용적 공정성 등의 세 가지 하위 요소로 구분하고 있다.

분배적 공정성	• 불만 수준에 맞는 결과물인 보상을 기대하는 것 • 금전적 보상, 교환, 수리, 가격 할인, 쿠폰 등
절차적 공정성	• 불평 혹은 개인의 의사결정을 형성하는 데 적용되는 과정이나 절차의 타당성에 관한 것 • 회사의 정책, 규칙, 적시성 등
상호작용적 공정성	• 갈등과 관련된 고객과 종업원 간의 의사전달 과정의 정보 체계 혹은 상호작용 품질, 갈등해결 과정 중 담당직원의 태도 • 공손한 응대, 사과, 정중함, 공감, 배려, 친절 등

② 귀인 이론(Attribution Theory)

- 귀인 이론은 어떠한 사건이 발생했을 경우 그 원인과 의미를 이해하려는 시도를 의미한다.
- 고객은 그들이 경험한 것에 대한 관찰을 통해 성공과 실패에 대한 원인을 찾으려 노력한다.
- 현재 발생한 상황에 대한 원인을 찾아 그 원인에 대해 추리하고 그에 따라 주어진 대상에 대한 최종적인 태도와 언행을 결정한다.

㉠ 구전 추천을 통한 소비 후 행동에 영향을 주는 세 가지 차원 : 와이너(Weiner)

와이너는 귀인을 소비 분야에 적용하여 귀인의 안정성, 통제성, 책임성에 따라 후속 반응이 달라질 수 있다는 것을 검증하였다.

안정성	상황이 '단발적으로 일어나는 것인가' 혹은 '반복적으로 일어나는 것인가'와 관련이 있다.	
	내적 귀인	외적 귀인
	태도, 성격적 기질, 능력 등 비교적 안정적인 특성	환경, 압력 선호도, 바람 등의 비교적 불안정적인 특성
통제성	상황을 스스로 통제할 수 있는 것인가의 여부와 관련이 있다.	
	내 통제 성격	외 통제 성격
	모든 것을 자신의 탓으로 여기는 것	결과의 좋고 나쁨에 대하여 과제의 난이도, 운 등의 외적인 요인으로 돌리려는 것
책임성	타인과의 상호작용을 통해 일어난 결과가 누구에게 책임이 있는지에 대한 것과 관련이 있다.	

③ 서비스 회복 기대

고객이 추구하는 일곱 가지 서비스 회복 방안

기업에 비용을 발생시키지 않는 회복	• 기업의 진심어린 사과 • 같은 문제를 반복시키지 않겠다는 기업의 확신 • 고객의 불만사항을 기업에 표현할 수 있는 기회 • 발생한 불만에 대한 기업의 설명
기업에 비용을 발생시키는 회복	• 제품의 수리 • 불만족 서비스에 대한 금전적 보상 • 서비스의 수정

Warming Up

01 **다음 중 서비스 회복 전략으로 바르지 않은 것은?**

① 불만족에 대한 적절한 대처 방식을 디자인한다.
② 불만처리에 대한 상황을 경영층에 전달할 수 있는 시스템을 구축한다.
③ 서비스 담당자가 서비스 불만을 해결할 수 있도록 보다 많은 권한을 위임한다.
④ 고객이 불만을 쉽게 토로할 수 있도록 만든다.
⑤ 재발방지를 위한 방안을 마련한다.

02 **서비스 실패에 대한 일반적인 개념으로 가장 거리가 먼 것은?**

① 책임소재와는 무관하게 서비스 과정이나 결과에 있어서 무엇인가 잘못된 것을 의미한다.
② 서비스 과정이나 결과에 대하여 서비스를 경험한 고객이 좋지 못한 감정을 갖게 되는 것이다.
③ 서비스 경험으로 인한 기업의 이미지가 떨어지는 서비스 결과를 초래하는 것이다.
④ 천재지변과 같은 불가항력적 변수도 서비스 제공자의 과실로 보는 것이다.
⑤ 고객이 지각하는 허용영역 이하로 떨어지는 서비스 성과를 의미한다.

정답 1 ③ 2 ④

04 애프터서비스

(1) 애프터서비스(After-Sales Service)의 정의

① 애프터서비스란 상품 판매를 효과적으로 하기 위한 사후 서비스를 의미한다.

② 상품에 판매 후 품질 보증기간, 반품 접수 및 제품 배송, 수리나 설치 및 점검 등의 서비스를 제공하는 것으로서 이러한 서비스는 매장이나 상품에 대한 신뢰를 구축하게 되어 충성고객으로 이어질 수 있다.

(2) 애프터서비스의 중요성

① 고객이 상품 및 서비스를 구매할 때는 단순히 상품 자체만 보고 선택하는 것이 아니라 사후 서비스까지 고려해서 결정을 한다.

② 기업에서 고객을 만족시키는 사후 서비스를 제공하는 것은 재구입과 재거래로 이어진다.

③ 제품 판매 후 고객에게 제공되는 사후 서비스를 통한 고객만족은 고객의 충성도를 높일 수 있기 때문에 상품과 서비스의 품질에 대한 고객의 평가를 파악하는 사후 서비스에 대한 정보시스템을 구축해야 할 필요가 있다.

(3) 애프터서비스 관리를 통한 기업의 이점과 역할

① 고객에게 상품을 판매한 후 사후 서비스 관리를 통해 얻을 수 있는 고객의 정보는 기존 상품의 품질 기능 향상에 도움을 주며 자연스럽게 고객의 욕구를 충족시킨다.

② 신제품 개발에 필요한 시간과 비용을 절감해주는 이점이 있다.

③ 고객들과의 소통을 통해 고객들이 제품에 대해 갖는 다양한 불만·불평과 요구를 알 수 있고 트렌드를 파악할 수 있다.

④ 추가적인 수익창출에 드는 비용 및 시간적인 노력을 절감해 주는 중요한 역할을 한다.

(4) 애프터서비스 품질차원의 영향요인

> • 서비스 품질은 고객들에 의하여 주관적으로 지각된 결과이다.
> • 서비스 품질의 구성요인은 고객의 관점에서 고객들이 서비스를 어떻게 지각하고 어떻게 평가하는지에 대해 영향을 미치는 자원과 활동이 무엇인가라는 점에서 도출되어야 한다.

① 전문성과 기술적 품질

   ㉠ 고객이 서비스를 받고 난 후 실제로 얻는 것으로 'What'의 측면을 의미한다.

   ㉡ 고객이 서비스로부터 실제로 받은 것, 혹은 서비스 제공자에 의하여 전달되는 것이 핵심이다.

   ㉢ 정확한 문제점 파악능력, 서비스 후 문제의 해결정도, 서비스 항목 외 서비스, 수리기사의 전문 기술 능력 등이 이에 속한다.

② 기능적 품질

㉠ 고객이 서비스를 받는 과정에서 평가되는 것으로 'How'의 측면을 의미한다.

㉡ 서비스가 고객에게 전달되는 과정, 즉 서비스가 고객에게 언제, 어디서, 왜, 어떻게 전달되었는지에 대한 것이다.

㉢ 고객이 기술적 서비스를 평가하기가 곤란하므로 서비스가 전달되는 과정을 평가하게 된다.

㉣ 서비스 직원의 친절도, 수리기사의 친절도, 직원의 행동과 태도 등이 이에 속한다.

③ 서비스 가격

㉠ 품질, 만족 및 가치에 대한 고객의 지각에 막대한 영향을 미치는 요소이다.

㉡ 서비스는 무형이고 구매 이전에는 평가하기 어렵기 때문에 가격은 종종 품질기대와 지각에 영향을 미치는 대리지표로서의 역할을 한다.

㉢ 고객은 어떤 서비스에 대해서 보다 많은 가격을 지불하게 되면 그만큼 더 많은 기대를 하게 된다.

④ 기업이미지

㉠ 이미지에 대해서 코틀러(Kotler, 1997)는 '한 개인이 특정 대상에 대해 지니는 신념, 아이디어, 인상의 총체'라고 하였다.

㉡ 이미지는 의사소통의 수단으로서 특히 서비스 기업에서 중요하게 다루는데 그것은 서비스의 무형적 특성으로 인한 정신적 이미지 형성이 힘들기 때문이다.

⑤ 편의성

전자제품의 경우에는 수리 및 점검을 받기 위해 고객이 센터를 직접 방문해야 하는 일이 빈번히 발생하므로 애프터서비스를 받기 위해 접근성, 이용 편리성 등이 중요한 요인이 된다.

⑥ 직원의 태도와 행동

고객이 제품의 애프터서비스를 받을 때 접수과정에서의 직원의 친절도, 고객도움인지, 직원의 말과 행동 등에 영향을 받는다.

⑦ 정책

기능을 상실한 제품에 대한 무상 서비스 정도와 수리비용, 무상수리기간 등이 고객 불만해소에 중요요인으로 작용한다.

⑧ 처리시간

제품의 불만사항에 대한 처리가 신속할수록 매력적 품질요소로 발전한다.

TIP 애프터서비스 품질차원 : 브래디(Brady)와 크로닌(Cronin)

품질차원	영향 요인
상호작용 품질	태도 및 행동, 처리시간
결과 품질	전문성, 기술
물리적 환경 품질	편의성, 정책

※ 영향 요인과 영향도 : 전문성과 기술＞태도 및 행동＞정책＞편리성＞처리시간

Warming Up

01 브래디(Brady)와 크로닌(Cronin)이 제시한 애프터서비스의 품질 차원의 영향 요인 중 〈보기〉의 설명에 해당하는 것은 무엇인가?

> ┌ 보기 ─
> 애프터서비스 품질 요소 중 가장 중요한 요인으로 결함 제품에 대한 수리의 정도를 나타내는 결과 품질이다.

① 처리시간　　　　　　　② 편의성
③ 전문성과 기술　　　　　④ 기업의 이미지
⑤ 기능적 품질

02 애프터서비스 관리를 통한 기업의 이점에 대해서 잘못 설명한 것은?

① 고객에게 상품을 판매한 후 사후서비스 관리를 통해 얻을 수 있는 고객의 정보는 기존 상품의 품질 기능 향상에 도움을 준다.
② 신제품 개발에 필요한 시간과 비용을 절감해 준다.
③ 추가적인 수익창출에 드는 시간적인 노력도 절감된다.
④ 고객의 요구를 알 수 있고 트렌드를 파악할 수 있다.
⑤ 어떠한 사건이 발생했을 경우 고객의 정보를 통해 문제의 원인이 기업인지 고객인지를 파악할 수 있다.

정답 1 ③　2 ⑤

CHAPTER 03 서비스 차별화 사례연구

학습개요	리츠칼튼 호텔의 '고객인지 프로그램'을 살펴보고 성공한 기업의 서비스 수익 체인, 병원과 영화관의 성공한 차별화 경쟁전략 사례를 학습한다.
절 구성	1. 고객인지 프로그램 2. 서비스 수익 체인 3. 토탈 서비스－서비스 시스템 4. 고객 위주의 제품 차별화 5. 병원의 환자 맞춤 서비스 6. 영화관 차별화 서비스
학습중점	1. 리츠칼튼 호텔의 고객인지 프로그램 2. 서비스 수익 체인의 연결관계 3. 코틀러의 다섯 가지 제품차원 4. 제품 품질의 차별화 요소 5. 의료서비스의 차별화 전략
마인드 맵	

마인드 맵:

- 서비스 차별화 사례연구
  - 1. 고객인지 프로그램
    - 개념
    - 세스(Sheth)
    - 리츠칼튼 호텔 — 황금표준
  - 2. 서비스 수익 체인
    - 개념
    - 연결관계
    - 만족거울
  - 3. 토탈 서비스 － 서비스 시스템
    - 개념
    - 구성요소
      - 투입
      - 프로세스
      - 산출
    - 사례
  - 4. 고객 위주의 제품 차별화
    - 제품차원
      - 코틀러
      - 레빗
    - 분류
      - 소비재
      - 산업재
    - 차별화 요소
  - 5. 병원의 환자 맞춤 서비스
    - 특징
    - 환경변화
    - 사례
  - 6. 영화관 차별화 서비스
    - CGV 경쟁전략

CHAPTER 03 | **서비스 차별화 사례연구**

01 ▪ 고객인지 프로그램

(1) 고객인지 가치

1) 고객인지 가치의 개념

> • 고객인지 가치란 '고객의 목적을 달성하기 위해 제공되는 제품 및 서비스로 인해 고객들이 특정한 사용 환경에서 느끼는 지각'을 의미한다.
> • 고객이 누리는 편익과 소요되는 비용을 평가하여 생기는 차이에 의해서 결정된다.
> • 소비자의 목적은 제품 구매라 할 수 있는데 제품의 목적은 다시 사용가치와 소유가치로 분류되며 소비자에게 구매된 제품은 소비자가 그 제품을 사용한 결과에 의해 고객인지 가치 형성에 영향을 미친다.

① 가치의 개념

  ㉠ 가치란 '사람들이 바라거나 원하는 것에 대한 신념'으로, 특정 상황이나 대상을 넘어 모든 행동과 판단의 기준으로 지속적으로 작용하여 이를 달성하도록 행동의 조직과 방향, 강도를 결정하는 기준으로 정의된다.

  ㉡ 개인의 신념 체계 내의 중심에 위치하여 면밀하게 유지되는 추상적인 신념이다.

  ㉢ 태도에 비해 일반적이고 추상적인 개념인 가치는 개인의 삶에서 발생하는 모든 의사결정 과정에서 중요한 역할을 한다.

② 가치의 다섯 가지 구분 요소 : 세스(Sheth), 뉴먼(Newman), 그로스(Gross)

가치 유형	내용
기능적 가치	제품의 품질, 기능, 가격, 서비스 등과 같은 실용성, 물리적 기능과 관련된 가치
사회적 가치	제품을 소비하는 사회계층집단과 관련된 가치
정서적 가치	제품의 소비에 의해 유발되는 긍정적 또는 부정적 감정 등과 관련된 가치
상황적 가치	제품 소비의 특정상황과 관련된 가치
인식된 가치	제품 소비를 자극하는 신선함, 새로움, 호기심과 관련된 가치

③ 지각된 가치

  ㉠ 자이다믈(Zeithaml, 1988)은 '가격, 품질, 가치에 대한 고객 인식 연구에서 지각된 가치를 제품의 가치와 동일한 개념인 고객이 투자한 비용에 대한 효용과 고객의 평가 사이의 거래관계'로 정의하였다.

  ㉡ 선행연구에 따르면 교환관계 측면에서 희생 대비 이익, 노력, 비용, 효용 차원이 교환되는 것으로 보는 견해가 많다.

2) 인지적 요인

① 인지의 개념

⊙ 인지는 사람이 자신의 신념, 태도, 행동, 환경 등에 가지고 있는 지식을 총칭하는 개념이다.

ⓛ 사회심리학자들은 태도와 행동이 일치하지 않을 때 인간은 불편한 긴장을 겪는다고 제안한 인지불협화 이론 또는 인지부조화 이론에 따른다.

② 인지요소

⊙ 인지요소란 어떤 환경이나 자신에 대한 사실, 의견 또는 신념 등으로, 인간의 일반적 속성은 인지괴리의 폭을 감소시키는 방향으로 작용하여 부조화 감소를 일으켜 평균 상태를 유지하게 된다.

ⓛ 인지요소 사이에 부조화가 발생하면 행동이나 태도의 일관성이 없어져 갈등이 발생하게 된다. 그러므로 사람들은 신념, 언행이 일치하기를 원한다.

ⓒ 인지요소들이 상호간에 관계가 없거나 혹은 조화관계에 있을 때 태도나 행동의 일관성이 유지되어 크게 갈등이 발생하지 않지만, 인지요소 사이에 부조화 관계가 발생하게 되면 행동이나 태도의 일관성이 없어지게 되므로 내면의 갈등이 일어난다.

ⓔ 마음속에 양립 불가능한 생각들이 서로 대립될 때 적절한 상황에서 자신의 믿음에 맞추어 행동을 바꾸기보다는 자신의 행동에 따라 믿음을 바꾸어 버린다.

③ 인지부조화 : 레온 페스팅거(Leon Festinger)

⊙ 개념

ⓐ 미국의 사회심리학자 레온 페스팅거(Leon Festinger)가 1957년 발표한 저서 [인지적 부조화 이론(Theory of Cognitive Dissonance)]에서 제기한 이론이다.

ⓑ 인지부조화는 사람들이 믿는 것과 사람들의 믿음에 대한 결과로 나타나는 성과 사이의 불일치가 일어날 때 발생하는 심리학적 현상이다.

ⓒ 사람들의 생각과 드러난 결과 사이의 혼돈으로 인해 발생하는 상황이다.

ⓓ 소비자들은 제품을 구매하는 상황에서 소비자가 의사를 결정하기 전 가진 생각과 구매 후 제품 경험에서 불일치가 발생할 때 인지상의 혼돈 상태를 겪는다.

ⓔ 인지부조화를 경험하게 되면 심리적으로 불안과 갈등상태를 겪게 되어 스스로 그것을 줄이려는 압박을 받게 된다.

ⓕ 정보와 관계없이 인지부조화는 의사결정이 이루어진 후에 발생한다.

ⓛ 인지부조화의 발생 상황

ⓐ 의사결정 후 복수의 선택 대안들 중 선택한 대안보다 선택하지 않은 대안이 더 나은 결과를 가져올 수 있을지도 모른다고 생각하는 경우

ⓑ 자신이 갖고 있는 신념에 반하는 의사를 표출하거나 타의에 의해 행동이 유도된 경우

ⓒ 상품이나 서비스의 프로모션이 거부할 수 없을 만큼 커서 자신이 좋아하지 않음에도 불구하고 그 브랜드를 선택하거나 상반되는 인지와 경쟁하는 경우

ⓒ 인지부조화 발생의 주요 원인

ⓐ 의사결정의 중요도 : 다른 조건이 같고 의사결정의 중요도가 크면 클수록 부조화의 크기가 커진다.

ⓑ 대안의 상대적 매력 : 소비자는 심사숙고했던 의사결정에 대해서 그렇지 않은 경우보다 심리적 불편함을 크게 느껴서 선택하지 않은 제품을 더 매력적으로 느낀다.

ⓒ 대안의 인지적 중복도 : 대안끼리 서로가 동일한 요소들을 많이 포함하고 있을 때 부조화가 커진다.

② 인지부조화 감소

ⓐ 인지부조화는 구매의사결정 상황에서의 관여도나 의사결정의 어려움과 같은 여러 상황적 특성에 따라 크기가 달라지며, 부조화가 발생한 소비자는 부조화 상태를 해소시키거나 변화시키기 위해 정보를 탐색하는 등의 행동 또는 감정변화를 일으키게 된다.

ⓑ 부조화 상태가 줄어들면 고객은 자신의 선택에 확신을 갖고 재구매와 같은 긍정적인 태도를 보이게 된다.

제품의 재평가	선택한 대안의 장점을 부각시키고, 거절한 대안의 장점을 감소시키는 평가
정보의 탐색	자신의 선택이 옳았음을 확인할 목적으로 추가적인 정보를 탐색
태도의 변화	인지적 일관성을 갖추기 위해 자신의 태도를 일관된 방향으로 변화

(2) 고객인지 프로그램(Customer Recognition Program)

1) 고객인지 프로그램의 개념

① 기업에서 최고의 고객을 식별하는 수단으로 사용하고 있는 시스템으로 서비스산업에서 충성도 프로그램은 1981년 아메리카 에어라인의 'advantage' 마일리지 프로그램이 그 시초라 할 수 있다.

② 기업에서 고객을 인식하고 해당 고객에게 보상을 제공하는 고객정보 시스템이다.

③ 기존 고객 유지 전략의 방어적인 측면뿐 아니라 기존 고객의 미래가치와 충성도를 증가시키며, 새로운 고객 발굴의 공격적인 측면으로 경쟁기업과의 차별화 및 진입장벽 형성을 위해 인센티브를 제공하는 활동을 말한다.

④ 기업이 충성고객의 확보, 유지를 목적으로 고객의 재구매에 따라 인센티브를 제공한다.

⑤ 고객차별화를 위한 전략적 프로그램으로 고객이 추구하는 서비스에 대한 특징을 기록하고 이를 분류하여 다시 재방문했을 때 이 데이터를 바탕으로 고객의 행동을 예측할 수 있다.

2) 고객인지 프로그램의 장점과 단점

구분	내용
장점	• 차별화된 서비스 제공 / 고객 행동 예측　　• 고객의 정보데이터는 CRM의 기초자료 • 효율적인 마케팅 활동 가능　　　　　　　• 고객과의 원활한 의사소통 가능 • 고객 및 이해관계자의 지지 증가 유도 / 기업 목표 도달　　• 기존고객 유지
단점	개인정보 노출에 대한 불안감 상존

3) 리츠칼튼 호텔의 고객인지 프로그램 사례

① 리츠칼튼 호텔의 고객인지 프로그램 개요

㉠ 리츠칼튼 호텔은 [사람들을 리드하고 과정을 관리하라; Lead people, Manage processes] 를 경영의 모토로 삼고 있다.

㉡ 철저하게 차별화된 개별 맞춤 서비스를 제공하기 위해 100만 명 이상의 고객정보를 바탕 으로 운영되고 있는 고객인지 프로그램을 관리하는 고객정보 관리 시스템을 운용한다.

㉢ 호텔의 직원들은 근무 중 고객에 대한 사소한 정보를 얻게 되면 고객 이력 프로그램에 정보를 추가로 입력한다.

㉣ 지점 호텔들은 이러한 고객정보 프로그램을 모두 공유하기 때문에 리츠칼튼 호텔에 한 번 이라도 방문한 고객은 전 세계의 어느 지점을 이용하더라도 동일한 서비스를 제공받는다.

② 리츠칼튼의 고객인지 프로그램의 활용

고객인지 프로그램	호텔을 이용하는 모든 고객에게 획일화된 서비스를 제공하지 않고 고객에게 차별화된 서비스를 제공하기 위하여 개별적 서비스를 제공한다.
고객 코디네이터	고객 코디네이터의 업무는 매일 아침 간부회의에 참여하여 호텔 지배인, 객실 관리인, 식음료 부서 관리자 및 기타 관리자들에게 당일에 묵을 고객에 대해 자신이 입수한 모든 정보를 공유한다.
고객취향수첩	• 호텔의 직원은 근무 중 고객에 대한 정보를 얻게 되면 고객 이력 프로그램에 추가로 입력한다. • 직원은 고객서비스 향상에 도움이 되는 정보는 모두 기록하고 고객 이력 데이터베이스를 체인호텔 및 직원들과 공유하여 리츠칼튼 어디든 개별화된 동일 서비스를 제공한다. • 예를 들면 고객이 좋아하는 신문, 고객이 선호하는 베딩시스템, 음식에 대한 알러지 여부 등이 포함된다.

③ 리츠칼튼 호텔의 황금표준(The Gold Standards)

리츠칼튼 호텔은 세계적으로 기업문화, 최상의 고객서비스개발, 영향력 있는 직원을 보유한 세계 최고의 호텔로 인정받고 있다. 리츠칼튼 호텔은 자체적으로 서비스 황금표준을 만들어 호텔의 모토, 서비스 3단계, 12가지 서비스 가치 등을 실천하고 있다.

㉠ **모토** : "우리는 신사 숙녀를 모시는 신사 숙녀이다(We are Ladies and Gentlemen serving Ladies and Gentlemen)."

㉡ 서비스 3단계

ⓐ 따뜻하고 진심어린 인사를 하며 고객의 이름을 부른다.

ⓑ 모든 고객의 욕구를 예상하고 충족시킨다.

ⓒ 고객의 이름을 부르고 따뜻하게 작별 인사를 전한다.

㉢ 12가지 서비스 가치

ⓐ 나는 평생 돈독한 인간관계를 형성하고 리츠칼튼 고객을 창조한다.

ⓑ 나는 고객의 소망과 욕구에 항상 대처한다.

ⓒ 나는 고객을 위해 독특하고 인상적이며 개인적인 경험을 창조할 권한이 있다.

ⓓ 나는 핵심 성공요소를 성취하고 커뮤니티 풋프린트를 수용하며 리츠칼튼 미스틱을 창조하는 과정에 내가 수행해야 할 역할을 이해한다.

ⓔ 나는 리츠칼튼 경험을 혁신하고 개선할 기회를 지속적으로 모색한다.

ⓕ 나는 고객의 문제를 책임지고 즉시 해결한다.

ⓖ 나는 팀워크와 탁월한 서비스를 지원하는 업무 환경을 조성해 고객과 동료들의 욕구를 충족시킨다.

ⓗ 나는 끊임없이 배우고 성장할 기회를 가지고 있다.

ⓘ 나는 나와 관련된 업무의 계획 과정에 참여한다.

ⓙ 나는 전문가다운 용모와 언어 그리고 행동에 자부심을 느낀다.

ⓚ 나는 고객과 동료의 사생활과 안전 그리고 회사의 기밀 정보와 자산을 보호한다.

ⓛ 나는 탁월한 수준의 청결함을 유지하고 사고의 위험이 없는 안전한 환경을 조성할 책임이 있다.

④ 크레도(Credo) 카드

㉠ 황금표준을 담은 3단 접이식 포켓카드를 '크레도 카드'라고 부른다.

㉡ 카드를 유니폼처럼 달고 다니면서 매일 되새기고 심지어 고객에게 보여 주기도 한다.

㉢ 크레도는 고객을 대하는 태도를 매우 효과적인 단어들로 표현하고 있다.

㉣ 예를 들면 '활기를 불어넣고 행복감을 주며 고객이 표현하지 않은 소망과 욕구를 충족시킨다.', '진심어린 환대와 안락함', '약속', '최상의 서비스'와 같은 단어를 이용한다.

Warming Up ↗

01 고객인지 가치와 관련해 '세스(Sheth), 뉴먼(Newman), 그로스(Gross)'가 제시한 5가지 가치 유형 중 제품의 소비에 의한 긍정적 또는 부정적 감정 등의 유발과 관계가 깊은 것은?

① 상황적 가치　　　　　② 기능적 가치
③ 인식 가치　　　　　　④ 사회적 가치
⑤ 정서적 가치

02 사람들이 믿는 것과 사람들의 믿음에 대한 결과로 나타나는 성과 사이의 인지적 불일치로 인해 발생하는 심리학적 현상을 무엇이라고 하는가?

① 만족거울   ② 인지부조화

③ 인지 요소   ④ 신념과 태도

⑤ 인지 협화

정답 1 ⑤ 2 ②

02 서비스 수익 체인(Service Profit Chain)

(1) 서비스 수익 체인의 개념

① 기업 수익의 원천이 되는 고객서비스의 논리적 구조로서, 수익성, 고객충성도, 서비스가치를 직원만족, 생산성, 직원의 역량과 연결하는 관계를 말한다.

② 선행연구에서 초일류 서비스 조직으로 성장한 기업들의 공통점을 찾는 방대한 조사를 통해 서비스 수익 체인(service-profit chain) 모델을 제시하여 내부고객만족과 외부고객만족, 기업 성장과의 관계를 명확히 보여 주었다.

③ 기업의 수익을 가져오는 메커니즘은 모두 일정한 형태의 순환 연결고리(체인)를 가지고 있다는 연구 결과가 나왔는데, 완전한 고객만족을 통해 고객충성도를 확보하기 위해서는 서비스의 가치가 높아야 한다.

(2) 서비스 수익 체인의 네 가지 요소 : 제임스 헤스켓(James J. Heskett)

요소	내용
표적시장(조직 외부)	시장 세분화(인구 통계학적, 심리 통계학적 등)를 통해 세분시장의 요구 및 욕구가 어떤 방향으로 누구에 의해 처리되는가 등 구성
운영전략(조직 내부)	전략의 주요소, 투자 분야, 품질과 비용의 통제 등 구성
서비스 개념 (서비스 가치)	고객에게 제공하는 중요한 서비스요소는 무엇이며, 어떻게 표적시장과 서비스담당자에게 인지되는가 등 구성
서비스 전달시스템 (조직 내부)	전달시스템의 특징, 서비스 제공수준, 갖추어야 할 서비스 능력 등 구성

TIP 업무 역량의 선순환(Cycle of Capability)

헤스켓과 슐레진저(1997)는 '업무 역량의 선순환'에 대한 연구를 통해 종업원의 업무 역량과 종업원 만족, 종업원 충성도, 산출물의 품질과 생산성 사이에서 선순환으로 긍정적인 영향을 미친다고 하였다.

(3) 서비스 수익 체인의 기능

① 내적 품질이 직원 만족 창출

내적 품질은 직원의 업무 환경을 나타내며 직원 선발 및 자기개발, 보상 및 인정, 고객 정보 접근 권한, 기술 등을 포함한다.

② 직원 만족이 직원 충성도 유발

많은 서비스직에서 직원의 잦은 이탈에 대한 비용은 생산성의 손실과 고객만족의 감소로 이어진다. 고객화된 서비스 기업에서 낮은 이직률은 높은 고객만족과 밀접한 관련이 있다.

③ 직원 충성도는 직원 생산성 유발

④ 직원 생산성은 서비스 가치 창출

사우스웨스트 항공사의 경우 선착순 좌석제이며 식음료를 제공하지 않고, 다른 항공사와의 연계예약서비스를 실시하지 않지만 서비스 가치에 대한 고객 인지도가 높다. 승객은 항공기의 정시도착, 친절하고 유쾌한 직원들, 낮은 항공료 등에 높은 가치를 둔다.

⑤ 서비스 가치가 고객만족 창출

고객가치는 서비스를 획득하는 데 투입된 총비용과 서비스 결과를 비교하여 측정된다.

⑥ 고객만족이 고객 충성도 고취

기업의 제품과 서비스를 이용하는 고객을 만족시킬 경우 고객의 재방문 비율이 상승한다.

⑦ 고객 충성도가 수익성과 성장을 창출

기업은 고객 충성도를 5% 상승시키면 이익을 25%~80%까지 상승시킬 수 있다. 고객 충성도로 측정되는 양적인 시장점유율에 관심을 두어야 한다.

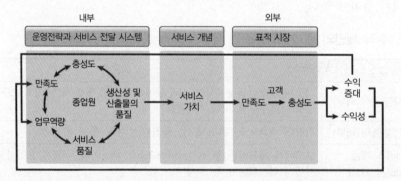

(4) 만족거울 : 벤자민 슈나이더(Benjamin Schneider)와 데이빗 보웬(David Bowen)

① 병원, 보험회사 및 은행 등에서 조사를 통해 고객과 종업원 만족 수준 사이에 밀접한 관계가 있다는 보고서를 1985년 발표하였다.

② 서비스 현장에서 고객을 접점하는 직원들의 서비스가 형편없으면, 고객의 만족도도 같이 하락하여 이익도 감소한다.

③ 직원들이 서비스마인드를 갖고 일에 대한 만족감을 느끼게 되면, 고객만족으로 이어져 기업의 이익이 증가하게 된다.

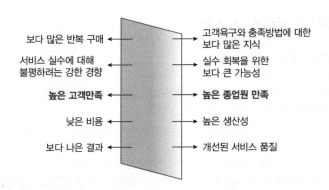

보다 많은 반복 구매 ←	→ 고객욕구와 충족방법에 대한 보다 많은 지식
서비스 실수에 대해 불평하려는 강한 경향 ←	→ 실수 회복을 위한 보다 큰 가능성
높은 고객만족 ←	→ **높은 종업원 만족**
낮은 비용 ←	→ 높은 생산성
보다 나은 결과 ←	→ 개선된 서비스 품질

(5) 기업의 핵심 역량을 키우고 운영 단위를 지속적으로 관리하기 위한 일곱 가지 단계

① 모든 의사결정 단위에서 서비스 수익 체인의 각 연관 관계에 대하여 측정한다.
② 자체 평가한 결과에 대하여 상호 의견을 교환한다.
③ 성과를 측정하기 위하여 균형점수카드를 개발한다.
④ 성과 향상을 위한 행동지침을 설계한다.
⑤ 측정한 결과에 대하여 보상과 연계할 방안을 개발한다.
⑥ 각 개별 영업 부서 사이에서 결과에 대하여 소통한다.
⑦ 내부적으로 성공사례에 대한 정보를 공유한다.

Warming Up ↗

01 〈보기〉는 무엇에 대한 설명인가?

┌ 보기 ─────────────────────────────
• 기업 수익의 원천이 되는 고객서비스의 논리적 구조이다.
• 수익성, 고객충성도, 서비스 가치를 직원만족, 생산성, 역량과 연결하는 관계를
  말한다.
─────────────────────────────────

① 서비스 수익 체인   ② 피쉬본 다이어그램
③ 토탈 서비스   ④ 서비스 운영시스템
⑤ 고객인지 프로그램

02 서비스 수익 체인과 직접적인 관계가 있는 요소에 포함되지 않는 것은?

① 고객만족도   ② 고객충성도
③ 직원의 역량   ④ 고객의 인지
⑤ 생산성

정답 1 ① 2 ④

제2과목 CS 전략론

03 　 토탈 서비스 – 서비스 시스템

(1) 서비스 시스템의 개념

- 서비스 시스템은 사람, 기술, 다른 내/외적 서비스 시스템과 공유된 정보(언어, 프로세스, 가격, 정책, 법 등)가 공동 가치를 생성하도록 하는 복합 시스템을 말한다.
- 서비스 운영 시스템, 서비스 전달 시스템, 서비스 마케팅 시스템을 총체적 관점에서 파악하여 고객에게 표준화된 서비스를 제공한다.
- 복잡한 가치 사슬과 네트워크 안에서 서비스 제공자와 사용자가 함께 가치를 생성하도록 하는 서비스 시스템은 전통적인 생산 및 공급 중심 시스템과는 달리 서비스 공급자와 서비스 수요자가 함께 서비스 시스템을 만들고 제공하기 위한 마케팅 전략이다.
- 서비스 시스템에서는 '고객의 경험을 이해'하는 데 초점을 맞춘다.
- 고객은 수동적인 고객이 아니라, 가치를 창출하기 위해 서비스 조직에 자원(Input)을 제공하는 주체이다.

1) 서비스 시스템의 구성요소

서비스 시스템의 구성요소는 궁극적으로 고객과 공급자 간의 가치공동창출이 핵심이다.

① 투입(Input) 단계
　㉠ 전문 인력(사람) : 시스템의 규모를 확장하기 위해서는 전문성을 가진 인력을 목적에 맞게 활용
　㉡ 기술 : 새로운 서비스를 창출하는 기반
　㉢ 가치명제 : 고객이 추구하고 원하는 것을 기업이 제공하는 것
　㉣ 공유정보
　㉤ 내/외부 시스템 : 시스템 간의 관계를 상호 교류하는 유기적 관점으로 보는 시각

② 프로세스(Process) 단계
　가치공동창출 : 고객이 공동창출자로서 가치창출 프로세스에 참여

③ 산출(Output) 단계
　㉠ 서비스 혁신 : 경쟁사보다 앞서 변화하고 창의적 변화를 추구하여 고객을 위한 가치창출의 새로운 방법을 탐색
　㉡ 고객경험 : 고객의 경험이 이루어지는 상황을 이해하고 그 경험환경 속에서 고객과 기업이 함께 가치를 창출해 나갈 것인지에 대한 방법 개발

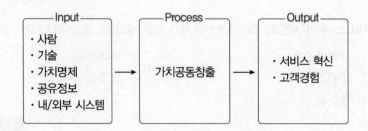

2) 고객관점에서 본 서비스 시스템

① 서비스 운영 시스템

서비스 운영에 있어서 가시적인 부분인 서비스 접점 종업원과 비가시적인 후방 종업원과 지원 시스템으로 구성된다.

② 서비스 전달 시스템

서비스가 고객에게 전달되는 장소와 시간, 전달되는 방법 등이 속한다.

기능 위주의 서비스 전달 시스템	• 표준화된 서비스 생산에 적합하며 서비스 종사원의 업무 전문화로 고객이 직접 서비스 종사원을 찾아가는 형태의 서비스 과정을 설계한다(병원, 극장, 공항 등). • 신속한 서비스 제공이 장점이지만 서비스 프로세스의 특정 부분의 영향에 의해 제약을 받을 수 있는 단점이 있다.
고객화 위주의 서비스 전달 시스템	• 장점으로 고객의 요구가 다양하다는 특성에 맞게 서비스 전달 시스템을 설계하여 다양한 고객의 욕구를 충족시킬 수 있다(세탁소, 미용실, 숙박업 등). • 일관성 있는 표준화 서비스를 제공하기 어려운 단점이 있다.
프로젝트 위주의 서비스 전달 시스템	• 일반적으로 사업규모가 크고, 기간이 길며, 1회성의 비반복적인 사업에 많이 쓰이는 전달 시스템이다(2024년 동계올림픽, 신항만 건설 등). • 계획과 관리가 중요하며 PERT/CPM, 칸트차트 등과 같은 프로젝트 관리기법을 이용한다.

> **TIP 서비스 토탈시스템 구축 시 유의사항**
>
> • 고객접촉이 증대되도록 구축   • 서비스 고객 계층 결정   • 서비스 제공의 표준화
> • 서비스 종류의 명료화   • 후방업무의 자동화, 간소화, 원활화

③ 서비스 마케팅 시스템

서비스의 창조와 전달을 개념화하기 위한 것으로 전화, 광고, 언론보도, 시장조사, 대금청구, 시장조사, 구전 등이 속한다.

3) 고객에게 주어지는 이점

① 공간이동의 편리성   ② 소요시간 절약의 혜택
③ 표준화된 서비스 제공   ④ 다양한 종류의 쇼핑 제공

4) 서비스 시스템 운영 사례

① 아시아나 항공 : One Stop 처리 서비스

㉠ 아시아나 항공은 지속적인 서비스 개선을 통하여 서비스평가 최고등급인 5성 항공사 인증을 유지하며 글로벌 항공사로 인정받고 있다.

㉡ 서비스 품질 관리에 있어 다양한 조사, 평가, 분석을 통해 우수한 서비스품질을 상시 전파하며, 고객이 제기하는 불편이나 요청사항을 서비스 현장에서 실시간 청취, 해결하는 '고객불만 One Stop 처리 서비스'와 고객의 의견을 반영한 '고객불만 보상기준'을 통해 이용고객들의 만족도를 높이고 있다.

© 모든 고객 접점현장에서 임직원은 누구나 고객의 이야기를 실시간 등록하고 신속히 처리할 수 있는 시스템을 갖추어 발생빈도가 높은 서비스 유형에 대해 집중적으로 개선하고 고객 불편사항에 대해 선제적으로 대응, 예방할 수 있는 기반을 구축하여 운영 중이다.

② 서비스 현장에서 발생하는 각종 부적합 서비스를 각 부문별, 개인별 성과측정 지수로 활용할 수 있도록 공유하여 전사적으로 책임 있는 서비스가 제공될 수 있도록 관리하고 있다.

② 리츠칼튼 호텔

㉠ 리츠칼튼 호텔은 고객이 불만을 터뜨리는 것을 '기회'라고 부른다.

㉡ 불만이라는 감정의 손상을 입은 고객에게 최선의 서비스 회복(Service Recovery)을 유도함으로써 더 큰 만족을 느끼게 할 수 있는 기회인 것이다.

㉢ 이처럼 기회를 잡은 리츠칼튼 호텔은 고객 불만에 대한 처리가 고객을 대하는 사람의 의무라고 생각하고, 불만을 접하는 순간 리츠칼튼 호텔이 부여한 권한에 의거, 자신이 교육받고 경험한 바에 의해 최고의 서비스를 제공한다.

㉣ 서비스제공 결과 고객 불만이 발생하였지만, 이를 개선하기 위해 고객피드백에 최대한 신속하게 반응하고, 이것을 하나의 기회로 인식하고 수용하여 서비스 결과물을 더욱 큰 가치로 창출한다.

Warming Up

01 〈보기〉는 무엇에 대한 설명인가?

> ┌ 보기 ─
> 사람, 기술, 다른 내/외적 서비스시스템들 그리고 공유된 정보(언어, 프로세스, 가격, 정책, 법 등)가 공동 가치를 생성하도록 하는 복합 시스템을 말한다.

① 서비스 시스템   ② 운영전략 시스템   ③ 마케팅 시스템
④ 수요관리 시스템   ⑤ 서비스 전달 시스템

02 아시아나 항공의 서비스 시스템은 서비스 품질 관리에 있어 다양한 조사, 평가, 분석을 통해 우수한 서비스품질을 상시 전파하며, 고객이 제기하는 불편이나 요청사항을 서비스 현장에서 실시간 청취, 해결하여 고객의 감동을 이끌어 내었다. 다음 중 아시아나 항공에서 실시한 서비스는?

① UM 서비스   ② 매직 서비스   ③ 한마음 서비스
④ One-To-One 서비스   ⑤ 고객불만 One Stop 처리 서비스

정답   1 ①   2 ⑤

04 고객 위주의 제품 차별화

(1) 제품 차별화

1) 제품의 차원

> • 제품의 개념은 기본적인 혜택이나 제품특성, 품질, 외관뿐만 아니라 배달, 설치, 보증, A/S와 같은 추가적인 서비스와 혜택까지 포함한다.
> • 많은 제품의 품질 수준은 기업들의 비슷한 제품기술과 공정기술의 수준으로 인해 거의 비슷해지고 있다. 따라서 기업들은 소비자들로 하여금 자사제품을 경쟁제품과 뚜렷이 다르게 인식시키기가 어려운 실정이다. 그러므로 이러한 상황에서 기업은 자사제품의 차별화를 통하여 지속적인 경쟁우위를 확보해야 한다.

① 다섯 가지 제품 차원 : 필립 코틀러(Phillip Kotler)

마케팅의 아버지라 불리는 필립 코틀러는 고객이 제품에 대해 기대하는 다양한 수준의 요구를 보여줄 수 있는 다섯 가지 제품 차원 모델을 제시하였다.

핵심 혜택	소비자가 제품을 구입하는 근본적인 필요 또는 욕구
기본 제품	기능을 수행하는 데 필요한 기능만으로 구성된 제품의 기본 버전
기대 제품	소비자가 제품을 구입할 때 기대하는 일련의 기능
확장 제품	기업이 경쟁업체와 차별화하는 데 도움이 되는 제품의 변형 및 추가기능
잠재적 제품	소비자가 향후 제품을 이용할 때 경험할 수 있는 증강 및 변형

② 세 가지 제품차원 : 레빗(Theodore Levitt)

핵심 제품	• 소비자가 제품 구매 시 획득하고자 하는 핵심적인 편익이나 문제를 해결해 주는 서비스 • 기본적 욕구를 충족시킬 수 있는 특성
실체 제품	• 소비자가 실물적 차원에서 제품을 인식할 수 있도록 형상화한 것으로 제품의 포장, 디자인, 스타일, 상표 등이 가미된 제품 • 소비자가 실제로 볼 수 있는 제품의 물리적 형태나 서비스 차원
확장 제품	• 사후서비스, 배송, 설치, 품질 보증 등과 서비스 편익이 부가된 가장 포괄적인 형태의 제품 • 소비자들의 구매에 영향을 미치는 결정적인 요인

2) 제품의 분류

① 산업재 : 생산과정 투입을 위해 구매의사결정하며 장기적인 거래를 형성하는 제품이다.

분류	세부 내용
자재	가공정도에 따라 원자재와 구성원자재로 구분
부품	최종제품을 만들기 위해 완성단계에 있는 제품에 추가적으로 투입되는 것
자본재	제품생산을 원활하게 하기 위해 투입되는 설비품과 보조장비
소모품	완제품 생산에 투입되지 않고 공장이나 회사의 운영을 위해 사용되는 것으로 컴퓨터용 용지, 볼펜, 잉크 등의 이동장비나 사무실 집기 등

제2과목 CS 전략론

② 소비재

소비재는 소비자의 욕구 충족을 위해 구매하는 최종 제품을 의미하며, 사용기간과 소비자의 구매 행동에 따라 크게 2가지로 분류된다.

분류	하위분류	세부 내용
내구성과 유형성 및 용도에 따른 분류	비내구재	1회 사용이나 소비로 없어지며 어떤 곳에서든지 구매 가능, 대량 광고를 통해 구매를 유도하는 생필품이나 소모품 등(📖 1회용 접시)
	내구재	오랜 기간 반복 사용이 가능한 장비, 설비로 가전제품 등
	서비스	무형, 분리 불가능, 소모성과 변화성이 높으며 제공자의 신뢰성과 고수준의 품질통제가 요구되는 제품
소비자의 쇼핑 습관에 따른 분류	편의품	• 소비자가 일상생활에서 정기적으로 구매하는 저가격의 수시 구매제품 • 필수품 : 정기적 구매제품(샴푸, 치약, 비누, 화장지) • 긴급품 : 긴급 구매제품(소나기 내릴 때 우산, 눈 내릴 때 눈삽) • 충동제품 : 사전 계획 또는 정보 탐색 없는 구매제품(껌, 사탕, 신문)
	선매품	• 소비자가 제품의 질, 디자인, 포장 등의 제품 특성 비교 후 구매하는 제품 • 동질적 선매품 : 품질은 비슷한 수준이나 가격 차이로 인해 비교 후 구매 • 이질적 선매품 : 가격보다 우선 고려되어야 하는 제품의 질적 차이로 비교 후 구매 • 가구, 냉장고, 가전제품 등
	전문품	• 제품에 대한 전문적 지식이나 독특한 기호에 의해 매장 위치 또는 가격에 무관하게 특별한 노력을 기울여 구매하는 제품 • 자동차, 디자이너 의류, 미술품 등
	비탐색품	• 소비자가 보편적으로 구매하지 않으며 마케팅 노력이 많이 필요한 제품 • 장례 보험, 묘지, 백과사전 등

3) 제품 차별화(Product Quality Differentiation) 전략

: 에드워드 체임벌린(Edward Hastings Chamberlin)

> • 기업이 타사의 제품이나 서비스에 대하여 소비자들이 인식하는 가치보다 더 높은 가치를 창출함으로써 경쟁 우위를 획득하려는 전략이다.
> • 차별화는 독특한 제품과 가치, 패키징 유통과 같은 것에서 발생하며 소비자의 인지하는 지각과 기능 외적인 제품의 특징이 중요하게 작용한다.
> • 기업은 경쟁기업에 비해 소비자가 인식하는 제품이나 서비스의 상대적인 가치 증대를 위해 그 제품이나 서비스의 객관적인 요소를 변화시키게 된다.

① 차별화 전략의 이유 및 효과적인 환경

  ㉠ 제품이나 서비스의 다양한 차별화 방법들이 존재, 소비자들의 차별화 가치를 인식

  ㉡ 제품 차별화 이유 : 이질적 시장, 고객의 소득 및 기호, 다양한 고객의 욕구, 다른 제품 제공으로 개별적 유리성 확보

  ㉢ 효과적 환경 : 경쟁기업들이 유사한 차별화 미 추구, 경쟁기업들에 의한 차별화 모방의 어려움

② 서비스 차별화(Service Differentiation)의 요소

　㉠ 제품 : 특성, 형태, 적합성, 신뢰성, 스타일, 디자인 등 제품의 품질

　㉡ 서비스 : 신속한 배송, 설치, 고객 상담, 수선 및 유지, 편리한 주문 등 효율적인 해결방법

　㉢ 요원 : 서비스 능력, 예의와 태도, 신뢰성, 적응성, 커뮤니케이션 능력 등 우월한 서비스 제공자 확보

　㉣ 경로 : 성과, 전문지식, 유통경로, 범위 등의 효율적 설계로 소비자가 제품 및 서비스를 용이하게 구입/보상

　㉤ 이미지 : 로고, 상징물, 분위기, 슬로건 등 소비자의 흥미를 일으키는 이미지 창조

③ 서비스 차별화 수준 : 신뢰성, 탄력성, 혁신성

④ 제품 품질의 차별화 요소

　㉠ 성능(functional performance) : 제품의 기본적인 특징이 작동되는 수준

　㉡ 내구성(durability) : 제품에 기대되는 작동 수명의 측정치

　㉢ 형태 : 제품의 크기, 모양 또는 물리적 구조(예 아스피린 복용량의 크기, 모양, 색상, 복용 시간)

　㉣ 특성(feature) : 제품의 기본적인 기능을 보완하는 특징

　㉤ 신뢰성(reliability) : 제품의 견고함과 원활하게 작동되는 성능

　㉥ 적합성 품질 : 생산된 모든 제품단위가 일관되게 만들어졌으며 약속한 목표 충족 정도

　㉦ 스타일(style) : 구매를 자극하게 만드는 제품의 외견이나 특질

　㉧ 디자인(design) : 경쟁적 우위를 제공하는 핵심요인으로 고객에게 전달되는 외적인 요소

　㉨ 수선 용이성 : 기능마비 제품을 정상작동시키는 데 용이성을 측정한 수치

　제품의 핵심 기능과 무관한 속성을 통해 제품을 차별화시키는 것은 소비자의 의사결정을 변화시키고 브랜드의 가치를 증대시킬 수 있다.

차별화 방법	차별화 수단	세부내용
제품이나 서비스의 속성에 기초한 차별화	• 제품의 형태 • 제품의 복잡성 • 제품 출시의 타이밍 • 입지 조건	• 제품이나 서비스의 형태의 차별화를 통한 경쟁 • 제품의 복잡성의 가치가 소비자에게 상이한 가치를 제공할 수 있는 경우 제품 복잡성에 기초한 제품의 차별화 • 제품을 판매 적기에 출시하는 것
고객과 기업의 관계에 기초한 차별화	• 고객 맞춤형 제품 • 소비자 마케팅 • 기업의 평판	• 제품을 특정 소비자에게 적합하도록 생산 • 마케팅을 통해 소비자의 의식을 바꿔 놓는 것 • 시장에서의 기업에 대한 긍정적인 평판
기업의 내부기능 간이나 기업들 간의 관계에 기초한 차별화	• 기업 내부기능 간의 연계 • 다른 기업들과의 관계 • 제품믹스 • 유통경로	• 기업 내부의 서로 다른 부서나 기능들 간의 연계와 협업을 통한 수익 창출 • 기업들 간의 전략적 제휴를 통한 가치 창출 • 기업 내의 다른 기능들과의 연계나 다른 기업들 간의 연계를 통한 제품믹스의 변화

독특한 감성, 개성, 이미지브랜드를 이용한 차별화	감성적 요소 차별화	• 서서히 구축되며 오래 지속되는 특성 • 제품의 기능적 차별화 요소를 발견하기 어렵거나 실현의 어려움이 있을 때 효과적
타인과의 관계 속에서 보다 높은 의미와 가치를 갖는 요소의 차별화	상징적 요소 차별화	• 제품 기능 자체보다는 자아 이미지와 준거집단의 가치 표현에 의한 차별화에 효과적 • 고가의 사치품에 적용할 때 효과적
고객문제에 대한 새로운 해결방법 제시	기능요소 차별화	• 기술혁신은 기존 제품의 해결방식보다 효율적, 신속하게, 경제적 등으로 문제를 해결할 수 있는 제품 제공 • 혁신에 의한 차별화 상실 가능 • 중소기업의 경우 대기업에 의해 시장기반을 잃을 수 있음

Warming Up

01 **필립 코틀러(Phillip Kotler)가 제시한 다섯 가지 품질 차원에 해당하지 않는 것은?**

① 핵심 혜택
② 기본 제품
③ 기대 제품
④ 확장 제품
⑤ 역량 제품

02 **내구성과 유형성 및 용도에 따른 소비재 분류 중 〈보기〉의 내용에 해당되는 것은?**

┌ 보기
• 보통 1~3번 정도 사용으로 소모되는 유형 제품을 말한다.
• 어떤 장소든 구입이 가능하며 대량 광고를 통해 구입을 유도하고 선호도를 구축할 수 있는 제품이다.

① 공공재
② 비내구재
③ 서비스
④ 내구재
⑤ 자본재

정답 1 ⑤ 2 ②

05 병원의 환자 맞춤 서비스

(1) 의료경영의 이해

1) 의료경영의 개념

① 의료경영이란 경영학적인 방법을 가지고 의료와 관련된 사업을 운영, 관리, 경영한다는 학문적인 의지로 볼 수 있다.

② 의료 환경의 급격한 변화와 의료기관 간 경쟁의 심화에 따른 병원경영 전략은 병원내부 역량을 높이고 조직구조를 서비스 지향성에 초점을 두고 이를 바탕으로 경영성과를 달성하는 데 역량을 집중하고 있다.

2) 의료경영의 요소

목적	고객만족 달성 및 이윤의 창출
물적자원	자본이 핵심적인 요소
인적자원	노동력의 의존력이 높은 산업
전략	모든 자원을 달성하기 위한 조직화 및 실행

3) 의료기관의 특징

① 병원은 고도로 노동집약적 집단인 동시에 자본집약적인 조직체이다.

② 병원은 일반적인 이익집단에 비해 기본적으로 비영리적 동기를 가지고 있다.

③ 진료 결과에 따른 신체적, 정신적 효과를 명확하게 판별하기 어렵기 때문에 생산된 서비스의 품질 관리나 업적 평가가 어렵다.

④ 진료 서비스라는 복합적인 생산품이 형성되기 위해 타 직종 간의 상하 명령 전달체계가 생기게 되고 이로 인해 이중적인 지휘체계가 형성될 수 있다.

⑤ 병원은 의료기관으로서 갖는 공익성 때문에 조직의 이윤만을 극대화할 수 없다.

4) 의료기관의 경제적 특징

① **외부효과** : 개인, 기업의 소비 및 생산 활동이 다른 개인, 기업의 효용과 이율에 영향을 미친다.

② **제한적 경쟁** : 보건 의료서비스는 면허 제도를 통해 면허권자에 한하여 생산의 독점이 형성되어 있어 진입 장벽을 높이는 원인이 된다.

③ **보건의료는 생활 필수요소** : 국민의 건강한 삶을 위한 질병 예방 및 치료 등은 필수 요소로 인식되고 있다.

④ **질병 예측의 불확실성** : 의료에 대한 수요는 질병이 발생해야 나타나기 때문에 예측이 어렵다.

⑤ **공공재의 성격** : 많은 사람들이 같은 장소에서 같은 양을 동시에 소비할 수 있고, 그 가격을 부담하지 않는 개인의 소비행위를 배제하기 어렵다.

⑥ **정보의 비대칭성** : 질병 발생 시 제공되는 의료서비스의 종류 및 범위 선택은 공급자에게 편중되어 있다.

⑦ 양질의 의료서비스에 대한 국민의 욕구충족을 위해 정부나 민간의료기관으로 하여금 규제 및 통제 의료기관 간의 규제적 경쟁을 통한 대응을 유도할 필요가 있다.

(2) 의료서비스의 사회적 환경의 변화

소비자의 의식 변화	정보매체의 발달로 인해 고객들은 의료정보를 탐색하고 공유하면서 수동적인 소비객체에서 적극적인 소비주체로 바뀌었고 치료방법이나 수술여부를 고객 자신의 의도대로 결정하는 등 의료서비스의 주인공으로 자리를 잡아 가고 있다.
고령화에 의한 의료 수요 확대	우리나라는 이미 고령화 사회로 진입하였고, 출산율 급감과 평균 수명 연장에 따라 노인 인구의 비율은 점점 증가할 것으로 예상된다. 이러한 고령화 사회로의 변화는 의료 수요 확대에 직접적 영향을 미친다.
의료 기술의 혁신	혁신적인 의료 기술의 도입으로 진료 패턴 및 경영기법이 변화하고, 의료서비스 산업 자체의 성장성이 확대되고 있다.
질병 구조의 변화	생활양식 및 환경의 변화에 따라 질병의 양상도 변화되고 있다.
국민 소득 증가	생활수준의 향상은 양질의 의료 서비스에 대한 관심도를 높이고 있다.

(3) 의료서비스

1) 의료서비스의 정의

① 의료서비스는 의료종사자가 의료서비스를 제공하는 과정에서 형성되는 것으로 법적으로는 국민의 건강을 보호, 증진하기 위해 보건의료인이 행하는 모든 활동이다.

② 의료서비스는 사람을 수혜대상으로 하는 유형적 행위로서 지적 전문업을 의미한다.

③ 의료서비스란 의료의 본질적 행위인 진단 및 치료, 처방 및 투약에 국한되지 않고, 의료행위로 인해 부차적으로 형성되는 의료 외적 행위까지 모두 개념화한 것이다.

④ 의료서비스 산업에는 공급자인 병·의원, 소비자인 환자, 보험자인 건강보험이 삼각축을 형성하며, 연관 산업으로는 제약과 의료기기산업 등이 포함된다.

⑤ 의료서비스는 본원적인 서비스인 기술적 서비스와 의료기술 외적 서비스로 나뉜다.

기술적 서비스	현대적인 장비와 의료기술을 통한 진료서비스를 제공하는 것
외적 서비스	의료서비스를 제공하는 과정에서 고객이 접하게 되는 병원의 제도적인 환경과 물리적 환경

2) 의료서비스의 특징

① 전문성을 가진다.

② 의료품질에 대해서 객관적 평가가 어렵다.

③ 의료서비스의 수요가 주로 의료공급자인 의료진으로부터 공급되기 때문에 적절한 진료인지 논란의 대상이 될 수 있다.

④ 무형적인 특성을 가진다.

⑤ 기대와 실제 성과와의 불일치가 크다.

⑥ 수요예측이 불가능하며 의료 서비스 비용은 간접지불형태를 갖는다.

⑦ 의료서비스의 의사결정자가 다양하다.

3) 의료서비스의 사회·경제적인 특성

① 의료서비스 주체 간이 불평등하며, 의료서비스는 표준화와 규격화가 어렵다.

② 의료서비스는 의료진과 환자가 치료라는 공동의 목적을 지향한다.

③ 질병의 원인은 다양하며 사전에 환자 수요를 정확하게 예측할 수 없다.

④ 의료서비스 수요 발생 배후 상황이 중요하다. 환자가 질병에 걸릴 경우 병원비 부담에 따른 소득의 격차가 큰 문제가 되는데 국가가 재정제도인 건강보험을 통하여 재분배의 일환으로 질병치료에 도움을 준다.

4) 의료서비스의 궁극적인 목표(Myers, 1969)

지속성(Continuity)	단편적인 진료에 그치지 않고 치료, 예방 및 사회로의 성공적인 복귀까지 연계
접근성(Accessible)	의료를 필요로 하는 고객이 병원을 쉽게 이용하는 것
질(Quality)	최신의 과학기술과 지식을 보건의료에 적용
효율성(Efficiency)	자원의 불필요한 소모 정도를 살피는 것으로서 최소한의 비용으로 최대한의 의료 효과를 얻을 수 있도록 하는 것

5) 의료서비스의 프로세스

① 프로세스(process)란 일반적으로 투입(input) - 과정(process) - 결과(output)를 통해 고객가치를 창출하기 위한 일련의 활동을 의미한다.

② 기업이 시스템, 정보, 고객요구사항, 종업원 지원, 자원 등을 활용하여 고객가치를 창출하기 위한 일련의 과정으로 프로세스를 설명할 수 있다.

③ 의료산업의 기본적인 프로세스 흐름은 프로세스 대상이 되는 사람(환자 및 종업원) 또는 조직(공급자), 공급자가 제공하는 서비스 및 제공품(투입요소), 투입요소를 변환하는 절차(프로세스), 제공자 및 환자가 사용하게 되는 산출물(산출물) 및 산출물을 제공받는 환자 및 제공자(고객) 등으로 구분된다.

공급자	의료기관, 제약회사, 약국, 대학 및 연구기관, 보험회사, 정부기관 등
투입요소	환자, 의료진/비의료진, 의료장비, 의료시설, 보험상품, 의약품 등
프로세스	환자방문 - 진료서비스 - 귀가/퇴원
산출물	치료결과, 의무기록, 의학보고서, 예방자료 등
고객	환자 및 보호자, 간병인, 의료진/비의료진 등

6) 의료서비스 품질의 개념

① 의료서비스의 품질은 환자가 병원서비스를 이용하는 동안에 인지하는 유형적·무형적 요소에 대한 주관적인 판단으로, 의료자의 치료행위와 관련된 직·간접적 모든 서비스를 의미한다.

상호작용 품질	고객과 병원 직원들 간의 관계에서 원활한 진료를 받을 수 있는 환자의 권리를 성취하기 위한 서비스 품질
환경적 품질	의료서비스를 받을 병원을 선택할 수 있는 권리가 고객에게 있어 고객을 확보하기 위한 의료서비스 환경
절차적 품질	고객과 직원들 간의 믿음과 편리성 확보
결과적 품질	의료서비스 전달 과정 이후 환자의 심리적 상태와 병원의 관리 과정을 환자가 자각하는 서비스 품질

② 의료서비스의 품질 요소

도나베디언	효능(Efficacy), 효과(Effectiveness), 적정성(Optimality), 합법성(Legitimacy), 수용성(Acceptability), 형평성(Equity), 효율성(Efficiency)
부오리	효과(Effectiveness), 효율(Efficiency), 의학적/기술적 수준(Medical/Technical Competence), 적합성(Adequacy)

7) 양질의 의료서비스의 조건 : 마이어(Mayers)

① 편리한 이용을 위해 접근이 용이해야 한다.
② 의료에는 예방 및 치료, 재활 및 보건 증진 사업과 관련된 다양한 서비스가 포함되어야 한다.
③ 투입되는 자원의 양을 최소화하고 일정한 자원의 투입을 통해 효율적으로 운영해야 한다.
④ 환자에게 제공되는 의료는 지속적으로 관리해야 한다.
⑤ 의료의 의학적·사회적 적정선이 동시에 달성될 수 있도록 질적으로 적절한 서비스가 제공되어야 한다.

(4) 병원 서비스 사례

1) 미국 Guthrie 병원

> • 미국 펜실베이니아주 소재, 1910년 설립
> • e-Healthcare leadership awards 수상
> • 환경이 바뀌고 의료기술이 개발되면서 고객의 요구에 발맞추어 첨단 시스템을 도입, 인터넷을 통한 환자관리와 교육 등 다양한 서비스를 시행하고 있다.

① 병원의 차별화 전략

    ㉠ 전문의 네트워크화 추진

        ⓐ Sayre의 Robert Packer 종합병원을 중심으로 33개의 의원을 주변에 배치

        ⓑ 전문진료가 필요한 경우 1차 진료의(주치의)를 거쳐 Guthrie 네트워크산하의 우수한 전문의로 연결

        ⓒ 'Find a Physician' 페이지를 통해 지역 및 전문과목별로 희망의사를 선택

    ㉡ 건강 정보 웹 사이트 제공

        ⓐ Guthrie 병원의 환자와 일반시민을 대상으로 질병에 대한 의학 정보 제공

        ⓑ 자가치료(Self Medication)를 도와줌으로써 불필요한 내원을 방지

    ㉢ 환자-병원 간 커뮤니케이션 시스템

        ⓐ Guthrie Patient Link(GPL) 시스템 : 24시간병원예약서비스, 온라인처방전 발행(고혈압, 당뇨병 등 만성질환 환자들에게 특히 유용한 서비스), 무료ID 발급을 통한 환자전용 하드디스크 공간 제공

        ⓑ SSL(Secure Socket Layer) 등 보안프로토콜을 통해 철저히 암호화시켜 환자의 프라이버시를 철저하게 보호

(5) 병원의 차별화 전략

① one-stop service 제공 : 병원 속의 하나의 병원으로 외국환자를 위한 행정지원뿐 아니라 해외에서 오는 환자에게 1:1 의료서비스 제공

② 셔틀항공 운항 : 해외 환자의 접근성을 용이하게 하기 위해 중국 상해와 일본 하네다의 셔틀항공을 운항하고 의료 관광 전문코디네이터의 영입으로 영어, 일본어, 중국어, 프랑스어 등 자체 통역 서비스 제공

③ 원격상담 : 외국환자의 진료문의가 전화 및 인터넷을 통해 접수되면 관련 검사 데이터를 토대로 원격상담을 실시하여 질병의 진단, 치료, 기간, 비용 등을 상세히 안내하여 거리상의 제약 없는 진료 시행

④ 다국어 홈페이지와 국가별 홍보동영상 제작 : 다국어 홈페이지와 국가별 홍보동영상을 제작하여 병원소개 및 치료 관련 정보를 제공

⑤ 미국의 민간보험사와의 계약 체결 : 의료서비스 질과 환경 보장

⑥ 의료 연구 활동에 대한 투자 및 지원 : 우수한 기술력 향상

⑦ 외국인 의사 견학 및 1년 과정의 외국인 의사 전임제도 실시 : 의료진의 전문성 및 신뢰도 향상

제2과목 CS 전략론

TIP **의료관광의 이해**

1. 의료관광의 정의 : 의료 서비스와 관광활동이 결합된 서비스 형태
2. 의료관광의 분류

진단적 의료관광	외국에서 골밀도 검사 등 예방 차원의 건강검진을 동반한 의료관광
침습적 검사 의료관광	성형, 암 검사, 치과 치료 등 전문가에 의한 외상적 시술을 위한 의료관광
라이프 스타일 의료관광	웰니스, 비만관리, 피부관리 등 자기만족 목적의 의료관광

3. 의료관광의 유형
   • 여가 의료관광 : 미용시술, 피트니스, 마사지 등   • 수술 의료관광 : 성형, 치과치료, 각종 수술 등
   • 치료, 회복 의료관광 : 치료회복, 재활치료, 식이요법, 해수요법, 해독요법 등
   • 기치료 의료관광 : 요가, 명상, 영혼 치료 등
   • 웰빙 치료관광 : 라이프 스타일 리모델링을 위한 재활치료, 식이요법, 해수/해독요법, 작업치료와 치료 레크
     리에이션 등
4. 웰니스 관광
   • 건강과 치유(힐링)를 목적으로 휴양, 스파, 미용과 건강관리 활동을 하는 관광으로 질병 치료와는 구분된다.
   • 정신적, 신체적, 사회적으로 완전하게 안정된 상태로 정의(세계보건기구 WHO)되며 사전적인 건강관리를 우
     선시하여 건강증진, 질병 예방, 삶의 질 향상과 관련된 활동 등이 포함된다.

구분	주요 내용
웰니스	사전적, 예방적 조치, 포괄(전체)적 활동, 일상생활과 통합, 개인적 책임, 건강유지 및 증진
의료	사후적, 사후교정, 일시적 활동, 일상생활과 구분, 임상 책임, 질병치료와 관리

Warming Up ↗

01 **의료서비스의 품질 구성 요소에 해당하지 않는 것은?**

① 상호작용 품질   ② 환경적 품질   ③ 절차적 품질
④ 결과적 품질   ⑤ 회복의 품질

02 **고객가치를 창출하기 위한 일련의 활동인 의료서비스의 프로세스 중 투입 요소에 해당**
    하는 것을 〈보기〉에서 모두 고른 것은?

┌─보기─
│ ㉠ 환자 ㉡ 의료진 ㉢ 의료장비 ㉣ 의료시설 ㉤ 의무기록 ㉥ 보험회사

① ㉠ - ㉡ - ㉢ - ㉣   ② ㉡ - ㉢ - ㉣ - ㉤   ③ ㉠ - ㉡ - ㉥
④ ㉢ - ㉣   ⑤ ㉡ - ㉢ - ㉣

정답 1 ⑤ 2 ①

06 영화관 차별화 서비스

(1) 복합영화상영관의 발전

① 1998년 국내 최초로 CJ가 강변에 CGV 강변 영화관을 개관하면서 한국에 본격적인 멀티플렉스 상영관이 도입되었다.

② 기존의 단관 극장 위주에서 멀티플렉스가 등장하면서 고객지향적인 영화배치 및 부가서비스 등의 제공 등에 힘입어 영화를 상영하는 극장사업은 급격한 성장을 거두었다.

③ 2000년에는 메가박스, 3년 후 롯데가 영화관 사업에 뛰어들면서 국내는 현재 멀티플렉스 3사의 경쟁이 치열하다.

④ 멀티플렉스 극장 공간은 영화의 관람 문화까지 변화시켰다.

⑤ 영화 관람은 더 이상 특별한 날에 행해지는 이벤트가 아닌 일상의 여가 문화가 되었다.

(2) CGV의 성공

- 영화의 플랫폼인 상영관 업계의 선두주자인 CGV의 비전은 진화를 바탕으로 영화관 환경 그 이상의 서비스와 감동을 전달하고, 'Total life style'을 이끄는 한국형 종합생활 문화공간을 만드는 것이다.
- CGV는 한국생산성본부에서 주관한 고객만족도 조사(NCSI)에서 영화관 부문 8년 연속 1위를, 한국산업의 브랜드 파워(K-BPI) 11년 연속 1위를 하며 좋은 성과를 거두었다.

1) CGV의 차별화 경쟁 전략

① 진화된 영화 관람 환경 구축

㉠ CGV는 처음으로 멀티플렉스를 도입하여 한국영화산업 활성화에 이바지하였다.

㉡ 영화를 보는 것에만 국한되지 않고, 보고, 즐기고, 먹을 수 있는 문화체험놀이터를 마련하여 독보적이고 혁신적인 영화 관람 환경을 선도하는 데 앞장섰다.

㉢ **색다른 콘셉트의 영화관** : 레스토랑 영화관, 독립상영관, 어린이관, 독립예술관, 헌정관, IMAX관 등

㉣ **첨단 시스템 도입** : 3면으로 된 스크린X와 영화장면에 따라 바람, 향기, 좌석움직임의 효과를 느낄 수 있는 오감체험 특별관인 4DX관, 세계 최대 스크린과 고해상도 레이저 영사기를 도입한 아이맥스 레이저관, 16채널 음향시스템의 이용한 스타리움 등

② 컬쳐플렉스(Cultureplex)

㉠ 증강 현실(Augumented Reality)기술을 활용해 차원이 다른 프로그램을 제공한다.

㉡ 고급 레스토랑을 결합한 영화관 씨네 드 쉐프(Cine de Chef), 가상현실을 경험할 수 있는 VR PARK와 만화카페 롤롤(Lolol) 등이 영화관을 생활문화 놀이터로 변신시켰다.

③ 서비스 운영 능력

㉠ 2013년 영화관 현장운영 인력들의 전문성을 강화하고 고객 서비스 품질을 높이기 위해 경기도 일산에 극장 운영 전문가 기관인 CGV University를 세웠다.

㉡ 현장 스태프에게 미소지기라는 이름을 붙여주고 이론 수업과 현장실습을 병행한 교육 실시

ⓒ 고객은 어느 지점을 이용하더라도 균일한 서비스를 제공받을 수 있게 관리되고 있다.

④ 사회공헌

   ㉠ CGV는 '동반성장과 상생'이라는 CJ그룹의 경영철학을 이어받아 다방면의 사회공헌활동을 진행

   ㉡ 예 무비꼴라쥬, 나눔의 영화관, 장애인 미소지기와 실버 도움지기

⑤ 글로벌화

   ㉠ 2014년 7월 한국마케팅 협회와 중국 인민일보가 중국인 1만 명을 대상으로 한 설문조사에서 중국인이 사랑하는 명품 브랜드로 CJ CGV가 뽑혔다.

   ㉡ 중국에서는 CGV에만 있는 IMAX관과 4DX영화관을 홍보하면서 TV나 인터넷에서는 경험할 수 없었던 복합 문화공간을 제공했기에 가능했다.

   ㉢ 미국에서는 프리미엄 시트를 도입하여 럭셔리 상영관을 지향하는 부티크 시네마 운영

   ㉣ 베트남에서는 20~30대 젊은층을 대상으로 영화에 대한 다양한 캠페인을 펼치고 있다.

Warming Up ↗

01 CGV의 차별화 경쟁 전략으로 거리가 먼 것은?

   ① 진화된 영화 관람 환경 구축   ② 컬쳐플렉스 최초 도입

   ③ 사회공헌활동   ④ 비용절감에 대한 압력

   ⑤ 글로벌화

02 CGV가 중국에서 명품 브랜드로서의 이미지를 구축할 수 있었던 핵심역량에 대해서 설명한 것은?

   ① CGV에만 있는 IMAX관과 4DX영화관을 홍보하면서 TV나 인터넷에서는 경험할 수 없었던 복합 문화공간을 제공

   ② 한국영화인 헌정 프로젝트를 위한 헌정관의 개관

   ③ 한국영화에 대한 다양한 캠페인 활동

   ④ 중국 극장 문화의 패러다임을 맡을 4DX 사업에 적극적인 투자

   ⑤ 지분 일부를 매각하는 프리IPO(상장 전 기업투자) 추진

정답 1 ④ 2 ①

CHAPTER 04 서비스 품질

학습개요	서비스 품질 측정과 개선을 위해 서비스 품질의 개념을 살펴보고 서비스 품질 측정과 관련된 모형과 다양한 이론에 대해 학습한다.
절 구성	1. 서비스 품질의 개념　　2. 서비스 품질 결정요인 3. 서비스 품질 향상방안　　4. 서비스 품질과 종사원
학습중점	1. 서비스 품질의 개념과 측정의 어려움 2. 서비스 품질 측정 모형의 내용 3. 서비스 품질 향상 방안 4. 내부 마케팅의 커뮤니케이션과의 중요성 5. 서비스 종업원의 역할 모호성과 감소 방안
마인드 맵	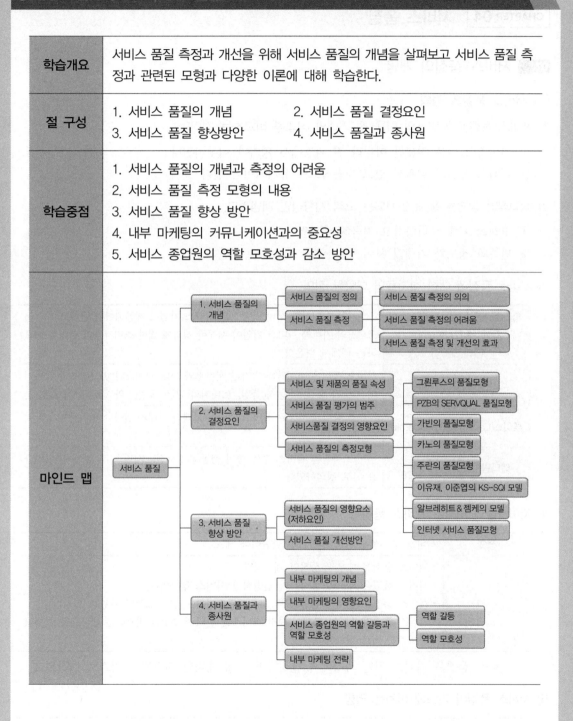

CHAPTER **04** 서비스 품질

01 서비스 품질의 개념

(1) 서비스 품질의 정의

1) 서비스 품질은 서비스의 이용 전 기대와 성과를 비교하는 것이다.

① 서비스의 이용 전뿐만 아니라 전 과정에서 평가가 이루어진다.

② 서비스 품질은 일관성 있고 지속적으로 유지되어야 한다.

2) 직접적인 경험을 통해 인지되는 고객 지향적인 개념이다.

① 고객의 기대는 다양하고 지극히 주관적이다.

② 만족의 정도와 기대의 차이 등 다양한 요소가 존재한다.

3) 서비스 품질에 대한 학자들의 다양한 정의

파라슈라만(A.parasuraman), 자이다믈(Zeithaml), 베리(Berry)	소비자들이 인식한 서비스 품질은 서비스 기업이 제공해야만 한다고 느끼는 소비자의 기대와 서비스 기업이 제공한 성과에 대한 소비자들의 인식을 비교하는 데에서 나온다.
그뢴루스(Grönroos)	서비스 품질은 소비자의 지각된 서비스와 기대 서비스의 비교평가의 결과이며 기술적 품질, 기능적 품질, 이미지와 같은 제 변수와 함수 관계에 있다.
루이스(Lewis), 붐스(Booms)	서비스 품질은 제공된 서비스 수준이 고객의 기대와 얼마나 일치하는가의 척도이다.
레티넌(Lethinene J.R.)	서비스 품질을 서비스 수행 중의 행동(과정품질), 서비스 후 얻는 결과(산출요소)로 정의하였다.

4) 자이다믈의 지각된 서비스 품질

정의	서비스 우수성에 관한 전반적인 판단이나 태도
성격	• 서비스 품질은 매우 추상적인 개념이다. • 서비스 품질은 태도와 유사하며 전반적인 서비스 평가이다. • 서비스 품질은 실제적 품질과 다르며 객관적이기 어렵다(고객의 주관적 인지). • 서비스 품질의 평가는 고객이 여러 서비스들 간의 우수성을 비교하는 개념으로 이루어지며 고·저로 평가된다.

※ 서비스 품질은 서비스 전달 과정에서 발생하며 기대 대비한 지각된 서비스로 결정된다.

5) 서비스 품질이 기업에 미치는 영향

긍정적 영향(공격적)	시장점유율 상승, 기업이미지 상승, 서비스 프리미엄, 가입 고객 증가
부정적 영향(방어적)	비용절감, 고객충성도 상승, 구전효과

(2) 서비스 품질 측정

1) 서비스 품질 측정의 의의

① 서비스 개선·향상·재설계를 위한 출발점
② 경쟁우위 확보와 관련한 서비스 품질의 중요성 증대

2) 서비스 품질 측정의 어려움

① 서비스 품질은 개개인이 느끼는 주관적인 평가이기 때문에 일반화, 객관화하여 측정하기가 어렵다.
② 고객이 직접 이용해 보기 전에는 품질 검증이 어렵다.
③ 고객으로부터 서비스 품질 관련 데이터를 수집하는 데 시간과 비용이 많이 들며, 회수율도 낮다.
④ 고객은 서비스 프로세스의 일부이며, 변화를 일으킬 수 있는 요인이다.
⑤ 자원이 서비스 전달과정 중에 고객과 함께 이동할 수 있기 때문에 고객은 자원의 변화를 관찰할 수 있고, 이는 객관성을 저해시킨다.

3) 서비스 품질 측정 및 개선의 효과

① 서비스 품질 개선을 통해 더 많은 신규고객을 확보할 수 있다.
② 서비스 품질을 기대 수준 이상으로 지각하게 하여 기존고객을 단골고객으로 만들 수 있다.

T!P 서비스 품질 VS 제조 품질

구분	서비스 품질	제조 품질

품질의 속성	• 무형적 • 주관적 판단 • 선경험, 비교개념
	• 평가 예
	  신뢰성, 정중함, 친근감, 평판, 공손함, 태도
		• 유형적 • 객관적 판단 • 물리적·과학적 속성
		• 평가 예
		  색상, 크기, 무게, 재료, 납기기간, 양, 수량

Warming Up ↗

01 **다음 중 서비스 품질 측정이 어려운 이유에 대한 설명으로 틀린 것은?**

① 자원이 서비스 전달과정 중에 고객과 함께 이동할 수 있기 때문에 고객이 자원의 변화를 관찰할 수 있어 서비스 품질 측정의 객관성이 저해된다.
② 서비스 품질은 전달 이전에 검증이 어렵다.
③ 고객으로부터 데이터를 수집할 때 비교적 회수율이 높기 때문에 고객의 니즈를 정확히 파악할 수 있다.
④ 고객은 프로세스의 일부이며 변화를 일으킬 수 있기 때문에 측정의 어려움이 있다.
⑤ 서비스 품질의 측정은 주관적 개념이므로 객관적으로 측정하기 어렵다.

제2과목 CS 전략론

02 **다음 중 서비스 품질의 성격으로 옳지 않은 것은?**

① 고객이 여러 서비스의 우수성을 비교한 후 고·저로 평가하는 것이다.
② 서비스 품질은 실질적으로 이용하는 품질과 같다.
③ 서비스 품질은 추상적인 개념이다.
④ 서비스 품질의 평가는 비교 개념으로 이루어진다.
⑤ 태도와 유사한 개념으로 서비스의 전반적인 평가이다.

정답 1 ③ 2 ②

02 서비스 품질 결정요인

(1) 서비스 및 제품의 품질 속성

탐색 속성	구매 이전 단계에서 평가되는 품질 속성 예 가격, 냄새, 스타일, 의류, 주택, 자동차
경험 속성	구매 중이나 구매 후 직접 경험하고 사용함으로써 평가할 수 있는 속성 예 맛(음식), 미용, 여행, 놀이동산, 성형수술
신뢰 속성	서비스 경험 후 일정 기간이 지나 평가되는 품질 속성 예 병원서비스, 법률 서비스, 금융투자

(2) 서비스 품질 평가의 범주

탐색품질	제품 구매 전 소비자가 제품에 대하여 결정할 수 있는 속성 예 컬러, 스타일, 가격 등
경험품질	구매 중 또는 구매 후 소비자가 제품에 대하여 판단할 수 있는 속성 예 맛, 기능성, 편안함 등

(3) 서비스 품질 결정의 영향요인

기대된 서비스	• 기업이 제공해야 한다고 인식하는 서비스 • 영향요인 : 기업의 전통적 마케팅 활동(광고, 가격, PR, 기업의 전통, 이념, 약속 등), 외부적 영향요인(구전, 커뮤니케이션, 개인적 경험 및 요구)
지각된 서비스	• 기업이 제공한 서비스에 대한 소비자의 만족도 • 영향요인 : 고객 담당직원, 참여고객, 기업 측의 기술적·물질적 자원

(4) 서비스 품질의 측정 모형

1) 그뢴루스(Grönroos.C)의 품질 모형

① 1984년 스웨덴의 학자 그뢴루스는 2차원의 품질모형을 개발하였다.

② 서비스 품질은 고객이 서비스를 받기 전인 '기대된 서비스'와 서비스를 받은 후인 '지각된 서비스'의 비교를 통해 지각되는 전체적인 서비스의 질이라 규정하고 있다.

③ 그뢴루스 품질 모델

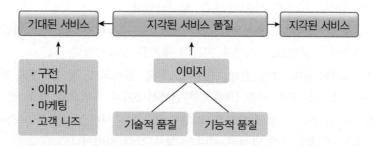

기술적 품질 (= 결과품질)	• 고객이 서비스로부터 얻는 것 • "무엇(WHAT)을 얻었는가?"를 통해 확인할 수 있는 품질
기능적 품질 (= 과정품질)	• 고객이 서비스 상품을 얻는 전달 과정 • "어떻게(HOW) 전달받았는가?"를 통해 확인할 수 있는 품질

고객은 무엇을, 어떻게 제공받는지와 기업에 대한 어떤 이미지를 형성하고 있는지를 통해 서비스 품질을 평가한다.

④ 그뢴루스의 6가지 품질 구성요소

구성요소	내용	품질차원
전문성과 기술	전문적인 방안을 이용해 서비스 공급자, 직원, 운영시스템, 물리적 자원들이 자신들의 문제를 해결하는 데 필요한 지식과 기술을 가지고 있다고 고객들이 인식하는 것이다.	결과품질
태도와 행동	고객과 접촉하는 서비스 직원들이 친절하고 자발적으로 고객문제를 해결하려 한다고 고객이 느끼는 것이다.	과정품질
접근성과 융통성	서비스 공급자, 위치, 운영시간, 직원, 운영시스템 등이 서비스 받기 쉬운 위치에 설계되고 운영되며, 고객의 요청에 따라 융통성 있게 운영되는 것이다.	과정품질
신뢰성과 믿음	무슨 일이 있어도 서비스 공급자, 직원, 운영시스템 등이 고객과의 약속을 지키고 고객들의 생각을 최우선으로 고려하여 서비스를 이행할 것이라고 고객이 알고 있는 것이다.	과정품질
서비스 회복	서비스 실패 및 예상치 못했던 일이 발생했다 하더라도 적극적, 즉각적, 능동적으로 바로 잡으려고 노력하며 해결 대안을 찾아내려 한다고 고객이 느끼는 것이다.	과정품질
평판과 신용	서비스 공급자의 운영이 신뢰받고 서비스 이용요금에 대해 가치를 부여할 수 있으며, 우수한 성과와 가치를 나타낸다고 공감하는 것을 고객이 믿는 것이다.	이미지

2) PZB의 SERVQUAL의 품질 모형

① 파라슈라만(Parasuraman), 자이다믈(Zeithaml), 베리(Berry) 세 명의 학자(PZB)는 서비스 품질을 특정 서비스의 우수성에 대한 고객의 전반적인 판단으로 정의하고 고객이 서비스 품질을 평가하는 10가지 기준(차원)을 제시하였다.

② 제품 품질과 달리 서비스 품질은 객관적인 척도로 측정하기 어렵다고 판단, 기업이 서비스 품질을 평가하는 방법으로 소비자 지각의 평가를 강조하였다.

③ 1988년도 5개의 서비스산업(은행, 신용카드회사, 정비회사, 장거리 전화 회사, 증권 중개회사)의 품질 측정을 통해 최종 10가지 차원에서 5가지 차원으로 축소 및 통합하였다.

④ SERVQUAL의 품질 모형의 핵심은 고객이 지각하는 서비스 품질은 고객이 서비스에 대해 가지고 있는 기대와 실제 달성된 서비스 성과 간의 차이이다.

⑤ SERVQUAL의 품질 평가 5가지 차원

5가지 차원	요소	정의
유형성(Tangibles)	유형성	물리적 시설, 장비, 직원의 외모, 커뮤니케이션 자료의 제공, 시설 내의 다른 고객 등 물리적 요소의 외형
신뢰성(Reliability)	신뢰성	약속된 서비스를 정확하게 수행할 수 있는 능력
응답성(Responsiveness)	반응성	고객을 도와주고 즉각적이고 신속하게 서비스를 제공하려는 의지
확신성(Assurance)	능력	직원의 지식, 공손함, 능력 및 신뢰와 안정성을 전달하는 능력
	예의	
	신용성	
	안전성	
공감성(Empathy)	의사소통	• 접근의 용이성, 원활한 의사소통
	접근성	• 고객 이해를 위해 고객에게 제공하는 개별적 주의와 관심
	고객 이해	• 고객의 문제와 어려움에 대한 공감

⑥ SERVQUAL의 모델의 한계점

㉠ 기대 수준에 대한 측정, 신뢰, 타당도에 한계점이 있다.

㉡ 서비스의 기대가 성과 항목에 의해서 영향을 받을 수 있다.

㉢ 가격이나 비용에 관련된 부분이 배제되어 있다.

㉣ SERVQUAL의 차원성 및 기대의 해석과 조작화

⑦ 품질 평가 5가지 차원의 상대적 중요성 : 신뢰성 > 응답성 > 확신성 > 공감성 > 유형성

3) 가빈(Garvin)의 품질 모형

① 생산자와 사용자의 관점을 동시에 고려하여 품질을 구성하는 8가지 차원을 제시하였다.

㉠ 가빈의 품질의 8가지 범주

범주	개념
성과	제품 운영상의 특성
특징	제품의 경쟁우위적인 차별적 특성
신뢰성	실패 또는 잘못될 가능성의 정도
적합성	고객의 욕구를 충족시킬 수 있는 정도
지속성	제품이 고객에게 지속적으로 가치를 제공할 수 있는 기간
서비스 제공 능력	종업원의 친절도, 반응속도, 문제해결능력, 경쟁력
심미성	사용자 감각에 흥미를 일으킬 수 있는 외관의 미적 기능
인지된 품질	기업 혹은 브랜드의 명성

㉡ 가빈의 품질의 8가지 범주는 상호 배타적이기보다 공존의 의미를 가지고 있다.

② 품질에 대한 정의는 각 조직이 가지고 있는 특정한 활동과 기능, 조직의 성숙도 및 경험 정도에 따라 달라야 한다고 보았다.

③ 가빈의 5가지 관점에서 품질 차원

차원	개념
선험적 접근	품질을 고유한 탁월성과 동일한 개념으로 보며 경험을 통해서만 알 수 있는 다분히 분석하기 어려운 성질의 개념으로 본다.
상품 중심적 접근	품질을 정밀하고 측정 가능한 변수로서 제품의 고유한 속성으로 본다.
사용자 중심적 접근	고객들은 주관적이고 다양한 욕구, 필요를 가지고 있으므로 그들의 선호를 가장 잘 만족시켜 주는 상품이 높은 품질을 가진 것으로 간주한다. 특정 고객에게 최대의 만족을 제공하는 상품특성의 최적결합인 이상점의 개념을 도출할 수 있다.
제조 중심적 접근	사용자 중심적 접근과 반대로 공급자 지향적이며 품질을 "요구에 대한 합치"로 정의한다. 상품의 설계와 규격의 기준과 일치되게 제조하면 고객의 신뢰성은 높아져 만족을 주게 된다.
가치 중심적 접근	원가와 가격에 의해 품질을 정의하는 관점이며, 양질의 상품은 만족스러운 가격에 적합성을 제공하는 상품이라 할 수 있다.

4) 카노(Kano)의 품질 모형

① 허츠버그(Herzberg)의 동기 : 위생이론을 바탕으로 3가지 주요 품질 요소(당연, 일원, 매력적 품질)와 2가지 잠재적인 품질 요소(무관심, 역품질)의 이원적 인식 방법으로 구분하여 제시하였다.

② 고객에게 만족을 주는 정도에 따라 품질의 역할을 분류할 수 있는 방법을 제안하고, 고객의 요구사항을 기업의 입장에서 확인하고 어떤 것에 우선순위를 두고 재화 및 서비스를 개발해야 하는지에 대한 마케팅 방향을 제시하고 있다.

③ 일원적 품질에서 당연적 품질로의 변화를 통해 진부화 현상을 설명한다.

④ 카노의 5가지 품질요소

주요 요소	매력적 품질요소 (attractive attribute)	고객이 미처 기대하지 못했던 것을 충족시켜 주거나, 기대했던 것 이상으로 초과하는 만족을 주는 품질요소이다. 충족이 되지 않더라도 불만족이 증가되지 않는다. 시간이 지날수록 고객의 기대가 높아짐에 따라 일원적 또는 당연적 품질로 옮겨갈 수 있다.
	일원적 품질요소 (one-dimensional attribute)	고객의 명시적 요구사항이며, 요구사항이 충족되면 만족하고 충족되지 않으면 불만을 일으키는 요소이다. 소비자의 요구 수준이 높아짐에 따라 당연적 품질요소로 변하기도 한다. 예 자동차의 연비, 기내 승무원의 접객 태도, 직원의 친절도, 호텔에서의 짧은 대기시간
	당연적 품질요소 (must-be attribute)	최소한 마땅히 있을 것으로 생각되는 기본적인 품질요소로서 충족이 당연한 것이기 때문에 별다른 만족감을 주지 못하는 반면, 충족되지 않으면 불만을 일으키는 불만요소이다. 예 스마트폰의 카메라, 녹음 및 동영상 촬영, 카메라의 자동초점, A/S
잠재 요소	무관심 품질요소 (indifferent attribute)	충족여부에 상관 없이 만족도 불만도 일으키지 않는 품질요소이다. 예 사이트의 명성, FAQ
	역 품질요소 (Reversal attribute)	불필요한 품질이 충족되면 불만을 일으키고, 충족되지 않으면 만족을 일으키는 품질요소이다. 예 과도한 서비스

TiP 카노의 품질 모형

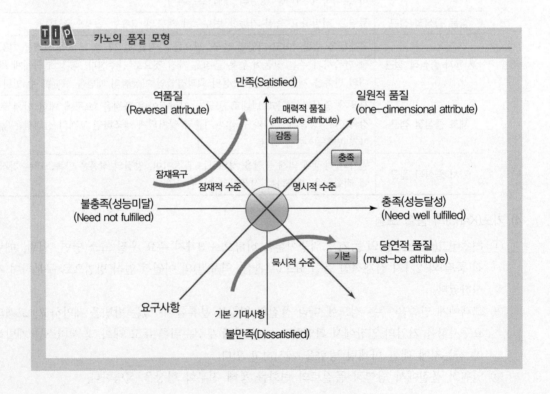

⑤ 카노모델의 장점

  ㉠ 진부화 경향을 설명할 수 있는 근거를 제시한다.

  ㉡ 소비자 만족의 영향요인 규명을 통한 차별화 서비스를 제공한다.

  ㉢ 거래 상황에서 기술적 고객 만족에 더 많은 영향을 주는 제품이나 서비스를 결정한다.

  ㉣ 사용자 만족과 요구조건의 충족이라는 이원적 품질의 인식을 모두 고려한다.

T!P 진부화 현상

고객이 기대하지 못했던 부분을 충족시켜줌으로써 만족을 주는 매력적 품질요소는, 고객의 기대가 높아짐에 따라 일원적 요소 또는 당연적 품질요소로 옮겨갈 수 있다. 이러한 현상을 '진부화 현상'이라 한다.

---

5) 주란(Juran)의 품질 모형

① 서비스 품질을 사용자에게 미칠 수 있는 효과 및 영향 측면에서 구분하였다.

② 주란의 서비스 품질 구분

품질 차원	정의
사용자의 눈에 보이지 않는 내부적 품질	• 호텔, 백화점, 항공, 철도 등의 설비나 시설 등이 기능을 발휘할 수 있도록 보수가 잘 되고 있는지를 나타내는 품질이다. • 보전이나 정비가 잘 이행되지 않을 경우 사용자에 대한 서비스 품질 저하로 나타날 수 있다.
사용자의 눈에 보이는 하드웨어적 품질	백화점 상품의 진열상태나 고객의 동선, 호텔의 실내장식, 요리의 맛, 항공기 좌석 크기와 안락함 등이다.
사용자의 눈에 보이는 소프트웨어적 품질	• 백화점 인기 상품의 재고 확보, 미디어 광고에 소개된 상품과 실제 상품의 일치성 등을 나타내는 품질이다. • 청구 금액 착오, 전화 고장, 컴퓨터 실수, 배달 사고, 품절, 적정한 광고
서비스 시간성과 신속성	서비스를 제공받기 전까지 대기시간, 수리 신청에 대한 회답 시간 등으로 소프트웨어 품질로 볼 수 있으나 학자는 시간성과 신속성의 품질의 중요도에 의해 별도로 구분하였다.
심리적 품질	• 조직 구성원의 적절한 응대나 환대, 친절 등의 기본적인 품질이다. • 불특정 다수의 고객과 직접 접촉할 시 종업원에게 매우 중요한 요소이다. • 내부고객만족도는 심리적 품질을 결정하는 데 중요한 요소이다.

6) 이유재, 이준엽의 KS-SQI 모델

① KS-SQI는 SERVQUAL 모델의 5가지 차원을 기반으로 서비스 성과 측면과 과정 측면으로 나누어 서비스 품질의 향상으로 고객 만족에 영향을 미치고 있는 기업성과, 서비스 산업의 발전을 위한 방안을 제시하는 모델이다.

② KS-SQI 조사 모델

성과측면		과정측면	
• 본원적 욕구충족	• 약속이행	• 고객응대	• 접근 용이성
• 예상 외 혜택	• 창의적 서비스	• 신뢰감	• 물리적 환경

③ KS-SQI 재정립 조사 모델

영역	구성요인	내용
성과	약속이행	제공되기로 한 서비스의 이행
	본원적 서비스	고객이 서비스를 통하여 얻고자 하는 기본적인 욕구의 충족
	예상 외 부가서비스	고객에게 타사 대비 차별적 혜택과 부가적 서비스 제공
	창의적 서비스	다양한 서비스 제공
과정	신뢰성	• 고객이 서비스 제공자에게 느끼는 신뢰감 • 제공자의 진실성, 정직성, 수행 시 필요한 기술과 지식 소유
	고객응대 시 친절성	• 예의바르고 친절한 고객 응대 태도 • 고객에게 예의바르고 공손한 자세로 응대
	고객응대 시 적극지원성	고객의 요구에 신속하고 적극적으로 서비스를 제공하고자 하는 의지
	접근 용이성	서비스 제공 시간 및 장소의 편리성
	물리적 환경(매체 유형성)	서비스 평가를 위한 외형적 단서

7) 알브레히트 & 젬케의 모델

① 1980년대 브리티시 항공을 대상으로 서비스 품질 구성을 연구하였다.
② 돌봄과 관심, 문제해결, 자발성, 회복의 4가지 구성차원으로 정의하였다.

8) 인터넷 서비스 품질모형(e-SQ)

① 일상적 e-서비스 품질의 4가지 핵심 차원

신뢰성	사이트의 기술적인 기능이 유용하고 정확하게 작동하는지 여부
효율성	고객이 원하는 정보에 빠르게 접근할 수 있고, 거래를 신속히 완료할 수 있는지의 여부
이행성(실행성)	상품을 보유하고 약속한 시간에 상품을 전달할 수 있는지 여부
프라이버시(보안성)	신용정보의 안전보장, 구매 행동 자료 비공개의 여부

② 서비스 회복 시 e-서비스 품질의 3가지 차원
반응성(응답성), 보상, 접촉성

TIP 서비스 품질 향상과 기업성과

서비스 품질 향상			
기존고객 유지(방어적)		신규고객 창출(공격적)	
• 구전 효과 　• 비용 절감 　• 고객 충성도 상승		• 서비스 프리미엄 　• 가입고객 증가 • 시장점유율 증가 　• 기업 이미지 상승	

Warming Up ↗

01 SERVQUAL의 5가지 품질 차원 중 다음 〈보기〉의 설명에 해당하는 것은?

┌ 보기 ─────────────────────────────────
고객에게 제공하는 개별적인 주의와 관심으로 고객이 겪는 어려움에 대해 공감하는
것이다.
└─────────────────────────────────────

① 공감성   ② 응답성
③ 유형성   ④ 확신성
⑤ 신뢰성

02 이유재 교수가 주장한 KS-SQI모델의 '과정측면'에 해당하지 않는 것은?

① 고객응대   ② 약속이행
③ 신뢰감   ④ 물리적 환경
⑤ 접근 용이성

03 다음 중 '주란'이 제시한 서비스 품질 중 〈보기〉에 해당하는 것은?

┌ 보기 ─────────────────────────────────
백화점, 호텔, 항공, 철도 등의 설비나 시설 등이 기능을 발휘할 수 있도록 보수가
잘되고 있는지 나타내는 품질
└─────────────────────────────────────

① 사용자의 눈에 보이지 않는 내부적 품질
② 사용자의 눈에 보이는 하드웨어적 품질
③ 사용자의 눈에 보이는 소프트웨어적 품질
④ 서비스 시간성과 신속성
⑤ 심리적 품질

정답 1 ① 2 ② 3 ①

03 서비스 품질 향상방안

(1) 서비스 품질의 영향요소(저하요인)

1) 생산과 소비의 비분리성 및 노동집약성

① 제품은 제조된 후 판매되지만 서비스는 판매된 후 고객 앞에서 생산된다.

② 고객의 서비스에 대한 경험은 제공자와 제공과정에 직접적인 영향을 받는다. 따라서 생산과 소비의 비분리성으로 인하여 서비스 품질 문제가 발생된다.

③ 서비스의 노동집약성으로 인하여 표준화되기 어렵고, 제공된 서비스의 차이로 고객의 서비스 경험이 불만족스럽게 된다.

2) 커뮤니케이션 차이

기업이 제공하는 서비스를 고객에게 정확히 인식시키지 못한 경우, 고객의 요구를 정확히 들으려 하지 않는 경우, 기업의 과대광고를 포함한다.

3) 직원에 대한 부적절한 서비스

① 고객이 받는 서비스는 직원이 수행하는 서비스 품질로, 직원에 대한 적절하지 못한 서비스는 품질 문제의 주요 원천이 된다.

② 기업은 서비스 직원에게도 만족할 만한 서비스를 제공하는 것이 필수이다.

4) 고객을 단순 수치로 보는 견해

① 기업은 많은 고객의 보유로 인해 개별화 서비스를 제공하기보다 고객들을 수치로 보는 견해를 갖게 된다.

② 기업은 개별고객의 중요성을 간과하게 되어 고객의 불만을 증대시키고 서비스 품질 문제를 초래한다.

5) 기업의 단기적 시각

기업이 단기적 시각으로 단기적 이익만을 강조하여 비용절감에만 치중한다면, 고객 이익을 최우선으로 하지 않아 고객의 서비스 품질을 저하시킨다.

6) 기타 사항

종업원의 프로의식 결여, 셀프 서비스 및 자동화 증대, 서비스 실패에 대한 관대함, 서비스 품질 관리의 어려움, 지나친 서비스 효율성 강조, 축소된 서비스 비용, 서비스 실수 발생 가능성 등

(2) 서비스 품질 개선방안

1) 기업 내에 전사적 품질문화를 정착시킨다(장기적인 관점).

지속적으로 서비스 품질을 유지시키기 위해서는 기업문화 내에 품질개념이 실행되어야 한다. 서비스 품질문화 개발을 위해 기업 내 고객 품질기준을 확립하고, 이를 충족시킬 수 있는 적합

한 직원을 채용하여 기준이 달성될 수 있도록 적절한 훈련, 측정 및 보상이 이루어져야 하며 정보를 공유하고 무엇이든 개설 가능한 분위기를 제공해야 한다.

2) 고객의 기대를 이해하고 확인하여 관리한다(단기적인 관점).

고객의 기대는 고객의 품질 인식에 중요한 역할을 한다. 따라서 과잉 약속에서 벗어나 약속된 서비스 정보를 제공하는 것이 좋은 품질 이미지 달성에 도움을 준다.

3) 서비스 품질의 중요한 결정요소를 파악하고 요구사항을 정의한다(단기적인 관점).

고객에게 중요한 서비스 품질 결정요소를 파악하는 것으로부터 품질개선이 시작된다.

4) 유형요소 관리를 한다(단기적인 관점).

유형요소의 관리는 서비스 제공 중, 그 이후 평가와 관련이 있다. 고객은 유형요소를 평가하기 쉽기 때문에 이러한 요소 관리는 제공된 서비스 품질 평가를 좌우한다.

5) 고객에게 서비스 내용을 제공한다(단기적인 관점).

서비스 사용의 적절한 시기, 방법 또는 서비스 진행 과정을 설명해 줌으로써 고객의 지식을 증대시킬 수 있으며 서비스 일부를 고객 스스로 수행할 수 있게 하여 더 좋은 의사결정을 할 수 있도록 한다.

6) 자동화를 실천한다(단기적인 관점).

자동화 시스템으로 대체할 때 서비스 제공 시 인적 오류를 줄일 수 있으며, 서비스 품질 문제를 방지할 수 있다.

7) 변화하는 고객기대에 대응한다(단기적인 관점).

고객의 기대는 시간과 상황에 따라 수시로 변한다. 기대의 수준이 높아지고, 기대의 관점이 변한다. 따라서 서비스 기업은 이와 같은 기대의 변화를 예측 파악해 그에 대응해야 한다.

8) 기업 이미지 향상을 모색한다(단기적인 관점).

신뢰와 이미지가 곧 고품질의 서비스를 제공하는 기업이 된다.

9) 가시적 평가기준을 제공한다(단기적인 관점).

공신력 있는 대회나 시상식에서 수상하는 등 가시적인 기준은 사람들로 하여금 품질을 판단할 수 있게 하며, 그 기업의 서비스를 이용하기 전인 고객 또한 안심하고 구매할 수 있는 판단의 지표가 된다.

10) 서비스 품질 기준을 설계하고 실행한다(단기적인 관점).

11) 서비스 품질 전달 시스템의 설계에 피드백한다(단기적인 관점).

04 서비스 품질과 종사원

(1) 내부 마케팅의 개념

1) 내부 마케팅의 등장 배경

기업의 지속적인 경쟁 우위는 재화보다는 서비스 차별화를 통해 달성될 수 있다. 따라서 조직의 자원과 역량, 서비스를 제공하는 내부고객, 즉 직원에 의해 좌우되고 있다.

2) 내부 마케팅의 정의

일반적 정의	내부고객인 종업원의 직무를 생각하여 조직목표 달성의 노력을 하는 것
베리와 파라슈라만	종업원들의 욕구를 만족시키는 직무상품을 통하여 자격을 갖춘 종업원을 선발, 개발, 동기부여시키고 유지하는 과정
그뢴루스	관리철학의 적용으로 조직의 종사원이라는 내부시장이 고객지향성, 시장지향성, 세일즈 마인드를 가지도록 영향을 주고 동기화시키는 활동

3) 내부 마케팅의 의의

① 기업과 직원 간에 이루어지는 마케팅이다.
② 서비스 품질관리를 위해 내부 직원을 교육, 훈련하고 동기를 부여하는 활동이다.
③ 직원이 고객 지향적 태도를 지니게 하기 위한 경영 철학이다.
④ 내부 마케팅의 목표는 직원의 고객 지향적 태도를 통해 외부 고객을 만족시키는 것으로, 내부 마케팅은 외부 마케팅보다 우선으로 수행해야 한다.
⑤ 직원에게 적절한 수준의 재량권을 부여하여 고객에게 최상의 서비스를 제공할 수 있는 환경을 조성해야 한다.

4) 내부 마케팅의 목적과 역할

목적	전략적 수준	종업원의 작업 동기부여, 판매 마인드 및 고객지향성 지원을 위한 조직문화 강화
	전술적 수준	서비스 판매를 위한 종업원 마케팅 활동에 대한 적극적 지지 및 캠페인 활용
	역할	서비스 품질의 향상과 유지, 조직 내에서 서비스 문화의 창조와 유지, 조직적 통합

> **TIP P-S-P (FedEx 기업 철학)**
>
> • P(People) : 내부 직원 만족을 우선으로 하면
> • S(Service) : 내부 직원은 서비스를 열정적으로 수행할 것이며
> • P(Profit) : 서비스가 좋아지면 외부 고객이 만족하여 기업의 이익이 창출된다.

(2) 내부 마케팅의 영향 요인

1) 관리자의 서비스 품질에 대한 몰입과 권한 위임, 행위기준평가의 사용 등에 의해 종업원 역할 갈등과 역할 모호성이 감소되었다.

2) 내부 마케팅 영향요인으로 기업의 공식적인 관리통제

　① **투입 통제** : 종업원 선발, 교육훈련, 자원할당, 전략계획
　② **과정 통제** : 조직편성, 보상, 관리절차
　③ **결과 통제** : 서비스 품질, 불평, 불만, 고객만족

3) 내부 마케팅의 선행되어야 할 영향요인 : 그뢴루스

　① 내부 커뮤니케이션

행동의 통제	직원들이 따라야 할 공식 지침과 다양한 커뮤니케이션을 통해 구성원들의 행동을 통제하며, 비공식적인 집단 내 커뮤니케이션 또한 집단의 규범으로 행동이 통제된다.
감정 표현과 사회적 욕구 충족의 표출구	조직 내에서 발생하는 커뮤니케이션은 직원의 고충과 만족감을 표현함으로써 다른 사람과의 교류를 넓힐 수 있다.
동기부여 강화	정확한 목표의 설정, 피드백, 성과에 대한 보상, 평가를 통해 동기 부여를 자극한다.
정보 제공	조직의 의사결정에 중요한 정보 기능을 담당한다.

　② 보상제도

　　㉠ 보상은 개인의 노력의 대가이고, 개인 능력의 증대비용이며 재생산비로서 장기적으로는 인적자원 개발을 위한 투자이다.
　　㉡ 적절한 보상, 공정한 보상, 타당한 보상, 동기 유발적 보상 등 균형 있는 보상시스템이 체계적으로 진행되어야 한다.

③ 교육훈련(피고르와 마이어스)
  ㉠ 재해 발생과 기계설비의 소모율을 감소시킬 수 있다.
  ㉡ 구성원의 능력과 조직 몰입을 극대화시켜 직원의 불만을 방지하고 이직률을 감소시킬 수 있다.
  ㉢ 새로운 기술을 습득할 수 있고 신속성과 정확성을 기대할 수 있다.
  ㉣ 업무 능력 향상을 통해 작업의 질과 양이 표준수준으로 향상되어 임금 상승을 도모할 수 있다.
  ㉤ 직원의 기능을 증진시켜 승진에 대비한 능력 향상을 기대할 수 있다.
  ㉥ 친밀감과 안정감을 형성할 수 있다.
④ 복리후생 제도(고용 안정성)
  ㉠ 임금 이외의 수단에 의하여 직원의 노동력을 확보하고 유지 및 발전시켜, 직원이 가진 능력을 최고도로 발휘하게 함으로써 생산성을 향상시키고, 조직을 번영토록 하며 직원의 경제적·문화적 생활향상을 도모하는 목적을 가지고 있다.
  ㉡ 간접적인 보수 형태를 띠고 있는 복리후생은 조직구성원 모두가 혜택을 받게 함으로써 경영조직전체를 하나의 공동체로 만드는 기능을 한다.
⑤ 권한위임
  ㉠ 권한위임의 비용 : 인건비 상승, 교육훈련비 상승, 낮은 서비스 일관성, 고객의 불공평성 인식, 직원의 무리한 의사결정
  ㉡ 권한위임의 장·단점

장점	단점
• 고객 요구에 신속 대응 가능 • 고객 접촉 시 혁신적 아이디어 창출 • 고객 요구에 유연한 대응 가능 • 서비스 품질 및 고객만족에 영향 • 종사원 동기부여로 고객 지향적 서비스 제공 • 종사원 직무만족 향상/역할분담 • 역할 모호성 감소	• 부서 간 서비스 격차 발생에 따라 보장되는 자율만큼 책임이 따름 • 최고 경영진의 통제력 약화 부담

⑥ 경영층 지원 : 종사원인 내부고객만족은 외부고객 지향성 고취로 이어져 기업의 수익이 증대되므로 경영층의 적극적인 지원이 필요하다.

(3) 서비스 종업원의 역할 갈등과 역할 모호성

1) 역할 갈등

① 조직에서의 갈등은 둘 이상의 개인, 집단, 조직 사이에서 의사소통의 차이, 가치관의 차이, 공동결정 시 업무의 차이 등으로 대립하는 상태를 의미한다.

② 토마스와 킬만의 갈등 대처의 5가지 유형

경쟁	상대방이 받을 충격에 상관없이 자기 자신의 이익을 만족시키려 함
회피	갈등으로부터 철회하거나 갈등을 억누르려고 하는 것
수용	상대방의 관심사를 자신의 관심사보다 우선시하려고 하는 것
협동	서로 상대방의 관심사를 만족시키길 원하는 상황
절충	서로 상대방을 위해 양보하려고 하는 것

③ 갈등의 요소
  ㉠ 본질적 요소 : 한정된 자원, 상반된 목표, 업무의 상호의존성, 물리적 충돌, 타인의 개입
  ㉡ 조직측면 : 한정된 자원, 직위 불일치, 명령체계 불일치, 상반된 목표, 업무의 상호의존성
  ㉢ 개인측면 : 가치와 윤리 및 인식의 차이, 문화의 차이, 의사소통 장애, 감정 공감의 장벽, 성격 차이, 능력과 기술의 차이

④ 갈등의 유형 : 개인적 갈등, 개인 간 갈등, 집단 간 갈등, 개인과 집단 간 갈등, 조직 간 갈등

2) 역할 모호성

① 역할 모호성은 직원이 직무 관련한 역할과 관련된 정보를 충분히 알지 못하고, 무엇을 해야 하는지 확신할 수 없을 때, 성과에 대한 기대 및 기대 충족 방안과 직무 활동의 결과를 모를 때 일어난다(Senatra).

② 개인이 직무와 관련한 정보와 역할 수행에 필요한 정보 사이에 불일치가 있을 때 역할 모호성을 느낀다(Kahn).

③ 역할 모호성 발생원인

베리(Berry)	• 기준이 되는 서비스 표준이 없을 때 • 서비스 표준대로 의사소통이 되지 않을 때 • 너무 많은 서비스 표준이 있으나 우선순위가 없을 때 • 서비스 표준이 성과측정, 평가, 보상 시스템과 연결되어 있지 않을 때
칸과 카츠 (Kahn & Katz)	• 빈번한 인사이동 • 급격한 기술의 변화 • 급격한 조직의 성장 • 개인의 이해영역을 초과하는 조직의 규모와 복잡성 • 정보에 제한을 가하는 관리 관행 • 종업원에게 새로운 요구를 하는 환경의 변화

④ 역할 모호성 감소 방안
  ㉠ 하향식 의사소통으로 명확한 역할을 전달한다.
  ㉡ 역할 명료성을 확립한다.

(4) 내부 마케팅 전략

1) 적임자 채용

① 서비스 역량과 성향을 갖춘 직원, 즉 직무 수행에 필요한 기술과 지식을 갖춘 사람을 채용해야 한다.

② 경쟁 업체보다 우수한 인력을 확보하기 위해 노력해야 한다.

2) 인력 개발

① 고객지향적인 서비스를 제공하기 위해 직원들을 체계적으로 교육·훈련하고 능력을 개발한다.

② 접점직원에게 권한위임을 하여 고객이 제기하는 문제를 즉각 해결할 수 있도록 하고 의사결정권을 부여한다.

③ 서비스직은 고객 접점에서 높은 스트레스와 긴장감의 상황에 노출되기 때문에 팀워크를 향상시켜 이를 줄이도록 해야 한다.

3) 내부 지원 시스템의 구축

① 내부 서비스 품질을 측정하고 보상하여 구성원들 간에 협조적인 내부 서비스 분위기를 조성해야 한다.

② 직무 수행에 적절한 장비와 정보기술을 제공해야 한다.

③ 서비스 지향적인 내부 프로세스를 고객 가치와 고객만족을 염두에 두어 설계한다.

4) 우수 직원의 유지

① 회사의 비전을 제시하고 이를 공감하게 해야 한다.

② 직원의 만족이 곧 고객의 만족이므로 직원이 회사에서 소중한 존재로 존중받을 수 있도록 해야 한다. 직원의 만족도를 측정, 반영하여 직원의 만족을 확보해야 한다.

③ 우수 직원에 대한 평가와 보상을 함으로써 직원을 독려한다.

Warming Up

01 다음 중 서비스 역할 모호성 감소 방안으로 옳은 것은?

① 서비스 표준이 성과 측정, 평가, 보상시스템과 연결되어 있지 않을 경우
② 서비스 표준이 없는 경우
③ 직무 역할과 관련한 정보를 알지 못할 때
④ 하향식 의사소통을 할 때
⑤ 성과에 대한 기대를 모를 경우

02 다음 중 내부 커뮤니케이션의 주요 기능에 대한 설명으로 옳지 않은 것은?

① 무분별한 교류를 억제시킬 수 있다.
② 조직의 의사결정에 중요한 정보 기능을 담당한다.
③ 목표의 설정, 피드백 보상 등을 통해 동기 부여를 자극한다.
④ 직원들의 고충과 만족감을 표현한다.
⑤ 구성원들의 행동을 통제할 수 있다.

정답 1 ④ 2 ①

CHAPTER 01 고객만족(CS) 평가조사

학습개요	고객만족도를 측정하는 지표를 알아보고, 고객만족과 고객 충성도와의 관계를 확인한다.
절 구성	1. 고객만족도 측정 방법　　　　　　　　　　2. 고객만족(CS) 평가 시스템 구축 3. 고객 충성도 향상 전략
학습중점	1. 고객만족도 조사 목적과 필요성 2. 고객만족도 측정 모형과 장·단점 3. 고객만족도 평가 조사디자인과 서베이법 4. 충성도 단계에 따른 고객 분류
마인드 맵	

마인드 맵

- 고객만족 평가조사
  - 1. 고객만족도 측정방법
    - 고객만족의 정의
    - 고객만족지수의 이해
      - 고객만족지수
      - 고객만족지수 측정의 필요성
      - 고객만족 측정의 3원칙
    - 고객만족 측정 방법
    - 고객만족 측정 모델
      - ACSI
      - NCSI
      - NPS
  - 2. 고객만족 평가 시스템 구축
    - CS 평가 시스템의 이해
    - CS 평가 시스템 프로세스
      - 고객의 요구파악을 위한 마케팅 자료 수집
        - 1차 자료
          - 자료수집 방법
          - 조사수단
        - 2차 자료
        - 정성조사와 정량조사
      - CS 평가 조사 유형
        - 탐험조사
        - 기술조사
        - 인과관계조사
      - 고객만족도 조사를 위한 설문지 개발절차
  - 3. 고객 충성도 향상 전략
    - 고객 충성도
      - 충성 고객의 의미
      - 고객 충성도의 분류
    - 고객 충성도 측정 방법
    - 고객 충성도 향상 방안

고객만족(CS) 활용

CHAPTER 01 │ 고객만족(CS) 평가조사

01 │ 고객만족도 측정 방법

(1) 고객 만족의 정의

① 인지적 상태의 관점 : 지불한 대가에 대한 보상의 적절성을 느끼는 소비자의 인지적 상태
② 평가로 보는 관점 : 고객의 요구를 충족시키는 정도에 대한 평가로서, 소비경험에서 판단되는 일치, 불일치 정도에 대한 평가로 정의되고 있다.
③ 정서적 반응으로 보는 관점 : 고객의 기대 일치, 불일치와 같은 다양한 인지적 처리과정 후 형성되는 정서적 반응이다.
④ 만족에 대한 판단으로 보는 관점 : 소비자의 충족상태에 대한 반응으로서 제품과 서비스의 특성, 소비에 대한 충족상태(미충족, 과충족 포함)를 충분히 제공하였는가에 대한 판단이다.

(2) 고객만족지수의 이해

1) 고객만족지수

① 정의 : 고객만족지수(CSI : Customer Satisfaction Index)는 현재 생산, 판매되고 있는 제품 및 서비스를 직접 사용한 경험이 있는 고객이 직접 평가한 만족 수준의 정도를 모델링에 근거하여 측정, 계량화한 지표를 말한다.
② 개념 : 고객 관점에서 기업의 제품 및 서비스를 평가하는 수단을 제공하고, 어떤 개선활동이 고객만족을 높이고, 기업의 수익을 높일 수 있는지에 대한 방향을 제시하는 설문의 형태이다. CSI조사 분석은 고객만족에 영향을 미치는 요소를 분석하여 만족한 고객, 더 나아가 우수고객으로 가는 과정을 도와준다.
③ 측정목적 : 고객 만족도 수준 파악, 고객 유지율 유지 및 재고, 제품·서비스 품질 개선

2) 고객만족지수 측정의 필요성

① 기업의 경쟁력과 관련된 품질성과(Quality performance)를 연구할 수 있다.
② 자사 및 경쟁사의 고객충성도를 분석할 수 있다.
③ 고객의 기대를 충족시키지 못하는 영역에 대한 평가를 할 수 있다.
④ 제품 및 서비스 가격 인상의 허용 폭을 결정할 수 있다.
⑤ 경쟁사의 CS 강·약점 분석이 용이하다.
⑥ 잠재적인 시장진입 장벽을 분석할 수 있다.
⑦ 효율성 평가 및 불만 해소의 영향을 분석할 수 있다.
⑧ 고객유지율 평가를 통해 투자수익률(ROI)을 예측할 수 있다.

3) 고객만족 측정의 3원칙

계속성의 원칙	고객만족조사를 정기적으로 실시하여 만족도를 과거·현재·미래와 비교할 수 있어야 한다.
정량성의 원칙	항목별로 정량적 비교가 가능하도록 조사해야 한다.
정확성의 원칙	정확한 조사와 정확한 해석을 진행한다.

(3) 고객만족 측정 방법

직접측정	• 단일문항, 복수문항을 통해서 전반적인 만족도를 측정한다. • ACSI, NCSI 등 민간부분에서 활용되고 있다. • 간명한 만족도 지수는 중복측정의 문제점을 피하고 만족에 대한 이론적 개념을 측정할 때 발생할 수 있는 오차를 줄일 수 있는 장점이 있다. • 다양한 서비스 품질 차원을 포함시키지 못하는 한계점이 있다.
간접측정	• 서비스의 하위요소, 품질에 대한 만족도의 합을 복합점수로 만드는 방식이다. • 대표적 사례는 민원행정서비스 만족도 조사이다. • 만족도 개선을 위한 다양한 정보를 제공한다는 장점이 있다. • 만족도 측정오차 및 만족도 차원의 모든 요소를 포함시킬 수 없다는 한계점이 있다.
혼합측정	• 직접측정과 간접측정을 혼합하여 고객만족도 지수를 측정하는 방식이다. • 간접측정의 다양한 서비스 품질 차원을 고려하고 직접측정의 문항을 이용한 차원의 가중치 활용이 가능하다는 장점이 있다. • 종합만족지수 측정 시 체감만족도와 차원만족도에 의한 중복측정의 문제점이 있다. • 체감만족도와 차원만족도 합산의 구성 비율에 대한 기준이 불확실하다.

(4) 고객만족 측정 모델

1) ACSI(American Customer Satisfaction Index)

① 스웨덴 고객만족지표를 기초로 클라스 포넬(Claes Fornell)과 미시간대학 연구소에 의해 개발되었다.

② 미국의 소비자 고객만족지수의 대표적인 측정 모형이다.

③ 소비자의 지각된 품질, 고객의 기대가 지각된 가치에 영향을 미쳐 소비자 불만을 감소하고 고객만족, 고객 충성도가 증가한다는 인과관계를 고려한 모형이다.

④ 1994년부터 분기별로 기업, 산업, 경제부분, 국가 경제에 대한 지각적 고객만족도 결과를 발표함으로써 상품, 산업, 국가별로 국가 간의 비교 가능한 경제지표로 활용될 수 있다.

⑤ 12개 경제부분, 43개 산업부분, 200개 이상의 기업, 연방 및 지역 정부 기관에 대한 만족도를 측정함으로써 국가 전체의 고객만족도를 산출한다.

⑥ 이미 구매 경험을 가진 고객의 만족도뿐만 아니라 차후 고객의 충성도를 확인하고 설명할 수 있다.

2) NCSI(National Customer Satisfaction Index)

① 한국생산성본부가 미국 미시간대학교의 국가품질연구소(National Quality Research)와 공동으로 개발하여 1998년부터 지금까지 매 분기별로 측정 및 발표하고 있다.

② 국내외에서 생산되어 국내 최종 소비자에게 판매된 제품 및 서비스에 대해 직접 사용한 고객이 평가한 만족의 정도를 측정해 계량화한 지표이다.

③ ACSI를 모델을 기반으로 한 우리나라의 국가고객만족지수이다.

④ 제품 및 서비스에 대한 고객의 기대수준, 인지품질, 인지가치, 종합만족, 고객충성도, 고객 유지율 등을 기준으로 측정하기 때문에 해당 기업의 품질 경쟁력을 가늠할 수 있는 성과 평가 지표이다. 또한 국내뿐 아니라 외국 기업의 제품과 서비스를 측정 대상에 포함하기 때문에 국내외 기업 제품의 품질 경쟁력 수준을 확인할 수 있다.

⑤ 고객만족 결과 변수는 소비자 불평과 고객 충성도로 설정한다.

⑥ NCSI 설문구성 내용

잠재변수(latent variable)	측정변수(Measurement Variable)의 설명
고객기대수준	**구입 전 평가** • 전반적 품질 기대수준(Overall expectation of quality) • 개인적 Needs 충족 기대(Expectaion regarding customization) • 신뢰도(Expectaion regarding reliability)
인지제품 및 서비스 품질수준	**구입 후 평가** • 전반적 품질수준(Overall evaluation of quality experience) • 개인적 Needs 충족 정도(Evaluation of Customization experience) • 신뢰도(Evaluation of reliability experience)
인지가치수준	• 가격 대비 품질 수준(Rating of quality given price) • 품질 대비 가격 수준(Rating of price given quality)
고객만족지수	• 전반적 만족도(Overall satisfaction) • 기대 불일치(Expectancy disconfirmation) • 이상적인 제품 및 서비스 대비 만족수준
고객 불만	고객의 공식적/비공식적 제품 및 서비스에 대한 불만
고객충성도	• 재구매 가능성 평가(Repurchase likelihood ratio) • 재구매 시 가격인상 허용률 • 재구매 유도를 위한 가격인하 허용률

TIP **우리나라의 다양한 고객만족 측정 모델**

① **한국산업의 고객만족도 KCSI(Korean Customer Satisfaction Index)**
한국능률협회 컨설팅(KMAC) 주관하에 실시되고 있는 한국형 고객만족도 측정 모델이다. 기업은 시장에서 자사의 경쟁력을 파악하고, 고객 불만을 야기하는 문제점들을 개선하여 고객 지향적인 경영활동을 전개할 수 있게 한다.

② **공공기관 고객만족도지수 PCSI(Public Sector Customer Satisfaction Index)**
한국능률협회 컨설팅(KMAC)과 서울대학교가 함께 공동 개발한 공공부문 고객만족도 측정 모형으로 공기업 및 정부산하기관관리 기본법을 제정하고 고객만족도 조사를 도입했다. 측정 항목으로는 품질지수, 만족지수, 성과지수 등으로 구성되어 있다.

③ **서울시 서비스지수 SSI**
서울시의 고품질 경영을 목적으로 개발된 서울시 행정서비스의 품질평가지표이다. 행정서비스 분야별로 서비스 품질을 평가하고 더 나은 서비스를 제공하는 데 활용하는 것을 목표로 한다.

3) NPS(Net Promoter Score) : 순 고객 추천지수

① 베인&컴퍼니(Bain and Company)의 프레드릭 라이할트(Frederick F.Reichheld)가 2004년 하버드 비즈니스 리뷰에 발표한 고객충성도 측정방법이다.

② NPS 이해
　㉠ 기업성과에서 고객만족보다 중요한 것은 고객의 충성도이다.
　㉡ 충성도 높은 고객을 얼마나 확보하고 있는지를 측정한다.
　㉢ 기업이 장기적으로 성장하기 위한 원천을 "좋은 이익과 나쁜 이익"으로 구분한다.

③ "거래하시는 회사를 친구나 동료에게 추천할 의향이 얼마나 있습니까?"라는 추천 의향을 묻는 문항을 11점 척도로 측정하여 추천고객(Promoter : 10~9점 응답자) 비율에서 비추천고객(Detractor : 6~0점 응답자) 비율을 빼는 것이다.

④ **추천고객** : 지속적인 구매를 하며 적극적인 구전을 하는 고객
중립고객 : 만족하고 있지만 언제든지 선택을 바꿀 수 있는 고객
비추천고객 : 불만족한 경험으로 추천하지 않는 고객

⑤ 다른 모델에 비해 쉽고 간단하며 기업의 미래 성장을 예상해 볼 수 있는 조사 방법이다.

⑥ NPS = P(추천 고객 비중) − D(비 추천 고객 비중)

우리 회사의 제품 및 서비스를 추천할 의사가 있습니까?

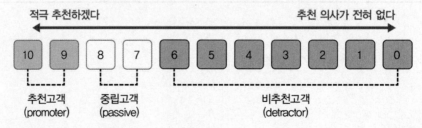

01 **고객만족지수(CSI) 측정의 필요성에 대한 설명으로 옳지 않은 것은?**

① 고객유지율의 형태로서 예측된 투자수익률(ROI)을 예측할 수 있다.
② 경쟁사의 강·약점을 분석할 수 있다.
③ 자사 및 경쟁사의 고객충성도를 분석한다.
④ 고객 기대가 충족되지 않은 영역에 대한 평가가 가능하다.
⑤ 경쟁사의 품질성을 확인할 수 있다.

02 **다음 중 고객만족지수(CSI) 측정의 필요성으로 가장 옳지 않은 것은?**

① 효율성 평가 및 불만 해소의 영향 분석
② 고객의 기대가 충족된 영역에 대한 평가
③ 자사의 경쟁력 관련 품질성과 연구
④ 잠재적인 시장 진입 장벽 규명
⑤ 자사 및 경쟁사의 고객 충성도 분석

03 **고객 순 추천지수(NPS)의 내용으로 옳지 않은 것은?**

① 친구나 동료에게 해당 제품, 서비스를 추천할 의향이 있는지 질문한다.
② 추천고객에서 비추천고객의 비율을 제외하고 지수화한 수치이다.
③ 베인&컴퍼니(Bain and Company)의 프레드릭 라이할트에 의해 개발되었다.
④ 고객의 선행변수로 지각된 전반적인 품질, 기대, 지각된 가치가 있다.
⑤ 다른 모델에 비해 쉽고 간단하며 기업의 미래 성장을 예상해 볼 수 있다.

정답 1 ⑤ 2 ② 3 ④

02 ■ 고객만족(CS) 평가 시스템 구축

(1) CS 평가 시스템(Customer Satisfaction Evaluation System)의 이해

1) CS 평가 시스템의 정의

CS 평가 시스템은 고객만족에 기여한 내부 경영활동의 과정(Process)과 결과(Result)를 고객 관점에서 평가하는 기법이다.

2) CS 평가 시스템의 필요성

① CS 평가 시스템을 통해 고객만족을 확인하고 조직문화로 정착시켜 직원의 실천을 유도한다.
② 고객만족에 대한 원인과 과정, 결과지표 등을 관리하여 추후 서비스 개선에 활용한다.
③ 효율성과 매출 위주의 평가 시스템에 고객 평가요소를 반영한다.

(2) CS 평가 시스템 프로세스

1단계	고객의 요구 파악	기존 VOC 자료에 대한 수집, 분석과 고객 접점 및 서비스 전달 현상에 대한 진단을 통해 데이터를 수집하고, 다양한 조사 방법을 통해 고객 요구, 즉 고객의 기대수준과 내용을 파악한다.
2단계	고객만족도 조사	고객요구를 반영하여 설문지를 개발하고, 고객별 조사를 통해 고객의 기대와 만족의 정도를 파악한다. 일반적으로 외부고객만족도(CSI) 조사와 내부부서만족도(ICSI) 조사를 시행한다.
3단계	CS 평가지표 개발	QFD(Quality Function Deployment) 기법을 통해 주요 고객의 요구와 핵심 관리요소를 도출한다. 대표성 및 전략적 중요성 등을 고려하여 평가지표를 도출한다.
4단계	CS 평가 시스템 실행체계 구축	각 지표별 DATA 수집 방안 및 평가 설계를 구체적으로 계획하며, 테스트를 통해 문제점을 보완하여 완성한다. 이후 프레젠테이션(Presentation)을 실시하여 사내 공유한다.
5단계	CS 평가 시스템 실행	전사, 부문, 팀, 개인 단위의 지표별 목표를 설정하고, 구체적인 실행계획을 수립한다. 실행에 대한 성과를 분석하고 새로운 평가 시스템에 따라 평가와 보상을 시행한다.

1) 고객의 요구 파악을 위한 마케팅 조사자료 수집

① 1차 자료 : 조사자의 직접 조사자료, 특별한 목적이나 조사를 위해 직접 수집된 본래의 자료
　㉠ 조사를 위한 자료수집 방법 : 표적집단면접법(패널조사), 관찰법, 서베이법, 실험법, 행동조사법

수집방법	내용
표적집단 면접법 (FGI)	• 사회자의 진행으로 6~12명의 패널이 주어진 주제에 대해 토론하는 과정을 통해 자료를 수집하는 방법이다. • 어느 기간 동안 일정하게 유지되는 고정된 표본으로 개인소비자, 가구, 점포 등이 그 구성원이 될 수 있다.
관찰법	조사대상의 행동패턴을 관찰하고 기록함으로써 자료를 수집하는 방법이다.
서베이법 (질문조사)	• 다수의 응답자들을 대상으로 설문조사하여 자료를 수집하는 방법이다. • 기술조사를 위해 가장 많이 사용하며 말, 글, 또는 컴퓨터를 통해 진행 가능하다. • 조사문제가 명확히 정의된 경우에 이용되며 정형화된 설문지를 사용한다. • 서베이법의 장점·한계점 표 참조
실험법	가장 확실하고 과학적인 조사법으로 외부 발생 변수를 통제할 수 있다.
행동조사법	고객들의 구매기록, 점포조사자료 및 고객자료에서 구매행위를 분석하여 고객의 선호성을 파악하는 방법으로 설문지보다 신뢰성이 높다.

장점	한계점
• 큰 규모의 표본과 일반화하여 해석할 수 있다. • 자료수집이 용이하다. • 객관적 해석이 가능하다. • 다양한 측면에서 분석이 가능하다. • 직접 관찰할 수 없는 요인이나 개념의 추정이 가능하다.	• 설문지 개발의 어려움이 있다. • 시간이 오래 걸리며 응답률이 낮다. • 응답의 정확성 문제가 있을 수 있다. • 탐사방식에 의해 깊이 있는 질문이 불가능하다. • 부적절한 통계기법 사용으로 해석을 오도할 수 있다.

    ⓒ 1차 자료 수집을 위한 조사수단 : 설문지, 기술적 설비, 정성적 측정

② **2차 자료** : 다른 기관, 개인이 이미 수집 및 분석한 자료 또는 다른 목적을 위해 수집된 자료

    ㉠ **내부 2차 자료** : 마케팅 및 회계를 목적으로 한 기업의 자체적 수집 및 보관자료

    ⓒ **외부 2차 자료** : 행정기관, 이외의 기관, 인터넷 획득자료, 마케팅조사 회사의 수집 자료

③ **정성(비계량)조사와 정량(계량)조사**

    ㉠ **정성조사**

        ⓐ 소비자의 행동이 항상 설문 문항의 대답과 일치하지 않기 때문에 정성 기법을 사용하며, 정량조사에서 파악할 수 없는 구체적인 내용을 얻고자 할 때 활용된다.

        ⓑ **정성조사 기법을 적용해야 하는 경우**

> • 양적 조사의 사전 단계로 가설의 질적 검증 및 의미를 확인
> • 사전 지식이 부족할 때, 예비적 정보 수집 시
> • 소비자를 깊이 이해하려는 시도
> • 소비자 언어의 발견 및 확인

        ⓒ **정성조사의 장점** : 유연성, 현장성, 신속성, 심층적, 저비용

TIP 투사법

조사의 목적 혹은 연구주제를 응답자가 모르도록 하면서 간접적으로 조사하는 방법이다. 응답자 내면에 있는 동기, 생각, 혹은 감정 등이 응답에 투사된다고 보고 있다. 단어 연상법, 문장완성법, 그림묘사법, 만화 완성법, 이야기 완성법 등과 같이 다양한 심리적인 동기 유발 기법을 사용하여 조사한다.

TIP 잘트만식 은유 추출기법(ZMAT)

정성조사방법의 단점인 소비자의 잠재니즈를 파악하는 데 제한적이라는 점을 극복하기 위해 언어 대신 이미지를 이용한 은유기법을 통해 소비자의 숨어있는 니즈를 파악하는 조사방법이다.

ⓛ 정량조사
　ⓐ 구조화된 설문지를 사용하며 한번 확정되면 고정적이다.
　ⓑ 어떤 현상이나 사실에 대해 객관화, 일반화를 검증할 수 있으나 구체적 원인을 확인하는 데 한계가 있다.
　ⓒ 많은 표본을 사용하고 소비자를 하나의 대량시장의 일부분으로 해석한다.
　ⓓ **정량조사의 장점** : 신뢰도 측정, 자료의 객관성, 자료의 대표성, 다목적성

2) CS 평가 조사 유형 : 탐험조사, 기술조사, 인과관계조사
　① 탐험조사
　　㉠ 조사자가 주어진 문제에 대해 잘 모를 때 실시하는 조사 유형이다.
　　㉡ 주로 비계량적인 방법과 비정형적인 절차를 통해 자료 수집과 분석이 이루어진다.
　　㉢ 특정 그룹이나 제한된 숫자의 개인 인터뷰를 통해 예비 조사를 실시하여 조사 목표를 수정하거나 재규정하는 데 사용한다.
　　㉣ **탐험조사 자료수집방법** : 심층면접법, 표적집단면접법, 문헌조사, 전문가 의견조사
　　　ⓐ **심층면접법**
　　　　전문 면접원이 1명의 조사대상자를 대상으로 주제와 관련된 질문을 하는 기법이다.
　　　ⓑ **표적집단면접법(Focus Group Intervews; FGI)**
　　　　1명의 사회자의 진행 아래 6~12명의 참여자가 주제에 대하여 토론하는 방법으로 사회자는 가급적 많은 아이디어를 도출해 낼 수 있다.
　　　ⓒ **문헌조사**
　　　　조사문제의 명확한 정의나 가설의 설정을 위하여 이용할 수 있는 신속하고 쉬운 방법들 중의 하나이다. 학술문헌, 업계문헌, 통계자료 등을 이용할 수 있다.
　　　ⓓ **전문가 의견조사**
　　　　조사의 주제에 대하여 상당한 식견을 가진 사람들을 대상으로 하는 것이다. 때문에 기업의 경영층, 판매관리자, 브랜드 관리자, 판매원 등이 조사의 대상이 될 수 있다.

② 기술조사

　　㉠ 소비자의 태도, 구매행동, 시장점유율 등의 자료를 조사대상으로부터 수집한다.

　　㉡ 수집한 자료를 분석하고 그 결과를 기술한다.

　　㉢ 패널, 서베이, 실험과 관찰의 조사자료 수집방법으로 수집한 자료를 통계적 방법에 의해 분석한다.

③ 인과관계조사

　　㉠ 기술조사는 조사문제와 관련하여 현상이 어떠한지에 관해 다루지만 왜 그러한 현상이 나타났는지에 관한 것은 다루지 않는다.

　　㉡ 인과관계조사는 두 개 이상의 변수들 간의 인과관계를 규명하는 조사이다.

TIP 신제품 테스트에 많이 사용되는 조사자료 수집방법

1. HUT(Home Usage Test)
   신제품 개발 후 전체 표적시장을 대상으로 도입하기 전에 일부 가정에서 일정기간 소비·사용하도록 한 후 면접원이 직접 방문하여 설문조사를 하는 방법이다.

2. CLT(Central Location Test)
   조사 대상자들이 많이 있는 지역에서 임시적으로 조사 자리를 마련하여 지나가는 사람들에게 선물, 현금 등의 보상을 하며 조사에 협조하도록 요청 및 조사를 실시하는 방법이다.

3. Gang Survey
   다수의 조사 대상자들을 정해진 일시에 정해진 장소로 오도록 하여 동시에 서베이를 실시하는 방법이다. 조사 대상자는 자신의 동기에 의해 특정 장소로 오게 되므로 조사에 대한 협조도가 높다.

---

3) 고객만족도조사를 위한 설문지 개발절차

① 응답자들의 진실한 행동, 생각, 그리고 느낌을 측정하는 도구이며, 좋은 설문지를 개발하는 것은 조사자와 마케팅 관리자에게 매우 중요하다. 수집된 자료를 적절한 기법으로 분석한 결과는 마케팅 의사결정자에게 매우 중요한 정보를 제공할 수 있다.

② 자료수집 수단의 결정 : 대면, 전화, 인터뷰, 서베이, e-mail 등

③ 개별질문 내용의 결정

　　㉠ 그 질문이 반드시 필요한가?

　　㉡ 하나의 질문으로 충분한가?

　　㉢ 적절한 응답자를 선별할 질문이 필요한가?

　　㉣ 응답자가 응답할 수 있는 질문인가?

　　㉤ 응답자가 질문에 응답할 것인가?

④ 질문과 응답형태의 결정 : 개방형 질문, 선다형 질문, 이분형 질문, 척도점을 이용한 질문

⑤ 질문의 표현

    ㉠ 가급적 쉽게 질문한다.

    ㉡ 애매모호한 질문을 피한다.

    ㉢ 유도하는 질문을 삼간다.

    ㉣ 대안을 묵시적이 아닌 명시적으로 표현한다.

    ㉤ 응답자가 답변하기 쉽게 질문한다.

    ㉥ 한 번에 두 개 이상의 질문을 하지 않는다.

⑥ 질문의 순서 결정

    ㉠ 단순하고 흥미로운 질문부터 시작한다.

    ㉡ 논리적이고 자연스러운 흐름에 따라 질문을 위치시킨다.

    ㉢ 보다 포괄적인 질문을 한 다음 구체적인 질문을 한다.

    ㉣ 분류 항목은 뒤에 위치시킨다.

    ㉤ 어렵거나 민감한 질문은 뒤에 위치시킨다.

    ㉥ 중요한 질문은 설문지가 매우 긴 경우 앞쪽에 위치시킨다.

⑦ 설문지의 외형적 특성 결정 : 종이의 질, 인쇄 등

⑧ 설문지의 검토와 수정

⑨ 설문지 표지의 개발 : 조사의 목적, 회송시기, 회송주소 등 가급적 표지 상단에 조사하는 회사명과 주소 등이 인쇄된 용지를 사용하는 것이 바람직하다.

Warming Up ↗

---

01 **다음 중 〈보기〉의 설명에 해당하는 자료수집 방법은?**

┌ 보기 ─────────────────────────────
- 다수의 응답자들을 대상으로 설문조사를 하여 수집하는 방법이다.
- 조사문제가 명확히 정의된 경우에 사용된다.
- 정형화된 설문지를 사용한다.

  ① 실험법   ② 관찰법

  ③ 표면집단면접법   ④ 서베이법

  ⑤ 행동조사법

정답   1 ④

---

03 고객 충성도 향상 전략

(1) 고객 충성도

1) 충성 고객의 의미

① 기업의 고객만족경영에 만족한 고객으로 제품 및 서비스를 반복적으로 사용하는 고객을 의미한다.

② 구전을 통해 기업 또는 브랜드를 추천하는 고객이다.

③ 기업이 제공하는 상품 가격에 민감하지 않으며 전환, 이탈하지 않는 고객을 의미한다.

④ 기업의 다양한 제품과 서비스를 포괄적으로 구매하는 고객이다.

⑤ 기업의 운영과 문화 등에 대해 포괄적인 관심을 보이는 고객이다.

2) 고객 충성도의 분류

소비자 구매 패턴에 의한 분류(브라운)	완전한 충성도, 변화하기 쉬운 충성도, 분열된 충성도, 무 충성도
고객초점에 맞춘 충성도 단계별 분류 (라파엘과 레이피)	예비고객 : 특정 제품이나 서비스 구매에 관심을 보임
	단순고객 : 관심을 가지고 적어도 한 번 이상 구매
	고객 : 제품이나 서비스를 빈번하게 구매
	단골고객 : 정기적으로 구매
	충성고객 : 주변 지인에게 서비스에 대한 칭찬, 긍정적인 구전을 함
충성도 4단계의 동태적 발전 (올리버)	인지적 충성 : 브랜드 신념에만 근거한 충성 단계이며, 사용하는 브랜드가 대체안보다 선호될 수 있음을 제시한다.
	감정적 충성 : 브랜드에 대한 선호가 만족스러운 경험이 누적됨에 따라 증가하지만, 경쟁사로 이탈하기 쉬운 단계이다.
	행동 의욕적 충성 : 반복적인 경험에 의해 영향을 받고 행위의도를 가지게 되는 단계이다.
	행동적 충성 : 의도가 행동으로 전환되는 단계이다.

(2) 고객 충성도 측정 방법

① **행동적 측정 방법** : 특정 기업에 대해 일정 기간동안 고객이 반복적으로 구매하는 경향으로 반복 구매 행동과 구매 비율, 구매 빈도 등으로 지속적, 반복적 구매행위를 측정한다.

② **태도적 측정 방법** : 기업에 대한 선호도, 심리적 애착을 통해 선호도와 구전의도, 재구매의도 등으로 측정한다.

③ **통합적 측정 방법** : 행동론적 측정 방법과 태도론적 접근방법을 종합하여 고객의 호의적 태도 및 반복구매 행동으로 해석한다.

(3) 고객 충성도 향상 방안

① 상향판매, 교차판매 및 CRM을 통해 고객에 대한 맞춤 제공을 개발한다.
② 고객이 참여할 수 있는 기회를 제공하고 고객의 의견을 적극 수용한다.
③ 고객의 차별화 전략을 통해 라이프스타일, 비즈니스스타일의 변화를 지원한다.
④ 충성고객의 레버리지(지렛대)효과가 발휘될 수 있도록 독려한다.
⑤ 레이나르츠와 쿠머의 고객 충성도 향상 전략

구분	단기고객	장기고객
높은 수익	Butterflies	True Friends
	• 소비자의 욕구와 제공 서비스의 적합도가 높고, 잠재이익도 높다. • 거래측면에서의 만족도가 높아야 한다.	• 소비자의 욕구와 제공 서비스의 적합도가 높고, 잠재이익도 높다. • 지속적인 의사소통으로 충성도 구축과 지속적인 고객관계 유지가 필요하다.
낮은 수익	Stranger	Barnacles
	• 소비자의 욕구와 제공 서비스의 적합도가 낮다. • 매 거래마다 이익을 창출해야 하기 때문에 관계유지를 위한 투자가 불필요하다.	• 소비자의 욕구와 제공 서비스의 적합도가 제한적이며 잠재이익이 낮다. • 지갑점유율(Wallet Share : 고객이 소지하고 있는 돈 중에서 우리 회사의 상품/제품 구입에 쓰인 돈의 비율)을 측정하는 것으로, 지갑점유율이 낮을 때 상향, 교체 구매를 유도해야 한다.

Warming Up ↗

01 고객 충성도 측정 방법 중 〈보기〉의 설명으로 옳은 것은?

┌ 보기 ──
특정 기업에 대해 일정 기간 동안 고객이 반복적으로 구매하는 경향으로 반복구매
행동과 구매비율, 구매빈도로 측정한다.
└──

① 통합적 측정 방법　　　　　　② 인지적 측정 방법
③ 개념적 측정 방법　　　　　　④ 태도적 측정 방법
⑤ 행동적 측정 방법

02 다음 중 라파엘과 레이피의 고객 충성도 유형 중 제품 및 서비스를 정기적으로 구매하
는 계층에 해당하는 것은?

① 예비 고객　　　　　　　　　② 단순 고객
③ 단골 고객　　　　　　　　　④ 고객
⑤ 충성 고객

정답　1 ⑤　2 ③

CHAPTER 02 고객만족(CS) 컨설팅

학습개요	서비스 품질관리 전략과 고객만족 트렌드의 방향을 살펴보고, 변화하는 고객의 요구를 만족으로 이끄는 서비스 계획을 수립한다.
절 구성	1. 서비스 품질관리 컨설팅 　　2. 고객만족(CS) 트렌드 3. 고객만족(CS) 플래닝 　　　4. 고객만족(CS) 벤치마킹
학습중점	1. 서비스 품질 GAP 모델의 발생원인과 해결방안 2. 서비스 기대의 영향 요인 3. 고객만족(CS) 계획수립의 절차와 유형 4. 기업의 벤치마킹이 필요한 이유
마인드 맵	

CHAPTER 02 고객만족(CS) 컨설팅

01 서비스 품질관리 컨설팅

(1) GAP 모델 서비스 마케팅

1) GAP 모델의 이해

① 고객의 기대 수준과 실제 제공받은 서비스에 대한 지각된 수준의 차이를 바탕으로 서비스 품질을 측정하는 방법이다. 고객이 서비스를 제공받는 과정을 세분화하고 각 과정에서 발생할 수 있는 차이를 이용하여 서비스 품질을 개선할 구체적 방안을 제시한다.

② 서비스 품질을 개선하기 위해서 갭의 원인들을 밝히고 그 갭을 줄일 수 있는 전략을 개발해야 한다.

2) GAP 모형

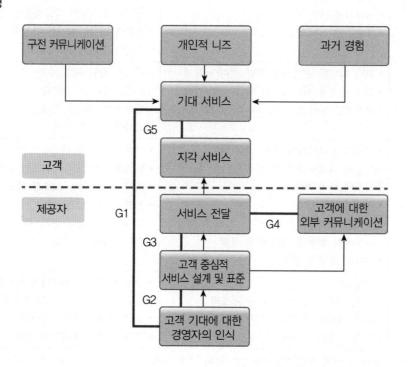

① GAP 1 : 경영자가 고객의 기대를 정확히 인식하지 못해 발생한다(관리자 이해부족).
② GAP 2 : 서비스 기준이 경영자의 인식과 일치하지 않을 때 발생한다(복잡한 서비스 설계).
③ GAP 3 : 경영자의 기대 서비스 수준을 직원들이 실행하지 못할 때 발생한다(서비스 표준 제공 실패).
④ GAP 4 : 서비스 전달과 외부 커뮤니케이션의 차이에서 발생한다(지키지 못할 약속).
⑤ GAP 5 : 고객의 기대된 서비스와 인식된 서비스가 일치하지 않을 때 발생한다(1~4복합 요인).

3) GAP 모형의 발생원인과 해결방안

구분	발생원인	해결방안
GAP 1	• 경영자가 고객의 기대 파악 실패 • 마케팅조사의 중요성에 대한 이해 부족 • 상향적 커뮤니케이션 결여 • 지나치게 많은 관리 단계 • 불충분한 서비스 회복	• 고객의 기대 조사 – 고객패널 이용조사, 거래근거 이용조사 – 고객의 유사 업종에서의 Needs 연구조사 • 직원과 고객과의 상호작용을 통한 기대 조사 • 상향적 커뮤니케이션 활성화 • 조직의 관리 단계 축소
GAP 2	• 고객 기대를 반영하지 못한 서비스 설계 • 고객 중심적 서비스 업무의 표준화 결여 • 부적합한 물리적 증거, 서비스 스케이프	• 서비스 품질 목표 수립 • 서비스 업무의 표준화 • 체계적인 서비스 설계 • 적절한 물리적 증거
GAP 3	• 서비스에 적합하지 못한 직원 배치 • 직무에 적합하지 않은 감독・통제 시스템 • 직무에 대한 부적응 • 인사정책의 결함 – 역할 모호성・갈등, 평가・보상 부적절, – 부족한 팀워크, 권한위임 결함 • 수요와 공급의 불일치	• 기술–직무 간 적합성 보장 • 팀워크 형성, 교육, 피드백, 커뮤니케이션 제공 • 역할 갈등, 역할 모호성 해소 • 경영 통제 시스템 개발 • 직원에게 인식된 통제 권한 제공 • 수요와 공급의 연결
GAP 4	• 과잉 약속 • 광고, 커뮤니케이션에 대한 부조화 • 통합 서비스 커뮤니케이션 부족 • 고객 기대를 효과적으로 관리하지 못함	• 수평적 쌍방향 커뮤니케이션 활성화 • 광고와 인적판매에서의 정확한 약속 • 통합 마케팅 커뮤니케이션 • 고객 기대의 효과적인 관리
GAP 5	GAP 1~4의 복합적인 요인으로 인해 고객 기대를 충족시키지 못해서 발생되는 전체적인 갭	

(2) 서비스 기대관리

1) 고객의 서비스 기대수준 5가지 : 이상적 서비스, 희망 서비스, 허용 영역, 적정 서비스, 예측된 서비스

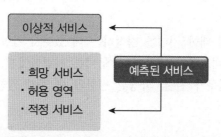

이상적 서비스	• 소비자가 기원하는 서비스 수준 즉, 바람직한 서비스 수준이다. • 자동차 사고로 엔진까지 손상되어 정비공장에 맡겼을 때 100% 원상복구되기를 바라지만 현실적으로 원상복구되는 것이 어렵다는 것을 안다. 때문에 이상적 서비스는 현실적으로 이루어지기 어려운 경우가 많다.
희망 서비스	바람(Wants)과 소망(Hope)을 뜻하며, 고객이 받기를 바라는 서비스이다.
허용 영역	• 희망 서비스 수준과 적정 서비스 수준 사이의 영역이다. • 서비스 실패가 잘 드러나지 않는 소위 "미발각 지대(No Notice Zone)"이다. • 가격이 높아지거나 해당 서비스에 대한 경험이 쌓이게 되면 허용 영역은 줄어드는 경향이 있다.
적정 서비스	• 고객이 불만 없이 받아들일 만한 최소한 허용 가능한 서비스 기대수준, 또는 수용할 수 있는 서비스의 최하수준을 의미한다. • 적정 서비스에 대한 수준은 경험을 바탕으로 한 예측 서비스 수준에 의해 형성된다. • 고객이 서비스를 받았다고 생각할 수 있는 최저상태를 의미한다.
예측된 서비스	• 고객이 서비스 기업으로부터 실제로 받을 것이라고 기대하는 서비스 수준이다. • 이상적 서비스와 적정 서비스 수준 사이의 범위에 해당한다.

(3) 고객의 서비스 기대의 영향 요인

1) 내적 요인

① 개인적 욕구(니즈) : 고객의 개인적 욕구는 매슬로(Maslow)의 욕구 5단계 모델에 기초한다.

② 관여도
  ㉠ 고객이 받고자 하는 서비스에 자신이 어느 정도 관련되어 있다고 느끼는지에 따라 영향을 받는다.
  ㉡ 고객의 관여도가 높을수록 이상적 서비스와 희망 서비스 사이의 간격이 좁아진다.
  ㉢ 고객의 관여도가 높을수록 허용 영역이 좁아진다.

③ 과거 경험
  ㉠ 예측된 기대와 희망 기대 수준을 형성하는 데 영향을 미친다.
  ㉡ 서비스 경험이 많을수록 기대 수준이 높아진다.

④ 서비스 철학 : 유전과 과거 경험의 조합에 의해 서비스에 대한 철학을 형성한다.

2) 외적 요인

① **경쟁 대안** : 기대수준은 경쟁사가 제공하는 다른 대안들에 의해 영향을 받는다.

② **사회적 상황** : 일반적으로 사람들은 다른 사람과 함께 있을 때 기대수준이 더 상승한다.

③ **구전**

   ⊙ 고객이 서비스에 대한 기대를 형성하는 데 있어서 가장 강력한 원천이 된다.

   ⓒ 고객은 어떤 서비스를 구매하기 전에 다른 사람들에게 물어보거나 조언을 구한다.

   ⓒ 개인적 원천, 전문가 원천, 파생된 원천의 세 가지 원천이 있다.

3) 기업 요인

가격, 접근성과 이용가능성(유통), 촉진활동, 직원의 용모, 서비스 시설의 유형적 단서, 대기시간, 기업의 이미지 등은 고객의 기대수준에 영향을 미친다.

4) 상황적 요인

① **고객의 기분** : 고객은 기분이 좋을 때 서비스 직원에게 더욱 관대해진다.

② **구매 동기** : 구매 동기에 따라 선택하는 서비스업체가 달라질 수 있다.

③ **날씨** : 기업의 통제 영역 밖에 있기 때문에 서비스 기대수준을 비교적 쉽게 낮출 수 있다.

④ **시간적 제약** : 시간이 제한되어 있을 때, 서비스에 대한 기대수준을 낮추는 경향이 있다.

Warming Up

01 서비스 품질 관리 방법 중 GAP 4의 원인에 대한 해결 방안으로 올바른 것은?

① 역할 갈등 및 역할 모호성 감소
② 서비스 업무 표준화
③ 수평적 쌍방향 커뮤니케이션 증대
④ 고객의 기대 조사
⑤ 체계적인 서비스 설계

02 다음 중 고객 기대에 대한 영향 요인 중 외적 요인에 해당하는 것은?

① 구전　② 관여수준　③ 과거 경험　④ 가격　⑤ 개인 욕구

정답 1 ③ 2 ①

02 고객만족(CS) 트렌드

(1) 트렌드

1) 트렌드의 정의

① 동향, 경향, 추세, 스타일의 뜻으로서 어떤 방향으로 쏠리는 것을 뜻한다. 독창성이나 저작권을 신경 쓰지 않고 남을 따라 할 수 있다고 여겨지는 것이다.

② 사회, 경제, 문화 등 다양한 영역에서 동시적이고 포괄적으로 나타나는 현상이며 장기간에 걸친 성장 및 정체, 후퇴 등 변동 경향을 나타내는 움직임이다.

③ 트렌드는 중장기적으로 이뤄지는 동향이기 때문에 짧은 시간 급격히 인기를 끌다 금방 사라지는 패드(For a day : Fad)와 구분을 해야 한다.

④ 트렌드는 공간적으로 미시, 거시, 초거시로 구분하며, 시간적으로 단기, 중기, 초장기 트렌드로 구분할 수 있다.

⑤ 트렌드의 중요성은 미래의 시장과 고객 변화에 대응함에 있다.

2) 트렌드의 유형

① **메타 트렌드** : 문화 전반을 아우르는 광범위하고 보편적인 트렌드이며, 자연의 기본법칙이나 영원성을 지닌 진화의 법칙, 사회적으로 일어나는 현상을 의미한다.

② **메가 트렌드** : 현대 사회에서 일어나고 있는 트렌드가 모여 사회의 거대한 조류를 형성하는 현상이다. 세계가 지구촌화되면서 세계화로 퍼져나가는 트렌드를 일컬으며, 최소 30~50년 간 지속된다. 메가 트렌드는 삶의 모든 영역에서 징후를 찾아볼 수 있으며 메가 트렌드를 제대로 파악하게 된다면 세상이 어떻게 변화하고, 어떻게 바뀔 것인지 어느 정도 예측이 가능하다.

③ **사회적 트렌드** : 삶에 대한 사람들의 감정, 동경, 문화적 갈증이다.

④ **소비자 트렌드** : 남을 따라하는 모방심리나 유행과는 달리 어떤 욕구나 심리적 동기가 내재되어 있는 것으로서 5~10년 동안 지속되어 소비세계의 변화를 이끌어 내는 것이다.

⑤ **마케팅 트렌드** : 마케팅 언어와 마케팅 현상세계에서만 존재한다.

⑥ **마이크로 트렌드** : 소수의 열정집단의 움직임에 따른 작은 변화에 의한 트렌드 개념이다.

⑦ **주류 트렌드** : 강력한 트렌드에 의한 거시적 환경변화는 소비자와 사회를 변화시키며 이로 인해 새로운 소비 경향을 일으키는 주류 트렌드를 형성한다.

(2) CS 트렌드

1) 소비자 태도의 변화의 7가지 추세(IBM CX Forum 2005)

① **소비자의 가치 변화** : 소비자의 가치는 생활 패턴의 변화에 따라 높아지고 있다.

② **도시와 농촌 환경의 변화** : 도시에는 인프라가 집중되면서 중산층이 많아지고 도시 간 연결이 긴밀해지고 있다. 반면 농촌은 마을 간의 격리가 심화된다. 그에 따른 유통 방식 및 영업의 차이를 주목해야 한다. 주로 중국과 아시아 지역에서 많이 일어난다.

③ **정보에 대한 거부감 증가** : 정보가 넘쳐나면서 소비자는 광고나 팝업에 대한 스트레스가 심해졌다. 이는 마케팅 전문가가 소비 대상에게 접근하기 힘들어진다는 것을 의미한다. 또한 고객의 정보 소유욕도 높아져서 기업은 고객이 될 소비자를 이해하고 다가가기가 힘들어졌다.

④ **정보 활용도의 변화** : 구매자의 80%가 인터넷 검색이나 매거진을 통해 사전 정보를 파악, 구매를 결정한다. 고객의 요구가 까다로워지고 있는 것이다.

⑤ **대형 유통업체의 진출 및 생성** : 대형 유통업체의 진출은 유통업을 변화시키고 있다. 이들은 편의점, 슈퍼마켓, 약국 등으로 영역으로 확대하고 있고 금융 서비스 사업에까지 진출하고 있다.

⑥ **산업의 변화에 따른 기업의 포커싱 변화** : 산업의 변화는 기업의 변화를 요구하고 있다. P&G의 경우 소비자에 대한 통찰력, 파트너와의 관계, 훌륭한 제품과 혁신의 세 가지를 핵심 역량으로 삼고, 이외에 사업은 모두 파트너에게 위임했다. 비누 제조마저 중국에 아웃소싱 하는 형태로 선택과 집중 전략을 펼친 결과 현금유동성 확보에 성공, 결국 P&G는 질레트를 인수할 수 있었다.

⑦ **시장의 구조조정**

   ㉠ 중국의 영향, 법규 완화, WTO의 영향 등 시장의 변수가 많아지고 있다. 이로 인해 타깃 소비자를 지정하는 것이 중요해지고 있다. 시장 다수를 대상으로 하는 시장 구조에서 특수 영역만을 집중 공략하는 형태로 타깃 곡선이 바뀌어야 한다.

   ㉡ 은행의 경우도 대중을 위해서는 ATM, 셀프서비스를 이용하여 지점을 폐쇄하는 반면 특정 계층에 대해서는 개인 맞춤형 상품을 개발하는 등의 고급 서비스를 제공한다.

   ㉢ 이에 반해 백화점은 아직 다수의 중산층을 타깃으로 한다. 이와 같은 미드티어 시장 공략이 오히려 매출과 비용면에서는 불리하다. 탑엔드와 로우엔드에 대한 선택과 집중이 필요하다.

Warming Up

01 다음 중 〈보기〉에 해당하는 고객만족(CS) 트렌드로 옳은 것은?

┌─ 보기 ──
현대 사회에서 일어나고 있는 트렌드가 모여 사회의 거대한 조류를 형성하는 현상이다.
└──

① 메타 트렌드   ② 소비자 트렌드
③ 사회문화적 트렌드   ④ 패드 트렌드
⑤ 메가 트렌드

정답 1 ⑤

03 고객만족(CS) 플래닝

(1) 고객만족 마케팅 계획수립(Planning)

1) 고객만족 마케팅 계획수립의 정의

고객의 변화와 니즈를 파악하여 상품을 만들고, 효과적인 커뮤니케이션으로 고객의 구매를 이끌어 내기 위해 준비, 계획하는 일련의 과정을 뜻한다.

2) 마케팅 계획수립의 장점

① 직원의 행동 지침이 된다.　② 직원의 시간 관리를 용이하게 한다.

③ 조정의 역할을 한다.　④ 구성원 통제의 근원이 된다.

⑤ 직원의 업무 집중도를 높이며 조직의 유연성을 향상시킨다.

3) 마케팅 계획수립 시 고려사항(성공 목표의 조건)

① 측정 가능　② 구체적 진행

③ 기간의 명시　④ 달성 가능성

(2) 고객만족 계획수립의 절차 6단계

기업목표의 기술 → 기업환경 분석 → 마케팅 목표 설정 → 목표달성을 위한 전략 수립 → 전략수행을 위한 프로그램 작성 → 실행 및 재검토

1단계	기업목표의 기술	• 조직 목표 설정으로 플래닝은 조직의 목표 달성에 초점을 둔다. • 조직목표 및 사명 설정
2단계	기업환경 분석(SWOT)	기업 내·외부 환경을 분석한다.
3단계	마케팅 목표 설정	마케팅 목표를 구체적이고 측정가능하게 설정하며 기간을 명시한다.
4단계	목표달성을 위한 전략 수립	고객 분석 후 선정된 고객의 욕구를 만족시킬 수 있는 마케팅 믹스 전략과 판매 수단을 결정한다(경쟁 우위확보 위한 본원적 전략).
5단계	전략수행을 위한 프로그램 작성	• 전략이 수립되면 이를 수행하기 위한 구체적인 세부 전략으로써 업무에서 수행할 보조 활동 프로그램을 작성한다. • 전략 우위 확보방안, 원가 우위 차별화, 집중화 전략
6단계	실행 및 재검토	• 수립된 전략과 활동 프로그램은 실행이 뒷받침되도록 마케팅 환경과 활동을 재검토한다. • 경영자는 전략실행의 높은 관심으로 조정 및 통제를 실시

TIP	**목표설정 기준**

- 경중완급을 고려한 목표설정
- 명확한 일정 적용
- 정량화 및 측정 가능
- 현실적이고 일관성 있는 목표 설정
- 모든 구성원이 참여하여 설정

(3) 계획수립의 유형

1) 기간에 따른 구분(단기, 중기, 장기계획)

단기계획	• 1년 이내의 계획 • 생산시설의 가동률만 변경하여 효과가 마케팅 실적에 나타날 수 있도록 한다.
중기계획	• 1~2년 정도의 계획 • 생산시설의 확충, 축소의 효과가 마케팅 실적에 나타날 수 있도록 한다.
장기계획	• 3년 이상의 계획 • 기업의 현재와 미래를 모두 포함하는 개념 • 기업의 목표를 명확히 하고 우선순위를 정하여 자원을 배분한다.

2) 적용범위에 따른 구분(전술적, 전략적, 운영 계획)

전술적 계획	• 단기적 의사결정과정으로서 전략적 계획에 근거하여 수립하는 중기계획 • 부서별 연간 예산을 책정, 기업의 전략을 집행하는 구체적 수단, 현재 운영 방안의 개선을 위한 계획 • 중간관리자, 초급관리자가 계획에 참여한다.
전략적 계획	• 조직전반에 걸친 장기적인 관점의 장기계획 • 조직이 나아가야 할 방향을 정하며 계획이 실현될 수 있도록 한다.
운영 계획	전략적 계획을 실천하기 위한 구체적인 활동, 전략적 계획 수행을 위해 필요한 활동과 자원에 비중을 둔다.

TIP	**계획수립을 위한 예측기법**

- **상황대응 계획법** : 당초의 계획이 부적절할 때 새로운 환경에 대응할 수 있도록 행동을 수정하는 과정
- **시나리오 계획법** : 미래에 전개될 시나리오를 예측하고 계획을 수립하는 것

Warming Up ↗

01 고객만족을 위한 플래닝의 장점에 대한 내용으로 가장 옳지 않은 것은?

① 집중도를 높이고 조직의 유연성을 향상시켜 준다.
② 조직 구성원의 행동을 자유롭게 한다.
③ 구성원의 시간관리를 용이하게 한다.
④ 조정을 도와주는 역할을 한다.
⑤ 통제의 근원이 된다.

02 다음 중 고객만족 플래닝의 절차의 순서로 옳은 것은?

① 기업목표의 기술 → 마케팅 목표 설정 → 기업 환경 분석 → 목표달성을 위한
전략수립 → 전략 수행을 위한 프로그램 작성 → 실행 및 재검토
② 기업목표의 기술 → 마케팅 목표 설정 → 목표달성을 위한 전략수립 → 기업 환경
분석 → 전략 수행을 위한 프로그램 작성 → 실행 및 재검토
③ 기업목표의 기술 → 기업 환경 분석 → 마케팅 목표 설정 → 목표달성을 위한
전략수립 → 전략 수행을 위한 프로그램 작성 → 실행 및 재검토
④ 마케팅 목표 설정 → 기업목표의 기술 → 기업 환경 분석 → 목표달성을 위한
전략수립 → 전략 수행을 위한 프로그램 작성 → 실행 및 재검토
⑤ 마케팅 목표 설정 → 목표달성을 위한 전략수립 → 기업목표의 기술 → 기업 환경
분석 → 전략 수행을 위한 프로그램 작성 → 실행 및 재검토

정답 1 ② 2 ③

04 고객만족(CS) 벤치마킹

(1) 벤치마킹의 이해

① 원래 지형탐사 활동에서 측량할 때 쓰이는 가시점이나, 비교 측정할 수 있는 표준점을 의미
하였다.
② 벤치마킹이란 기업에서 경쟁력을 향상시키기 위한 방법으로 선두기업의 우수한 측면을 배워
오는 기법이다. 단순히 선두기업의 제품을 복제하는 것이 아니라 장·단점을 분석해 자사의
제품 수준을 향상시켜 시장 경쟁력을 높이는 개념이다.
③ 벤치마킹의 특징 : 목표 지향적, 정보 집약적, 평가기준에 기초, 외부적 관점, 객관적 행동

(2) 벤치마킹의 유형

1) 내부 벤치마킹

① 조직 내의 기능별, 계층별, 지역별 업무단위 간 비교이다. 즉 서로 다른 위치의 사업장이나 부서, 사업부 사이에서 일어나는 활동이다.

② 조직 내부에서의 최상의 업무성과가 무엇인지 정보 수집이 용이하지만, 근시안적인 조사와 분석의 한계를 가지고 있다.

2) 외부 벤치마킹

전략적 벤치마킹	• 성공한 우수기업의 장기적 전략과 방법, 핵심역량 등을 조사한다. • 회사의 전체성과를 향상시키는 것을 목표로 한다.
경쟁력 벤치마킹	• 동일한 영역의 회사에 관해 핵심제품과 서비스 성능 특징에 대하여 경쟁사와 비교하는 방법이다. • 동종 업종이기 때문에 비교 가능한 장점이 있지만 자료 수집이 어렵다.
기능 벤치마킹	• 최신 제품과 서비스, 프로세스를 운영하는 기업을 대상으로 한다. • 새롭고 혁신적인 기법을 발견할 수 있는 장점이 있지만 이업종일 경우 방법 이전에 어려움이 있다.
포괄 벤치마킹	서로 다른 이업종 기업들에 대한 벤치마킹이다.

(3) 벤치마킹을 하는 이유

① 기업의 전략 계획 수립 과정에서 벤치마킹은 여러 분야의 정보를 수집하는 데 유용한 도구로 사용될 수 있다.

② 시장 변화를 예측하게 하며, 새로운 아이디어를 창출한다.

③ 경쟁업체, 선두기업의 제품과 경영 프로세스를 비교함으로써 자사의 경쟁력과 서비스 향상 방법 등을 파악할 수 있다.

④ 조직이 추구하는 적절한 목표를 선정하는 데 도움을 줄 수 있다.

(4) 벤치마킹의 절차(마이클 J., 스펜돌리니의 5단계)

벤치마킹 대상의 설정 → 팀 구성 → 벤치마킹 파트너 선정 → 정보의 수집과 분석 → 실행과 보고

Warming Up

01 벤치마킹의 유형 중 〈보기〉에 해당하는 것으로 옳은 것은?

┌─ 보기 ─────────────────────────────────────
• 최신의 제품과 서비스를 가지고 있는 조직을 대상으로 한 벤치마킹이다.
• 새롭고 혁신적인 기법을 발견할 수 있지만 이업종이기 때문에 방법 이전이
  어렵다.
└──

① 기능 벤치마킹   ② 내부 벤치마킹
③ 포괄 벤치마킹   ④ 전략적 벤치마킹
⑤ 경쟁력 벤치마킹

02 다음 중 벤치마킹의 특징으로 옳지 않은 것은?

① 외부적 관점   ② 목표 지향적
③ 정보 집약적   ④ 평가기준에 기초
⑤ 주관적 행동

정답 1 ① 2 ⑤

TIP 마케팅 용어

자이가르닉 효과 (Zeigarnik)	미완성 과제에 대한 기억이 완성된 과제에 대한 기억보다 더 오래, 강하게 남는다는 효과 예 완결되지 않은 드라마, 티저광고, 첫사랑의 기억
레트로 마케팅 (Retro marketing)	• 일명 '복고 마케팅'으로, 과거의 제품이나 서비스를 현재 소비자들에게 맞게 재해석하여 마케팅에 활용하는 것이다. • 당시를 향유하던 세대들에게 향수를 불러일으키며, 젊은 세대들에게는 새로운 문화를 접하는 신선함을 준다.
천장 효과 (Ceiling effect)	특정 브랜드가 부동의 1위를 선점하고 있어 더 이상 올라갈 곳이 없을 때, 해당브랜드가 천장에 도달하였으며 타 브랜드들로부터 추격을 당한다고 본다.
바넘 효과 (Barnum Effect)	사람들이 보편적인 성격이나 심리적인 특징을 자신만의 특성으로 여기는 경향 예 혈액형, 타로카드
바이럴 마케팅 (Viral marketing)	• 네티즌들이 이메일 등 전파 가능한 매체를 통해 자발적으로 기업의 제품을 홍보할 수 있도록 제작하여 널리 퍼지는 마케팅 기법이다. • 2000년 말부터 확산되며 인터넷 광고 기법으로 주목받기 시작하였다.
버즈 마케팅 (Buzz marketing)	• 소비자들이 자발적으로 메시지를 전달하게 하여 상품에 대한 긍정적인 입소문을 내게 하는 마케팅 기법이다. • 꿀벌이 윙윙거리는(buzz) 소리에서 유래했으며, 입소문 마케팅, 구전 마케팅이라고도 한다.
스토리텔링 마케팅 (Storytelling marketing)	브랜드의 특성과 잘 어울리는 이야기를 만들어 소비자의 마음을 움직이는 감성 마케팅의 일종이다. 예 코카콜라의 겨울 매출을 위한 빨간 옷 입은 산타클로스 활용
분수 효과 (Fountain Effect)	아래층에 방문한 소비자를 위층으로 올려 소비를 유도하는 마케팅 기법으로 샤워 효과의 반대이다. 예 백화점의 화장품 및 잡화, 식품매장을 아래층에 배치
에펠탑 효과 (Eiffel Tower Effect)	• 처음에는 싫어하거나 무관심했지만 대상에 대한 노출이 반복될수록 호감도가 증가하는 현상이다. • 단순 노출효과(Mere exposure effect)라고도 한다.
확증 편향 (Confirmation bias)	보고 싶은 것만 보고, 듣고 싶은 것만 듣는 심리로서 자기 생각과 일치하는 정보만을 받아들이는 현상이다.
언택트 마케팅 (Untact Marketing)	고객과 비접촉 상태에서 제품과 서비스를 판매하는 비대면 마케팅을 말한다.
침묵의 나선이론 (The spiral of silence theory)	• 자신의 견해가 다수의 의견에 속함을 인지할 경우 견해를 나타내지만 소수의 의견에 속할 경우 사회적 고립에 빠져들지 않기 위해 침묵한다는 이론이다. • 매스커뮤니케이션과 정치학에 관한 이론으로서 매체가 여론에 영향을 미치는 현상을 설명한다.
선도자의 법칙 (The Law of Leadership)	최초의 제품이 더 좋은 제품보다 유리한 영역을 차지한다는 마케팅 개념이다.

CHAPTER 03 고객만족(CS) 혁신 전략

학습개요	고객만족을 위한 고객 분석을 통해 고객의 행동을 이해하고 고객에게 가치를 제안하는 전략을 살펴본다.
절 구성	1. 고객 분석 및 기획 2. 고객경험 이해 및 관리 3. 고객 가치 제안 전략 4. 고객만족(CS) 서비스상품 제공 5. 고객만족(CS) 성과관리
학습중점	1. 고객 심리를 응용한 고객 욕구 분석 2. 고객 평생가치 분석의 기법 3. 슈미트의 전략적 체험 모듈 4. 고객 가치의 구성 이론
마인드 맵	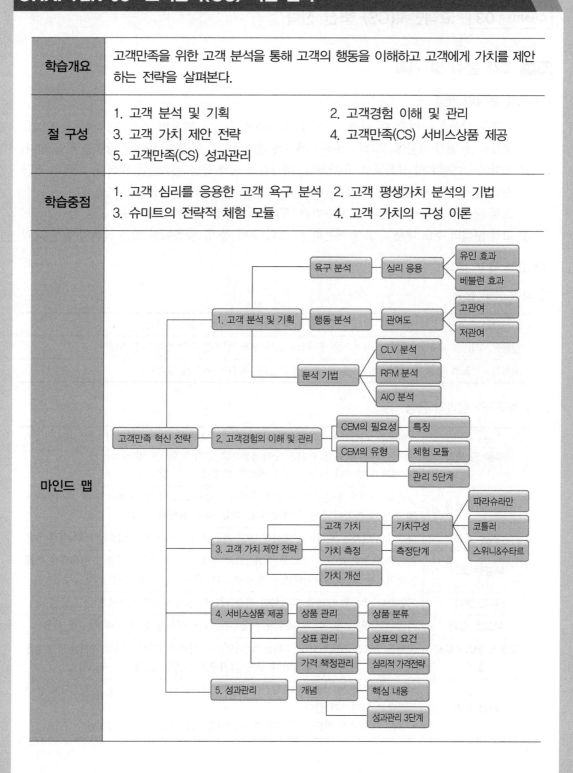

고객만족(CS) 혁신 전략

01 고객 분석 및 기획

(1) 고객 분석의 개념

① 고객은 상품을 구매할 때 문화, 가족 등에 의하여 영향을 받으며 기업은 고객들의 특성을 통제할 수 없기 때문에 고객의 행동과 욕구를 분석하여 그에 맞는 마케팅 활동을 해야 한다.

② 고객의 구매행위의 시장특성, 구매과정, 의사결정 형태 등을 분석하는 것이다. 기업의 전략 수립을 위해 상황 분석의 핵심은 제품 및 서비스 구매자인 고객을 분석하는 것이다.

③ 고객 분석의 목적 : 지속적 경쟁우위의 개발, 표적시장 결정, 투자 수준 결정 등

④ 고객 분석의 주요 내용 : 고객 세분화, 고객의 구매 동기, 충족되지 않은 고객의 욕구 파악

(2) 고객 욕구 분석

1) 고객 욕구 분류

경험적 욕구	고객은 인생의 즐거움을 추구하고 싶은 욕구를 갖는다.
실용적 · 기능적 욕구	재화나 서비스를 구매함으로써 삶의 일부분이 편해지기를 기대한다.
사회적 · 상징적 욕구	타인에게 인정 및 존경받고 싶은 사회적 욕구를 갖는다.

2) 고객욕구와 심리의 응용

프레이밍 효과	소비자는 기업에서 상품을 어떻게 표현하느냐에 따라 의사결정이 달라진다. 따라서 적절한 표현 방식은 구매행동으로 옮기게 할 수 있다. 예 커피가 반이나 남았다. VS 커피가 반밖에 남지 않았다.
밴드왜건 효과	상품의 인기가 높을수록 판매가 증가하는 경향으로 스놉 효과와 반대 의미이다. 예 유명 연예인이 착용한 액세서리, 의류 등이 유행하는 현상
스놉 효과	다수가 구매하는 제품을 구매하지 않고 희소성 있는 제품을 구매하는 소비 형태이다.
베블런 효과	값이 오를수록 수요가 증가하는 현상으로 주로 부유층이나 상류층 소비자들에 의해 이루어지는 소비 형태이다(합리적 소비보다 자신의 과시를 위한 소비).
유인 효과	기존보다 열등한 대안을 제시하여 기존 대안을 상대적으로 돋보이게 하는 방법이다.
디드로 효과	특정 제품을 구매 후 그 제품과 어울리는 다른 제품을 연속 구매하는 현상이다.
부분적 리스트제시 효과	고객은 1위만 기억하고 2, 3위는 잘 기억하지 못하기 때문에 1위와 2위만 맞대결을 벌이겠다는 메시지를 전달하여 구매 고려군의 크기를 1, 2위로 축소한다.
타협 효과	• 고객은 양극단을 배제하고 중간에 위치한 대안을 고르는 심리가 있어 적당히 중간 선에서 타협하려 한다. • 여러 가격대의 제품을 출시할 경우 주력상품을 중간 정도에 배치한다.

(3) 고객 행동 분석

1) 관여도의 이해

① 소비자는 어떤 제품을 구입할 때 신중하기도 하고 적당히 선택하기도 한다. 이러한 차이를 설명해 주는 개념이 관여도이다.

② 관여도는 주어진 상황에서 특정 대상에 대한 관심도, 중요성의 지각 정도, 관련성의 지각으로 정의할 수 있다.

③ 제품에 관한 소비자의 관여 수준에 따라 고관여 제품과 저관여 제품으로 구분할 수 있다.

④ 소비자 관여도에 의한 제품의 특성

고관여 제품	저관여 제품
• 소비자가 높은 관심도를 가지고 있다. • 구매과정에 많은 시간과 노력을 투입하며 최선의 선택을 위해 깊게 관찰한다. • 강한 브랜드 충성도와 선호도를 형성한다. • 값이 비싸고 구매 결정 과정이 복잡하여 구매 결정이 소비자에게 중요한 의미를 가진다. • 상품이 소비자의 자아 이미지에 중요하며 소비자 행동이 라이프스타일에 많은 영향을 미친다. • 실패한 구매 결정일 경우 지각되는 위험이 높다. 예 명품, 주택, 자동차, 의료 서비스 등	• 낮은 개인적 관심도로 주어지는 대로 정보를 수용한다. • 값이 저렴하며 깊게 생각하지 않고 신속하게 구매 결정한다. • 친숙한 상표를 근거로 확인하며 소수의 속성만을 검토한다. • 상품이 소비자의 자아 이미지, 라이프스타일에 영향을 미치지 않는다. • 실패한 구매 결정이라도 결과에 대한 불안감이 거의 없다. 예 라면, 음료수, 칫솔 등

TIP 소비자 행동의 특성

• 자주적인 사고를 하며 목표 지향적이다.
• 마케팅활동(광고, 유통, 판매촉진 등)에 의해 영향을 받는다.
• 소비자 행동에 대한 영향은 사회적으로 합리적이다.
• 소비자 행동과 그 동기는 내·외적 영향요인 조사를 통해 이해할 수 있다.

TIP 관여도의 관점에 따른 소비자

고관여 관점의 소비자	저관여 관점의 소비자
• 목표 지향적인 정보처리자, 정보 탐색자이다. • 능동적 수신자로서 태도 변경을 위한 광고효과는 약하다. • 구매 전 상표를 평가한다. • 기대 만족 극대화를 위해 노력하며 최선의 선택을 위해 다수의 속성을 검토한다. • 집단의 규범과 가치는 제품 구매에 중요하다.	• 정보 수용자이다. • 수동적 수신자로 광고효과는 강하다. • 우선 구매 후 상표를 평가한다. • 수용 가능한 만족 수준을 모색하며 상표 친숙도에 근거하여 소수의 속성만을 검토한다. • 집단의 규범과 가치는 제품 구매에 중요하지 않다.

⑤ 관여도의 결정요인

　　㉠ 개인적 요인 : 개인이 어떤 제품에 대하여 지속적으로 갖는 지속적 관여이다. 제품이 자신의 중요한 가치와 관련되거나 자아와 관련이 있을수록 높아진다.

　　㉡ 제품 요인 : 일반적으로 자신의 중요한 욕구와 가치를 충족시키며 즐거움과 쾌락적 가치를 부여하는 제품에 대해 높게 관여한다.

　　㉢ 상황적 요인 : 소비자의 상황에 따라 변화하는 요인을 상황적 요인이라 한다. 개인적 요인과 제품 요인이 안정적인 데 비해 상황적 요인은 상황에 따라 크게 변화된다.

　　㉣ 마케팅 요인 : 광고, 이벤트 등 마케팅 활동에 의해 영향을 받는다.

2) 고객 분석 기법

① 고객평생가치(CLV : Customer Lifetime Value) 분석(버거와 니스르)

　　㉠ 고객 한 명이 평생 동안 산출할 수 있는 기대수익으로 경쟁사로 이탈 없이 기업과 장기적인 관계를 유지했을 때 증가하는 가치를 계산한 것이다(미래 수익에 대한 현재 가치).

　　㉡ 고객이 기업과 거래하는 동안 수익을 얼마만큼 줄 수 있는가를 확인하는 것이다.

> 고객생애가치 = 고객당 평균 소비금액 × (평균 구매 횟수/년) ÷ 거래연수

　　㉢ 고객 가치 파악 시 고려사항

　　　　ⓐ 활동 고객 수　　　　　　　　　　ⓑ 고객 한 명당 얻는 이익
　　　　ⓒ 기업에서의 고객 유지 비율　　　　ⓓ 한 명의 고객당 수익의 증가율
　　　　ⓔ 신규고객의 증가율

② RFM(Recency, Frequency, Momentary) 분석

　　㉠ 최근성(Recency), 구매빈도(Frequency), 구매금액(Momentary)의 세 가지 요소를 기초로 하여 고객의 등급을 분석하는 방법이다.

　　㉡ 각 요소별로 점수를 매기고 이를 토대로 고객의 가치를 평가한다.

> RFM지수 = a × 최근성 + b × 구매빈도 + c × 구매액

③ AIO(Activity-Interest-Opinion) 분석 : 조셉 플러머

　　㉠ 소비자의 라이프스타일을 측정하는 방법으로 활동(Activity), 관심(Interest), 의견(Opinion)을 의미한다.

　　㉡ 활동 : 쇼핑하는 것, 매체를 보는 것과 같은 명백한 행동을 말한다. 즉, 개인이 시간을 어떻게 소비하는가를 관찰할 수 있으나 활동 행위에 대한 이유는 직접 측정하기 어렵다.

　　㉢ 관심 : 어떤 대상이나 사건에 대해 개인이 특별한 관심을 갖는 정도를 조사하는 것이다.

　　㉣ 의견 : 자극 상황에 대해 개인이 제공하는 응답을 말한다. 즉, 자신과 주위 환경 등에 대한 생각이 무엇인지를 조사한다.

TIP 고객 세분화의 유형

다기준	단일 기준
• CLV(Customer Lifetime Value)에 의한 세분화 • RFM(Recency, Frequency, Momentary)에 의한 세분화	• 연령에 의한 분류 • 지역에 의한 분류 • 상품에 의한 분류 • 구매액에 따른 분류

Warming Up

01 고객 심리 응용 중 〈보기〉에 해당하는 것은?

┌ 보기
값이 오를수록 수요가 오히려 증가하는 현상으로 주로 부유층이나 상류층 소비자들에 의해 이루어지는 소비 형태이다.

① 스놉 효과   ② 밴드왜건 효과   ③ 베블런 효과
④ 유인 효과   ⑤ 프레이밍 효과

02 고객 분석 기법 중 〈보기〉에 해당하는 것은?

┌ 보기
고객의 라이프스타일을 측정하는 방법으로 활동, 관심, 의견을 의미한다.

① RFM 분석   ② CLV 분석   ③ AIO 분석   ④ CE 분석   ⑤ CRV 분석

정답 1 ③ 2 ③

02 고객경험 이해 및 관리

(1) 고객경험관리(CEM)의 이해

1) 고객경험(Experience)관리의 개념

① 고객경험관리란 구매 전, 후 모든 접점에서 발생하는 상호작용에 대한 고객의 인식 및 지각이다.

② 제품이나 서비스에 대한 고객의 경험을 체계적으로 관리하는 프로세스이다.

제2과목 CS 전략론

③ **목적** : 기업은 고객과 만나는 모든 접점에서 고객이 체험하게 되는 경험을 긍정적으로 인식하게 한다. 이를 통해 고객의 구매의사결정과 재구매 및 추천 활동에 영향을 미치며, 고객관계관리(CRM)의 보완적인 수단이 될 수 있다.

④ **등장 배경** : 고객만족경영(CSM)의 대상이 기존고객으로 한정됨에 따른 잠재고객의 신규구매의 한계 및 만족한 고객이 재구매를 하지 않고 이탈하는 현상에 대한 대안으로 제시되었다.

구분	고객만족경험(CSM)	고객경험관리(CEM)
시기	1990년대 초	2000년대 초
대상	기존고객	잠재고객
목적	만족한 고객의 추천을 통한 신규 고객 획득 및 기존 고객의 재구매	만족 경험을 통한 기존 고객의 재구매와 고객 경험의 개선을 통한 잠재 고객의 신규 구매, 기존 고객의 재구매 활성화
특징	구매 및 사용 후 만족에 집중	구매 및 사용 전후 모든 접점에서 긍정적 경험 전달에 초점을 둔 능동적인 과정 지향

2) 고객경험관리의 필요성

① 고객의 충족한 경험의 질이 기업 성과에 중요한 영향을 미친다.
② 미리 경험하고 파악할 수 있는 경험소비에 대한 욕구가 증가하고 있다.
③ 고객관계관리(CRM)의 보완적 수단으로 사용할 수 있다.
④ 만족스러운 경험은 고객의 즉각적 구매로 연결되어 구매의 반응 속도를 높일 수 있다.

TIP 고객관계관리(CRM)과 고객경험관리(CEM)의 특징 비교

고객관계관리(CRM)	고객경험관리(CEM)
• 내부지향적, 운영지향적이다. • 기업의 목표에 초점을 둔다. • 기업이 고객에 대해 파악하는 활동이다. • 고객과의 상호작용이 생긴 후 시작된다. • 마케팅 및 교차판매를 목적으로 고객정보를 수집, 분석한다. • 교차판매를 유도하는 후행의 성격이다. • 설문, VOC, 목표 고객 조사, 관찰 등으로 모니터링한다.	• 고객 중심적 프로세스이다. • 기업에 대한 고객의 경험 향상에 초점을 둔다. • 고객이 기업에 대해 생각하고 느끼는 것을 파악한다. • 고객과 상호작용의 순간인 접점에서부터 시작된다. • 고객 경험 향상을 위해 시스템, 기술 및 단순화된 프로세스를 활용한다. • 고객 기대와 경험 간의 차이가 있는 곳에 상품, 서비스를 위치시켜 판매하는 선행적 성격이다. • 자동화된 세일즈 추적, 판매 시점 데이터, 웹사이트 클릭 횟수 등으로 모니터링한다.

3) 고객 경험 유형

① 전략적 체험 모듈(SEMs : Strategic Experience Modules)

슈미트(Bernd H. Schmitt)는 경험 요인을 5가지(감각, 감성, 인지, 행동, 관계)로 구분하였다. 기업은 두 개 이상의 요소를 조합하여 경험하게 함으로써 즐거움을 전달할 수 있다.

감각적 경험	시각, 청각, 촉각, 미각, 후각의 5가지 감각기관(오감)을 자극함으로써 즐거움, 아름다움, 만족감 등을 전달하여 소비자가 원하는 경험을 창출한다.
감성적 경험	고객들에게 기업이나 브랜드에 대해 특별한 느낌을 유발하는 전략이다. 즉 희로애락의 감정적인 측면에서 지각되는 경험이다.
인지적 경험	고객들이 창조적인 사고, 문제 해결의 경험을 하도록 유도함으로써 기업과 브랜드에 대해 긍정적 인식을 하게 한다. 이러한 창조적인 사고를 통해 놀라움, 호기심, 흥미를 느끼게 한다.
행동적 경험	고객의 육체적인 경험과 라이프스타일, 상호작용에 영향을 주는 것을 목표로 행동을 유발시킨다.
관계적 경험	개인의 감각, 감성, 인지, 행동을 넘어 브랜드와 개인, 개인과 타인, 또는 사회적 연결 요소를 통한 관계 형성을 의미한다.

(2) 고객경험관리

1) 슈미트의 고객경험관리 5단계

2) 슈미트의 고객경험 제공수단 7단계

인적요소	영업사원, 판매사원 등 기업, 브랜드와 관련된 모든 사람을 뜻하며 가장 강력한 경험 수단이다.
커뮤니케이션	기업의 광고, 홍보물 자료 등으로 외부 커뮤니케이션에 해당된다.
웹사이트 상호작용	인터넷을 통한 상호작용으로 구매경험을 통해 소비자들을 위한 경험을 제공한다.
시각적·언어적 아이덴티티	기업의 로고, 이름, 그래픽 디자인 등으로 구성되어 있다.
제품의 외형	제품의 캐릭터, 디자인, 포장 및 진열 상태 등에 해당한다.
공동브랜딩 경험	드라마, 영화 속에 삽입되는 PPL, 제휴 및 스폰서 등에 해당한다.
공간적 환경	소매공간에 보이는 진열 상태 등이 해당된다.

3) 경험 분석 사이클

① 경험 사이클 6단계 : 탐색/구매 → 배달 → 사용 → 보완 → 유지/보수 → 폐기/처분

② 경험 분석 시 고려 사항

㉠ 고객 경험을 전개하기 위해 타깃 고객을 정확히 확인한다.

    ⓛ 고객의 경험 세계(제품이나 브랜드 경험, 제품 경험, 사용자와 소비 환경, 사회문화적 환경)를 분류한다.

    ⓒ 제품 구매에서 사용 및 폐기까지 고객과 회사 사이에 존재하는 모든 접점을 따라 고객 경험을 추적한다.

    ⓔ 경쟁 현황을 조사하고 경쟁이 고객의 경험에 미칠 영향을 검토한다.

4) 슈미트의 고객경험관리의 효과

    ① 영업비용의 절감   ② 고객유지비용 절감

    ③ 판매 수익의 증대   ④ 고객 1인당 매출 증대

    ⑤ 가격 프리미엄 제공   ⑥ 고객유치의 선순환

Warming Up ↗

01 슈미트(Schmitt)가 제시한 다섯 가지 전략적 체험 모듈이 아닌 것은?

    ① 인지적 경험   ② 감성적 경험   ③ 감각적 경험

    ④ 충동적 경험   ⑤ 관계적 경험

02 다음 중 고객경험관리(CEM)의 특징에 대한 설명으로 옳지 않은 것은?

    ① 고객 상호작용의 순간인 접점에서부터 시작된다.

    ② 고객과 상호작용 기록이 생긴 후에 시작된다.

    ③ 고객 중심적 프로세스이다.

    ④ 고객이 기업에 대해 생각하고 느끼는 것을 파악한다.

    ⑤ 고객경험 향상을 위해 시스템, 기술 및 단순화된 프로세스를 활용한다.

정답 1 ④ 2 ②

---

03 **고객 가치 제안 전략**

(1) 고객 가치(Customer value)의 이해

1) 고객 가치의 정의

서비스를 통해 얻는 것과 그것을 위해 제공하는 비용에 대한 고객의 전반적인 평가이다. 비용에는 금전적 비용 외에 시간, 노력과 같은 비금전적 비용도 포함하고 있다.

2) 가치의 4가지 개념(Zeithaml)

① 저렴한 가격(Value is low price)

ⓐ 금전적 가격에 초점을 맞춘 것으로, 고객은 세일 중인 서비스를 이용한 경우 가치 있다고
생각한다.

ⓑ 가치 있는 것은 가격이 낮은 제품을 의미하기 때문에 이러한 고객에게는 가격할인 전략,
가격 차별화 전략을 시행해야 한다.

② 고객이 얻고자 하는 모든 혜택(Value is whatever I want in a service)

ⓐ 경제학의 효용과 유사한 것으로, 고객이 서비스 구매에서 얻게 되는 혜택(효용성, 유익함,
편의성)을 의미한다.

ⓑ 고객은 원하는 서비스 품질을 얻게 된다면 가격에 크게 신경 쓰지 않는다.

③ 지불 가격 대비 얻는 품질(Value is the quality I get for the price I pay)

ⓐ 고객이 지불한 가격과 그로 인해 얻는 서비스품질과의 관계를 의미한다. 가격 대비 품질이
충분하다고 판단되면 가치 있다고 생각한다.

ⓑ 기업은 일정 가격 수준에서 고객이 원하는 품질이 어느 정도인지 파악하고, 품질과 가격을
일치시키는 것이 필요하다.

④ 소비자가 지불한 비용 대비 받는 혜택(Value is what I get for what I give)

금전적인 비용뿐만 아니라 서비스를 받기 위해 들인 시간, 노력 등 비금전적 비용을 포함한
전반적인 비용과 혜택을 비교해 가치를 판단한다.

3) 고객 가치의 특성

동적성	고객 가치는 시간의 흐름이나 구매단계에 따라 변한다.
주관성	고객 가치는 추상적 개념이나 고객의 주관적 판단에 의해 결정된다.
상황성	고객 가치는 고객이 처한 상황에 따라 달라진다.
다차원	고객 가치를 결정하는 요인은 단계적이며 다양하다(제품 및 서비스 품질, 가격).

4) 고객 가치의 구성

① 스위니 & 수타르

감성적 가치	서비스 구매과정, 제공과정에서 느끼는 감정이다(정서적 측면에서 파생).
사회적 가치	사회적인 개념을 증대시키는 서비스 효용 가치이다(제품 능력에서 파생).
기능적 가치 (비용 대비 가격 가치)	서비스 이용에 따른 시간과 비용절감에 의한 가치이다.
품질, 성과 가치	기대한 품질과 지각된 품질과의 성과의 차이이다.

② 파라슈라만 & 그루얼

거래가치	거래를 통한 즐거움과 같은 감정적 가치이다.
사용가치	제품이나 서비스의 효용성에 대한 가치이다.
획득가치	금전적 비용의 희생을 통해 얻는 가치이다.
상환가치	거래 이후 장기간 지속되는 잉여가치이다.

③ 코틀러 : 편익, 품질, 서비스, 경험, 가격

(2) 고객 가치의 측정

1) 고객 순 자산가치 분석(CE : Customer Equity)

① 고객을 기업의 자산 항목으로 간주하여 그 가치를 분석한다.

② 고객의 순 자산가치는 고객이 기업에 제공하는 재무적 기여의 총합을 말한다.

> 고객 순 자산가치(CE) = 전체 고객의 생애 가치(CLV) + 전체 고객의 고객 추천 가치(CRV)

2) 고객 가치 측정의 구성 요소

고객 점유율	잠재 구매력을 지닌 고객에게 특정 기업이 어느 정도 성과를 달성하고 있는지를 판단하는 지표이며 기존고객을 유지하고, 관계를 강화하는 활동이다.
고객 구매력	특정 상품 카테고리에서 고객이 소비할 수 있는 총액, 상품군의 모든 기업들이 특정 고객에게 상품을 판매하는 총액이다.
고객 추천 가치	고객들이 기업에 간접적으로 제공하는 추천의 가치를 측정할 수 있는 방법이다.
할인율	미래에 발생하게 될 고객 가치를 현재 가치로 환산하기 위해 필요한 할인율이다. 고객 생애 가치를 평가할 때 모든 고객에게 동일하게 적용해야 한다.
공헌 마진	고객과 기업의 첫 거래시점부터 현재까지 기여한 총 가치이다.
고객 가치 방정식	고객 가치 $= \dfrac{\text{고객에게 제공된 결과물} + \text{프로세스품질}}{\text{고객이 지불한 가격} + \text{서비스 획득 비용}}$ 프로세스(과정상의) 품질 : 신뢰성, 대응성, 감정이입, 권위, 가시적 증거

TIP 패트릭이 제시한 다차원적 가치측정(SERV-PERVAL) 모델의 5가지 차원

품질, 정서적 반응, 금전적 비용, 행동적 비용, 명성

3) 고객 가치 지수 측정 단계

1단계	고객니즈를 수집 및 분석한다.
2단계	고객 가치 요소를 발굴한다.
3단계	추출된 고객 가치 요소를 활용한 리서치를 시행한다.
4단계	고객 가치 측정모델을 활용하여 현재 가치 수준, 핵심가치를 추출한다.
5단계	4단계를 바탕으로 고객 가치 콘셉트를 도출한다.
6단계	고객 가치 향상을 위한 전략과제 도출 프로세스를 진행한다.

> **TIP** 고객가치지수(CVI : Customer Value Index)의 개념과 필요성
>
> • 개념 : 투입 대비 효용의 크기 측정으로 산출
> • 필요성 : 고객의 제품 구매 및 이용 시 가치 파악, 제품 구매의 영향요소에 대한 지원 할당 및 투입으로 성과 향상

(3) 고객 가치의 개선

1) 고객 가치 개선의 의의

① 고객에게 낮은 비용으로 기존보다 더 높은 가치를 생산하여 제공하는 활동이다.

② 가치혁신, 비용혁신의 두 가지 핵심 전략을 추구한다.

가치혁신	현재 제공하고 있는 가치의 수준을 높이는 활동
비용혁신	고객이 지불하는 비용은 줄이고 기업의 품질 수준은 유지하거나 높이는 활동

2) 고객 가치 개선의 전략

① 기업 관점에서 고객 관점으로 가치 인식이 변화되어야 한다.

② 미충족된 니즈를 찾아 실질적인 가치로 제공되어야 한다.

③ 경쟁사보다 개선된 창조적 가치를 추구한다.

④ 고객 선순환 사이클을 통해 내부 고객의 가치를 우선적으로 개선해야 한다.

⑤ 고객 중심으로 문제를 해결하고, 최종 소비자 관점에서 가치를 창조한다.

3) 고객 인식가치 증대 방법

① **총 혜택 늘리기** : 고객은 혜택이 있는 것에 비용을 지불하려 한다. 따라서 혜택기반 가격전략, 충성고객에 대한 관계 가격전략 등을 통해 고객이 느끼는 혜택이 증가하면 고객은 높은 비용을 수용하게 된다.

② **금전적 · 비금전적 비용 줄이기** : 고객은 서비스를 이용할 때 금전적 비용과 비금전적 비용을 모두 계산하여 가치를 확인한다. 서비스 이용 시 불편한 절차와 같은 심리적 비용, 소음과 같은 불쾌한 감각적 비용을 줄이고, 부수적인 금전적 비용을 줄임으로써 고객이 인식하는 서비스의 가치는 크게 향상될 수 있다.

Warming Up ↗

01   스위니와 수타르가 제시한 다차원적 고객가치 구성요소로 옳지 않은 것은?

　① 사회적 가치　　　　　　② 감정적 가치
　③ 품질 가치　　　　　　　④ 기능적 가치
　⑤ 환경적 가치

02   파라슈라만과 그루얼이 제시한 고객가치 구성의 4가지 요소에 포함되지 않는 것은?

　① 행동가치　　　　　　　② 상환가치
　③ 획득가치　　　　　　　④ 사용가치
　⑤ 거래가치

정답 1 ⑤ 2 ①

04　고객만족(CS) 서비스상품 제공

(1) 서비스 수요 관리

1) 서비스 수요 관리의 이해

① 고객이 원하는 시간에 서비스를 제공받지 못하면 이탈로 이어질 수 있다. 수요의 변동이 매우 심한 경우에는 한정된 서비스 가용 능력 때문에 경영의 어려움이 초래될 수 있다.
② 서비스 수요와 공급을 일치시켜 서비스 능력을 증대시킬 수 있는 방안을 마련해야 하며, 서비스 수요를 관리 및 통제하는 것을 서비스 수요 관리라 한다.

2) 서비스 수요의 특성

① **서비스의 무형성** : 서비스는 무형성을 지니므로 재고관리에 어려움을 갖는다.
② **서비스의 변동성** : 서비스는 시간에 따라 수요가 일정하지 않고 변동성이 매우 심하다.
③ **서비스의 다양성과 이질성** : 서비스는 종류가 다양하고 이질적이기 때문에 공급과 수요를 일치시키기 어렵다.
④ **시간과 공간의 제약** : 서비스는 공간과 공간 사이의 이동이 불가능하고, 제공하는 시간이 한정적이기 때문에 제약이 따르는 경우가 많다.

3) 서비스 수요 조절 전략

서비스 제공 시간과 장소의 조정	• 제공 시간 : 서비스 제공 시간대를 조정하여 하루의 시간대별, 요일별, 연중 계절별로 변하는 수요에 적응할 수 있다. 예 모닝펌, 조조할인, 심야할인 • 제공 장소 : 제공 장소를 조절하여 고정된 장소가 아닌 고객이 있는 곳으로 이동하여 서비스를 제공하는 것이다. 예 방문 진료
가격 차별화	• 가격은 수요를 조절하는 데 중요한 수단이다. • 수요 탄력성에 기초하여 초과수요 시 고가격 정책으로 수익성을 향상시키고, 적정 수준 미달 시 저가격 정책으로 수요를 증가시킨다. 예 성수기와 비수기
상품의 다양화	서비스 상품을 다양화함으로써 수요를 조절할 수 있다. 예 개인 커피숍에서 비수기 때 바리스타 교육을 진행한다.
커뮤니케이션 증대	기업은 광고, 홍보를 통해 서비스를 받기에 가장 편안한 시간과 장소의 정보를 제공함으로써 수요를 조절할 수 있다. 예 교통방송을 통해 운전자들에게 사전에 교통상황을 알림으로써 도로의 수요를 분산시킬 수 있다.

4) 서비스 수요 재고화 전략

① 예약시스템을 활용하여 수요를 사전에 예측할 수 있다. 수요를 미리 파악하여 관리함으로써 서비스의 질을 유지하는 데 용이하다.

② 고객에게 예상 대기시간을 미리 안내하여 대기시간을 즐겁게 할 수 있도록 한다.

(2) 서비스 공급 관리

1) 서비스 공급 관리의 이해

① 예상 수요를 충족시키기 위하여 시설과 노동력 등을 적절하게 변동시킴으로써 적정 수준의 서비스 공급 능력을 결정하는 것을 서비스 공급 관리라 한다.

② 기업의 전략적인 사업 계획을 실현하는 데 필요한 자원의 종류와 양을 결정하는 프로세스이다.

③ **공급능력의 제약조건** : 시간, 인력, 장비, 시설 등

2) 서비스 공급과 수요가 불일치할 때 발생되는 상황

① 대기시간이 길어지면 고객은 구매의사에 대해 고민하게 되며 이는 구매 취소로 이어질 수 있다.

② 서비스 제공시간이 부족하면 최소한의 서비스만 제공하기 때문에 고객 불만이 발생한다.

3) 서비스 공급과 수요를 일치시키는 전략

① 수요 측면 조정 기법(수요이동 전략) : 서비스 제공 변경, 고객과 의사소통, 서비스 제공시간 변경, 가격 차별화

많은 수요에 대한 성수기 수요 감소 전략	적은 수요에 대한 비수기 수요 진작 전략
• 고객들과의 지속적 의사소통을 통해 수요를 조정한다. • 영업시간, 장소를 조정한다. • 고객 우선순위를 관리한다. • 성수기 가격 전략으로 수요를 조정한다. • 사전 예약시스템을 통해 수요를 분산시킨다.	• 현재 시장의 수요를 진작시킨다. • 비수기 가격 전략을 한다. • 비수기 인센티브 제공(할인 및 추가제공)을 한다. • 서비스 시설의 용도 변화를 통한 다른 수요의 촉진을 도모한다. • 서비스 상품을 다변화한다.

② 공급 측면 조정 기법(공급능력 전략) : 기존 자원으로 공급능력(시간, 인력, 시설, 장비) 확장, 수요변동에 따른 공급능력 조정

많은 수요에 대한 성수기 공급 증대 전략	적은 수요에 대한 비수기 공급 조정 전략
• 서비스 노동시간의 증가(연장근로)를 통해 공급을 증대한다. • 임시시설을 보충한다. • 직원 교차 훈련 및 파트타임 종업원을 활용한다. • 아웃소싱을 활용한다.	• 서비스 시설, 장비의 보수를 한다. • 서비스 시설, 장비의 용도를 변경한다. • 직원 교육 및 훈련을 한다. • 직원 휴가를 통해 조정한다.

Tip 예약시스템과 수율관리

• 수율관리의 개념
 – 적정한 가격으로 적정한 고객에게 적정한 형태의 능력 할당 목적의 프로세스로 공급능력이 제한적인 서비스에서 수요와 공급관리를 통해 수익성을 극대화하는 전략이다.
 – 서비스 기업은 예약 후에 나타나지 않는 고객의 비율을 고려해서 초과예약을 받을 때 사용된다.
• 수율관리에 적합한 비즈니스의 환경적 특성 : 시장의 세분화 가능, 재고의 소멸, 사전판매, 선불판매 가능, 수요가 변동적, 공급능력 변경에 높은 비용, 한계판매 비용이 낮은 상황
• 수율관리 시스템의 구성요소 : 초과예약, 고객 그룹별 가격 차별화 가격결정, 고객 그룹 간 서비스 능력 배분
• 대표적인 수율관리 : 항공사의 항공권 예약 시스템, 호텔의 예약 시스템

(3) 서비스 상품 관리

1) 서비스 상품의 구성 : 서비스 상품은 핵심 서비스와 보조 서비스로 구성되어 있다.

① 핵심 서비스 : 고객의 기본 욕구를 충족시키기 위한 것으로 치과에서 치료를 받는 것 등이 해당된다.

② 보조 서비스 : 핵심 서비스의 가치를 확장시키는 서비스로, 핵심 서비스를 차별화시켜 주는 가치 증대 서비스이다.

TIP 러브락(Lovelock)의 보조 서비스 유형

정보요소	서비스에 대한 안내, 영업시간, 가격, 사용방법, 장소 등의 요소
환대요소	최상의 서비스를 위한 고객 맞이, 교통수단 등의 요소
주문접수요소	서비스 신청, 주문처리, 예약과 관련된 서비스 요소
예외사항요소	기준 서비스 외 고객 요구에 따른 예외적, 추가적으로 진행되는 서비스 요소
상담요소	고객과의 대화를 통해 고객의 요구(needs)에 맞는 해결책을 강구하는 요소
안전유지요소	구매상품 및 임대상품, 사용시설에 대하여 안정성을 도모하는 서비스 요소
지불요소	지불행동과 관련된 요소로서 직접 지불, 자동이체, 셀프서비스 등
대금청구요소	정확한 청구서, 금액에 대한 구두설명, 영수증 발급 등에 관한 요소

2) 고객 관점에 의한 서비스상품의 분류

① 편의서비스(convenience service)

㉠ 고객이 최소한의 시간, 노력만으로 구매하는 것을 의미한다.

㉡ 상품 구매 선택에 대한 위험도가 낮다.

㉢ 탐색시간이나 비용을 들여 정보를 얻으려 하지 않기 때문에 고객이 이용하기 편하고 선택하기 가까운 곳에 있어야 한다.

㉣ 관여도가 낮고 편의적으로 선택하기 때문에 단골 고객이 되기 어렵다.

② 선매서비스(shopping service)

㉠ 상품을 구매하기 위해 타 업체와 품질, 가격 등을 비교해 구매 노력을 하며 관여 정도가 높다.

㉡ 편의서비스에 비해 사회적이나 심리적으로 중요한 경우가 많기 때문에 높은 위험을 인식한다.

③ 전문서비스(specialty service)

㉠ 대체할 만한 서비스가 존재하지 않으며 브랜드 충성도가 높은 상품을 의미한다.

㉡ 최상의 서비스를 얻기 위해 적극적으로 참여하고 특별히 많은 투자를 한다.

㉢ 구매 노력을 많이 들이며, 관여 정도가 매우 높다.

구분	인식된 위험 정도	구매 노력 정도	고객 관여 정도	예시
편의서비스	낮음	낮음	매우 낮음	편의점, 우편서비스, 필름 현상소
선매서비스	높음	중간	높음	미용실, 가전, 가구 구매
전문서비스	높음	높음	매우 높음	변호사의 법률 상담, 가수의 콘서트

3) 서비스 상표 관리(brand)

① **상표 관리의 목적** : 자사의 상품을 경쟁사와 명확히 구별하도록 하는 것으로서 기업명, 심벌, 슬로건, 디자인 등의 요소로 구성된다. 브랜드는 기업에 대해 고객이 갖는 이미지를 생성할 수 있고 선호도에 영향을 미친다.

② 브랜드명(상표)의 요건

  ㉠ **독특성** : 구체적이며 기업 특성이 잘 드러나는 표현이 들어가야 하며 경쟁사의 것과 명백히 구분되어야 한다.

  ㉡ **연관성** : 서비스의 성격과 혜택이 잘 드러나도록 지어야 하며, 서비스의 속성이나 효익을 가지고 있어야 한다.

  ㉢ **기억용이성** : 독특하고 간결하게, 단순성을 갖고 만들어야 하며 발음하기 쉽게 하여 오래 기억할 수 있게 한다.

  ㉣ **유연성** : 기업이 제공하는 서비스의 속성 및 영역은 변화할 수 있기 때문에 전략변화에 순응해야 한다. 따라서 장기적 안목으로 브랜드를 설정하고 주기적으로 평가해야 한다.

(4) 서비스 가격 책정관리

1) 서비스 가격 결정 요소

① **원가중심의 가격책정**

  ㉠ 원가에 기초한 가장 전통적인 가격결정 방법으로 직접비(재료비, 인건비)와 간접비용, 이익을 합산해서 가격을 산정한다.

  ㉡ 원가 구성 요소가 직원의 시간이므로 계산하기가 복잡하다.

② **경쟁중심의 가격책정**

  ㉠ 경쟁기업의 가격을 기준으로 상대적으로 비슷하거나 차이를 두고 결정하는 방법이다.

  ㉡ 고객의 가치를 반영하지 않고, 가격경쟁으로 인해 충분한 마진을 확보하지 못할 수 있다.

③ **수요중심의 가격책정**

  ㉠ 고객의 가치 인식과 부합하는 가격을 책정하는 것이다.

  ㉡ 고객이 서비스를 통해 받는 혜택과 지불한 비용의 차이이다.

2) 서비스 가격전략

① **묶음가격** : 순수묶음가격(패키지로 구매, 개별구매 불가), 혼합묶음가격(패키지 및 개별구매 가능)

② **복수이용 할인제도** : 반복구매 자극 및 신규고객 유인을 위한 할인 전략

③ **가격 차별화 전략** : 시간, 장소, 구매량, 고객에 따라 가격을 차별화

④ **심리적 가격전략** : 품위, 단수, 가격단계화, 유인에 의한 가격전략

TIP 심리적 가격전략

- **품위가격** : 고품질의 서비스 이미지를 유지하면서 고가정책을 구사하는 것이다.
- **단수가격** : 가격이 끝수로 끝나는 단수가격을 더 선호한다.
  - **예** 1000원보다 990원이 심리적으로 저렴한 가격으로 느껴진다.
- **가격단계화** : 가장 많은 구매가 이루어지는 가격범위나 가격대를 정하고 그 범위 내에서 몇 개의 가격 단계로 구분하는 것이다.
- **유인가격** : 특정 품목의 가격을 매우 저렴하게 책정함으로써 고객의 반응을 유도하는 것이다.

T.I.P 기타 가격전략

- 시장침투가격전략 : 낮은 가격으로 시장 점유 후 가격을 상향조정하는 전략
- 상층흡수 가격전략 : 높은 가격으로 고소득층 흡수 후 가격을 하향조정하여 중간 및 저소득층에게 판매
- 선도가격전략 : 미끼상품을 이용하여 보완상품을 판매하는 전략

(5) 서비스 보증

1) 개념 : 제공한 서비스의 사전 약속된 기준 충족 실패 시 고객이 보상받을 권리에 대한 약속

2) 서비스 보증의 효과(편익)

  ① 서비스 개별요소에 대한 고객의 욕구와 니즈의 정확한 파악 가능

  ② 명확한 서비스 기준 제시

  ③ 가치있는 고객의 대표성 있는 피드백 유도 및 피드백에 근거한 시스템 개발

  ④ 기업에 대한 신뢰 구축으로 종업원 사기 고착, 고객 애호도 증가

  ⑤ 고객의 구매 결정에 대한 위험감소

  ⑥ 서비스 잠재적 실패 요인 극복

Warming Up

01   서비스 상품의 분류 중 '전문 서비스 상품'에 대한 설명으로 가장 옳지 않은 것은?

  ① 고객의 관여도가 매우 높다.

  ② 최상의 서비스를 얻기 위해 적극 참여하고 특별히 많은 투자를 한다.

  ③ 편의점, 우편서비스 등이 대표 사례이다.

  ④ 대체할 만한 서비스가 존재하지 않으며 브랜드 충성도가 높은 상품이다.

  ⑤ 구매 위험이 매우 크다.

02   다음 중 서비스 상표(brand)의 요건에 대해 옳지 않은 것은?

  ① 독특하고 간결하게, 단순성을 갖고 만들어 오래 기억할 수 있게 한다.

  ② 브랜드명은 장기적 안목으로 고려하여 만들었기 때문에 변경하지 말아야 한다.

  ③ 구체적이며 기업의 특성이 잘 드러나는 표현을 사용한다.

  ④ 서비스의 성격과 혜택이 잘 드러나도록 지어야 한다.

  ⑤ 서비스의 속성이나 효익을 가지고 있어야 한다.

정답 1 ③ 2 ②

05 고객만족(CS) 성과관리

(1) 성과관리의 이해

1) 성과관리의 개념

① 조직 구성원이 최상의 직무 수행활동을 하여 조직성과 목표를 달성하도록 피드백과 코칭을 제공하고 조직의 인적·물적 환경을 구축하는 체계적인 성과 향상의 조직 관리 방법이다.

② 조직 구성원들이 역량개발을 통해 능동적으로 직무를 수행하여 기업의 성과 목표를 달성하도록 하는 경영관리 체계이며, 인사 평가 제도와 연계하여 이루어진다.

③ 조직의 연간 목표를 설정하고, 이를 기반으로 부서, 팀 단위의 목표를 설정하며 개인 목표까지 관리하는 방법이다.

④ 피드백과 코칭을 통해 피평가자가 공정성을 인식하도록 하며 직무동기를 높여 직무 성과 목표를 달성하도록 하는 것이다.

2) 학자의 정의

암스트롱(Armstrong)	개인과 팀의 성과를 진전시킴으로써 조직의 성과를 개선하기 위한 체계적인 과정이다.
로켓(Lockett)	조직에 헌신하고자 하는 유능한 개인들이 조직의 공통목표를 달성하기 위한 일련의 작업이다.
월터스(Walters)	구성원들이 조직의 요구에 부응하여 가능한 한 효율적이면서도 효과적으로 업무를 수행할 수 있도록 관리하고 지원하는 과정이다.

3) 성과관리의 핵심내용

① 성과관리는 조직의 목표와 성공을 위한 계획 관리를 지향한다.

② 조직의 목표달성을 위한 성과증진, 제도운영 개선을 지속적으로 한다.

③ 성과측정과 성과점검을 필수적으로 진행하며, 성과와 보상을 연계한다.

④ 이해관계자들의 적극적인 참여 및 커뮤니케이션을 강화한다.

⑤ 성과관리는 공정하게 관리되어야 하며, 성과를 위한 인적·물적 자원의 활용에 대한 자율권을 인정해야 한다.

4) 성과관리 3단계

성과 계획	• 성과 계획에서 가장 핵심은 목표를 설정하는 것이다. • 관리자와 직원은 조직의 필요 사항과 개인의 성장에 부합하는 목표를 선택해야 한다.
성과 코칭	직원의 업무 동기를 확인하고, 직무와 직무 할당량이 개개인의 역량과 잘 맞는지 지속적으로 점검하며 코칭을 진행한다.
성과관리 피드백	• 조직 구성원의 직무 결과와 효과성에 대한 정보를 의미하며 설정목표에 대한 성과 피드백은 필수적인 시스템이다. • 상사의 피드백뿐만 아니라, 다면평가를 통해 내·외부로부터 수집된 직무 수행의 정보도 함께 활용한다. • 성과에 따른 적절한 보상을 연계하여 동기부여할 수 있도록 한다.

5) 성과관리의 필요성

개인의 혜택	• 목표달성에 따른 합리적, 공정한 보상을 받을 수 있다. • 성과를 달성하기 위한 동기유발이 높아진다. • 조직목표에 대한 본인의 기여도를 측정할 수 있다. • 상사와 양방향 커뮤니케이션을 통해 팀워크를 키울 수 있다.
회사의 혜택	• 혜택을 통한 전사적 목표를 공유할 수 있다. • 효율적인 비즈니스의 선택과 집중을 할 수 있다. • 상사에게는 직원의 향상 코칭, 책임감, 역량개발에 대한 의무를 부여한다. • 성과에 대해 적절하고 명확한 보상을 해줌으로써 동기부여가 가능하다.

6) 성과관리의 효과

① 정확한 목표를 제공하여 개인이 조직에 공헌할 수 있는 부분을 확인할 수 있다.
② 공정한 성과평가를 통해 조직원에게 동기부여할 수 있다.
③ 전략의 완성도를 향상시켜 전략을 체계적으로 수립할 수 있다.

Warming Up ↗

01 **다음 중 성과관리의 핵심내용으로 옳지 않은 것은?**

① 조직의 목표와 성공을 위한 계획 관리를 지향한다.
② 성과측정과 성과점검을 통해 보상을 연계한다.
③ 이해관계자들의 커뮤니케이션을 강화한다.
④ 중간관리자의 엄격한 통제를 통해 관리되어야 한다.
⑤ 목표달성을 위한 성과증진, 제도운영 개선을 지속적으로 한다.

정답 1 ④

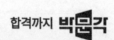

제 **03** 과목

고객관리 실무론

CS리더스
관리사

CHAPTER 01 비즈니스 매너

학습개요	타인과의 관계에 있어서 보편타당하고 기초와 기본에 바탕을 둔 행동양식인 매너와 에티켓을 이해하고, 현장에서 효과적으로 적용할 수 있는 비즈니스 커뮤니케이션을 익힌다.
절 구성	1. 에티켓과 매너의 이해 2. 비즈니스 응대매너 3. 직무수행 매너 4. 글로벌 매너
학습중점	1. 에티켓과 매너, 네티켓의 개념 2. 절의 종류와 횟수 3. 공수자세 및 방향안내 매너 4. 시기별 인사예절과 상황별 인사의 종류 5. 소개 및 명함교환 시 매너, 악수의 5대원칙 6. 자동차 탑승, 계단 및 엘리베이터 탑승 시 매너 7. 보고시기 및 보고요령 8. 비즈니스 상담, 레스토랑 이용 매너
마인드 맵	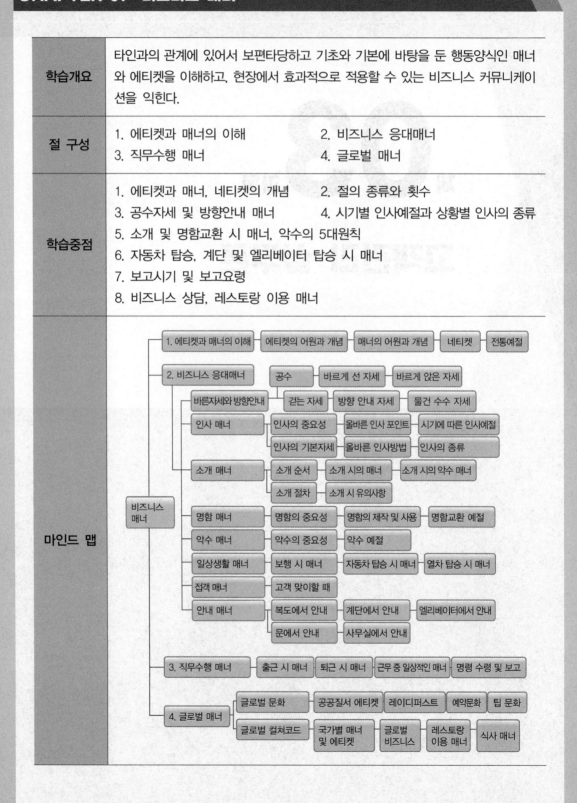

PART 01 고객만족(CS) 실무

CHAPTER 01 비즈니스 매너

01 에티켓과 매너의 이해

(1) 에티켓(Etiquette)의 어원과 개념

1) 어원 및 유래

① 에티켓은 프랑스의 베르사유 궁전의 화원을 보호하기 위해 붙인 출입금지 표지판 'estiquer'에서 유래되었다.
② '화원 출입금지'의 뜻을 넘어 '타인의 마음을 해치지 않는다'는 의미로 쓰이고 있다.
③ 루이 14세 때 궁중예법으로 정비되었으나 대중의 생활양식과는 거리가 멀었다.
④ 19세기 말 프랑스 부르주아 사교계의 관례, 예의범절이 오늘날 프랑스 에티켓의 기초가 되었으며 현대에 와서는 일반인에게도 생활전반에 걸쳐 보편화되었다.

2) 개념

① 법적 구속력은 없으나 사회생활을 원활하게 하기 위해 구성원들이 지켜야 할 사회적 약속, 사회적 불문율이다.
② 생활에서 지켜야 할 규범이며 합리적이고 바람직한 행동기준이다.
③ 에티켓은 객관적 생활양식으로 '있다', '없다'로 표현한다.

(2) 매너(Manners)의 어원과 개념

1) 어원 및 유래

① 매너는 라틴어의 '마누아리우스(Manuarius)'에서 유래되었다.
② 'Manuarius'는 영어의 hand(손)라는 뜻으로 사람의 행동이나 습관을 의미하는 'manus'와 사람이 행동을 취하는 구체적인 방법이나 방식을 의미하는 'arius'의 합성어이다.

2) 개념

① 타인을 배려하고 존중하는 구체적 행동방식의 외적표현이다.
② 에티켓을 외적으로 표현한 주관적 생활양식으로 '좋다', '나쁘다'로 표현한다.

TIP 에티켓과 매너의 차이

에티켓	매너
지켜야 할 약속, 규범	에티켓의 구체화된 행동
'있다', '없다'로 표현	'좋다', '나쁘다'로 표현
공공적, 객관적 생활양식	자의적, 주관적 생활양식
국가, 사회, 문화에 따라 다름	국가, 사회, 문화를 초월
예 화장실에서는 노크를 해야 한다.	예 조심스럽게 노크한다.

(3) 네티켓

① 네트워크(Network)와 에티켓(Etiquette)의 합성어로, 네트워크상에서 지켜야 할 기본적인 예절을 의미한다.

② 사이버상에서 지켜야 할 네티켓

e-mail	• 발신자가 누구인지 명확히 표시한다(보낸 사람이 누구인지 알린다). • 수신자의 주소가 정확한지 확인한다. • 메시지 창의 내용은 간결하게 핵심만 작성하고 내용이 많은 경우 문서 작성 후 첨부파일로 보내되 꼭 필요한 경우에만 보낸다. • 대용량 또는 여러 개의 파일은 압축하여 첨부한다. • 제목과 전달내용이 일치하도록 하며 유머나 경고성 메시지는 발송 전 수신자에게 수신의 의지를 확인 후 발송한다. • 영어는 대, 소문자를 구분하여 작성하고 대문자만 사용하지 않도록 한다. • 약어나 속어는 사용하지 않도록 하고 언어는 신중하게 선택한다. • 상대방에게 피해를 주는 욕설이나 비방은 범죄행위로서 삼간다. • 수신한 비즈니스 메일은 24시간 이내에 답신한다.
채팅	• 입장 및 퇴장 시 인사를 하며 호칭은 대화명에 "님"을 붙여 사용한다. • 주제에 적합한 대화를 하며 타인에게 불쾌감을 주어서는 안 된다. • 타인에게 비방, 욕설 등 불쾌감을 주거나 명예에 손상이 가지 않도록 한다. • 은어, 속어는 사용하지 않고, 바른 언어로 건전하게, 진실만을 이야기한다. • 타인을 존중하며 채팅 초보자를 배려하고 도와준다. • 채팅 간 알게 된 사람은 함부로 만나지 않는다.
게시판	• 명확하고 간결하게 핵심적인 내용으로 작성한다. • 게시물의 내용과 일치하는 적절한 제목을 사용한다. • 맞춤법과 문법에 맞도록 작성하며 진실만을 게시한다. • 타인이 올린 내용에 대하여 지나친 반박 및 비난은 삼간다. • 동일한 내용을 반복적으로 올리지 않으며 태그사용을 자제한다.

(4) 전통예절

1) 예의범절의 개념

① 일상생활에서 갖추어야 할 모든 예의와 절차로, 축약하여 예절이라 한다.

② 삼강오륜에 근간을 두고 발전한 동양적인 개념으로, 상호간의 편의를 도모한다.

③ 개인이 집안에서 지켜야 할 기본적인 규범에서 유래하였다.

④ 타인을 배려하고 인격을 존중하여 타인을 함부로 하지 않는 마음가짐이나 태도이다.

⑤ 장소와 시기에 맞게 행동하며 자신과 상대방이 속해 있는 조직과 문화에 맞는 격식을 우선시한다.

2) 절하기

① 절은 몸을 굽혀 경의를 표하는 인사방법이다.

② 공적관계이든 사적관계이든 절을 통해 서로의 관계를 계속 확인하는 것이며 상, 하간 공경과 반가움을 나타내는 기본적인 인사방법이다.

③ 절은 의식행사, 공경의 대상이 되는 상징의 표상에 대해서도 실시한다.

④ 절의 종류

구분		절하는 요령
큰절 • 자기가 절을 해도 답배를 하지 않아도 되는 높은 어른에게 하거나 의식행사에서 한다(직계존속, 8촌 이내 연장존속, 의식행사 시). • 남자는 계수배, 여자는 숙배이다.	남자	• 공수하고 대상을 향해 선다. • 손은 눈높이까지 올린 후 허리를 굽혀 공수한 손을 바닥에 짚는다. • 무릎을 왼쪽, 오른쪽 순으로 공손히 꿇고 앉는다. • 오른발이 왼발의 위가 되도록 발등을 포개며 뒤꿈치를 벌리고 엉덩이를 내려 깊이 앉는다. • 두 손바닥은 완전히 바닥에 닿도록 팔꿈치를 바닥에 붙이며 이마를 손등에 댄다. • 잠시 머물러 있다가 팔꿈치를 바닥에서 뗀 후 오른쪽 무릎을 먼저 세운다. • 공수한 손을 바닥에서 떼어 오른쪽 무릎 위에 얹는다. • 오른쪽 무릎에 힘을 주어 일어나서 왼발을 오른발과 가지런히 모은다.
	여자	• 공수한 손을 어깨높이로 수평이 되게 올린다. • 고개를 숙여 이마를 공수한 손등에 붙인다. • 왼쪽 무릎을 먼저 꿇고 오른쪽 무릎을 왼쪽 무릎과 가지런히 꿇는다. • 왼발이 오른발 위가 되도록 발등을 포개며 뒤꿈치를 벌리고 엉덩이를 내려 깊이 앉는다. • 윗몸을 45도쯤 앞으로 굽힌다. • 잠시 머물러 있다가 윗몸을 일으킨다. • 오른쪽 무릎을 먼저 세운다. • 일어나면서 왼쪽 발을 오른쪽 발과 가지런히 모은다. • 수평으로 올렸던 공수한 손을 원위치로 내리며 고개를 반듯하게 세운다.

평절 • 자기가 절을 하면 답배 또는 평절로 맞절해야 하는 웃어른이나 같은 또래끼리 사이에 한다(선생님, 연장자, 상급자, 배우자, 형님, 친구 사이). • 남자는 돈수배, 여자는 평배	남자	• 큰절과 같은 동작으로 한다. • 단, 이마가 손등에 맞닿으면 머물러 있지 말고 즉시 오른쪽 무릎을 세운다.
	여자	• 공수한 손을 풀어 양옆으로 자연스럽게 내린다. • 왼쪽 무릎을 먼저 꿇는다. • 오른쪽 무릎을 왼쪽 무릎과 가지런히 꿇는다. • 왼발이 오른발 위가 되도록 발등을 포개며 뒤꿈치를 벌리고 엉덩이를 내려 깊이 앉는다. • 손가락을 가지런히 붙여 모아서 손끝이 밖을 향하게 가지런히 바닥에 댄다. • 윗몸을 45도쯤 앞으로 굽히며 두 손바닥을 바닥에 댄다. • 잠시 머물러 있다가 윗몸을 일으키며 두 손바닥을 바닥에서 뗀다. • 오른쪽 무릎을 먼저 세우며 바닥에서 손끝을 바닥에서 뗀다. • 일어나면 왼발을 오른발과 가지런히 모은다.
반절 • 웃어른이 아랫사람의 절에 대해 답배할 때 하는 절이다(제자, 친구의 자녀나 자녀의 친구, 10년 이내의 남녀 동생, 8촌 이내 10년 이내의 연장 비속, 친족이 아닌 16년 이상의 연하자). • 남자는 공수배, 여자는 반배	남자	• 큰절과 같은 동작으로 한다. • 단, 오른발이 왼발의 위가 되도록 발등을 포개며 뒤꿈치를 벌리고 엉덩이를 내려 깊이 앉는 자세와 이마를 손등에 대는 것, 머리를 들며 팔꿈치를 떼는 부분은 생략한다. • 오른발이 왼발의 위가 되도록 발등을 포개며 앉았을 때 두 손바닥이 거의 바닥에 닿는 자세에서 머리를 조금 숙인다.
	여자	• 평절을 약식으로 한다. • 답배해야 할 대상이 낮은 사람이면 남녀모두가 앉은 채로 두 손으로 바닥을 잡는 것으로 답배하기도 한다.

⑤ 절의 횟수

기본횟수	• 남자는 양이기 때문에 최소 양수인 한 번 한다. • 여자는 음이기 때문에 최소 2번이 기본횟수이다.
생사의 구별	• 산 사람에게는 기본횟수만 한다. • 죽은 사람 또는 의식행사에서는 기본횟수의 배를 한다. • 제사를 지낼 때는 기본횟수를 한다.

Warming Up

01 다음 중 매너 및 에티켓에 대한 설명이 잘못된 것은?

① 매너를 외적으로 표현한 것이 에티켓이다.

② 매너는 영어의 hand(손)라는 뜻이 있다.

③ 에티켓은 고대 프랑스어 estiquer에서 유래하였다.

④ 에티켓은 법적 구속력은 없으나 사회생활을 원활하게 하기 위해 구성원들이 지켜야 할 사회적 불문율이다.

⑤ 매너는 주관적 생활양식으로 '좋다', '나쁘다'로 표현한다.

[정답해설]

① 에티켓의 외적 표현이 매너이다.

02 다음 중 네티켓에 대한 설명이 올바르지 않은 것은?

① 네티켓은 네트워크와 에티켓의 합성어이다.

② e-mail 네티켓 중 수신한 비즈니스 메일은 12시간 이내에 답신한다.

③ 게시판 네티켓 중 타인이 올린 내용에 대하여 지나친 반박은 삼간다.

④ 게시판 네티켓 중 동일한 내용을 반복적으로 올리지 않는 것도 포함된다.

⑤ e-mail 네티켓 중 유머나 경고성 메시지는 발송 전 수신자에게 확인 후 발송한다.

[정답해설]

② 비즈니스 메일은 24시간 이내에 답신한다.

03 다음 중 절에 대한 설명으로 맞지 않는 것은?

① 자기가 절을 해도 답배를 하지 않아도 되는 높은 어른에게 하는 절은 큰절이다.

② 남자가 큰절을 할 때는 팔꿈치를 바닥에 붙이며 이마를 손등에 댄 후 잠시 머문다.

③ 큰절일 경우 남자는 왼발이 오른발의 위가 되도록 발등을 포갠다.

④ 평절은 자기가 절을 하면 답배 또는 평절로 맞절을 해야 하는 웃어른에게 또는 또래끼리 사이에 하는 절이다.

⑤ 반절은 웃어른이 아랫사람의 절에 대해 답배할 때 하는 절이다.

[정답해설]

③ 오른발이 왼발의 위가 되도록 발등을 포갠다.

04 다음 절의 횟수에 대한 설명 중 맞지 않는 것은?

① 남자는 양이기 때문에 최소 양수인 한 번을 한다.
② 여자는 음이기 때문에 최소 음수인 두 번을 한다.
③ 산 사람에게는 기본횟수만 한다.
④ 죽은 사람에게는 기본횟수를 한다.
⑤ 제사 시에는 기본횟수를 한다.

정답해설
④ 죽은 사람이나 의식행사에서는 기본횟수의 배를 한다.

정답 1 ① 2 ② 3 ③ 4 ④

02 비즈니스 응대매너

(1) 바른 자세와 방향 안내

1) 바른 자세의 중요성

① 바른 자세는 행동예절의 기본이 되는 자세를 바르게 함으로써 상대방에게 긍정적인 이미지와 품위 및 신뢰성을 주는 등 첫인상에 영향을 주는 요소 중 하나이다.
② 바른 자세는 상대방에게 편안함을 전하고 예의를 표현하는 것으로 올바른 가치관을 지닌 사람으로 호감을 갖도록 한다.

2) 공수

① 공수의 개념
  ㉠ 어른을 모실 때, 의식행사에 참석하였을 때, 절을 할 때 반드시 취하는 공손한 자세로 두 손을 맞잡는 것을 말한다.
  ㉡ 공수는 배례(절)의 기본동작으로서 모든 행동의 시작이라 할 수 있다.
  ㉢ 공수는 성별에 따라, 상황에 따라 맞게 해야 한다.

② 공수 취하는 방법
  ㉠ 두 손을 펴고 앞으로 모아서 잡는다.
  ㉡ 엄지손가락은 엇갈려 깍지를 끼고 나머지 4손가락은 포갠다.
  ㉢ 평상시 기본상황에서는 남자는 왼손이, 여자는 오른손이 위로 가도록 하며 엄지손가락이 배꼽의 위치에 닿도록 하여 팔이 자연스럽게 굽혀지도록 한다.
  ㉣ 제사는 흉사가 아니므로 손의 위치를 평상시와 동일하게 하며 초상, 영결식 등 흉사에서는 손의 위치를 반대로 한다.

ⓜ 평상복을 입었을 경우 엄지가 배꼽에 닿도록 한다.

ⓗ 소매가 긴 한복 또는 예복을 입었을 경우 팔뚝을 수평이 되도록 하여 공수자세를 취하고 있음을 알 수 있도록 한다.

ⓢ 앉을 경우에는 남자는 두 다리의 중앙이나 아랫배 부위에 공수한 손을 위치시키며 여자는 오른쪽 다리 위 또는 세운 무릎 위에 올린다.

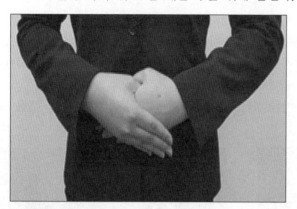

▶ 올바른 공수자세

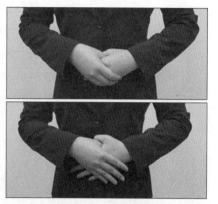

▶ 손을 말아 잡거나
손가락이 펼쳐지지 않도록 주의

3) 바르게 선 자세

① 부드러운 표정으로 미소를 유지하고 시선은 정면을 향하며 턱은 당기고 머리는 한쪽으로 기울어지지 않도록 한다.

② 가슴을 펴고 배에 힘을 주어 앞으로 내밀지 않도록 한다.

③ 어깨는 자연스럽게 내리되 한쪽으로 기울어지지 않도록 하고 팔꿈치는 몸에 붙이며 양손은 계란을 말아 쥔 듯이 가볍게 쥐어 엄지손가락이 재봉선에 닿도록 한다.

④ 두 다리에 체중을 고르게 두고 엉덩이에 균등하게 힘을 주어 양 무릎을 붙인다.

⑤ 발의 뒤꿈치는 붙이고 내각은 여자는 15도, 남자는 30도를 유지한다.

⑥ 여성의 서있는 자세는 위 과정과 동일하되 손은 공수자세를 취한다.

4) 바르게 앉은 자세

① 한쪽 다리를 뒤로 당기고 어깨너머로 의자의 위치를 확인한 후 균형감 있게 앉는다.

② 스커트를 착용한 여성은 스커트의 뒷자락을 한 손으로 쓸어내리듯이 하며 스커트 하단부분을 잡고 앉는다.

③ 자리에 앉을 때는 엉덩이를 의자 깊숙이 집어넣어 앉도록 하며 등은 곧게 펴고 의자 등받이에 닿지 않도록 등받이와 등 사이는 주먹 하나 정도의 간격을 둔다.

④ 앉은 후 턱은 당기고 시선은 정면을 바라보며 가슴은 펴고 어깨는 자연스럽게 내린다.

⑤ 남성은 주먹을 가볍게 말아 쥐어 무릎 위에 나란히 올려놓으며 팔은 자연스럽게 굽힌다.

⑥ 여성은 오른손이 위로 오도록 하여 허벅지 중간 또는 스커트 끝에 올려놓는다.

⑦ 남성은 발을 11자형으로 어깨넓이만큼 벌리고, 여성은 한쪽 다리를 당겨 다리와 발을 붙여 한쪽 옆으로 비스듬히 놓는다.

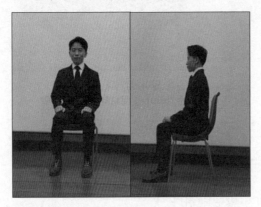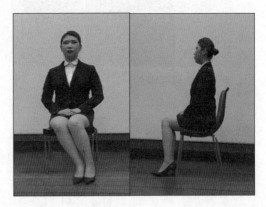

5) 걷는 자세

① 고개를 들어 시선은 정면을 향하고 턱은 살짝 당긴다.

② 가슴은 정면을 향해 쫙 펴고 배에 힘을 주어 당기며 몸의 중심을 허리에 둔다.

③ 어깨에 힘을 빼고 양 팔은 앞, 뒤로 자연스럽게 15도로 흔들어주며 손은 가볍게 주먹을 말아 쥔다.

④ 양 무릎은 스치듯이 하고 일직선으로 걸으며 발은 발뒤꿈치, 발바닥, 발끝의 순서로 지면에 닿도록 한다.

⑤ 보폭은 자신의 다리에 맞게 편안한 길이로 벌리며 적당한 속도로 걷는다.

⑥ 몸을 좌우로 흔들거나 신발을 바닥에 끌지 않도록 하고 지나친 팔자걸음이 되지 않도록 정면에서 보았을 때 발끝의 각도를 지나치게 벌리지 않게 유의한다.

6) 방향 안내 자세

① 고객 응대 시 미소를 지으며 밝은 표정을 유지하고 상냥한 말씨로 응대한다.

② 시선은 상대방의 눈 ⇨ 지시할 방향 ⇨ 상대방의 눈을 보면서 안내한다.

③ 방향을 가리킬 때는 우측은 오른손을, 좌측은 왼손을 사용한다.

④ 사람을 가리키는 경우에는 양손으로 안내하고 사물 또는 장소를 가리키는 경우에는 해당 방향의 손으로 안내하며, 반대 손은 아랫배에 둔다.

⑤ 손가락은 곧게 펴서 모으고 손목이 꺾이지 않도록 하며 손바닥은 정면에서 보이지 않도록 45도로 눕혀서 지시방향을 유지한다.

⑥ 방향을 지시할 때는 상체를 30도 정도 구부려서 가리킨다.

⑦ 팔을 구부리거나 펴는 정도는 가리키는 사람 또는 사물과의 거리에 비례하여 뻗음으로써 거리감을 제공한다.

⑧ 상대방을 바라보지 않고 안내하거나 손가락 또는 고갯짓에 의한 안내는 무례한 행동이므로 절대 하지 말아야 한다.

TIP 방향 안내 시 시선처리 삼점법

① 방향을 질문한 사람의 눈을 본다.
② 질문을 복창하고(예 식당 말씀이십니까?) 지시방향 쪽으로 시선을 돌린다.
③ 팔을 이용하여 방향을 지시한 상태로 상대방의 눈을 바라봄으로써 상대방이 안내한 내용을 이해했는지 확인한다.

7) 물건 수수 자세

① 물건을 주거나 받을 때에는 허리라인과 가슴라인 사이의 위치에서 주고받는다.

② 물건은 양손으로 주고받으며 작은 물건인 경우에는 오른손으로 물건을 쥐고 왼손은 그 손을 받쳐서 공손함을 표시한다.

③ 물건은 받는 사람이 불편하지 않도록 전달한다. 예로 펜은 바로 사용할 수 있도록 하고 칼, 가위 등은 손잡이를 건네며 글자는 바로 읽을 수 있도록 전달한다.

(2) 인사 매너

1) 인사의 중요성

① 인사는 사람으로서 기본적으로 해야 할 도리라는 뜻이 담긴 단어로서 사전적 의미는 '마주 대하거나 헤어질 때 예를 표함 또는 그런 말이나 행동'을 뜻한다.

② 인사는 상대방의 가치를 인정해주고 진심이 담긴 존중과 반가움의 마음이다.

③ 인사는 인간관계의 시작과 끝이라 할 수 있는 가장 기본이 되는 예절이다.

④ 인사는 호감에 대한 표시이자 호감을 사는 역할을 하여 원만한 인간관계의 기초가 된다.

⑤ 인사는 상대방의 마음의 문을 여는 열쇠이며 상대방을 감동시킨다.

⑥ 인사는 자신의 인격과 교양을 나타낼 수 있는 하나의 수단이 된다.

2) 호감을 주는 올바른 인사 포인트

① 먼저 본 사람이 우선 인사한다.

② 상대의 눈을 보고 밝은 미소로 인사한다.

③ 밝고 또렷한 목소리로 명확하게 인사말을 한다.

④ 망설이거나 피하려는 마음을 버리고 진심에서 우러나오는 인사를 한다.

⑤ 시간(T), 장소(P), 상황(O)을 고려하여 인사한다(T : Time, P : Place, O : Occasion).

3) 시기에 따른 인사예절

① 일반적으로 보행 시 인사준비는 30보 이내에서 한다.

② 인사 대상과 방향이 다를 경우 30보에서 인사하며 식별 가능 시 먼 거리에서도 한다.

③ 인사 대상과 방향이 마주칠 때는 6~8보 이내에서 인사를 한다.

④ 인사 대상과 갑자기 마주칠 경우 발견 즉시 인사를 한다.

⑤ 복도에서 상사와 사외인사를 함께 만났을 경우 멈추어 서서 인사한다.

⑥ 복도에서 상사 한 사람만을 만났을 경우 멈춤 없이 옆으로 보행하며 인사한다.

⑦ 인사 대상이 앞에 있을 경우에는 뒤에서 인사하는 것이 아니라 인사 대상의 앞으로 이동하여 기본자세를 취하고 인사한다.

⑧ 인사 대상이 계단 아래에서 있을 경우 신속하게 아래로 이동하여 인사 대상의 앞에서 기본자세를 취하고 인사한다.

4) 올바른 인사의 기본자세

표정	밝은 표정을 유지하고 부드러운 미소를 짓는다.
시선	상대방의 눈이나 미간을 바라본다.
턱	위로 올리지 않고 자연스럽게 안으로 당긴다.
가슴, 허리	정면을 향하여 곧게 편다.
어깨	힘을 빼고 자연스럽게 내린다.
입	입은 벌리지 않으며 살짝 다문다.
손	남자는 차렷 자세, 여자는 공수자세(겨드랑이는 살짝 뗀다) 차렷 자세 : 주먹을 가볍게 쥐고 바지 재봉선에 엄지손가락을 붙인다.
무릎	양 무릎을 곧게 펴서 붙인다.
발	발뒤꿈치는 붙이고 내각은 20~30도를 유지한다.

5) 올바른 인사방법

① 상대방의 눈을 본 후 밝고 부드러운 미소를 지으며 인사말을 건넨다.

② 목과 등, 허리선을 일직선으로 유지한 상태에서 상체를 굽힌다.

③ 시선은 상대방의 발끝 또는 인사 종류별 자신의 발끝에서 이격된 위치에 둔다.

④ 허리는 인사 종류별 허리 각도에 맞추어 허리를 굽힌 상태에서 잠시 멈춘다.

⑤ 상체를 올릴 때는 굽힐 때보다 천천히 올린다.

⑥ 상체를 들어 올린 후 똑바로 서고 다시 상대방의 눈을 보면서 미소를 짓는다.

6) 듣기 좋은 인사말

① 여성은 '솔'톤, 남성은 '미'톤 : 듣기에 가장 좋은 음높이로 밝고 신뢰감을 느낄 수 있다.

② 말끝을 살짝 올리기 : 끝을 살짝 올리는 인사말은 경쾌함과 청량감을 제공한다.

③ 밝고 활기찬 목소리 : 적극적 응대준비를 보여 주며 환영하는 마음을 전달한다.

④ 분명하고 정확한 발음 : 정확한 발음은 기본, 회사에 대한 긍정적 첫 이미지를 준다.

7) 인사의 종류

① 목례 : 눈인사, 15도 인사, 가벼운 인사

대상	• 가까운 동료 또는 하급자 • 하루에 몇 번 마주친 낯선 어른이나 상사 • 자주 마주친 상대, 동료 및 상사	
인사 방법	• 앉아있거나 서있을 때 또는 걸어갈 때 바로 그 자세에서 상체를 굽히지 않고 가볍게 머리만 숙여서 하는 인사 • 눈으로 예의를 표한다(인사말 생략).	
상황	• 길, 실내, 복도에서 한번 만난 사람을 자주 만날 때 하는 인사법 • 통화 중이거나 작업 중 상사 등에게 인사하는 경우 • 양손에 짐을 들고 있을 때 • 모르는 사람과 회사에서 마주칠 경우 • 계단이나 엘리베이터 등 좁은 장소 • 식당이나 화장실 등 불편한 장소 • 친절에 대해 가볍게 감사의 뜻을 전할 때	

② 보통례 : 일상생활에서 가장 많이 하는 일반적인 인사, 30도 인사, 정식인사

대상	• 어른, 상사, 고객 • 사회활동 중 처음 인사를 나누는 대상(오늘 첫 대면)	
인사 방법	• 상체를 30도 정도 숙이고 2~3초 정도 멈춘다. • 상대방 답례 후 한 호흡 간격(2초 정도)으로 천천히 상체를 일으킨다. • 시선은 상대방 발끝 또는 자신의 발끝으로부터 1m 전방을 본다. • 남자는 차렷 자세, 여자는 공수자세에서 몸을 숙인다. • 윗사람의 진로에 방해가 되지 않도록 2~5m의 거리를 둔다. • 반드시 인사말을 해야 하며 상체를 너무 빨리 움직이지 않도록 한다.	
상황	• 윗사람(어른, 상사)이나 손님을 만나거나 헤어질 때 • 일일 고객 첫 응대 시 • 창구 또는 장애물이 앞에 있을 경우 • 상사에게 보고 또는 지시를 받기 위해 사무실에 들어갈 때 • 외출이나 귀가할 때	

③ **정중례** : 정중한 사과 또는 감사의 인사, 45도 인사, 가장 공손한 인사

대상	국빈, 국가의 원수, 집안의 어른	
인사 방법	• 상체를 45도 정도 숙인다. 　※ 배례 : 90도로 숙이는 가장 정중한 의식 인사 • 서서 하는 인사 중 가장 정중한 인사이므로 입을 벌리고 치아를 　보이는 등 가벼운 표정은 삼간다. • 3초 동안 굽히고 1~2초 멈춘 후 4초 동안 상체를 들어 올린다.	
상황	• 고객과의 최초 대면할 때(처음 만나는 경우) • 면접 또는 공식석상에서 처음 인사할 때 • VIP 또는 회사의 CEO를 맞이 또는 배웅할 경우 • 감사 또는 잘못된 것을 사과할 때	

Tip 잘못된 인사

① 눈을 쳐다보지 않고 하거나 동작 없이 말로만 하는 인사
② 망설임이 느껴지거나 고개만 끄덕이는 등 형식적인 인사
③ 인사말을 하지 않는 인사
④ 무표정 또는 인상을 쓰며 하는 인사
⑤ 인사를 위한 기본자세가 흐트러진 채 하는 인사
⑥ 상황에 맞지 않은 인사(계단 위 또는 뒤에서 윗사람에게 하는 인사)

Tip 인사를 생략해도 되는 경우

① 자신이 회의를 주관하거나 교육을 하고 있는 경우
② 상사에게 결재를 받고 있거나 지도를 받고 있는 경우
③ 중요한 상담 시, 위험한 작업 중인 경우

(3) 소개 매너

1) 소개의 중요성

① 사람과 사람 사이의 관계는 소개에서 시작된다.
② 소개는 사회생활에 있어서 상호 관계를 형성 및 유지하는 사교의 기능을 한다.
③ 첫 만남에서 유연하고 정확한 자기소개는 좋은 이미지를 주고 관계를 진전시킬 수 있다.

2) 소개 순서

① 직위가 낮은 사람부터 소개한다(연령이 어리지만 직위가 높은 경우 직위 우선).
② 연령이나 사회적 지위가 비슷한 경우 소개자의 위치에서 가까운 사람부터 소개한다.
③ 타인을 소개할 때

먼저 소개(~을)	뒤에 소개(~에게)
연소자(나이가 어린 사람)	연장자(나이가 많은 사람)
지위가 낮은 사람	지위가 높은 사람
손아랫사람	손윗사람
남성	여성
미혼인 사람	기혼인 사람
집안사람	손님
회사 사람	고객 또는 외부 사람
한 사람	여러 사람

3) 소개 시의 매너

① 소개 시에는 소개받는 사람이나 소개되는 사람 모두 일어서는 것이 원칙이다. 단, 환자나 노령인 경우는 일어나지 않아도 된다.
② 동성끼리 소개받을 경우에는 서로 일어난다.
③ 남성이 여성을 소개받을 경우 남성은 반드시 일어난다.
④ 여성이 남성을 소개받을 경우 나이 많은 여성이나 앉아 있던 여성은 반드시 일어나지 않아도 된다. 단, 파티를 주최한 호스티스인 경우는 일어나는 것이 원칙이다.
⑤ 직위와 성별이 혼합되어 있을 때는 각자 소개한다.
⑥ 남성을 기혼여성에게 소개하는 것이 원칙이나 성직자, 왕족, 대통령은 예외이다.
⑦ 부부를 소개받았을 경우 동성 간에는 악수를, 이성 간에는 간단한 목례를 한다.

4) 소개 시 악수 매너

① 소개를 받았다고 곧바로 손을 내밀지 않는다.
② 연소자가 연장자에게 소개되었을 때 연장자가 먼저 악수를 청하기 전에 연소자가 손을 내밀지 않는다.
③ 연장자가 악수 대신 간단히 인사를 하면 연소자도 그에 따른다.

5) 소개 절차

1단계	소개받는 사람과 소개되는 사람 모두 일어난다.
2단계	선 소개자, 후 소개자의 소속, 직책, 성명 등을 설명한다.
3단계	소개 후 악수 또는 간단한 목례를 하며 이때 미소를 짓는다.

6) 소개 시 유의사항

① 소개자의 특기나 특징, 장점 등을 담아 소개하면 소개 효과도 커진다.
② 과장된 소개는 오히려 소개자에게 불쾌감을 주어 실례가 될 수 있다.
③ 한쪽만 칭찬하는 것은 다른 한쪽에게 불쾌감을 줄 수 있으므로 주의한다.
④ 정식으로 소개받을 때까지 기다린다.
⑤ 앉아 있는 상태에서 소개를 받을 경우 일어서서 소개를 받는다.
⑥ 소개자의 회사, 직책, 성명 등 소개내용을 경청하여 기억하도록 한다.

(4) 명함 매너

1) 명함의 중요성

① 명함은 프랑스 루이 14세 때 생겨 루이 15세 때부터 사교상의 목적으로 사용하기 시작하였다.
② 우리나라는 최초의 유학생 유길준이 자신의 이름을 남겼던 종이에서 유래하였다.
③ 처음 대면하는 사람에게 소속과 성명을 알리고 증명하는 자신의 소개 기능을 한다.
④ 인사 후 이루어지는 명함교환은 상대방에 대한 경의를 나타내는 첫 만남의 시작이다.
⑤ 좋은 명함 매너는 새로운 인간관계를 이어갈 수 있는 역할을 한다.

2) 명함의 제작 및 사용

① **명함의 구성요소** : 소속기관, 직책, 성명, 주소, 연락처(직장, 핸드폰), 팩스번호, E-mail
② **사교용 명함** : 선물, 소개장, 초청장을 보내는 경우 사교목적으로 성명과 주소만 기입하여 사용한다.
③ **업무용 명함** : 비즈니스 목적으로 자신의 정보를 알리기 위해 직장, 직위, 성명 등을 기입하여 사용한다.

3) 명함교환 예절

① 교환 순서

선(먼저 주는 사람)	후(받은 후 주는 사람)
아랫사람	윗사람
남성	여성
소개되는 사람	소개받는 사람
방문한 사람(방문자)	방문객을 맞이한 사람(접견자)
직원	(방문)고객

② 명함교환 방법

명함을
줄 때
	• 명함은 일어서서, 정면에서 주는 것이 원칙이다.
	• 명함 전달 시 글씨를 가리지 않도록 여백을 잡는다.
	  – 양손의 엄지와 검지를 이용하여 명함의 양끝 여백을 잡고 공손히 준다.
	  – 오른손 엄지와 검지로 명함의 중앙 여백을 잡고 왼손으로 받쳐서 준다.
	• 이름을 상대방이 읽기 쉽도록 방향을 180도 돌려서 잡고 목례를 하며 상대방의 허리선과 가슴선 사이로 준다.
	• 고객보다 먼저 명함을 꺼내며 2명 이상일 경우 윗사람부터 준다.
	• 명함을 줄 때 소속, 직책, 성명을 정확히 말한다.
	• 동행하는 상사와 함께 명함을 줄 때는 동행한 상사가 건넨 후 주도록 한다.

명함을 받을 때	• 명함은 일어서서 목례를 하며 양 손으로 받은 후 정중히 명함을 읽어 본다. • 어려운 한자가 있을 경우 "실례지만 존함을 어떻게 읽습니까?"라고 질문한다. • 명함을 받은 후 허리 높이 이상에서 유지한다. • 명함을 받으면 반드시 자신의 명함을 준다. • 명함을 가지고 있지 않은 경우 정중히 사과하고 상대에게 물어서 핸드폰 문자 메시지를 이용하거나 종이에 적어준다. • 명함을 받자마자 바로 명함집에 집어넣는 것은 실례이다. • 앉아서 대화를 하는 동안 테이블 위에 가지런히 올려놓고 직위와 성명을 정확히 지칭하는 데 사용하며 대화 종료 후 명함집에 넣어 보관한다.

③ 명함교환 시 유의사항

㉠ 명함은 명함지갑에 충분히 여유 있게 준비하여 보관한다.

㉡ 명함지갑은 남성은 양복 상의의 명함지갑 주머니 또는 가슴주머니에, 여성은 핸드백에 보관한다.

㉢ 받은 명함은 주머니에 넣지 않고 명함지갑에 자신의 명함과 구분하여 보관한다.

㉣ 사람을 만나자마자 명함부터 건네지 말고 인사와 악수를 한 후 명함을 꺼내어 교환한다.

㉤ 앉아서 대화중에 명함을 교환하게 되면 일어서서 교환한다.

㉥ 명함은 방문자가 먼저 주는 것이 원칙이지만 고객이 방문 시에는 직원이 고객에게 먼저 준다.

㉦ 명함을 부득이하게 동시에 교환할 때는 오른손으로 주고 왼손으로 받은 후 오른손 바닥으로 받쳐 들고 읽어본 후 인사하며 명함을 명함지갑에 넣는다.

㉧ 상대방의 명함을 받고 싶을 때는 "실례지만 명함을 받을 수 있을까요?"라고 정중히 요청한다.

㉨ 명함을 접거나 부채질을 하는 등의 행동은 금하며 만남이 끝난 후 상대방이 보지 않는 곳에서 명함에 만난 일자, 특이사항 등을 기록하여 기억하도록 한다.

㉩ 명함은 직장관계자와 개인관계자로 구분하고 직장관계자의 계층이 다양할 때는 회사별, 업종별, 모임별로 구분하고 개인관계자는 '가나다' 순으로 정리한다.

④ 명함 주고받는 모습

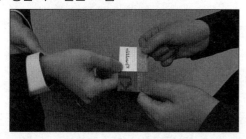

> **TIP** 잘못된 명함 매너
>
> ① 명함을 주머니 등에서 찾아서 전달하거나 받은 명함을 주머니에 넣는 행위
> ② 구김이 있거나 오물이 묻어 있는 등 보관상태가 좋지 않은 명함을 주는 행위
> ③ 명함을 올바르지 않은 방향으로 주거나 손가락에 끼어서 주는 행위
> ④ 자기소개를 하지 않고 명함만 주는 행위
> ⑤ 명함을 테이블 등에 방치하거나 놓아두는 행위
> ⑥ 상대가 보는 앞에서 명함에 낙서를 하거나 접는 등 훼손하는 행위

(5) 악수 매너

1) 악수의 중요성

① 중세시대까지 악수는 무기가 없으며 적의가 없음을 확인시켜 주는 수단으로 사용하였다.
② 좋은 악수 매너는 신뢰성을 느끼게 하는 좋은 첫 이미지를 줄 수 있다.
③ 악수를 통하여 친근감을 표현할 수 있으므로 호의적인 관계 형성의 도구이다.
④ 악수는 상대방을 존중하는 마음으로 미소를 지으며 바른 자세로 하여야 한다.

2) 악수 예절

① 악수를 청하는 순서

먼저 악수를 청하는 사람	악수를 응하는 사람
연장자(나이가 많은 사람)	연소자(나이가 어린 사람)
상급자(지위가 높은 사람)	하급자(지위가 낮은 사람)
선배	후배
손윗사람	손아랫사람
여성	남성
기혼인 사람	미혼인 사람

② 악수 방법

㉠ 악수는 반드시 오른손으로 하고 미소를 지으며 상대방의 눈을 바라보고 한다.
㉡ 악수는 팔을 과도하게 뻗거나 접히는 거리가 되지 않도록 적당한 거리를 유지한다.

      ⓒ 타인이 악수를 청할 때 악수에 응하는 사람은 손을 펴서 내밀어 상대방이 잡고 2~3회 상하로 흔들도록 한다.

      ⓔ 응하는 사람은 상대방의 손을 힘을 주어 잡거나 흔들지 않도록 한다.

③ 악수 시 유의사항

      ⊙ 오른손이 지저분할 경우 양해를 구하여 닦고 하거나 인사로 대신한다.

      ⓛ 오른손이 부상인 경우 양해를 구하여 악수를 사양하고 인사로 대신한다.

      ⓒ 성직자, 국가원수, 왕족은 악수를 청하는 순서의 예외로 여성에게 먼저 청할 수 있다.

      ⓔ 성직자, 국가원수, 왕족이 악수를 청할 때는 허리를 숙여 악수한다.

      ⓜ 상사가 남자인 경우 여성이 먼저 악수를 청하기 전에 여성 직원에게 먼저 악수를 청할 수 있다. 그러나 성추행 등 불필요한 오해가 생기지 않도록 유의해야 한다.

      ⓑ 악수를 응하는 사람은 고개, 허리를 숙여 절을 하지 않으며 허리를 곧게 펴고 당당한 모습으로 한다.

      ⓢ 악수를 할 때 장갑은 벗고 하되 여성의 드레스 코드에 맞춘 장갑은 벗지 않아도 된다.

      ⓞ 타인이 악수를 청할 때 남성은 반드시 일어나야 하며 여성은 앉아서 해도 된다.

      ⓩ 악수 시 양손으로 잡거나 껴안기, 어깨 부위를 치는 등의 과도한 행위는 삼간다.

④ 악수의 5대원칙

미소	부드러운 미소로 친근하고 좋은 인상을 줄 수 있다.
눈맞춤	상대방의 눈을 바라보지 않고 하는 악수는 진심이 느껴지지 않는다.
적당한 거리	팔꿈치가 자연스럽게 굽혀지는 정도의 거리가 적당하다.
적당한 힘	악수를 할 때 과도한 힘을 주어 손을 잡지 않아야 한다.
리듬	손을 흔드는 것은 악수를 청한 사람이 2~3회 흔들고 약 2초 정도 상대방의 손을 잡은 채로 멈춘 후 놓도록 한다.

(6) 직장생활 간 일상생활 매너

1) 보행 시 매너

① 상급자, 연장자, 여성은 인도 안쪽에서, 하급자, 연소자, 남성은 차도 쪽에서 걷는다.

② 안내자(하급자, 연소자, 남성)는 보행 간 불편함 유무 확인 및 방향을 알려주며 안내한다.

③ 보행인원에 따른 서열별 이동 위치

2인	3인	4인	5인
② ①	③ ① ②	④ ③ ① ②	① ③ ② ⑤ ④

2) 자동차 탑승 시 매너

① 자동차 내부 상석의 위치

운전기사 외 3인 탑승 시 상석 위치	운전기사 외 4인 탑승 시 상석 위치

② 운전사가 있는 경우 운전석의 대각선이 최상석이고 운전석 옆자리가 말석이다.

③ 차주가 운전하는 경우 운전석 옆자리에 앉는 것이 매너이고 2인 이상이 탑승 시 운전석 옆자리가 최상석이 되며 말석인 뒷자리에 순서대로 앉는다.

④ 차주가 운전하는 경우 차주의 배우자와 같이 탑승 시 배우자를 운전사 옆자리에 앉도록 한다.

⑤ 운전사 외 4명이 탑승 시 뒷자리 중앙이 3번째 상석이 되며 여성이 스커트를 입을 경우 말석이 편하다고 한다면 말석에 앉고 뒷자리 중앙이 말석이 된다.

⑥ 운전사 옆자리가 말석인 이유는 상석 탑승자가 탑승 후 문을 닫고 타고, 내릴 때 먼저 하차하여 문을 열어주고 안내를 하기 때문이다.

3) 열차 탑승 시 매너

① **열차에서의 상석의 순서 :** 진행방향의 창가, 맞은편 창가, 진행방향의 통로좌석, 맞은편 통로좌석 순이다.

② 타인에게 피해가 가지 않도록 짐정리를 안전하게 한다.

③ 타인의 통행에 불편을 주지 않도록 통로 및 출입문에서 주의한다.

(7) 접객 매너

1) 접객 시 환영의 뜻을 전하며 상황에 맞는 인사를 한 후 목적지를 확인한다.

2) 고객을 맞이할 때

① 고객을 맞이할 때 유의사항

㉠ 고객이 방문하면 하던 일을 멈추고 즉시 일어서서 맞이한다.

㉡ 고객의 환영기대심리에 부응하여 밝고 예의바른 자세로 반갑게 맞이한다.

ⓒ 고객의 성명과 용건, 약속 여부를 확인한다.

ⓔ 면담여부는 상사 또는 해당 부서의 담당자와 협의 후 면담한다.

ⓜ 특별히 원하는 담당자가 있을 경우 담당자에게 알려준 후 안내한다.

ⓑ 찾는 담당자가 부재중일 경우 사실을 알려주고 면담 가능시간 또는 상황에 대한 정보와 담당자의 전언을 메모하여 전달한다.

② 접객 단계별 고객응대

처음 맞이하는 단계	• 고객 입장 시 시선을 맞추고 환영의 인사를 건넨다. • 접수 담당자가 없는 경우 먼저 본 사람이 접수를 처리하여 고객의 대기시간을 최소화한다.
고객 및 용건 확인 단계	• 용건에 대해 정중히 물어 확인한다. • 용건과 성명이 확인되면 대기 장소를 안내 후 담당자에게 연락한다.
업무 담당자 판단 단계	용건만 말할 경우 업무 담당자를 판단하고 확인한다.
고객 용건 처리 단계	• 신속하고 정확하게 고객의 용무를 처리한다. • 업무처리 또는 전화통화 중 불필요한 정보를 제공하거나 다른 업무 수행으로 인해 고객의 대기시간이 길어지지 않도록 한다.
고객만족여부 확인 단계	• 용건에 대한 업무의 처리가 완료되었음을 알려준다. • 업무진행 간 고객이 불편한 점이 있었는지 확인한다. • 스스로 업무처리 태도 등을 돌아보며 미비점을 확인한다.

(8) 안내 매너

1) 복도에서 목적지로 안내하기

① 고객 또는 상급자 바로 앞에 서지 않고 고객 또는 상급자를 기준으로 좌측 1보 전방 2~3보 위치에서 안내한다.

② 보행 간 몸을 우측으로 약간 비켜선 자세로 고객을 뒤돌아보며 고객과 떨어지지 않도록 한다.

③ 연장자나 상급자가 중앙에 위치하며 나란히 걸을 때는 연장자나 상급자가 우측에 선다.

④ 상급자를 수행할 때는 상급자의 좌측 1보, 후방 2~3보 위치에서 수행한다.

⑤ 모퉁이를 돌 때 가는 방향을 손을 이용하여 방향을 안내하되 손가락을 붙인다.

2) 계단(에스컬레이터)에서 안내하기

① 남성 직원이 남성고객 안내 시 고객보다 좌측 아래에서 안내한다.

② 남성 직원이 스커트를 착용한 여성고객 안내 시 고객보다 좌측 위에서 안내한다. 단, 계단을 내려갈 때 급경사 등으로 위험할 경우 남성 직원이 아래에서 안내할 수 있다.

③ 여성 직원이 여성 및 남성 고객 안내 시 고객보다 좌측 아래에서 안내한다.

④ 계단을 오를 경우 고객을 배려하여 속도를 조절한다.

⑤ 계단 이용 시 일단 멈추어 주의를 환기시킨 후 우측을 이용하여 안내한다.

▶ 복도에서 안내하기

▶ 계단을 올라갈 때 안내

▶ 계단을 내려갈 때 안내

3) 엘리베이터에서 안내하기(엘리베이터 승무원이 있는 경우)

① 방향을 잘 알고 있는 고객, 상급자, 여성이 먼저 타고 먼저 내린다.
(방향 안내 필요시 안내자는 나중에 타고 먼저 내려서 방향 안내 준비를 한다.)

② 엘리베이터 내부에서의 상석은 들어가서 좌측 안쪽이다. 그러나 고객이 중앙에 서는 경우 수행자들은 그 주위에 선다.

③ 엘리베이터를 탈 때 미리 행선 층을 알려준다(예 3층 응접실로 안내하겠습니다).

④ 탑승자가 많은 경우 문 앞에 있는 사람이 먼저 내릴 수 있다.

⑤ 호텔, 아파트 등에서 여성이 엘리베이터에 타고 있을 때는 모자를 벗는 것이 예의이다. 단 사무용 건물, 백화점 등 공공장소에서는 모자를 벗지 않아도 된다.

※ 승무원이 없는 경우 : 고객, 상급자, 여성보다 먼저 타고 나중에 내린다(버튼 조작).

4) 문에서 안내하기

① 당겨서 여는 문 : 안내자가 문을 당겨서 잡고 있고 고객이 먼저 통과한다.

② 밀고 들어가는 문 : 안내자가 문을 밀면서 먼저 통과 후 문을 잡고 고객이 뒤에 통과한다.

③ 미닫이문 : 들어갈 때 안내자가 문을 열고 먼저 통과한 후 옆에 서 있도록 하고 고객이 통과한 후 미닫이문을 닫고 이동한다.

5) 사무실에서 안내하기

① 상석

상석의 개념	• 의전에 있어서 기본적으로 우측이 상석이다. • 동서남북을 기준으로 북쪽이 상석이다. • 실내 · 외의 공간에서 가장 편한 자리가 상석이다.
실내 공간의 상석	• 출입구에서 거리가 먼 곳이 상석이다. • 공간이 넓어 넉넉한 곳이 상석이다. • 각종 소음으로부터 멀리 떨어져서 조용하고 안정적인 곳, 책상에서 먼 곳이 상석이다. • 좋은 경관 및 주변에 좋은 그림 등을 볼 수 있는 곳이 상석이다. • 일반적으로 상사와 가까운 자리가 상석이며 특히 상사의 우측이 상석이다.

② 사무실 도착 시 안내

　㉠ 고객을 안내하여 사무실에 도착하면 "여기가 사무실입니다."라고 말한다.

　㉡ 1인이 사용하는 상급자의 사무실인 경우 노크를 하고 문을 열어 방문 고객이 도착했음을 알린다.

　㉢ 고객이 도착하였음을 이미 상급자가 알고 있을 때 당기는 문일 경우 문을 당겨서 잡고 있는 상태에서 고객이 먼저 들어가도록 한다.

　㉣ 고객이 도착하였음을 이미 상급자가 알고 있을 때 미는 문일 경우 문을 밀고 먼저 들어가서 잡고 있는 상태에서 고객이 들어오도록 한다.

　㉤ 고객의 직위에 따라 상석을 고려하여 안내하며 "이쪽에 앉으시겠습니까?"라고 청유형의 화법으로 상석을 권한다.

　㉥ 상석으로 안내하기 전에 고객이 먼저 하석에 앉는다면 "저쪽 상석으로 앉으시겠습니까?"라며 상석을 안내한다.

　㉦ 상급자가 다른 일로 늦을 때는 사무실에 앉아 기다리는 고객의 무료함을 해소하기 위한 차와 신문, 책자 등을 제공한다.

③ 차 응대

　㉠ 고객의 방문이 예정되어 있었다면 선호도를 확인 후 해당 차를 준비한다.

　㉡ 차는 면담 시작 전에 내며 차의 온도는 70~80℃가 적당하고 찻잔의 70~80%를 채운다.

　㉢ 차는 내방객부터 내며 고객이 많을 경우 내방객의 직급, 연장자, 상석, 오른쪽 방향 순으로 낸다.

　㉣ 찻잔은 고객의 오른쪽 무릎 앞의 테이블 끝에서부터 5~10cm 안쪽에 놓고 찻잔 손잡이는 고객의 오른쪽에 오도록 한다.

　㉤ 차를 들고 들어갈 경우 문을 열고 들어가서 가볍게 목례 후 가까이 다가가서 차를 내며, 나올 경우 목례 후 3~4걸음 뒷걸음질 후 몸을 돌려 나온다.

④ 전송

　㉠ 방문객이 돌아갈 때 맡긴 옷이나 가방 등을 잊지 않고 전달한다.

　㉡ 입구까지 안내하고 미소를 지으며 감사의 인사를 한다.

　㉢ 운전기사 수행 시에는 미리 연락하여 출발 준비를 하도록 한다.

Warming Up ↗

01 다음 중 공수의 개념 및 방법에 대한 설명이 잘못된 것은?

① 어른을 모실 때, 의식행사에 참석하였을 때, 절을 할 때 반드시 취하는 공손한 자세로, 엄지를 포개고 네 손가락 모두 깍지를 낀다.

② 평상시 기본상황에서는 남자는 왼손이, 여자는 오른손이 위로 가도록 한다.

③ 제사는 흉사가 아니므로 손의 위치를 평상시와 동일하게 한다.

④ 초상, 영결식에는 손의 위치를 반대로 한다.

⑤ 소매가 긴 한복 또는 예복을 입었을 경우 팔뚝을 수평이 되도록 하여 공수자세를 취하고 있음을 알 수 있도록 한다.

정답해설 〉

① 엄지는 엇갈려 깍지를 끼고 나머지 네 손가락은 모아서 포갠다.

02 다음 중 방향 안내에 대한 설명이 잘못된 것은?

① 시선은 상대방의 눈 ⇨ 지시할 방향 ⇨ 상대방의 눈을 보면서 안내한다.

② 사물을 가리키는 경우에는 해당 방향의 손으로 안내하고 반대 손은 아랫배에 둔다.

③ 방향을 지시할 때는 상체를 30도 정도 구부려서 가리킨다.

④ 사람을 가리킬 때는 두 손으로 안내한다.

⑤ 방향을 가리킬 때는 팔을 펴고 검지 손가락을 펴서 정확한 방향을 가리킨다.

정답해설 〉

⑤ 방향 지시를 할 때는 절대 손가락을 사용하지 않으며 손가락을 펴서 모은다.

03 다음 중 앉는 자세에 대한 설명이 잘못된 것은?

① 스커트 착용 여성은 스커트 뒷자락을 한 손으로 쓸어내리듯이 하며 하단 부분을 잡고 앉는다.

② 자리에 앉을 때 엉덩이를 의자 깊숙이 집어넣고 등은 등받이에 닿도록 하여 곧게 세운다.

③ 남성은 주먹을 가볍게 말아 쥐어 무릎 위에 나란히 올려놓으며 팔은 자연스럽게 굽힌다.

④ 여성은 오른손이 위로 오도록 하여 허벅지 중간, 또는 스커트 끝에 올려 놓는다.

⑤ 한쪽 다리를 뒤로 당기고 어깨너머로 의자의 위치를 확인한 후 균형감 있게 앉는다.

정답해설

② 등과 등받이는 주먹 하나 정도의 공간을 띄운다.

04 다음 중 시기에 따른 인사예절에 대한 설명이 잘못된 것은?

① 인사 대상과 방향이 마주칠 때는 30보 이내에서 한다.
② 인사 대상과 방향이 다를 경우 30보에서 인사하며 식별 가능 시 먼 거리에서도 인사를 한다.
③ 인사 대상과 갑자기 마주칠 경우 발견 즉시 인사를 한다.
④ 인사 대상이 계단 아래에 있을 경우 신속하게 아래로 이동하여 인사 대상 앞에서 기본자세를 취하고 인사한다.
⑤ 복도에서 상사 한 사람만을 만났을 경우 멈춤 없이 옆으로 보행하며 인사한다.

정답해설

① 마주칠 때는 6~8보 이내에서 한다.

05 다음 중 인사방법에 대한 설명이 잘못된 것은?

① 인사를 하기 전과 하고 난 후에는 상대방의 눈을 보면서 미소를 짓는다.
② 목과 등, 허리선을 일직선으로 유지한 상태에서 상체를 굽힌다.
③ 상체를 들어 올릴 때는 굽힐 때보다 조금 빠르게 올린다.
④ 허리는 인사 종류별 허리 각도에 맞추어 숙인 채로 잠시 멈춘다.
⑤ 시선은 상대방의 발끝 또는 인사 종류별 자신의 발끝에서 이격된 위치에 둔다.

정답해설

③ 상체를 들어 올릴 때는 굽힐 때보다 천천히 올린다.

06 다음 중 상황별 인사 종류를 바르게 연결한 것은?

① 목례 : 창구 또는 장애물이 있을 경우
② 정중례 : 윗사람(어른, 상사)이나 손님을 만나거나 헤어질 때
③ 정중례 : 일일 고객 첫 응대 시
④ 보통례 : 상사에게 보고 또는 지시를 받기 위해 사무실에 들어갈 때
⑤ 보통례 : VIP 또는 회사의 CEO를 맞이 또는 배웅할 경우

정답해설

①, ②, ③은 보통례, ⑤는 정중례

07 다음 중 소개 순서가 바르지 않은 것은?

① 남성을 여성에게 소개한다.

② 집안사람을 손님에게 소개한다.

③ 고객을 회사 사람에게 소개한다.

④ 한 사람을 여러 사람에게 소개한다.

⑤ 손아랫사람을 손윗사람에게 소개한다.

정답해설

③ 회사 사람을 고객에게 소개한다.

08 다음 중 명함교환 예절이 바르지 않은 것은?

① 명함을 받으면 상대방이 보는 앞에서라도 뒷면에 상대방을 기억하기 위한 정보를 메모하는 것은 상대방에 대한 존중과 친근감의 표시이다.

② 이름을 상대방이 읽기 쉽도록 명함을 돌려서 준다.

③ 명함은 일어서서 정면에서 주는 것이 원칙이다.

④ 명함은 목례를 하며 상대방의 허리선과 가슴선 사이로 준다.

⑤ 일어서서 목례를 하며 명함을 양 손으로 받은 후 정중히 읽어 본다.

정답해설

① 상대방이 보는 앞에서 명함에 낙서하는 것은 결례이다. 만남이 끝난 후 상대방이 보지 않는 곳에서 명함에 만난 일자, 특이사항 등을 기록하여 기억하도록 한다.

09 다음 중 악수예절이 바르지 않은 것은?

① 악수는 팔을 너무 과도하게 뻗거나 접히는 거리가 되지 않도록 적당한 거리를 유지한다.

② 악수는 왼손잡이일 경우 왼손으로 청하여도 된다.

③ 성직자, 국가원수, 왕족은 악수를 청하는 순서의 예외로 여성에게 먼저 청할 수 있다.

④ 악수를 응하는 사람은 고개, 허리를 숙여 절을 하지 않으며 허리를 곧게 펴고 당당한 모습으로 한다.

⑤ 오른손이 지저분할 경우 양해를 구하여 닦고 하거나 인사로 대신한다.

정답해설

② 악수는 무조건 오른손으로 한다.

제3과목 고객관리 실무론

10 인사의 기본자세로 적절하지 않은 것은?

① 시선을 상대의 눈에 두면 상대방이 부담스러워 하므로 상대방의 입 주변에 둔다.

② 밝은 표정을 유지하고 부드러운 미소를 짓는다.

③ 양 무릎은 곧게 펴서 붙인다.

④ 발뒤꿈치는 붙이고 내각은 20~30도를 유지한다.

⑤ 턱은 위로 올리지 않고 자연스럽게 안으로 당긴다.

> 정답해설
① 시선은 상대방의 눈과 미간을 번갈아 쳐다본다.

11 다음 중 악수의 5대원칙에 해당되지 않는 것은?

① 미소(smile)

② 눈맞춤(eye contact)

③ 적당한 힘(power)

④ 리듬(rhythm)

⑤ 감성의 맞춤(emotional contact)

> 정답해설
⑤ 적당한 거리(distance)

12 회사 업무용 승용차를 이용하여 부장과 차장, 과장, 김대리가 역으로 이동하려 한다. 다음 중 자동차 탑승 매너가 바르지 않은 것은?

① 운전사가 있는 경우 부장을 최상석인 운전석의 대각선 자리로 안내한다.

② 김대리는 자리 중 가장 불편한 뒷자리 중앙에 앉는다.

③ 차장은 뒷자리 좌측에 앉도록 한다.

④ 과장이 치마를 입은 여성이며 운전사 옆자리가 편하다고 한다면 말석은 뒷자리 중앙이 된다.

⑤ 출장지인 부산의 지사장이 자신의 개인차량으로 마중 나왔고 지사장이 운전하는 차량으로 이동 시 부장을 상석인 운전석 옆자리로 안내한다.

> 정답해설
② 일반적으로 말석은 운전자 옆자리에 해당된다.

13 다음 중 건물 외부 또는 복도에서 고객안내를 위하여 함께 보행 시 설명이 바르지 않은 것은?

① 상급자, 연장자, 여성은 인도 안쪽에서 걷도록 한다.

② 고객을 기준으로 좌측 1보 후방 2~3보 위치에서 뒤따르며 안내한다.

③ 보행 간 몸을 우측으로 약간 비켜선 자세로 고객을 뒤돌아보며 고객과 떨어지지 않도록 한다.

④ 연장자나 상급자가 중앙에 위치하며 나란히 걸을 때는 연장자나 상급자가 우측에 선다.

⑤ 모퉁이를 돌 때 가는 방향을 손을 이용하여 안내하되 손가락을 붙인다.

[정답해설]
② 좌측 1보, 전방 2~3보 위치에서 안내한다.

14 다음 중 계단 또는 에스컬레이터에서 고객안내 시 설명이 바르지 않은 것은?

① 남성직원이 남성고객을 안내하여 올라갈 때는 고객의 좌측에서 앞서서 안내한다.

② 남성직원이 여성고객을 안내하여 올라갈 때는 고객의 좌측에서 앞서서 안내한다.

③ 남성직원이 여성고객을 안내하여 계단을 내려갈 때 급경사 등으로 위험할 경우 여성고객보다 좌측 아래에서 안내할 수 있다.

④ 계단을 오를 경우 고객을 배려하여 속도를 조절한다.

⑤ 계단 이용 시 일단 멈추어 주의를 환기시킨 후 우측을 이용하여 안내한다.

[정답해설]
① 남성직원이 남성고객을 안내하여 올라갈 때는 고객의 좌측 뒤쪽에서 안내한다.

정답	1 ①	2 ⑤	3 ②	4 ①	5 ③	6 ④	7 ③	8 ①
	9 ②	10 ①	11 ⑤	12 ②	13 ②	14 ①		

03 직무수행 매너

(1) 출근 시 매너

① 출근 시 정해진 출근 시간보다 30분 정도 전에 도착할 수 있도록 한다.
② 출근 시 복장은 업무수행에 지장을 주거나 동료들의 시선이 불편하지 않도록 단정함을 유지한다.
③ 출근 후 업무 시작 전 1일 업무 수행계획을 수립한다.
④ 지각이나 결근 시에는 직속상관에게 유선 보고 후 조치를 받는다.

(2) 퇴근 시 매너

① 퇴근 시간 전까지 계획된 업무를 완료하지 못하였을 때는 상사에게 보고 후 일정 조정 등 지침을 받는다.
② 퇴근 시간을 준수하며 퇴근 전 자신의 주변 정리 및 전기는 차단한다.
③ 퇴근 전 야근 등의 이유로 남아있는 상사에게는 업무상 추가 지시사항의 유무를 확인한 후 특별한 사항이 없을 시에 인사말을 한 후 퇴근한다.
④ 퇴근 후까지 업무가 연장된 동료에게는 도울 일의 유무를 물어본다.

(3) 근무 중 일상적인 매너

① 점심시간을 준수하며 근무 중 사적인 전화는 삼가도록 한다.
② 업무상 외출 시에는 상사에게 보고 후 외출하며 출타 중 예상되는 일에 대해서는 동료에게 협조를 요청한다.
③ 외출 중 업무 진행 경과 등에 대하여 중간보고를 실시하고 조치를 받는다.
④ 복귀 후에는 외출 중 일어난 일 등에 대하여 동료에게 확인 후 필요 사항을 조치한다.

(4) 명령 수령 및 보고

1) 지시 또는 명령 수령

① 자신을 호명 시 즉시 대답한다.
② 상급자로부터 업무 수령 시 노트를 휴대하여 지시사항에 대해 누락 없이 메모한다.
③ 전화를 통하여 업무 수령 시 왼손으로 송수화기를 들고 오른손으로 메모한다.
④ 명령 또는 지시를 들은 후 중요사항에 대하여 복창하고 이해하지 못한 부분은 질문을 통해 확인한다.
⑤ 명령에 대한 이견 또는 의견이 있을 때는 데이터를 근거하여 직언한다.
⑥ 명령 수령 시 명령의 목적이 무엇인지 명확히 이해하고 상급자의 의도가 무엇인지 확인하며 중요사항에 대하여 복명복창을 통해 확인하는 절차를 갖는 데 유의한다.

2) 명령 수령 상황별 행동절차

2차 상급자 또는 인접부서 상급자 명령 시	• 명령 수령 내용을 직속상급자에게 보고 후 1차 상급자의 지시에 따라 행동한다. • 1차 상급자의 업무수행 허락을 받았다면 진행 및 결과보고를 지시자와 1차 상급자에게 동시에 실시한다.
여러 가지 업무를 동시에 지시받았을 때	업무의 중요도를 고려하여 순서 결정 후 상급자에게 업무 수행계획을 보고하여 확인한다.
수행 불가능한 명령 수령 시	수행 가능성을 재차 확인 후 업무수행이 불가능한 이유를 보고하고 상급자의 재지시를 받는다.
불법 또는 잘못된 명령 수령 시	잘못된 명령에 대하여 자신의 의견을 보고한다.

3) 단계별 보고의 필요성

최초보고	• 상사의 명령 이해(5W2H) : 지시사항의 목적 확인 시 • 진행계획 보고할 때 상급자 의도 확인 : 일의 양과 방향
중간보고	• 진행경과 보고, 변경이 필요한 사항 사전 보고 • 상황 종료 시까지 오랜 시간이 소요될 때 • 상황의 변화가 있을 때 • 곤란한 문제 발생 시 • 지시사항에 대하여 방침 및 방법으로 업무 완수 불가 시 • 결과 또는 전망이 보일 때
수시보고	업무 관련 획득한 정보 또는 첩보 보고
최종보고	• 상사가 묻기 전에 신속하게 결과 보고 필요 • 결과에 따른 성과여부 검토 및 업무수행 재검토 및 반영

4) 보고요령

① 상급자가 요구하거나 결과에 대하여 묻기 전에 보고한다.
② 지시한 사람에게 지시사항이 완료되면 즉시 보고한다.
③ 결론부터 말하고 진행경과, 절차, 이유, 자신의 의견 순으로 보고한다.
④ 명확한 근거를 토대로 알기 쉽게 핵심 위주로 보고한다.
⑤ 정해진 기간 내에, 최대한 신속하게 보고한다.
⑥ 사실 그대로를 보고한다.
⑦ 여러 가지 보고내용이 겹친다면 전체 상황 보고 후 하나씩 나누어 보고한다.
⑧ 필요 시 중간보고를 실시한다(업무완료 시까지 시간 소요, 상황변화, 곤란한 문제 발생, 지시대로 업무수행 불가 시).
⑨ 상사에게 보고 시 일정거리를 유지한 상태로 정면으로부터 약간의 측면에서 보고한다.
⑩ 끝을 분명하게 맺는다.
⑪ 보고가 길어지더라도 상급자의 권유가 있기 전까지 자리에 앉지 않는다.

5) 보고의 원칙

① 필요성의 원칙
② 완전성의 원칙
③ 적시성의 원칙
④ 정확성의 원칙
⑤ 간결성의 원칙
⑥ 유효성의 원칙

6) 보고의 기능

① 업무담당자 또는 하위 조직의 업무수행 관련 정보 제공
② 조직의 목표 달성을 위한 기본지침 수립 관련 정보 제공
③ 계획 수립에 필요한 정보 제공
④ 업무수행 공정상 문제점 발견 및 시정

Warming Up ↗

01 **출·퇴근 시 매너가 올바르지 않은 것은?**

① 출근 시 정해진 출근 시간보다 30분 정도 전에 도착하도록 한다.
② 출근 시 복장은 단정함과 정숙함을 유지한다.
③ 지각이나 결근 시에는 직속상관에게 전화 보고 후 조치를 받는다.
④ 퇴근 시간 전까지 계획된 업무를 완료하지 못하였을 때는 상사에게 보고 후 일정 조정 등 지침을 받는다.
⑤ 상사 및 동료보다 먼저 퇴근하는 경우 조용히 퇴근한다.

[정답해설]
⑤ 상사에게 허락을, 동료에게 도울 일의 유무를 확인한 후 퇴근한다.

02 **중간보고가 필요한 사항에 맞지 않는 것은?**

① 진행경과 보고, 변경이 필요한 사항 사전 보고
② 업무 관련 획득한 정보 또는 첩보 보고
③ 상황의 변화가 있을 때
④ 지시사항에 대하여 방침 및 방법으로 업무 완수 불가 시
⑤ 곤란한 문제 발생 시

정답해설
② 수시보고가 필요할 때에 해당한다.

03 **보고요령에 대한 설명 중 맞지 않는 것은?**

① 상급자가 요구하거나 결과에 대하여 묻기 전에 보고한다.
② 명확한 근거를 토대로 알기 쉽게 핵심 위주로 보고한다.
③ 진행경과, 이유, 결과, 자신의 의견 순으로 보고한다.
④ 지시한 사람에게 지시사항이 완료되면 즉시 보고한다.
⑤ 여러 가지 보고내용이 겹친다면 전체 상황 보고 후 하나씩 나누어 보고한다.

정답해설
③ 결론부터 말하고 진행결과, 절차, 이유, 자신의 의견 순으로 보고한다.

정답 1 ⑤ 2 ② 3 ③

04 글로벌 매너

(1) 글로벌 문화

1) 공공질서 에티켓

① 타인의 진로를 방해하지 않도록 여러 명이 횡으로 나란히 걷지 않는다.

② 대중교통 이용 시 음식물을 취식하지 않으며 특히 음료수는 쏟을 우려가 있으므로 더욱 주의한다.

③ 순서를 기다릴 때는 한줄 서기를 한다.

④ 동성끼리 손잡는 것은 동성애자로 오해받을 수 있으므로 주의한다.

2) 레이디 퍼스트

① 기사도 정신에서 유래하여 남성이 여성을 보호하는 배려가 매너로 자리 잡게 되었다.

② 버스나 지하철에서 여성 또는 노약자에게 자리를 양보한다.

③ 앉을 때는 여성을 위하여 의자를 빼어 앉은 후 당겨 준다.

④ 차량 승차 시 차 문을 열어준다.

3) 예약 문화

① 모든 분야에서 예약은 보편화되어 있다.

② 예약을 한 후 필요 없을 경우 취소함으로써 다른 사람이 이용하도록 한다.

③ No Show(예약 후 나타나지 않는 고객) 방지를 위해 선결제 또는 위약금 제도를 도입하여 기업의 피해를 최소화한다.

4) 팁 문화

① 팁은 서비스에 대한 감사의 표시이다.

② 팁은 종업원 보수의 일부이다.

③ 택시는 요금의 10~15%, 레스토랑은 식사금액의 10~20%, 호텔 미화원에게는 1~5달러를 지불한다.

T!P 국가별 문화 차이의 범주

- 시간에 대한 인식
- 불확실성에 대한 인식
- 개인주의와 집권주의
- 권위주의와 평등주의
- 남성적 또는 여성적 성향

TIP 국가별 주요 제스처의 차이		
손바닥을 아래로 하여 손짓	• 중국, 극동지역 : 오라	• 서구지역 : 가라
손가락 링 모양	• 한국, 일본 : 돈 • 미국, 서유럽 : 좋다	• 브라질, 남미 : 음란, 외설
손바닥을 펴서 흔들기	• 한국, 유럽 : 안녕	• 그리스 : 당신의 일이 안되기를 바란다.
엄지손가락 위로 올리기	• 미국 : 매우 좋다 • 호주 : 무례한 행위	• 그리스 : 닥쳐 • 러시아 : 동성연애자

(2) 글로벌 컬쳐코드(Culture Code)

1) 국가별 매너 및 에티켓

미국	• 악수 또는 대화할 때 시선을 맞추는 것을 중요하게 여긴다. • 시간에 대하여 실용적 사용을 중요하게 생각하여 Small talk는 3분 이내로 하고 본론은 직접적인 의사를 표명한다. • 비즈니스 만남에서는 전통적인 정장을 갖춘다. • 선물을 받았을 때는 그 즉시 풀어본다. • 약속은 최소 1주일 전에 한다. • 식사는 초대한 측에서 비용을 부담한다. • 팁 문화가 발달한 나라로 일반적으로 식사 자리에서 서버에게 금액의 10~15%를 건넨다. • 개인접시를 사용하며 자신의 음식을 상대방의 접시에 옮기지 않는다. • 식사 중 코를 푸는 것은 허용되지만 재채기는 입을 가리고 한다. • 필요한 것이 있을 경우 근처의 다른 사람에게 전달해 줄 것을 요청한다.
영국	• 남성끼리는 악수를, 여성과는 유럽식 인사(뺨을 대는 인사)나 가벼운 악수를 한다. • 비즈니스 만남에서는 전통적인 정장을 갖춘다(검정, 진한 감색 등). • 일반적으로 비즈니스 관계에 있는 사람과는 선물을 주고받지 않는다. • 약속시간은 11 : 00 ~ 16 : 00가 적당하며 약속하지 않은 방문은 결례이다. • 가족과의 저녁식사를 중시하여 저녁약속은 최소 1개월 전에 한다. • 호칭은 Mr, Ms.의 타이틀에 성을 붙여 사용하며 상대방이 이름을 부르자고 제의하기 전에 이름을 부르는 것은 결례이다. • 상대방의 접시 위로 팔이나 물건이 지나가지 않도록 주의한다. • 입 안에 음식이 있는 상태에서 말하지 않도록 한다. • 국물이 있는 경우 소리내어 먹지 않도록 주의한다.
프랑스	• 다혈질적이며 영어보다 프랑스어를 사용하기를 좋아한다. • 친한 사이에는 뺨에 가벼운 키스를 한다. • 남의 물건을 허락 없이 만지는 것을 큰 결례로 생각한다. • 식사 간 즐거운 대화를 중요하게 생각한다. • 사적인 질문이나 정치 등 무거운 주제는 피하는 것이 좋다.

제3과목 고객관리 실무론

일본	• 비즈니스에서 신뢰를 중요하게 생각하며 시간을 잘 지키는 것을 미덕으로 생각하므로 10분 전에 도착하는 것이 좋다. • 명함교환이 신뢰형성에 매우 중요하다고 생각한다. • 비즈니스 만남에서 전통적으로 회색 또는 남색 정장을 갖춘다. • 선물교환을 중요하게 여기며 선물을 준 사람이 돌아간 후 포장을 여는 습관이 있다. 또한 선물에 대해 2번 정도의 거절은 일반적이다. • 선물은 짝으로 주는 것이 좋으나 4개, 9개는 피하고 손수건, 칼, 흰 꽃은 피한다. • 식당이나 술집 등에서 비용은 각자 내지만 일반적으로 초대한 측이 지불한다. • 음식을 퍼오는 젓가락을 이용하여 개인용 그릇에 덜어오며 개인용 젓가락만을 사용해서 그릇(고자라)을 들고 식사한다. • 술을 따르거나 받을 때 한손을 사용하며 첨잔을 미덕으로 생각한다. • 역사, 정치, 개인의 신상에 대한 대화는 피하는 것이 좋다. • 식사 시 상석은 출입구에서 가장 먼 자리이며 주빈을 중심으로 윗사람이 좌우에 앉으며 주인은 주빈의 반대쪽 문 쪽에 앉는다.
중국	• 개인적인 신뢰를 중요하게 생각하며 협상 또는 비즈니스 상담 시에는 생각을 잘 드러내지 않으므로 시간적 여유를 가져야 한다. • 방문일정을 미리 예약하고 약속시간 15분 전에 도착한다. • 명함교환을 선호하므로 넉넉하게 준비한다. • 실용적인 선물을 선호하고 손수건, 꽃, 시계, 우산은 선물로 부적절하다. • 선물포장에는 빨간색 또는 황금색이 좋으며 흰색과 청색은 피한다. • 선물은 짝수는 길하고 홀수는 흉하다는 의식이 있으므로 유의한다. • 술잔을 돌리지 않으며 흡연을 사교의 수단으로 여기므로 담배를 피지 않더라도 권할 때는 받아주는 것이 좋다. • 음식은 공용스푼 또는 젓가락을 이용하여 개인용 그릇에 담는다. • 자신이 사용하던 젓가락으로 음식을 집어주는 습관이 있다. • 계산은 테이블에서 직접 하고 주최자나 제안자가 내는 것이 관례이다. • 그릇에 음식을 약간 남기는 것을 초대자에 대한 예의로 생각한다. • 주인이 먼저 건배를 청하기 전에 건배를 제의하지 않는다. • 밥그릇을 들고 젓가락을 사용하여 식사를 하는 것이 특징이다. • 원형 테이블을 이용하며 초대자는 입구를 바라보는 안쪽에, 손님은 초대자의 오른쪽에 자리한다. 주인을 마주보고 앉는 자리는 말석이다. • 차 문화가 발달하였으며 상대방의 잔이 비었을 경우 계속 따라주는 것이 예의이다.

2) 글로벌 비즈니스

① 명함교환 매너

한국, 일본	처음 대면 시 먼저 명함을 교환하여 자신을 소개한다.
서양	대화가 종료될 시기에 차후 연락의 편의를 위해 명함을 교환한다.

② 자기소개 매너 : 지위를 밝히지 않고 이름과 성을 밝힌다.

③ 호칭 매너

부를 때	친구 또는 동료 간에도 회사에서는 성 다음에 직위 또는 이름 다음에 "씨"자를 붙인다.
쓸 때	First name과 Middle name은 약자로 쓰고 Family name을 쓴다(예 Mr. J. B. Bolton).

TIP 의전(프로토콜)의 이해

① 의전의 개념 : 조직 또는 국가가 관여하는 공식행사에서 지켜야 할 예절이나 규범

② 의전의 5R 요소

Rank 서열	의전행사에 있어서 기본은 참석자들 간의 서열을 지키는 것이다.
Right 오른쪽이 우선	의전행사에 있어서 차석은 VIP의 오른쪽에 배치한다.
Respect 상대방에 대한 존중	상대의 문화와 상대방에 대한 존중과 배려를 바탕으로 국가별 서로 다른 문화의 차이가 존재함을 인정하고 존중하여야 한다.
Reciprocity 상호주의 원칙	의전행사 간 모든 국가에 대해 동등한 대우를 해야 차후 동등한 대우를 받을 수 있다.
Reflecting Culture 문화의 반영	현재의 의전 격식과 관행은 영원히 고정되어 있지 않고 특정 시대, 특정 사회의 문화를 반영한다.

③ 의전상의 서열

공식적인 서열	직위 또는 직책에 의해 정해진다. – 직급, 헌법 및 정부조직법상의 기관 순위, 기관장 선 순위, 상급기관 선 순위, 국가기관 선 순위 순서로 기준한다.
관례상의 서열	공식적인 직위 등이 없는 경우로 사람과 장소에 따라 서열을 달리 한다. – 기본적인 관례상 서열 기준 : 부인의 서열은 남편과 동급, 연령, 여성이 남성보다 상위, 외국인 상위, 높은 직위, 주빈에 대한 배려를 고려하여 서열을 정한다. – 공식 직위가 없는 경우 : 전직, 연령, 행사관련성, 정부 산하단체·공익단체 관련 민간단체 장 순서를 기준하여 서열을 정한다.

④ 상석
- 의전상의 기본 상석은 오른쪽이며, 동서남북 기준으로 북쪽이 상석이다.
- 기본적인 상석 : 입구에서 먼 곳, 경치가 좋은 곳, 공간이 넉넉한 곳, 조용한 곳, VIP 주변
- 자리와 예우에 따른 상석
  - 중앙 자리, 마주볼 경우 상대편이 보았을 때 좌측, 시간적으로는 공경스러움의 상황에 따라 앞 또는 뒤를 우선으로 한다.
  - 예우는 공식 및 관례상의 서열을 기준으로 한다.
  - 행사 간 특정 역할에 따라 서열과 무관하게 좌석을 배치할 수 있다.

제3과목 고객관리 실무론

TIP 컨벤션 산업의 이해

① 컨벤션의 정의
- 특정한 이슈에 대해 3개국 이상에서 공인단체 대표가 참가하는 정기적 또는 비정기적 회의
- 특정 목적을 달성하기 위해 정해진 장소에 모여 정보를 교환하고 인적 교류를 위해 전시회나 이벤트를 동반한 회의

② 컨벤션의 중요성
- 고부가 가치의 지식기반 관광산업으로 밝은 전망, 국제 협력활동의 증가
- 지역경제 활성화 및 국민소득 증대, 내수경기의 증가, 개최지 이미지 향상

③ 컨벤션 산업의 효과

정치 측면	• 국가차원의 홍보로 개최국의 국제적인 지위 향상 • 외교 및 국제문화 교류 확대
경제 측면	• 참가자들이 지출하는 소비규모에 의한 직·간접적 경제적 향상 • 선진국의 기술 또는 노하우 습득으로 국제적으로 국가 경쟁력 향상 • 개최국가 및 도시의 세수 증대
사회·문화 측면	• 도시화, 근대화에 따른 지역의 국제적 지위 향상 • 고유문화의 세계진출 기회 및 국가 이미지 향상
관광산업 측면	관광 비수기 타계 및 관광 홍보, 대량 관광객 유치

④ 회의 형태에 따른 컨벤션의 종류

컨벤션	가장 일반적인 회의로 정보전달을 주목적으로 하는 전시회를 동반한 정기집회
컨퍼런스	• 2명 이상의 사람들이 모여 구체화된 특정 주제를 다루는 회의 • 일반적인 성격을 다루는 컨벤션과 달리 새로운 지식습득, 주로 과학, 기술 등 특정분야의 연구를 위한 회의
콩그레스	유럽에서 사용하는 국제회의로 사교행사와 관광행사 등의 프로그램이 동반
포럼	하나의 주제에 대해 상반된 견해를 가진 동일분야의 전문가들이 사회자의 주도하에 청중 앞에서 벌이는 공개토론회로 청중이 토론에 참여 가능
패널	• 2명 이상의 강연자를 초청하여 전문가적 지식과 견해를 발표하는 공개 토론회 • 청중도 토론에 참여하여 의견을 발표할 수 있음
심포지엄	• 포럼과 유사하며 제시된 안건에 대해 전문가들이 청중 앞에서 벌이는 공개토론회 • 포럼에 비해 다소 형식을 갖추며 청중의 질의나 참여기회에 제한을 둠
렉처	한 명의 전문가가 청중들에게 특정 주제에 대하여 강연을 하는 교육적 회의
세미나	1인의 주도하에 특정분야에 대한 각자의 지식과 경험을 발표 및 토의하는 교육 및 연구목적의 소규모적인 교육적 회의
워크숍	30명 정도의 소수인원이 참가하여 특정 이슈에 대해 아이디어, 기술, 지식을 교환하는 훈련 목적의 소규모적인 교육적 회의
클리닉	소집단을 대상으로 교육 또는 훈련시키는 것
전시회	본 회의와 병행하여 전시 기업체가 제공한 상품과 서비스의 전시가 개최되는 것

TIP **MICE 산업의 이해**

① MICE의 정의

- Meeting(기업회의), Incentive Tour(포상관광), Convention(국제회의), Exhibition(전시회)를 통하여 경제적 고부가 가치를 창출하기 위해 서비스를 제공하는 과정과 관련 시설의 통칭
- 많은 사람들의 참여에 따라 숙박, 식·음료, 통신 및 관광 등 다양한 산업과 연계하여 경제적 수익을 창출한다.

② MICE의 중요성 : 지식집약적 고부가 가치 산업, 국가홍보 산업, 양질의 관광객을 대량 유치

③ MICE 산업의 분류

Meeting(기업회의)	10인 이상의 참가자가 참여하여 4시간 이상 진행되는 기업회의
Incentive Tour (포상관광)	• 기업이 임직원의 성과에 대한 보상 및 동기부여를 위해 비용의 전체 또는 일부를 부담하는 포상관광여행 • 상업용 숙박시설에서 1박 이상 체류
Convention(국제회의)	3개국 10명 이상이 참가하여 정보 및 아이디어를 교환하고 네트워크 형성을 목적으로 하는 회의
Exhibition(전시회)	제품 홍보 및 판매를 위해 정해진 장소에서 관람객과 잠재적 바이어에게 제품, 기술, 서비스를 1일 이상 전시, 홍보, 판매 등의 활동을 하는 것

④ 방문 및 비즈니스 상담 매너

㉠ 약속을 정하고 회사위치, 장소, 시간을 사전에 확인한다.

㉡ 도착장소까지 이동경로 및 소요시간 등을 확인한다.

㉢ 방문 목적에 따른 서류준비, 대화내용 구상, 예상 질문에 대한 답변 준비 등을 하며 핵심 사항은 메모하여 상담에 활용하도록 한다.

㉣ 방문대상자가 직접 방문하며 약속장소에 일찍 도착하여 용모와 복장을 점검한다.

㉤ 사무실에 들어가면 자신을 소개하고 방문 목적과 대상을 제시한다.

㉥ 대기 장소로 안내받으면 준비한 서류 및 자료 등을 확인하고 출입구에서 먼 테이블의 말석에 미리 준비하고 기다린다.

㉦ 본론으로 들어가기 전 Small Talk를 통해 라포를 형성한다.

㉧ 용건은 간결하고 명확하게 전하고 상대방의 말에 경청하며 상담 결론은 문서로 작성하여 나눠 갖는다.

⑤ 비즈니스 상담준비 및 유의사항

㉠ 약속시간 전에 도착하고 약속한 정시부터 상담이 시작되도록 한다.

㉡ 상담목적을 명확히 제시하여 상담의 목적과 취지에 맞도록 진행한다.

㉢ 상대방의 말에 적극 경청하며 긍정적인 모습으로 상담에 임한다.

㉣ 상담 종료 시 그 내용을 요약한 후 합의사항을 문서화하여 나누어 갖는다.

제3과목 고객관리 실무론

3) 레스토랑 이용 매너

① 예약매너

㉠ 모임의 목적에 맞는 장소를 섭외하고 사전에 충분한 시간을 두고 예약한다.

㉡ 예약자 이름, 예약일시, 참석인원, 메뉴, 모임의 성격, 연락처를 알려준다.

㉢ 정장 필수여부를 확인하여 복장을 갖춘다.

㉣ 예약시간을 준수하고 늦을 경우 미리 연락하며 예약시간을 넘기지 않는다.

② 도착 시 매너

㉠ 레스토랑 입구에 도착하면 이름과 예약내용을 확인 후 반드시 안내를 받는다.

㉡ 마음대로 들어가 빈자리 아무데나 함부로 앉지 않도록 한다.

㉢ 입장 전 손을 먼저 씻고 들어가며 안내받을 경우 여성을 앞세워 이동한다.

㉣ 안내받은 자리가 마음에 들지 않는 경우 원하는 자리로 옮겨 줄 것을 요청한다.

㉤ 자리를 잡고 착석 전에 화장실에서 손을 씻고 복장을 점검한다.

㉥ 가방, 코트 등은 보관소(클로크 룸)에 맡기며 보관소가 없다면 작은 가방은 의자 등받이에, 큰 가방은 바닥에 내려놓는다.

㉦ 휴대품을 테이블 위에 올려놓지 않도록 하며 가방에 넣어둔다.

㉧ 계산서에 서비스료가 미포함 시 음식 가격의 10~15%를 팁으로 지불한다.

③ 테이블 매너

㉠ 직원이 의자를 빼주는 자리가 상석이며 직원이 없을 때 여성에게 좌석을 빼주는 것은 좋은 매너이다.

㉡ 상석에 여성이 앉도록 하며 남성은 여성의 왼쪽에 자리를 잡고 앉는다.

㉢ 주문결정은 여성과 초대 손님이 먼저 하며 남성이 여성 동반 시 여성의 메뉴를 도와주고 남성이 직원에게 대신 주문한다.

㉣ 메뉴 주문 시 "아무거나", "같은 것으로 주문해 줘요." 등의 태도는 옳지 않다.

㉤ 메뉴를 여유 있게 살펴보고 신중하게 주문하는 모습은 신뢰성을 주며 음식에 대해 궁금한 것은 종업원에게 물어본다.

㉥ 직원을 부를 때는 호출용 벨을 사용하며 벨이 없을 경우 종업원과 눈이 마주칠 때 손을 든다.

㉦ 초대받은 손님이 주문 시 지나치게 비싼 음식, 너무 싼 음식은 실례가 될 수 있으며 중간 또는 중상 정도의 가격인 음식이 적당하다.

㉧ 테이블에서의 상석은 연령 또는 직위를 기준으로 하며 연령보다는 직위가 우선이며 같은 직위에서는 여성이 우선이다.

㉨ 부부 동반 시 부부는 서로 마주보고 앉는다.

㉩ 음식이 담긴 식기에 입을 대고 먹지 않으며 식사 중 머리에 손을 대지 않는다.

㉪ 테이블 위에 팔꿈치를 올리고 턱을 괴거나 다리를 꼬거나 허리를 구부정하게 앉지 않는다.

㉫ 식사 중 담배를 피우지 않으며 착석 후 화장실에 가는 것은 실례이다.

ⓟ 식사 중 너무 큰소리를 내지 않도록 하며 직원을 부를 때는 오른손을 든다.

ⓗ 대화는 여유 있게 하고 종교, 정치, 비즈니스 등 무거운 대화는 피하며 공통의 관심사 중 가벼운 주제로 대화한다.

㉮ 테이블에서는 화장을 고치는 것은 결례이므로 화장실을 이용한다.

㉯ 음식이 입안에 있는 동안 음료나 다른 요리를 먹지 않는다.

㉰ 물잔 등에 립스틱이 묻을 경우 오른손 엄지로 닦아낸다.

㉱ 식사 속도는 일행과 맞추도록 한다.

4) 식사 매너

① 기물 사용 시 매너

냅킨	• 주빈이 냅킨을 편 후 편다. • 식사 중 자리를 잠시 비울 경우 냅킨을 테이블이 아닌 의자 위에 둔다. • 냅킨은 두 겹으로 접어서 무릎에 올려놓고 중앙이 아닌 가장사리를 사용한다. • 재채기를 할 경우, 물을 엎질렀을 경우 냅킨을 사용하지 않는다. • 식사 종료 후 냅킨은 대충 접어서 테이블 위에 둔다.
나이프와 포크	• 나이프와 포크는 바깥쪽부터 안쪽 순으로 차례대로 사용한다. • 나이프는 오른손, 포크는 왼손으로 쥐며 손에 쥔 채로 말하지 않는다. • 음식을 자른 뒤 나이프를 접시에 걸쳐 놓고 오른손으로 포크를 바꿔들고 먹어도 괜찮다. • 식사 중에는 접시 테두리에 八자 모양으로 걸쳐 놓으며 식사 종료 시에는 접시의 오른쪽에 나란히 걸쳐 놓는다. • 나이프 날은 자신 쪽으로, 포크는 등이 위쪽으로 향하게 한다.
접시	• 접시는 놓인 위치에서 움직이지 않도록 한다. • 테이블 위 접시는 음식 순서에 맞게 정돈되게 한다. • 식사 종료 후 사용한 접시를 포개어 놓는 등의 행위가 오히려 종업원을 불편하게 할 수 있으므로 삼간다.

② 정찬 메뉴 코스 매너

㉠ 전채요리(Appetizer)는 식욕촉진을 위해 식사 전에 소량으로 가볍게 먹는 것을 말한다.

㉡ 수프는 소리 내서 먹지 않으며 손잡이가 있는 그릇일 경우 들고 마셔도 된다.

㉢ 빵은 수프를 먹은 후 먹으며 수프에 넣어 먹지 않도록 하고 자신의 왼쪽에 있는 빵 접시와 오른쪽에 있는 물잔을 사용한다.

㉣ 빵은 손으로 떼어 먹으며 버터, 잼이 발라져 있는 빵은 나이프를 사용한다.

㉤ 레몬조각을 손으로 짜서 생선 위에 즙을 내며 생선은 뒤집지 않는다.

제3과목 고객관리 실무론

Warming Up

01 방문 및 비즈니스 상담매너에 해당되지 않는 것은?

① 약속시간 전에 도착하고 약속한 정시부터 상담이 시작되도록 한다.
② 상담목적을 명확히 제시하여 상담의 목적과 취지에 맞도록 진행한다.
③ 상대방의 말에 적극 경청하며 긍정적인 모습으로 상담에 임한다.
④ 상담 종료 시 그 내용을 요약 후 합의사항을 문서화하여 나누어 갖는다.
⑤ 대기 장소로 안내받으면 준비한 서류 및 자료 등을 확인하고 출입구에서 먼 말석의 테이블 위에 미리 준비하고 기다린다.

> **정답해설**
> ⑤ 출입문 가까운 곳이 말석이다.

02 레스토랑 이용 시 테이블 매너에 맞지 않는 것은?

① 음식에 입을 대고 먹지 않으며 식사 중 머리에 손을 대지 않는다.
② 테이블에서의 상석은 연령 또는 직위를 기준으로 하며 직위보다는 연령이 우선이다.
③ 테이블 위에 팔꿈치를 올리고 턱을 괴거나 다리를 꼬거나 허리를 구부정하게 앉지 않는다.
④ 상석에 여성이 앉도록 하며 남성은 여성의 왼쪽에 자리를 잡고 앉는다.
⑤ 주문결정은 여성과 초대 손님이 먼저 하며 남성이 여성 동반 시 여성의 메뉴를 도와주고 남성이 직원에게 대신 주문한다.

> **정답해설**
> ② 연령보다 직위가 우선이다.

03 레스토랑 이용 매너에 맞지 않는 것은?

① 예약시간을 준수하고 늦을 경우 미리 연락하며 예약시간 15분을 넘기지 않는다.
② 안내받은 자리가 마음에 들지 않는 경우 원하는 자리로 옮겨 줄 것을 요청한다.
③ 레스토랑에 도착하면 이름과 예약내용을 확인 후 마음에 드는 빈자리를 찾아 앉는다.
④ 휴대품을 테이블 위에 올려놓지 않도록 하며 가방에 넣어둔다.
⑤ 테이블 위에 팔꿈치를 올리고 턱을 괴거나 다리를 꼬거나 허리를 구부정하게 앉지 않는다.

> **정답해설**
> ③ 예약상태 등을 확인 후 반드시 안내를 받는다.

정답 1 ⑤ 2 ② 3 ③

CHAPTER 02 이미지 메이킹

학습개요	이미지의 개념과 이미지 형성과정 및 첫인상의 중요성을 이해함으로써 비즈니스 현장에서 자신의 장점을 부각시켜 좋은 이미지를 형성할 수 있는 이미지 메이킹 및 패션을 구사한다.
절 구성	1. 이미지 메이킹의 개념 2. 표정 이미지 3. 패션 이미지
학습중점	1. 이미지의 개념과 분류 2. 이미지 형성과정 3. 이미지 메이킹의 개념 4. 첫인상의 특징 5. 첫인상 형성에 영향을 미치는 효과 6. 메라비언의 법칙 7. 남성 및 여성의 용모와 복장
마인드 맵	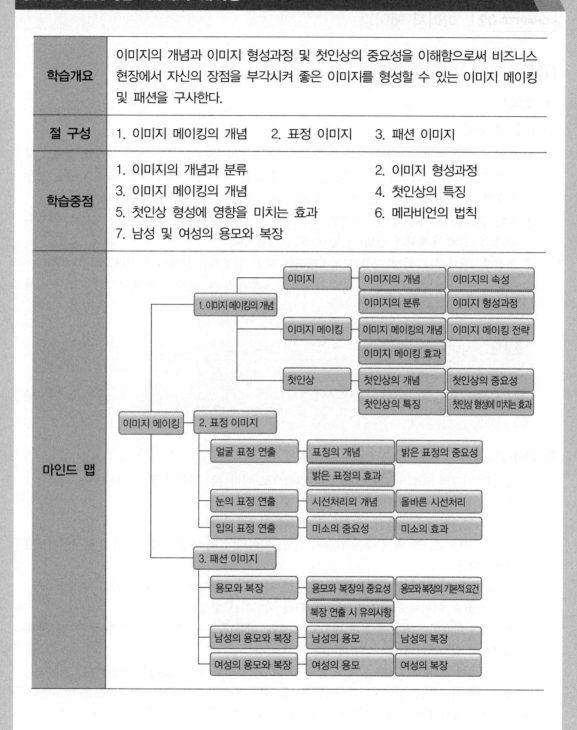

01 이미지 메이킹의 개념

(1) 이미지

1) 이미지의 개념

① 라틴어의 '흉내내다, 모방하다'의 뜻을 가진 'imago'의 동사 'imitari'에서 유래한 것으로 사전적 의미로는 형태나 느낌, 모양, 연상, 관념 등을 의미하며 어느 대상, 특히 사람의 경우 특정한 감정을 가지게 하는 외적인 모습, 심상 또는 상징, 표상이라고 정의된다.

② 일반적으로 이미지는 개인이 어떠한 대상에 대해 갖게 되는 시각적 표상이나 떠오르는 단어, 감정, 느낌의 총체이며 신념, 선입견 또는 개념이다.

③ 정신분석학에서는 '특정 대상의 외적형태에 대한 인조적인 모방이나 재현'으로 정의한다.

④ 이미지는 시각적 형상 또는 모습의 가시적인 요소와 느낌, 분위기 등 관념적인 요소에 의해 형성된 의미가 있다.

> **T!P** 다니엘 부어스틴의 이미지
>
> ① **가관념**(Pseudo Ideals) : 이미지는 조작되고 단편적인 측면을 강조한다.
> ② 이미지는 가치체계와 관계된 '가짜이상'이다.
> ③ 이미지의 특징은 인공적, 수동적, 강렬, 단순, 모호하며 믿을 만한 것에 있다.

2) 이미지의 속성

① 개인의 지각적 요소와 감정적 요소의 결합으로 나타나는 주관적인 것이다.

② 주관적 경험과 심리상황에 따라 다르게 형성된다.

③ 주관적 평가이기에 명확히 개념을 정의내려 연구하기 어렵다.

④ 개인이 어떤 대상에 대해 갖는 일련의 신념, 아이디어 및 인상의 총체로서 부분적이기보다 총체적이다.

⑤ 무형의 것으로 대상에 대해 직접적인 경험 없이도 형성되어 구체적이기보다 추상적이다.

⑥ 시각적 요소 이외에도 수많은 감각에 의해 이미지를 형성한다.

⑦ 이미지는 학습이나 정보에 의해 변용되고 경험, 커뮤니케이션 행위에 의해 형성, 수정, 변화되어가며 일시적이기보다 연속적이다.

⑧ 형성된 이미지는 행동경향을 어느 정도 규정하는 역할을 하고 정보를 받아들이는 경우에는 개인의 주관, 편견, 선입견, 고정관념 등에 의해 이미지가 걸러지는 여과기능을 발휘한다.

⑨ 인터넷이 발달하면서 기업 이미지, 제품 이미지 등이 기업과 제품에 대한 가치를 평가하는 자료가 되고 있기에 중요시되고 있다.

3) 이미지의 분류

내적 이미지	• 인간 내면의 본질적인 정서로서 심리적, 정신적, 정서적인 특성들이 고유하고 독특하게 형성되어 있는 인성적 부분 또는 상태를 말한다. • 심성, 생각, 습관, 욕구, 감정 등의 유기적인 결합체를 말한다. • 로젠버그 : 자신에 대해 가지고 있는 개인의 생각과 느낌의 총합이다. • 리안 : 자아개념은 자신의 특성, 능력, 결점 및 외모에 대한 지각이며 지각의 객체로서 자아는 특별한 인간의 행동 방향 결정 단위이다.
외적 이미지	• 내적 이미지가 용모, 복장, 표정, 자세, 태도, 스피치 등을 통해 밖으로 보이는 외형적 요소를 말한다. • 내면의 본질이 표면적으로 표출되어 형상화된 현상적 이미지이다. • 카이저 : 외적 이미지는 외모가 전체적으로 보이는 모습이며 시각적 요소뿐 아니라 비언어적인 제스처, 표정, 자세도 중요하다. 신체와 의복은 이미지 형성에 직접적인 영향을 미치는 요인이다.
사회적 이미지	• 특정한 사회 속에서 형성되는 이미지로 그 사회의 문화를 반영한다. • 형성된 사회적 이미지는 그 사회 구성원 모두 의심 없이 수용하는 이미지이다.

4) 대인지각

① 타인을 만났을 때 타인에 대한 성격, 감정, 외모, 음성 등의 이미지를 지각하는 것이다.
② 대인지각은 자신의 사회적 경험이나 사고를 바탕으로 타인을 평가한다.
③ 지각 대상과의 상호작용에 의해 평가 및 형성된다.
④ 대인지각의 목적은 타인의 행동을 예측하고 통제하기 위해 필요한 정보를 얻는 것이다.
⑤ 타인에 대해 무엇을 어떻게 지각하는가에 따라 타인에 대한 행동과 반응이 달라지기 때문에 대인지각은 중요하다.

5) 이미지 형성과정

지각 과정	• 지각이란 감각기관을 통하여 대상을 인식함을 말한다. • 지각과정은 인간이 환경에 대해 인식하고 의미를 부여하는 과정이다. • 어떤 대상에 대한 인식은 주관적이며 선택적으로 기억하게 된다. 따라서 동일한 대상일지라도 다른 이미지를 부여하게 된다.
사고 과정	• 사고란 지각대상에 대한 정보를 획득, 해석하는 것을 말한다. • 과거에 대한 기억과 현재 대상에 대한 인식의 지각이라는 투입 요소가 혼합되어 지각대상의 이미지를 형성하는 과정이다.
감정 과정	• 지각과 사고 이전의 감정에 의해 반응하는 과정이다. • 감정과정은 이미지 형성의 확장을 가져온다. • 이미지는 이성과 합리성보다 감정으로 인해 형성된다. • A사의 한 가지 제품에 불만이 있다면 다른 제품에 대한 상태를 확인하거나 인식하기 전에 비호감의 이미지를 형성하게 된다.

6) 이미지 형성과정의 심리학적 이론

내현성격이론	• 도식의 일종으로 성격 특성들 간의 관계에 대해 개인이 가지고 있는 이론 • 일반인이 타인의 성격을 판단하는 데 사용하는 나름대로의 틀
고정관념	• 사람들이 특징을 파악하는 양상의 중요한 특징 중 하나는 범주화 • 사람 파악에 있어서 인종, 종교, 성 등으로 분류하고 같은 범주의 사람들은 비슷한 특성을 공유하고 있는 것으로 판단

(2) 이미지 메이킹

1) 이미지 메이킹의 개념

① 자신의 내적요소와 외적요소의 통합으로 개인이 추구하는 상황에 맞게 자신이 가진 이미지를 개선 및 향상시킴으로써 신뢰감 있는 최상의 이미지를 만드는 것이다.
② 개인이 추구하는 목표를 이루기 위해 자신의 이미지를 통합적으로 관리하는 행위이다.
③ 이미지 메이킹은 외면의 모습과 내면의 모습을 통합적으로 관리함으로써 자신의 매력을 전달하기 위한 자기향상의 노력을 통칭하며 총체적 자기변화과정이다.
④ 이미지 메이킹은 주관적 자아와 객관적 자아의 인식 차이를 제거하고 축소하여 객관적 자아상을 확보하는 것이다.
⑤ 이미지 메이킹으로 열등감을 극복하여 자신감을 회복함으로써 자존감이 향상되고 이를 통해 원만한 대인관계 능력을 향상시킬 수 있다.

2) 이미지 메이킹의 단계별 전략

1단계	자기 자신을 알라 (Know yourself)	• 자신을 객관화하여 자신의 장점을 극대화한다. • 장점에 집중하여 이미지를 부각시킨다.
2단계	모델을 설정하라 (Model yourself)	• 모델 설정으로 추구해 나갈 방안을 구체화한다. • 모델 모방을 통해 자신의 발전을 도모한다.
3단계	자신을 개발하라 (Develope yourself)	• 가식적이고 인위적 연출이 아닌 진실이 표출되는 이미지 완성을 위해 노력할 필요가 있다. • 자신만의 장점을 부각시켜 가치를 높임으로써 상대방이 관심을 갖도록 하기 위한 노력이 필요하다.
4단계	자신을 연출하라 (Direct yourself)	• 상황과 대상에 맞는 자신의 이미지를 표현하는 것이다. • 복장, 외모의 외형적인 것과 교양, 지식 등 내면적인 것에 대해 연출하여야 한다.
5단계	자신의 가치를 팔아라 (Market yourself)	• 자신의 가치를 인식시킴으로써 자신을 인정하도록 만드는 단계이다. • 신뢰감을 줄 수 있는 차별화된 개인 이미지를 구축하여 자신을 명품화한다.

3) 이미지 메이킹의 효과

① 자아 존중감 향상
② 열등감 극복으로 자신감 제고
③ 궁극적으로 대인관계 능력 향상

(3) 첫인상

1) 첫인상의 개념

① 인상이란 영상에 대한 즉각적 인식을 말하며 첫인상은 대상에 대한 지각 과정들 중 첫 순간을 의미한다.
② 첫인상은 이미지를 대면하는 순간, 바로 나타나는 지각의 효과이다.
③ 첫인상은 처음 만나서 받는 인상으로 미국인은 15초, 일본인은 6초, 우리나라 사람들은 3초 만에 결정된다.
④ 첫인상은 처음 대면하는 3초의 짧은 시간에 대상에 대한 평가와 결론을 내리는 것으로 타인에게 자신을 보여 주는 첫 단계이다.

2) 첫인상의 중요성

① 첫인상은 매우 짧은 시간에 결정되며 호감과 비호감은 인사를 나누는 짧은 순간 자신도 모르게 이미 결정된다.
② 사람의 첫인상은 머릿속에 오래 기억된다.
③ 좋지 않은 첫인상을 바꾸기 위해서는 많은 노력과 시간이 필요하므로 첫인상 관리는 매우 중요하다.
④ 안 좋은 첫인상의 회복을 위해 7~40시간을 투자하고 노력해야 한다.

3) 첫인상의 특징

신속성	첫인상은 3초의 짧은 시간에 전달된다.
일회성	첫인상이 전달되는 기회는 단 한 번뿐이다.
일방성	첫인상은 대상의 사실이나 진가와 무관하게 평가하는 사람의 기준에 의해 각인된다.
초두효과	처음 들어온 정보가 뒤의 정보를 차단해 버리게 된다.
연관성	• 첫인상은 개인의 경험, 선입견 등을 통하여 연상되는 것에 의해 형성된다. • 대상과 다른 사람을 떠올리거나 개인의 정보의 혼란 등 착각에 의해 다른 첫인상으로 입력될 수 있다.

4) 첫인상 형성에 영향을 미치는 효과

초두효과	처음 제시된 정보가 나중에 제시된 정보보다 인상 형성에 더욱 강력한 영향을 미치는 현상을 말한다. **예** 팔에 문신이 있는 사람은 거친 성격의 소유자로 판단되어 서비스 직종에 종사하기 어렵다고 판단한다.

최신효과	• 초두효과의 반대 의미이다. • 시간적으로 마지막에 제시된 정보가 인상 판단에 중요한 영향을 끼치는 현상을 말한다.
후광효과	어떤 사람이 가지고 있는 한 가지 장점이나 매력으로 인해 다른 특성들도 좋게 평가되는 현상을 말한다. 예 고급 승용차 주인은 지적 수준이 높아 보인다.
맥락효과	처음에 인지된 정보가 이후에 접수된 정보들의 맥이 되어 인상을 형성하는 현상을 말한다. 예 학업성적이 좋은 학생이 식사하면서 책을 보면 책을 많이 본다고 판단하고, 학업성적이 낮은 학생이 밥을 먹으며 책을 보면 많이 먹는다고 판단한다.
악마효과	• 후광효과의 반대 의미이다. • 외모로 모든 것을 평가하여 다른 모든 것을 부정적으로 판단한다.
부정성효과	부정적인 특성이 긍정적인 특성보다 더 강력한 인상을 형성한다.
빈발효과	첫인상이 좋지 않더라도 반복해서 좋은 모습을 보여 주면 좋은 인상으로 변형된다.
일관성 오류	한번 판단을 내리고 인상을 형성하면 상황이 달라지더라도 그 판단을 지속하려는 욕구를 가지고 있다.
인지적 구두쇠	인상 형성 과정에서 상대를 판단할 때 가능하면 노력을 최소화하면서 결론에 도달한다.
방사효과	매력 있는 사람과 함께 있을 때 사회적 지위나 가치를 더 높게 평가하는 현상을 말한다.
콘크리트 법칙	이미지화된 첫인상을 바꾸는 데 40시간의 재만남이 이루어져야 할 정도로 첫인상이 쉽게 바뀌지 않는 현상을 의미한다.
호감득실이론	자신을 처음부터 좋아해주던 사람보다 자신을 싫어하다가 좋아하는 사람을 더 좋아하게 된다는 이론이다.

Warming Up

01 다음 중 이미지에 대한 설명이 잘못된 것은?

① 라틴어의 '흉내내다, 모방하다'의 뜻을 가진 imago의 동사 imitari에서 유래하였다.

② 개인의 지각적 요소와 감정적 요소의 결합으로 나타나는 객관적인 것이다.

③ 개인이 어떤 대상에 대해 갖는 일련의 신념, 인상의 총체로서 부분적이기보다 총체적이다.

④ 시각적 요소 이외에도 수많은 감각에 의해 이미지를 형성한다.

⑤ 이미지는 학습이나 정보에 의해 변용되고 경험, 커뮤니케이션 행위에 의해 형성, 수정, 변화되어 가며 일시적이기보다 연속적이다.

정답해설
② 주관적인 것이다.

02 다음 중 이미지에 대하여 〈보기〉와 같이 정의한 학자는 누구인가?

┌ 보기 ───
- 이미지는 조작되고 단편적인 측면을 강조한다는 가관념을 주장하였다.
- 이미지는 가치체계와 관계된 '가짜이상'이다.
- 이미지의 특징은 인공적, 수동적, 강렬, 단순, 모호하며 믿을 만한 것에 있다.
└──

① 다니엘 부어스틴   ② 그뢴루스
③ 로젠버그   ④ 라인
⑤ 카이저

03 다음 중 〈보기〉 내용은 라인이 무엇에 대하여 제시한 것인가?

┌ 보기 ───
자아개념은 자신의 특성, 능력, 결점 및 외모에 대한 지각이며 지각의 객체로서 자아
는 특별한 인간의 행동방향 결정 단위이다.
└──

① 지적 이미지   ② 사회적 이미지
③ 자아 이미지   ④ 내적 이미지
⑤ 외적 이미지

04 다음 중 이미지 형성과정에 대한 설명이 바르게 연결된 것은?

① 지각과정 : 지각대상에 대한 정보를 획득, 해석하는 것을 말한다.
② 사고과정 : 인간이 환경에 대해 인식하고 의미를 부여하는 과정이다.
③ 내현성격이론 : 일반인이 타인의 성격을 판단하는 데 사용하는 나름대로의 틀
④ 감정과정 : 같은 범주의 사람들은 비슷한 특성을 공유하고 있는 것으로 판단한다.
⑤ 고정관념 : 지각과 사고 이전의 감정에 의해 반응하는 과정이다.

[정답해설]
①은 사고과정, ②는 지각과정, ④는 고정관념, ⑤는 감정과정이다.

05 다음 중 이미지 메이킹의 개념과 거리가 먼 것은?

① 자신의 내적요소와 외적요소의 통합으로 개인이 추구하는 상황에 맞게 신뢰감 있는 최상의 이미지를 만드는 것이다.
② 개인이 추구하는 목표를 이루기 위해 자신의 이미지를 통합적으로 관리하는 행위이다.
③ 자신의 매력을 전달하기 위한 자기향상의 노력을 통칭하며 총체적 자기변화과정이다.
④ 이미지 메이킹은 열등감을 극복하여 자신감을 회복함으로써 자존감이 향상되고 이를 통해 원만한 대인관계 능력을 향상시킬 수 있다.
⑤ 이미지 메이킹은 주관적 자아와 객관적 자아의 인식 차이를 제거하고 축소하여 주관적 자아상을 확보하는 것이다.

〔정답해설〕
⑤ 객관적인 자아상을 확보하는 것이다.

06 다음 중 첫인상의 특징에 해당되지 않는 것은?

① 통합성 ② 신속성
③ 일회성 ④ 일방성
⑤ 초두효과

07 다음 중 첫인상 형성에 영향을 미치는 효과가 잘못 연결된 것은?

① 초두효과 : 처음 제시된 정보가 나중에 제시된 정보보다 인상형성에 더욱 강력한 영향을 미치는 현상
② 후광효과 : 한 가지 장점이나 매력으로 인해 다른 특성들도 좋게 평가되는 현상
③ 맥락효과 : 처음에 인지된 정보가 이후에 접수된 정보들의 맥이 되어 인상을 형성하는 현상
④ 방사효과 : 매력 있는 사람과 함께 있을 때 사회적 지위나 가치를 더 높게 평가하는 현상
⑤ 인지적 구두쇠 : 한번 판단되고 형성된 인상은 상황이 달라지더라도 그 판단을 지속하려는 욕구를 가지고 있다.

〔정답해설〕
⑤ 일관성 오류에 대한 설명이다.

정답 1② 2① 3④ 4③ 5⑤ 6① 7⑤

02 표정 이미지

(1) 얼굴 표정 연출

1) 표정의 개념

① 얼굴은 그 사람의 마음을 비춰주는 거울로서 우리 신체에서 자신을 가장 잘 표현할 수 있는 부분이다.

② 얼굴 표정은 상대방에게 호감을 전달하거나 상대방의 기분을 알 수 있는 근거가 된다.

③ 얼굴 표정만으로 상대방의 정신적인 건강상태와 마음을 읽을 수 있다.

④ 에크먼 : 일반적으로 사람들은 4가지 관리기술을 통하여 표정을 통제한다. 안면행위를 통제할 때 사람들은 감정을 강화하고, 감정을 억제하며, 감정을 중화하거나 감정을 감춘다.

2) 밝은 표정의 중요성

① 표정을 통하여 첫인상이 결정되고 본인의 이미지를 형성하게 된다.

② 밝은 표정의 첫인상은 호감 또는 호의적인 태도를 형성한다.

③ 표정은 내면의 의미 표출로써 감정을 나타내어 의사소통에 있어 중요한 요소이다.

④ 미소는 자신감 있는 사람으로 보이게 한다.

⑤ 상대방의 부정적인 감정을 긍정적으로 바꿀 수 있다.

3) 밝은 표정의 효과

건강증진 효과	• 웃음을 통해 긴장 및 불안감이 해소됨으로써 스트레스가 해소되고 면역력이 강화된다. • 프리드먼 박사(UCLA) : 45분 웃으면 고혈압이나 스트레스 등 현대 질병을 개선할 수 있다.
호감형성 효과	• 밝은 표정은 자신의 인상을 좋게 해주며 상대방으로 하여금 호감과 편안한 기분이 들게 한다. • 미소 띤 얼굴은 좋은 기분, 따뜻한 인상과 친근감을 준다.
감정이입 효과	웃음은 자신뿐만 아니라 상대방의 기분까지 즐겁게 한다.
마인드컨트롤 효과	웃음은 마음이 즐거워지고 기분이 좋아지게 한다.
실적향상 효과	밝은 표정은 업무의 효율성을 증진시키고 일의 능률이 오르고 그에 따라서 실적이 향상된다.

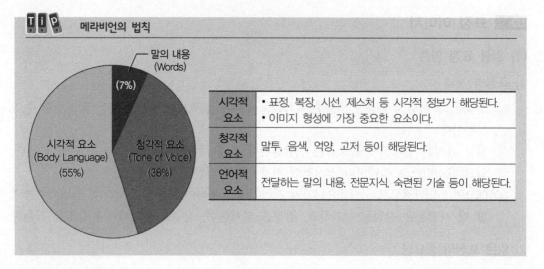

(2) 눈의 표정 연출

1) 시선처리의 개념

① 마음의 창이라는 눈은 좋은 커뮤니케이션의 수단이 된다.

② 상대방과의 시선을 맞추는 것은 성실, 관심, 신뢰 등을 표현한다.

③ 부드러운 시선은 그 사람이 정직하고 믿음직스럽다고 느끼게 한다.

2) 올바른 시선처리

① 자연스럽고 부드러운 시선으로 상대방을 바라본다(한 번에 5~10초).

② 가급적 상대와 눈높이를 맞추고 시선과 몸의 방향은 일직선이 되도록 한다.

③ 상대방의 눈만 빤히 보는 것은 상대방에게 부담을 줄 수 있으므로 눈과 미간, 콧등을 번갈아 본다.

④ 대화를 나눌 때 시선을 피하거나 주위를 두리번거리지 않는다.

⑤ 눈을 똑바로 바라보지 않으면 자신이 없어 보인다.

⑥ 눈을 치켜뜨거나 위아래로 훑어보지 않는다.

⑦ 한 사람에게만 시선을 집중시키지 않도록 한다.

(3) 입의 표정 연출

1) 미소의 중요성

① 호감 가는 밝은 표정은 미소로부터 시작된다.

② 좋은 표정은 아름다운 미소가 있을 때 더욱 돋보인다.

2) 미소의 효과

① 긍정적인 이미지 형성

② 편안한 분위기 연출

③ 엔돌핀 발생으로 건강 증진
④ 최고의 인간관계 효과

Warming Up ↗

01 **다음 중 밝은 표정의 효과가 아닌 것은?**

① 건강증진 효과   ② 호감형성 효과
③ 감정이입 효과   ④ 실적향상 효과
⑤ 감정 억제 효과

[정답해설]
⑤ 마인드컨트롤 효과

02 **다음은 메라비언의 법칙(Law of Mehrabian)에 관한 내용이다. (　　) 안에 들어갈 말로 적절한 것은?**

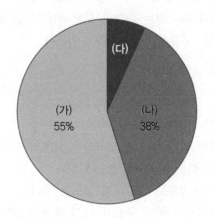

	(가)	(나)	(다)
①	시각적 요소	언어적 요소	청각적 요소
②	시각적 요소	청각적 요소	언어적 요소
③	언어적 요소	청각적 요소	시각적 요소
④	언어적 요소	시각적 요소	청각적 요소
⑤	청각적 요소	언어적 요소	시각적 요소

정답   1 ⑤   2 ②

03 패션 이미지

(1) 용모와 복장

1) 용모와 복장의 중요성

① 깔끔한 용모와 깨끗한 복장 착용은 상대방에게 좋은 첫인상을 줄 수 있다.
② 바른 용모와 복장 착용은 자신의 인격을 표현하는 수단이 될 수 있다.
③ 상황에 어울리는 복장 착용은 상대방에 대한 존중을 나타내기도 한다.
④ 좋은 이미지를 줄 수 있는 용모 및 복장은 상대방에게 신뢰감을 형성한다.
⑤ 단정한 용모와 복장은 상쾌함을 느끼게 하며 이를 통해 기분전환이 될 수 있다.
⑥ 단정한 복장은 자신감을 갖게 하고 일의 성과에도 영향을 미친다.

2) 용모와 복장의 기본적인 요건

① 단정함과 청결함이 복장 착용의 핵심이다.
② 업무수행에 기능성과 효율성이 고려된 용모와 복장이 되도록 한다.
③ 자신의 인격 및 회사의 이미지에 손상이 가지 않도록 고려한다.

3) 복장 연출 시 유의사항

① 개인의 이미지 및 환경에 맞추어 복장의 색상, 재질, 디자인을 선택한다.
② 자신의 개성을 나타내는 것은 좋으나 너무 튀거나 촌스러운 것은 피한다.
③ 복장은 연령, 성별, 계절에 맞게 갖추어 입는다.

(2) 남성의 용모와 복장

1) 남성의 용모

① 깨끗한 면도상태를 유지한다.
② 머리는 이마와 귀를 덮지 않으며 뒷머리가 셔츠의 깃을 덮지 않도록 한다.
③ 머리에는 비듬, 귀에는 이물질이 없도록 한다.
④ 코털이 밖으로 나올 정도로 자라나지 않도록 한다.
⑤ 치아의 청결을 유지해야 하며 구취가 나지 않아야 한다.
⑥ 땀 냄새가 나지 않도록 체향을 관리하여야 한다.

2) 남성의 복장

슈트(양복 정장)	• 남성복장은 정장이 기본으로 피부색에 어울리며 체형에 맞는 사이즈를 선택한다. • 슈트의 컬러는 감색, 회색, 검정이 기본이며 화려한 원색, 유난스러운 재질, 과도하게 독특한 무늬, 디자인은 피한다. • 투버튼 슈트인 경우 윗단추를, 쓰리버튼 슈트인 경우 위의 2개 또는 중앙을 채운다. • 주머니가 불룩할 정도로 많은 물건을 넣지 않아야 한다. • 바지 길이는 구두 등을 살짝 덮고 양말이 보이지 않아야 한다.

	• 지나치게 유행에 집착하는 것은 바람직하지 않으며 회사의 이미지를 손상시키지 않도록 품위 있는 슈트를 입는다.
드레스 셔츠	• 흰색이 기본이며 엷은 색을 선택한다. • 단추는 모두 채워 입고 소재는 순면이 적합하며 구김이 없어야 한다. • 긴팔이 기본이며 공식석상에서 반팔 셔츠는 적합하지 않다. • 셔츠의 소매와 깃은 슈트로부터 1~1.5cm 정도 나오도록 한다. • 셔츠 안에는 속옷을 착용하지 않는다(여름용 셔츠는 제외). • 화려한 디자인이나 패턴은 적합하지 않다.
넥타이	• 타이 길이는 타이의 삼각 꼭지점이 벨트 상단에 살짝 닿을 정도가 적당하다(길이 점검 시 거울로 확인한다). • 베스트(조끼) 착용 시 타이가 밖으로 나오지 않도록 한다. • 타이의 폭은 (상의)셔츠의 깃과 폭이 같은 것으로 선택한다. • 깃이 넓은 타이는 매듭 밑에 주름을 주어 맵시를 유지한다. • 색상은 슈트와 동일한 계열이 적당하며 동일색상은 차분하고 보색은 활동적이고 화려한 이미지와 매칭이 된다. • 타이에 얼룩이나 구김이 없도록 하고 적당한 크기의 매듭이 중앙에 오도록 한다.
벨트	• 색상은 슈트 색상과 비슷하거나 어울리는 것으로 선택한다. • 버클은 심플한 것이 좋으며 요란한 무늬 또는 과도하게 넓은 폭은 적당하지 않다.
양말	• 색상은 정장바지보다 진한 색 또는 같은 색, 구두와 같은 계통이 적당하며 흰색 양말은 피하고 검정색이 무난하다. • 앉았을 때 다리 살이 보이지 않아야 하며 목이 짧은 양말은 피한다.
구두	• 색상은 정장에 맞추는 것이 일반적이며 검정색 또는 짙은 갈색이 적당하다. • 소재는 가죽소재가 적당하며 직장에서 캐주얼화는 피한다. • 항상 청결하게 광택이 잘 나도록 닦는다. • 발에 부담을 주지 않는 것을 우선적으로 선택한다. • 앞코가 뾰족하거나 과도하게 뭉툭한 사각형은 적당하지 않다. • 굽이 닳은 모습이 보이지 않도록 유지하며 뒤축은 구겨 신지 않는다.

(3) 여성의 용모와 복장

1) 여성의 용모

① 청결함과 단정함을 유지한다.

② 머리는 이마와 귀를 덮지 않으며 긴 머리는 단정하게 묶은 후 헤어망을 사용하는 것이 깔끔하다.

③ 지나친 염색은 적절하지 않으며 너무 화려한 머리 액세서리는 피한다.

④ 노 메이크업은 실례가 될 수 있으나 진한 화장과 짙은 향취는 피하고 자연스러운 메이크업을 통해 자연미를 살린다.

⑤ 립스틱과 매니큐어는 어둡고 진한 색은 피하고 살구색, 분홍색이 좋다.

⑥ 향수는 은은한 향을 소량 뿌리는 것이 좋다.

제3과목 고객관리 실무론

2) 여성의 복장

자켓(유니폼)	• 업무에 불편함이 없고 체형에 맞는 사이즈를 선택한다. • 지나치게 복잡한 무늬, 너무 화려한 색상은 피한다. • 여성 정장은 검은색, 회색, 베이지색, 감색, 파스텔톤 등이 좋다. • 주머니가 불룩할 정도로 많은 물건을 넣지 않아야 한다. • 지나친 장신구가 부착되어 있는 자켓은 피한다.
블라우스, 셔츠	• 구김과 얼룩이 없고 실밥이 나와 있지 않아야 한다. • 여성 정장과 어울리는 색상과 디자인을 선택한다. • 무늬가 너무 과하지 않고 옅은 색이 적당하다. • 체형이 지나치게 드러나거나 노출이 심한 스타일, 소매 없는 옷은 피하는 것이 좋다.
치마, 바지	• 길이가 과도하게 짧은 치마 또는 바지는 피하는 것이 좋다. • 과도한 주름, 화려한 색상과 무늬 등은 피한다. • 움직였을 때 하단이 과도하게 퍼지는 치마는 피한다. • 폭이 과도하게 넓거나 몸에 꼭 끼는 바지, 반바지는 피한다.
스타킹	• 살구색이 기본이며 치마 등에 어울리는 회색, 검은색은 착용하여도 좋다. • 무늬가 있거나 망사, 원색의 스타킹은 피하는 것이 좋다. • 올이 나가지 않아야 하며 발목 부분에 스타킹이 내려와 주름이 잡히지 않도록 한다. • 하절기에도 스타킹을 미착용한 맨살은 피한다. • 올이 쉽게 나가므로 예비용을 항상 준비하는 것이 좋다.
구두	• 깨끗하게 닦여 있어야 한다. • 복장과 조화를 이루어야 하며 과하게 굽이 높은 것은 피한다. • 사무실에서는 슬리퍼 대신 낮은 굽의 정장용 구두로 갈아신는 것은 가능하다.
액세서리	• 복장을 돋보이게 하면서도 심플한 디자인을 선택하고 과하게 액세서리를 착용하면 산만해 보이므로 유의한다. • 연령과 직책, 신분에 맞게 착용한다. • 과도하게 화려하고 큰 액세서리는 피한다. • 복장과 어울리는 핸드백을 선택한다.

Warming Up

01 **다음 중 남성의 용모와 복장에 대한 설명이 잘못된 것은?**

① 슈트의 컬러는 감색, 회색, 검정이 기본이다.
② 드레스 셔츠는 흰색이 기본이며 엷은 색이 좋다.
③ 드레스 셔츠의 소매와 깃은 슈트로부터 1.5~2cm 정도 나오도록 한다.
④ 적당한 타이 길이는 타이의 끝이 버클 상단부에 닿을 정도가 좋다.
⑤ 양말은 정장보다 어두운 것이 좋다.

[정답해설]
③ 1~1.5cm 정도 나오도록 한다.

02 **다음 중 여성의 용모와 복장에 대한 설명이 잘못된 것은?**

① 여성 자켓은 개성을 잘 살릴 수 있도록 화려한 색상과 무늬가 좋다.
② 블라우스 및 셔츠는 정장과 어울리는 색상이 좋다.
③ 길이가 과도하게 짧은 치마는 피한다.
④ 화려한 무늬, 개성을 살릴 수 있는 망사, 원색 스타킹은 피하는 것이 좋다.
⑤ 굽이 과하게 높은 구두는 피한다.

[정답해설]
① 여성 자켓은 지나치게 복잡한 무늬, 화려한 색상은 피한다.

정답 1 ③ 2 ①

CHAPTER 03 고객상담 및 관리

학습개요	비즈니스 화법 및 경청 스킬, 컴플레인과 클레임 이해와 불만을 제기하는 고객에 대하여 적절하게 조치할 수 있는 능력을 배양함으로써 고객의 부정적 경험 최소화로 고객만족으로 이어진 충성고객을 확보하며 조직 구성원의 성과 향상을 위한 코칭스킬을 알아본다.
절 구성	1. 커뮤니케이션 스킬 2. 서비스 화법과 경청 스킬 3. 컴플레인과 클레임 4. 컴플레인 처리 5. 비즈니스 코칭
학습중점	1. 커뮤니케이션의 구성요소와 오류의 원인 2. 경청 스킬과 말하기 스킬 3. 질문의 종류에 따른 특징 4. 컴플레인과 클레임의 개념 5. 불평고객 유형과 불만 유형 6. 불만 발생 상황과 컴플레인 처리 7. 코칭의 개념 및 장단점과 유사 전문영역의 비교
마인드 맵	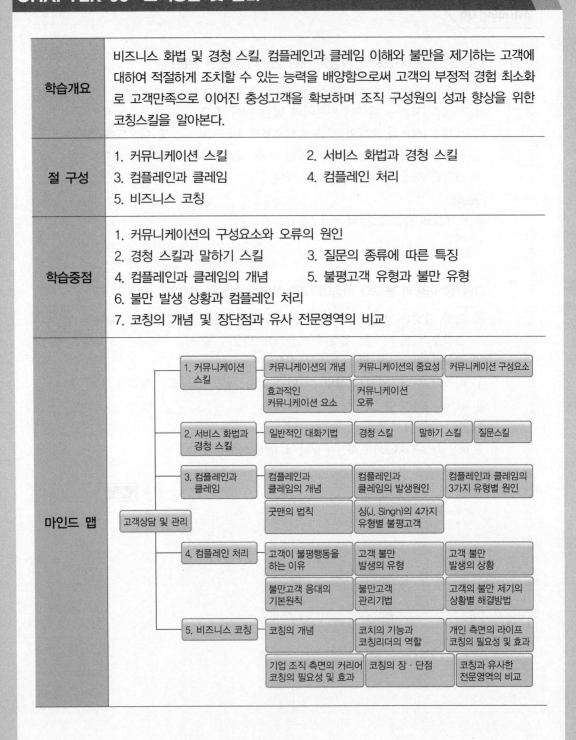

CHAPTER **03**　**고객상담 및 관리**

01　**커뮤니케이션 스킬**

(1) 커뮤니케이션의 개념

1) 커뮤니케이션의 정의

① 라틴어의 공통, 공유 뜻을 가진 communis에서 유래하였으며 '나누다'의 의미가 있다.

② 2인 이상이 공감할 수 있는 의미와 이해를 전달하기 위해 공통적인 상징체계를 사용하여 지식과 정보를 공유하는 과정이다.

③ 하나 또는 그 이상의 생물개체가 다른 개체와 지식, 정보, 감정 등을 공유하는 행동의 과정이다.

④ 조직체나 사회집단에 형성되는 두 명 이상의 관계 당사자들이 언어적 또는 비언어적 방법을 통해서 서로의 의사와 감정을 전달하고 반응을 주고받는 과정이다.

2) 커뮤니케이션의 기능

정보제공	개인과 집단에 필요한 정보 또는 자료제공을 통해 의사결정을 원활하게 한다.
동기부여	조직의 목표 달성을 위한 행동 강화 등의 동기부여 기능을 통해 목표에 근접하게 한다.
조정 및 통제	조직의 규정 및 방침 등을 제공하는 조정 및 통제를 통해 행위 등을 관리한다.
감정표현 및 욕구전달	개인의 감정과 조직에서의 욕구 전달을 통해 타인과의 원활한 관계를 유지한다.

> **TIP**　커뮤니케이션의 목적(Devito)
>
> ① 자신과 타인, 주위의 세상에 관한 배움
> ② 타인과의 관계 맺음
> ③ 타인을 설득 및 타인에 대한 영향력 발휘
> ④ 타인과 놀이를 하거나 즐기기 위함
> ⑤ 타인을 위한 도움

(2) 커뮤니케이션의 중요성

① 고객과의 커뮤니케이션은 고객의 만족도에 영향을 미친다.

② 맞춤형 서비스 제공을 위한 고객의 니즈를 파악할 수 있다.

③ 고객과의 갭 최소화로 고객감동 서비스를 제공할 수 있다.

제3과목 고객관리 실무론

(3) 커뮤니케이션의 구성요소

발신인	다른 개인이나 집단에 메시지를 보내는 당사자
메시지	전달하고자 하는 내용
부호화(코드)	전달하려는 생각을 말, 문자, 그림 등으로 전환하는 과정
채널	발신인이 수신인에게 메시지를 전달하는 데 사용하는 경로
해독	발신인이 부호화하여 전달한 메시지를 해석하는 과정
수신인	발신인이 전달한 메시지를 받는 당사자
반응(효과)	메시지에 노출된 후 나타나는 수신인의 행동, 커뮤니케이션 결과
피드백	수신인이 받은 메시지에 대해 발신인에게 보이는 반응
잡음	의사전달과정에서 계획되지 않은 현상이나 왜곡, 방해요소
맥락	커뮤니케이션이 이루어지는 공간이나 행동이 일어난 상황
환경	메시지를 송신하고 수신하는 분위기, 물리적, 심리적 환경

(4) 효과적인 커뮤니케이션 요소

① 커뮤니케이션의 목표 인식
② 효과적인 커뮤니케이션의 채널 선정
③ 수신자의 비언어적 메시지 관찰 및 피드백을 통한 이해 여부 확인
④ 메시지가 내포하고 있는 의미에 대한 공감 형성
⑤ 명확한 정보 전달을 위한 전달능력

(5) 커뮤니케이션 오류

1) 발신인의 오류

목적에 대한 불명확한 인식	커뮤니케이션의 목적 인식이 불명확하면 메시지의 전달이 불가능함
미성숙한 대인관계 기술	상대방을 존중하지 않는 일방적인 자기 의견 제시
메시지 전달능력 부족	스피치 능력 부족으로 충분하지 못한 정보 전달
이중 메시지	언어적, 비언어적 커뮤니케이션의 동시 사용으로 인해 수신인이 이해할 수 없는 메시지 발신
발신인의 편견	발신인의 메시지의 오해 또는 수신인에 대한 편견에 의해 메시지 전달의 방해요소 발생
정확한 정보 미제공	수신인이 만족할 만한 내용만을 여과하여 전달

2) 수신인의 오류

무성의한 경청	무성의한 경청으로 인해 부정확한 메시지 수신
피드백의 부적합성	발신인의 메시지 의도에 대한 인지 부족 또는 임의 해석을 통해 나타나는 잘못된 반응
메시지의 오해와 왜곡	수신인의 경험 등에 의한 메시지의 그릇된 지각
메시지 우선 평가 경향	충분한 메시지 수신 전에 메시지 가치 평가로 정확한 의미 미인지
발신자에 대한 신뢰성 미흡	발신인에 대한 불신에 의해 메시지 신뢰도 저하로 메시지 의미의 부정확한 파악
편견과 선입견	수신인의 경험에 의한 편견과 선입견에 의해 메시지에 대한 부정확한 해석

Warming Up

01 다음 중 커뮤니케이션의 구성요소에 해당되지 않는 것은?

① 부호화
② 시간
③ 잡음
④ 환경
⑤ 채널

02 다음 중 커뮤니케이션의 기능에 해당되지 않는 것은?

① 정보제공
② 동기부여
③ 감정표현
④ 조정 및 통제
⑤ 협상

03 커뮤니케이션의 오류 중 발신인의 오류에 해당되지 않는 것은?

① 피드백의 부적합성
② 목적에 대한 불명확한 인식
③ 이중 메시지
④ 미성숙한 대인관계 기술
⑤ 정확한 정보 미제공

정답 1 ② 2 ⑤ 3 ①

02 서비스 화법과 경청 스킬

(1) 일반적인 대화 기법

① 침착함을 유지하고 적당한 성량과 자연스러운 목소리로 간결하게 말한다.

② 생동감이 느껴지는 억양과 적당한 속도로 말한다.

③ 말하기보다는 상대방의 말을 듣는 데 역점을 둔다.

④ 상대방의 눈을 바라보고 자세를 바르게 하여 말한다.

⑤ 품위 있는 단어를 사용하며 전문용어 또는 외국어의 사용을 자제한다.

⑥ 상대방의 말을 가로채지 않고 너무 아는 척하지 않는다.

⑦ 종교, 정치 등 무거운 주제 또는 상대방의 비밀 등 상대방이 불편함을 느끼는 것은 대화의 화제로 삼지 않는다.

⑧ 적당한 유머를 가미하되 상대방의 자존감을 깎아내리는 등의 말은 삼간다.

(2) 경청 스킬

1) 경청의 개념

① 경청은 상대방의 말을 듣는 것으로 충족되지 않는다.

② 경청은 상대방이 전하는 말의 내용 이해는 물론 내면에 포함된 정서 및 동기를 이해하고 피드백을 주는 것까지 포함된다.

2) 효과적인 경청스킬

경청에 대한 행동 (온몸)으로 반응한다.	• 말하는 사람에게 몸을 기울여 듣는다. • 동의하는 내용을 찾아 고개를 끄덕이며 맞장구친다. • 말하는 사람의 눈을 바라보며 듣는다.
상대방의 말을 복창하며 의미를 확인한다.	말의 내용의 흐름과 핵심을 되짚는 질문을 통해 말하고 있는 내용을 이해하고 있음을 표현한다. 예 하신 말씀은 ~라는 의미가 맞습니까?
내용에 대한 부연설명을 한다.	• 부연설명을 통해 내용을 이해하고 있음을 표현한다. • 상대방이 전달하고자 하는 내용의 정확한 이해에 효과적인 기법이다. 예 내용을 요약하여 말씀드린다면…
추가적인 의견요청을 위한 질문을 한다.	메시지에 대하여 구체적으로 듣고 싶을 때 요청한다. 예 좀 더 구체적으로 말씀해 주시겠습니까?
공감적 감정을 표현한다.	상대방의 입장을 이해하고 있음을 전달하기 위해 공감을 표현한다. 예 제가 고객님 입장이라도 억울할 것 같습니다.

3) 적극적인 경청자세

① 역지사지의 자세를 견지하며 상대방의 이야기를 듣는다.

② 상대방의 이야기를 듣고 싶은 것만 듣고 속단하여 임의로 판단하지 않는다.

③ 이해하지 못하는 내용 또는 불확실하여 확인이 필요한 내용은 질문하여 확인한다.

④ 자신의 감정에 따라 상대방의 말을 끊거나 가로채어 말하지 않는다.

⑤ 상대방의 이야기 중 중요한 부분은 메모하며 듣는다.

⑥ 경청하고 있음을 행동으로 보여 준다(고개 끄덕이기, 상체를 상대방 쪽으로 기울이기 등).

4) 경청의 방해요인

① 잘못된 추측 : 편견과 선입견을 가지고 듣는다.

② 잡념 : 들으면서 다른 생각을 한다.

③ 잘못된 사고과정 : 말의 내용 중 잘못된 점을 지적하기 위한 판단에 집중한다.

④ 불안정한 심리 : 듣기보다 말하기를 선호한다.

⑤ 무관심 : 전달하려는 내용에 대한 무관심

⑥ 방해가 되는 외부의 산만한 요소 : 소음, 어수선한 분위기, 부적절한 상담사의 용모 등

(3) 말하기 스킬

후광화법	유명한 사람 또는 사회의 저명인사가 사용하고 있거나 많은 사람들이 사용하고 있음을 제시하여 고객의 저항을 반감하는 심리적 표현기술이다. 예 • 유명가수 ○○○가 사용하는 제품입니다. • 요즘 젊은 층이 가장 선호하는 디자인입니다.
청유형화법 (레이어드 화법)	거부감이 느껴지는 명령형의 표현을 상대방의 의견을 구하는 권유 또는 의뢰형의 형태로 표현한다. 예 여기에 앉으세요. → 여기에 앉으시겠습니까?
Yes, But화법	설득 화법으로 긍정 후 맞장구 및 반대의견을 제시하여 거절이 잘못되었다는 인상을 갖지 않도록 하는 화법이다. 예 • 예, 맞습니다. 그러나 ~ • 맞는 말씀이십니다. 고객님의 경우 억울한 면도 있습니다. 그렇지만 고객님 편의만 봐드리면 다른 고객들의 불만이 생기기 않겠습니까?
샌드위치 화법	• 상대방의 잘못을 지적 시 충고 또는 질책을 이용하여 칭찬-충고-격려로 이어지는 화법이다. • 샌드위치 화법은 듣는 사람이 저항을 최소화한 상태에서 부드럽게 받아들일 수 있다.
쿠션화법	• 상대방의 요구를 들어주지 못하거나 부탁할 때 단호한 표현보다 미안함을 먼저 전할 때 표현하는 말이다. • 쿠션역할을 하는 말을 통해 상대방이 기분상하지 않도록 표현한다. • 상대방이 편안하게 대우받는다는 느낌을 전해준다. 예 미안합니다만, 죄송합니다만, 바쁘시겠지만, 실례지만
긍정화법	• 대화를 나눌 때 긍정(+)과 부정(-)을 혼합하여 말할 경우 긍정적 내용을 강조해서 먼저 말하고 부정적 내용을 나중에 말함으로써 거부감 또는 저항을 줄이는 화법이다. • 부정적 의미를 긍정적 메시지로 바꾸어 전하여 말한다. 예 이곳에 주차하시면 안 됩니다. → 건물 지하에 주차장이 마련되어 있습니다.

아론슨 화법	• 대화를 나눌 때 긍정(+)과 부정(−)을 혼합하여 말할 경우 부정적 내용을 먼저 말하고 긍정의 의미로 마무리하는 화법이다. • 긍정적 의미의 마감은 말하는 상대방이 긍정적 관점을 가지고 있다는 생각이 들도록 하여 저항을 줄여준다. 예 운동은 못하지만 수학은 무지 잘하는구나.
보상화법	• 상대방이 저항요인을 지적하였을 때 다른 장점을 제시하여 저항의 강도를 줄이는 화법이다. • 약점이 있지만 강점도 있다는 의미를 강조한다. • 약점의 사실을 인정하고 다른 강점으로 보충하여 말한다. 예 가격은 비싸지만 천연 소가죽 제품입니다.
신뢰화법	가능하다는 신뢰를 보여 줄 수 있는 화법이다(말을 정중하게 한다). 예 제가 확인 후 알려 드리겠습니다. 제가 해결해 드리겠습니다.
나 전달 화법 (I–메시지 화법)	• 대화의 주체가 "나"인 화법이다. • 상황(네가 이러면…)–결과(나에게 미치는 영향, 느낌)의 전달 방식으로 상대방 스스로 개선하도록 말한다. 예 아가야, 네가 밥을 안 먹으면 엄마가 속상하단다.
부메랑 화법	상대방의 단점 지적 시 그 단점으로 생각되는 것이 오히려 장점이라고 말하는 화법이다. 예 제품이 비싸요. → 가격이 비싼 만큼 믿을 수 있는 품질의 제품임을 말씀드립니다.

(4) 질문스킬

1) 질문의 효과

① 효과적인 질문은 고객의 심리적 방어 해소를 통해 요구되는 해답을 얻을 수 있다.

② 상대방이 답변하기 곤란하거나 어려운 질문은 대화의 방해요소가 된다.

③ 질문을 통해 다양한 정보를 얻을 수 있다.

④ 질문을 위해 상대방의 말에 귀를 기울이며 집중을 하게 된다.

⑤ 질문에 대한 답변을 하는 과정에서 말하는 사람은 스스로 설득이 된다.

⑥ 질문은 교감을 느끼게 되며 상대방의 마음을 열게 한다.

⑦ 적절한 질문은 말의 내용이 대화주제에서 벗어나지 않도록 통제한다.

⑧ 주의 깊은 질문은 수신자가 대화에 참여할 수 있는 생각을 자극한다.

2) 효과적인 질문스킬

과거 질문을 미래 질문으로	• 왜 문제가 발생했나요? → 어떻게 하면 문제를 해결할 수 있을까요?
부정 질문을 긍정 질문으로	• 현재까지 결정되지 않은 것은 무엇입니까? → 현재까지 결정된 것은 무엇입니까?
폐쇄형 질문을 개방형 질문으로	• 주말 잘 지내셨어요? → 주말 어떻게 지내셨어요?

3) 질문의 종류

① 개방형(확대형) 질문 : 제한 없이 의견, 정보를 말할 수 있도록 묻는 질문기법

장점	• 자유롭게 자신의 의견 또는 생각을 표출할 수 있다. • 지각범위를 넓힐 수 있다. • 확장된 범위의 생각, 느낌에 대한 답변을 들을 수 있다. • 질문에 대한 압박의 느낌을 벗어나서 마음에 여유를 가질 수 있다.
단점	• 질문에 대한 답변을 듣는 데 설문 시간이 오래 걸린다. • 개방형 질문이 많으면 답변에 대한 자신감을 잃게 될 수 있다.
질문 (예)	• 학교생활에 어려움이 있다면 어떤 것이 있습니까? • 이 서비스를 이용해 보시니 어떻습니까?

② 선택형 질문 : "네 또는 아니오"로 대답을 하도록 하는 단도직입적 질문기법

장점	• 단답형으로 신속하게 답을 얻을 수 있다. • 단순한 사실 또는 몇 가지 중 하나를 선택하도록 하여 고객의 욕구파악이 쉽다. • 고객의 니즈에 초점을 맞출 수 있다. • 화제를 정리하고 정돈된 대화가 가능하다.
단점	• 대답의 폭이 정해져 있어서 고객에 대한 이해의 폭이 좁다. • 진정한 고객의 생각을 파악하기 어렵다.
질문 (예)	• 자장면이 좋습니까? 짬뽕이 좋습니까? • 이 서비스에 만족하십니까?

③ 확인형 질문 : 상대방의 말을 되물으며 사실을 확인하는 질문기법

장점	• 확인하고자 하는 내용에 대한 고객의 답변에 초점을 맞춘다. • 고객의 니즈를 정확히 파악할 수 있다. • 조치할 내용 또는 해결해야 할 사항을 확인받을 수 있다.
단점	단순한 내용 또는 반복하여 되풀이하여 말하게 되므로 지루하게 느낄 수 있다.
질문 (예)	• 받으실 주소가 어떻게 되는지 말씀해 주시겠습니까? • 주문내용은 사과 3박스를 3시까지 303호로 배달하는 것이 맞습니까?

제3과목 고객관리 실무론

Warming Up

01 다음 중 적극적인 경청의 모습으로 맞지 않는 것은?

① 역지사지의 모습을 견지하여 상대방의 입장에서 이야기를 듣는다.

② 상대방의 말을 끊거나 가로채어 말하지 않는다.

③ 공감이 가는 부분에 대하여 고개를 끄덕이며 듣는다.

④ 말의 내용 중 잘못된 점을 지적하기 위한 판단에 집중한다.

⑤ 상대방의 말을 끝까지 집중하여 듣는다.

02 다음 중 〈보기〉에 해당되는 화법으로 맞는 것은?

> **보기**
> • 제가 확인 후 알려 드리겠습니다.
> • 제가 해결해 드리겠습니다.

① 신뢰화법　　　　　　　　　② 긍정화법
③ 아론슨화법　　　　　　　　④ 보상화법
⑤ I-메시지 화법

03 다음 중 〈보기〉에 해당되는 설명으로 맞는 것은?

> **보기**
> 대화를 나눌 때 긍정(+)과 부정(-)을 혼합하여 말할 경우 부정적 내용을 먼저 말하고 긍정의 의미로 마무리하는 화법

① 신뢰화법　　　　　　　　　② 긍정화법
③ 아론슨화법　　　　　　　　④ 보상화법
⑤ I-메시지 화법

04 다음 질문의 종류 중 〈보기〉에 해당되는 설명으로 맞는 것은?

> **보기**
> • 자유롭게 자신의 의견 또는 생각을 표출할 수 있다.
> • 지각범위를 넓힐 수 있다.
> • 확장된 범위의 생각, 느낌에 대한 답변을 들을 수 있다.
> • 질문에 대한 압박의 느낌을 벗어나서 마음에 여유를 가질 수 있다.

① 개방형 질문　　　　　　　② 폐쇄형 질문
③ 선택형 질문　　　　　　　④ 확인형 질문
⑤ 긍정형 질문

정답　1 ④　2 ①　3 ③　4 ①

03 컴플레인과 클레임

(1) 컴플레인과 클레임의 개념

컴플레인	• '불평하다, 투덜거리다'의 뜻이 있다. • 고객의 상품 구매과정, 상품의 품질, 서비스 등을 이유로 제기하는 불만을 의미한다. • 고객이 감정개입 및 주관적인 평가로 제기되는 고객의 고통, 불쾌감, 난처함 등의 불만사항 통보이며 주의 정도의 불만족이다. • 감정 속에 내포된 사실이나 주장, 요구를 발견할 수 있다. • 즉시시정 또는 자체 내부조치에 의해 해결이 가능하다.
클레임	• '주장, 요구, 제기, 당연한 권리의 요구 또는 청구'의 뜻이 있다. • 어느 고객이든 객관적인 문제점에 대한 고객의 지적을 의미한다. • 법적규정 등에 근거를 두며 합리적 사실에 입각하여 제기한다. • 상대방의 잘못된 행위에 대한 시정요구로서 사소한 것에 상처를 입은 컴플레인에서 시작된다. • 품질불량, 내용물의 수량부족, 파손, 변질, 지연도착, 이물질 포함 등이며 계약 위반 사항에 대하여 제기된다. • 클레임의 미처리 시 고객에게 물질적, 정신적 피해 보상과 함께 법적 보상으로 해결되어야 한다.

> **TIP** 기업에 대한 고객의 불만

심리측면	업무측면
• 회사 규정 강조 • 자신이 전문가라는 우월의식 • 서비스에는 문제가 없다는 의식 • 특별 대우는 불공정한 행동이라는 의식 • 바쁘다는 이유로 서비스 미흡	• 서비스 정신 결여 • 고객의 감정 무시 / 배려 부족 • 담당자 업무 지식 부족 / 업무처리 지연, 미숙 • 의사소통 미숙 • 불충분한 안내 / 실행

(2) 컴플레인과 클레임의 발생원인

① 고객의 니즈에 대한 사전기대와 지각된 성과의 차이에 의해 형성
② 구매 후 태도변화로 인한 불만 발생
③ 제품 자체의 하자 및 결함에 의한 불만 발생
④ 약속, 거래조건 등 계약 불이행으로 인한 불만 발생

(3) 컴플레인과 클레임 발생의 3가지 유형별 원인

회사 문제	• 수준 이하의 서비스 • 제품 결함 • 이용 불편 • 시스템 및 규정
직원 응대 과정 문제	• 고객응대 과정에서의 불친절 • 업무에 대한 전문적 지식 부족 • 업무처리 미숙 및 지연 • 규정만 내세우는 태도 • 고객에 대한 배려 및 의사소통 능력 부족 • 타 부서로 책임 회피
고객 자신의 문제	• 고객의 지나친 기대 • 고객의 오해 • 고객의 부주의 • 서비스 또는 제품에 대한 정보 부족

(4) 굿맨의 법칙

① **굿맨법칙 1** : 불만이 해결되어 만족한 고객의 제품 및 서비스 재구매 결정률은 불만을 제기하지 않은 고객보다 매우 높다.

② **굿맨법칙 2** : 불만족한 고객의 부정적인 소문의 영향은 만족한 고객의 긍정적인 소문의 영향보다 2배나 강하게 악영향을 끼친다.

③ **굿맨법칙 3** : 소비자교육을 받은 고객은 기업에 대한 신뢰도가 높아져 긍정적인 소문의 파급효과가 기대되고 제품의 구매로 이어져 시장 확대에 공헌한다.

※ 기업의 잘못된 불만처리는 불만족 고객의 부정적 구전과 더불어 지속적인 불만 발생의 악순환을 초래한다.

(5) 싱(J. Singh)의 4가지 유형별 불평고객

수동적 불평자	• 소극적 불평자로 어떤 조치를 취할 가능성이 가장 적다. • 불평의 효율성에 대한 의구심과 개인적 가치 및 규범이 불평을 하지 않게 하는 경우도 있다. • 서비스 제공자에게 어떤 것도 말하려 하지 않는다. • 부정적 구전 또는 불평을 제3자에게 전하지 않는다. • 화내는 불평자, 행동 불평자보다 해당 기업을 떠날 가능성이 낮다.
표현 불평자	• 서비스 제공자에게 적극적으로 불평하고자 한다. • 부정적 구전, 불평을 제3자에게 전하지 않고 기업을 떠나지 않는다. • 적극적 불평을 통해 기업에게 2번째 기회를 준다. • 불평결과가 서비스 제공자에게 긍정적일 것이라 믿는다. • 구전의 확산 및 제3자에게 불평하는 것은 덜 긍정적이라 생각한다. • 서비스 제공자에게 최고의 고객으로 전환될 수 있다. • 화내는 불평자, 행동 불평자보다 해당 기업을 떠날 가능성이 낮다. • 개인적 규범은 자신들의 불평과 일치한다.
화내는 불평자	• 지인에게 부정적 구전을 전하고 기업을 떠날 의도가 높다. • 서비스 제공자에게 불평하는 성향은 평균 수준이다. • 제3자에게 불평을 하려고 하지 않는다. • 불평해 봤자 들어주지 않는다는 소외의식을 소유하고 있다. • 기업에게 2번째 기회를 주지 않는다.
행동 불평자	• 서비스 제공자 및 제3자에게 불평을 하며 불평 성향은 평균 이상이다. • 개인적 규범은 불평과 일치한다. • 다른 유형보다 더 높은 소외의식을 가지고 있다. • 불평의 행동 표현이 긍정적인 의미를 가져온다고 생각한다. • 극단적인 경우 테러리스트의 가능성이 있다.

Warming Up

01 다음 중 클레임에 대한 설명으로 맞는 것은?

① 컴플레인과 클레임은 같은 것이다.
② 고객의 감정개입 및 주관적인 평가로 제기되는 고객의 고통, 불쾌감 등의 불만사항 통보이다.
③ 클레임 고객은 기업을 떠날 고객이므로 클레임 내용은 무시하는 것이 경영에 도움이 된다.
④ 객관적인 문제점에 대한 고객의 지적을 의미한다.
⑤ 즉시 시정, 자체 내부조치에 의해 해결이 가능하다.

02 다음 중 〈보기〉에 해당되는 유형의 불평고객으로 맞는 것은?

┌─ 보기 ─────────────────────────────────────┐
• 어떤 조치를 취할 가능성이 가장 적다.
• 서비스 제공자에게 어떤 것도 말하려 하지 않는다.
• 부정적 구전 또는 불평을 제3자에게 전하지 않는다.
└───┘

① 무행동 불평자   ② 행동 불평자
③ 화내는 불평자   ④ 표현 불평자
⑤ 수동적 불평자

03 다음 중 〈보기〉에 해당되는 유형의 불평고객으로 맞는 것은?

┌─ 보기 ─────────────────────────────────────┐
• 서비스 제공자에게 적극적으로 불평하고자 한다.
• 제3자에게 부정적 구전을 전하지 않는다.
• 적극적인 불평을 통해 기업에게 2번째 기회를 준다.
└───┘

① 무행동 불평자   ② 행동 불평자
③ 화내는 불평자   ④ 표현 불평자
⑤ 수동적 불평자

정답 1 ④ 2 ⑤ 3 ④

04 컴플레인 처리

(1) 고객이 불평(불만)행동을 하는 이유

보상을 얻기 위하여	• 서비스에 의해 발생한 경제적 손실 보상 요구 • 처음 얻고자 한 서비스 수준을 다시 제공받기 위해
감정적 분노 자제의 실패	• 서비스 실패경험에 대한 안 좋은 기분을 좋은 기분으로 전환하기 위해 • 서비스 실패로 인하여 입은 타격에 대한 분노 표출
기업의 서비스 개선을 위한 도움	기업에 대한 신뢰를 바탕으로 도움을 주기 위해
다른 서비스 이용자의 이익을 위해	서비스 실패의 재발로 인하여 다른 고객의 불편함을 차단하기 위한 정의감

TIP Landon의 고객 불만(불평)의 동기

① 자신을 돕기 위해 ② 타인을 돕기 위해 ③ 기업을 돕기 위해
④ 공평하게 하기 위해 ⑤ 불쾌감 또는 불만족을 없애기 위해

TIP 고객을 화나게 하는 서비스맨의 태도

무관심	자신의 업무가 아니므로 책임이 없다는 태도로 소속감 없이 고객의 불편함을 대하는 자세 예 이 건은 저희 쪽에서 하는 일이 아니라서 모르겠습니다.
불친절	고객의 문제를 귀찮은 업무로 생각하며 퉁명스럽게 대하는 태도 예 순서 되면 불러드리니까 의자에 앉아 기다리세요.
무시	고객의 불만을 모르는 척 하거나 가볍게 생각하는 태도 예 확인해보니 고객님의 경우는 해당이 안 됩니다.
거만	고객을 전문성이 떨어진다는 이유로 동등하거나 존중의 대상으로 보지 않는 태도 예 환자분 무조건 이렇게 하세요.
규정강조	고객의 입장을 고려하지 않고 규정 준수를 강요하거나 고객의 불편함에 대해 규정을 강조하며 배려하지 않는 태도 예 저희 규정상 해드릴 수 없습니다.
경직	마음이 담겨 있지 않은 기계적인 응대 및 답변 태도 예 (눈을 바라보지 않고) 신청서 작성하고 기다려 주세요.
책임회피	업무소관 및 책임의 한계성을 들어 무조건 다른 부서 또는 담당자에게 떠넘기는 태도 예 누가 처리했는지 모르겠지만 제가 알기로는…
흥분하기	고객의 흥분에 대항하여 흥분하며 고객을 교육하는 태도 예 저의 말을 이해 못하신 것 같은데 그런 뜻이 아니고…
의심하기	고객의 불만내용에 대하여 진실 여부를 확인하겠다는 태도 예 그 내용이 맞는지 제가 우선 확인 후 말씀드리겠습니다.
거절	대안을 제시하지 않고 굳은 표정으로 사과만 하는 태도 예 말로 '죄송합니다'만 반복하고 조치는 하지 않는 태도

> **TIP 고객을 화나게 하는 7가지 태도(칼 알브레히트)**
>
> ① 무관심(자기와 무관하다는 태도)　　② 무시(고객 요구사항 모르는 척)　　③ 경직화(기계적 응대)
> ④ 건방 떨기(고객에게 생색내거나 존중하지 않고 건방진 태도)
> ⑤ 냉담(귀찮은 업무로 생각, 고객에 대한 퉁명스러운 태도, 불 친절성, 고객 입장 미고려)
> ⑥ 규정 핑계(고객 만족보다 조직의 규정이 우선인 태도)
> ⑦ 책임 회피(뺑뺑이 돌리기 : 담당업무가 아니라는 태도로 다른 관계자에게 돌려보내는 태도)

(2) 고객 불만 발생의 유형

① **효용 불만** : 경제적 효용 측면에서 고객의 욕구 미충족 시 발생하는 불만이다.
② **심리적 불만** : 제품의 성능보다는 개인존중, 자아실현 측면의 불만이다.
③ **균형 불만** : 고객의 제품, 서비스 사용에 대한 기대치 대비 만족도가 낮은 경우의 불만이다.
④ **상황적 불만** : 소비생활에 있어서 시간, 장소, 목적에 의한 불만이다.

(3) 고객 불만 발생의 상황

물리적 상황	인테리어, 주차시설 등 시설 측면의 불만
감각적 상황	색조, 그림, 소음, 청결상태 등 쾌적성 측면의 불만
시간적 상황	매장의 개점 및 폐점시간, 대기시간 등 서비스 이용에 따른 시간 측면의 불만
절차적 상황	제품구입절차, 회원등록절차, 환불 및 교환절차 등의 서비스 이용 과정 측면의 불만
인적 상황	서비스맨의 복장, 태도 등 외적 이미지 측면의 불만
정보적 상황	제품사용설명서, 기업 홈페이지, 제품 카탈로그 등 제품에 대한 사양 또는 기업관련 정보 측면의 불만
금전적 상황	제품의 성능대비 책정가격, 지불방법의 제한, 할인 등 금전적 측면의 불만
서비스 제공적 상황	서비스 제공활동에 있어서 서비스 제공자의 역할 또는 기능적 측면의 불만

> **TIP 고객의 불만제기 방법**
>
> ① 직접 호소　　　　　② 인터넷 게시판　　　　　③ 문서, 서신
> ④ 고객 센터　　　　　⑤ 법률에 의한 공식적 호소

(4) 불만고객 관리의 중요성

① 불만 처리를 통해 만족한 고객은 재구매율이 높다.
② 불만 처리를 통해 만족한 고객은 긍정적 구전 및 추천을 통하여 신규고객을 창출할 수 있다.
③ 긍정적 구전에 의한 이익보다 불만고객의 부정적 구전의 파급효과가 더 강력하여 피해가 더 크다.
④ 불만 해결 과정을 통해 기업은 서비스의 문제점에 대한 개선의 기회를 얻을 수 있다.

⑤ 고객의 신속한 불만 처리는 그렇지 않은 경우보다 투입된 시간, 비용면에서 더 효과적이다.

⑥ 고객의 불만은 제품 및 서비스의 품질개선을 위한 좋은 정보이다.

⑦ 고객의 불만 사항 조치는 불만 고객과 유대감을 강화하여 충성고객으로 전환시킬 수 있다.

⑧ 불만 고객은 고객 유지율 증가로 매출을 향상시킬 수 있다.

⑨ 고객 불만으로부터 기업에 유용한 정보를 획득할 수 있다.

(5) 불만고객 응대의 기본원칙

1) 피뢰침의 원칙 : 서비스맨 개인이 상처입지 않기

① 고객이 개인적으로 서비스맨에게 감정이 있어서 화를 내는 것이 아님을 인식한다.

② 제도 또는 규칙이나 회사 방침 등에 항의하는 것임을 서비스맨이 알 때 서비스맨은 고객의 분노에 상처를 입지 않게 된다.

③ 불만고객을 대응하는 서비스맨은 피뢰침이 되어 고객들의 분노 표현을 회사 또는 제도에 반영하도록 하면 본인뿐만 아니라 회사 역시 상처를 받지 않는다.

2) 책임공감의 원칙 : '나의 일이 아니야' 떠넘기지 않기

① 고객의 불만과 비난이 나를 향한 것이 아니어도 회사에 대한 고객의 불만족에 대해 공동책임을 져야 한다.

② 고객에게는 담당자가 누구인지 궁금한 것이 아니라 끼친 손해에 대하여 조치하여 해결할 수 있는지가 궁금한 것이다.

3) 감정통제의 원칙 : 고객에 대해 감정적 대응하지 않기

① 자신의 업무가 고객을 상대로 하는 직업이라면 대인관계에서 오는 부담감은 물론 자신의 감정도 통제할 수 있어야 한다.

② 고객 응대 시 자신의 감정을 지키는 사람은 어떠한 경우라도 관계를 주도해 나갈 수 있다.

4) 언어절제의 원칙 : 고객의 이야기 들어주기

① 고객에게 말을 많이 하기보다 고객의 말을 많이 들어 주어야 고객의 문제를 신속하고 정확하게 해결할 수 있다.

② 상대방에게 자신의 말을 많이 하게 되면 스트레스가 풀리는 것은 배설의 원리 중 하나이다. 고객의 말을 들어주지 않으면 고객은 자신의 스트레스를 풀어버릴 기회를 놓치게 되고 불만이 축적되는 것이다.

5) 역지사지의 원칙 : 고객의 입장에서 생각하기

① 불만고객의 문제를 해결하기 위해서는 고객의 마음을 이해해야 하고 고객의 입장에서 문제를 바라보는 역지사지의 자세가 필요하다.

② 불만고객은 자신의 불편함에 관심을 가져주는 사람에게 마음을 열게 된다.

(6) 불만고객 관리기법

1) 불만고객 응대 프로세스

경청	• 고객의 불편을 진지하게 받아들이고 긍정적으로 경청한다. • 변명, 건성으로 듣기, 말 가로채기 등의 태도는 삼간다.
공감	고객이 화가 난 이유에 대하여 공감을 표시한다.
사과	잘못을 인정하고 정중하게 사과한다.
해결	• 곧바로 시정 가능할 경우 즉시 조치한다. • 그 자리에서 시정이 안 되는 경우 고객이 수용 가능한 보상 등 해결방안을 제시하고 만족할 경우 신속하게 처리한다.
사후관리	고객 불만처리가 완료되면 담당자로 하여금 재발 방지를 위한 교육 등의 사후관리를 실시한다.

2) MTP기법

구분	개념	불만고객 응대 방법
M(Man)	대응 및 조치는 누가?	담당자를 상급자로, 신입사원은 경력사원으로 상향 조정하여 응대
T(Time)	대응 및 조치는 언제?	고객이 격한 감정을 조절할 수 있는 시간 및 환경 조성(차 대접 등)
P(Place)	대응 및 조치 장소는?	• 불만접수 장소 변경(영업장소 → 사무실) • 불만접수 상황 변경(서서 접수 → 좌석 안내)

3) 불만고객 처리 서비스 프로세스 원칙

① 신속 처리 및 공정성 유지원칙

> ㉠ 문제 제기에 대한 적극적인 조치절차와 신속한 반응을 보인다.
> ㉡ 동일한 사안에 대하여 차이 없는 공정한 처리를 한다.
> ㉢ 제기된 문제에 대한 조사를 독립적으로 할 수 있는 조직을 갖춘다.

② 관대한 보상을 통한 효과적인 대응원칙

> ㉠ 보상은 고객이 만족할 수 있는 수준으로 관대하게 처리한다.
> ㉡ 보상비용은 불만고객이 만족하여 충성고객으로 될 경우의 효과를 고려하면 결코 크지 않다.

③ 고객 개인정보 보호를 통한 프라이버시 보장원칙

> ㉠ 불만 제기자임이 노출되지 않기를 바라는 고객의 뜻을 존중한다.
> ㉡ 불평행동에 대한 피해를 우려함을 인식하여야 한다.

④ 고객불만 재발 방지를 위한 체계적 관리원칙

> ㉠ 고객의 불만내용에 대한 처리결과를 고객에게 알린다.
> ㉡ 고객 불만 원인 및 처리과정 등에 대하여 조직 구성원 간 공유 및 교육을 통해 환기한다.

4) 불만고객 컴플레인 원인별 대응방법

기업문제의 원인에 대한 처리방법	고객문제의 원인에 대한 처리방법
• 고객의 불만내용을 동조하면서 긍정적인 관점으로 대한다. • 고객 입장에서 이야기 청취에 성의 있는 모습을 보인다. • 변명보다는 문제를 인정하고 즉시 사과한다. • 감정을 앞세워 응대하지 않는다. • 사실적 측면에서 논리적이고 명확히 이해하도록 설명한다. • 보상과 대안을 제시하고 수긍 시 신속하고 적극적으로 문제를 해결한다.	• 고객의 불만사항에 공감의 뜻을 비추며 경청한다. • 고객의 잘못에 대한 책임소재를 따지거나 추궁하지 않는다. • 고객의 잘못에 대해 트집 잡거나 직접적 지적을 피한다. • 고객의 이야기를 가로채어 먼저 변명을 하지 않는다. • 고객의 오해에 대한 정확한 이유를 설명한다. • 고객의 잘못을 설명할 때 고객이 수치심을 느끼지 않도록 한다.

(7) 고객의 불만 제기의 상황별 해결방법

1) 서비스 제공과정상 서비스 실패가 발생한 경우

① 잘못을 인정하고 원인을 밝힌다.
② 고객의 마음을 움직일 수 있도록 사과 후 보상한다.
③ 해결방안을 제시하고 책임감 있게 이행한다.
④ 고객이 스스로 해결책을 찾도록 방치하거나 비난하지 않는다.

2) 고객의 요구가 과하거나 특이한 상황이 발생한 경우

① 고객의 욕구를 인식하고 고객의 니즈를 이해하고 수용한다.
② 회사의 규정, 규칙, 방침 등을 설명한다.
③ 시행 가능한 약속만을 하고 약속을 하면 반드시 실행한다.
④ 책임을 회피하거나 다른 사람에게 전가하지 않는다.

3) 서비스맨 또는 서비스 기업이 자발적으로 서비스를 추가로 제공한 경우

① 여유를 갖고 고객의 니즈를 예측하여 서비스를 제공한다.
② 고객 입장에서 고객의 욕구를 판단하고 욕구에 공감한다.
③ 고객을 무시하거나 비웃지 않는다(경청, 이해, 정보 제공).
④ 고객을 차별하지 않는다.

4) 서비스 제공에 비협조적인 문제 고객을 접할 경우

① 고객의 이야기를 경청하고 욕구를 수용하기 위해 노력한다.
② 조직의 상황에 대하여 정중함을 갖춰 설명을 통해 이해시킨다.
③ 조직에 문제가 있는지 돌아본다.
④ 고객 불만을 간단하거나 우연하게 형성된 불만으로 치부하지 않는다.
⑤ 고객 불만이 다른 고객에게 영향을 끼치지 않도록 한다.

Warming Up ↗

01 다음 중 불만고객 관리의 중요성에 대한 설명으로 맞지 않는 것은?

① 불만처리를 통해 만족한 고객은 재구매율이 높다.
② 불만고객 처리 시 불만고객을 방치하는 것보다 비용적 효율이 떨어진다.
③ 불만처리가 만족할 경우 신규고객을 창출한다.
④ 기업의 서비스 문제에 대한 개선의 기회를 얻을 수 있다.
⑤ 고객의 불만내용은 기업의 제품 및 서비스의 품질 개선을 위한 좋은 정보이다.

02 다음 중 〈보기〉의 설명에 맞는 고객 불만 유형은?

┌ 보기 ─────────────────────────────
제품의 성능보다는 개인존중, 자아실현 측면의 불만이다.
└───────────────────────────────

① 심리적 불만   ② 효용 불만
③ 균형 불만   ④ 상황적 불만
⑤ 관계적 불만

03 다음 중 〈보기〉의 불만고객응대의 기본원칙으로 맞는 것은?

┌ 보기 ─────────────────────────────
• 고객이 개인적으로 종업원에게 감정이 있어서 화를 내는 것이 아니다.
• 회사의 일처리 방식 또는 과정, 회사의 규정에 항의를 하는 것임을 알고 고객의 분노에 상처를 입지 않아야 한다.
└───────────────────────────────

① 책임공감의 원칙   ② 감정통제의 원칙
③ 언어절제의 원칙   ④ 피뢰침의 원칙
⑤ 역지사지의 원칙

04 다음 중 〈보기〉의 불만발생 상황의 설명으로 맞는 것은?

┌─보기───
│ 제품사용설명서, 기업 홈페이지, 제품 카탈로그 등 제품에 대한 사양 또는 기업관련
│ 정보 측면의 불만
└───

① 절차적 상황   ② 제도적 상황
③ 정보적 상황   ④ 물리적 상황
⑤ 서비스 제공적 상황

05 다음 중 불만고객 컴플레인 처리에 대한 설명으로 맞지 않는 것은?

① 사실적 측면에서 논리적이고 명확히 이해하도록 설명한다.
② 고객의 불만사항에 공감의 뜻을 비추며 경청한다.
③ 고객의 오해에 대한 정확한 이유를 설명한다.
④ 보상과 대안을 제시하고 수긍 시 신속하고 적극적으로 문제를 해결한다.
⑤ 문제에 대한 책임소재를 따져 가리고 고객의 잘못을 명확히 지적함으로써 회사의
    피해를 최소화한다.

〔정답해설〕
⑤ 고객이 잘못이 있다 할지라도 책임소재를 따지거나 추궁하지 않도록 한다.
③ 고객의 오해와 오류 등의 문제에 있어서는 정확한 이유를 친절하게 안내하여 문제를 해결할
    수 있도록 돕는다.

06 다음 중 불만고객 처리서비스 프로세스에 포함되지 않는 것은?

① 고객 불만처리 기준 제시
② 신속 처리 및 공정성 유지
③ 관대한 보상을 통한 효과적인 대응
④ 고객 프라이버시 보장
⑤ 체계적 관리

정답 1 ②   2 ①   3 ④   4 ③   5 ⑤   6 ①

05 비즈니스 코칭

(1) 코칭의 개념

1) 코칭의 다양한 정의

ICF (국제코치연맹)	고객이 자신의 비전과 목표, 욕구 실현을 위해 행동을 취할 수 있도록 집중적인 관심을 기울이는 것이다.
KCA (한국코치협회)	코치와 코칭을 받는 사람이 파트너를 이루어 스스로 목표를 설정하고 효과적으로 달성하며 성장할 수 있도록 지원하는 과정이다.
존 휘트모어	개인의 잠재능력을 최대한 발휘하도록 하는 것으로 가르치기보다 스스로 배우도록 돕는다.
티머시 골웨이	성과를 극대화하기 위해 묶여 있는 개인의 잠재능력을 풀어주는 것이다.
로라 휘트워스	사람들이 인생에서 중요한 변화를 도모하도록 하는 효과적인 관계이다.

2) 코칭철학

① 모든 사람들은 창의적이고, 자원이 풍부하며 온전하다고 믿는다.
② 모든 사람들은 완전성을 추구하고자 하는 욕구가 있다.
③ 누구나 내면에 자신의 문제를 스스로 해결할 수 있는 자원을 가지고 있다.

(2) 코치의 기능과 조직에서의 코칭리더의 역할

코치의 기능	• 고객이 달성하려는 목적을 발견하고 명확하게 하도록 협력한다. • 고객의 자기발견을 촉진시켜 준다. • 고객 스스로가 해결책이나 전략을 찾도록 이끌어 준다. • 고객 자신의 선택과 행동에 스스로 책임지도록 한다.
코칭리더의 역할	• **후원자** : 개인적인 성장과 경력에 도움이 되는 목표와 핵심 업무 결정에 도움을 주고 그 수행을 지원한다. • **조언자** : 존경을 받는 성공경험자로서 해당 분야에서 조언을 통해 조직과 구성원들에게 영향력을 행사할 수 있는 파워를 갖춘 사람이다. • **평가자** : 타인이 스스로 자신의 강점과 역량 평가를 지원하고 자기발견을 촉진시키고 업무성과를 위한 피드백과 지원을 한다. • **롤모델(역할모델)** : 바람직한 형태의 행동을 보이는 표본이 되어 타인을 선도해 나가는 리더이다. • **지원자(정보제공)** : 비전수립, 가치, 전략 등의 활동에 필요한 정보를 제공하여 성공경험을 지원한다.

> **TIP 코칭과 직무수행**
>
> - 조직에서 구성원 간 상호 의존적인 1 : 1의 관계에서 개인적인 상황과 조직이 요구하는 업무능력 등을 고려하여 직무수행에 초점을 맞추어 실시하며 이는 조직이 집단적으로 실시하는 리더십 교육과는 다르다.
> - 어느 한쪽의 요구사항을 고려하여 내담자의 역량을 발견하여 업무수행 능력을 향상시키고 내담자의 업무수행 측면의 문제점에 대한 창의력을 발휘하게 함으로써 조직의 성과를 향상시키는 기술로 평가받고 있다.
> - 코칭은 업무에 대한 전문적 지식과 경험이 풍부한 사람이 내담자에 대해 업무수행상의 특정한 문제에 대하여 스스로 책임감을 갖고 개선할 수 있도록 지지와 지원을 하는 1 : 1 커뮤니케이션 과정이다.

(3) 개인 측면의 라이프 코칭의 필요성 및 효과

① 자신의 목표 또는 목적을 선정한다.
② 스스로 정한 목표를 이루기 위하여 코치와의 파트너십을 갖고 협력을 통해 창의력을 발휘함으로써 성과를 낳는다.
③ 자신의 강점 및 탁월함을 촉진하여 목표달성의 경험을 가지며 이러한 성공경험을 통해 자신감을 배양한다.
④ 지속적인 과거 성취경험, 한계상황 등 자기발견과 자기개발을 통해 성공을 이루어 나간다.

(4) 기업 조직 측면의 커리어 코칭의 필요성 및 효과

① 개인의 비전과 조직의 비전을 일치시킴으로써 조직의 구성원을 조직에 성과를 낳는 인재로써 성장시키고 육성한다.
② 일방적 지시의 업무 형태를 탈피하고 질문기법을 통해 창의력을 발휘하여 스스로 문제를 해결하도록 지원과 지지를 함으로써 상명하복의 경직된 인간관계를 지원과 협력의 관계로 개선하고 조직의 신뢰문화를 조성한다.
③ 개인의 창의력과 창조성을 수용하는 조직문화를 조성하여 조직 구성원의 잠재된 능력을 끌어냄으로써 업무성과를 극대화한다.

(5) 코칭의 장·단점

장점	• 코칭을 통해 업무성과를 향상시킬 수 있을 만큼 연관성이 깊다. • 코칭과정을 통해 조직 구성원의 능력 향상과 동시에 코치의 코칭스킬과 능력도 향상된다. • 코치와 학습자 동시 성장이 가능하다. • 자신의 강점과 목표를 이루고자 하는 의지를 끌어내어 행동화한다. • 대화 과정을 통해 타인과의 커뮤니케이션 능력이 향상된다. • 집단상담보다 1 : 1 개인코칭은 개인의 능력 향상 및 목표성취 측면에서 교육효과가 높다.
단점	• 코치의 코칭능력에 따라 교육효과 및 성과가 달라진다. • 1 : 1 코칭은 시간이 많이 소요되며 한 차례로 종료되지 않으므로 많은 노동력의 소모가 요구되는 노동집약적 성격이 있다. • 질문기법에 의해 스스로 답을 찾도록 하는 코칭은 단기간 자주 진행될 경우 압박감에 대한 부담감을 가질 수 있다. • 매일 실시되는 코칭은 학습자에게 부담이 될 수 있다. • 코치와 내담자의 고용·계약의 관계 또는 상하관계는 코칭의 기법이 방향성을 잃어 컨설팅 또는 교육의 모습을 띠게 될 경우 학습에 나쁜 영향을 끼칠 수 있다.

(6) 코칭과 유사한 전문영역의 비교

1) 코칭과 유사한 영역들의 개념

코칭	• 올바른 질문에 중점을 두며 문제를 해결해 주는 것이 아니라 직무 현실에 적응하고 문제를 스스로 극복할 수 있도록 도움을 주는 과정 • 해당 직무에 대한 전문성이 없더라도 상대의 목표를 성취할 수 있도록 이끌어 간다. • 1:1, 자발적, 능동적, 수평적 관계, 후원자 역할, 쌍방향 커뮤니케이션, 미래지향적, 해결책 발견 지원
컨설팅	• 올바른 대답을 함으로써 문제를 해결하는 것에 중점을 둔다. • 컨설팅은 특정 분야의 전문가가 분석, 충고, 조언, 추천, 장애 해결 과정에서 실적 극대화 • 1:1, 수동적, 수직/수평적 관계, 일방향 커뮤니케이션, 현재 중심적, 조언과 해답 제공
멘토링	이미 한 분야에서 성공한 전문가가 멘티에게 시범도 보여 주고 자신의 방법과 노하우를 제시하고 조언과 상담을 실시한다.
티칭	교수자가 전문적인 지식을 가지고 피교육자에게 무엇을 가르칠 것인가에 대한 목표와 프로세스를 가진다.

2) 코칭과 컨설팅의 필요성이 요구되는 상황

코칭	• 직무를 효율적으로 수행할 수 있는 능력이 부족할 때 • 업무수행방식 및 태도가 업무성과에 직접적인 영향을 미칠 때 • 업무수행에 방해되는 문제가 발생했을 때 • 조직 및 직무에 대한 적응 및 훈련이 신입직원에게 요구될 때 • 코칭 이후 지속적인 추가관리가 필요할 때
컨설팅	• 업무 스트레스에 의해 지친 구성원에게 조언이 필요할 때 • 강등·좌천 등 인사상의 불이익의 극복을 위한 충고가 필요할 때 • 주어진 업무상의 불만족에 대한 충고가 필요할 때 • 구성원의 변화 또는 조직의 재편으로 업무 목표 선정 및 수행에 대한 방향제시가 필요할 때 • 업무분장 불만 발생 시 업무수행 태도를 위한 충고가 필요할 때 • 동료들과의 관계성에 대한 갈등 문제의 원인분석 및 해결방법이 필요할 때 • 개인적인 문제에 대한 조언이 필요할 때 • 개인적인 문제로 인해 팀의 성과에 영향을 미치는 문제점이 발생하여 이에 대한 해결이 필요할 때

3) 코칭과 멘토링의 공통점과 차이점

공통점	• 개인과 조직의 성과를 위한 변화를 가져오는 데 강력한 지원을 한다. • 잠재되어 있는 능력을 발견하고 과정을 통하여 대상을 성장시킬 수 있다는 믿음을 공유한다. • 스스로 해결방법을 발견하고 목표에 대한 실천의지를 강화시킨다. • 전통적인 교육보다 목표달성을 위한 학습효과가 높다. • 목표에 대한 동기유발, 학습에 대한 적극적인 참여태도, 학습참여방법에 의한 즐거움이 높아진다. • 미래지향적이다.

차이점	• 멘토링에 비해 코칭은 즉각적인 수행향상을 목적으로 한다. • 멘토링은 자신의 방법이나 노하우를 제시하지만 코칭은 이를 제시하지 않는다. • 코칭은 학습자의 문제에 대한 스스로의 해결능력을 개발하지만 멘토링은 문제를 해결하거나 문제해결능력을 개발한다.

TIP 멘토의 역할과 기능

① 전문성을 활용하여 해결책을 제시함으로써 도움을 주는 해당 분야의 전문가이다.
② 업무수행 방법, 생활습관 및 행동과 사고 등의 변화를 가져오게 하는 조언자이다.
③ 멘토로서 역할을 하는 기간은 단기일 수도 있고 장기일 수도 있다.
④ 멘티가 원하거나 조직운영 및 업무진행의 과정상 필요할 때 지원한다.
⑤ 조직 내부 구성원 또는 외부 전문가가 역할을 수행할 수 있다.

4) 코칭과 티칭의 차이점

코칭	• 대상자가 스스로 해결을 원하는 문제 또는 다루고 싶은 주제를 설정한다. • 대상자가 능동적으로 자신의 이슈에 대해 대처하도록 지원한다.
티칭	교수자가 주도적으로 과정을 진행한다.

Warming Up

01   다음 중 코칭에 대한 설명으로 맞지 않는 것은?

① 코칭이란 코치와 코칭을 받는 사람이 파트너를 이루어 스스로 목표를 설정하고 효과적으로 달성하며 성장할 수 있도록 지원하는 과정이다.
② 코칭은 과거 지향적이며 상처 입은 마음을 치유하는 상담(카운슬링)과 동일한 개념이다.
③ 개인의 잠재능력을 최대한 발휘하도록 하며 가르치기보다 스스로 배우도록 돕는다.
④ 조직에서 구성원 간 상호 의존적인 일대일의 관계에서 개인적인 상황과 조직이 요구하는 업무능력 등을 고려하여 직무수행에 초점을 맞추어 실시하며 이는 조직이 집단적으로 실시하는 리더십 교육과는 다르다.
⑤ 코칭은 업무에 대한 전문적 지식과 경험이 풍부한 사람이 내담자에 대해 업무수행상의 특정한 문제에 대하여 스스로 책임감을 갖고 개선할 수 있도록 지지와 지원을 하는 1 : 1 커뮤니케이션 과정이다.

02 다음 중 코칭의 개인적, 조직적 측면의 필요성 및 효과에 대한 설명으로 맞지 않는 것은?

① 스스로 정한 목표를 이루기 위하여 코치와의 파트너십을 갖고 협력을 통해 창의력을 발휘함으로써 성과를 낳는다.

② 자신의 강점 및 탁월함을 촉진하여 목표달성의 경험을 가지며 이러한 성공경험을 통해 자신감을 배양한다.

③ 일방적 지시의 업무형태를 탈피하고 질문기법을 통해 창의력을 발휘하여 스스로 문제를 해결하도록 지원과 지지를 함으로써 상명하복의 경직된 인간관계를 지원과 협력의 관계로 개선하고 조직의 신뢰문화를 조성한다.

④ 지속적으로 과거에 대한 상처를 치유함으로써 자기발전을 통해 성공을 이룬다.

⑤ 개인의 비전과 조직의 비전을 일치시킴으로써 조직의 구성원을 조직에 성과를 낳는 인재로써 성장시키고 육성한다.

03 다음 중 코치의 기능 및 코칭리더의 역할에 대한 설명으로 맞지 않는 것은?

① 고객의 자기발견을 촉진시켜 준다.

② 고객 스스로가 해결책이나 전략을 찾도록 이끌어 준다.

③ 후원자로서 타인이 스스로 자신의 강점과 역량 평가를 지원하고 자기발견을 촉진시키고 업무 성과를 위한 피드백과 지원을 한다.

④ 조언자로서 존경을 받는 성공경험자로 해당 분야에서 조언을 통해 조직과 구성원들에게 영향력을 행사할 수 있는 파워를 갖춘 사람이다.

⑤ 롤모델(역할모델)로서 바람직한 형태의 행동을 보이는 표본이 되어 타인을 선도해 나가는 리더이다.

> 정답해설

③ 평가자로서의 역할이다.

04 다음 중 코칭의 장점에 해당되는 것은?

① 코칭과정을 통해 조직 구성원의 능력 향상과 동시에 코치의 코칭스킬과 능력도 향상된다.

② 코치의 코칭능력에 따라 교육효과 및 성과가 달라진다.

③ 1 : 1 코칭은 시간이 많이 소모되며 많은 노동력의 소모가 요구되는 노동집약적 성격이 있다.

④ 코치와 내담자의 고용계약의 관계 또는 상하관계는 학습에 나쁜 영향을 끼칠 수 있다.

⑤ 내담자의 강점과 목표를 이루는 행동방법을 알려준다.

05 다음 중 코칭의 필요성이 요구되는 상황이 아닌 것은?

① 직무를 효율적으로 수행할 수 있는 능력이 부족할 때
② 업무수행방식 및 태도가 업무성과에 직접적인 영향을 미칠 때
③ 업무수행에 방해되는 문제가 발생했을 때
④ 조직 및 직무에 대한 적응 및 훈련이 신입직원에게 요구될 때
⑤ 업무 스트레스에 의해 지친 구성원에게 조언이 필요할 때

[정답해설]
⑤ 컨설팅의 필요성이 요구되는 상황이다.

06 다음 중 멘토의 역할과 기능이 아닌 것은?

① 전문성을 활용하여 해결책을 제시함으로써 도움을 주는 해당 분야의 전문가이다.
② 업무수행 방법, 생활습관 및 행동과 사고 등의 변화를 가져오게 하는 조언자이다.
③ 팀원의 자기계발 프로세스에 대하여 관여한다.
④ 멘티가 원하거나 조직운영 및 업무진행의 과정상 필요할 때 지원한다.
⑤ 조직 내부 구성원 또는 외부 전문가가 역할을 수행할 수 있다.

[정답해설]
③ 업무, 사고의 변화를 위한 일에 관여한다.

정답 1 ② 2 ④ 3 ③ 4 ① 5 ⑤ 6 ③

CHAPTER 04   전화 서비스

학습개요	올바른 전화응대를 통하여 좋은 기업 이미지를 제공함으로써 충성고객을 확보하고, 효율적인 콜센터 운영을 통해 고객관계를 강화할 수 있는 방안을 알아본다.
절 구성	1. 전화응대 2. 올바른 경어사용 및 호칭사용 3. 콜센터 관리 4. 매뉴얼(스크립트) 작성 5. 콜센터 조직 6. 텔레마케터(TMR) 성과관리
학습중점	1. 전화응대의 개념 및 예절 2. 올바른 경어 및 호칭 사용 3. 콜센터의 분류 및 조직이해 4. 스크립트 개념 및 작성방법 5. 콜센터 조직과 모니터링
마인드 맵	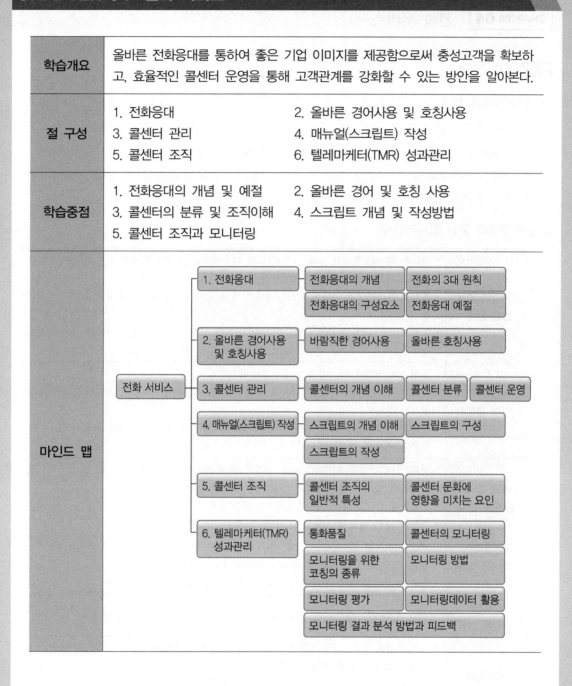

CHAPTER 04 전화 서비스

01 전화응대

(1) 전화응대의 개념

1) 전화응대의 중요성

① 고객과의 전화통화는 고객과의 첫 번째 고객접점이 될 수 있다.

② 고객은 전화통화를 통하여 그 기업의 서비스 질과 신뢰도를 판단할 수 있다.

③ 회사 이미지가 결정되는 중요한 순간이다.

2) 전화응대의 특성 및 유의사항

고객과의 얼굴 없는 만남	• 시각이 배제된 청각적 요소(음성)만으로 이루어지는 고객과의 얼굴 없는 만남이지만 마주보고 대화하는 느낌으로 응대한다. • 청각적 요소만으로 이루어지므로 의미에 대한 오해가 발생하거나 일방적 대화로 이루어질 수 있다. • 말투, 억양, 음의 고저(리듬감), 톤(상대방보다 낮은 목소리), 속도(고객의 말의 속도에 맞추기), 쉼, 강조 등 청각적 요소를 적절하게 반영하여야 한다.
기업의 첫 이미지 결정의 순간	• 고객과의 전화통화는 기업의 홍보수단이 된다. • 올바른 전화응대는 기업에 대한 첫 이미지 형성의 중요한 서비스 접점이며 호감도를 높일 수 있다. • 고객은 전화통화에 의해 형성된 기업의 이미지를 통하여 기업의 제품이나 서비스 선택 여부를 빠르게 결정한다.
예고 없이 찾아오는 손님	• 전화는 예고 없이 이루어지므로 고객에 대해 예상할 수 없다. • 응대준비 없이 이루어지므로 적절한 응대에 어려움이 있다. • 전화응대 시 고객의 욕구를 충족시키지 못할 경우 대안을 제시하여 만족도를 높여야 한다. • 고객에 대한 정보를 신속히 파악할 수 있는 방안을 강구한다.
고객비용 발생	• 고객이 전화를 할 경우 시간과 비용이 발생하므로 성의 있는 태도로 응대한다. • 통화는 간결하고 핵심적인 대화가 이루어지도록 한다. • 통화가 길어질 경우 고객에게 양해를 구하고 전화를 다시 걸도록 한다.
고객과의 첫 번째 접점	고객과 통화하는 순간은 고객의 제품 및 서비스 선택이 결정되는 순간이다.
비언어적 커뮤니케이션에 의한 오해 발생	• 틀리기 쉬운 주소, 가격, 날짜, 숫자, 이름 등 중요 내용에 대해서는 복창하여 확인한다. • 말을 또박또박 하여 이해를 높인다. • 명령형보다 의뢰형이나 권유형의 어법을 사용한다. • 긍정형 어법을 사용하며 "안 됩니다." 등의 단정적 거절의 표현은 삼간다. • 플러스 화법, 쿠션화법 등을 사용한다. ※ 플러스 화법 : 인사, 칭찬에 덧붙이는 말 예 더운데 고생 많으세요.

보안성이 없다.	• 기업은 고객에게 필요 시 사전양해를 구한 후 녹취를 한다. • 고객은 스마트폰의 보편화로 통화 녹취가 가능하다.

3) 전화응대 시 올바른 기본자세

상황확인	• 업무시간 중이라도 통화가능 여부를 확인한다. • 이른 시간 또는 너무 늦은 시간에는 상대방의 양해를 구한다.
준비사항	• 대화내용의 핵심을 정리한다. • 대화 간 중요사항 메모를 위한 펜과 메모지를 준비한다.
전화통화	• 마주 보고 하는 대화처럼 미소 띤 표정으로 친절하고 정중한 대화를 한다. • 분명한 발음, 적절한 음의 고저와 속도를 유지한다. • 평상시 목소리보다 한 톤 높여서 대화한다. • 전달할 핵심 내용에 대하여 정확하고 간결하게 통화한다. • 중요사항(숫자, 시간 등)은 복창하여 확인한다. • 통화 중 필요 사항 확인 시 주변 소음이 들리지 않도록 수화기를 손으로 막거나 대기 버튼을 누르고 오래 기다리게 하지 않는다.
전화종료	• 먼저 전화를 건 쪽이 먼저 끊는다. • 고객 또는 상사에게 내가 먼저 전화를 걸었을 경우에는 상대방이 먼저 전화를 끊은 후 3초 후에 수화기를 내려놓는다. • 통화 중 전화가 끊길 경우 전화를 건 쪽이 먼저 전화를 다시 거는 것이 원칙이나 고객 또는 상사인 경우에는 내가 먼저 전화를 한다.

> **T·I·P   전화응대 3.3.3. 기법**
>
> ① 전화벨이 3번 울리기 전에 받는다.
> ② 전화 통화는 3분 이내로 한다.
> ③ 전화는 상대방이 끊은 후 3초 후에 수화기를 내려놓는다.

4) 전화응대의 장·단점

장점	• 고객이 문제해결을 위한 시간을 절약할 수 있는 효과적인 소통 채널이다. • 전화 통화 시 즉각적으로 소통할 수 있는 즉시성이 있다. • 고객은 실명을 거론하지 않아도 되는 익명성으로 부담이 없다. • 누구나 일반적으로 사용 가능한 보편화된 채널이다. • 시간과 장소에 무관하게 문제에 대한 상담이 가능하여 고객의 불편사항의 처리를 도울 수 있다.
단점	• 청각적 요소만 사용되므로 일방적인 오해가 발생된다. • 내용이 어렵고 복잡한 경우 전화로만 이해시키기 어렵다. • 고객을 파악하고 적절한 응대를 하는 데 시간과 어려움이 따른다. • 음성에만 의존하게 되어 고객의 상황과 감정 등 욕구파악에 한계가 있다.

(2) 전화의 3대 원칙

① **신속성** : 고객은 자신의 요구가 빨리 해결되기를 바란다. 고객을 존중하여 최대한 빨리 문제를 해결하려는 노력이 필요하다.

> • 전화벨이 3번 울리기 전에 받으며 통화 간 오래 기다리지 않게 한다.
> • 용건은 간결하게 핵심내용 위주로 통화한다.
> • 고객이 문의하는 경우 예상 답변 시간을 미리 알려준다.
> • 문의내용 확인이 늦어지는 경우에는 중간보고를 통해 진행 상태를 알려준다.
> • 통화 전 대화내용에 대한 순서와 요점을 정리한다(5W3H).
> • 농담 및 대화주제에 벗어나는 불필요한 내용에 대한 언급은 자제한다.
> • 통화가 시작되면 먼저 자신의 소속과 직책, 성명 등을 밝힌다.

② **정확성** : 고객은 전화를 통해 문제점 및 궁금한 사항이 해결되기를 원한다. 고객에게 전문성을 발휘하여 정확한 정보를 전달해야 한다.

> • 고객의 용건 또는 의도를 정확히 파악하기 위해 경청스킬을 기른다.
> • 신뢰를 위하여 자신의 업무에 관련된 전문적 지식을 갖춘다.
> • 5W3H를 활용하여 중요사항은 메모하고 복창하여 확인한다.
> • 숫자, 품목, 수량 등 중요사항은 강조하여 정확하게 전달한다.
> • 분명한 발음과 어미처리로 의미를 정확히 전달한다.
> • 전문용어, 외국어 등 어려운 단어 대신 쉬운 용어를 사용한다.
> • 말한 내용은 질문스킬을 통해 정확히 전달되었는지 확인한다.
> • 잘 모르는 사항은 책임자 또는 아는 사람에게 물어서 확인 후 답변한다.
> • 발신의 경우 말할 내용을 미리 메모하고 정리하여 불필요한 말을 하지 않음으로써 정확한 통화가 되도록 한다.

③ **친절성** : 고객이 가장 원하는 것은 친절이다. 상냥함은 물론 고객의 요구를 해결하기 위해 정성을 다하는 모습을 느끼게 하여야 한다.

> • 정중한 인사로 시작하여 본인소개를 하고, 상담 및 응대자세는 친절하게 한다.
> • 천천히 또박또박한 말투로 고객이 알아듣기 쉽게 말한다.
> • 분명한 발음과 어미처리로 의미를 정확히 전달한다.
> • 고객을 존중하여 끝까지 경청하고 고객의 기분이 상하지 않도록 긍정적인 측면에서 응대를 한다.
> • 불필요한 큰 웃음, 경박한 속어, 낮춤말 등을 피하고 경어를 사용하며 호칭 또는 직함에 유의한다.
> • 사무적으로 응대하는 느낌이 들지 않도록 한다.
> • 전문용어 또는 외국어 등 어려운 단어 대신 고객이 쉽게 알아들을 수 있는 단어 등을 선택하여 말한다.
> • 말한 내용은 질문스킬을 통해 정확히 전달되었는지 확인한다.
> • 잘 안 들릴 경우 "뭐라고요?" "잘 안 들려요."라는 말 대신 "좀 멀게 들립니다."로 표현한다.
> • 고객의 말을 중간에 끊거나 약점이나 잘못을 지적하는 표현은 삼간다.
> • 얼굴을 보고 고객을 응대하듯이 친절하게 응대한다.

TIP 5W3H

• When(언제), Where(어디서), Who(누가), What(무엇을), Why(왜)
• How(어떻게), How much(얼마나), How many(얼만큼)

(3) 전화응대의 구성요소

음성	• 음성의 구성요소로는 음질, 음량, 음폭, 음색이 있다. • 앨버트 메라비언이 언급한 커뮤니케이션의 전달 정도에 따르면 비대면 전화통화 시 의미 전달은 목소리톤이 86%, 사용단어 14%에 의해 이루어질 만큼 음성관리는 매우 중요하다. • 사무적이고 차가운 느낌의 음성은 고객의 서비스 불만족으로 나타날 수 있다.
억양	• 음의 높낮이에 따라 내용의 전달력은 다르다. • 음의 높낮이는 주 관심내용과 중요도를 알 수 있다. • 단조로움을 벗어나서 고저를 달리하면 내용에 집중도를 높인다.
속도	말의 속도를 고객이 말하는 속도와 맞추면 공감대와 일치감 형성에 도움이 된다.
발음	정확한 발음과 말끝을 흐리지 않게 하는 것이 고객에게 혼란을 주지 않는다.
띄어 읽기	전화응대 시 중요내용에 대해 띄어 읽기와 적절한 쉬기를 통해 내용을 이해하고 생각할 수 있는 시간을 주는 것이 필요하다.
적절한 단어 사용	• 대화내용에 대한 고객 관심도가 높아질 수 있는 단어를 사용한다. • 고객의 요구와 문제점, 고객의 이익실현 등 관심사와 관련된 단어를 사용한다. • 내용 이해에 용이한 쉬운 일상용어, 긍정의 의미가 담긴 단어 사용은 소통을 통한 서비스의 만족도를 높여줄 수 있다.
경청	• 고객의 입장을 생각하며 적극적으로 경청하여야 한다. • 고개를 끄덕이는 등 온몸으로 맞장구를 침으로써 고객의 말에 공감과 경청하고 있음을 알린다. • 고객의 말에 복창과 질문을 통해 고객의 메시지에 관심을 집중하고 있음을 인식시킨다.

TIP   경청을 위한 바람직한 태도

• 편견이나 선입견을 갖지 않아야 한다.
• 잘못된 점을 지적하려는 마음보다 고객의 말에 집중하며 동화되도록 한다.
• 동의할 수 있는 내용에 공감을 표시하고 맞장구를 친다.
• 고객의 말에 견해차가 있더라도 말을 가로채거나 끼어들지 않는다.
• 들으면서 다른 생각을 하지 않는다.
• 중요한 내용은 메모를 하고 요점을 기록하는 등 관심을 갖는다.
• 정확한 이해를 위해 질문을 하거나 복창하여 확인한다.

TIP   경청 123 기법

1번 말하고, 2번 듣고, 3번 맞장구치는 대화스킬

제3과목 고객관리 실무론

(4) 전화응대 예절

1) 전화를 받을 경우

① 전화수신 예절

- 전화벨이 울리면 하던 일을 멈추고 벨이 3번 울리기 전에 받는다.
- 전화를 늦게 받았을 경우 "네 OOO입니다. 기다리게 해서 죄송합니다."라고 정중하게 사과하는 말을 먼저 전한다.
- 자신의 신분을 먼저 밝힌다(이름과 직책 또는 직장명과 부서).
- 고객을 존중하여 끝까지 경청하고 고객의 기분이 상하지 않도록 긍정적인 측면에서 응대를 한다.
- 상대방의 용건을 6하원칙에 의거하여 메모한 후 내용을 신속하게 확인하여 대응한다.

② 전화수신 시 상황별 전화응대

지명인 연결 요구 시	• 지명인을 확인하고 연결하며 지명인에게 연결 전 전화 건 사람과 용건을 말해 준다. • 연결음이 들리지 않도록 홀드버튼을 누르거나 손으로 송화기를 막은 후 연결한다. • 연결 중 끊어질 것을 대비하여 고객에게 지명인의 직통번호를 알려주되 개인 번호는 알려주지 않는다.
지명인이 부재중일 때	• 지명인이 부재중인 상황을 알려주되 자세한 사항은 피한다. • 고객이 다시 전화할 것인지, 지명인의 전화를 요청할 것인지를 물어 확인한다. • 고객이 다시 전화할 경우에는 통화가능 시간을 예측하여 여유를 둔 시간을 알려준다. • 전화 건 용건에 대해 메모를 남길 것인지를 묻는다. • 6하원칙에 따른 내용과 전화 받은 사람의 이름을 포함하여 메모를 하고 없어지지 않을 적당한 곳에 둔다. • 지명인에게 메모 내용을 신속하게 전하고 메모지 위치를 알려준다.

2) 전화를 할 경우

① 전화발신 예절

- 전화를 걸어도 되는 상황인지를 판단해 본다.
- 전화를 걸기 전 상대방의 정보(소속, 직책, 이름)를 확인한다.
- 미리 전할 내용을 6하원칙에 의거하여 정리한다.
- 전화를 받을 경우 자신의 소속과 직책, 이름을 밝히고 상대방이 맞는지를 확인한다.
- 간단한 인사말을 건넨 후 용건을 분명하고 간결하게 전한다.
- 통화 도중 전화가 끊기면 신속하게 다시 전화를 건다.
- 용건을 전달하면 내용 이해여부 확인 후 마무리 인사를 한다.
- 상대방이 먼저 전화를 끊은 것을 확인 후 수화기를 내려놓는다.

② 전화발신 시 찾는 사람이 부재중일 경우

- 대상자와 통화 가능한 시간을 확인한다.
- 대상자에게 전화를 요청할 것인지, 다시 전화할 것인지를 알려준다.
- 메모를 남길 경우 전화 받은 사람의 이름을 확인한다.

TIP 각종 상황별 화법

전화 연결 시	• 잠시만 기다려주시겠습니까? 연결해 드리겠습니다. • 죄송하지만 누구시라고 전해 드릴까요?
지명인이 부재 시	• 죄송하지만 00씨는 잠시 자리를 비웠습니다. • 용건을 말씀해 주시면 메모해서 전달해 드리겠습니다. • 다시 전화 주시겠습니까? 아니면 00씨가 전화드리도록 할까요?

전화 통화 중
다른 전화가
걸려올 경우
	• 고객님 죄송하지만 앞에 고객님이 기다리고 계셔서 잠시 응대 후 다시 전화를 드려도 되
	겠습니까?
	• 괜찮으시다면 전화번호를 남겨 주시겠습니까? 통화가 끝나는 대로 바로 연락드리겠습
	니다.
	※ 주의할 사항
	   – 서둘러 황급히 끊는다는 느낌을 고객이 느끼지 않도록 할 것
	   – 무성의한 응대 종료는 하지 않도록 한다.

전화가 잘못 걸려 왔을 때	• 여기는 000 영업부입니다. 마케팅부로 바로 연결해 드리겠습니다. • 연결 중 전화가 끊기면 0000으로 전화하시면 됩니다. ※ 주의할 사항 – 잘못 걸려온 전화라도 친절하게 응대할 것
회사의 위치를 물을 때	현재 손님의 위치, 이용 차편을 묻고 고객의 위치를 기준으로 위치를 설명한다.
서비스 불만족 고객의 전화를 받았을 경우	• 불편을 끼쳐드려 대단히 죄송합니다. • 얼마나 속상하시겠습니까? 고객님의 입장을 충분히 이해합니다. • 제가 말씀하신 내용을 확인 후 말씀을 드려도 되겠습니까? ※ 주의할 사항 – 같이 흥분하거나 맞서지 않는다.
전화가 잘 들리지 않을 때	죄송하지만 전화가 멀리 들립니다. 제가 다시 전화를 드려도 되겠습니까? ※ 주의할 사항 – '잘 안들리는데요?', '무슨 말씀인지~' 등의 표현은 금물이다.

TIP 휴대전화 매너

① 공공장소에서는 휴대전화를 진동모드로 전환한다.
② 다른 사람들이 있는 곳에서 통화가 불가피한 경우에는 최대한 목소리를 낮춘다.
③ 통화 도중 다른 사람과 문자 또는 채팅을 하지 않는다.
④ 업무상 방문 시 휴대전화 사용을 자제한다.
⑤ 항공기, 주유소, 병원, 장례식장에서는 휴대폰을 끄거나 사용을 삼간다.

제3과목 고객관리 실무론

Warming Up ↗

01 다음 중 전화응대 특징에 대한 설명이 잘못된 것은?

① 고객과의 얼굴 없는 만남이다.
② 예고 없이 찾아오는 손님이다.
③ 고객과의 첫 번째 이루어지는 접점이다.
④ 고객이 먼저 전화를 할 경우 고객의 비용이 발생한다.
⑤ 언어에 의해 이루어지는 커뮤니케이션이므로 오해가 발생할 소지는 없다.

[정답해설]
⑤ 비언어적 커뮤니케이션에 의한 오해가 발생한다.

02 다음 중 전화응대 시 유의사항에 해당되지 않는 것은?

① 청각적 요소만으로 이루어지므로 일방적 대화로 이루어질 수 있다.
② 시각적 요소가 배제되므로 전화통화만으로 호감도를 높이는 것은 제한된다.
③ 고객과 통화하는 순간은 제품 및 서비스 선택이 결정되는 순간이다.
④ 고객에 대한 정보를 신속히 파악할 수 있는 방안을 강구한다.
⑤ 틀리기 쉬운 주소, 가격, 숫자 등 중요내용에 대해서는 복창하여 확인한다.

[정답해설]
② 올바른 전화응대는 기업에 대한 첫 이미지 형성의 중요한 서비스 접점이며 호감도를 높일
   수 있다.

03 바람직한 전화응대 자세와 거리가 먼 것은?

① 업무시간 중이라도 통화가능 여부를 확인한다.
② 대화 간 중요사항 메모를 위한 펜과 메모지를 준비한다.
③ 평상시 목소리보다 한 톤 높여서 대화한다.
④ 고객 또는 상사와 전화통화 중 전화가 끊길 경우 먼저 건 쪽이 전화를 건다.
⑤ 먼저 전화를 건 쪽이 먼저 끊는다.

[정답해설]
④ 고객 또는 상사가 먼저 전화를 걸었더라도 전화가 끊기는 경우에는 내가 먼저 전화한다.

04 전화의 3대 원칙 중 정확성을 높이기 위한 방법이 아닌 것은?

① 5W3H를 활용하여 중요사항은 메모하고 복창하여 확인한다.
② 천천히 또박또박한 말투로 고객이 알아듣기 쉽게 말한다.
③ 말한 내용은 질문스킬을 통해 정확히 전달되었는지 확인한다.
④ 전문성을 보임으로써 신뢰를 구축하기 위해 전문용어를 사용한다.
⑤ 분명한 발음과 어미처리로 의미를 정확히 전달한다.

[정답해설]
④ 쉬운 용어를 사용한다.

05 전화응대의 구성요소에 포함되는 것은?

① 효과적인 의사소통 단어 선택　　② 띄어쓰기
③ 중요사항에 대한 메모 습관　　④ 표준어 사용
⑤ 적극적인 의사소통

06 전화응대 시 경청을 위한 바람직한 자세가 아닌 것은?

① 편견이나 선입견을 갖지 않아야 한다.
② 동의할 수 있는 내용에 공감을 표시하고 맞장구를 친다.
③ 중요한 내용은 메모하고 요점을 기록하는 등 관심을 갖는다.
④ 고객의 말에 견해차가 있을 경우 즉시 대화에 끼어들어 의견 교환을 한다.
⑤ 고객의 말에 집중하며 동화되도록 한다.

[정답해설]
④ 견해차가 있더라도 말을 끊고 끼어들지 않는다.

정답　1 ⑤　2 ②　3 ④　4 ④　5 ①　6 ④

제3과목 고객관리 실무론

02 ■ 올바른 경어사용 및 호칭사용

(1) 바람직한 경어사용

1) 경어의 개념

① 경어는 상대에 대한 존중과 존경심을 나타내는 언어적 표현이다.

② 경어는 상대방에 대한 친절과 배려심을 언어로 표현한 것이다.

③ 올바른 경어사용은 고객의 욕구를 정확히 파악하여 고객에게 관심을 가지고 있음을 인식시키는 표현방법이다.

④ 상대방의 행위, 상태, 속하는 것에 대하여 높여 말하는 것이다.

⑤ 자신을 낮추어 말함으로써 상대적으로 상대방을 높이는 효과가 있다.

2) 경어의 종류

정중어 (공손어)	• 상대방에게 정중함을 나타내기 위한 말이다. • 상대방에게 공손하게 하는 말이다. 예 어서 와요 → 어서 오십시오, 미안해요 → 죄송합니다
겸양어 (낮춤말)	자신을 낮춰서 하는 말로 상대방을 높여주는 말이다. 예 나, 우리 → 저희, 만나다 → 뵙다, 주다 → 드리다
존칭어 (높임말)	• 상대방에 대한 존경의 의미를 가지고 있으며 상대방을 높이는 말이다. • 말하는 자신보다 상대방이 높을 때 사용한다. • 말하는 상대방, 화제의 인물과 그 사람에 속한 사물, 그 사람의 행위 등을 높이는 말이다. 예 있다 → 계시다, 집 → 댁, 상대방 → 귀하, 가다 → 가시다

> **TIP 간접존대**
>
> ① 높일 대상의 신체, 성품, 심리, 소유물 등 주어와 밀접한 관계를 맺고 있는 대상을 통하여 주어를 간접적으로 높이는 것이다.
> ② 예 '고객님 코트의 디자인이 멋지십니다.'와 같이 '–시'를 동반한다(코트는 소유물임).
> ③ '주문하신 케익이 나오셨습니다.'는 '–시'를 남용한 부적절한 예이다(케익은 소유물이 아님).

(2) 올바른 호칭사용

1) 호칭에 대한 기본 예의

① 연장자 또는 상급자에게는 성과 직위나 직책 또는 사회적 경칭을 사용한다.

② 친구나 동급자 또는 동료는 사석에서 자연스럽게 이름으로 부른다.

③ 직장 내에서 동급자 또는 동료 간에는 성과 직위 또는 직명을 부르는 것이 좋으며 직위가 없을 시에는 이름을 부른다. 예 김대리, ○○씨

④ 아랫사람에게는 직급이 있을 경우는 성과 직위를, 직위가 없을 경우에는 이름을 부르며 나이가 많을 경우에는 적당히 예의를 갖춘다.

⑤ 호칭 시 직위와 직책 중 더 상위개념을 칭하는 것이 예의이다.

　　예 이사로서 팀장의 업무를 수행한다면 이사로 호칭함이 예의이다.

⑥ 여성에게는 "○○양"보다는 이름을 부르는 것이 좋으며 직장동료나 부하 또는 연하자의 아내를 부를 때는 "부인"이라는 호칭을, 중년의 기혼여성에게는 "여사님"이라는 호칭을 사용한다.

2) 올바른 호칭법

① 직장 내 계층에 대한 호칭

상급자	• 성과 직위 다음에 "님"의 존칭을 사용한다.　예 강부장님 • 직위는 알고 있으나 성을 모르는 경우 직위에 "님"의 존칭을 사용한다.　예 부장님
동급자, 하급자	• 성과 직위 또는 직명을 붙여 부른다.　예 김과장 • 동급자인 경우 이름 뒤에 "씨"를 붙여 부른다.　예 ○○씨
남녀 직원 간	• 남녀 직원 간에는 직급을 부르는 것이 원칙이다. • 나이가 많은 선배에게는 "○○선배님"이라고 부르는 것도 무난하다.

② 틀리기 쉬운 호칭

• 상사에 대한 존칭은 호칭에만 사용한다.
　예 사장님께서(○), 사장님실(×) → 사장실(○)

• 상사의 지시사항을 전달할 때는 존칭을 붙여 사용한다.
　예 부장님 지시사항입니다.

• 문서에는 존칭을 사용하지 않는다.
　예 사장님 지시사항(×) → 사장 지시사항(○)

③ 호칭 시 유의사항

• 다른 사람의 이름을 복창할 때는 "성, ○자, ○자"로 말한다.
　예 강 정자 웅자 맞습니까?

• 다른 사람에게 자신의 이름을 말할 때는 "자"를 붙이지 않는다.

④ 아는 사람에 대한 호칭

• 어르신 : 부모같이 나이가 많은 어른을 칭할 때 사용
• 선생님 : 존경할 만한 분이거나 나이가 많은 어른
• 형 : 아래 위 6년~10년 범위 내에서 사용하며 다른 사람 앞에서 3인칭으로 쓸 경우 성명까지 붙여서 사용하는 것이 좋다.

⑤ 모르는 사람에 대한 호칭

• 어르신 : 부모의 친구 또는 부모같이 나이가 많은 어른을 칭할 때 사용
• 선생님 : 학교의 선생님이나 존경하는 어른
• 부인 : 자신의 부모님보다는 젊은 기혼여성

Warming Up

01 경어사용에 있어서 간접 높임의 사용이 잘못된 것은?

① 오늘 착용한 넥타이 잘 어울리십니다.
② 고객님! 주문하신 책 나오셨구요.
③ 이번에 새로 구입하신 차량 정말 멋지십니다.
④ 고객님의 옷 색깔이 계절에 딱 어울리십니다.
⑤ 지금 계신 곳이 어디십니까?

〖정답해설〗
② 간접 높임은 상대방의 소유물, 신체부분, 성품, 심리 등 밀접한 관계를 맺고 있는 대상을 통하여 상대방을 간접적으로 높이는 것이다.

02 호칭의 기본예의에 해당되지 않는 것은?

① 직장 내에서 동급자 간에는 이름을 부른다.
② 연장자 또는 상급자에게는 성과 직위나 직책 또는 사회적 경칭을 사용한다.
③ 아랫사람에게는 직급이 있을 경우는 성과 직위를, 직위가 없을 경우에는 이름을 부르며 나이가 많을 경우에는 적당히 예의를 갖춘다.
④ 호칭 시 직위와 직책 중 더 상위개념을 칭하는 것이 예의이다.
⑤ 여성에게는 "○○양"보다는 이름을 부르는 것이 좋다.

〖정답해설〗
① 직장 내에서는 이름보다 직위 또는 "○○씨"로 칭한다.

03 다음 중 올바른 호칭 사용법이 아닌 것은?

① 상급자에게는 성과 직위 다음에 "님"의 존칭을 사용한다.
② 동급자에게는 성과 직위 또는 직명을 붙여 부른다.
③ 남녀 직원 간에는 직급을 부르는 것이 원칙이다.
④ 상사에 대한 존칭은 호칭에만 사용한다.
⑤ 상사의 지시사항을 전달할 때는 존칭을 사용하지 않는다.

〖정답해설〗
⑤ 상사의 지시사항 전달 시 존칭을 사용한다.

〖정답〗 1 ② 2 ① 3 ⑤

03 콜센터 관리

(1) 콜센터의 개념 이해

1) 콜센터의 정의

① 고객과 전화 등의 통신수단을 통한 커뮤니케이션이 이루어지는 곳이다.

② 상담원을 통하여 텔레마케팅 기능과 전문적인 상담 기능이 결합되어 고객과의 접촉을 목적으로 하는 조직이다.

③ 인바운드 업무와 아웃바운드 업무를 동시에 수행하는 기업의 마케팅 측면의 종합상황실과 같은 조직이다.

> **TIP** 인바운드 업무와 아웃바운드 업무
>
> | 인바운드 업무 | • 고객의 요구와 욕구 및 불만 사항 처리 및 주문접수 처리
• 제품설명 및 고객의 의문점이나 궁금증을 확인시켜 주는 업무 |
> | --- | --- |
> | 아웃바운드 업무 | 능동적인 판매 및 마케팅, 캠페인 전개 등의 업무 |

2) 콜센터의 전략적 정의

① 고객접촉이 용이한 개방형 고객상담센터

> 콜센터는 고객이 상담이 필요할 때 접촉하기 쉽고 부담 없이 반복적인 상담이 가능해야 한다.

② 기존(고정)고객의 관계 개선센터

> 신규고객 획득보다 기존고객 관리를 통한 관계 개선이 기업의 이익 실현에 더 유리하다.

③ 고객감동과 고객행복 실현의 휴먼릴레이션 센터

> 고객감동을 통한 불만처리는 불만 고객 95%를 재구매 고객으로 이끈다.

④ 우량고객 창출센터

> 20%의 우량고객이 기업 수익의 80%를 차지한다. 상담원을 통한 기존고객 관리는 가치 있는 고객을 만들어 낸다.

⑤ 원스톱(one-stop) 고객서비스를 제공하는 서비스품질 제공센터

> 용이한 고객접촉, 편리한 고객 상담, 고객 불만에 대한 효율적인 후속조치 등 CRM(고객관계관리)을 통하여 향상된 서비스품질을 제공하는 전략센터이다.

3) 콜센터의 전략적 접근

　① 고객(대상)
　② 전략(실체와 내용)
　③ 시스템(방식과 절차)
　④ 조직능력(대응주체)
　⑤ 성과분석(서비스, 수익성)

4) 콜센터 발전 단계

1세대	전화에 의한 단순 서비스 제공
2세대	ARS(Automatic Response System)를 활용한 텔레마케팅 시장 확대
3세대	• CTI(Computer Telephony Integration) 도입으로 상담원별 균등 콜분배, 순차적인 응대, 자동화, 상담원과 상담원 이전, 콜과 DB의 연동 등 다양한 기능을 활용 • 기존 CRM(고객관계관리)과 DB(데이터베이스) 연계를 통한 고객의 가치증대 및 고객 개인화에 따른 맞춤형 서비스 제공 가능

(2) 콜센터 분류

1) 업무 성격에 따른 분류

인바운드형 콜센터	• 개념 : 고객으로부터 전화를 받는 고객주도형 콜센터 • 업무 : 고객 상담, 승인, 통신판매, 보험가입, 상품 안내, A/S 접수, 긴급상황처리 주문접수, 컴플레인 및 클레임, 텔레뱅킹, 민원 • 특성 : 접근의 용이성, 신속·정확성, 사전예측성, 서비스성, 정밀성, 프로세스성
아웃바운드형 콜센터	• 개념 : 기업이 뚜렷한 목적을 위해 전화를 거는 기업주도형 콜센터, 판매 촉진형, 목적 지향형 • 업무 : 고객설득, 판매촉진, 텔레마케팅, 캠페인 전개, 회원가입, 설문조사, 시장조사, 해피콜, 연체고객관리, 기념일 축하전화 • 특성 : 고객 DB구축 및 관리에 의한 마케팅, 목표달성과 성과분석의 성과지향형, 적극적 커뮤니케이션과 설득능력, 판매 이후의 고객관계관리, 기업주도형, CRM과 데이터베이스 마케팅 기법 및 솔루션의 전략적 활용, 양질의 고객 데이터 보유
혼합형 콜센터	• 개념 : 인바운드와 아웃바운드 업무를 혼합적 처리 • 특성 : IVR 등 인바운드, 아웃바운드 자동 콜분배 호환처리가 가능

2) 조직구성원에 따른 분류

직할 콜센터	• 개념 : 기업 내부의 조직원들이 고객 정보보호, 지속적 업무 진행 • 특성 : 지속적인 고객관리의 질적 향상을 위한 직접 운영
아웃소싱 콜센터	• 개념 : 콜센터 시설, 시스템, 인력 등을 외부 전문 콜센터 운영업체에서 조달 • 특성 : 콜센터 운영에 따른 리스크 방지 및 효율성, 생산성, 전문성을 고려
제휴형 콜센터	• 개념 : 콜센터 운영의 장점과 전문성을 지닌 업체와 제휴 • 특성 : 시스템, 인력, 업무 노하우를 결합 또는 공유하여 운영

3) 장비구성에 따른 분류

CTI 시스템 콜센터	• 개념 : 전화장치 처리 시스템과 컴퓨터 처리 시스템 연동의 콜센터
	• 특성
	   – 음성 처리와 데이터 처리를 실시
	   – 자동적인 콜 처리 및 콜 분배 가능
	   – 콜 데이터를 분석하여 관리할 수 있는 시스템 전문성이 고려된 콜센터

웹 콜센터	• 개념 : 인터넷, 컴퓨터 장치를 통한 고객 상담 콜센터
	• 특성
	   – 전화 중심의 콜센터에 비해 다양한 고객 접촉채널을 활용하여 고객 상담 실시
	   – VoIP(Voice over IP)방식의 콜센터는 음성을 데이터로 전환하여 전자우편과 동일
	   한 사용방식으로 네트워크 전송이 가능

수동 콜센터	• 개념 : 컴퓨터 장치나 콜 처리 자동장치가 거의 없는 수동적인 방법의 콜센터
UN – PBX 콜센터	• 개념 : CTI 중심의 콜센터가 아니면서 CTI 장비를 구입하지 않아도 50석 정도 이하의 콜 분배나 콜 처리의 자동화가 가능한 콜센터

4) 규모에 따른 분류

대형 콜센터	• 개념 : 동시 수용규모가 200석 이상의 콜센터 • 특성 : 대부분 CTI 장비 장착으로 콜의 분배, 처리, 확장이 용이
중형 콜센터	• 개념 : 동시 수용규모가 50~200석이 되는 콜센터 • 특성 : CTI나 UN – PBX 설치하여 해당 업무에 알맞도록 조정
소형 콜센터	• 개념 : 동시 수용규모가 10~50석이 되는 콜센터 • 특성 : 단일 업무 처리를 중심으로 운영
소호용 콜센터	• 개념 : 동시 수용규모가 10석 이하가 되는 콜센터

5) 통합성 유무에 따른 분류

통합형 콜센터	• 개념 : 콜센터를 한 곳에 집중적으로 구축하여 전국적인 콜 또는 콜 처리를 한 곳에서 통합 운영하는 방식 • 특성 : 단지 지역적인 통합뿐만 아니라 다각적 측면에서 접근하여 효율성과 생산성의 배가 가능
분산형 콜센터	• 개념 : 각 영업이나 서비스 거점별로 별도의 콜센터를 운영하는 방식 • 특성 : 마케팅 목표의 지역거점별, 영업특성별, 조직구성의 개별성을 고려한 접근 가능
비주얼 콜센터	• 개념 : 콜센터의 가용자원을 효율적으로 활용하기 위해서 분산형 콜센터를 지양하고 전 지역 통합 처리 가능한 클라우딩 기술 시스템 환경을 중심으로 센터 간의 콜 부하를 분산시키는 방식
소호용 콜센터	• 개념 : 동시 수용규모가 10석 이하가 되는 콜센터

제3과목

고객관리 실무론

6) 고객 지향 정도에 따른 분류

서비스 지향형 콜센터	• 개념 : 제품 및 서비스 판매 후 상담, 불만 처리, 정보제공, 안내 등 서비스제공 중심의 업무를 처리하는 콜센터
	• 특성
	  – 대부분 인바운드형 콜센터가 해당
	  – 고객의 인터넷 활용, 다양한 고객접촉, 고객과의 실시간 커뮤니케이션 환경으로 서비스 지향적인 콜센터의 지속적인 개선활동이 필요

수익 – 성과 지향형 콜센터	• 개념 : 기업의 이익창출을 위해 전문성 있는 텔레마케터가 제품 및 서비스를 판매하는 콜센터
	• 특성
	  – 대부분 아웃바운드형 콜센터가 해당
	  – 무점포 마케팅 일환으로 신 마케팅의 전략형 콜센터
	  – 명확한 조직목표, 목표달성을 위한 조직구성, 적극적인 프로모션, 고객 공감도가 높은 제품과 서비스, 원가관리를 통한 수익창출, 위기관리 능력이 필요

CRM형 콜센터	• 개념
	  – 고객관계관리에 중점을 둔 콜센터
	  – 자체 제품 및 서비스, CRM 분석을 통해 고객관리의 질을 개선하기 위해 운영하는 콜센터
	• 특성
	  – 상담 기능 외에 고객유형분석, 고객관련 데이터 분석, 고객의 등급분류, 경품행사, 정보제공, 설문조사 등의 업무 실시

(3) 콜센터 운영

1) 콜센터 기획 및 구성 시 고려사항

• 운영상품의 결정 • 주요 고객의 데이터 확보와 관리 방안 • 직접운영과 위탁운영 결정 • 콜센터 시스템, 네트워크 연결방식 • 운영시간 • 직원 채용과 관리 방안 마련 • 오더의 확보와 관리 및 유지 • 판매 및 서비스 채널의 범위와 연계 • 비용 절감 창출 방안(콜센터 운영에 따른 비용관리)	• 운영지역과 운영규모 • 고객접촉 방법과 설득 방법 결정 • 시스템 구축 투자와 대여 조건 결정 • 시간대별 근무 인원 투입 비중 • 직접 기획과 컨설팅 용역 여부 • 교육훈련 실시 방법 • 컨설팅 의뢰 및 유지 여부 • 콜센터 성과분석 및 비용관리

2) 콜센터 운영 핵심요소

전략수립	• 콜센터의 목표에 따라 인적, 물적 자원 및 행동 지침이 결정된다. • 행동지침 결정에 따라 평가 및 보상체계가 이루어진다.

운영 프로세스	• 콜센터 운영은 회사의 마케팅 전략과 연계되어야 하며 이를 위해 인접부서와의 업무 연계, 업무 프로세스 체계가 확립되어야 한다. • 각 국면별 역할 분류, 생산성과 품질관리 프로세스 설계, 콜센터 운영에 관한 업무 프로세스와 운영 매뉴얼의 작성 및 활용으로 운영의 체계성을 유지하여야 한다.
효율적인 작업 인프라 구축	• 콜센터의 효율성과 생산성 향상을 위한 신기술 도입에 지속적 관심을 기울여야 한다. • 인터넷 보급에 따른 콜센터의 역할 변화에 맞는 기술 도입으로 콜센터의 효율적 운영방안을 찾아야 한다. • 콜센터 환경을 최적화하고 상담원과 매니저의 수작업을 최소화하여 콜센터 생산성 향상과 신속한 업무체계를 위해 어떤 IT기술이 필요한지 검토되어야 한다. • 유관부서 간 원활한 협조가 필요하다.
상담원	고객접점에서 상담원의 고품질 서비스는 고객에게 긍정적 이미지를 준다.

3) 콜센터 핵심성과지표

인바운드형 콜센터	• 80%의 콜 응대 속도 • 불통률 • 첫 통화 해결률 • 스케줄 준수율 • 1콜당 비용 • 8시간 기준 상담원당 평균 인입률	• 평균 응대 속도, 평균 통화, 대기시간 • 평균 통화 후 처리시간 • 평균 포기 전 시간 • 스케줄 포기율 • 평균 판매가치 • 상담원 착석률
아웃바운드형 콜센터	• 시간당 판매량 • 콜당 비용 • 판매 비율 • 1교대당 평균 매출	• 시간당 접촉 횟수 • 평균 판매 가치 • 1인당 연간 평균 매출 • 판매 건당 비용

4) 콜센터 핵심성과지표(안톤과 파인버그)

• 평균 응답속도	• 평균 후처리 시간	• 평균 대기시간	• 평균 통화 시간
• 최초 콜 해결률	• 포기율	• 불통률	• 서비스 수준
• 스케줄 준수율	• 상담원 이익률	• 고객 만족도	

TIP 고객만족과의 상관관계 7가지

• 최초 접촉 시 해결률	• 평균응대 속도	• 평균 포기율	• 평균 후처리 시간
• 평균 불통률	• 서비스 수준	• 평균 대체시간	

제3과목 고객관리 실무론

T I P **콜센터 운용 시 고려할 사항**

합목적성	• 콜센터에서 취급 및 활용할 수 있는 제품 및 서비스는 콜센터 운영에 적합하여야 한다. • 콜센터 운영방법과 규모, 투입비용 등은 초기운영의 위험을 방지하여야 한다.
전문성	• 슈퍼바이저, 매니저의 엄격한 선발과 지원, 구체적인 실무범위, 매니지먼트의 프로세스 정착에 심혈을 기울여야 한다. • 기타사항은 전문 상담능력, 자문 컨설팅 요청 등의 방법이 있다.
적응성	콜센터 구축 이후 빠른 시간 내에 시스템에 대한 이해와 활용, 업무 또는 상품에 대한 이해와 고객과의 커뮤니케이션, 상담원들의 조직 적응, 관리자들의 프로세스 정립, 팀원 간 정서적·인간적 교류 등에 적응함을 말한다.
효율성과 생산성	투자효율성, 수익성, 지속성을 고려하여 자체적 운영과 위탁운영 중 그 운영방식을 결정하여야 한다.
고객 서비스성	콜센터는 고객배려, 고객감동기법, 고객서비스 향상방안 등 고객서비스 제공에 충실하여야 한다.
복합상황 대응성	기업이 고객과의 상황에서 종합적·복합적으로 대응할 수 있는 커뮤니케이션 및 서비스 대응 능력을 갖춰야 한다.

T I P **콜센터 조직원의 역할**

고객관리 및 분석가	신규고객, 기존고객, 이탈고객의 속성을 분류
고객 설득을 위한 전문성 보유	잠재고객 설득을 통하여 상품의 구매를 권유
텔레커뮤니케이터	텔레마케터로서 갖추어야 할 정확한 발음, 어법, 고객이해능력과 판단력 등을 필요로 함
고객 상담원	고객관리 및 고객서비스를 전문적으로 수행하는 상담가
텔레마케팅 코디네이터	제품정보 및 서비스 내용과 시스템에 대한 인지상태에서 고객만족을 실현함으로써 기업이미지 제고
기업 홍보요원	기업의 이미지와 상품의 가치를 판매하고 기업의 정보를 전달하는 홍보요원

T I P **콜센터의 효율적인 생산성 관리를 위한 고려사항**

① 상담원으로서의 잠재능력을 갖춘 우수자원 채용
② 적절한 직무배치
③ 지속적인 교육 체계
④ 공정한 평가와 보상체계
⑤ 직업적 비전 제시로 지속적인 우수자원 확보
⑥ 기업이익실현에 도움이 되는 우수 상담원의 재택근무 지원

5) 콜센터 서비스 제공 단계별 확인 및 활동내용

① 상담 전

> • **수신여건 확인** : 통화 연결상태, 상담원 접속 상태, 대기시간
> • **고객접속** : 맞이 인사, 발음의 정확성

② 상담 중

> • **상담역량** : 말투, 대화속도, 적극성, 맞장구, 자신감
> • **직무수행능력** : 고객의 입장 이해, 요구에 대한 파악정도, 신속한 응대

③ 상담 후

> • **상담 종료** : 마무리 인사

6) 콜센터의 역할

① 서비스 전략적 측면에서의 역할

> • 서비스 실행 조직으로 기업에 미치는 영향 중요시
> • 고객의 니즈 이해 및 피드백 제공
> • 기업의 서비스 전략의 효과적 수행을 위한 콜센터 운영지표 보유
> • 다차원적인 커뮤니케이션 채널 확보

② 기업경영 측면에서의 역할 변화

> • 고객확보 측면에서의 역할
> • 고객유지 측면에서의 역할
> • 고객가치 증대 측면에서의 역할

Warming Up

01 **콜센터 업무 중 인바운드 콜 서비스의 활용사례가 아닌 것은?**

① 제품신청　　　　　　　　　　② 제품 문의
③ 홈페이지 가입절차 문의　　　　④ 만족도 조사
⑤ A/S 센터 위치 안내

정답해설
④ 아웃바운드형 콜센터 활용사례

02 **아웃바운드형 콜센터의 활용사례에 해당되지 않는 것은?**

① 고객설득　　　　　　　　　　② 컴플레인 및 클레임 접수
③ 시장조사　　　　　　　　　　④ 판매촉진
⑤ 해피콜

정답해설
② 인바운드형 콜센터 활용사례

03 **다음 중 아웃바운드 콜센터의 특징이 아닌 것은?**

① 목표달성과 성과분석　　　　　② 양질의 고객데이터 보유
③ 고객접근의 용이성　　　　　　④ 적극적인 커뮤니케이션
⑤ 판매 이후의 고객관리

정답해설
③ 인바운드형 콜센터 특징

04 **다음 중 〈보기〉에 해당하는 콜센터 유형으로 맞는 것은?**

┌─ 보기 ─────────────────────────────
전화장치 처리 시스템과 컴퓨터 처리 시스템 연동의 콜센터로서 음성처리와 데이터
처리를 실시하며 자동적인 콜 처리 및 콜 분배가 가능하다.
└───────────────────────────────────

① CTI 시스템 콜센터　　　　　　② VoIP
③ CRM형 콜센터　　　　　　　　④ 제휴형 콜센터
⑤ 인바운드형 콜센터

05 다음 중 콜센터 운영 시 고려사항이 아닌 것은?

① 팀워크에 대한 적응력이 있는 직원을 선발한다.
② 전문적인 상담능력이 있는 직원을 채용하는 방안이 필요하다.
③ 콜센터 운영방법에 있어서 초기에는 전화에 의한 운영방법이 효과적이다.
④ 콜센터 운영을 위한 투자금의 규모를 선정한다.
⑤ 교육훈련을 통한 고객 서비스 향상방안을 모색한다.

06 다음 중 콜센터의 생산성 관리를 위한 고려사항이 아닌 것은?

① 상담원으로서의 잠재능력을 갖춘 우수자원 채용
② 적절한 직무배치
③ 공정한 평가와 보상체계
④ 직업적 비전 제시로 지속적인 우수자원 확보
⑤ 기업이익 실현을 위한 현장근무 장려 및 지원

〔정답해설〕▷
⑤ 기업이익 실현에 도움이 되는 직원의 재택근무 지원

07 다음 중 콜센터 조직원의 역할과 거리가 먼 것은?

① 고객관리 및 분석가   ② 기업 마케팅 전략가
③ 텔레커뮤니케이터   ④ 텔레마케팅 코디네이터
⑤ 기업 홍보요원

08 다음 중 서비스 전략적인 측면의 콜센터 역할과 거리가 먼 것은?

① 서비스 실행 조직
② 고객의 니즈 이해 및 피드백 제공
③ 기업의 서비스 전략 수행을 위한 콜센터 운영지표 보유
④ 다차원적인 커뮤니케이션 채널 확보
⑤ 고객확보 및 유지

〔정답해설〕▷
⑤ 기업경영 측면의 콜센터 역할

제3과목 고객관리 실무론

정답	1 ④ 2 ② 3 ③ 4 ① 5 ③ 6 ⑤ 7 ② 8 ⑤

04 매뉴얼(스크립트) 작성

(1) 스크립트의 개념 이해

1) 스크립트의 정의

① 스크립트는 텔레마케팅 대화의 대본이다.

② 어떻게 말을 걸고 대화를 이끌어갈 것인지의 순서를 표로 도식화한 것이다.

③ 상담원이 고객과의 대화를 잘 이끌어가기 위한 역할연기 대본이다.

④ 고객응대를 상정하여 작성한 가상 시나리오이다.

2) 스크립트의 역할

① 콜센터 직원이 고객의 니즈를 파악하여 자연스럽고 일관성 있는 대화를 진행시킬 수 있는 텔레마케팅 실무를 위한 필수품이다.

② 어떠한 목표나 상황에서도 텔레마케팅 대화를 이끌어 나갈 수 있는 고객응대의 기초가 된다.

③ 초보자도 스크립트 활용을 통해 텔레마케팅 기술을 단시간 내에 숙달할 수 있는 기본 매뉴얼이다.

④ 음성만으로 메시지를 제공하는 스크립트는 명확하고 표준화하여 작성되어야 한다.

⑤ 상황에 따라 탄력적으로 활용하는 매뉴얼로, 상황변화에 따라 능동적 대처가 가능하도록 작성해야 한다.

TIP 텔레마케팅의 실무 필수품 4가지 요소

스크립트	• 텔레마케팅의 교과서로서 대화대본을 사전에 작성한다. • 고객 및 마케팅 상황에 따라 탄력적으로 활용한다. • 텔레마케터의 특성과 효율을 고려한다. • 텔레마케터와 고객 간 쌍방향 커뮤니케이션을 고려한다.
데이터시트	• 스크립트의 흐름에 맞추어 고객과의 통화내용, 응대결과 등을 기록하는 기록노트이다. • 스크립트와 긴밀한 운영이 필요하다.
질의와 응답	고객과의 대화에서 발생할 수 있는 질의와 응답사항에 대한 문답집을 작성하여 수시로 정리하고 활용한다.
컴퓨터와 텔레마케팅 도구 및 장비	텔레마케팅 컴퓨터 시스템, 자동화 시스템에 숙련되고 노련한 텔레마케터는 효과적인 마케팅을 기대할 수 있다.

3) 스크립트의 필요성

① 스크립트를 통하여 상황에 따른 표준화된 언어와 상담방법을 적용한다.

② 표준화된 스크립트를 통해 상담원들의 일정한 응대수준을 유지함으로써 고객들이 불편함을 느끼지 않게 한다.

③ 상담원들의 전화 목적에 대한 메시지를 효과적으로 전달한다.

④ 불필요한 표현 자제로 통화시간 조절 등 콜센터의 생산성 향상에 기여한다.

(2) 스크립트의 구성

1) 스크립트 문구에 포함할 사항

- 회사명과 전화한 목적을 말한다.
- 전화를 받을 수 있는 상황인지를 묻는다.
- 통화내용이 고객에게 이익을 준다는 확신을 가질 수 있도록 한다.
- 상대방이 통화를 거부할 경우에 대응하는 질문을 포함한다.
- 동음이의어 사용을 피한다.
- 상대방의 답변 확인을 위하여 반복한다.
- 마무리 타이밍을 놓치지 않고 대화를 끝낸다.

2) 스크립트 구성 3단계 : 도입, 본론(상담진행), 종결(마무리 및 인사)

① 도입

첫 인사	• 고객과의 신뢰감 형성을 위해 가장 중요한 것은 첫 인사이다. • 전화를 끊을 것인지 여부는 첫 인사를 통해 결정된다. • 호감과 강렬함으로 자사에 맞는 첫 인사를 개발하여 활용할 때 상담으로 이어질 확률이 높아진다.
회사 및 상담원 소개	회사와 상담원에 대해 긍정적 감정을 가질 수 있도록 소개한다.
상대방 확인	• 통화 상대방이 통화 대상자 본인인지 여부를 확인하며 상담내용에 대해 결정권자인지 확인한다. • 본인이 맞으면 상담을 진행하고 부재중이면 메모를 남긴다.

② 본론(상담진행)

상담목적 설명	• 용건 및 핵심내용을 전달하고 고객반응을 확인한다. • 직접적인 제품 설명보다 제품 사용에 대한 니즈 파악 및 받게 되는 서비스에 대한 설명으로 욕구를 자극하는 접근이 유리하다. • 질문을 통해 고객에 대한 정보를 파악하고 이를 토대로 고객에게 맞는 제품 및 정보제공이 전화상담의 핵심이다.
고객반응과 반론에 대한 대응	• 반론에 대한 스크립트를 미리 작성하여 대응방법을 준비하고 고객 질문에 대하여 대응화법을 이용해 답변한다. • 어떠한 질문과 상황하에서도 답변과 대응이 가능하도록 훈련한 사항과 사전 숙지한 스크립트를 충분히 숙지하여 응대한다. • 거부고객 응대를 위한 새로운 질문을 모색하여 질문한다.

③ 종결(마무리 및 인사)

제품 설명 마무리	• 고객이 상품 선택 시 상품을 선택한 것이 올바른 판단이라는 긍정적 확신을 심어준다. • 약속사항을 확인한다.
감사인사	• 상품 구매에 대하여 상황에 적합한 적절한 인사를 한다. • 상품구매 종료 후 반드시 구매고객에게 감사인사를 전한다. • 감사인사를 마친 후 자신의 소속과 성명을 다시 한 번 밝히고 끝맺음 인사를 한다. • 상품구매 종료 후 다음날 구매고객에게 감사인사를 남긴다.

(3) 스크립트의 작성

1) 스크립트 작성 원칙

세일즈를 위한 활용목적의 명확화	• 텔레마케팅의 목표는 상황에 따라 달라질 수 있으므로 스크립트 작성 목표는 처음부터 뚜렷하게 정해져야 한다. • 반드시 알리고 설명할 것에 대하여 중요도를 고려하여 최우선순위를 결정한다. • 많은 내용 거론 시 초점이 흐려질 수 있으므로 2~3개 정도가 적당하다. • 스크립트 작성 목표 : 상품판매 촉진, 회원모집 및 가입 권유, 반복구매 유도, 전시회 및 이벤트 참여 권유, 시장조사, 여론조사, 사은품 증정 안내, 제품 세일 안내, 감사의 전화 등
이해하기 쉽게 작성	• 고객이 쉽게 이해할 수 있도록 작성되어야 하고, 장황하고 복잡한 설명이나 외래어, 전문용어 사용은 지양한다. • 동음이의어의 사용을 피한다.
간결, 간단하고 명료한 작성	• 장황하고 복잡한 설명이 되지 않도록 분량은 짧고 간결해야 한다. • 반드시 설명이 필요한 내용에 한하여 간단명료하게 작성한다. • 총 통화시간은 3분 정도가 적당하다.
납득 및 설득 가능한 작성	• 원고내용에 요점이 있어야 한다. • 짧은 시간 내에 고객을 이해시키고 설득할 수 있어야 한다. • 전체 흐름 중에 클라이맥스를 만든다.
유연하게 작성	물 흐르듯이 자연스러운 대화가 되도록 작성되어야 한다.
고객중심으로 작성	• 고객에게 이익을 줄 수 있다는 확신을 준다. • 실질적으로 고객이 받을 수 있는 혜택을 포함하여 작성한다.
변화상황에 대응토록 작성	• 변화될 수 있는 상황을 예측하여 작성한다. • 고객이 거부할 경우에 대비하여 질문을 추가 작성한다.
회화체 사용	• 어려운 말, 어려운 발음 등은 일상 생활용어로 표현한다. • 한자나 외래어는 한글로 표현을 바꾼다. 예 내점하여 주시기 바랍니다. → 들러주시기 바랍니다.
차별성 있는 작성	고객에게 제공할 수 있는 편익이 강조되어야 한다.
스크립트 작성의 변화상황 관리	작성목적과 수정 필요 시 이유 등을 수시로 확인하고 최초 문서의 변화된 상황을 알 수 있도록 스크립트를 파일로 작성하여 저장 보관한다.

2) 스크립트 작성 시 표현방법

차트식	'예, 아니오.'에 따라 다음 질문이나 설명이 변하는 경우에 활용한다.
회화식	고객과 대화하면서 진행하는 경우에 적절하며 말의 표현을 통일한다.
혼합식	차트식과 회화식을 혼합한다.

Warming Up

01 스크립트에 대한 설명이 잘못된 것은?

① 상황에 따라 탄력적으로 활용하기 위해 표준화 작성은 피해야 한다.

② 상담원이 고객과의 대화를 잘 이끌어가기 위한 역할연기 대본이다.

③ 고객응대를 상정하여 작성한 가상 시나리오이다.

④ 콜센터 직원이 고객의 니즈를 파악하여 자연스럽고 일관성 있는 대화를 진행시킬 수 있는 텔레마케팅 실무를 위한 필수품이다.

⑤ 어떻게 말을 걸고 대화를 이끌어갈 것인지의 순서를 표로 도식화한 것이다.

정답해설

① 표준화하여 작성한다.

02 다음 중 텔레마케팅의 4가지 요소에 해당되지 않는 것은?

① 스크립트

② 데이터 시트

③ 시놉시스

④ 질의와 응답

⑤ 컴퓨터와 텔레마케팅 도구 및 장비

03 스크립트의 필요성에 해당되지 않는 것은?

① 스크립트를 통하여 상황에 따른 표준화된 언어와 상담방법을 적용한다.

② 스크립트에 의한 대화는 통화시간 조절이 어려우므로 스크립트는 대화 시 참고만 한다.

③ 표준화된 스크립트를 통해 상담원들의 일정한 응대수준을 유지할 수 있다.

④ 상담원들의 전화 목적에 대한 메시지를 효과적으로 전달한다.

⑤ 불필요한 표현 자제로 콜센터의 생산성 향상에 기여한다.

정답해설

② 스크립트는 불필요한 표현 자제로 통화시간 조절이 가능하다.

04 다음 중 스크립트 구성단계의 설명으로 맞지 않는 것은?

① 호감과 강렬함으로 자사에 맞는 첫 인사를 개발하면 상담으로 이어질 확률이 높다.
② 상담원 소개 후 본인 확인 시 본인이 맞다면 상담을 진행하고 부재중이면 메모를 남긴다.
③ 거부고객 응대를 위해 새로운 질문을 모색하여 질문한다.
④ 고객의 반론에 대해 상품 선택이 올바른 판단이라는 긍정적 확신을 심어준다.
⑤ 종결 시 감사인사를 마친 후 자신의 소속과 성명을 다시 한 번 밝히고 끝맺음 인사를 한다.

〔정답해설〕
④ 고객의 반론에 대해 미리 대응방법을 작성하여 준비하고, 고객이 상품 선택 시 상품 선택이 올바른 판단이라는 긍정적 확신을 심어준다.

05 다음 중 스크립트 작성원칙에 해당되지 않는 것은?

① 문어체를 사용한다.
② 간결하고 명료하게 작성한다.
③ 유연하게 작성한다.
④ 고객중심으로 작성한다.
⑤ 세일즈를 위한 활용목적을 명확화한다.

〔정답해설〕
① 회화체를 활용한다.

〔정답〕 1 ① 2 ③ 3 ② 4 ④ 5 ①

05 콜센터 조직

(1) 콜센터 조직의 일반적 특성

1) 비정규직 중심의 전문조직

① 비정규직, 계약직 중심의 근무형태가 주종을 이룬다.

② 정규직과의 고용형태상의 차이는 임금, 근로조건, 복지수준, 사회적 인식의 차별로 이어진다.

2) 특정업무의 선호

① 콜센터는 상담원들 개인의 특정업무 선호도에 따라 구직 신청에서 입사까지의 반응, 근무매력도, 조직적응력 등에 차이가 발생한다.

② 경쟁력이 떨어지는 곳은 상담원들의 애사심, 적극적인 자기참여 정도가 약하여 조직관리가 어렵다.

3) 커뮤니케이션 장벽

정규직과 비정규직 간의 의식 내지는 시각차, 참여도, 학습능력의 차이, 근속기간의 차이 등 보이지 않는 커뮤니케이션 장벽이 존재한다.

4) 콜센터만의 독특한 조직문화

① 근로조건에 매우 민감하다.

② 콜센터 내에서 어떤 변화상황이나 분위기에 급격하게 동조하는 현상이 자주 발생한다.

③ 콜센터 내에서 마음이 맞는 상담원끼리 무리를 이루어 그들만의 유대감을 형성하는 모습을 보인다.

5) 개인편차

직업에 대한 만족감, 직업에 대해 만족하는 사람과 만족하지 못하는 사람 간의 의식, 적극성, 자기계발, 인간관계, 고객응대 수준에서 차이가 많이 나는 편이다.

(2) 콜센터 문화에 영향을 미치는 요인

사회적 요인	콜센터 근무자에 대한 직업의 매력도, 인식 정도, 이직의 자유로움과 관련 행정당국의 제도적·비즈니스적 지원 정도가 해당한다.
커뮤니케이션 요인	• 고객과의 커뮤니케이션, 조직원 간의 커뮤니케이션으로 분류된다. • 고객 개개인의 특성과 고객의 상황, 고객의 커뮤니케이션 태도 등이 영향을 미친다. • 콜센터 내 동료와의 커뮤니케이션, 친밀감, 경영진과 관리직의 배려와 우호적인 커뮤니케이션 등이 영향을 미친다.
기업적 요인	물리적 요인, 인간적 요인, 관리적 요인으로 세분화할 수 있다.
개인적 요인	개인의 직업관, 사명감, 자발적인 노력, 전문직으로서의 도전, 콜센터 적응 정도, 근무만족도 등의 요인이 영향을 미친다.

TIP **콜센터의 문화현상**

① **콜센터 심리공황** : 콜센터 조직이 점차 커지고 활성화됨에 따라 상담원들이 근무하기를 원하는 업종이나 기업의 콜센터는 그 운영의 효율성과 생산성이 배가되지만 그렇지 못한 콜센터는 상담원의 기피, 집단이탈, 인력채용과 운영효율의 저하 초래로 콜센터를 관리하는 슈퍼바이저나 매니저 등도 자기역할의 한계를 느낌에 따라 콜센터 조직의 와해를 빚는 현상

② **철새둥지** : 상담원 대부분이 비정규직임에 따라 근무조건의 변화, 급여차이, 업무의 난이도, 복리후생정책 차이나 비교정보를 획득 시 조금이라도 자신에게 유리한 콜센터로 근무지를 옮기는 현상

③ **커뮤니케이션 장벽** : 콜센터 정규직의 조직목표 설정과 관리지침이 때로는 비정규직과의 이해관계, 입장차이, 커뮤니케이션 오해 등으로 인해 장벽이 발생하는 현상

④ **콜센터 바이러스** : 콜센터 상담원들이 고객과의 상담을 하는 과정에서 말을 많이 하고 지쳐있는 가운데 자극적인 말, 좋지 않은 근무조건이나 소문이 공식화되기 전에도 급속도로 전파되는 현상

⑤ **무력감, 스트레스** : 반복적 업무, 개인의 자율권 상실된 일과시간, 모니터링에 대한 긴장감, 상담과정에서의 스트레스, 진급·승진·고용보장의 불확실성 등 콜센터 업무의 특성상 발생하는 스트레스로 인해 무력감과 만성피로가 쌓임

⑥ **유리벽** : 상담원들이 진급의 기대, 근무조건의 개선 등의 기대감을 상실하면 회사의 정책과 서비스 개선, 교육훈련에 동참하지 않고 나아가 슈퍼바이저와 매니저, 회사와 일정 간격을 두게 되는 현상

⑦ **만족감** : 타 콜센터에 비해 유리한 급여 및 근무수준 등은 상담원들로 하여금 만족감을 느끼게 함

(3) 콜센터 리더의 자질

1) 콜센터 리더에게 요구되는 자질 6가지

리더십	기업·고객·상담요원·과업측면, 근무환경 등 종합적인 콜센터 상황에서의 리더의 역할 수행
경험적 전문성	텔레마케팅 직무경험의 전문성 정도
학습적 전문성	새로운 전문 학습과 조직관리 학습
평가진단 능력	콜센터를 평가하고 진단할 수 있는 능력
프레젠테이션 능력	사내외 관계자에게 업무 브리핑, 내부강의, 교육훈련 등을 수행할 수 있는 능력
상황대응 능력	시장대응과 변화대응 능력

TIP **콜센터 조직 구성원**

① **콜센터 리더** : 콜센터 매니지먼트의 직접적인 관리를 하는 텔레마케팅의 슈퍼바이저, 매니저
  * 콜센터 리더의 육성전략
    : 슈퍼 바이저, 매니저의 업무 표준화, 장기근속을 위한 인사교육 체계, 콜센터 관리를 위한 교육훈련 전문화, 선발·채용의 기준 강화, 장기 근속을 위한 인사교육 체계

② **유니트 리더**(콜센터 리더) : 텔레마케터 10명 정도의 소조직의 리더로서 업무수행과 고객상담 업무를 수행

③ **슈퍼바이저**
  • 텔레마케터와 매니저의 중간 역할을 하는 중간자
  • 텔레마케터들의 업무를 지휘감독하고 모니터링을 통해 성과를 분석 및 관리하는 실질적 관리자

- **역할** : 텔레마케팅 전략 수립 및 판촉 전개 등 최적의 콜센터 환경 조성, 해당 프로젝트 유니트 리더 조정 및 관리, 교육훈련 및 코칭을 통한 텔레마케터의 능력 개발, 텔레마케터의 모니터링을 통한 성과관리, 텔레마케터의 스케줄 관리, 텔레마케터의 스크립트 작성 및 개선작업, 현장 교육 및 코칭, 텔레마케터 이직률 관리에 대한 실질적 관리자로서 업무 중점 수행, 고객리스트 정비, 운영 코스트 관리

④ **텔레마케터** : 콜센터 신규고객 확보 및 기존고객관리를 위한 고객상담업무 수행

⑤ **통화품질관리자**(QAA : Quality Assurance Anaylist)
- 상담내용을 모니터링하여 평가, 관리, 감독을 통해 통화품질을 향상시키는 업무 수행
- QAA의 자질 : 전문적 지식, 객관적 판단능력

⑥ **통화품질관리 및 운영책임자**(QAD : Quality Assurance Developer)
- 실시간 통화품질 관리를 통한 상담품질 확인
- 상담원들의 개인별 문제점 파악 후 교정을 통해 표준화된 상담모델 구축

2) 콜센터 매니지먼트 부재의 원인

① 경험적 전문성 중심의 채용 및 발탁으로 인한 근본적인 매니저 자질 부재
② 업무과중으로 인한 자기계발의 한계
③ 기업이나 조직의 콜센터 매니저에 대한 장기적인 인재육성 의욕과 관심 부족
④ 텔레마케팅 산업의 발전으로 인한 전문인력의 부족현상 심화
⑤ 전문화, 표준화, 고급화되지 못하는 조직관리 체계
⑥ 비정규직 관리의 노하우 부재와 자기학습 부족
⑦ 정규 조직과 비정규 조직의 이해관계 대립과 갈등
⑧ 콜센터 리더 대상의 리더십, 인성훈련, 조직관리 강화를 위한 연수 기회 부족

TIP 감정노동

① 알리 혹실드의 정의 : 양질의 서비스 제공에 필요한 육체적, 정신적 노동 이상의 노동
② 감정노동의 유형 2가지

내면적 행위 (Deep Acting)	자신의 감정을 업무의 적절한 기준에 맞추기 위해 변화의 노력을 하는 적극적 행위
표면화 행위 (Surface Acting)	자신의 감정을 외면한 채 어쩔 수 없이 서비스 표준에 맞추어 표현해야 하는 행위

③ 회사가 감정노동자인 상담원을 보호하는 방법 2가지
- 고객의 불만 접수에 대한 인사상의 일방적 불이익을 받지 않을 권리
- 불량고객의 괴롭힘에 대하여 피할 권리

Warming Up

01 콜센터 조직의 일반적 특성에 해당되지 않는 것은?

① 비정규직 중심의 전문조직　　② 특정업무의 선호
③ 개인편차　　④ 원활한 커뮤니케이션
⑤ 콜센터만의 독특한 조직문화

정답해설
④ 커뮤니케이션 장벽

02 콜센터 문화에 영향을 미치는 요인 중 〈보기〉의 설명에 해당되는 것은?

보기
물리적 요인, 인간적 요인, 관리적 요인으로 세분화할 수 있다.

① 사회적 요인　　② 기업적 요인
③ 커뮤니케이션 요인　　④ 개인적 요인
⑤ 교육환경적 요인

03 〈보기〉의 설명에 해당하는 콜센터 조직 구성원은?

보기
상담내용을 모니터링하여 평가, 관리, 감독을 통해 통화품질을 향상시키는 업무를 수행한다.

① QAA　　② 텔레마케터
③ 유니트 리더　　④ 콜센터 리더
⑤ 슈퍼바이저

정답　1 ④　2 ②　3 ①

06 텔레마케터(TMR) 성과관리

(1) 통화품질(CQA : Call Quality Assurance)

1) 통화품질의 정의

① 기업과 고객 간에 이루어지는 통화에서 느껴지는 총체적인 품질의 정도를 의미한다.

② 하드웨어적인 통화품질과 소프트웨어적인 통화품질로 구분된다.

③ 통화에 관계되는 하드웨어·소프트웨어적 통화수단과 통화방법의 측정과 평가, 커뮤니케이션의 품격 정도, 내·외부 모니터링 실시를 통해 생성되는 통화품질에 대한 종합평가와 분석, 관리, 교육지도, 인증업무, 사후관리를 종합적으로 수행하는 업무이다.

④ 통화품질의 좁은 의미는 'Call Quality Assurance'이며, 넓은 의미는 'Communication Quality Assurance'로 나눌 수 있다.

> **TIP** TMR(Telemarketer) 성과관리
>
> - 텔레마케터의 업무수행능력을 향상시키기 위해 지속적이고 개별적으로 지도, 강화, 교정하는 활동이다.
> - 모니터링을 통해 문제점 발견부터 처리까지의 능력의 개발을 포함하는 훈련과정이다.
> - 텔레마케터의 성과관리는 통화품질관리자의 모니터링과 슈퍼바이저의 코칭으로 이루어진다.
> - 모니터링은 품질관리(QC : Quality Control)와 성과향상(PI : Performance Improvement)의 2가지 방법이 있다.

(2) 콜센터의 모니터링

1) 모니터링의 기본 프로세스

① **진행단계** : 목표설정 → 평가척도 구성 → 실행평가 및 분석 → 상담원 피드백

② 목표설정은 정성적 목표 및 정량적 목표를 설정한다.

③ 평가척도 구성은 평가자 간 상호 일치도를 검증하며 합동 모니터링을 실시한다.

④ 실행평가 및 분석 시 현 상황을 평가 후 개선안을 도출한다.

2) 모니터링의 평가범위 : 상담원의 상담내용 품질 평가 측정

3) 모니터링 평가초점 : 커뮤니케이션 평가

4) 모니터링 평가목적

상담의 질 향상 및 서비스 개선에 있으며 세부사항으로 Communication, Education, Bench Marking, Incentive, Survey 등이 있다.

5) 모니터링 기대효과

① 코칭 스킬을 적용하여 개인 및 조직의 문제를 해결할 수 있다.

② 개인의 자신감을 회복하고 나아가서 대인관계능력을 향상시킬 수 있다.

③ 구성원들 간 상호작용과 커뮤니케이션을 향상시킬 수 있다.

(3) 모니터링을 위한 코칭의 종류

1) 개별 코칭

개념	• 상담원 개인에 대하여 1 : 1로 만나는 방식이다. • 신입사원, 실적 저조자, 민원 유발자를 대상으로 하는 QAD 코칭의 기본유형이다.
장점	• 개별코칭의 종류가 다양하다. • QAA와 상담자 간의 친밀감이 형성된다. • 집중적이고 세분화된 코칭 및 개인화된 코칭과 피드백이 가능하다. • QAA와 일대일 코칭이기에 여유가 있다.
단점	QAA의 경험과 지식에 의존해야 하는 한계점이 있다.

2) 프로세스 코칭

개념	• 일정한 형식을 유지하면서 진행되는 방식으로 콜센터에서 가장 흔히 사용하는 형태이다. • QAA나 코치가 사전에 코칭 대상, 시기, 내용을 선정하여 정해진 프로세스에 따라 실시한다.
장점	• 상담원의 집중력을 높일 수 있으며 체계적으로 접근할 수 있다. • 해당 상담원과 문제해결을 함께 모색하고 해결하는 데 유용하다.

3) 스팟 코칭

개념	상담원을 대상으로 수시로 주의를 집중시켜 적극적이고 긍정적인 참여를 통해 성취를 향상시키는 고도의 기술을 요하는 형태이다.
장점	• 심적 부담감과 거부감이 적고 상담원과 친밀감을 가질 수 있다. • 짧은 시간에 많은 상담원과 접촉할 수 있다.
단점	비형식적인 코칭으로 상담원이 코칭을 받았는지 여부를 깨닫지 못하는 경우도 있다.

4) 풀 코칭

개념	모니터링 평가표에 따라 업무 및 2~3개의 통화품질 기준에 관한 내용을 가지고 진행된다.
장점	미니코칭보다 코칭시간이 길고 코칭의 내용이 구체적이다.

5) 그룹 코칭

개념	적정 수준의 통화품질을 유지하기 위해서 시행되는 코칭으로 일대다수의 형태로 이루어진다.
장점	• 공통된 목표를 가지고 진행하므로 상담원들 사이에 유대감을 형성하고 다른 상담원과의 협력을 통한 시너지 효과를 가져올 수 있다. • 상담원들 사이 상호작용과 상담원들 간의 비교 및 커뮤니케이션을 통한 업무 능력의 향상 등을 도모할 수 있다.

(4) 모니터링 방법

Self Monitoring	자신의 상담내용을 듣고 스스로 평가 및 개선여부를 파악하여 정해진 평가표에 따라 자기자신을 평가하는 방법이다.
Peer Monitoring	정해진 동료 파트너의 상담내용을 듣고 장단점을 피드백, 벤치마킹하는 동료평가제이다.
Real Time Monitoring	상담원이 모니터링 여부를 모르도록 무작위로 추출한 상담내용을 듣고 정해진 평가표에 의해 향상성, 표준화를 평가하는 방법이다.
Recording Monitoring	상담원이 모르는 채 무작위로 추출한 상담내용을 평가자가 녹음하여 평가결과를 상담원과 공유할 수 있도록 하는 방법이다.

Silent Monitoring	상담원과 떨어진 장소에서 상담원의 통화를 모니터링하는 방법이다.	
	장점	**단점**
	• 무작위콜로서 샘플 사용에 좋음 • 상담원은 모르는 상태에서 모니터링함 • 고객과 상담원 간의 자연스러운 상호작용 관찰 가능 • QA팀 설립	• 즉각적인 피드백이 어려움 • QAD가 콜 대기 시 비효율적 • 감시당하는 느낌을 받을 수 있음 • Silent Monitoring의 목적에 대한 분명한 전달이 없다면 빅브라더 공포가 생길 수 있음

Side by Side Monitoring	QAD가 상담원의 근처에서 콜을 듣는 방법으로 관리자가 상담원의 근처에서 상담내용 및 업무처리 과정, 행동을 직접 관찰하고 즉각적으로 피드백하는 형식이다.	
	장점	**단점**
	• 즉각적 피드백 가능(QAD 지도 아래 즉각적 코칭기회 제공) • QAD가 상담원의 행동 관찰 가능 • 신규상담원에게 좋은 방법(상호작용 및 도움을 줄 수 있는 위치) • 상담원과 인간적인 관계 성립(신뢰, 자신감 성립) • 질문에 대한 대답 가능(대화방식으로 코칭)	• 상담원이 제약을 받는다고 느끼면 자연스럽고 편안하게 콜 처리를 하지 못함 • 상담원이 Best Behavior를 보여 주려 하기 때문에 측정된 성과가 전형적인 성과가 아닐 수 있음

Call Taping	녹음된 콜 샘플을 무작위로 선택하여 듣고 상담원 자신의 성과를 평가하는 방식이다.	
	장점	**단점**
	• 상담원이 자신의 콜 처리에 대해 객관적으로 알 수 있음 • 성과와 피드백 간의 즉각적 연결 가능(개선되어야 할 스킬 파악 가능) • QAD는 상담원을 모니터할 특정 기간을 계획하여 유연성 및 컨트롤 향상(QAD가 전화대기 시간을 줄임)	• 즉각적인 피드백이 어려움 • QAD의 바쁜 일정으로 피드백이 늦어질 수 있음(지난주의 콜에 대해 다음 주에 코칭)

(5) 모니터링 평가

1) 모니터링 평가표의 점검요소

계량성	• 기준이 명확하고 객관적인가?	• 누가 평가하더라도 동일한 결과가 나오겠는가?
공정성	• 어떤 고객이나 상황에서도 공정한가?	• 평가항목이 보편적인가?
유용성	• 중요성에 비해 배점이 적절한가?	• 불필요한 항목은 없는가?

2) 모니터링 평가항목

예절	기본적인 인사, 목소리, 매너 등을 평가한다.
지식	문의내용에 대한 지식, 업무지식, 처리방법 등의 적절성을 평가한다.
스킬	고객이 쉽게 요구를 해결하도록 하고, 고객을 편안하고 기분 좋게 해주는지에 대해 평가한다.
감동	고객별, 상황별로 감동을 주는 서비스를 하는지, 고객의 마음을 움직이거나 인상 깊게 차별화하는지에 대해 평가한다.

(6) 모니터링 결과 분석 방법과 피드백

1) 모니터링 결과 분석 방법

평균분석, 항목분석, 편차분석, 중요도 분석, 대상분석, 미래분석, 추이분석, 상관분석으로 나누어 진행한다.

2) 피드백의 과정

- 인간관계와 직무 등에 대해 성찰, 분석, 반추하는 과정이다.
- 어떤 결과와 과정, 사실들을 비추어 객관화하는 과정이다.
- 긍정적인 것으로의 변화를 유도하는 과정이다.
- 결과와 사실들을 논쟁적으로 평가하는 과정이 아니다.

3) 피드백의 역할

- 조직의 활동결과와 초기의 목적과의 차이를 조사하여 그 오차 크기에 따라 활동방법을 일정한 방식에 따라 바꾸어 가는 것을 피드백이라 한다.
- 일정 기간 동안 행동의 변화를 가져올 수 있도록 정기적이고 지속적인 피드백이 필요하다.
- 구성원이 어떻게 행동해야 하는지 알 수 있도록 해주는 긍정적 또는 부정적 정보를 주고받는 행위를 의미한다.
- 구성원들은 피드백을 주고받음으로써 자신이 무슨 행동을 했는지 그리고 그것이 상대방에게 어떤 영향을 주었는지 명확히 이해하게 된다.

(7) 모니터링 데이터 활용

• 서비스 품질 측정	• 개별적인 코칭과 팔로우 업	• 보상과 인정
• 교육니즈 파악	• 인력 선발과정 수정	• 업무 프로세스 개선

Warming Up ↗

01 모니터링을 위한 코칭 중 〈보기〉의 설명에 해당하는 것은?

┌ 보기 ─────────────────────────────
일정한 형식을 유지하면서 진행되는 방식으로 콜센터에서 가장 흔히 사용하는 형태
로 QAA나 코치가 사전에 코칭 대상과 시기, 코칭 내용을 선정하여 정해진 프로세스
에 따라 상담원에게 코칭을 실시한다.
───────────────────────────────────

① 프로세스 코칭　　　　　　　　② 스팟 코칭
③ 풀 코칭　　　　　　　　　　　④ 그룹 코칭
⑤ 개별 코칭

02 〈보기〉의 설명에 해당되는 모니터링은?

┌ 보기 ─────────────────────────────
정해진 동료 파트너의 상담내용을 듣고 장·단점을 피드백, 벤치마킹하는 동료평가
제이다.
───────────────────────────────────

① Self Monitoring　　　　　　　② Real Time Monitoring
③ Peer Monitoring　　　　　　　④ Recording Monitoring
⑤ Silent Monitoring

03 Side by Side Monitoring의 장점에 해당되는 것은?

① 상담원이 자신의 콜을 듣고 콜 처리에 대해 객관적으로 알 수 있다.
② 즉각적인 피드백이 가능하다.
③ 성과와 피드백 간의 즉각적인 연결이 가능하다.
④ 무작위 콜이므로 샘플로 사용하기 좋다.
⑤ 고객과 상담원 간의 자연스러운 상호작용을 관찰할 수 있다.

정답　1 ①　2 ③　3 ②

제3과목

고객관리 실무론

CHAPTER 01 소비자기본법

학습개요	소비자기본법에 대한 최신 법령을 암기함으로써 소비자의 권리와 피해를 예방할 수 있는 방안을 숙지한다.
절 구성	1. 소비자기본법의 이해　　2. 권리와 책무　　3. 소비자정책의 추진체계 4. 소비자단체　　　　　　5. 소비자안전 6. 한국소비자원과 피해구제 및 소비자분쟁 조정　　7. 소비자단체소송
학습중점	1. 소비자기본법상의 정의 2. 소비자, 국가, 사업자의 권리와 책무 3. 한국소비자원의 피해구제 및 소비자분쟁 조정 4. 소비자단체의 업무 및 단체소송
마인드 맵	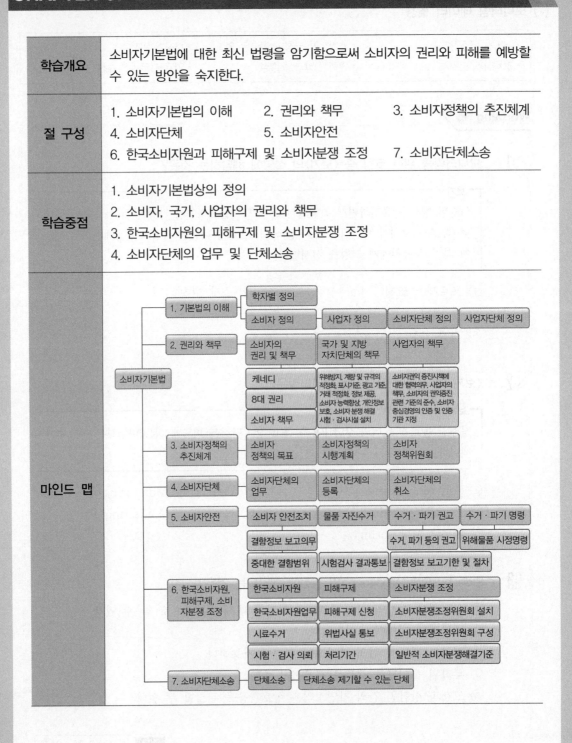

고객관리

CHAPTER 01 소비자기본법

01 소비자기본법의 이해(제1장)

(1) 소비자기본법의 제정 및 개정

① 상품의 유통질서 확립과 소비자 보호 및 소비자의 지위 확립을 위해 1980.1.4. 소비자보호법이 제정되었다.

② 2006.9.27. 법 제명을 소비자보호법에서 소비자기본법으로 변경하면서 법의 전부를 개정하였다.

(2) 소비자기본법의 목적(제1조)

소비자의 권익을 증진하기 위하여 소비자의 권리와 책무, 국가·지방자치단체 및 사업자의 책무, 소비자단체의 역할 및 자유시장 경제에서 소비자와 사업자 사이의 관계를 규정함과 아울러 소비자 정책의 종합적 추진을 위한 기본적인 사항을 규정함으로써 소비생활의 향상과 국민경제의 발전에 이바지함을 목적으로 한다.

(3) 주요 용어의 정의(제2조)

1) 소비자의 정의

① 사업자가 제공하는 물품 또는 용역(시설물을 포함)을 소비생활을 위하여 사용(이용을 포함)하는 자 또는 생산활동을 위하여 사용하는 자로서 대통령령이 정하는 자(사업자와 대립 개념)

② 대통령령이 정하는 자

> **TIP** **소비자의 범위(동법 시행령 제2조)**
>
> 「소비자기본법」 제2조 제1호의 소비자 중 물품 또는 용역(시설물을 포함)을 생산활동을 위하여 사용(이용을 포함)하는 자의 범위는 다음과 같다.
> 1. 제공된 물품 또는 용역(이하 "물품 등")을 최종적으로 사용하는 자. 다만, 제공된 물품 등을 원재료(중간재를 포함), 자본재 또는 이에 준하는 용도로 생산활동에 사용하는 자는 제외한다.
> 2. 제공된 물품 등을 농업(축산업을 포함) 및 어업활동을 위하여 사용하는 자. 다만, 「원양산업발전법」에 따라 해양수산부장관의 허가를 받아 원양어업을 하는 자는 제외한다.

TIP 학자별 소비자에 대한 정의	
폰히펠	개인적인 용도에 쓰기 위하여 상품이나 서비스를 제공받는 사람
이치로	국민 일반을 소비생활이라고 하는 시민생활의 측면에서 포착한 개념
타케우치 아키오	타인이 공급하는 물자나 용역을 소비생활을 위하여 구입 또는 이용하는 자로서 공급자에 대립하는 개념
이마무라 시게카즈	생활자이며 일반 국민임과 동시에 거래과정의 말단에서 구매자로 나타나는 것

2) 사업자의 정의

물품을 제조(가공 또는 포장을 포함)·수입·판매하거나 용역을 제공하는 자

3) 소비자단체의 정의

소비자의 권익을 증진하기 위하여 소비자가 조직한 단체

4) 사업자단체의 정의

2 이상의 사업자가 공동의 이익을 증진할 목적으로 조직한 단체

Warming Up

01 소비자를 〈보기〉와 같이 정의한 학자로 맞는 것은?

> 보기
> 소비자는 생활자이며 일반 국민임과 동시에 거래과정의 말단에서 구매자로 나타나는 것

① 이마무라 시게카즈　　② 타케우치 아키오
③ 폰히펠　　④ 러브록
⑤ 이치로

02 소비자기본법상 용어의 정의에 대한 설명 중 잘못된 것은?

① 소비자는 제공된 물품을 원재료, 자본계 또는 이에 준하는 용도로 생산활동에 사용하는 자를 포함한다.
② 소비자란 사업자가 제공하는 물품 또는 용역을 소비생활을 위하여 사용하는 자이다.
③ 사업자란 물품을 제조·수입·판매하거나 용역을 제공하는 자이다.
④ 소비자단체란 소비자의 권익을 증진하기 위하여 소비자가 조직한 단체이다.
⑤ 사업자단체란 2인 이상의 사업자가 공동의 이익을 증진할 목적으로 조직한 단체이다.

03 다음 (   )에 들어갈 말로 알맞은 것은?

┌─ 보기
│ 소비자는 사업자가 제공하는 물품 또는 용역을 소비생활을 위하여 사용하는 자 또는
│ 생산활동을 위하여 사용하는 자로서 (   )령이 정하는 자를 말한다.
└─

① 국무총리   ② 한국소비자원 원장
③ 대통령   ④ 경제부총리
⑤ 고용노동부장관

정답 1 ① 2 ① 3 ③

---

02 권리와 책무(제2장)

(1) 소비자 권리와 책무

1) 소비자의 기본적(8대) 권리(제4조)

① 물품 또는 용역(이하 "물품 등")으로 인한 생명·신체 또는 재산에 대한 위해로부터 보호받을 권리
② 물품 등을 선택함에 있어서 필요한 지식 및 정보를 제공받을 권리
③ 물품 등을 사용함에 있어서 거래상대방·구입장소·가격 및 거래조건 등을 자유로이 선택할 권리
④ 소비생활에 영향을 주는 국가 및 지방자치단체의 정책과 사업자의 사업 활동 등에 대하여 의견을 반영시킬 권리
⑤ 물품 등의 사용으로 인하여 입은 피해에 대하여 신속·공정한 절차에 따라 적절한 보상을 받을 권리
⑥ 합리적인 소비생활을 위하여 필요한 교육을 받을 권리
⑦ 소비자 스스로의 권익을 증진하기 위하여 단체를 조직하고 이를 통하여 활동할 수 있는 권리
⑧ 안전하고 쾌적한 소비생활 환경에서 소비할 권리

TIP 케네디 대통령의 소비자의 4대 권리(소비자 권익보호에 관한 특별교서)

① **안전에 대한 권리** : 건강이나 생명에 위험한 상품판매로부터 보호받을 권리
② **정보를 제공받을 권리** : 사기, 기만, 오보, 광고 등에 보호되고 필요한 정보를 제공받아야 할 권리
③ **선택의 권리** : 다양한 상품 중 소비자 개개인에 맞춰서 자유롭게 선택할 권리
④ **의사를 반영시킬 권리** : 소비생활에 영향을 미치는 정책, 시행에 대하여 직접 또는 간접으로 의사표시할 수 있는 권리

2) 소비자의 책무(제5조)

① 소비자는 사업자 등과 더불어 자유시장경제를 구성하는 주체임을 인식하여 물품 등을 올바르게 선택하고, 1)의 규정에 따른 소비자의 기본적 권리를 정당하게 행사하여야 한다.

② 소비자는 스스로의 권익을 증진하기 위하여 필요한 지식과 정보를 습득하도록 노력하여야 한다.

③ 소비자는 자주적이고 합리적인 행동과 자원절약적이고 환경친화적인 소비생활을 함으로써 소비생활의 향상과 국민경제의 발전에 적극적인 역할을 다하여야 한다.

> **TIP** 국제소비자 기구의 소비자 책무 5가지
>
> ① 비판적 의식　② 자기주장과 행동　③ 사회적 관심　④ 환경에서의 자각　⑤ 연대

(2) 국가 및 지방자치단체 책무 등

1) 국가 및 지방자치단체의 책무(제6조)

① 관계 법령 및 조례의 제정 및 개정·폐지

② 필요한 행정조직의 정비 및 운영 개선

③ 필요한 시책의 수립 및 실시

④ 소비자의 건전하고 자주적인 조직 활동의 지원·육성

2) 지방행정조직에 대한 지원(제7조)

국가는 지방자치단체의 소비자권익과 관련된 행정조직의 설치·운영 등에 관하여 대통령령이 정하는 바에 따라 필요한 지원을 할 수 있다.

3) 위해의 방지(제8조)

① 국가는 사업자가 소비자에게 제공하는 물품 등으로 인한 소비자의 생명·신체 또는 재산에 대한 위해를 방지하기 위하여 다음 사항에 관하여 사업자가 지켜야 할 기준을 정하여야 한다.

　㉠ 물품 등의 성분·함량·구조 등 안전에 관한 중요한 사항

　㉡ 물품 등을 사용할 때의 지시사항이나 경고 등 표시할 내용과 방법

　㉢ 그 밖에 위해방지를 위하여 필요하다고 인정되는 사항

② 중앙행정기관의 장은 ①의 규정에 따라 국가가 정한 기준을 사업자가 준수하는지 여부를 정기적으로 시험·검사 또는 조사하여야 한다.

4) 계량 및 규격의 적정화(제9조)

① 국가 및 지방자치단체는 소비자가 사업자와의 거래에 있어서 계량으로 인하여 손해를 입지 아니하도록 물품 등의 계량에 관하여 필요한 시책을 강구하여야 한다.

② 국가 및 지방자치단체는 물품 등의 품질개선 및 소비생활의 향상을 위하여 물품 등의 규격을 정하고 이를 보급하기 위한 시책을 강구하여야 한다.

5) 표시의 기준(제10조)

　① 국가는 소비자가 사업자와의 거래에 있어서 표시나 포장 등으로 인하여 물품 등을 잘못 선택하거나 사용하지 아니하도록 물품 등에 대하여 다음의 사항에 관한 표시기준을 정하여야 한다.

　　㉠ 상품명·용도·성분·재질·성능·규격·가격·용량·허가번호 및 용역의 내용

　　㉡ 물품 등을 제조·수입 또는 판매하거나 제공한 사업자의 명칭(주소 및 전화번호를 포함) 및 물품의 원산지

　　㉢ 사용방법, 사용·보관할 때의 주의사항 및 경고사항

　　㉣ 제조연월일, 부품보유기간, 품질보증기간 또는 식품이나 의약품 등 유통과정에서 변질되기 쉬운 물품은 그 유효기간

　　㉤ 표시의 크기·위치 및 방법

　　㉥ 물품 등에 따른 불만이나 소비자피해가 있는 경우의 처리기구(주소 및 전화번호를 포함) 및 처리방법

　　㉦ 「장애인차별금지 및 권리구제 등에 관한 법률」에 따른 시각장애인을 위한 표시방법

　② 국가는 소비자가 사업자와의 거래에 있어서 표시나 포장 등으로 인하여 물품 등을 잘못 선택하거나 사용하지 아니하도록 사업자가 ①의 각 사항을 변경하는 경우 그 변경 전후 사항을 표시하도록 기준을 정할 수 있다.

6) 광고의 기준(제11조)

국가는 물품 등의 잘못된 소비 또는 과다한 소비로 인하여 발생할 수 있는 소비자의 생명·신체 또는 재산에 대한 위해를 방지하기 위하여 다음의 어느 하나에 해당하는 경우에는 광고의 내용 및 방법에 관한 기준을 정하여야 한다.

　① 용도·성분·성능·규격 또는 원산지 등을 광고하는 때에 허가 또는 공인된 내용만으로 광고를 제한할 필요가 있거나 특정내용을 소비자에게 반드시 알릴 필요가 있는 경우

　② 소비자가 오해할 우려가 있는 특정용어 또는 특정표현의 사용을 제한할 필요가 있는 경우

　③ 광고의 매체 또는 시간대에 대하여 제한이 필요한 경우

7) 거래의 적정화(제12조)

　① 국가는 사업자의 불공정한 거래조건이나 거래방법으로 인하여 소비자가 부당한 피해를 입지 아니하도록 필요한 시책을 수립·실시하여야 한다.

　② 국가는 소비자의 합리적인 선택을 방해하고 소비자에게 손해를 끼칠 우려가 있다고 인정되는 사업자의 부당한 행위를 지정·고시할 수 있다.

　③ 국가 및 지방자치단체는 약관에 따른 거래 및 방문판매·다단계판매·할부판매·통신판매·전자거래 등 특수한 형태의 거래에 대하여는 소비자의 권익을 위하여 필요한 시책을 강구하여야 한다.

8) 소비자에의 정보제공(제13조)

① 국가 및 지방자치단체는 소비자의 기본적인 권리가 실현될 수 있도록 소비자의 권익과 관련된 주요시책 및 주요결정사항을 소비자에게 알려야 한다.

② 국가 및 지방자치단체는 소비자가 물품 등을 합리적으로 선택할 수 있도록 하기 위하여 물품 등의 거래조건·거래방법·품질·안전성 및 환경성 등에 관련되는 사업자의 정보가 소비자에게 제공될 수 있도록 필요한 시책을 강구하여야 한다.

9) 소비자의 능력 향상(제14조)

① 국가 및 지방자치단체는 소비자의 올바른 권리행사를 이끌고, 물품 등과 관련된 판단능력을 높이며, 소비자가 자신의 선택에 책임을 지는 소비생활을 할 수 있도록 필요한 교육을 하여야 한다.

② 국가 및 지방자치단체는 경제 및 사회의 발전에 따라 소비자의 능력 향상을 위한 프로그램을 개발하여야 한다.

③ 국가 및 지방자치단체는 소비자교육과 학교교육·평생교육을 연계하여 교육적 효과를 높이기 위한 시책을 수립·시행하여야 한다.

④ 국가 및 지방자치단체는 소비자의 능력을 효과적으로 향상시키기 위한 방법으로 「방송법」에 따른 방송사업을 할 수 있다.

⑤ ①의 규정에 따른 소비자교육의 방법 등에 관하여 필요한 사항은 대통령령으로 정한다.

> **TIP 소비자교육의 방법(동법 시행령 제6조)**
>
> 국가 및 지방자치단체는 소비자교육을 다음의 어느 하나에 해당하는 방법으로 실시할 수 있다.
> ① 정보통신매체를 이용하는 방법
> ② 현장실습 등 체험 위주의 방법
> ③ 평생교육시설을 활용하는 방법
> ④ 「방송법」에 따른 비상업적 공익광고 등 다양한 매체를 활용하는 방법

10) 개인정보의 보호(제15조)

① 국가 및 지방자치단체는 소비자가 사업자와의 거래에서 개인정보의 분실·도난·누출·변조 또는 훼손으로 인하여 부당한 피해를 입지 아니하도록 필요한 시책을 강구하여야 한다.

② 국가는 ①의 규정에 따라 소비자의 개인정보를 보호하기 위한 기준을 정하여야 한다.

11) 소비자분쟁의 해결(제16조)

① 국가 및 지방자치단체는 소비자의 불만이나 피해가 신속·공정하게 처리될 수 있도록 관련 기구의 설치 등 필요한 조치를 강구하여야 한다.

② 국가는 소비자와 사업자 사이에 발생하는 분쟁을 원활하게 해결하기 위하여 대통령령이 정하는 바에 따라 소비자분쟁해결기준을 제정할 수 있다.

TIP 소비자분쟁해결기준(동법 시행령 제8조, 별표 1)

1. 일반적 소비자분쟁해결기준(동법 시행령 별표 1)

① 사업자는 물품 등의 하자·채무불이행 등으로 인한 소비자의 피해에 대하여 다음의 기준에 따라 수리·교환·환급 또는 배상을 하거나, 계약의 해제·해지 및 이행 등을 하여야 한다.

　㉠ 품질보증기간 동안의 수리·교환·환급에 드는 비용은 사업자가 부담한다. 다만, 소비자의 취급 잘못이나 천재지변으로 고장이나 손상이 발생한 경우와 제조자 및 제조자가 지정한 수리점·설치점이 아닌 자가 수리·설치하여 물품 등이 변경되거나 손상된 경우에는 사업자가 비용을 부담하지 아니한다.

　㉡ 수리는 지체 없이 하되, 수리가 지체되는 불가피한 사유가 있을 때는 소비자에게 알려야 한다. 소비자가 수리를 의뢰한 날부터 1개월이 지난 후에도 사업자가 수리된 물품 등을 소비자에게 인도하지 못할 경우 품질보증기간 이내일 때는 같은 종류의 물품 등으로 교환하거나 환급하고, 품질보증기간이 지났을 때에는 구입가를 기준으로 정액 감가상각하고 남은 금액에 품목별 소비자분쟁해결기준에서 정하는 일정금액을 더하여 환급한다.

　㉢ 물품 등을 유상으로 수리한 경우 그 유상으로 수리한 날부터 2개월 이내에 소비자가 정상적으로 물품 등을 사용하는 과정에서 그 수리한 부분에 종전과 동일한 고장이 재발한 경우에는 무상으로 수리하되, 수리가 불가능한 때에는 종전에 받은 수리비를 환급하여야 한다.

　㉣ 교환은 같은 종류의 물품 등으로 하되, 같은 종류의 물품 등으로 교환하는 것이 불가능한 경우에는 같은 종류의 유사물품 등으로 교환한다. 다만, 같은 종류의 물품 등으로 교환하는 것이 불가능하고 소비자가 같은 종류의 유사물품 등으로 교환하는 것을 원하지 아니하는 경우에는 환급한다.

　㉤ 할인 판매된 물품 등을 교환하는 경우에는 그 정상가격과 할인가격의 차액에 관계없이 교환은 같은 종류의 물품 등으로 하되, 같은 종류의 물품 등으로 교환하는 것이 불가능한 경우에는 같은 종류의 유사물품 등으로 교환한다. 다만, 같은 종류의 물품 등으로 교환하는 것이 불가능하고 소비자가 같은 종류의 유사물품 등으로 교환하는 것을 원하지 아니하는 경우에는 환급한다.

　㉥ 환급금액은 거래 시 교부된 영수증 등에 적힌 물품 등의 가격을 기준으로 한다. 다만, 영수증 등에 적힌 가격에 대하여 다툼이 있는 경우에는 영수증 등에 적힌 금액과 다른 금액을 기준으로 하려는 자가 그 다른 금액이 실제 거래가격임을 입증하여야 하며, 영수증이 없는 등의 사유로 실제 거래가격을 입증할 수 없는 경우에는 그 지역에서 거래되는 통상적인 가격을 기준으로 한다.

② 사업자가 물품 등의 거래에 부수(附隨)하여 소비자에게 제공하는 경제적 이익인 경품류의 하자·채무불이행 등으로 인한 소비자피해에 대한 분쟁해결기준은 ①과 같다. 다만, 소비자의 귀책사유로 계약이 해제되거나 해지되는 경우 사업자는 소비자로부터 그 경품류를 반환받거나 반환이 불가능한 경우에는 해당 지역에서 거래되는 같은 종류의 유사물품 등을 반환받거나 같은 종류의 유사물품 등의 통상적인 가격을 기준으로 환급받는다.

③ 사업자는 물품 등의 판매 시 품질보증기간, 부품보유기간, 수리·교환·환급 등 보상방법, 그 밖의 품질보증에 관한 사항을 표시한 증서(이하 "품질보증서")를 교부하거나 그 내용을 물품 등에 표시하여야 한다. 다만, 별도의 품질보증서를 교부하기가 적합하지 아니하거나 보상방법의 표시가 어려운 경우에는 「소비자기본법」에 따른 소비자분쟁해결기준에 따라 피해를 보상한다는 내용만을 표시할 수 있다.

④ 품질보증기간과 부품보유기간은 다음의 기준에 따른다.

　㉠ 품질보증기간과 부품보유기간은 해당 사업자가 품질보증서에 표시한 기간으로 한다. 다만, 사업자가 정한 품질보증기간과 부품보유기간이 품목별 소비자분쟁해결기준에서 정한 기간보다 짧을 경우에는 품목별 소비자분쟁해결기준에서 정한 기간으로 한다.

　㉡ 사업자가 품질보증기간과 부품보유기간을 표시하지 아니한 경우에는 품목별 소비자분쟁해결기준에 따른다.

　㉢ 중고물품 등에 대한 품질보증기간은 품목별 분쟁해결기준에 따른다.

   ㉣ 품질보증기간은 소비자가 물품 등을 구입하거나 제공받은 날부터 기산한다. 다만, 계약일과 인도일(용역의 경우에는 제공일을 말한다)이 다른 경우에는 인도일을 기준으로 하고, 교환받은 물품 등의 품질보증기간은 교환받은 날부터 기산한다.

   ㉤ 품질보증서에 판매일자가 적혀 있지 아니한 경우, 품질보증서 또는 영수증을 받지 아니하거나 분실한 경우 또는 그 밖의 사유로 판매일자를 확인하기 곤란한 경우에는 해당 물품 등의 제조일이나 수입 통관일부터 3월이 지난 날부터 품질보증기간을 기산하여야 한다. 다만, 물품 등 또는 물품 등의 포장에 제조일이나 수입통관일이 표시되어 있지 아니한 물품 등은 사업자가 그 판매일자를 입증하여야 한다.

  ⑤ 물품 등에 대한 피해의 보상은 물품 등의 소재지나 제공지에서 한다. 다만, 사회통념상 휴대가 간편하고 운반이 쉬운 물품 등은 사업자의 소재지에서 보상할 수 있다.

  ⑥ 사업자의 귀책사유로 인한 소비자피해의 처리과정에서 발생되는 운반비용, 시험·검사비용 등의 경비는 사업자가 부담한다.

2. 품목별 소비자분쟁해결기준(동법 시행령 제8조 제3항 및 제4항)

  ① 공정거래위원회는 1.의 일반적 소비자분쟁해결기준에 따라 품목별 소비자분쟁해결기준을 제정하여 고시할 수 있다.

  ② 공정거래위원회는 품목별 소비자분쟁해결기준을 제정하여 고시하는 경우에는 품목별로 해당 물품 등의 소관 중앙행정기관의 장과 협의하여야 하며, 소비자단체·사업자단체 및 해당 분야 전문가의 의견을 들어야 한다.

  ③ ②의 규정에 따른 소비자분쟁해결기준은 분쟁당사자 사이에 분쟁해결방법에 관한 별도의 의사표시가 없는 경우에 한하여 분쟁해결을 위한 합의 또는 권고의 기준이 된다.

T I P **소비자 종합지원시스템의 구축 및 운영(동법 제16조의2)**

① 공정거래위원회는 소비자에게 물품 등의 선택, 피해의 예방 또는 구제에 필요한 정보의 제공 및 이 법 또는 다른 법률에 따른 소비자 피해구제(분쟁조정을 포함)를 신청하는 창구의 통합 제공 등을 위하여 소비자종합지원시스템(이하 "종합지원시스템")을 구축·운영한다.

② 공정거래위원회는 종합지원시스템을 통하여 소비자에게 다음의 사항을 제공하여야 한다. 이 경우 공정거래위원회는 해당 사항을 관장하는 중앙행정기관의 장, 지방자치단체의 장 및 관련 기관·단체의 장(이하 "중앙행정기관의 장 등")과 협의하여야 한다.

 ㉠ 물품 등의 유통이력, 결함, 피해사례, 품질인증 등 소비자의 선택, 피해의 예방 또는 구제와 관련된 정보 제공

 ㉡ 소비자 피해구제기관 및 절차 안내, 피해구제를 신청하는 창구의 통합 제공, 피해구제신청에 대한 처리결과 안내 등 소비자 피해구제 지원

 ㉢ 그 밖에 소비자의 물품 등의 선택, 피해의 예방 또는 구제를 위하여 필요한 업무로서 대통령령으로 정하는 업무

③ 공정거래위원회는 종합지원시스템의 구축·운영을 위하여 필요한 경우 중앙행정기관의 장 등에게 다음의 자료 또는 정보를 제공하여 줄 것을 요청하고 제공받은 목적의 범위에서 그 자료·정보를 보유·이용할 수 있다.

 ㉠ 「국세기본법」에 따른 과세정보로서 소비자 피해가 발생한 물품을 제조·수입·판매하거나 용역을 제공한 사업자의 개업일·휴업일 및 폐업일

 ㉡ 그 밖에 종합지원시스템의 구축·운영을 위하여 필요한 정보로서 대통령령으로 정하는 자료 또는 정보

④ ③에 따라 자료 또는 정보의 제공을 요청받은 중앙행정기관의 장 등은 특별한 사유가 없으면 이에 협조하여야 한다.

⑤ 중앙행정기관의 장 등은 공정거래위원회와 협의하여 종합지원시스템을 이용할 수 있다.

⑥ 공정거래위원회는 사업자 또는 사업자단체가 물품 등에 관한 정보를 종합지원시스템에 등록한 경우 그 등록 사실을 나타내는 표지(이하 "등록표지")를 부여할 수 있다.

⑦ 공정거래위원회는 필요한 경우 종합지원시스템 운영의 전부 또는 일부를 대통령령으로 정하는 기준에 적합한 법인으로서 공정거래위원회가 지정하는 기관 또는 단체에 위탁할 수 있다.

⑧ ①부터 ⑦까지에서 규정한 사항 외에 종합지원시스템의 구축·운영, 등록표지의 부여 등에 필요한 사항은 공정거래위원회가 정하여 고시한다.

12) 시험·검사시설의 설치 등(제17조)

① 국가 및 지방자치단체는 물품 등의 규격·품질 및 안전성 등에 관하여 시험·검사 또는 조사를 실시할 수 있는 기구와 시설을 갖추어야 한다.

② 국가·지방자치단체 또는 소비자나 소비자단체는 필요하다고 인정되는 때 또는 소비자의 요청이 있는 때에는 ①의 규정에 따라 설치된 시험·검사기관이나 제33조의 규정에 따른 한국소비자원에 시험·검사 또는 조사를 의뢰하여 시험 등을 실시할 수 있다.

③ 국가 및 지방자치단체는 ②의 규정에 따라 시험 등을 실시한 경우에는 그 결과를 공표하고 소비자의 권익을 위하여 필요한 조치를 취하여야 한다.

④ 국가 및 지방자치단체는 소비자단체가 물품 등의 규격·품질 또는 안전성 등에 관하여 시험·검사를 실시할 수 있는 시설을 갖출 수 있도록 지원할 수 있다.

⑤ 국가 및 지방자치단체는 제8조(위해의 방지)·제10조 내지 제13조(표시의 기준, 광고의 기준, 거래의 적정화, 소비자에의 정보제공) 또는 제15조(개인정보의 보호)의 규정에 따라 기준을 정하거나 소비자의 권익과 관련된 시책을 수립하기 위하여 필요한 경우에는 한국소비자원, 국립 또는 공립의 시험·검사기관 등 대통령령이 정하는 기관에 조사·연구를 의뢰할 수 있다.

(3) 사업자의 책무

1) 소비자권익 증진시책에 대한 협력 등(제18조)

① 사업자는 국가 및 지방자치단체의 소비자권익 증진시책에 적극 협력하여야 한다.

② 사업자는 소비자단체 및 한국소비자원의 소비자 권익증진과 관련된 업무의 추진에 필요한 자료 및 정보제공 요청에 적극 협력하여야 한다.

③ 사업자는 안전하고 쾌적한 소비생활 환경을 조성하기 위하여 물품 등을 제공함에 있어서 환경친화적인 기술의 개발과 자원의 재활용을 위하여 노력하여야 한다.

④ 사업자는 소비자의 생명·신체 또는 재산 보호를 위한 국가·지방자치단체 및 한국소비자원의 조사 및 위해방지 조치에 적극 협력하여야 한다.

2) 사업자의 책무(제19조)

① 사업자는 물품 등으로 인하여 소비자에게 생명·신체 또는 재산에 대한 위해가 발생하지 아니하도록 필요한 조치를 강구하여야 한다.

② 사업자는 물품 등을 공급함에 있어서 소비자의 합리적인 선택이나 이익을 침해할 우려가 있는 거래조건이나 거래방법을 사용하여서는 아니 된다.

③ 사업자는 소비자에게 물품 등에 대한 정보를 성실하고 정확하게 제공하여야 한다.

④ 사업자는 소비자의 개인정보가 분실·도난·누출·변조 또는 훼손되지 아니하도록 그 개인정보를 성실하게 취급하여야 한다.

⑤ 사업자는 물품 등의 하자로 인한 소비자의 불만이나 피해를 해결하거나 보상하여야 하며, 채무불이행 등으로 인한 소비자의 손해를 배상하여야 한다.

3) 소비자의 권익증진 관련기준의 준수(제20조)

① 사업자는 국가가 정한 기준에 위반되는 물품 등을 제조, 수입, 판매, 제공하여서는 아니 된다.

② 사업자는 국가가 정한 표시기준을 위반하여서는 아니 된다.

③ 사업자는 국가가 정한 광고기준을 위반하여서는 아니 된다.

④ 사업자는 국가가 지정·고시한 사업자의 부당한 행위를 하여서는 아니 된다.

⑤ 사업자는 국가가 정한 개인정보의 보호기준을 위반하여서는 아니 된다.

4) 소비자중심경영의 인증(제20조의2)

① 공정거래위원회는 물품의 제조·수입·판매 또는 용역의 제공의 모든 과정이 소비자 중심으로 이루어지는 경영(이하 "소비자중심경영")을 하는 사업자에 대하여 소비자중심경영에 대한 인증(이하 "소비자중심경영인증")을 할 수 있다.

② 소비자중심경영인증을 받으려는 사업자는 대통령령으로 정하는 바에 따라 공정거래위원회에 신청하여야 한다.

③ 소비자중심경영인증을 받은 사업자는 대통령령으로 정하는 바에 따라 그 인증의 표시를 할 수 있다.

④ 소비자중심경영인증의 유효기간은 그 인증을 받은 날부터 2년으로 한다.

⑤ 공정거래위원회는 소비자중심경영을 활성화하기 위하여 대통령령으로 정하는 바에 따라 소비자중심경영인증을 받은 기업에 대하여 포상 또는 지원 등을 할 수 있다.

⑥ 공정거래위원회는 소비자중심경영인증을 신청하는 사업자에 대하여 대통령령으로 정하는 바에 따라 그 인증의 심사에 소요되는 비용을 부담하게 할 수 있다.

⑦ ①부터 ⑥까지의 규정 외에 소비자중심경영인증의 기준 및 절차 등에 필요한 사항은 대통령령으로 정한다.

5) 소비자중심경영인증기관의 지정(제20조의3)

① 공정거래위원회는 소비자중심경영에 관하여 전문성이 있는 기관 또는 단체를 대통령령으로 정하는 바에 따라 소비자중심경영인증기관(이하 "인증기관"이라 한다)으로 지정하여 소비자중심경영인증에 관한 업무(이하 "인증업무")를 수행하게 할 수 있다.

② 인증업무를 수행하는 인증기관의 임직원은 「형법」 제129조부터 제132조까지의 규정을 적용할 때에는 공무원으로 본다.

③ 공정거래위원회는 인증기관이 다음의 어느 하나에 해당하는 경우에는 인증기관의 지정을 취소하거나 1년 이내의 기간을 정하여 업무의 정지를 명할 수 있다. 다만, ㉠ 또는 ㉤에 해당하면 그 지정을 취소하여야 한다.

㉠ 거짓이나 부정한 방법으로 지정을 받은 경우

㉡ 업무정지명령을 위반하여 그 정지기간 중 인증업무를 행한 경우

㉢ 고의 또는 중대한 과실로 소비자중심경영인증의 기준 및 절차를 위반한 경우

㉣ 정당한 사유 없이 인증업무를 거부한 경우

㉤ 파산 또는 폐업한 경우

㉥ 그 밖에 휴업 또는 부도 등으로 인하여 인증업무를 수행하기 어려운 경우

TIP 소비자중심경영

1. **소비자중심경영인증**(시행령 제11조의2)
   ① 소비자중심경영인증(이하 "인증")을 받으려는 사업자는 공정거래위원회가 정하여 고시하는 경영목표, 경영방식 및 성과관리 등의 심사항목과 심사항목별 배점에 따른 인증기준을 갖추어야 한다.
   ② 인증을 받으려는 사업자는 인증신청서에 사업자등록증 및 조직도 등 공정거래위원회가 정하여 고시하는 서류를 첨부하여 공정거래위원회에 신청하여야 한다.
   ③ 공정거래위원회는 ②에 따른 신청에 대한 심사결과 인증기준에 적합한 경우에는 사업자에게 소비자중심경영인증서를 발급하여야 하며, 부적합한 경우에는 지체 없이 그 사유를 명시하여 알려야 한다.
   ④ 공정거래위원회는 ③에 따라 인증을 하는 경우 공정거래위원회가 정하여 고시하는 바에 따라 등급을 구분하여 인증을 할 수 있다.

2. **인증표시의 사용**(시행령 제11조의3)
   ① 인증을 받은 사업자는 제품의 포장·용기, 홍보물, 문서 등에 인증의 표시를 할 수 있다.
   ② 인증의 표시를 하는 경우에는 소비자가 알아보기 쉽도록 인쇄하거나 각인하는 등의 방법으로 표시하여야 한다.
   ③ ① 및 ②에서 규정하는 사항 외에 인증의 도안, 규격 등 표시방법에 대한 사항은 공정거래위원회가 정하여 고시한다.

3. **포상 또는 지원 등**(시행령 제11조의4)
   ① 공정거래위원회는 포상 또는 지원 등을 하는 경우 인증의 등급에 따라 그 내용을 달리 정할 수 있다.
   ② 포상 또는 지원 등의 요건, 절차, 심사방법 등에 대한 사항은 공정거래위원회가 정하여 고시한다.

4. **인증심사비용**(시행령 제11조의5)
   ① 인증심사비용은 인증을 신청하는 사업자가 부담한다. 다만, 「중소기업기본법」에 따른 중소기업 등에 대해서는 비용을 감면할 수 있다.
   ② ①에 따른 인증심사비용, 감면대상 및 감면비율 등은 공정거래위원회가 정하여 고시한다.

5. **소비자중심경영인증기관의 지정**(시행령 제11조의6)
   ① 공정거래위원회는 다음의 어느 하나에 해당하는 기관 중에서 소비자중심경영인증기관(이하 "인증기관")을 지정할 수 있다.

ⓒ 한국소비자원

ⓛ 다른 법률에 따라 소비자와 관련된 인증·평가업무를 위임·위탁받아 2년 이상 해당 업무를 수행한 법인·단체 또는 기관

② 공정거래위원회는 인증기관을 지정한 경우에는 그 사실을 고시하여야 한다.

③ 공정거래위원회는 인증기관에 대하여 인증업무를 수행하는 데 필요한 경비를 예산의 범위에서 지원할 수 있다.

Warming Up 🡕

01 케네디 대통령의 소비자 4대 권리에 해당되지 않는 것은?

① 선택의 권리
② 정보를 제공받을 권리
③ 안전에 대한 권리
④ 의사를 반영시킬 권리
⑤ 교육받을 권리

02 다음 중 소비자의 8대 권리에 해당되지 않는 것은?

① 물품 또는 용역으로 인한 생명·신체 또는 재산에 대한 위해로부터 보호받을 권리
② 물품 등을 선택함에 있어서 필요한 지식 및 정보를 제공받을 권리
③ 물품 등을 사용함에 있어서 거래상대방, 구입 장소, 가격 및 거래조건 등을 자유로이 선택할 권리
④ 소비자의 기본적 권리를 정당하게 행사할 권리
⑤ 합리적인 소비생활을 위하여 필요한 교육을 받을 권리

03 다음 중 소비자의 책무에 해당하지 않는 것은?

① 자유시장경제를 구성하는 주체임을 인식하여 물품 등을 올바르게 선택한다.
② 소비자기본법상 소비자의 기본적 권리를 정당하게 행사한다.
③ 소비자는 스스로 권익을 증진하기 위해서 필요한 지식과 정보를 습득하도록 노력한다.
④ 절약적이고 환경친화적인 소비생활을 한다.
⑤ 상품에 대한 올바른 이해를 바탕으로 사업자와의 갈등을 최소화하도록 노력한다.

04 다음 중 국가 및 지방자치단체의 책무가 아닌 것은?

① 소비자 불만 및 피해처리를 위한 상담
② 필요한 행정조직의 정비 및 운영 개선
③ 필요한 시책의 수립 및 실시
④ 관계 법령 및 조례의 제정 및 개정·폐지
⑤ 소비자의 건전하고 자주적인 조직활동의 지원·육성

05 다음 중 국가 및 지방자치단체의 책무가 아닌 것은?

① 기업윤리에 대한 감독 ② 위해의 방지
③ 개인정보의 보호 ④ 거래의 적정화
⑤ 소비자 능력 향상

06 다음 중 물품의 표시기준에 해당하지 않는 것은?

① 상품명·용도·성분·재질·성능·규격·가격·용량·허가번호 및 용역의 내용
② 사용방법, 사용·보관할 때의 주의사항 및 경고사항
③ 표시의 크기·위치 및 방법
④ 물품 등에 따른 불만이나 소비자 피해가 있는 경우의 처리기구 및 처리방법
⑤ 물품 등을 제조·수입 또는 판매하거나 제공한 사업자의 명칭 및 물류번호

07 다음 중 품질보증기간과 부품보유기간에 대한 설명으로 옳지 않은 것은?

① 품질보증기간과 부품보유기간은 소비자가 제품을 구매한 날로부터 기산한다.
② 사업자가 품질보증기관과 부품보유기간을 표시하지 아니한 경우 품목별 소비자 분쟁 해결기준에 따른다.
③ 품질보증기간과 부품보유기간은 해당 사업자가 품질보증서에 표시한 기간으로 한다.
④ 중고물품 등에 대한 품질보증기간은 품목별 분쟁해결기준에 따른다.
⑤ 품질보증서에 판매일자가 적혀있지 아니한 경우에는 해당 물품 등의 제조일이나 수입통관일부터 3월이 지난 날부터 품질보증기간을 기산하여야 한다.

08 **다음 중 사업자의 책무에 해당하지 않는 것은?**

① 물품 등으로 인하여 소비자에게 생명·신체 또는 재산에 대한 위해가 발생하지 않도록 필요한 조치를 강구하여야 한다.

② 물품 등을 공급함에 있어서 소비자의 합리적인 선택이나 이익을 침해할 우려가 있는 거래조건이나 거래방법을 사용해서는 아니 된다.

③ 소비자의 개인정보를 축적 및 보관하여야 한다.

④ 소비자에게 물품 등에 대한 정보를 성실하고 정확하게 제공하여야 한다.

⑤ 물품 등의 하자로 인한 소비자의 불만이나 피해를 해결하거나 보상하여야 하며, 채무불이행 등으로 인한 소비자의 손해를 배상하여야 한다.

| 정답 | 1 ⑤ | 2 ④ | 3 ⑤ | 4 ① | 5 ① | 6 ⑤ | 7 ① | 8 ③ |

03 소비자정책의 추진체계(제3장)

(1) 소비자정책의 수립

1) 기본계획의 수립 등(제21조)

① 공정거래위원회는 소비자정책위원회의 심의·의결을 거쳐 소비자정책에 관한 기본계획(이하 "기본계획")을 3년마다 수립하여야 한다.

② 기본계획에는 다음의 사항이 포함되어야 한다.

㉠ 소비자정책과 관련된 경제·사회 환경의 변화

㉡ 소비자정책의 기본방향

㉢ 다음의 사항이 포함된 소비자정책의 목표

> • 소비자 안전의 강화
> • 소비자와 사업자 사이의 거래의 공정화 및 적정화
> • 소비자 교육 및 정보제공의 촉진
> • 소비자 피해의 원활한 구제
> • 국제 소비자문제에 대한 대응
> • 그 밖에 소비자의 권익과 관련된 주요한 사항

㉣ 소비자정책의 추진과 관련된 재원의 조달방법

㉤ 어린이 위해방지를 위한 연령별 안전기준의 작성

㉥ 그 밖에 소비자정책의 수립과 추진에 필요한 사항

③ 공정거래위원회는 소비자정책위원회의 심의·의결을 거쳐 기본계획을 변경할 수 있다.

④ 기본계획의 수립·변경 절차 등에 관하여 필요한 사항은 대통령령으로 정한다.

2) 시행계획의 수립 등(제22조)

① 관계 중앙행정기관의 장은 기본계획에 따라 매년 10월 31일까지 소관 업무에 관하여 다음 연도의 소비자정책에 관한 시행계획(이하 "중앙행정기관별 시행계획")을 수립하여야 한다.

② 특별시장·광역시장·특별자치시장·도지사 또는 특별자치도지사(이하 "시·도지사")는 기본계획과 중앙행정기관별 시행계획에 따라 매년 11월 30일까지 소비자정책에 관한 다음 연도의 시·도별 시행계획을 수립하여야 한다.

③ 공정거래위원회는 매년 12월 31일까지 중앙행정기관별 시행계획 및 시·도별 시행계획을 취합·조정하여 소비자정책위원회의 심의·의결을 거쳐 종합적인 시행계획(이하 "종합시행계획")을 수립하여야 한다.

④ 관계 중앙행정기관의 장 및 시·도지사는 종합시행계획이 실효성 있게 추진될 수 있도록 매년 소요비용에 대한 예산편성 등 필요한 재정조치를 강구하여야 한다.

⑤ 종합시행계획의 수립 및 그 집행실적의 평가 등에 관하여 필요한 사항은 대통령령으로 정한다.

(2) 소비자정책위원회

1) 소비자정책위원회의 설치(제23조)

소비자의 권익증진 및 소비생활의 향상에 관한 기본적인 정책을 종합·조정하고 심의·의결하기 위하여 국무총리 소속으로 소비자정책위원회(이하 "정책위원회")를 둔다.

2) 소비자정책위원회의 구성 등(제24조)

① 정책위원회는 위원장 2명을 포함한 25명 이내의 위원으로 구성한다.

② 위원장은 국무총리와 소비자문제에 관하여 학식과 경험이 풍부한 자 중에서 대통령이 위촉하는 자가 된다.

③ 위원은 관계 중앙행정기관의 장 및 한국소비자원의 원장(이하 "원장")과 다음의 어느 하나에 해당하는 자 중에서 국무총리가 위촉하는 자가 된다.

　㉠ 소비자문제에 관한 학식과 경험이 풍부한 자

　㉡ 제29조의 규정에 따라 등록한 소비자단체(이하 "등록소비자단체") 및 대통령령이 정하는 경제단체에서 추천하는 소비자대표 및 경제계대표

> **TIP** **정책위원회 구성(동법 시행령 제14조)**
>
> ① 소비자정책위원회(이하 "정책위원회")의 위원이 되는 관계 중앙행정기관의 장은 기획재정부장관·행정안전부장관·농림축산식품부장관·산업통상자원부장관·보건복지부장관·환경부장관·국토교통부장관 및 공정거래위원회위원장으로 한다.
>
> ② "대통령령이 정하는 경제단체"란 다음의 단체를 말한다.
> - 「상공회의소법」에 따른 대한상공회의소
> - 「중소기업협동조합법」에 따른 중소기업중앙회
> - 사업자 등을 회원으로 하여 「민법」에 따라 설립된 사단법인으로서 정관에 따라 기업경영의 합리화 또는 건전한 기업문화 조성에 관한 사업을 수행하는 법인 중 공정거래위원회가 정하여 고시하는 법인

④ 위촉위원장 및 위촉위원의 임기는 3년으로 한다.

⑤ 정책위원회의 효율적 운영 및 지원을 위하여 정책위원회에 간사위원 1명을 두며, 간사위원은 공정거래위원회위원장이 된다.

⑥ 국무총리는 ③의 위촉위원이 다음의 어느 하나에 해당하는 경우에는 해당 위원을 해촉(解囑)할 수 있다.

    ㉠ 심신장애로 인하여 직무를 수행할 수 없게 된 경우

    ㉡ 직무와 관련된 비위사실이 있는 경우

    ㉢ 직무태만, 품위손상, 그 밖의 사유로 인하여 위원으로 적합하지 아니하다고 인정되는 경우

    ㉣ 위원 스스로 직무를 수행하는 것이 곤란하다고 의사를 밝히는 경우

⑦ 정책위원회의 사무를 처리하기 위하여 공정거래위원회에 사무국을 두고, 그 조직·구성 및 운영 등에 필요한 사항은 대통령령으로 정한다.

3) 정책위원회의 기능 등(제25조)

① 정책위원회는 다음의 사항을 종합·조정하고 심의·의결한다.

    ㉠ 기본계획 및 종합시행계획의 수립·평가와 그 결과의 공표

    ㉡ 소비자정책의 종합적 추진 및 조정에 관한 사항

    ㉢ 소비자보호 및 안전 확보를 위하여 필요한 조치에 관한 사항

    ㉣ 소비자정책의 평가 및 제도개선·권고 등에 관한 사항

    ㉤ 그 밖에 위원장이 소비자의 권익증진 및 소비생활의 향상을 위하여 토의에 부치는 사항

② 정책위원회는 소비자의 기본적인 권리를 제한하거나 제한할 우려가 있다고 평가한 법령·고시·예규·조례 등에 대하여 중앙행정기관의 장 및 지방자치단체의 장에게 법령의 개선 등 필요한 조치를 권고할 수 있다.

③ 정책위원회는 ②에 따른 법령의 개선 등 필요한 조치를 권고하기 전에 중앙행정기관의 장 및 지방자치단체의 장에게 미리 의견을 제출할 기회를 주어야 한다.

④ 중앙행정기관의 장 및 지방자치단체의 장은 ②에 따른 권고를 받은 날부터 3개월 내에 필요한 조치의 이행계획을 수립하여 정책위원회에 통보하여야 한다.

⑤ 정책위원회는 ④에 따라 통보받은 이행계획을 검토하여 그 결과를 공표할 수 있다.

⑥ 정책위원회는 업무를 효율적으로 수행하기 위하여 정책위원회에 실무위원회와 분야별 전문위원회를 둘 수 있다.

⑦ 이 법에 규정한 것 외에 정책위원회·실무위원회 및 전문위원회의 조직과 운영에 관하여 필요한 사항은 대통령령으로 정한다.

Warming Up

01 소비자정책의 목표에 해당되지 않는 것은?

① 소비자 안전의 강화
② 불공정 거래기업의 회생 및 구제
③ 국제 소비자문제에 대한 대응
④ 소비자 피해의 원활한 구제
⑤ 소비자 교육 및 정보제공의 촉진

02 〈보기〉의 (   )에 들어갈 말로 알맞은 것은?

> ┌ 보기 ─────────────────────────────
> 공정거래위원회는 매년 (   )일까지 중앙행정기관별 시행계획 및 시도별 시행계획
> 을 취합·조정하여 소비자정책위원회의 심의·의결을 거쳐 종합적인 시행계획을 수
> 립하여야 한다.

① 10월 25일
② 10월 31일
③ 11월 25일
④ 11월 30일
⑤ 12월 31일

03 다음 중 소비자정책위원회의 기능에 대한 설명으로 맞지 않는 것은?

① 정책위원회는 기본계획 및 종합시행계획의 수립·평가와 그 결과의 공표사항을
종합·조정하고 심의·의결한다.
② 소비자의 기본적인 권리를 제한하거나 제한할 우려가 있다고 평가한 법령·고시
·예규·조례 등에 대하여 중앙행정기관의 장 및 지방자치단체의 장에게 법령의
개선 등 필요한 조치를 권고할 수 있다.
③ 중앙행정기관의 장 및 지방자치단체의 장은 권고를 받은 날부터 1개월 내에 필요
한 조치의 이행계획을 수립하여 정책위원회에 통보하여야 한다.
④ 정책위원회는 법령의 개선 등 필요한 조치를 권고하기 전에 중앙행정기관의 장
및 지방자치단체의 장에게 미리 의견을 제출할 기회를 주어야 한다.
⑤ 정책위원회는 업무를 효율적으로 수행하기 위하여 정책위원회에 실무위원회와
분야별 전문위원회를 둘 수 있다.

> **정답**　1 ②　2 ⑤　3 ③

04 소비자단체(제4장)

(1) 소비자단체의 업무(제28조)

① 소비자단체는 다음의 업무를 행한다.

㉠ 국가 및 지방자치단체의 소비자의 권익과 관련된 시책에 대한 건의

㉡ 물품 등의 규격·품질·안전성·환경성에 관한 시험·검사 및 가격 등을 포함한 거래조건이나 거래방법에 관한 조사·분석

㉢ 소비자문제에 관한 조사·연구

㉣ 소비자의 교육

㉤ 소비자의 불만 및 피해를 처리하기 위한 상담·정보제공 및 당사자 사이의 합의의 권고

② 소비자단체는 ①의 ㉡ 규정에 따른 조사·분석 등의 결과를 공표할 수 있다. 다만, 공표되는 사항 중 물품 등의 품질·성능 및 성분 등에 관한 시험·검사로서 전문적인 인력과 설비를 필요로 하는 시험·검사인 경우에는 대통령령이 정하는 시험·검사기관의 시험·검사를 거친 후 공표하여야 한다.

③ 소비자단체는 자료 및 정보의 제공을 요청하였음에도 사업자 또는 사업자단체가 정당한 사유 없이 이를 거부·방해·기피하거나 거짓으로 제출한 경우에는 그 사업자 또는 사업자단체의 이름(상호 그 밖의 명칭을 포함), 거부 등의 사실과 사유를 「신문 등의 진흥에 관한 법률」에 따른 일반일간 신문에 게재할 수 있다.

④ 소비자단체는 업무상 알게 된 정보를 소비자의 권익을 증진하기 위한 목적이 아닌 용도에 사용하여서는 아니 된다.

⑤ 소비자단체는 사업자 또는 사업자단체로부터 제공받은 자료 및 정보를 소비자의 권익을 증진하기 위한 목적이 아닌 용도로 사용함으로써 사업자 또는 사업자단체에 손해를 끼친 때에는 그 손해에 대하여 배상할 책임을 진다.

(2) 소비자단체의 등록과 취소

1) 소비자단체의 등록(제29조)

① 다음의 요건을 모두 갖춘 소비자단체는 대통령령이 정하는 바에 따라 공정거래위원회 또는 지방자치단체에 등록할 수 있다.

㉠ 제28조 제1항 제2호(물품 등의 규격·품질·안전성·환경성에 관한 시험·검사 및 가격 등을 포함한 거래조건이나 거래방법에 관한 조사·분석) 및 제5호(소비자의 불만 및 피해를 처리하기 위한 상담·정보제공 및 당사자 사이의 합의의 권고)의 업무를 수행할 것

㉡ 물품 및 용역에 대하여 전반적인 소비자문제를 취급할 것

㉢ 대통령령이 정하는 설비와 인력을 갖출 것

㉣ 「비영리민간단체 지원법」 제2조 각 호의 요건을 모두 갖출 것

② 공정거래위원회 또는 지방자치단체의 장은 ①의 규정에 따라 등록을 신청한 소비자단체가 ①의 각 요건을 갖추었는지 여부를 심사하여 등록 여부를 결정하여야 한다.

TIP 소비자단체의 등록(동법 시행령 제23조)

1. **소비자단체의 등록 설비와 인력**
   ① 소비자단체의 각 업무를 처리할 수 있는 전산장비와 사무실
   ② 소비자단체의 각 업무를 처리할 수 있는 상근인력 5명 이상

2. **소비자단체의 등록**
   다음의 어느 하나에 해당하는 소비자단체는 공정거래위원회에 등록할 수 있고, 그 밖의 소비자단체는 주된 사무소가 위치한 시·도에 등록할 수 있다.
   ① 전국적 규모의 소비자단체로 구성된 협의체
   ② 3개 이상의 시·도에 지부를 설치하고 있는 소비자단체

3. **공정거래위원회 또는 시·도지사에 제출해야 하는 등록신청서의 첨부서류**
   ① 정관(법인이 아닌 단체는 회칙)
   ② 해당 연도 및 전년도의 총회회의록
   ③ 해당 연도 및 전년도의 사업계획·수지예산서, 전년도의 결산서
   ④ 설비 및 인력현황
   ⑤ 지부현황(지부를 설치하는 경우만 해당)
   ⑥ 회원명부
   ⑦ 최근 1년 이상의 공익활동실적을 증명할 수 있는 서류

4. 공정거래위원회 또는 시·도지사는 제3항에 따라 등록신청서를 제출받은 경우에는 그 내용을 검토하여 그 등록신청서를 접수한 날부터 20일 이내에 소비자단체의 등록 여부를 결정하고, 그 결과와 이유를 지체 없이 등록을 신청한 소비자단체에 알려야 한다.

5. 공정거래위원회 또는 시·도지사는 소비자단체의 등록을 결정한 경우 등록을 신청한 소비자단체에 등록증을 교부하여야 하며 등록대장에 이를 기재하여야 한다.

6. **변경사항 통보**
   다음의 사항이 변경된 경우에는 변경된 날부터 20일 이내에 공정거래위원회 또는 시·도지사에게 통보하여야 한다.
   ① 명칭 ② 주된 사무소의 소재지 ③ 대표자 성명 ④ 주된 사업내용

---

2) 소비자단체의 등록 취소(제30조)

① 공정거래위원회 또는 지방자치단체의 장은 소비자단체가 거짓 그 밖의 부정한 방법으로 등록을 한 경우에는 등록을 취소하여야 한다.

② 공정거래위원회 또는 지방자치단체의 장은 등록소비자단체가 1)의 ① 각 요건을 갖추지 못하게 된 경우에는 3월 이내에 보완을 하도록 명할 수 있고, 그 기간이 경과하여도 요건을 갖추지 못하는 경우에는 등록을 취소할 수 있다.

Warming Up

01 소비자단체의 업무에 해당되지 않는 것은?

① 국가 및 지방자치단체의 소비자의 권익과 관련된 시책에 대한 건의
② 물품 등의 규격·품질·안전성·환경성에 관한 시험·검사 및 가격 등을 포함한 거래조건이나 거래방법에 관한 조사·분석
③ 소비자의 교육
④ 소비자의 불만 및 피해에 대한 심의
⑤ 소비자문제에 관한 조사·연구

02 〈보기〉의 (   )에 들어갈 말로 알맞은 것은?

┌─ 보기
│ 공정거래위원회 또는 (   )의 장은 등록소비자단체가 제29조 제1항 각
│ 호의 요건을 갖추지 못하게 된 경우에는 3월 이내에 보완을 하도록 명할 수 있고,
│ 그 기간이 경과하여도 요건을 갖추지 못하는 경우에는 등록을 취소할 수 있다.
└──

① 소비자정책위원회   ② 중앙행정기관
③ 한국소비자원   ④ 소비자분쟁조정위원회
⑤ 지방자치단체

정답 1 ④ 2 ⑤

05   소비자안전(제7장)

(1) 총칙

1) 취약계층의 보호(제45조)

① 국가 및 지방자치단체는 어린이·노약자·장애인 및 결혼이민자(「재한외국인 처우 기본법」에 따른 결혼이민자) 등 안전취약계층에 대하여 우선적으로 보호시책을 강구하여야 한다.
② 사업자는 어린이·노약자·장애인 및 결혼이민자 등 안전취약계층에 대하여 물품 등을 판매·광고 또는 제공하는 경우에는 그 취약계층에게 위해가 발생하지 아니하도록 필요한 조치와 더불어 필요한 예방조치를 취하여야 한다.

2) 시정요청 등(제46조)

① 공정거래위원회 또는 시·도지사는 사업자가 제공한 물품 등으로 인하여 소비자에게 위해발생이 우려되는 경우에는 관계중앙행정기관의 장에게 다음의 조치를 요청할 수 있다.

㉠ 사업자가 다른 법령에서 정한 안전조치를 취하지 아니하는 경우에는 그 법령의 규정에 따른 조치

㉡ 다른 법령에서 안전기준이나 규격을 정하고 있지 아니하는 경우에는 다음의 조치

• 수거·파기 등의 권고	• 수거·파기 등의 명령	• 과태료 처분

㉢ 그 밖에 물품 등에 대한 위해방지대책의 강구

② ①에 따라 공정거래위원회 또는 시·도지사의 요청을 받은 관계 중앙행정기관의 장은 조치 여부 및 그 내용을 신속히 공정거래위원회 또는 시·도지사에게 통보하여야 한다.

(2) 소비자안전조치

1) 결함정보의 보고의무(제47조)

① 사업자는 다음의 어느 하나에 해당하는 경우에는 제조·수입·판매 또는 제공한 물품 등의 결함을 소관 중앙행정기관의 장에게 보고(전자적 보고를 포함)하여야 한다. 다만, ㉡에 해당하는 경우로서 사업자가 해당 물품 등의 수거·파기·수리·교환·환급 또는 제조·수입·판매·제공의 금지 및 그 밖의 필요한 조치(이하 이 조에서 "수거·파기 등")를 한 경우에는 그러하지 아니하다.

㉠ 제조·수입·판매 또는 제공한 물품 등에 소비자의 생명·신체 또는 재산에 위해를 끼치거나 끼칠 우려가 있는 제조·설계 또는 표시 등의 중대한 결함이 있다는 사실을 알게 된 경우

㉡ 제조·수입·판매 또는 제공한 물품 등과 동일한 물품 등에 대하여 외국에서 결함이 발견되어 사업자가 다음의 어느 하나에 해당하는 조치를 한 경우 또는 외국의 다른 사업자가 해당 조치를 한 사실을 알게 된 경우

- 외국 정부로부터 수거·파기 등의 권고 또는 명령을 받고 한 수거·파기 등
- 자발적으로 한 수거·파기 등

② ①의 규정에 따른 보고를 받은 중앙행정기관의 장은 사업자가 보고한 결함의 내용에 관하여 시험·검사기관 또는 한국소비자원 등에 시험·검사를 의뢰하고, 시험·검사의 결과 그 물품 등이 제49조(수거·파기 등의 권고 등) 또는 제50조(수거·파기 등의 명령 등)의 요건에 해당하는 경우에는 사업자에게 각각에 해당하는 규정에 따른 필요한 조치를 취하여야 한다.

③ 결함의 내용을 보고하여야 할 사업자는 다음과 같다.
　㉠ 물품 등을 제조·수입 또는 제공하는 자
　㉡ 물품에 성명·상호 그 밖에 식별 가능한 기호 등을 부착함으로써 자신을 제조자로 표시한 자
　㉢ 「유통산업발전법」의 규정에 따른 대규모점포 중 대통령령이 정하는 대규모점포를 설치
　　하여 운영하는 자
　㉣ 그 밖에 소비자의 생명·신체 및 재산에 위해를 끼치거나 끼칠 우려가 있는 물품 등을
　　제조·수입·판매 또는 제공하는 자로서 대통령령이 정하는 자
④ ①의 규정에 따라 사업자가 보고하여야 할 중대한 결함의 범위, 보고기한 및 보고절차 등에
　관하여 필요한 사항은 대통령령으로 정한다.

TIP **중대한 결함의 범위와 결함정보의 보고기한 및 보고절차**

1. 중대한 결함의 범위(동법 시행령 제34조 제1항)
사업자가 보고하여야 하는 중대한 결함의 범위는 다음과 같다.
① 물품 등의 제조·설계·표시·유통 또는 제공에 있어서 통상적으로 기대할 수 있는 안전성이 결여된 결
함으로서 소비자에게 다음의 위험을 야기하거나 야기할 우려가 있는 결함
　㉠ 사망
　㉡ 「의료법」에 따른 의료기관에서 3주 이상의 치료가 필요한 골절·질식·화상·감전 등 신체적 부상이
　　나 질병
　㉢ 2명 이상의 식중독
② 물품 등이 관계 법령이 정하는 안전기준을 위반한 결함

2. 시험검사 결과의 통보(동법 시행령 제34조 제2항)
국공립검사기관 또는 한국소비자원은 시험·검사의 의뢰를 받으면 의뢰를 받은 날부터 1개월 이내에 시험·
검사의 결과를 의뢰인에게 통보하여야 한다. 이 경우 1월 이내에 그 결과를 통보할 수 없는 부득이한 사유가
있으면 그 사유와 통보기한을 정하여 의뢰인에게 알려야 한다.

3. 결함정보의 보고기한 및 보고절차(동법 시행령 제35조)
① 사업자는 자신이 제공한 물품 등에 중대한 결함이 있다는 사실을 알게 되면 그 날부터 5일 이내에 다음의
사항을 적어 서면(전자문서를 포함)으로 소관 중앙행정기관의 장에게 그 결함사실을 보고하여야 한다. 다
만, 물품 등의 중대한 결함으로 인하여 소비자의 생명·신체 및 재산상의 안전에 긴급한 위해를 끼치거나
끼칠 우려가 있다고 판단되면 지체 없이 구술로 그 결함사실을 보고하여야 한다.
　㉠ 사업자의 이름(상호나 그 밖의 명칭을 포함)·주소 및 연락처
　㉡ 물품 등의 명칭과 제조연월일 또는 공급연월일
　㉢ 중대한 결함 및 위해의 내용
　㉣ 중대한 결함사실을 알게 된 시점과 경로
　㉤ 소비자의 피해가 실제로 발생한 경우에는 피해를 입은 소비자의 인적사항
② 사업자는 ①의 결함사실 외의 부분 단서에 따라 구술보고를 하는 경우 ㉣ 및 ㉤의 사항에 관한 보고를
생략할 수 있으며, 구술보고를 한 경우에는 24시간 이내에 결함사실 보고 항목 외의 부분 본문에 따라
서면으로 보고하여야 한다.
③ 유통사업자가 물품 등의 중대한 결함사실을 알기 전에 사업자(㉠ 물품 등을 제조·수입 또는 제공하는
자 ㉡ 물품에 성명·상호, 그 밖에 식별 가능한 기호 등을 부착함으로써 자신을 제조자로 표시한 자)가
그 결함사실을 보고한 경우 그 유통사업자는 ①에 따른 보고를 하지 아니할 수 있다.
④ ①에 따라 보고를 받은 중앙행정기관의 장은 그 물품 등의 결함 여부가 확인될 때까지는 해당 결함보고사
실을 공개하여서는 아니 된다.

2) 물품 등의 자진수거 등(제48조)

사업자는 소비자에게 제공한 물품 등의 결함으로 인하여 소비자의 생명·신체 또는 재산에 위해를 끼치거나 끼칠 우려가 있는 경우에는 대통령령이 정하는 바에 따라 당해 물품 등의 수거·파기·수리·교환·환급 또는 제조·수입·판매·제공의 금지 그 밖의 필요한 조치를 취하여야 한다.

> ### ⓣⓘⓟ 물품 등의 자진시정조치 절차(동법 시행령 제36조)
>
> 사업자는 물품 등의 수거·파기·수리·교환·환급 또는 제조·수입·판매·제공의 금지나 그 밖에 필요한 조치(이하 "자진시정조치")를 하려는 경우에는 다음의 사항이 포함된 시정계획서를 소관 중앙행정기관의 장에게 제출하여야 하며, 자진시정조치를 마친 후에는 그 결과를 소관 중앙행정기관의 장에게 보고하여야 한다.
> ① 결함이 있는 물품 등의 명칭과 제조연월일 또는 공급연월일
> ② 결함과 위해의 내용 및 원인
> ③ 결함이 있는 물품 등으로 인하여 발생하는 위험과 주의사항
> ④ 자진시정조치의 방법과 기간
> ⑤ 소비자 또는 판매자 등에게 자진시정조치계획을 알리기 위한 방법

3) 수거·파기 등의 권고 등(제49조)

① 중앙행정기관의 장은 사업자가 제공한 물품 등의 결함으로 인하여 소비자의 생명·신체 또는 재산에 위해를 끼치거나 끼칠 우려가 있다고 인정되는 경우에는 그 사업자에 대하여 당해 물품 등의 수거·파기·수리·교환·환급 또는 제조·수입·판매·제공의 금지 그 밖의 필요한 조치를 권고할 수 있다.

② ①의 규정에 따른 권고를 받은 사업자는 그 권고의 수락 여부를 소관 중앙행정기관의 장에게 통지하여야 한다.

③ 사업자는 ①의 규정에 따른 권고를 수락한 경우에는 2)의 규정에 따른 조치를 취하여야 한다.

④ 중앙행정기관의 장은 ①의 규정에 따른 권고를 받은 사업자가 정당한 사유 없이 그 권고를 따르지 아니하는 때에는 사업자가 권고를 받은 사실을 공표할 수 있다.

⑤ ① 내지 ④의 규정에 따른 권고, 권고의 수락 및 공표의 절차에 관하여 필요한 사항은 대통령령으로 정한다.

> ### ⓣⓘⓟ 수거·파기 등의 권고(동법 시행령 제37조)
>
> ① 중앙행정기관의 장은 물품 등의 수거·파기·수리·교환·환급 또는 제조·수입·판매·제공의 금지나 그 밖에 필요한 조치의 권고(이하 "시정권고")를 할 때 위해정보가 필요하다고 인정되면 소비자안전센터에 위해정보의 제출을 요청할 수 있다. 이 경우 소비자안전센터는 특별한 사유가 없으면 요청에 따라야 한다.

② 중앙행정기관의 장은 시정권고를 하려는 경우에는 다음의 사항을 적은 서면으로 하여야 한다.
　　㉠ 시정권고의 대상이 되는 사업자의 이름
　　㉡ 시정권고의 대상이 되는 물품 등의 명칭과 제조연월일 또는 공급연월일
　　㉢ 결함과 위해의 내용
　　㉣ 시정권고의 내용
　　㉤ 시정권고 수락 여부의 통지기한
　　㉥ 시정권고를 수락하지 아니하는 경우의 조치계획
③ 시정권고를 받은 사업자는 7일 이내에 소관 중앙행정기관의 장에게 다음의 사항을 적어 서면으로 시정권고의 수락 여부를 통지하여야 한다.
　　㉠ 사업자의 이름·주소 및 연락처
　　㉡ 물품 등의 명칭
　　㉢ 시정권고의 수락 여부
　　㉣ 시정권고를 수락하는 경우에는 조치계획
　　㉤ 시정권고의 수락을 거부하는 경우에는 그 사유
④ 중앙행정기관의 장은 시정권고를 받은 사업자가 정당한 사유 없이 시정권고를 따르지 아니하면 다음의 사항을 신문·방송 등을 통하여 공표할 수 있다. 다만, 사업자가 자신이 제공한 물품 등의 안전성에 대하여 객관적 자료를 제시한 경우에는 공표하여서는 아니 된다.
　　㉠ 사업자의 이름
　　㉡ 시정권고의 대상이 되는 물품 등의 명칭
　　㉢ 시정권고의 내용과 사업자의 시정권고 수락거부사유
　　㉣ 사업자의 시정권고 수락거부사유에 대한 중앙행정기관의 장의 의견
　　㉤ 그 밖에 시정권고와 관련된 사항

4) 수거·파기 등의 명령 등(제50조)

① 중앙행정기관의 장은 사업자가 제공한 물품 등의 결함으로 인하여 소비자의 생명·신체 또는 재산에 위해를 끼치거나 끼칠 우려가 있다고 인정되는 경우에는 대통령령이 정하는 절차에 따라 그 물품 등의 수거·파기·수리·교환·환급을 명하거나 제조·수입·판매 또는 제공의 금지를 명할 수 있고, 그 물품 등과 관련된 시설의 개수(改修) 그 밖의 필요한 조치를 명할 수 있다. 다만, 소비자의 생명·신체 또는 재산에 긴급하고 현저한 위해를 끼치거나 끼칠 우려가 있다고 인정되는 경우로서 그 위해의 발생 또는 확산을 방지하기 위하여 불가피하다고 인정되는 경우에는 그 절차를 생략할 수 있다.
② 중앙행정기관의 장은 사업자가 ①의 규정에 따른 명령에 따르지 아니하는 경우에는 대통령령이 정하는 바에 따라 직접 그 물품 등의 수거·파기 또는 제공금지 등 필요한 조치를 취할 수 있다.
③ 중앙행정기관의 장은 사업자에게 ①에 따른 명령을 하는 경우 그 사실을 공표할 수 있다.
④ ③에 따른 공표방법 등 공표에 관하여 필요한 사항은 대통령령으로 정한다.

위해물품의 시정명령 등(동법 시행령 제38조)

① 중앙행정기관의 장은 사업자에게 다음의 어느 하나에 해당하는 조치(이하 "시정조치")를 명할 때 위해정보가 필요하다고 인정되면 소비자안전센터에 위해정보의 제출을 요청할 수 있다. 이 경우 소비자안전센터는 특별한 사유가 없으면 요청에 따라야 한다.
  ㉠ 물품 등의 수거·파기·수리·교환 또는 환급
  ㉡ 물품 등의 제조·수입·판매 또는 제공의 금지
  ㉢ 물품 등과 관련된 시설의 개수나 그 밖에 필요한 조치
② 중앙행정기관의 장은 시정조치를 명할 때에는 그 사유와 의무사항 및 이행에 필요한 상당한 기간을 정하여 서면으로 알려야 한다.
③ 시정명령을 받은 사업자는 7일 이내에 다음의 사항이 포함된 시정계획서를 소관 중앙행정기관의 장에게 제출하고 시정조치를 하여야 한다. 이 경우 소관 중앙행정기관의 장은 소비자의 안전에 긴급하고 현저한 위해를 끼칠 우려가 있는 경우에는 시정계획서의 제출기한을 단축할 수 있다.
  ㉠ 결함이 있는 물품 등의 명칭과 제조연월일 또는 공급연월일
  ㉡ 결함과 위해의 내용 및 원인
  ㉢ 결함이 있는 물품 등으로 인하여 발생하는 위험과 주의사항
  ㉣ 시정조치의 이행방법과 이행기간
  ㉤ 소비자 또는 판매자 등에게 시정조치계획을 알리기 위한 다음의 방법

> • 소비자의 주소를 알고 있는 경우 : 등기우편에 의한 방법
> • 소비자의 주소를 모르거나 다수의 소비자 또는 판매자 등에게 시정조치계획을 신속하게 알릴 필요가 있는 경우 : 방송이나 신문에 광고하는 방법 및 대형마트 등이나 물품 등의 판매·제공 장소에 안내문을 게시하는 방법

④ 중앙행정기관의 장은 제출받은 시정계획서가 소비자의 생명·신체 또는 재산에 끼치거나 끼칠 우려가 있는 위해를 제거하는 데 미흡하다고 인정되면 그 시정계획서의 보완을 요구할 수 있다.
⑤ 시정계획서를 제출한 사업자가 소비자에게 시정조치계획을 알릴 때 포함사항
  ㉠ ③의 ㉠부터 ㉣까지에 규정된 사항
  ㉡ 사업자의 이름·주소 및 연락처
⑥ 시정계획서를 제출한 사업자는 지체 없이 시정조치를 이행하여야 하며, 시정조치를 마치면 다음의 사항을 적어 서면으로 시정조치의 결과를 소관 중앙행정기관의 장에게 보고하여야 한다.
  ㉠ 시정조치의 내용과 실적
  ㉡ 시정조치를 이행하지 못한 물품 등에 대한 조치계획
  ㉢ 위해의 재발 방지를 위한 대책
⑦ 중앙행정기관의 장은 사업자가 시정계획서상의 시정조치기간 이내에 그 물품 등을 수거하여 파기하지 아니하면 소속 공무원에게 이를 수거하여 파기하게 할 수 있다. 이 경우 사업자 외의 자가 소유하거나 점유하는 물품 등은 수거·파기 대상에서 제외할 수 있다.
⑧ 중앙행정기관 소속 공무원은 물품 등을 수거하여 파기할 때에는 사업자를 참여시켜야 하며, 사업자가 이에 따르지 아니하거나 상당한 기간 사업자의 소재를 알 수 없는 경우에는 ⑦에 따른 공무원 외에 관계 공무원을 1명 이상 참여시켜야 한다.
⑨ 수거·파기에 드는 비용은 사업자가 부담한다. 다만, 사업자의 파산 등으로 사업자가 비용을 부담할 수 없으면 그 물품 등을 수거·파기하는 중앙행정기관이 그 비용을 부담할 수 있다.
⑩ 중앙행정기관의 장은 다음의 사항을 신문·방송 또는 소비자종합지원시스템 등을 통하여 공표할 수 있다.
  ㉠ ③의 ㉠부터 ㉣까지에서 규정된 사항
  ㉡ 사업자의 이름·주소 및 연락처

제3과목

고객관리 실무론

5) 소비자안전센터의 설치 등(제51조)

① 소비자안전시책을 지원하기 위하여 한국소비자원에 소비자안전센터를 둔다.

② 소비자안전센터에 소장 1인을 두고, 그 조직에 관한 사항은 정관으로 정한다.

③ 소비자안전센터의 업무는 다음과 같다.

　　㉠ 위해정보의 수집 및 처리

　　㉡ 소비자안전을 확보하기 위한 조사 및 연구

　　㉢ 소비자안전과 관련된 교육 및 홍보

　　㉣ 위해 물품 등에 대한 시정 건의

　　㉤ 소비자안전에 관한 국제협력

　　㉥ 그 밖에 소비자안전에 관한 업무

6) 위해정보의 수집 및 처리(제52조)

① 소비자안전센터는 물품 등으로 인하여 소비자의 생명·신체 또는 재산에 위해가 발생하였거나 발생할 우려가 있는 사안에 대한 정보(이하 "위해정보")를 수집할 수 있다.

② 소장은 ①의 규정에 따라 수집한 위해정보를 분석하여 그 결과를 원장에게 보고하여야 하고, 원장은 위해정보의 분석결과에 따라 필요한 경우에는 다음의 조치를 할 수 있다.

　　㉠ 위해방지 및 사고예방을 위한 소비자안전경보의 발령

　　㉡ 물품 등의 안전성에 관한 사실의 공표

　　㉢ 위해 물품 등을 제공하는 사업자에 대한 시정 권고

　　㉣ 국가 또는 지방자치단체에의 시정조치·제도개선 건의

　　㉤ 그 밖에 소비자안전을 확보하기 위하여 필요한 조치로서 대통령령이 정하는 사항

③ 원장은 ②의 ㉢에 따라 시정 권고를 받은 사업자에게 수락 여부 및 다음의 사항을 포함한 이행 결과 등의 제출을 요청할 수 있다. 이 경우 사업자는 특별한 사유가 없으면 이에 따라야 한다.

　　㉠ 시정 권고에 따른 이행 내용과 실적

　　㉡ 시정 권고를 이행하지 못한 물품 등에 대한 조치계획

　　㉢ 위해의 재발방지를 위한 대책

④ 원장은 물품 등으로 인하여 소비자의 생명·신체 또는 재산에 위해가 발생하거나 발생할 우려가 높다고 판단되는 경우로서 사업자가 ②의 ㉢에 따른 시정 권고를 이행하지 않는 경우에는 공정거래위원회에 시정요청을 해 줄 것을 건의할 수 있다.

⑤ 위해정보를 수집·처리하는 자는 물품 등의 위해성이 판명되어 공표되기 전까지 사업자명·상품명·피해정도·사건경위에 관한 사항을 누설하여서는 아니 된다.

⑥ 공정거래위원회는 소비자안전센터가 위해정보를 효율적으로 수집할 수 있도록 하기 위하여 필요한 경우에는 행정기관·병원·학교·소비자단체 등을 위해정보 제출기관으로 지정·운영할 수 있다.

⑦ 위해정보의 수집 및 처리 등에 관하여 필요한 사항은 대통령령으로 정한다.

TIP 위해정보 제출기관 및 관리

1. 위해정보 제출기관의 지정·운영 등(시행령 제39조)

① 공정거래위원회가 위해정보 제출기관으로 지정·운영할 수 있는 기관

    ㉠ 경찰서·소방서·보건소 등 위해정보수집이 가능한 행정관서

    ㉡ 소비자단체

    ㉢ 병원 및 종합병원

    ㉣ 초등학교·중학교·고등학교 중 보건실을 운영하고 있는 학교

    ㉤ 그 밖에 위해정보의 수집이 가능한 기관이나 단체

② 위해정보 제출기관으로 지정된 기관은 업무상 위해정보를 취득한 경우에는 다음의 사항을 적은 서면을 소비자안전센터에 제출하여야 한다.

    ㉠ 위해정보 제출기관의 명칭

    ㉡ 위해 발생일

    ㉢ 위해를 입은 소비자의 인적사항

    ㉣ 위해내용과 위해부위

    ㉤ 위해 발생 경위

    ㉥ 위해 관련 물품 등의 명칭과 사업자의 이름 및 연락처

    ㉦ 위해의 발생장소

    ㉧ 그 밖에 사진·물품 등 위해정보의 분석·평가를 위한 참고자료

③ 소비자안전센터는 제출받은 위해정보의 내용 보완이 필요하다고 인정되면 위해정보 제출기관에 그 보완을 요구할 수 있다.

④ 위해정보 제출기관은 위해정보를 제출한 후 그 내용을 변경하려는 경우에는 그 내용과 사유를 소비자안전센터에 제출하여야 한다.

⑤ 소비자안전센터는 위해정보 제출기관으로부터 제출받은 위해정보를 분기별로 해당 물품 등의 소관 중앙행정기관의 장에게 보고하여야 한다. 다만, 긴급한 조치가 필요하다고 인정되면 이를 즉시 보고하여야 한다.

⑥ 이 영에서 규정한 사항 외에 위해정보 제출기관의 지정·운영 및 위해정보의 제출 등에 필요한 세부사항은 공정거래위원회가 정하여 고시한다.

2. 수집된 위해정보의 관리(시행령 제40조)

소비자안전센터는 위해정보 제출기관이 제출한 위해정보를 유형별로 분류하여 3년 이상 보관하여야 한다.

3. 경비지원(시행령 제41조)

소비자안전센터는 위해정보 제출기관에 대하여 한국소비자원 예산의 범위 안에서 경비를 지원할 수 있다.

4. 소비자안전경보의 발령 등을 위한 평가(시행령 제42조)

① 한국소비자원의 원장은 소비자안전경보의 발령이나 물품 등의 안전성에 관한 사실을 공표하려면 소비자안전센터의 소장으로 하여금 해당 물품 등에 대하여 위해정보의 발생빈도, 소비자의 위해정도, 그 밖에 한국소비자원의 원장이 정하는 평가요소에 대한 평가를 실시하게 할 수 있다.

② 평가를 효율적으로 수행하기 위하여 소비자안전센터에 위해정보평가위원회를 둔다.

③ 소비자안전센터의 소장은 ①에 따른 평가를 하는 경우에는 위해정보평가위원회의 심의를 거쳐야 한다.

④ 위해정보평가위원회의 구성과 운영에 필요한 사항은 공정거래위원회의 승인을 받아 한국소비자원의 원장이 정한다.

 합격까지 박문각

제3과목 고객관리 실무론

Warming Up

01 사업자가 보고해야 하는 중대한 결함 범위 및 처리기간으로 옳지 않은 것은?

① 사망

② 2명 이상의 식중독

③ 안전기준을 위반한 결함

④ 의뢰받은 날부터 3개월 이내에 시험·검사의 결과를 의뢰인에게 통보

⑤ 의료기관에서 3주 이상의 치료가 필요한 신체적 부상이나 질병

정답 1 ④

06 한국소비자원과 피해구제 및 소비자분쟁 조정

(1) 한국소비자원

1) 한국소비자원의 업무(제35조 제1항)

① 소비자의 권익과 관련된 제도와 정책의 연구 및 건의

② 소비자의 권익증진을 위하여 필요한 경우 물품 등의 규격·품질·안전성·환경성에 관한 시험·검사 및 가격 등을 포함한 거래조건이나 거래방법에 대한 조사·분석

③ 소비자의 권익증진·안전 및 소비생활의 향상을 위한 정보의 수집·제공 및 국제협력

④ 소비자의 권익증진·안전 및 능력개발과 관련된 교육·홍보 및 방송사업

⑤ 소비자의 불만처리 및 피해구제

⑥ 소비자의 권익증진 및 소비생활의 합리화를 위한 종합적인 조사·연구

⑦ 국가 또는 지방자치단체가 소비자의 권익증진과 관련하여 의뢰한 조사 등의 업무

⑧ 「독점규제 및 공정거래에 관한 법률」에 따라 공정거래위원회로부터 위탁받은 동의의결의 이행관리

⑨ 그 밖에 소비자의 권익증진 및 안전에 관한 업무

2) 처리대상의 제외사항(제35조 제2항)

한국소비자원이 1)의 ⑤ 규정에 따른 업무를 수행함에 있어서 다음의 사항은 그 처리대상에서 제외한다.

① 국가 또는 지방자치단체가 제공한 물품 등으로 인하여 발생한 피해구제. 다만, 대통령령으로 정하는 물품 등에 관하여는 그러하지 아니하다.

② 그 밖에 다른 법률의 규정에 따라 설치된 전문성이 요구되는 분야의 분쟁조정기구에 신청된 피해구제 등으로서 대통령령이 정하는 피해구제

> **TIP 한국소비자원의 불만처리 및 피해구제 제외 대상(동법 시행령 제28조)**
>
> ① 다른 법률에 따라 소비자분쟁조정위원회에 준하는 분쟁조정기구가 설치되어 있는 경우 그 분쟁조정기구에 피해구제가 신청되어 있거나 이미 그 피해구제절차를 거친 사항과 동일한 내용의 피해구제
>
> ② 소비자가 한국소비자원에 피해구제를 신청한 후 이와 동일한 내용으로 ①에 따른 분쟁조정기구에 피해구제를 신청한 경우 그 피해구제

3) 공표(제35조 제3항)

한국소비자원은 업무수행 과정에서 취득한 사실 중 소비자의 권익증진, 소비자피해의 확산 방지, 물품 등의 품질향상 그 밖에 소비생활의 향상을 위하여 필요하다고 인정되는 사실은 이를 공표하여야 한다. 다만, 사업자 또는 사업자단체의 영업 비밀을 보호할 필요가 있다고 인정되거나 공익상 필요하다고 인정되는 때에는 그러하지 아니하다.

4) 시료수거(제35조 제4항·제5항)

① 원장은 1)의 ② 및 ⑤의 업무를 수행함에 있어서 다수의 피해가 우려되는 등 긴급하다고 인정되는 때에는 사업자로부터 필요한 최소한의 시료를 수거할 수 있다. 이 경우 그 사업자는 정당한 사유가 없는 한 이에 따라야 한다.

② 원장은 ①의 전단에 따라 시료를 수거한 경우 특별한 사정이 없으면 시료 수거일로부터 30일 이내에 공정거래위원회 및 관계 중앙행정기관의 장에게 그 시료수거 사실과 결과를 보고하여야 한다.

5) 시험·검사의 의뢰(제36조)

① 원장은 1)의 ② 및 ⑤의 업무를 수행함에 있어서 필요하다고 인정되는 때에는 국립 또는 공립의 시험·검사기관에 물품 등에 대한 시험·검사를 의뢰할 수 있다.

② ①의 규정에 따른 의뢰를 받은 기관은 특별한 사유가 없는 한 우선하여 이에 응하여야 한다.

(2) 한국소비자원의 피해구제

1) 피해구제의 신청(제55조)

① 소비자는 물품 등의 사용으로 인한 피해의 구제를 한국소비자원에 신청할 수 있다.

② 국가·지방자치단체 또는 소비자단체는 소비자로부터 피해구제의 신청을 받은 때에는 한국소비자원에 그 처리를 의뢰할 수 있다.

③ 사업자는 소비자로부터 피해구제의 신청을 받은 때에는 다음의 어느 하나에 해당하는 경우에 한하여 한국소비자원에 그 처리를 의뢰할 수 있다.

   ㉠ 소비자로부터 피해구제의 신청을 받은 날부터 30일이 경과하여도 합의에 이르지 못하는 경우

   ㉡ 한국소비자원에 피해구제의 처리를 의뢰하기로 소비자와 합의한 경우

   ㉢ 그 밖에 한국소비자원의 피해구제의 처리가 필요한 경우로서 대통령령이 정하는 사유에 해당하는 경우

④ 원장은 ①의 규정에 따른 피해구제의 신청(② 및 ③의 규정에 따른 피해구제의 의뢰를 포함)을 받은 경우 그 내용이 한국소비자원에서 처리하는 것이 부적합하다고 판단되는 때에는 신청인에게 그 사유를 통보하고 그 사건의 처리를 중지할 수 있다.

2) 위법사실의 통보 등(제56조)

원장은 피해구제신청사건을 처리함에 있어서 당사자 또는 관계인이 법령을 위반한 것으로 판단되는 때에는 관계기관에 이를 통보하고 적절한 조치를 의뢰하여야 한다. 다만, 다음의 경우에는 그러하지 아니하다.

① 피해구제신청사건의 당사자가 피해보상에 관한 합의를 하고 법령위반행위를 시정한 경우
② 관계 기관에서 위법사실을 이미 인지하여 조사하고 있는 경우

3) 합의권고(제57조)

원장은 피해구제신청의 당사자에 대하여 피해보상에 관한 합의를 권고할 수 있다.

4) 처리기간(제58조)

원장은 피해구제의 신청을 받은 날부터 30일 이내에 합의가 이루어지지 아니하는 때에는 지체없이 소비자분쟁조정위원회에 분쟁조정을 신청하여야 한다. 다만, 피해의 원인규명 등에 상당한 시일이 요구되는 피해구제신청사건으로서 대통령령이 정하는 사건에 대하여는 60일 이내의 범위에서 처리기간을 연장할 수 있다.

5) 피해구제절차의 중지(제59조)

① 한국소비자원의 피해구제 처리절차 중에 법원에 소를 제기한 당사자는 그 사실을 한국소비자원에 통보하여야 한다.
② 한국소비자원은 당사자의 소제기 사실을 알게 된 때에는 지체 없이 피해구제절차를 중지하고, 당사자에게 이를 통지하여야 한다.

(3) 소비자분쟁의 조정

1) 소비자분쟁조정위원회의 설치(제60조)

① 소비자와 사업자 사이에 발생한 분쟁을 조정하기 위하여 한국소비자원에 소비자분쟁조정위원회(이하 "조정위원회")를 둔다.
② 조정위원회는 다음의 사항을 심의·의결한다.
　㉠ 소비자분쟁에 대한 조정결정
　㉡ 조정위원회의 의사(議事)에 관한 규칙의 제정 및 개정·폐지
　㉢ 그 밖에 조정위원회의 위원장이 토의에 부치는 사항
③ 조정위원회의 운영 및 조정절차 등에 관하여 필요한 사항은 대통령령으로 정한다.

2) 조정위원회의 구성(제61조)

① 조정위원회는 위원장 1명을 포함한 150명 이내의 위원으로 구성하며, 위원장을 포함한 5명은 상임으로 하고, 나머지는 비상임으로 한다.

② 위원은 다음의 어느 하나에 해당하는 자 중에서 대통령령이 정하는 바에 따라 원장의 제청에 의하여 공정거래위원회위원장이 임명 또는 위촉한다.

    ㉠ 대학이나 공인된 연구기관에서 부교수 이상 또는 이에 상당하는 직에 있거나 있었던 자로서 소비자권익 관련분야를 전공한 자

    ㉡ 4급 이상의 공무원 또는 이에 상당하는 공공기관의 직에 있거나 있었던 자로서 소비자권익과 관련된 업무에 실무경험이 있는 자

    ㉢ 판사·검사 또는 변호사의 자격이 있는 자

    ㉣ 소비자단체의 임원의 직에 있거나 있었던 자

    ㉤ 사업자 또는 사업자단체의 임원의 직에 있거나 있었던 자

    ㉥ 그 밖에 소비자권익과 관련된 업무에 관한 학식과 경험이 풍부한 자

③ 위원장은 상임위원 중에서 공정거래위원회위원장이 임명한다.

④ 위원장이 부득이한 사유로 직무를 수행할 수 없는 때에는 위원장이 아닌 상임위원이 위원장의 직무를 대행하고, 위원장이 아닌 상임위원이 부득이한 사유로 위원장의 직무를 대행할 수 없는 때에는 공정거래위원회위원장이 지정하는 위원이 그 직무를 대행한다.

⑤ 위원의 임기는 3년으로 하며, 연임할 수 있다.

⑥ 조정위원회의 업무를 효율적으로 수행하기 위하여 조정위원회에 분야별 전문위원회를 둘 수 있다.

⑦ ⑥의 규정에 따른 전문위원회의 구성 및 운영에 관하여 필요한 사항은 대통령령으로 정한다.

3) 분쟁조정회의와 조정부의 관장사항(제63조의2)

① 분쟁조정회의는 다음의 사항을 심의·의결한다.

    ㉠ 소비자분쟁 중 대통령령으로 정하는 금액(합의 권고 금액 200만원) 이상의 소비자분쟁에 대한 조정

    ㉡ 조정위원회의 의사에 관한 규칙의 제정 및 개정·폐지

    ㉢ 조정위원회에 의뢰 또는 신청된 분쟁조정

    ㉣ 조정부가 분쟁조정회의에서 처리하도록 결정한 사항

② 조정부는 분쟁조정회의 심의·의결 외의 사항을 심의·의결한다.

4) 분쟁조정(제65조)

① 소비자와 사업자 사이에 발생한 분쟁에 관하여 제16조 제1항의 규정에 따라 설치된 기구에서 소비자분쟁이 해결되지 아니하거나 제28조 제1항 제5호의 규정에 따른 합의권고에 따른 합의가 이루어지지 아니한 경우 당사자나 그 기구 또는 단체의 장은 조정위원회에 분쟁조정을 신청할 수 있다.

② 조정위원회는 분쟁조정을 신청받은 경우에는 대통령령이 정하는 바에 따라 지체 없이 분쟁
조정절차를 개시하여야 한다.

③ 조정위원회는 ②의 규정에 따른 분쟁조정을 위하여 필요한 경우에는 전문위원회에 자문할
수 있다.

④ 조정위원회는 ②의 규정에 따른 분쟁조정절차에 앞서 이해관계인·소비자단체 또는 관계기
관의 의견을 들을 수 있다.

⑤ 제59조의 규정은 분쟁조정절차의 중지에 관하여 이를 준용한다.

5) 분쟁조정의 기간(제66조)

① 조정위원회는 분쟁조정을 신청받은 때에는 그 신청을 받은 날부터 30일 이내에 그 분쟁조정
을 마쳐야 한다.

② 조정위원회는 ①의 규정에 불구하고 정당한 사유가 있는 경우로서 30일 이내에 그 분쟁조정
을 마칠 수 없는 때에는 그 기간을 연장할 수 있다. 이 경우 그 사유와 기한을 명시하여 당사
자 및 그 대리인에게 통지하여야 한다.

6) 분쟁조정의 효력(제67조)

① 조정위원회의 위원장은 분쟁조정을 마친 때에는 지체 없이 당사자에게 그 분쟁조정의 내용을
통지하여야 한다.

② ①의 규정에 따른 통지를 받은 당사자는 그 통지를 받은 날부터 15일 이내에 분쟁조정의
내용에 대한 수락 여부를 조정위원회에 통보하여야 한다. 이 경우 15일 이내에 의사표시가
없는 때에는 수락한 것으로 본다.

③ ②의 규정에 따라 당사자가 분쟁조정의 내용을 수락하거나 수락한 것으로 보는 경우 조정위
원회는 조정조서를 작성하고, 조정위원회의 위원장 및 각 당사자가 기명날인하거나 서명하
여야 한다. 다만, 수락한 것으로 보는 경우에는 각 당사자의 기명날인 또는 서명을 생략할
수 있다.

④ ②의 규정에 따라 당사자가 분쟁조정의 내용을 수락하거나 수락한 것으로 보는 때에는 그
분쟁조정의 내용은 재판상 화해와 동일한 효력을 갖는다.

7) 분쟁조정의 특례〈집단분쟁조정〉(제68조)

① 4)의 ①의 규정에 불구하고, 국가·지방자치단체·한국소비자원·소비자단체·소비자 또
는 사업자는 소비자의 피해가 다수의 소비자에게 같거나 비슷한 유형으로 발생하는 경우로
서 대통령령이 정하는 사건에 대하여는 조정위원회에 일괄적인 분쟁조정(이하 "집단분쟁조
정")을 의뢰 또는 신청할 수 있다.

② ①의 규정에 따라 집단분쟁조정을 의뢰받거나 신청받은 조정위원회는 다음의 어느 하나에
해당하는 사건을 제외하고는 조정위원회의 의결로써 의뢰받거나 신청받은 날부터 60일 이
내에 ④부터 ⑦까지의 규정에 따른 집단분쟁조정의 절차를 개시하여야 한다. 이 경우 조정
위원회는 대통령령이 정하는 기간 동안 그 절차의 개시를 공고하여야 한다.

　　ⓐ ①의 요건을 갖추지 못한 사건
　　ⓑ 기존의 집단분쟁조정결정이 있는 사건으로서 개시의결을 반복할 필요가 없다고 인정되는 사건
　　ⓒ 신청인의 신청내용이 이유가 없다고 명백하게 인정되는 사건

T·I·P　집단분쟁조정에 관한 사항

1. 집단분쟁조정의 신청대상(시행령 제56조)

법 제68조 제1항에서 "대통령령이 정하는 사건"이란 다음의 요건을 모두 갖춘 사건을 말한다.

① 물품 등으로 인한 피해가 같거나 비슷한 유형으로 발생한 소비자 중 다음의 자를 제외한 소비자의 수가 50명 이상일 것
　ⓐ 법 제31조 제1항 본문에 따른 자율적 분쟁조정, 법 제57조에 따른 한국소비자원 원장의 권고, 그 밖의 방법으로 사업자와 분쟁해결이나 피해보상에 관한 합의가 이루어진 소비자
　ⓑ 제25조 각 호의 분쟁조정기구에서 분쟁조정이 진행 중인 소비자
　ⓒ 해당 물품 등으로 인한 피해에 관하여 법원에 소(訴)를 제기한 소비자

② 사건의 중요한 쟁점이 사실상 또는 법률상 공통될 것

2. 집단분쟁조정의 신청(시행령 제57조)

집단분쟁조정의 의뢰나 신청은 서면으로 하여야 한다.

3. 집단분쟁조정 절차의 개시(시행령 제58조)

① 법 제68조 제2항 후단에서 "대통령령이 정하는 기간"이란 14일 이상을 말한다.
② 법 제68조 제2항 후단에 따른 집단분쟁조정 절차의 개시공고는 한국소비자원 인터넷 홈페이지 및 전국을 보급지역으로 하는 일간신문에 게재하는 방법으로 한다.

---

③ ②에도 불구하고 조정위원회는 다음의 어느 하나에 해당하는 사건에 대하여는 ②에 따른 개시결정기간 내에 조정위원회의 의결로써 집단분쟁조정 절차개시의 결정을 보류할 수 있다. 이 경우 그 사유와 기한을 명시하여 의뢰 또는 신청한 자에게 통지하여야 하고, 그 보류기간은 ②에 따른 개시결정기간이 경과한 날부터 60일을 넘을 수 없다.

　ⓐ 피해의 원인규명에 시험, 검사 또는 조사가 필요한 사건
　ⓑ 피해의 원인규명을 위하여 대표당사자가 집단분쟁조정 절차개시 결정의 보류를 신청하는 사건

④ 조정위원회는 집단분쟁조정의 당사자가 아닌 소비자 또는 사업자로부터 그 분쟁조정의 당사자에 추가로 포함될 수 있도록 하는 신청을 받을 수 있다.

⑤ 조정위원회는 사업자가 조정위원회의 집단분쟁조정의 내용을 수락한 경우에는 집단분쟁조정의 당사자가 아닌 자로서 피해를 입은 소비자에 대한 보상계획서를 작성하여 조정위원회에 제출하도록 권고할 수 있다.

⑥ 4)의 ⑤의 규정에 불구하고 조정위원회는 집단분쟁조정의 당사자인 다수의 소비자 중 일부의 소비자가 법원에 소를 제기한 경우에는 그 절차를 중지하지 아니하고, 소를 제기한 일부의 소비자를 그 절차에서 제외한다.

⑦ 5)의 ①에도 불구하고 집단분쟁조정은 ②에 따른 공고가 종료된 날의 다음 날부터 30일 이내에 마쳐야 한다. 다만, 정당한 사유가 있는 경우로서 해당 기간 내에 분쟁조정을 마칠 수 없는 때에는 2회에 한하여 각각 30일의 범위에서 그 기간을 연장할 수 있으며, 이 경우 그 사유와 기한을 구체적으로 밝혀 당사자 및 그 대리인에게 통지하여야 한다.

⑧ 집단분쟁조정의 절차 등에 관하여 필요한 사항은 대통령령으로 정한다.

Warming Up

01 **한국소비자원의 업무에 해당되지 않는 것은?**

① 소비자의 권익과 관련된 제도와 정책의 연구 및 건의
② 소비자기본법의 정책결정
③ 소비자의 권익증진·안전 및 능력개발과 관련된 교육·홍보 및 방송사업
④ 소비자의 불만처리 및 피해구제
⑤ 소비자의 권익증진을 위하여 필요한 경우 물품 등의 규격, 품질 등을 포함한 거래조건 조사·분석

02 **피해구제에 대한 설명 중 올바르지 않은 것은?**

① 소비자는 물품 등의 사용으로 인한 피해의 구제를 한국소비자원에 신청할 수 있다.
② 한국소비자원의 원장은 피해구제신청의 당사자에 대하여 피해보상에 관한 합의를 권고할 수 있다.
③ 사업자가 소비자로부터 피해구제의 신청을 받은 날로부터 30일이 경과하여도 합의에 이르지 못할 경우 한국소비자원에 그 처리를 의뢰할 수 있다.
④ 한국소비자원의 원장은 피해구제신청 사건을 처리함에 있어서 당사자 또는 관계인이 법령을 위반한 것으로 판단되는 때에는 관계기관에 이를 통보하고 적절한 조치를 의뢰하여야 한다.
⑤ 피해의 원인규명 등에 상당한 시일이 요구되는 피해구제신청사건으로서 대통령령이 정하는 사건에 대하여는 30일 이내의 범위에서 처리기간을 연장할 수 있다.

03 다음 중 소비자분쟁조정위원회 위원의 임명 및 위촉 조건과 거리가 먼 것은?

① 4급 이상 공무원 또는 이에 상당하는 공공기관의 직에 있거나 있었던 자로서 소비자 권익과 관련된 업무에 실무경험이 있는 자
② 판사·검사 또는 변호사의 자격이 있는 자
③ 소비자단체의 직원으로 근무하거나 근무한 경험이 있는 자
④ 사업자 또는 사업자단체의 임원의 직에 있거나 있었던 자
⑤ 대학이나 공인된 연구기관에서 부교수 이상 또는 이에 상당하는 직에 있거나 있었던 자로서 소비자권익 관련분야를 전공한 자

04 〈보기〉의 (   )에 들어갈 알맞은 말은?

┌─ 보기 ────────────────────────────────
분쟁조정 통지를 받은 당사자는 그 통지를 받은 날부터 (   )일 이내에 분쟁조정의 내용에 대한 수락 여부를 조정위원회에 통보하여야 한다.
└────────────────────────────────────

① 60 　　　　　　　　　② 30
③ 20 　　　　　　　　　④ 15
⑤ 7

정답　1 ②　2 ⑤　3 ③　4 ④

07 소비자단체소송 등(제7장)

(1) 소비자단체소송

1) 단체소송의 대상 등(제70조)

다음의 어느 하나에 해당하는 단체는 사업자가 제20조(소비자 권익증진 관련기준의 준수)의 규정을 위반하여 소비자의 생명·신체 또는 재산에 대한 권익을 직접적으로 침해하고 그 침해가 계속되는 경우 법원에 소비자권익 침해행위의 금지·중지를 구하는 소송(이하 "단체소송")을 제기할 수 있다.

① 제29조의 규정에 따라 공정거래위원회에 등록한 소비자단체로서 다음의 요건을 모두 갖춘 단체
  ㉠ 정관에 따라 상시적으로 소비자의 권익증진을 주된 목적으로 하는 단체일 것
  ㉡ 단체의 정회원수가 1천 명 이상일 것
  ㉢ 제29조의 규정에 따른 등록 후 3년이 경과하였을 것
② 한국소비자원
③ 대한상공회의소, 중소기업협동조합중앙회 및 전국 단위의 경제단체로서 대통령령이 정하는 경제단체
④ 다음의 요건을 갖춘 비영리민간단체
  ㉠ 법률상 또는 사실상 동일한 침해를 입은 50인 이상의 소비자로부터 단체소송의 제기를 요청받을 것
  ㉡ 정관에 소비자의 권익증진을 단체의 목적으로 명시한 후 최근 3년 이상 이를 위한 활동실적이 있을 것
  ㉢ 단체의 상시 구성원수가 5천 명 이상일 것
  ㉣ 중앙행정기관에 등록되어 있을 것

> **TIP 단체소송을 제기할 수 있는 경제단체의 범위(동법 시행령 제63조)**
>
> ① 사업자 등을 회원으로 하여 「민법」에 따라 설립된 사단법인으로서 정관에 따라 기업경영의 합리화 또는 건전한 기업문화 조성에 관한 사업을 수행하는 법인 중 공정거래위원회가 정하여 고시하는 법인
> ② 사업자 등을 회원으로 하여 「민법」에 따라 설립된 사단법인으로서 정관에 따라 무역진흥업무를 수행하는 법인 중 공정거래위원회가 정하여 고시하는 법인

2) 전속관할(제71조)

① 단체소송의 소는 피고의 주된 사무소 또는 영업소가 있는 곳, 주된 사무소나 영업소가 없는 경우에는 주된 업무담당자의 주소가 있는 곳의 지방법원 본원 합의부의 관할에 전속한다.
② ①의 규정을 외국사업자에 적용하는 경우 대한민국에 있는 이들의 주된 사무소·영업소 또는 업무담당자의 주소에 따라 정한다.

3) 소송대리인의 선임(제72조)

단체소송의 원고는 변호사를 소송대리인으로 선임하여야 한다.

4) 소송허가 신청(제73조)

① 단체소송을 제기하는 단체는 소장과 함께 다음의 사항을 기재한 소송허가신청서를 법원에 제출하여야 한다.
  ㉠ 원고 및 그 소송대리인
  ㉡ 피고
  ㉢ 금지 · 중지를 구하는 사업자의 소비자권익 침해행위의 범위
② 소송허가신청서에는 다음의 자료를 첨부하여야 한다.
  ㉠ 소제기단체가 1)의 어느 하나에 해당하는 요건을 갖추고 있음을 소명하는 자료
  ㉡ 소제기단체가 5)의 ①의 ㉢ 규정에 따라 요청한 서면 및 이에 대한 사업자의 의견서. 다만, 정하는 기간 내(14일)에 사업자의 응답이 없을 경우에는 사업자의 의견서를 생략할 수 있다.

5) 소송허가요건 등(제74조)

① 법원은 다음의 요건을 모두 갖춘 경우에 한하여 결정으로 단체소송을 허가한다.
  ㉠ 물품 등의 사용으로 인하여 소비자의 생명 · 신체 또는 재산에 피해가 발생하거나 발생할 우려가 있는 등 다수 소비자의 권익보호 및 피해예방을 위한 공익상의 필요가 있을 것
  ㉡ 소송허가신청서의 기재사항에 흠결이 없을 것
  ㉢ 소제기단체가 사업자에게 소비자권익 침해행위를 금지 · 중지할 것을 서면으로 요청한 후 14일이 경과하였을 것
② 단체소송을 허가하거나 불허가하는 결정에 대하여는 즉시항고할 수 있다.

6) 확정판결의 효력(제75조)

원고의 청구를 기각하는 판결이 확정된 경우 이와 동일한 사안에 관하여는 1)의 규정에 따른 다른 단체는 단체소송을 제기할 수 없다. 다만, 다음의 어느 하나에 해당하는 경우에는 그러하지 아니하다.
① 판결이 확정된 후 그 사안과 관련하여 국가 또는 지방자치단체가 설립한 기관에 의하여 새로운 연구결과나 증거가 나타난 경우
② 기각판결이 원고의 고의로 인한 것임이 밝혀진 경우

7) 「민사소송법」의 적용 등(제76조)

① 단체소송에 관하여 이 법에 특별한 규정이 없는 경우에는 「민사소송법」을 적용한다.

② 단체소송의 허가결정이 있는 경우에는 「민사집행법」 제4편의 규정에 따른 보전처분을 할 수 있다.

③ 단체소송의 절차에 관하여 필요한 사항은 대법원규칙으로 정한다.

Warming Up ↗

01 단체소송을 제기할 수 있는 단체(단체소송 대상)에 해당되지 않는 것은?

① 등록 후 3년이 경과하였을 것

② 단체의 정회원수가 1천 명 이상일 것

③ 비영리단체로서 정관에 소비자의 권익증진을 단체의 목적으로 명시한 후 최근 3년 이상 이를 위한 활동실적이 있을 것

④ 단체의 상시 구성원수가 3천 명 이상인 비영리단체일 것

⑤ 중앙행정기관에 등록되어 있는 비영리단체일 것

정답 1 ④

CHAPTER 02   개인정보보호법

학습개요	개인정보보호법에 대한 최신 법령과 개인정보침해 사례를 살펴봄으로써 개인정보보호법을 숙지한다.
절 구성	1. 총칙 2. 개인정보 보호정책의 수립 3. 개인정보의 처리 4. 개인정보의 안전한 관리 5. 정보주체의 권리 보장 6. 개인정보 분쟁조정위원회 7. 개인정보 단체소송
학습중점	1. 개인정보보호법의 정의와 개념 2. 개인정보보호 원칙 3. 개인정보 수집과 파기, 처리제한 4. 개인정보의 안전관리 5. 개인정보 분쟁조정 및 단체 소송
마인드 맵	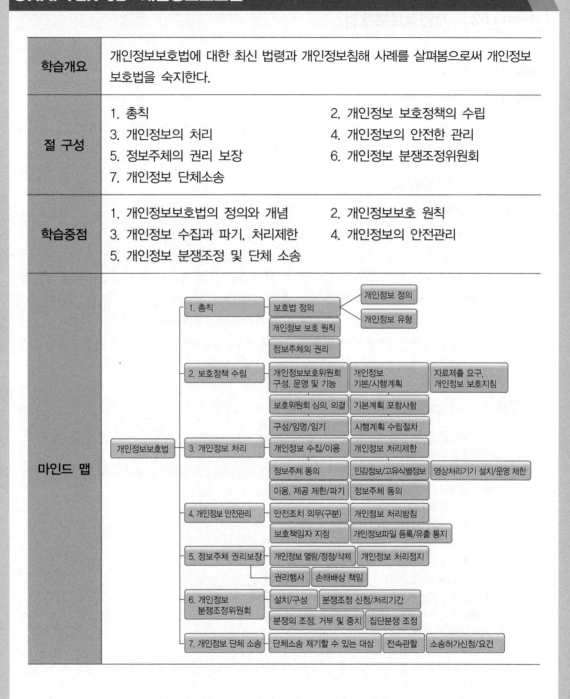

개인정보보호법

01 총칙(제1장)

(1) 목적(제1조)

개인정보의 처리 및 보호에 관한 사항을 정함으로써 개인의 자유와 권리를 보호하고, 나아가 개인의 존엄과 가치를 구현함을 목적으로 한다.

(2) 주요 용어의 정의(제2조)

1) 개인정보의 정의

살아 있는 개인에 관한 정보로서 다음의 어느 하나에 해당하는 정보
① 성명, 주민등록번호 및 영상 등을 통하여 개인을 알아볼 수 있는 정보
② 해당 정보만으로는 특정 개인을 알아볼 수 없더라도 다른 정보와 쉽게 결합하여 알아볼 수 있는 정보. 이 경우 쉽게 결합할 수 있는지 여부는 다른 정보의 입수 가능성 등 개인을 알아보는 데 소요되는 시간, 비용, 기술 등을 합리적으로 고려하여야 한다.
③ ① 또는 ②를 가명처리함으로써 원래의 상태로 복원하기 위한 추가 정보의 사용·결합 없이는 특정 개인을 알아볼 수 없는 정보(이하 "가명정보")

> **TIP 개인정보의 유형**
>
> ① 사망자 및 실종자 관련 정보는 개인정보로 볼 수 없으나 유족, 후손과 관련되어 활용 가능 시에는 유족, 후손의 개인정보로 간주된다.
> ② 혈액형은 고유 식별이 불가하므로 개인정보로 볼 수 없으나 성명, 주민등록번호, 가족관계, 주소 등 사실적 정보와 결합하여 개인 식별이 가능한 경우에는 개인정보로 간주된다.
> ③ 개인정보의 구체적 예
> 아래 내용에 대한 사실과 이를 판단할 수 있는 사항 및 평가 가능한 내용은 개인정보에 포함된다.
> ㉠ **신분관계** : 성명, 주민등록번호, 주소, 본적, 가족관계, 본관 등 사실적 정보
> ㉡ **내면의 비밀** : 개인의 신념, 사상, 신조, 종교, 가치관, 정치적 성향 등
> ㉢ **심신의 상태** : 건강상태, 신장, 체중 등 신체적 특징, 병력, 장애정도 등
> ㉣ **사회경력** : 사회적 지위, 신분, 학력, 직업, 자격, 전과 여부 등
> ㉤ **경제관계** : 소득규모, 재산보유상황, 거래내역, 신용평가 및 신용정보, 채권채무관계 등
> ㉥ **기타 새로운 유형**
> ⓐ 생체인식정보(지문, 홍채, DNA 등), 위치정보, 태아 관련 정보 등
> ⓑ 각종 모임, 서비스 단체 등의 회원가입에 필요한 이름, 주민등록번호, 주소, 생년월일, 성별, 가족관계, 학력 등의 정보
> ⓒ 은행, 병원 등 서비스를 제공받는 과정에서 생성되는 서비스 이용기록, 사이트 접속 기록, 결제정보, 접속 IP주소, 회원가입 시 제공된 정보 등이 개인 식별정보와 연계되어 개인의 프라이버시가 침해될 우려가 있을 경우 개인정보로 간주된다.

2) 가명처리의 정의

개인정보의 일부를 삭제하거나 일부 또는 전부를 대체하는 등의 방법으로 추가 정보가 없이는 특정 개인을 알아볼 수 없도록 처리하는 것

> **TIP** 사망자, 혈액형 이외 개인정보에 해당되지 않는 것
>
> ① 사물, 집단의 통계 값
> ② 상호명, 대표이사 성명 및 임원의 정보, 법인의 자산규모, 법인의 영업실적 등
> ※ 법인이나 단체의 상호명은 정보통신망법상 개인정보의 범위에 미해당[1]

> **TIP** Weible의 개인정보 14가지 유형

유형	개인정보 항목
일반정보	성명, 주민등록번호, 운전면허번호, 거주지 주소, 전화번호, 생년월일, 본적, 성별, 국적, 나이
가족정보	가족관계 및 가족 구성원의 성명, 생년월일, 주민등록번호, 직업, 전화번호, 거주지 주소 등
교육 및 훈련정보	학교출석사항, 최종학력, 학교성적, 기술 자격증, 전문 면허증, 이수한 훈련 프로그램, 동아리활동, 상벌사항
병역정보	계급, 군번, 병과, 주특기, 근무부대, 전역유형
부동산정보	소유주택, 토지, 자동차, 기타소유차량, 상점 및 건물 등
동산정보	현금보유액, 저축현황, 주식, 채권, 기타 유가증권, 보석, 고액의 예술품, 고가의 수집품
소득정보	현재 봉급액, 봉급경력, 보너스 및 수수료, 기타소득의 원천, 이자소득, 사업소득
기타수익정보	보험(건강, 생명 등) 가입현황, 회사의 판공비, 투자프로그램, 퇴직프로그램, 휴가, 병가
신용정보	대출 잔액 및 지불상황, 저당, 신용카드, 지불연기 및 미납의 수, 임금압류 통보에 대한 기록
고용정보	현재의 회사명 및 고용주, 회사주소, 상급자의 이름, 직무수행평가기록, 훈련기록, 출석기록, 상벌기록, 성격 테스트결과, 직무태도
법적정보	전과기록, 교통위반기록, 파산 및 담보기록, 구속기록, 이혼기록, 납세기록, 전과기록
의료정보	가족병력기록(암, 알코올중독 등), 과거의 의료기록, 정신질환기록, 신체장애, 혈액형, IQ, 약물 테스트 등 각종 신체테스트 정보
조직정보	노조가입, 종교단체가입, 정당가입, 클럽회원
습관 및 취미정보	흡연량, 음주량, 선호하는 스포츠 및 오락, 여가활동, 비디오 대여기록, 도박성향

1) (개인정보보호법 연구－CEO, 최고경영자의 관점에서 벌칙조항을 중심으로, 전동진, 정진홍, 2012, 보안경영학회지 제9권 3호 12년 6월)

TIP 행정안전부가 정한 개인정보 유형 : 와이블의 13유형(동산정보 제외)외 추가 3개 유형	
통신정보	전자우편(E-mail), 전화통화내용, 로그파일(Log file), 쿠키(Cookies)
위치정보	GPS나 휴대폰에 의한 개인의 위치정보
신체정보	얼굴, 지문, 홍채, 음성, DNA정보, 키, 몸무게, 진료기록, 건강상태 등

3) 처리의 정의

개인정보의 수집, 생성, 연계, 연동, 기록, 저장, 보유, 가공, 편집, 검색, 출력, 정정(訂正), 복구, 이용, 제공, 공개, 파기(破棄), 그 밖에 이와 유사한 행위

4) 정보주체의 정의

처리되는 정보에 의하여 알아볼 수 있는 사람으로서 그 정보의 주체가 되는 사람

5) 개인정보파일의 정의

개인정보를 쉽게 검색할 수 있도록 일정한 규칙에 따라 체계적으로 배열하거나 구성한 개인정보의 집합물(集合物)

6) 개인정보처리자의 정의

업무를 목적으로 개인정보파일을 운용하기 위하여 스스로 또는 다른 사람을 통하여 개인정보를 처리하는 공공기관, 법인, 단체 및 개인 등

TIP 개인정보처리자(개인정보보호법시행령 15조의2)
① 5만 명 이상의 정보주체자에 관하여 민감정보 또는 고유식별정보를 처리하는 자
② 100만 명 이상의 정보주체에 관하여 개인정보를 처리하는 자

7) 공공기관

① 국회, 법원, 헌법재판소, 중앙선거관리위원회의 행정사무를 처리하는 기관, 중앙행정기관(대통령/국무총리 소속 기관 포함) 및 그 소속 기관, 지방자치단체

② 그 밖의 국가기관 및 공공단체 중 대통령령으로 정하는 기관(시행령 제2조)

   ㉠ 국가인권위원회
   ㉡ 고위공직자범죄수사처
   ㉢ 공공기관의 운영에 관한 법률에 따른 공공기관
   ㉣ 지방공사와 지방공단
   ㉤ 특수법인
   ㉥ 각급 학교

8) 고정형 영상정보처리기기의 정의

일정한 공간에 설치되어 지속적 또는 주기적으로 사람 또는 사물의 영상 등을 촬영하거나 이를 유·무선망을 통하여 전송하는 장치로서 대통령령으로 정하는 장치

9) 이동형 영상정보처리기기의 정의

사람이 신체에 착용 또는 휴대하거나 이동 가능한 물체에 부착 또는 거치하여 사람 또는 사물의 영상 등을 촬영하거나 이를 유·무선망을 통하여 전송하는 장치로서 대통령령으로 정하는 장치

10) 과학적 연구의 정의

기술의 개발과 실증, 기초연구, 응용연구 및 민간 투자 연구 등 과학적 방법을 적용하는 연구

TIP 개인정보보호 관련 법률

① 정보통신망 이용촉진 및 성보보호 등에 관한 법률
② 공공기관의 개인정보보호 등에 관한 법률
③ 전자정부법
④ 통신비밀보호법
⑤ 신용정보의 이용 및 보호에 관한 법률
⑥ 금융 실명거래 및 비밀보장에 관한 법률

TIP 개인정보보호법의 주요내용

① 개인정보보호 규제대상 및 범위 확대
② 주민번호 등 고유 식별정보 보호 강화
③ 민간 CCTV 설치 및 제한근거 마련
④ 개인정보 영향평가 및 유출 통지제도 도입
⑤ 개인정보분쟁조정제도 강화

---

(3) 개인정보 보호 원칙(제3조)

① 개인정보처리자는 개인정보의 처리 목적을 명확하게 하여야 하고 그 목적에 필요한 범위에서 최소한의 개인정보만을 적법하고 정당하게 수집하여야 한다.
② 개인정보처리자는 개인정보의 처리 목적에 필요한 범위에서 적합하게 개인정보를 처리하여야 하며, 그 목적 외의 용도로 활용하여서는 아니 된다.
③ 개인정보처리자는 개인정보의 처리 목적에 필요한 범위에서 개인정보의 정확성, 완전성 및 최신성이 보장되도록 하여야 한다.
④ 개인정보처리자는 개인정보의 처리 방법 및 종류 등에 따라 정보주체의 권리가 침해받을 가능성과 그 위험 정도를 고려하여 개인정보를 안전하게 관리하여야 한다.
⑤ 개인정보처리자는 개인정보 처리방침 등 개인정보의 처리에 관한 사항을 공개하여야 하며, 열람청구권 등 정보주체의 권리를 보장하여야 한다.

⑥ 개인정보처리자는 정보주체의 사생활 침해를 최소화하는 방법으로 개인정보를 처리하여야 한다.

⑦ 개인정보처리자는 개인정보를 익명 또는 가명으로 처리하여도 개인정보 수집목적을 달성할 수 있는 경우 익명처리가 가능한 경우에는 익명에 의하여, 익명처리로 목적을 달성할 수 없는 경우에는 가명에 의하여 처리될 수 있도록 하여야 한다.

⑧ 개인정보처리자는 이 법 및 관계 법령에서 규정하고 있는 책임과 의무를 준수하고 실천함으로써 정보주체의 신뢰를 얻기 위하여 노력하여야 한다.

TIP 개인정보 보호에 관한 OECD 8원칙(OECD 프라이버시 보호 8원칙)

원칙	내용
1. 수집제한의 원칙 (Collection limitation principle)	개인정보의 수집에 제한을 두어야 하며, 개인정보는 적법하고 공정한 수단에 의해 수집되어야 하며, 경우에 따라서 정보주체에게 알리거나 동의를 얻은 후 수집되어야 한다.
2. 정보정확성의 원칙 (Data quality principle)	개인정보는 그 이용 목적에 부합하는 것이어야 하고 이용 목적에 필요한 범위 내에서 정확하고 완전하며 최신의 상태를 유지하여야 한다.
3. 목적명확화의 원칙 (Purpose specification principle)	개인정보의 수집 목적은 명확화되어야 하며 데이터 이용은 해당 수집목적에 모순되지 않아야 한다.
4. 이용제한의 원칙 (Use limit principle)	개인정보는 정보주체의 동의가 있는 경우나 법률의 규정에 의한 경우를 제외하고는 명확화된 목적 이외의 용도로 공개되거나 이용되어서는 안 된다.
5. 안전보호의 원칙 (Security safeguards principle)	개인정보의 분실, 불법적인 접근, 파괴, 사용, 수정, 공개 위험에 대비하여 합리적인 안전보호 장치를 마련해야 한다.
6. 공개의 원칙 (Openness principle)	개인정보에 관한 개발, 운용 및 정책에 관해서는 일반적인 공개정책을 취하여야 한다. 개인정보의 존재, 성질, 주요 목적과 함께 정보관리자의 식별, 통상의 주소를 분명히 하기 위한 수단이 쉽게 이용될 수 있도록 하여야 한다. 이 원칙은 개인 참여 원칙의 필요조건이다.
7. 개인 참가의 원칙 (Individual participation principle)	개인은 자기에 관한 정보의 소재를 확인할 권리를 가지며, 필요한 경우에는 자신에 관한 정보를 합리적인 기간 내에 합리적인 비용과 방법에 의해 알기 쉬운 형태로 통지받을 권리를 갖는다.
8. 책임의 원칙 (Accountability principle)	개인정보 관리자는 위의 제 원칙을 실시하기 위한 조치에 따를 책임이 있다.

(4) 정보주체의 권리(제4조) : 개인정보 처리와 관련하여 정보주체가 갖는 권리

① 개인정보의 처리에 관한 정보를 제공받을 권리
② 개인정보의 처리에 관한 동의 여부, 동의 범위 등을 선택하고 결정할 권리
③ 개인정보의 처리 여부를 확인하고 개인정보에 대한 열람(사본의 발급을 포함) 및 전송을 요구할 권리
④ 개인정보의 처리 정지, 정정·삭제 및 파기를 요구할 권리

⑤ 개인정보의 처리로 인하여 발생한 피해를 신속하고 공정한 절차에 따라 구제받을 권리
⑥ 완전히 자동화된 개인정보 처리에 따른 결정을 거부하거나 그에 대한 설명 등을 요구할 권리

Warming Up

01 다음 중 개인정보보호법과 관련된 용어의 정의로 바르지 않은 것은?

① 개인정보 : 성명, 주민등록번호 이외에도 다른 정보와 결합하여 알아볼 수 없다 하더라도 살아있는 개인에 관련된 모든 정보
② 정보주체 : 정보에 의하여 알아볼 수 있는 사람으로서 그 정보의 주체
③ 개인정보처리자 : 업무를 목적으로 개인정보파일을 운용하기 위하여 스스로 또는 다른 사람을 통하여 개인정보를 처리하는 공공기관, 법인, 단체, 개인 등
④ 고정형 영상정보처리기기 : 일정한 공간에 설치되어 지속적 또는 주기적으로 사람, 사물의 영상 등을 촬영하거나 이를 유·무선망을 통하여 전송하는 장치로 대통령령으로 정하는 장치
⑤ 개인정보파일 : 개인정보를 쉽게 검색할 수 있도록 일정한 규칙에 따라 체계적으로 배열하거나 구성한 개인정보의 집합물

정답해설

① 특정개인을 알아볼 수 없는 정보는 개인정보가 아니다.

02 개인정보 유형에 대한 설명 중 잘못된 것은?

① 개인정보는 살아 있는 개인에 관한 정보로서 성명, 주민등록번호 및 영상 등을 통하여 개인을 알아볼 수 있는 정보이다.
② 생체인식정보(지문, 홍채, DNA 등), 위치정보, 태아 관련 정보 등도 포함된다.
③ 사망자 및 실종자 관련 정보는 개인정보로 볼 수 없으나 유족, 후손과 관련되어 활용 가능 시에는 유족, 후손의 개인정보로 간주된다.
④ 혈액형은 고유 식별이 불가하므로 개인정보로 볼 수 없으나 성명, 주민등록번호, 가족관계, 주소 등 사실적 정보와 결합하여 개인 식별이 가능한 경우에는 개인정보로 간주된다.
⑤ 법인이나 단체의 상호명은 정보통신망법상 개인정보의 범위에 해당된다.

03 다음 중 개인정보에 해당하는 것은?

① 관계법령에 의해 사망한 것으로 간주된 자
② 주민등록번호와 결합되어 개인 식별이 가능한 경우의 혈액형
③ 단체의 임원들에 대한 정보
④ 법인의 자산규모 및 영업실적
⑤ 법인의 대표이사 성명

〔정답해설〕

② 혈액형 자체는 고유식별이 불가하여 개인정보로 볼 수 없으나 다른 정보와 결합하여 개인 식별이 가능한 경우 개인정보로 간주된다.

04 와이블의 개인정보유형 분류 중 잘못된 것은?

① 교육 및 훈련정보 : 최종학력, 학교성적, 기술자격증, 상벌사항 등
② 소득정보 : 대부잔액 및 지불사항, 신용카드, 임금압류 등
③ 고용정보 : 회사명, 고용주 이름, 상관의 이름, 직무수행 평가기록
④ 습관 및 취미정보 : 흡연량, 음주량, 선호하는 여가활동, 도박성향 등
⑤ 기타 수익정보 : 보험 가입현황, 수익자, 회사채, 회사의 판공비

〔정답해설〕

② 신용정보에 대한 내용이다.

05 〈보기〉는 OECD 프라이버시 8원칙 중 무엇에 대한 설명인가?

┌ 보기 ─────────────────────────────────
│ 개인정보는 정보주체의 동의가 있는 경우나 법률의 규정에 의한 경우를 제외하고는
│ 명확화된 목적 이외의 용도로 공개되거나 이용되어서는 안 된다.
└──────────────────────────────────────

① 이용제한의 원칙
② 목적의 명확화 원칙
③ 수집제한의 원칙
④ 정확성의 원칙
⑤ 공개의 원칙

06 우리나라 개인정보 보호 원칙에 대한 설명으로 잘못된 것은?

① 개인정보처리자는 개인정보의 처리 목적을 명확하게 하여야 하고 그 목적에 필요한 범위에서 최소한의 개인정보만을 적법하고 정당하게 수집하여야 한다.
② 개인정보처리자는 개인정보의 처리 목적에 필요한 범위에서 적합하게 개인정보를 처리하여야 하며, 그 목적 외의 용도로 활용하여서는 아니 된다.
③ 개인정보처리자는 개인정보의 처리 목적에 필요한 범위에서 개인정보의 정확성, 완전성 및 최신성이 보장되도록 하여야 한다.
④ 개인정보처리자는 개인정보 처리방침 등 개인정보의 처리에 관한 사항을 비공개하여야 하며, 열람청구권 등 정보주체의 권리를 보장하여야 한다.
⑤ 개인정보처리자는 개인정보를 익명 또는 가명으로 처리하여도 개인정보 수집목적을 달성할 수 있는 경우 익명처리가 가능한 경우에는 익명에 의하여, 익명처리로 목적을 달성할 수 없는 경우에는 가명에 의하여 처리될 수 있도록 하여야 한다.

〈정답해설〉
④ 개인정보처리자는 개인정보 처리방침 등 개인정보의 처리에 관한 사항을 공개하여야 한다.

07 정보주체의 권리가 아닌 것은?

① 개인정보의 처리에 관한 정보를 제공받을 권리
② 개인정보 처리에 관한 동의 여부, 동의 범위 등을 선택하고 결정할 권리
③ 개인정보의 처리로 인하여 발생한 피해에 대하여 신속하고 공정한 절차에 따라 충분한 벌칙 수위를 요구할 권리
④ 개인정보의 처리 정지, 정정·삭제 및 파기를 요구할 권리
⑤ 개인정보의 처리 여부를 확인하고 개인정보에 대하여 열람을 요구할 권리

〈정답해설〉
③ 개인정보의 처리로 인하여 발생한 피해에 대하여 신속하고 공정한 절차에 따라 구제받을 권리

08 개인정보보호법의 주요내용에 포함되지 않는 것은?

① 개인정보보호 규제 대상 및 범위 확대
② 주민번호 등 고유 식별정보 보호 강화
③ 민간 CCTV 설치 및 제한 근거 마련
④ 개인정보분쟁조정제도 최소화
⑤ 개인정보 영향평가 및 유출 통지제도 도입

〈정답해설〉
④ 개인정보분쟁조정제도 강화

| 정답 | 1 ① | 2 ⑤ | 3 ② | 4 ② | 5 ① | 6 ④ | 7 ③ | 8 ④ |

02 개인정보 보호정책의 수립(제2장)

(1) 개인정보 보호위원회 운영

1) 개인정보 보호위원회(제7조)

① 개인정보 보호에 관한 사무를 독립적으로 수행하기 위하여 국무총리 소속으로 개인정보 보호위원회(이하 "보호위원회")를 둔다.

② 보호위원회는 「정부조직법」 제2조에 따른 중앙행정기관으로 본다. 다만, 다음의 사항에 대하여는 「정부조직법」 제18조를 적용하지 아니한다.

　㉠ 제7조의8 제3호(정보주체의 권리침해에 대한 조사 및 이에 따른 처분에 관한 사항) 및 제4호(개인정보의 처리와 관련한 고충처리·권리구제 및 개인정보에 관한 분쟁의 조정)의 사무

　㉡ 제7조의9 제1항의 심의·의결 사항 중 제1호(개인정보 침해요인 평가에 관한 사항)에 해당하는 사항

2) 보호위원회의 구성 등(제7조의2)

① 보호위원회는 상임위원 2명(위원장 1명, 부위원장 1명)을 포함한 9명의 위원으로 구성한다.

② 보호위원회의 위원은 개인정보 보호에 관한 경력과 전문지식이 풍부한 다음의 사람 중에서 위원장과 부위원장은 국무총리의 제청으로, 그 외 위원 중 2명은 위원장의 제청으로, 2명은 대통령이 소속되거나 소속되었던 정당의 교섭단체 추천으로, 3명은 그 외의 교섭단체 추천으로 대통령이 임명 또는 위촉한다.

　㉠ 개인정보 보호 업무를 담당하는 3급 이상 공무원(고위공무원단에 속하는 공무원을 포함한다)의 직에 있거나 있었던 사람

　㉡ 판사·검사·변호사의 직에 10년 이상 있거나 있었던 사람

　㉢ 공공기관 또는 단체(개인정보처리자로 구성된 단체를 포함)에 3년 이상 임원으로 재직하였거나 이들 기관 또는 단체로부터 추천받은 사람으로서 개인정보 보호 업무를 3년 이상 담당하였던 사람

　㉣ 개인정보 관련 분야에 전문지식이 있고 「고등교육법」에 따른 학교에서 부교수 이상으로 5년 이상 재직하고 있거나 재직하였던 사람

③ 위원장과 부위원장은 정무직 공무원으로 임명한다.

④ 위원장, 부위원장, 사무처의 장은 「정부조직법」 제10조에도 불구하고 정부위원이 된다.

3) 위원장(제7조의3)

① 위원장은 보호위원회를 대표하고, 보호위원회의 회의를 주재하며, 소관 사무를 총괄한다.

② 위원장이 부득이한 사유로 직무를 수행할 수 없을 때에는 부위원장이 그 직무를 대행하고, 위원장·부위원장이 모두 부득이한 사유로 직무를 수행할 수 없을 때에는 위원회가 미리 정하는 위원이 위원장의 직무를 대행한다.

③ 위원장은 국회에 출석하여 보호위원회의 소관 사무에 관하여 의견을 진술할 수 있으며, 국회에서 요구하면 출석하여 보고하거나 답변하여야 한다.

④ 위원장은 국무회의에 출석하여 발언할 수 있으며, 그 소관 사무에 관하여 국무총리에게 의안제출을 건의할 수 있다.

4) 위원의 임기(제7조의4)

① 위원의 임기는 3년으로 하되, 한 차례만 연임할 수 있다.

② 위원이 궐위된 때에는 지체 없이 새로운 위원을 임명 또는 위촉하여야 한다. 이 경우 후임으로 임명 또는 위촉된 위원의 임기는 새로이 개시된다.

5) 위원의 신분보장(제7조의5)

① 위원은 다음의 어느 하나에 해당하는 경우를 제외하고는 그 의사에 반하여 면직 또는 해촉되지 아니한다.

　㉠ 장기간 심신장애로 인하여 직무를 수행할 수 없게 된 경우

　㉡ 결격사유에 해당하는 경우

　㉢ 이 법 또는 그 밖의 다른 법률에 따른 직무상의 의무를 위반한 경우

② 위원은 법률과 양심에 따라 독립적으로 직무를 수행한다.

6) 겸직금지(제7조의6)

① 위원은 재직 중 다음의 직(職)을 겸하거나 직무와 관련된 영리업무에 종사하여서는 아니 된다.

　㉠ 국회의원 또는 지방의회의원

　㉡ 국가공무원 또는 지방공무원

　㉢ 그 밖에 대통령령으로 정하는 직

② ①에 따른 영리업무에 관한 사항은 대통령령으로 정한다.

③ 위원은 정치활동에 관여할 수 없다.

> **TIP 영리업무의 금지(동법 시행령 제4조의2)**
>
> 보호위원회의 위원은 영리를 목적으로 다음의 어느 하나에 해당하는 업무에 종사해서는 안 된다.
> ① 보호위원회가 심의·의결하는 사항과 관련된 업무
> ② 개인정보 분쟁조정위원회가 조정하는 사항과 관련된 업무

7) 결격사유(제7조의7)

① 다음의 어느 하나에 해당하는 사람은 위원이 될 수 없다.

　㉠ 대한민국 국민이 아닌 사람

　㉡ 「국가공무원법」 제33조 각 호의 어느 하나에 해당하는 사람

　㉢ 「정당법」 제22조에 따른 당원

② 위원이 ①의 어느 하나에 해당하게 된 때에는 그 직에서 당연 퇴직한다. 다만, 「국가공무원법」 제33조 제2호는 파산선고를 받은 사람으로서 「채무자 회생 및 파산에 관한 법률」에 따라 신청기한 내에 면책신청을 하지 아니하였거나 면책불허가 결정 또는 면책 취소가 확정된 경우만 해당하고, 같은 법 제33조 제5호는 「형법」 제129조부터 제132조까지, 「성폭력범죄의 처벌 등에 관한 특례법」 제2조, 「아동·청소년의 성보호에 관한 법률」 제2조 제2호 및 직무와 관련하여 「형법」 제355조 또는 제356조에 규정된 죄를 범한 사람으로서 금고 이상의 형의 선고유예를 받은 경우만 해당한다.

8) 보호위원회의 소관 사무(제7조의8)

① 개인정보의 보호와 관련된 법령의 개선에 관한 사항
② 개인정보 보호와 관련된 정책·제도·계획 수립·집행에 관한 사항
③ 정보주체의 권리침해에 대한 조사 및 이에 따른 처분에 관한 사항
④ 개인정보의 처리와 관련한 고충처리·권리구제 및 개인정보에 관한 분쟁의 조정
⑤ 개인정보 보호를 위한 국제기구 및 외국의 개인정보 보호기구와의 교류·협력
⑥ 개인정보 보호에 관한 법령·정책·제도·실태 등의 조사·연구, 교육 및 홍보에 관한 사항
⑦ 개인정보 보호에 관한 기술개발의 지원·보급, 기술의 표준화 및 전문인력의 양성에 관한 사항
⑧ 이 법 및 다른 법령에 따라 보호위원회의 사무로 규정된 사항

9) 보호위원회 심의·의결 사항(제7조의9 제1항)

① 개인정보 침해요인 평가에 관한 사항
② 기본계획 및 시행계획에 관한 사항
③ 개인정보 보호와 관련된 정책, 제도 및 법령의 개선에 관한 사항
④ 개인정보의 처리에 관한 공공기관 간의 의견조정에 관한 사항
⑤ 개인정보 보호에 관한 법령의 해석·운용에 관한 사항
⑥ 개인정보의 이용·제공에 관한 사항, 개인정보의 국외 이전 중지 명령에 관한 사항
⑦ 개인정보 영향평가 결과에 관한 사항
⑧ 과징금 부과에 관한 사항
⑨ 의견제시 및 개선권고에 관한 사항, 시정권고에 관한 사항
⑩ 시정조치 등에 관한 사항
⑪ 고발 및 징계권고에 관한 사항
⑫ 처리 결과의 공표 및 공표명령에 관한 사항
⑬ 과태료 부과에 관한 사항
⑭ 소관 법령 및 보호위원회 규칙의 제정·개정 및 폐지에 관한 사항
⑮ 개인정보 보호와 관련하여 보호위원회의 위원장 또는 위원 2명 이상이 회의에 부치는 사항
⑯ 그 밖에 이 법 또는 다른 법령에 따라 보호위원회가 심의·의결하는 사항

10) 회의(제7조의10)

① 보호위원회의 회의는 위원장이 필요하다고 인정하거나 재적위원 4분의 1 이상의 요구가 있는 경우에 위원장이 소집한다.

② 위원장 또는 2명 이상의 위원은 보호위원회에 의안을 제의할 수 있다.

③ 보호위원회의 회의는 재적위원 과반수의 출석으로 개의하고, 출석위원 과반수의 찬성으로 의결한다.

11) 위원의 제척·기피·회피(제7조의11)

① 위원은 다음 어느 하나에 해당하는 경우 심의·의결에서 제척된다.

   ⊙ 위원 또는 그 배우자나 배우자였던 자가 해당 사안의 당사자가 되거나 그 사건에 관하여 공동의 권리자 또는 의무자의 관계에 있는 경우

   ⓒ 위원이 해당 사안의 당사자와 친족이거나 친족이었던 경우

   ⓒ 위원이 해당 사안에 관하여 증언, 감정, 법률자문을 한 경우

   ⓔ 위원이 해당 사안에 관하여 당사자의 대리인으로서 관여하거나 관여하였던 경우

   ⓜ 위원이나 위원이 속한 공공기관·법인 또는 단체 등이 조언 등 지원을 하고 있는 자와 이해관계가 있는 경우

② 위원에게 심의·의결의 공정을 기대하기 어려운 사정이 있는 경우 당사자는 기피 신청을 할 수 있고, 보호위원회는 의결로 이를 결정한다.

③ 위원이 ① 또는 ②의 사유가 있는 경우에는 해당 사안에 대하여 회피할 수 있다.

12) 소위원회(제7조의12)

① 보호위원회는 효율적인 업무 수행을 위하여 개인정보 침해 정도가 경미하거나 유사·반복되는 사항 등을 심의·의결할 소위원회를 둘 수 있다.

② 소위원회는 3명의 위원으로 구성한다.

③ 소위원회가 심의·의결한 것은 보호위원회가 심의·의결한 것으로 본다.

④ 소위원회의 회의는 구성위원 전원의 출석과 출석위원 전원의 찬성으로 의결한다.

13) 사무처(제7조의13)

보호위원회의 사무를 처리하기 위하여 보호위원회에 사무처를 두며, 이 법에 규정된 것 외에 보호위원회의 조직에 관한 사항은 대통령령으로 정한다.

(2) 개인정보 보호 기본계획(제9조)

1) 보호위원회는 개인정보의 보호와 정보주체의 권익 보장을 위하여 3년마다 개인정보 보호 기본계획(이하 "기본계획")을 관계 중앙행정기관의 장과 협의하여 수립한다.

TIP 기본계획의 수립절차(동법 시행령 제11조)

① 보호위원회는 3년마다 개인정보 보호 기본계획(이하 "기본계획")을 그 3년이 시작되는 해의 전년도 6월 30일까지 수립해야 한다.
② 보호위원회는 ①에 따라 기본계획을 작성하는 경우에는 관계 중앙행정기관의 장으로부터 개인정보 보호 관련 중장기 계획과 시책 등을 반영한 부문별 계획을 제출받아 기본계획에 반영할 수 있다. 이 경우 보호위원회는 기본계획의 목표, 추진방향 및 부문별 계획의 작성 지침 등에 관하여 관계 중앙행정기관의 장과 협의하여야 한다.
③ 보호위원회는 기본계획이 확정되면 지체 없이 관계 중앙행정기관의 장에게 통보하여야 한다.

2) 기본계획 포함사항

① 개인정보 보호의 기본목표와 추진방향
② 개인정보 보호와 관련된 제도 및 법령의 개선
③ 개인정보 침해 방지를 위한 대책
④ 개인정보 보호 자율규제의 활성화
⑤ 개인정보 보호 교육·홍보의 활성화
⑥ 개인정보 보호를 위한 전문인력의 양성
⑦ 그 밖에 개인정보 보호를 위하여 필요한 사항

3) 국회, 법원, 헌법재판소, 중앙선거관리위원회는 해당 기관(소속 기관을 포함)의 개인정보 보호를 위한 기본계획을 수립·시행할 수 있다.

(3) 개인정보 시행계획(제10조)

① 중앙행정기관의 장은 기본계획에 따라 매년 개인정보 보호를 위한 시행계획을 작성하여 보호위원회에 제출하고, 보호위원회의 심의·의결을 거쳐 시행하여야 한다.
② 시행계획의 수립·시행에 필요한 사항은 대통령령으로 정한다.

TIP 시행계획의 수립절차(동법 시행령 제12조)

① 보호위원회는 매년 6월 30일까지 다음 해 시행계획의 작성방법 등에 관한 지침을 마련하여 관계 중앙행정기관의 장에게 통보해야 한다.
② 관계 중앙행정기관의 장은 ①의 지침에 따라 기본계획 중 다음 해에 시행할 소관 분야의 시행계획을 작성하여 매년 9월 30일까지 보호위원회에 제출해야 한다.
③ 보호위원회는 ②에 따라 제출된 시행계획을 그 해 12월 31일까지 심의·의결해야 한다.

(4) 자료제출 요구(제11조)

① 보호위원회는 기본계획을 효율적으로 수립·추진하기 위하여 개인정보처리자, 관계 중앙행정기관의 장, 지방자치단체의 장 및 관계 단체 등에 개인정보처리자의 법규 준수 현황과 개인정보 관리 실태 등에 관한 자료의 제출이나 의견의 진술 등을 요구할 수 있다.

② 보호위원회는 개인정보 보호 정책 추진, 성과평가 등을 위하여 필요한 경우 개인정보처리자, 관계 중앙행정기관의 장, 지방자치단체의 장 및 관계 기관·단체 등을 대상으로 개인정보관리 수준 및 실태파악 등을 위한 조사를 실시할 수 있다.

③ 중앙행정기관의 장은 시행계획을 효율적으로 수립·추진하기 위하여 소관 분야의 개인정보 처리자에게 ①에 따른 자료제출 등을 요구할 수 있다.

(5) 개인정보 보호지침(제12조)

① 보호위원회는 개인정보의 처리에 관한 기준, 개인정보 침해의 유형 및 예방조치 등에 관한 표준 개인정보 보호지침(이하 "표준지침")을 정하여 개인정보처리자에게 그 준수를 권장할 수 있다.

② 중앙행정기관의 장은 표준지침에 따라 소관 분야의 개인정보 처리와 관련한 개인정보 보호 지침을 정하여 개인정보처리자에게 그 준수를 권장할 수 있다.

③ 국회, 법원, 헌법재판소 및 중앙선거관리위원회는 해당 기관(그 소속기관을 포함)의 개인정보 보호지침을 정하여 시행할 수 있다.

(6) 자율규제의 촉진 및 지원(제13조)

보호위원회는 개인정보처리자의 자율적인 개인정보 보호활동을 촉진하고 지원하기 위하여 다음 의 필요한 시책을 마련하여야 한다.

① 개인정보 보호에 관한 교육·홍보

② 개인정보 보호와 관련된 기관·단체의 육성 및 지원

③ 개인정보 보호 인증마크의 도입·시행 지원

④ 개인정보처리자의 자율적인 규약의 제정·시행 지원

⑤ 그 밖에 개인정보처리자의 자율적 개인정보 보호활동을 지원하기 위하여 필요한 사항

Warming Up

01 개인정보보호위원회의 기능 중 심의·의결사항에 해당되지 않는 것은?

① 개인정보 보호 기본계획 및 시행계획에 관한 사항
② 개인정보 보호와 관련된 정책, 제도 및 법령의 개선에 관한 사항
③ 개인정보 보호와 관련된 분쟁 사항
④ 개인정보 보호에 관한 법령의 해석·운용에 관한 사항
⑤ 개인정보 영향평가 결과에 관한 사항

02 개인정보보호 기본계획의 포함사항이 아닌 것은?

① 개인정보 보호의 기본목표와 추진방향
② 개인정보 침해요인 평가
③ 개인정보 보호 자율규제의 활성화
④ 개인정보 보호 교육·홍보의 활성화
⑤ 개인정보 보호를 위한 전문인력의 양성

정답해설
② 개인정보 침해 방지를 위한 대책이 기본계획의 포함사항이다.

03 개인정보보호 위원회에 대한 설명으로 잘못된 것은?

① 보호위원회는 상임위원 2명(위원장 1명, 부위원장 1명)을 포함한 9명의 위원으로 구성한다.
② 위원은 정치활동에 관여할 수 없다.
③ 위원의 임기는 3년으로 하되, 한 차례만 연임할 수 있다.
④ 위원장과 부위원장은 국무총리의 제청으로 대통령이 임명 또는 위촉하고, 정부위원이 된다.
⑤ 보호위원회의 회의는 위원장이 필요하다고 인정하거나 재적위원 3분의 1 이상의 요구가 있는 경우에 위원장이 소집한다.

정답해설
⑤ 재적위원 4분의 1 이상의 요구가 있는 경우에 위원장이 소집한다.

정답 1 ③ 2 ② 3 ⑤

03 개인정보의 처리(제3장)

(1) 개인정보의 수집, 이용, 제공 등

1) 개인정보의 수집·이용(제15조)

① 개인정보처리자가 개인정보를 수집할 수 있는 경우

ㄱ 정보주체의 동의를 받은 경우

ㄴ 법률에 특별한 규정이 있거나 법령상 의무를 준수하기 위하여 불가피한 경우

ㄷ 공공기관이 법령 등에서 정하는 소관 업무의 수행을 위하여 불가피한 경우

ㄹ 정보주체와 체결한 계약을 이행하거나 계약을 체결하는 과정에서 정보주체의 요청에 따른 조치를 이행하기 위하여 불가피하게 필요한 경우

ㅁ 명백히 정보주체 또는 제3자의 급박한 생명, 신체, 재산의 이익을 위하여 필요하다고 인정되는 경우

ㅂ 개인정보처리자의 정당한 이익을 달성하기 위하여 필요한 경우로 명백하게 정보주체의 권리보다 우선하는 경우. 이 경우 개인정보처리자의 정당한 이익과 상당한 관련이 있고 합리적인 범위를 초과하지 아니하는 경우에 한한다.

ㅅ 공중위생 등 공공의 안전과 안녕을 위하여 긴급히 필요한 경우

② 개인정보처리자가 정보주체의 동의를 받을 때 정보주체에게 알려야 하는 항목

ㄱ 개인정보의 수집·이용 목적

ㄴ 수집하려는 개인정보의 항목

ㄷ 개인정보의 보유 및 이용 기간

ㄹ 동의를 거부할 권리가 있다는 사실 및 동의 거부에 따른 불이익이 있는 경우에는 그 불이익의 내용

※ 알려야 하는 항목이 변경되는 경우에도 이를 알리고 동의를 받아야 한다.

③ 개인정보처리자는 당초 수집 목적과 합리적으로 관련된 범위에서 정보주체에게 불이익이 발생하는지 여부, 암호화 등 안전성 확보에 필요한 조치를 하였는지 여부 등을 고려하여 대통령령으로 정하는 바에 따라 정보주체의 동의 없이 개인정보를 이용할 수 있다.

2) 개인정보의 수집 제한(제16조)

① 개인정보처리자는 개인정보를 수집하는 경우 그 목적에 필요한 최소한의 개인정보를 수집하여야 한다. 이 경우 최소한의 개인정보 수집이라는 입증책임은 개인정보처리자가 부담한다.

② 개인정보처리자는 정보주체의 동의를 받아 개인정보를 수집하는 경우 필요한 최소한의 정보 외의 개인정보 수집에는 동의하지 아니할 수 있다는 사실을 구체적으로 알리고 개인정보를 수집하여야 한다.

③ 개인정보처리자는 정보주체가 필요한 최소한의 정보 외의 개인정보 수집에 동의하지 아니한다는 이유로 정보주체에게 재화 또는 서비스의 제공을 거부하여서는 아니 된다.

3) 개인정보의 제공(제17조)

① 개인정보처리자가 정보주체의 개인정보를 제3자에게 제공(공유 포함)할 수 있는 경우
  ㉠ 정보주체의 동의를 받은 경우
  ㉡ 개인정보를 수집한 목적 범위에서 개인정보를 제공하는 경우

② 개인정보처리자가 제3자에게 개인정보 제공의 동의를 받을 때 정보주체에게 알려야 하는 항목
  ㉠ 개인정보를 제공받는 자
  ㉡ 개인정보를 제공받는 자의 개인정보 이용 목적
  ㉢ 제공하는 개인정보의 항목
  ㉣ 개인정보를 제공받는 자의 개인정보 보유 및 이용 기간
  ㉤ 동의를 거부할 권리가 있다는 사실 및 동의 거부에 따른 불이익이 있는 경우에는 그 불이익의 내용
  ※ 알려야 하는 항목이 변경되는 경우에도 이를 알리고 동의를 받아야 한다.

③ 개인정보처리자는 당초 수집 목적과 합리적으로 관련된 범위에서 정보주체에게 불이익이 발생하는지 여부, 암호화 등 안전성 확보에 필요한 조치를 하였는지 여부 등을 고려하여 대통령령으로 정하는 바에 따라 정보주체의 동의 없이 개인정보를 제공할 수 있다.

4) 개인정보의 목적 외 이용·제공 제한(제18조)

① 개인정보처리자는 개인정보를 정보주체의 동의를 받은 범위를 초과하여 이용하거나 제3자에게 제공하여서는 아니 된다.

② ①에도 불구하고 개인정보처리자는 다음의 어느 하나에 해당하는 경우에는 정보주체 또는 제3자의 이익을 부당하게 침해할 우려가 있을 때를 제외하고는 개인정보를 목적 외의 용도로 이용하거나 이를 제3자에게 제공할 수 있다. 다만, ㉣부터 ㉩까지에 따른 경우는 공공기관의 경우로 한정한다.
  ㉠ 정보주체로부터 별도의 동의를 받은 경우
  ㉡ 다른 법률에 특별한 규정이 있는 경우
  ㉢ 명백히 정보주체 또는 제3자의 급박한 생명, 신체, 재산의 이익을 위하여 필요하다고 인정되는 경우
  ㉣ 개인정보를 목적 외의 용도로 이용하거나 이를 제3자에게 제공하지 아니하면 다른 법률에서 정하는 소관 업무를 수행할 수 없는 경우로서 보호위원회의 심의·의결을 거친 경우
  ㉤ 조약, 그 밖의 국제협정의 이행을 위하여 외국정부 또는 국제기구에 제공하기 위하여 필요한 경우
  ㉥ 범죄의 수사와 공소의 제기 및 유지를 위하여 필요한 경우
  ㉦ 법원의 재판업무 수행을 위하여 필요한 경우
  ㉧ 형(刑) 및 감호, 보호처분의 집행을 위하여 필요한 경우
  ㉨ 공중위생 등 공공의 안전과 안녕을 위하여 긴급히 필요한 경우

③ 개인정보처리자는 ②의 ㉠에 따른 동의를 받을 때에는 다음의 사항을 정보주체에게 알려야
한다. 다음의 어느 하나의 사항을 변경하는 경우에도 이를 알리고 동의를 받아야 한다.
  ㉠ 개인정보를 제공받는 자
  ㉡ 개인정보의 이용 목적(제공 시에는 제공받는 자의 이용 목적)
  ㉢ 이용 또는 제공하는 개인정보의 항목
  ㉣ 개인정보의 보유 및 이용 기간(제공 시에는 제공받는 자의 보유 및 이용 기간)
  ㉤ 동의를 거부할 권리가 있다는 사실 및 동의 거부에 따른 불이익이 있는 경우에는 그 불이
    익의 내용
④ 공공기관은 ②의 ㉡부터 ㉤까지, ㉦부터 ㉩까지에 따라 개인정보를 목적 외의 용도로 이용
하거나 이를 제3자에게 제공하는 경우에는 그 이용 또는 제공의 법적 근거, 목적 및 범위
등에 관하여 필요한 사항을 보호위원회가 고시로 정하는 바에 따라 관보 또는 인터넷 홈페이
지 등에 게재하여야 한다.
⑤ 개인정보처리자는 개인정보를 목적 외의 용도로 제3자에게 제공하는 경우에는 개인정보를
제공받는 자에게 이용 목적, 이용 방법, 그 밖에 필요한 사항에 대하여 제한을 하거나, 개인
정보의 안전성 확보를 위하여 필요한 조치를 마련하도록 요청하여야 한다. 요청을 받은 자는
개인정보의 안전성 확보를 위하여 필요한 조치를 하여야 한다.

Tip 개인정보의 목적 외 이용 또는 제3자 제공의 관리(동법 시행령 제15조)

공공기관은 법 제18조 제2항에 따라 개인정보를 목적 외의 용도로 이용하거나 이를 제3자에게 제공하는 경우에
는 다음의 사항을 보호위원회가 정하여 고시하는 개인정보의 목적 외 이용 및 제3자 제공 대장에 기록하고 관리
해야 한다.
① 이용하거나 제공하는 개인정보 또는 개인정보파일의 명칭
② 이용기관 또는 제공받는 기관의 명칭
③ 이용 목적 또는 제공받는 목적
④ 이용 또는 제공의 법적 근거
⑤ 이용하거나 제공하는 개인정보의 항목
⑥ 이용 또는 제공의 날짜, 주기 또는 기간
⑦ 이용하거나 제공하는 형태
⑧ 법 제18조 제5항에 따라 제한을 하거나 필요한 조치를 마련할 것을 요청한 경우에는 그 내용

---

5) 정보주체 이외로부터 수집한 개인정보의 수집 출처 등 통지(제20조)

① 개인정보처리자가 정보주체 이외로부터 수집한 개인정보를 처리하는 때에는 정보주체의 요구
가 있으면 즉시 다음의 모든 사항을 정보주체에게 알려야 한다.
  ㉠ 개인정보의 수집 출처
  ㉡ 개인정보의 처리 목적
  ㉢ 개인정보 처리의 정지를 요구하거나 동의를 철회할 권리가 있다는 사실

② ①에도 불구하고 처리하는 개인정보의 종류·규모, 종업원 수 및 매출액 규모 등을 고려하여 대통령령으로 정하는 기준에 해당하는 개인정보처리자가 제17조 제1항 제1호에 따라 정보주체 이외로부터 개인정보를 수집하여 처리하는 때에는 ①의 각 모든 사항을 정보주체에게 알려야 한다. 다만, 개인정보처리자가 수집한 정보에 연락처 등 정보주체에게 알릴 수 있는 개인정보가 포함되지 아니한 경우에는 그러하지 아니하다.

TIP 개인정보처리자(동법 시행령 제15조의2 제1항)

① 5만 명 이상의 정보주체에 관하여 민감정보 또는 고유식별정보를 처리하는 자
② 100만 명 이상의 정보주체에 관하여 개인정보를 처리하는 자

③ 개인정보처리자가 정보주체에게 알리는 경우 시기·방법 및 절차 등 필요한 사항은 대통령령으로 정한다.
④ 정보주체의 요구 시 정보주체에게 통지 예외사항(정보주체의 권리보다 우선하는 경우)
　　㉠ 통지 요구 대상의 개인정보가 공공기관이 운영하는 개인정보파일에 포함되어 있는 경우
　　㉡ 통지로 인하여 다른 사람의 생명·신체를 해할 우려가 있거나 다른 사람의 재산과 그 밖의 이익을 부당하게 침해할 우려가 있는 경우

6) 개인정보의 파기(제21조)

① 개인정보처리자는 보유기간의 경과, 개인정보의 처리 목적 달성, 가명정보의 처리 기간 경과 등 그 개인정보가 불필요하게 되었을 때에는 지체 없이 그 개인정보를 파기하여야 한다. 다만, 다른 법령에 따라 보존하여야 하는 경우에는 그러하지 아니하다.
② 개인정보처리자가 ①에 따라 개인정보를 파기할 때에는 복구 또는 재생되지 아니하도록 조치하여야 한다.
③ 개인정보처리자가 ①의 단서에 따라 개인정보를 파기하지 아니하고 보존하여야 하는 경우에는 해당 개인정보 또는 개인정보파일을 다른 개인정보와 분리하여서 저장·관리하여야 한다.
④ 개인정보의 파기방법 및 절차 등에 필요한 사항은 대통령령으로 정한다.

TIP 개인정보의 파기방법(동법 시행령 제16조)

① **전자적 파일 형태인 경우** : 복원이 불가능한 방법으로 영구 삭제. 다만, 기술적 특성으로 영구 삭제가 현저히 곤란한 경우에는 법 제58조의2에 해당하는 정보로 처리하여 복원이 불가능하도록 조치해야 한다.
② **제1호 외의 기록물, 인쇄물, 서면, 그 밖의 기록매체인 경우** : 파쇄 또는 소각
　※ 제1항에 따른 개인정보의 안전한 파기에 관한 세부 사항은 보호위원회가 정하여 고시한다.

TIP 개인정보 파기((개인정보보호위원회) 개인정보의 안전성 확보조치 기준 제13조)

① 개인정보처리자는 개인정보를 파기할 경우 다음 중 어느 하나의 조치를 하여야 한다.
    ㉠ 완전파괴(소각·파쇄 등)
    ㉡ 전용 소자장비를 이용하여 삭제
    ㉢ 데이터가 복원되지 않도록 초기화 또는 덮어쓰기 수행
② 개인정보처리자가 개인정보의 일부만을 파기하는 경우, ①의 방법으로 파기하는 것이 어려울 때에는 다음의 조치를 하여야 한다.
    ㉠ 전자적 파일 형태인 경우 : 개인정보를 삭제한 후 복구 및 재생되지 않도록 관리 및 감독
    ㉡ ㉠ 외의 기록물, 인쇄물, 서면, 그 밖의 기록매체인 경우 : 해당 부분을 마스킹, 천공 등으로 삭제

TIP 개인정보 파기 시기 및 사유의 예

① 개인정보에 대하여 동의받은 보유기간 및 이용기간의 종료
    • 다른 법률의 규정에 따르는 경우 등 정보주체의 동의 없이 개인정보 수집이 가능한 경우 그 정보의 보유 및 이용기간이 종료 시
    • 서비스 이용고객이 개인정보 제공을 동의한 기간의 종료 시
    ※ 체육관, 인터넷 교육, 전세 계약 등의 서비스 이용기간 종료
    • 서비스 이용고객의 이용기간 만료 또는 해지 시 해당 요금 정산의 완료 시까지
② 개인정보의 수집 및 이용목적 달성(단기성 목적을 위해 제공된 정보)
    • 핸드폰 할인 행사를 위한 이벤트 공모 시 제공된 개인정보의 이벤트 종료 시
    • 서비스 이용고객이 서비스 제공기관의 회원탈퇴를 원할 때
    • 홍보 및 판촉활동(이벤트)간 수집된 개인정보에 대하여 그 행사 종료 시
    • 서비스 제공을 위하여 일부 기술 협약한 외주업체에 제공된 개인정보에 대하여 외주업체의 과업 종료 시
③ 서비스 사업 종료 및 사업 폐지 등 처리 목적 달성으로 그 개인정보가 불필요하게 되었을 때
    • 서비스 제공기관의 해당 서비스 사업의 종료 시
    • 서비스 기관의 내부문제로 인하여 폐업 시
    • 서비스 제공기관의 내부문제로 인하여 해당 서비스 제공 중단 시

8) 동의를 받는 방법(제22조)

① 개인정보처리자는 개인정보의 처리에 대하여 정보주체(법정대리인 포함)의 동의를 받을 때에는 각각의 동의 사항을 구분하여 정보주체가 이를 명확하게 인지할 수 있도록 알리고 각각 동의를 받아야 한다.

② 개인정보처리자는 동의를 서면(「전자문서 및 전자거래 기본법」에 따른 전자문서를 포함)으로 받을 때에는 개인정보의 수집·이용 목적, 수집·이용하려는 개인정보의 항목 등 대통령령으로 정하는 중요한 내용을 보호위원회가 고시로 정하는 방법에 따라 명확히 표시하여 알아보기 쉽게 하여야 한다.

③ 개인정보처리자는 개인정보의 처리에 대하여 정보주체의 동의를 받을 때에는 정보주체와의 계약 체결 등을 위하여 정보주체의 동의 없이 처리할 수 있는 개인정보(선택적으로 동의여부를 결정할 수 없는 사항)와 정보주체의 동의가 필요한 개인정보(선택적으로 동의할 수 있는 사항)를 구분하여 제30조 제2항에 따라 공개하거나 전자우편 등 대통령령으로 정하는 방법에 따라 정보주체에게 알려야 한다. 이 경우 동의 없이 처리할 수 있는 개인정보라는 입증책임은 개인정보처리자가 부담한다.

④ 개인정보처리자는 정보주체가 선택적으로 동의할 수 있는 사항을 동의하지 아니하거나 제1항 제3호 및 제7호(재화나 서비스를 홍보하거나 판매를 권유하기 위하여 개인정보의 처리에 대한 동의를 받으려는 경우)에 따른 동의를 하지 아니한다는 이유로 정보주체에게 재화 또는 서비스의 제공을 거부하여서는 아니 된다.

⑤ ①부터 ④까지에서 규정한 사항 외에 정보주체의 동의를 받는 세부적인 방법 및 ④에 따른 최소한의 정보의 내용에 관하여 필요한 사항은 개인정보의 수집매체 등을 고려하여 대통령령으로 정한다.

T I P 개인정보처리자가 정보주체의 동의를 받는 방법(동법 시행령 제17조 제2항)

① 동의 내용이 적힌 서면을 정보주체에게 직접 발급하거나 우편 또는 팩스 등의 방법으로 전달하고, 정보주체가 서명하거나 날인한 동의서를 받는 방법
② 전화를 통하여 동의 내용을 정보주체에게 알리고 동의의 의사표시를 확인하는 방법
③ 전화를 통하여 동의 내용을 정보주체에게 알리고 정보주체에게 인터넷주소 등을 통하여 동의 사항을 확인하도록 한 후 다시 전화를 통하여 그 동의 사항에 대한 동의의 의사표시를 확인하는 방법
④ 인터넷 홈페이지 등에 동의 내용을 게재하고 정보주체가 동의 여부를 표시하도록 하는 방법
⑤ 동의 내용이 적힌 전자우편을 발송하여 정보주체로부터 동의의 의사표시가 적힌 전자우편을 받는 방법
⑥ 그 밖에 ①부터 ⑤까지의 규정에 따른 방법에 준하는 방법으로 동의 내용을 알리고 동의의 의사표시를 확인하는 방법

---

9) 아동의 개인정보 보호(제22조의2)

① 개인정보처리자는 만 14세 미만 아동의 개인정보를 처리하기 위하여 이 법에 따른 동의를 받아야 할 때에는 그 법정대리인의 동의를 받아야 하며, 법정대리인이 동의하였는지를 확인하여야 한다.

② 제1항에도 불구하고 법정대리인의 동의를 받기 위하여 필요한 최소한의 정보로서 대통령령으로 정하는 정보는 법정대리인의 동의 없이 해당 아동으로부터 직접 수집할 수 있다.

③ 개인정보처리자는 만 14세 미만의 아동에게 개인정보 처리와 관련한 사항의 고지 등을 할 때에는 이해하기 쉬운 양식과 명확하고 알기 쉬운 언어를 사용하여야 한다.

④ 제1항부터 제3항까지에서 규정한 사항 외에 동의 및 동의 확인 방법 등에 필요한 사항은 대통령령으로 정한다.

> **T!P 아동의 개인정보 보호(동법 시행령 제17조의2)**
>
> 개인정보처리자는 법 제22조의2 제1항에 따라 법정대리인이 동의했는지를 확인하는 경우에는 다음 각 호의 어느 하나에 해당하는 방법으로 해야 한다.
> ① 동의 내용을 게재한 인터넷 사이트에 법정대리인이 동의 여부를 표시하도록 하고 개인정보처리자가 그 동의 표시를 확인했음을 법정대리인의 휴대전화 문자메시지로 알리는 방법
> ② 동의 내용을 게재한 인터넷 사이트에 법정대리인이 동의 여부를 표시하도록 하고 법정대리인의 신용카드 · 직불카드 등의 카드정보를 제공받는 방법
> ③ 동의 내용을 게재한 인터넷 사이트에 법정대리인이 동의 여부를 표시하도록 하고 법정대리인의 휴대전화 본인인증 등을 통하여 본인 여부를 확인하는 방법
> ④ 동의 내용이 적힌 서면을 법정대리인에게 직접 발급하거나 우편 또는 팩스를 통하여 전달하고, 법정대리인이 동의 내용에 대하여 서명날인 후 제출하도록 하는 방법
> ⑤ 동의 내용이 적힌 전자우편을 발송하고 법정대리인으로부터 동의의 의사표시가 적힌 전자우편을 전송받는 방법
> ⑥ 전화를 통하여 동의 내용을 법정대리인에게 알리고 동의를 받거나 인터넷주소 등 동의 내용을 확인할 수 있는 방법을 안내하고 재차 전화 통화를 통하여 동의를 받는 방법
> ⑦ 그 밖에 제1호부터 제6호까지의 규정에 준하는 방법으로서 법정대리인에게 동의 내용을 알리고 동의의 의사표시를 확인하는 방법
> ※ 개인정보처리자는 개인정보 수집 매체의 특성상 동의 내용을 전부 표시하기 어려운 경우에는 인터넷주소 또는 사업장 전화번호 등 동의 내용을 확인할 수 있는 방법을 법정대리인에게 안내할 수 있다.

(2) 개인정보의 처리 제한

1) 민감정보의 처리 제한(제23조)

① 개인정보처리자가 민감정보를 처리하여서는 안 되는 정보(민감정보의 범위)

   ㉠ 사상 및 신념

   ㉡ 노동조합의 가입 및 탈퇴

   ㉢ 정당의 가입 및 탈퇴

   ㉣ 정치적 견해

   ㉤ 건강

   ㉥ 성생활

   ㉦ 정보주체의 사생활을 현저히 침해할 우려가 있는 개인정보

② 민감정보 처리 제한의 예외(민감정보를 처리하는 경우)

   ㉠ 정보주체에게 알려야 할 사항을 알리고 다른 개인정보의 처리에 대한 동의와 별도로 동의를 받은 경우

   ㉡ 법령에서 민감정보의 처리를 요구하거나 허용하는 경우

③ 개인정보처리자가 민감정보를 처리하는 경우에는 그 민감정보가 분실 · 도난 · 유출 · 위조 · 변조 또는 훼손되지 아니하도록 안전성 확보에 필요한 조치를 하여야 한다.

> **T!P** 민감정보의 추가 범위(동법 시행령 제18조)
>
> ① 유전자검사 등의 결과로 얻어진 유전정보
> ② 범죄경력 자료에 해당하는 정보
> ③ 개인의 신체적, 생리적, 행동적 특징에 관한 정보로서 특정 개인을 알아볼 목적으로 일정한 기술적 수단을 통해 생성한 정보
> ④ 인종이나 민족에 관한 정보

2) 고유식별정보의 처리 제한(제24조)

① 개인정보처리자는 고유식별정보(개인을 고유하게 구별하기 위해 부여된 식별정보)를 처리할 수 없다.

> **T!P** 고유식별정보의 범위(동법 시행령 제19조)
>
> ① 주민등록번호 　　　　　　　　② 여권번호
> ③ 운전면허의 면허번호 　　　　　④ 외국인 등록번호

② 개인정보처리자가 고유식별번호를 처리할 수 있는 사항
　㉠ 개인정보의 수집·이용에 따른 동의사항(제15조 제2항) 또는 개인정보 제3자 제공에 따른 동의사항(제17조 제2항)을 알리고 다른 개인정보의 처리에 대한 동의와 별도로 동의를 받은 경우
　㉡ 법령에서 구체적으로 고유식별정보의 처리를 요구하거나 허용하는 경우
③ 개인정보처리자가 고유식별정보를 처리하는 경우에는 그 고유식별정보가 분실·도난·유출·위조·변조 또는 훼손되지 아니하도록 대통령령으로 정하는 바에 따라 암호화 등 안전성 확보에 필요한 조치를 하여야 한다.
④ 보호위원회는 처리하는 개인의 종류·규모, 종업원 수 및 매출액 규모 등을 고려하여 대통령령으로 정하는 기준에 해당하는 개인정보처리자가 안전성 확보에 필요한 조치를 하였는지에 관하여 대통령령으로 정하는 바에 따라 정기적으로 조사하여야 한다.
⑤ 보호위원회는 대통령령으로 정하는 전문기관으로 하여금 제4항에 따른 조사를 수행하게 할 수 있다.

3) 주민등록번호 처리의 제한(제24조의2)

① 개인정보처리자가 주민등록번호를 처리할 수 있는 경우
　㉠ 법률·대통령령·국회규칙·대법원규칙·헌법재판소규칙·중앙선거관리위원회규칙 및 감사원규칙에서 구체적으로 주민등록번호의 처리를 요구하거나 허용한 경우
　㉡ 정보주체 또는 제3자의 급박한 생명, 신체, 재산의 이익을 위하여 명백히 필요하다고 인정되는 경우

ⓒ ㉠ 및 ㉡에 준하여 주민등록번호 처리가 불가피한 경우로서 보호위원회가 고시로 정하는 경우

② 개인정보처리자는 제24조 제3항에도 불구하고 주민등록번호가 분실·도난·유출·위조·변조 또는 훼손되지 아니하도록 암호화 조치를 통하여 안전하게 보관하여야 한다. 이 경우 암호화 적용 대상 및 대상별 적용 시기 등에 관하여 필요한 사항은 개인정보의 처리 규모와 유출 시 영향 등을 고려하여 대통령령으로 정한다.

③ 개인정보처리자는 주민등록번호를 처리하는 경우에도 정보주체가 인터넷 홈페이지를 통하여 회원으로 가입하는 단계에서는 주민등록번호를 사용하지 아니하고도 회원으로 가입할 수 있는 방법을 제공하여야 한다.

④ 보호위원회는 개인정보처리자가 ③에 따른 방법을 제공할 수 있도록 관계 법령의 정비, 계획의 수립, 필요한 시설 및 시스템의 구축 등 제반 조치를 마련·지원할 수 있다.

TIP 주민등록번호 암호화 적용 대상(동법 시행령 제21조의2)

① 암호화 조치를 하여야 하는 암호화 적용 대상은 주민등록번호를 전자적인 방법으로 보관하는 개인정보처리자로 한다.

② 개인정보처리자에 대한 암호화 적용 시기는 다음과 같다.
   ㉠ 100만 명 미만의 정보주체에 관한 주민등록번호를 보관하는 개인정보처리자 : 2017년 1월 1일
   ㉡ 100만 명 이상의 정보주체에 관한 주민등록번호를 보관하는 개인정보처리자 : 2018년 1월 1일

③ 보호위원회는 기술적·경제적 타당성 등을 고려하여 ①에 따른 암호화 조치의 세부적인 사항을 정하여 고시할 수 있다.

---

4) 고정형 영상정보처리기기의 설치·운영 제한(제25조)

① 고정형 영상정보처리기기를 설치 및 운영 가능한 경우(설치 및 운영 제한의 예외)
   ㉠ 법령에서 구체적으로 허용하고 있는 경우
   ㉡ 범죄의 예방 및 수사를 위하여 필요한 경우
   ㉢ 시설의 안전 및 관리, 화재 예방을 위하여 정당한 권한을 가진 자가 설치·운영하는 경우
   ㉣ 교통단속을 위하여 정당한 권한을 가진 자가 설치·운영하는 경우
   ㉤ 교통정보의 수집·분석 및 제공을 위하여 정당한 권한을 가진 자가 설치·운영하는 경우
   ㉥ 촬영된 영상정보를 저장하지 아니하는 경우로서 대통령령으로 정하는 경우

② 누구든지 불특정 다수가 이용하는 목욕실, 화장실, 발한실(發汗室), 탈의실 등 개인의 사생활을 현저히 침해할 우려가 있는 장소의 내부를 볼 수 있도록 고정형 영상정보처리기기를 설치·운영하여서는 아니 된다. 다만, 교도소, 정신보건 시설 등 법령에 근거하여 사람을 구금하거나 보호하는 시설로서 대통령령으로 정하는 시설에 대하여는 그러하지 아니하다.

> **TIP** 고정형 영상정보처리기기 설치·운영 제한의 예외(동법 시행령 제22조)
>
> ① 대통령령으로 정하는 경우
>   ㉠ 출입자 수, 성별, 연령대 등 통계값 또는 통계적 특성값 산출을 위해 촬영된 영상정보를 일시적으로 처리하는 경우
>   ㉡ 그 밖에 위 ㉠에 준하는 경우로서 보호위원회의 심의·의결을 거친 경우
> ② 법 제25조 제2항 단서에서 "대통령령으로 정하는 시설"이란 다음의 시설을 말한다.
>   ㉠ 교정시설
>   ㉡ 정신의료기관(수용시설을 갖추고 있는 것만 해당), 정신요양시설 및 정신재활시설
> ③ 중앙행정기관의 장은 소관 분야의 개인정보처리자가 ①의 각 시설에 고정형 영상정보처리기기를 설치·운영하는 경우 정보주체의 사생활 침해를 최소화하기 위하여 필요한 세부 사항을 개인정보 보호지침으로 정하여 그 준수를 권장할 수 있다.

③ ①의 각 사항에 따라 고정형 영상정보처리기기를 설치·운영하려는 공공기관의 장과 ②의 단서에 따라 고정형 영상정보처리기기를 설치·운영하려는 자는 공청회·설명회의 개최 등 대통령령으로 정하는 절차를 거쳐 관계 전문가 및 이해관계인의 의견을 수렴하여야 한다.

④ ①의 각 사항에 따라 고정형 영상정보처리기기를 설치·운영하는 자(이하 "고정형영상정보처리기기운영자")는 정보주체가 쉽게 인식할 수 있도록 다음의 사항이 포함된 안내판을 설치하는 등 필요한 조치를 하여야 한다. 다만, 「군사기지 및 군사시설 보호법」 제2조 제2호에 따른 군사시설, 「통합방위법」 제2조 제13호에 따른 국가중요시설, 그 밖에 대통령령으로 정하는 시설의 경우에는 그러하지 아니하다.
  ㉠ 설치 목적 및 장소
  ㉡ 촬영 범위 및 시간
  ㉢ 관리책임자 성명 및 연락처
  ㉣ 그 밖에 대통령령으로 정하는 사항

⑤ 고정형영상정보처리기기운영자는 고정형 영상정보처리기기의 설치 목적과 다른 목적으로 고정형 영상정보처리기기를 임의로 조작하거나 다른 곳을 비춰서는 아니 되며, 녹음기능은 사용할 수 없다.

⑥ 고정형영상정보처리기기운영자는 개인정보가 분실·도난·유출·위조·변조 또는 훼손되지 아니하도록 제29조에 따라 안전성 확보에 필요한 조치를 하여야 한다.

⑦ 고정형영상정보처리기기운영자는 대통령령으로 정하는 바에 따라 고정형 영상정보처리기기 운영·관리 방침을 마련하여야 한다. 다만, 제30조에 따른 개인정보 처리방침을 정할 때 고정형 영상정보처리기기 운영·관리에 관한 사항을 포함시킨 경우에는 고정형 영상정보처리기기 운영·관리 방침을 마련하지 아니할 수 있다.

⑧ 고정형영상정보처리기기운영자는 고정형 영상정보처리기기의 설치·운영에 관한 사무를 위탁할 수 있다. 다만, 공공기관이 고정형 영상정보처리기기 설치·운영에 관한 사무를 위탁하는 경우에는 대통령령으로 정하는 절차 및 요건에 따라야 한다.

5) 영업양도 등에 따른 개인정보의 이전 제한(제27조)

① 개인정보처리자는 영업의 전부 또는 일부의 양도·합병 등으로 개인정보를 다른 사람에게 이전하는 경우에는 다음의 사항을 대통령령으로 정하는 방법(서면 등의 방법)에 따라 해당 정보주체에게 알려야 한다.

   ㉠ 개인정보를 이전하려는 사실

   ㉡ 개인정보를 이전받는 자(이라 "영업양수자 등")의 성명(법인의 경우에는 법인의 명칭), 주소, 전화번호 및 그 밖의 연락처

   ㉢ 정보주체가 개인정보의 이전을 원하지 아니하는 경우 조치할 수 있는 방법 및 절차

② 영업양수자 등은 개인정보를 이전받았을 때에는 지체 없이 그 사실을 대통령령으로 정하는 방법(서면 등의 방법)에 따라 정보주체에게 알려야 한다. 다만, 개인정보처리자가 ①에 따라 그 이전 사실을 이미 알린 경우에는 그러하지 아니하다.

③ 영업양수자 등은 영업의 양도·합병 등으로 개인정보를 이전받은 경우 이전 당시의 본래 목적으로만 개인정보를 이용하거나 제3자에게 제공할 수 있다. 이 경우 영업양수자 등은 개인정보처리자로 본다.

6) 개인정보취급자에 대한 감독(제28조)

① 개인정보처리자는 개인정보를 처리함에 있어서 개인정보가 안전하게 관리될 수 있도록 임직원, 파견근로자, 시간제근로자 등 개인정보처리자의 지휘·감독을 받아 개인정보를 처리하는 자(이하 "개인정보취급자"라 한다)의 범위를 최소한으로 제한하고, 개인정보취급자에 대하여 적절한 관리·감독을 하여야 한다.

② 개인정보처리자는 개인정보의 적정한 취급을 보장하기 위하여 개인정보취급자에게 정기적으로 필요한 교육을 실시하여야 한다.

Warming Up ↗

01   정보주체의 동의를 받지 않아도 개인정보 수집이 가능한 경우가 아닌 것은? (공공기관이 법령 등에서 정하는 소관 업무의 수행을 위하여 불가피한 경우)

① 법률에 특별한 규정이 있거나 법령상 의무를 준수하기 위하여 불가피한 경우

② 정보주체와 체결한 계약을 이행하기 위하여 불가피하게 필요한 경우

③ 공공기관의 업무 담당자의 업무 수행상 편의와 효율성을 위해 불가피한 경우

④ 명백히 정보주체 또는 제3자의 급박한 생명의 이익을 위하여 필요하다고 인정되는 경우

⑤ 개인정보처리자의 정당한 이익을 달성하기 위하여 필요한 경우로서 명백하게 정보주체의 권리보다 우선하는 경우. 이 경우 개인정보처리자의 정당한 이익과 상당한 관련이 있고 합리적인 범위를 초과하지 아니하는 경우에 한한다.

③ 공공기관이 법령 등에서 정하는 소관 업무의 수행을 위하여 불가피한 경우

02 개인정보처리자가 정보주체의 동의를 받을 때 정보주체에게 알려야 하는 항목으로 맞지 않는 것은?

① 개인정보의 수집·이용 목적
② 수집하려는 개인정보의 항목
③ 개인정보의 보유 및 이용 기간
④ 동의를 거부할 권리가 없다는 사실
⑤ 동의 거부에 따른 불이익이 있는 경우에는 그 불이익의 내용

④ 동의를 거부할 권리가 있다는 사실

03 개인정보의 목적 외 이용 및 제공의 제한에 대한 내용으로 맞지 않는 것은?

① 개인정보처리자는 개인정보를 정보주체의 동의를 받은 범위를 초과하여 제3자에게 제공하여서는 아니 된다.
② 다른 법률에 특별한 규정이 없는 경우에는 개인정보를 목적 외의 용도로 이용하거나 이를 제3자에게 제공할 수 있다.
③ 다른 법률에서 정하는 소관 업무를 수행할 수 없는 경우로서 보호위원회의 심의·의결을 거친 경우 공공기관의 경우로 한정하여 목적 외의 용도로 이용하거나 이를 제3자에게 제공할 수 있다.
④ 공공기관은 개인정보를 목적 외의 용도로 이용하거나 이를 제3자에게 제공하는 경우에는 그 이용 또는 제공의 법적 근거, 목적 및 범위 등에 관하여 필요한 사항을 보호위원회가 고시로 정하는 바에 따라 관보 또는 인터넷 홈페이지 등에 게재하여야 한다.
⑤ 개인정보처리자는 개인정보를 목적 외의 용도로 제3자에게 제공하는 경우에는 개인정보를 제공받는 자에게 이용 목적, 이용 방법, 그 밖에 필요한 사항에 대하여 제한을 하거나, 개인정보의 안전성 확보를 위하여 필요한 조치를 마련하도록 요청하여야 한다.

② 다른 법률에 특별한 규정이 있는 경우에 해당된다.

04 개인정보의 파기에 대한 설명 중 맞지 않는 것은?

① 파기 시점이 도래하였으나 다른 법령에 따라 개인정보를 보존하여야 하는 경우 다른 개인정보와 통합하여 저장, 관리하여야 한다.
② 개인정보 수집에 동의 받은 보유기간의 종료 시 파기한다.
③ 전자적 파일의 형태인 경우 복원이 불가능한 방법으로 영구 삭제해야 한다.
④ 기록물, 인쇄물, 서면, 그 밖의 기록매체인 경우 파쇄 또는 소각한다.
⑤ 기록매체의 일부만을 파기하거나 완전파괴 곤란 시 해당 부분을 마스킹, 천공 등으로 삭제한다.

정답해설
① 다른 개인정보와 분리하여 저장, 관리하여야 한다.

05 다음 개인정보 파기 사례 중 그 성격이 다른 것은?

① 피트니스 센터의 계약기간이 만료되었을 때
② 인터넷 교육 프로그램의 회원 가입 후 교육기간이 종료되었을 때 보유 및 이용기간
③ 다른 법률의 규정에 따르는 경우 등 정보주체의 동의 없이 개인정보 수집이 가능한 경우 그 정보의 보유 및 이용기간 종료 시
④ 전세 계약서에 제공된 개인정보의 전세계약기간 만료 시
⑤ 고급 레스토랑의 영화티켓 증정 이벤트가 종료되었을 때

정답해설
⑤ 이용 목적달성에 따른 개인정보 파기 사례이다.
①, ②, ③, ④ 개인정보에 대하여 동의받은 보유기간 및 이용기간의 종료에 해당되는 사례이다.

06 다음 중 개인정보처리자가 처리하여서는 안 되는 민감정보가 아닌 것은?

① 사상　　② 건강상태
③ 정당의 가입 및 탈퇴　　④ 성생활
⑤ 운전면허 면허번호

07 다음 중 민감정보 처리에 대한 설명으로 잘못된 것은?

① 민감정보란 정보주체의 사생활을 현저히 침해할 우려가 있는 개인정보로서 대통령령으로 정하는 정보를 말한다.

② 민감정보는 개인정보처리자가 처리하여서는 아니 되지만 예외로 법령에서 민감정보의 처리를 요구하거나 허용하는 경우는 가능하다.

③ 개인정보처리자는 정보주체에게 정보수집의 동의를 받은 경우에는 민감정보를 처리할 수 있다.

④ 유전자검사 등의 결과로 얻어진 유전정보는 민감정보의 범위에 속한다.

⑤ 범죄경력 자료에 해당하는 정보는 민감정보의 범위에 속한다.

〔정답해설〕

③ 정보주체에게 정보수집 동의를 받은 경우 알려야 할 사항을 알리고 다른 개인정보의 처리에 대한 동의와 별도로 동의를 받은 경우에 민감정보를 처리할 수 있다.

08 다음 중 고유식별정보의 범위에 해당되지 않는 것은?

① 주민등록번호　　　　　　　② 여권번호

③ 운전면허의 면허번호　　　　④ 사업자 등록번호

⑤ 외국인 등록번호

정답　1 ③　2 ④　3 ②　4 ①　5 ⑤　6 ⑤　7 ③　8 ④

04 개인정보의 안전한 관리(제4장)

(1) 안전조치 의무(제29조)

1) 개인정보처리자는 개인정보가 분실·도난·유출·위조·변조·훼손되지 아니하도록 내부 관리계획 수립, 접속기록 보관 등 대통령령으로 정하는 바에 따라 안전성 확보에 필요한 기술적·관리적 및 물리적 조치를 하여야 한다.

2) 개인정보처리자의 안전성 확보 조치(시행령 제30조 제1항)

관리적 안전조치	개인정보의 안전한 처리를 위한 내부 관리계획의 수립·시행

기술적 안전조치	• 개인정보에 대한 접근 통제 및 접근 권한의 제한 조치 • 개인정보를 안전하게 저장·전송할 수 있는 암호화 기술의 적용 또는 이에 상응하는 조치 • 개인정보 침해사고 발생에 대응하기 위한 접속기록의 보관 및 위조·변조 방지를 위한 조치 • 개인정보에 대한 보안프로그램의 설치 및 운영과 주기적 갱신·점검 조치
물리적 안전조치 등	개인정보의 안전한 보관을 위한 보관시설의 마련 또는 잠금장치의 설치 등 물리적 조치

TIP (개인정보보호위원회) 개인정보의 안전성 확보조치 기준(개인정보보호위원회 고시 2021-2호)

① 내부관리계획의 포함사항(제4조) – 관리적 조치
  ㉠ 개인정보 보호책임자의 지정에 관한 사항
  ㉡ 개인정보 보호책임자 및 개인정보취급자의 역할 및 책임에 관한 사항
  ㉢ 개인정보취급자에 대한 교육에 관한 사항
  ㉣ 접근 권한의 관리에 관한 사항
  ㉤ 접근 통제에 관한 사항
  ㉥ 개인정보의 암호화 조치에 관한 사항
  ㉦ 접속기록 보관 및 점검에 관한 사항
  ㉧ 악성프로그램 등 방지에 관한 사항
  ㉨ 물리적 안전조치에 관한 사항
  ㉩ 개인정보 보호조직에 관한 구성 및 운영에 관한 사항
  ㉪ 개인정보 유출사고 대응 계획 수립·시행에 관한 사항
  ㉫ 위험도 분석 및 대응방안 마련에 관한 사항
  ㉬ 재해 및 재난 대비 개인정보처리시스템의 물리적 안전조치에 관한 사항
  ㉭ 개인정보 처리업무를 위탁하는 경우 수탁자에 대한 관리 및 감독에 관한 사항
  ㉮ 그 밖에 개인정보 보호를 위하여 필요한 사항

② 개인정보처리자로서 접근 권한의 관리(제5조) –기술적 조치
  ㉠ 개인정보처리시스템에 대한 접근 권한을 업무수행에 필요한 최소한의 범위로 업무 담당자에 따라 차등 부여하여야 한다.
  ㉡ 전보, 퇴직 등 인사이동이 발생하여 개인정보취급자가 변경되었을 경우 지체없이 개인정보처리시스템의 접근 권한을 변경 또는 말소하여야 한다.
  ㉢ 권한부여, 변경, 말소에 대한 내역을 기록하고, 그 기록을 최소 3년간 보관하여야 한다.
  ㉣ 개인정보처리시스템에 접속할 수 있는 사용자계정을 발급하는 경우 개인정보취급자별로 사용자계정을 발급하여야 하며, 다른 개인정보취급자와 공유되지 않도록 하여야 한다.
  ㉤ 개인정보취급자 또는 정보주체가 안전한 비밀번호를 설정하여 이행할 수 있도록 비밀번호 작성규칙을 수립하여 적용하여야 한다.
  ㉥ 권한 있는 개인정보취급자만이 개인정보처리시스템에 접근할 수 있도록 계정정보 또는 비밀번호를 일정 횟수 이상 잘못 입력한 경우 개인정보처리시스템에 대한 접근을 제한하는 등 필요한 기술적 조치를 하여야 한다.

③ 개인정보처리자의 접근통제 조치 포함사항(제6조) – 기술적 조치
  ㉠ 정보통신망을 통한 불법적인 접근 및 침해사고 방지를 위해 다음의 기능을 포함한 조치를 하여야 한다.
    Ⓐ 개인정보처리시스템에 대한 접속 권한을 IP 주소 등으로 제한하여 인가받지 않은 접근을 제한
    Ⓑ 개인정보처리시스템에 접속한 IP 주소 등을 분석하여 불법적인 개인정보 유출 시도 탐지 및 대응

ⓛ 개인정보취급자가 정보통신망을 통해 외부에서 개인정보처리시스템에 접속하려는 경우 가상사설망(VPN) 또는 전용선 등 안전한 접속수단, 안전한 인증수단을 적용하여야 한다.

ⓒ 취급 중인 개인정보가 인터넷 홈페이지, P2P, 공유설정, 공개된 무선망 이용 등을 통해 열람권한이 없는 자에게 공개되거나 유출되지 않도록 개인정보처리시스템, 업무용 컴퓨터, 모바일 기기 및 관리용 단말기 등에 접근통제 등에 관한 조치를 하여야 한다.

ⓔ 고유식별정보를 처리하는 개인정보처리자는 인터넷 홈페이지를 통해 고유식별정보가 유출·변조·훼손 되지 않도록 연 1회 이상 취약점 점검 및 보완 조치를 하여야 한다.

ⓜ 개인정보처리시스템에 대한 불법적인 접근 및 침해사고 방지를 위하여 개인정보취급자가 일정시간 이상 업무처리를 하지 않는 경우에는 자동으로 시스템 접속이 차단되도록 하여야 한다.

ⓗ 개인정보처리자가 별도의 개인정보처리시스템을 이용하지 아니하고 업무용 컴퓨터 또는 모바일 기기를 이용하여 개인정보를 처리하는 경우에는 ㉠을 적용하지 아니할 수 있으며, 이때 업무용 컴퓨터 또는 모바 일 기기의 운영체제나 보안프로그램 등에서 제공하는 접근통제 기능을 이용할 수 있다.

ⓢ 업무용 모바일 기기의 분실·도난 등으로 개인정보가 유출되지 않도록 해당 모바일 기기에 비밀번호 설 정 등의 보호조치를 하여야 한다.

④ **개인정보처리자로서 암호화 기술 적용 또는 이에 상응하는 조치(제7조) − 기술적 조치**

㉠ 고유식별정보, 비밀번호, 생체인식정보를 정보통신망을 통하여 송신하거나 보조저장매체 등을 통하여 전 달하는 경우에는 이를 암호화하여야 한다.

ⓛ 비밀번호 및 생체인식정보는 암호화하여 저장하여야 한다. 다만 비밀번호를 저장하는 경우에는 복호화되 지 아니하도록 일방향 암호화하여 저장하여야 한다.

ⓒ 인터넷 구간 및 인터넷 구간과 내부망의 중간 지점(DMZ)에 고유식별정보를 저장하는 경우에는 이를 암호 화하여야 한다.

ⓔ 내부망에 고유식별정보를 저장하는 경우에는 다음의 기준에 따라 암호화의 적용여부 및 적용범위를 정하 여 시행할 수 있다.

　Ⓐ 개인정보 영향평가 대상이 되는 공공기관의 경우에는 해당 개인정보 영향평가의 결과

　Ⓑ 암호화 미적용 시 위험도 분석에 따른 결과

ⓜ 개인정보를 암호화하는 경우 안전한 암호알고리즘으로 암호화하여 저장하여야 한다.

ⓗ 암호화된 개인정보를 안전하게 보관하기 위하여 안전한 암호 키 생성, 이용, 보관, 배포 및 파기 등에 관한 절차를 수립·시행하여야 한다.

ⓢ 업무용 컴퓨터 또는 모바일 기기에 고유식별정보를 저장하여 관리하는 경우 상용 암호화 소프트웨어 또는 안전한 암호화 알고리즘을 사용하여 암호화한 후 저장하여야 한다.

⑤ **개인정보처리자로서 접속기록의 보관 및 점검(제8조) − 기술적 조치**

㉠ 개인정보취급자가 개인정보처리시스템에 접속한 기록을 1년 이상 보관·관리하여야 한다. 다만, 5만 명 이상의 정보주체에 관하여 개인정보를 처리하거나, 고유식별정보 또는 민감정보를 처리하는 개인정보처 리시스템의 경우에는 2년 이상 보관·관리하여야 한다.

ⓛ 개인정보의 오·남용, 분실·도난·유출·위조·변조·훼손 등에 대응하기 위하여 개인정보처리시스템 의 접속기록 등을 월 1회 이상 점검하여야 한다. 특히 개인정보를 다운로드한 것이 발견되었을 경우에는 내부관리 계획으로 정하는 바에 따라 그 사유를 반드시 확인하여야 한다.

ⓒ 개인정보취급자의 접속기록이 위·변조 및 도난, 분실되지 않도록 해당 접속기록을 안전하게 보관하여야 한다.

⑥ **악성프로그램 등 방지(제9조) − 기술적 조치**

개인정보처리자는 악성프로그램 등을 방지·치료할 수 있는 백신 소프트웨어 등의 보안 프로그램을 설치·운 영하여야 하며, 다음의 사항을 준수하여야 한다.

　　　ⓐ 보안 프로그램의 자동 업데이트 기능을 사용하거나 1일 1회 이상 업데이트를 실시하여 최신의 상태로 유지
　　　ⓑ 악성프로그램 관련 경보가 발령된 경우 또는 사용 중인 응용 프로그램이나 운영체제 소프트웨어의 제작 업체에서 보안 업데이트 공지가 있는 경우 즉시 이에 따른 업데이트를 실시
　　　ⓒ 발견된 악성프로그램 등에 대해 삭제 등 대응 조치
　⑦ 관리용 단말기의 안전조치를 위한 조치(제10조) – 기술적 조치
　　개인정보처리자는 개인정보 유출 등 개인정보 침해사고 방지를 위하여 관리용 단말기에 대해 다음의 안전조치를 하여야 한다.
　　　ⓐ 악성프로그램 감염 방지 등을 위한 보안조치 적용
　　　ⓑ 인가받지 않은 사람이 관리용 단말기에 접근하여 임의로 조작하지 못하도록 조치
　　　ⓒ 본래 목적 외로 사용되지 않도록 조치
　⑧ 개인정보처리자로서 보관시설 마련 또는 잠금장치 설치(제11조) – 물리적 안전 조치
　　　ⓐ 전산실, 자료보관실 등 개인정보를 보관하고 있는 물리적 보관 장소를 별도로 두고 있는 경우에는 이에 대한 출입통제 절차를 수립·운영하여야 한다.
　　　ⓑ 개인정보가 포함된 서류, 보조저장매체 등을 잠금장치가 있는 안전한 장소에 보관하여야 한다.
　　　ⓒ 개인정보가 포함된 보조저장매체의 반출·입 통제를 위한 보안대책을 마련하여야 한다. 다만, 별도의 개인정보처리시스템을 운영하지 아니하고 업무용 컴퓨터 또는 모바일 기기를 이용하여 개인정보를 처리하는 경우에는 이를 적용하지 아니할 수 있다.

(2) 개인정보 처리방침의 수립 및 공개(제30조)

1) 개인정보처리자는 다음의 사항이 포함된 개인정보의 처리방침(이하 "개인정보 처리방침")을 정하여야 한다. 이 경우 공공기관은 등록대상이 되는 개인정보파일에 대하여 개인정보 처리방침을 정한다.

　① 개인정보의 처리 목적
　② 개인정보의 처리 및 보유 기간
　③ 개인정보의 제3자 제공에 관한 사항(해당되는 경우에만 정한다)
　④ 개인정보의 파기절차 및 파기방법(개인정보를 보존하여야 하는 경우에는 그 보존근거와 보존하는 개인정보 항목을 포함)
　⑤ 민감정보의 공개 가능성 및 비공개를 선택하는 방법(해당되는 경우에만 정한다)
　⑥ 개인정보처리의 위탁에 관한 사항(해당되는 경우에만 정한다)
　⑦ 가명정보의 처리 등에 관한 사항(해당되는 경우에만 정한다)
　⑧ 정보주체와 법정대리인의 권리·의무 및 그 행사방법에 관한 사항
　⑨ 개인정보 보호책임자의 성명 또는 개인정보 보호업무 및 관련 고충사항을 처리하는 부서의 명칭과 전화번호 등 연락처
　⑩ 인터넷 접속정보파일 등 개인정보를 자동으로 수집하는 장치의 설치·운영 및 그 거부에 관한 사항(해당되는 경우에만 정한다)
　⑪ 그 밖에 개인정보의 처리에 관하여 대통령령으로 정한 사항(시행령 제31조 제1항)
　　　ⓐ 처리하는 개인정보의 항목

ⓛ 개인정보의 안전성 확보 조치에 관한 사항

2) 개인정보 처리방침을 수립하거나 변경하는 경우에는 정보주체가 쉽게 확인할 수 있도록 대통령령으로 정한 방법으로 공개하여야 한다.

TIP 개인정보 처리방침 공개방법(동법 시행령 제31조 제2항·제3항)

① 개인정보처리자는 수립하거나 변경한 개인정보 처리방침을 개인정보처리자의 인터넷 홈페이지에 지속적으로 게재하여야 한다.

② 인터넷 홈페이지에 게재할 수 없는 경우에는 다음의 어느 하나 이상의 방법으로 수립하거나 변경한 개인정보 처리방침을 공개하여야 한다.

ⓐ 개인정보처리자의 사업장 등의 보기 쉬운 장소에 게시하는 방법

ⓛ 관보(개인정보처리자가 공공기관인 경우만 해당)나 개인정보처리자의 사업장 등이 있는 시·도 이상의 지역을 주된 보급지역으로 하는 일반일간신문, 일반주간신문 또는 인터넷신문에 싣는 방법

ⓒ 같은 제목으로 연 2회 이상 발행하여 정보주체에게 배포하는 간행물·소식지·홍보지 또는 청구서 등에 지속적으로 싣는 방법

ⓔ 재화나 서비스를 제공하기 위하여 개인정보처리자와 정보주체가 작성한 계약서 등에 실어 정보주체에게 발급하는 방법

---

3) 개인정보 처리방침의 내용과 개인정보처리자와 정보주체 간에 체결한 계약의 내용이 다른 경우 정보주체에게 유리한 것을 적용한다.

4) 보호위원회는 개인정보 처리방침의 작성지침을 정하여 개인정보처리자에게 그 준수를 권장할 수 있다.

(3) 개인정보 보호책임자의 지정(제31조)

1) 개인정보처리자는 개인정보의 처리에 관한 업무를 총괄해서 책임질 개인정보 보호책임자를 지정하여야 한다. 다만, 종업원 수, 매출액 등이 대통령령으로 정하는 기준에 해당하는 개인정보처리자의 경우에는 지정하지 아니할 수 있다.

2) 개인정보 보호책임자의 업무

① 개인정보 보호 계획의 수립 및 시행

② 개인정보 처리 실태 및 관행의 정기적인 조사 및 개선

③ 개인정보 처리와 관련한 불만의 처리 및 피해 구제

④ 개인정보 유출 및 오용·남용 방지를 위한 내부통제시스템의 구축

⑤ 개인정보 보호 교육 계획의 수립 및 시행

⑥ 개인정보파일의 보호 및 관리·감독

⑦ 그 밖에 개인정보의 적절한 처리를 위하여 대통령령으로 정한 업무(시행령 제32조 제2항)

ⓐ 개인정보 처리방침의 수립·변경 및 시행

ⓛ 개인정보 처리와 관련된 인적·물적 자원 및 정보의 관리

ⓒ 처리 목적이 달성되거나 보유기간이 지난 개인정보의 파기

3) 개인정보 보호책임자는 2)의 각 업무를 수행함에 있어서 필요한 경우 개인정보의 처리 현황, 처리 체계 등에 대하여 수시로 조사하거나 관계 당사자로부터 보고를 받을 수 있다.

4) 개인정보 보호책임자는 개인정보 보호와 관련하여 이 법 및 다른 관계 법령의 위반 사실을 알게 된 경우에는 즉시 개선조치를 하여야 하며, 필요하면 소속 기관 또는 단체의 장에게 개선조치를 보고하여야 한다.

5) 개인정보처리자는 개인정보 보호책임자가 2)의 각 업무를 수행함에 있어서 정당한 이유 없이 불이익을 주거나 받게 하여서는 아니 되며, 개인정보 보호책임자가 업무를 독립적으로 수행할 수 있도록 보장하여야 한다.

6) 개인정보처리자는 개인정보의 안전한 처리 및 보호, 정보의 교류, 그 밖에 대통령령으로 정하는 공동의 사업을 수행하기 위하여 1)에 따른 개인정보 보호책임자를 구성원으로 하는 개인정보 보호책임자 협의회를 구성·운영할 수 있다.

7) 보호위원회는 6)에 따른 개인정보 보호책임자 협의회의 활동에 필요한 지원을 할 수 있다.

8) 1)에 따른 개인정보 보호책임자의 자격요건, 2)에 따른 업무 및 5)에 따른 독립성 보장 등에 필요한 사항은 매출액, 개인정보의 보유 규모 등을 고려하여 대통령령으로 정한다.

TIP 개인정보보호 책임자의 지정요건(동법 시행령 제32조 제3항)

① **공공기관 : 다음의 구분에 따른 기준에 해당하는 공무원**
　㉠ 국회, 법원, 헌법재판소, 중앙선거관리위원회의 행정사무를 처리하는 기관 및 중앙행정기관 : 고위공무원 또는 그에 상당하는 공무원
　㉡ ㉠ 외에 정무직공무원을 장(長)으로 하는 국가기관 : 3급 이상 공무원(고위공무원을 포함) 또는 그에 상당하는 공무원
　㉢ ㉠ 및 ㉡ 외에 고위공무원, 3급 공무원 또는 그에 상당하는 공무원 이상의 공무원을 장으로 하는 국가기관 : 4급 이상 공무원 또는 그에 상당하는 공무원
　㉣ ㉠부터 ㉢까지의 규정에 따른 국가기관 외의 국가기관(소속 기관을 포함) : 해당 기관의 개인정보 처리 관련 업무를 담당하는 부서의 장
　㉤ 시·도 및 시·도 교육청 : 3급 이상 공무원 또는 그에 상당하는 공무원
　㉥ 시·군 및 자치구 : 4급 공무원 또는 그에 상당하는 공무원
　㉦ 각급 학교 : 해당 학교의 행정사무를 총괄하는 사람
　㉧ ㉠부터 ㉦까지의 규정에 따른 기관 외의 공공기관 : 개인정보 처리 관련 업무를 담당하는 부서의 장. 다만, 개인정보 처리 관련 업무를 담당하는 부서의 장이 2명 이상인 경우에는 해당 공공기관의 장이 지명하는 부서의 장이 된다.
② **공공기관 외의 개인정보처리자 : 다음의 어느 하나에 해당하는 사람**
　㉠ 사업주 또는 대표자
　㉡ 임원(임원이 없는 경우에는 개인정보 처리 관련 업무를 담당하는 부서의 장)

(4) 개인정보파일의 등록 및 공개(제32조)

1) 공공기관의 장이 개인정보파일을 운용 시 60일 이내 보호위원회에 등록할 사항

    ① 개인정보파일의 명칭

    ② 개인정보파일의 운영 근거 및 목적

    ③ 개인정보파일에 기록되는 개인정보의 항목

    ④ 개인정보의 처리방법

    ⑤ 개인정보의 보유기간

    ⑥ 개인정보를 통상적 또는 반복적으로 제공하는 경우에는 그 제공받는 자

    ⑦ 그 밖에 대통령령으로 정하는 사항(시행령 제33조)

        ㉠ 개인정보파일을 운용하는 공공기관의 명칭

        ㉡ 개인정보파일로 보유하고 있는 개인정보의 정보주체 수

        ㉢ 해당 공공기관에서 개인정보 처리 관련 업무를 담당하는 부서

        ㉣ 개인정보의 열람 요구를 접수·처리하는 부서

        ㉤ 개인정보파일의 개인정보 중 열람을 제한하거나 거절할 수 있는 개인정보의 범위 및 제한 또는 거절 사유

2) 공공기관의 장이 운용하는 개인정보파일에 대하여 등록 예외 사항

    다음의 어느 하나에 해당하는 개인정보파일에 대하여는 1)을 적용하지 아니한다.

    ① 국가 안전, 외교상 비밀, 그 밖에 국가의 중대한 이익에 관한 사항을 기록한 개인정보파일

    ② 범죄의 수사, 공소의 제기 및 유지, 형 및 감호의 집행, 교정처분, 보호처분, 보안관찰처분과 출입국관리에 관한 사항을 기록한 개인정보파일

    ③ 「조세범처벌법」에 따른 범칙행위 조사 및 「관세법」에 따른 범칙행위 조사에 관한 사항을 기록한 개인정보파일

    ④ 일회적으로 운영되는 파일 등 지속적으로 관리할 필요성이 낮다고 인정되어 대통령령으로 정하는 개인정보파일

    ⑤ 다른 법령에 따라 비밀로 분류된 개인정보파일

3) 보호위원회는 필요하면 1)에 따른 개인정보파일의 등록 여부와 그 내용을 검토하여 해당 공공기관의 장에게 개선을 권고할 수 있다.

4) 보호위원회는 정보주체의 권리보장 등을 위하여 필요한 경우 1)에 따른 개인정보파일의 등록 현황을 누구든지 쉽게 열람할 수 있도록 공개할 수 있다.

5) 개인정보파일의 등록과 공개의 방법, 범위 및 절차에 관하여 필요한 사항은 대통령령으로 정한다.

6) 국회, 법원, 헌법재판소, 중앙선거관리위원회(그 소속 기관을 포함)의 개인정보파일 등록 및 공개에 관하여는 국회규칙, 대법원규칙, 헌법재판소규칙 및 중앙선거관리위원회규칙으로 정한다.

(5) 개인정보 유출 등의 통지·신고(제34조)

1) 개인정보처리자는 개인정보가 분실·도난·유출(이하 "유출 등")되었음을 알게 되었을 때에는 지체 없이 해당 정보주체에게 다음의 사실을 알려야 한다. 다만, 정보주체의 연락처를 알 수 없는 경우 등 정당한 사유가 있는 경우에는 대통령령으로 정하는 바에 따라 통지를 갈음하는 조치를 취할 수 있다.

① 유출 등이 된 개인정보의 항목
② 유출 등이 된 시점과 그 경위
③ 유출 등으로 인하여 발생할 수 있는 피해를 최소화하기 위하여 정보주체가 할 수 있는 방법 등에 관한 정보
④ 개인정보처리자의 대응조치 및 피해 구제절차
⑤ 정보주체에게 피해가 발생한 경우 신고 등을 접수할 수 있는 담당부서 및 연락처

2) 개인정보처리자는 개인정보가 유출 등이 된 경우 그 피해를 최소화하기 위한 대책을 마련하고 필요한 조치를 하여야 한다.

3) 개인정보처리자는 개인정보의 유출 등이 있음을 알게 되었을 때에는 개인정보의 유형, 유출 등의 경로 및 규모(1천 명) 등을 고려하여 대통령령으로 정하는 바에 따라 제1항 각 호의 사항을 지체 없이 보호위원회 또는 대통령령으로 정하는 전문기관에 신고하여야 한다. 이 경우 보호위원회 또는 대통령령으로 정하는 전문기관은 피해 확산방지, 피해 복구 등을 위한 기술을 지원할 수 있다

4) 제1항에 따른 유출 등의 통지 및 제3항에 따른 유출 등의 신고의 시기, 방법, 절차 등에 필요한 사항은 대통령령으로 정한다.

> **TIP 개인정보 유출 등의 통지(동법 시행령 제39조)**
>
> ① 개인정보처리자는 개인정보가 분실·도난·유출(이하 이 조 및 제40조에서 "유출 등"이라 한다)되었음을 알게 되었을 때에는 서면 등의 방법으로 72시간 이내에 법 제34조 제1항 각 호의 사항을 정보주체에게 알려야 한다. 다만, 다음 각 호의 어느 하나에 해당하는 경우에는 해당 사유가 해소된 후 지체 없이 정보주체에게 알릴 수 있다.
> ㉠ 유출 등이 된 개인정보의 확산 및 추가 유출 등을 방지하기 위하여 접속경로의 차단, 취약점 점검·보완, 유출 등이 된 개인정보의 회수·삭제 등 긴급한 조치가 필요한 경우
> ㉡ 천재지변이나 그 밖에 부득이한 사유로 인하여 72시간 이내에 통지하기 곤란한 경우
> ② 제1항에도 불구하고 개인정보처리자는 같은 항에 따른 통지를 하려는 경우로서 법 제34조 제1항 제1호 또는 제2호의 사항에 관한 구체적인 내용을 확인하지 못한 경우에는 개인정보가 유출 등이 된 사실, 그때까지 확인된 내용 및 같은 항 제3호부터 제5호까지의 사항을 서면 등의 방법으로 우선 통지해야 하며, 추가로 확인되는 내용에 대해서는 확인되는 즉시 통지해야 한다.
> ③ 제1항 및 제2항에도 불구하고 개인정보처리자는 정보주체의 연락처를 알 수 없는 경우 등 정당한 사유가 있는 경우에는 법 제34조 제1항 각 호 외의 부분 단서에 따라 같은 항 각 호의 사항을 정보주체가 쉽게 알 수 있도록 자신의 인터넷 홈페이지에 30일 이상 게시하는 것으로 제1항 및 제2항의 통지를 갈음할 수 있다. 다만, 인터넷 홈페이지를 운영하지 아니하는 개인정보처리자의 경우에는 사업장 등의 보기 쉬운 장소에 법 제34조 제1항 각 호의 사항을 30일 이상 게시하는 것으로 제1항 및 제2항의 통지를 갈음할 수 있다.

Warming Up

01 **개인정보의 안전성 확보 조치 중 그 성격이 다른 것은?**

① 개인정보에 대한 접근 통제 및 접근 권한의 제한 조치
② 개인정보의 안전한 처리를 위한 내부 관리계획의 수립·시행 및 점검
③ 개인정보를 안전하게 저장·전송할 수 있는 암호화 기술의 적용 또는 이에 상응하는 조치
④ 개인정보 침해사고 발생에 대응하기 위한 접속기록의 보관 및 위조·변조 방지를 위한 조치
⑤ 개인정보에 대한 보안프로그램의 설치·운영과 주기적인 갱신·점검 조치

정답해설
②는 관리적 조치, ①, ③, ④, ⑤는 기술적 조치이다.

02 **개인정보 보호책임자의 업무가 아닌 것은?**

① 개인정보 보호 계획 수립 및 시행
② 개인정보 처리 실태 및 관행의 정기적인 조사 및 개선
③ 개인정보 처리와 관련한 불만의 처리 및 피해 구제
④ 개인정보 보호를 위한 전문 점검관 양성교육 계획 및 시행
⑤ 개인정보 유출 및 오용·남용 방지를 위한 내부통제시스템의 구축

정답해설
④ 개인정보 보호 교육 계획의 수립 및 시행

03 **개인정보처리자가 개인정보가 유출되었음을 알게 되었을 때 해당 정보주체에게 지체 없이 알려야 할 사항이 아닌 것은?**

① 유출된 개인정보의 항목
② 유출된 시점과 그 경위
③ 유출로 인하여 발생할 수 있는 피해를 최소화하기 위하여 정보주체가 할 수 있는 방법 등에 관한 정보
④ 개인정보처리자의 대응조치 및 피해 구제절차
⑤ 개인정보 침해사고 예방을 위한 회원탈퇴 요구 절차

정답해설
⑤ 정보주체에게 피해가 발생한 경우 신고 등을 접수할 수 있는 담당부서 및 연락처

04 **접속기록의 보관 및 점검에 대한 개인정보처리자의 조치사항으로 맞지 않는 것은?**

① 개인정보취급자가 개인정보처리시스템에 접속한 기록을 5년 이상 보관·관리하여야 한다.

② 5만 명 이상의 정보주체에 관하여 개인정보를 처리하거나, 고유식별정보 또는 민감정보를 처리하는 개인정보처리시스템의 경우에는 2년 이상 보관·관리하여야 한다.

③ 개인정보의 오·남용, 분실·도난·유출·위조·변조·훼손 등에 대응하기 위하여 개인정보처리시스템의 접속기록 등을 월 1회 이상 점검한다.

④ 개인정보를 다운로드한 것이 발견되었을 경우에는 그 사유에 대해 반드시 확인하여야 한다.

⑤ 개인정보취급자의 접속기록이 위·변조 및 도난, 분실되지 않도록 해당 접속기록을 안전하게 보관하여야 한다.

〔정답해설〕
① 1년 이상 보관·관리하여야 한다.

〔정답〕 1 ② 2 ④ 3 ⑤ 4 ①

---

05 **정보주체의 권리 보장과 정보통신서비스 제공자 등의 개인정보 처리 등 특례**

(1) 정보주체의 권리 보장(제5장)

1) 개인정보의 열람(제35조)

① 정보주체는 개인정보처리자가 처리하는 자신의 개인정보에 대한 열람을 해당 개인정보처리자에게 요구할 수 있다.

② ①에도 불구하고 정보주체가 자신의 개인정보에 대한 열람을 공공기관에 요구하고자 할 때에는 공공기관에 직접 열람을 요구하거나 대통령령으로 정하는 바에 따라 보호위원회를 통하여 열람을 요구할 수 있다.

③ 개인정보처리자는 열람을 요구받았을 때에는 대통령령으로 정하는 기간(10일) 내에 정보주체가 해당 개인정보를 열람할 수 있도록 하여야 한다. 이 경우 해당 기간 내에 열람할 수 없는 정당한 사유가 있을 때에는 정보주체에게 그 사유를 알리고 열람을 연기할 수 있으며, 그 사유가 소멸하면 지체 없이 열람하게 하여야 한다.

④ 개인정보처리자는 다음의 어느 하나에 해당하는 경우에는 정보주체에게 그 사유를 알리고 열람을 제한하거나 거절할 수 있다.

㉠ 법률에 따라 열람이 금지되거나 제한되는 경우

㉡ 다른 사람의 생명·신체를 해할 우려가 있거나 다른 사람의 재산과 그 밖의 이익을 부당하게 침해할 우려가 있는 경우

㉢ 공공기관이 다음의 어느 하나에 해당하는 업무를 수행할 때 중대한 지장을 초래하는 경우

    ⓐ 조세의 부과·징수 또는 환급에 관한 업무

    ⓑ 각급 학교, 평생교육시설, 그 밖의 다른 법률에 따라 설치된 고등교육기관에서의 성적 평가 또는 입학자 선발에 관한 업무

    ⓒ 학력·기능 및 채용에 관한 시험, 자격 심사에 관한 업무

    ⓓ 보상금·급부금 산정 등에 대하여 진행 중인 평가 또는 판단에 관한 업무

    ⓔ 다른 법률에 따라 진행 중인 감사 및 조사에 관한 업무

T!P 개인정보의 전송 요구(제35조의2)

① 정보주체는 개인정보 처리 능력 등을 고려하여 대통령령으로 정하는 기준에 해당하는 개인정보처리자에 대하여 다음 각 호의 요건을 모두 충족하는 개인정보를 자신에게로 전송할 것을 요구할 수 있다.

㉠ 정보주체가 전송을 요구하는 개인정보가 정보주체 본인에 관한 개인정보로서 동의를 받아 처리되는 정보, 체결한 계약을 이행하거나 계약을 체결하는 과정에서 정보주체의 요청에 따른 조치를 이행하기 위하여 처리되는 정보, 개인정보 중 정보주체의 이익이나 공익적 목적을 위하여 관계 중앙행정기관의 장의 요청에 따라 보호위원회가 심의·의결하여 전송 요구의 대상으로 지정한 개인정보

㉡ 전송을 요구하는 개인정보가 개인정보처리자가 수집한 개인정보를 기초로 분석·가공하여 별도로 생성한 정보가 아닐 것

㉢ 전송을 요구하는 개인정보가 컴퓨터 등 정보처리장치로 처리되는 개인정보일 것

② 정보주체는 매출액, 개인정보의 보유 규모, 개인정보 처리 능력, 산업별 특성 등을 고려하여 대통령령으로 정하는 기준에 해당하는 개인정보처리자에 대하여 제1항에 따른 전송 요구 대상인 개인정보를 기술적으로 허용되는 합리적인 범위에서 다음 각 호의 자에게 전송할 것을 요구할 수 있다.

㉠ 개인정보관리 전문기관

㉡ 안전조치의무를 이행하고 대통령령으로 정하는 시설 및 기술 기준을 충족하는 자

③ 개인정보처리자는 제1항 및 제2항에 따른 전송 요구를 받은 경우에는 시간, 비용, 기술적으로 허용되는 합리적인 범위에서 해당 정보를 컴퓨터 등 정보처리장치로 처리 가능한 형태로 전송하여야 한다.

④ 제1항 및 제2항에 따른 전송 요구를 받은 개인정보처리자는 다음 각 호의 어느 하나에 해당하는 법률의 관련 규정에도 불구하고 정보주체에 관한 개인정보를 전송하여야 한다.

⑤ 정보주체는 제1항 및 제2항에 따른 전송 요구를 철회할 수 있다.

⑥ 개인정보처리자는 정보주체의 본인 여부가 확인되지 아니하는 경우 등 대통령령으로 정하는 경우에는 제1항 및 제2항에 따른 전송 요구를 거절하거나 전송을 중단할 수 있다.

⑦ 정보주체는 제1항 및 제2항에 따른 전송 요구로 인하여 타인의 권리나 정당한 이익을 침해하여서는 아니 된다.

⑧ 제1항부터 제7항까지에서 규정한 사항 외에 전송 요구의 대상이 되는 정보의 범위, 전송 요구의 방법, 전송의 기한 및 방법, 전송 요구 철회의 방법, 전송 요구의 거절 및 전송 중단의 방법 등 필요한 사항은 대통령령으로 정한다.

2) 개인정보의 정정 · 삭제(제36조)

① 자신의 개인정보를 열람한 정보주체는 개인정보처리자에게 그 개인정보의 정정 또는 삭제를 요구할 수 있다. 다만 다른 법령에서 그 개인정보가 수집 대상으로 명시되어 있는 경우에는 그 삭제를 요구할 수 없다.

② 개인정보처리자는 정보주체의 개인정보의 정정 · 삭제 요구를 받았을 때에는 개인정보의 정정 또는 삭제에 관하여 다른 법령에 특별한 절차가 규정되어 있는 경우를 제외하고는 지체 없이 그 개인정보를 조사하여 정보주체의 요구에 따라 정정 · 삭제 등 필요한 조치를 한 후 그 결과를 정보주체에게 알려야 한다.

③ 개인정보처리자가 개인정보를 삭제할 때에는 복구 또는 재생되지 아니하도록 조치하여야 한다.

④ 개인정보처리자는 정보주체의 요구가 다른 법령의 수집대상일 때는 지체 없이 그 내용을 정보주체에게 알려야 한다.

⑤ 개인정보처리자는 개인정보 정정 · 삭제를 위한 조사를 할 때 필요하면 정보주체에게 정정 · 삭제 요구사항의 확인에 필요한 증거자료를 제출하게 할 수 있다.

⑥ 개인정보 정정 · 삭제 요구, 통지 방법 및 절차 등에 필요한 사항은 대통령령으로 정한다.

3) 개인정보의 처리정지 등(제37조)

① 정보주체는 개인정보처리자에 대하여 자신의 개인정보 처리의 정지를 요구하거나 개인정보 처리에 대한 동의를 철회할 수 있다. 이 경우 공공기관에 대해서는 제32조에 따라 등록 대상이 되는 개인정보파일 중 자신의 개인정보에 대한 처리의 정지를 요구하거나 개인정보 처리에 대한 동의를 철회할 수 있다.

② 개인정보처리자는 ①에 따른 처리정지 요구를 받았을 때에는 지체 없이 정보주체의 요구에 따라 개인정보 처리의 전부를 정지하거나 일부를 정지하여야 한다. 다만, 다음 각 호의 어느 하나에 해당하는 경우에는 정보주체의 처리정지 요구를 거절할 수 있다.

　㉠ 법률에 특별한 규정이 있거나 법령상 의무를 준수하기 위하여 불가피한 경우

　㉡ 타인의 생명 · 신체를 해하거나 타인의 재산과 그 밖의 이익을 부당하게 침해할 우려가 있는 경우

　㉢ 공공기관이 개인정보를 처리하지 아니하면 다른 법률에서 정하는 소관 업무를 수행할 수 없는 경우

　㉣ 개인정보를 처리하지 아니하면 정보주체와 약정한 서비스를 제공하지 못하는 등 계약의 이행이 곤란한 경우로서 정보주체가 그 계약의 해지 의사를 명확하게 밝히지 아니한 경우

③ 개인정보처리자는 정보주체가 ①에 따라 동의를 철회한 때에는 지체 없이 수집된 개인정보를 복구 · 재생할 수 없도록 파기하는 등 필요한 조치를 하여야 한다. 다만, ②의 각 어느 하나에 해당하는 경우에는 동의 철회에 따른 조치를 하지 아니할 수 있다.

④ 개인정보처리자는 ②의 단서에 따라 처리정지 요구를 거절하거나 ③의 단서에 따라 동의 철회에 따른 조치를 하지 아니하였을 때에는 정보주체에게 지체 없이 그 사유를 알려야 한다.

⑤ 개인정보처리자는 정보주체의 요구에 따라 처리가 정지된 개인정보에 대하여 지체 없이 해당 개인정보의 파기 등 필요한 조치를 하여야 한다.

4) 권리행사의 방법 및 절차(제38조)

① 정보주체는 개인정보의 열람, 전송, 정정·삭제, 처리정지 및 동의 철회, 거부·설명 등의 요구(이하 "열람 등 요구")를 문서 등 대통령령으로 정하는 방법·절차에 따라 대리인에게 하게 할 수 있다.

② 만 14세 미만 아동의 법정대리인은 개인정보처리자에게 그 아동의 개인정보 열람 등 요구를 할 수 있다.

③ 개인정보처리자는 열람 등 요구를 하는 자에게 대통령령으로 정하는 바에 따라 수수료와 우송료(사본의 우송을 청구하는 경우)를 청구할 수 있다. 다만, 전송 요구의 경우에는 전송을 위해 추가로 필요한 설비 등을 함께 고려하여 수수료를 산정할 수 있다.

④ 개인정보처리자는 정보주체가 열람 등 요구를 할 수 있는 구체적인 방법과 절차를 마련하고, 이를 정보주체가 알 수 있도록 공개하여야 한다. 이 경우 열람 등 요구의 방법과 절차는 해당 개인정보의 수집 방법과 절차보다 어렵지 아니하도록 하여야 한다.

⑤ 개인정보처리자는 정보주체가 열람 등 요구에 대한 거절 등 조치에 대하여 불복이 있는 경우 이의를 제기할 수 있도록 필요한 절차를 마련하고 안내하여야 한다.

5) 손해배상책임(제39조)

① 정보주체는 개인정보처리자가 이 법을 위반한 행위로 손해를 입으면 개인정보처리자에게 손해배상을 청구할 수 있다. 이 경우 그 개인정보처리자는 고의 또는 과실이 없음을 입증하지 아니하면 책임을 면할 수 없다.

② 개인정보처리자의 고의 또는 중대한 과실로 인하여 개인정보가 분실·도난·유출·위조·변조 또는 훼손된 경우로서 정보주체에게 손해가 발생한 때에는 법원은 그 손해액의 5배를 넘지 아니하는 범위에서 손해배상액을 정할 수 있다. 다만, 개인정보처리자가 고의 또는 중대한 과실이 없음을 증명한 경우에는 그러하지 아니하다.

③ 법원은 ②의 배상액을 정할 때에는 다음 각 호의 사항을 고려하여야 한다.
  ㉠ 고의 또는 손해 발생의 우려를 인식한 정도
  ㉡ 위반행위로 인하여 입은 피해 규모
  ㉢ 위법행위로 인하여 개인정보처리자가 취득한 경제적 이익
  ㉣ 위반행위에 따른 벌금 및 과징금
  ㉤ 위반행위의 기간·횟수 등
  ㉥ 개인정보처리자의 재산상태
  ㉦ 개인정보처리자가 정보주체의 개인정보 분실·도난·유출 후 해당 개인정보를 회수하기 위하여 노력한 정도
  ㉧ 개인정보처리자가 정보주체의 피해구제를 위하여 노력한 정도

Warming Up

01 개인정보의 열람에 대한 설명 중 맞지 않는 것은?

① 정보주체는 개인정보처리자가 처리하는 자신의 개인정보에 대한 열람을 해당 개인정보처리자에게 요구할 수 있다.

② 정보주체가 자신의 개인정보에 대한 열람을 공공기관에 요구하고자 할 때에는 공공기관에 직접 열람을 요구하거나 대통령령으로 정하는 바에 따라 개인정보보호책임자를 통하여 열람을 요구할 수 있다.

③ 개인정보처리자는 열람을 요구받았을 때에는 대통령령으로 정하는 기간 내에 정보주체가 해당 개인정보를 열람할 수 있도록 하여야 한다.

④ 개인정보처리자는 법률에 따라 열람이 금지되거나 제한되는 경우 열람 제한 또는 거절이 가능하다.

⑤ 개인정보처리자는 공공기관이 업무를 직접 수행할 때 중대한 지장을 초래하는 경우 열람 제한 또는 거절이 가능하다.

〔정답해설〕
② 개인정보보호책임자가 아니라 보호위원회를 통하여 열람을 요구할 수 있다.

02 정보주체의 권리 보장에 있어서 권리행사의 방법 및 절차에 대한 설명 중 맞지 않는 것은?

① 정보주체는 개인정보의 열람 등 요구를 문서 등 대통령령으로 정하는 방법·절차에 따라 대리인에게 하게 할 수 있다.

② 개인정보처리자는 열람 등 요구를 하는 자에게 수수료와 사본의 우송을 청구하는 경우 우송료를 청구할 수 있다.

③ 만 18세 미만 청소년의 법정대리인은 개인정보처리자에게 그 청소년의 개인정보 열람 등 요구를 할 수 있다.

④ 개인정보처리자는 정보주체가 열람 등 요구를 할 수 있는 구체적인 방법과 절차를 마련하고, 이를 정보주체가 알 수 있도록 공개하여야 한다.

⑤ 개인정보처리자는 정보주체가 열람 등 요구에 대한 거절 등 조치에 대하여 불복이 있는 경우 이의를 제기할 수 있도록 필요한 절차를 마련하고 안내하여야 한다.

〔정답해설〕
③ 만 14세 미만 아동의 법정대리인은 개인정보처리자에게 그 아동의 개인정보 열람 등 요구를 할 수 있다.

〔정답〕 1 ② 2 ③

06 개인정보 분쟁조정위원회(제7장)

(1) 분쟁조정위원회 설치 및 구성(제40조)

① 개인정보에 관한 분쟁의 조정(調停)을 위하여 개인정보 분쟁조정위원회(이하 "분쟁조정위원회")를 둔다.

② 분쟁조정위원회는 위원장 1명을 포함한 30명 이내의 위원으로 구성하며, 위원은 당연직위원과 위촉위원으로 구성한다.

③ 위촉위원은 다음의 어느 하나에 해당하는 사람 중에서 보호위원회 위원장이 위촉하고, 대통령령으로 정하는 국가기관 소속 공무원은 당연직위원이 된다.

　ㄱ 개인정보 보호업무를 관장하는 중앙행정기관의 고위공무원단에 속하는 공무원으로 재직하였던 사람 또는 이에 상당하는 공공부문 및 관련 단체의 직에 재직하고 있거나 재직하였던 사람으로서 개인정보 보호업무의 경험이 있는 사람

　ㄴ 대학이나 공인된 연구기관에서 부교수 이상 또는 이에 상당하는 직에 재직하고 있거나 재직하였던 사람

　ㄷ 판사 · 검사 또는 변호사로 재직하고 있거나 재직하였던 사람

　ㄹ 개인정보 보호와 관련된 시민사회단체 또는 소비자단체로부터 추천을 받은 사람

　ㅁ 개인정보처리자로 구성된 사업자단체의 임원으로 재직하고 있거나 재직하였던 사람

TIP 당연직위원(동법 시행령 제48조의14)

분쟁조정위원회의 당연직위원은 보호위원회의 고위공무원단에 속하는 일반직공무원으로서 개인정보 보호에 관한 업무를 담당하는 사람 중 보호위원회 위원장이 지명하는 사람으로 한다.

④ 위원장은 위원 중에서 공무원이 아닌 사람으로 보호위원회 위원장이 위촉한다.

⑤ 위원장과 위촉위원의 임기는 2년으로 하되, 1차에 한하여 연임할 수 있다.

⑥ 분쟁조정위원회는 분쟁조정 업무를 효율적으로 수행하기 위하여 필요하면 대통령령으로 정하는 바에 따라 조정사건의 분야별로 5명 이내의 위원으로 구성되는 조정부를 둘 수 있다. 이 경우 조정부가 분쟁조정위원회에서 위임받아 의결한 사항은 분쟁조정위원회에서 의결한 것으로 본다.

⑦ 분쟁조정위원회 또는 조정부는 재적위원 과반수의 출석으로 개의하며 출석위원 과반수의 찬성으로 의결한다.

⑧ 보호위원회는 분쟁조정 접수, 사실 확인 등 분쟁조정에 필요한 사무를 처리할 수 있다.

⑨ 이 법에서 정한 사항 외에 분쟁조정위원회 운영에 필요한 사항은 대통령령으로 정한다.

> **TIP** 조정부의 구성 및 운영(동법 시행령 제49조)
>
> ① 조정부는 분쟁조정위원회 위원장이 지명하는 5명 이내의 위원으로 구성하되, 그중 1명은 변호사 자격이 있는 위원으로 한다.
> ② 분쟁조정위원회 위원장은 조정부의 회의를 소집한다.
> ③ 분쟁조정위원회의 위원장은 조정부의 회의를 소집하려면 회의 날짜, 시간, 장소, 안건을 정하여 회의 개최 7일 전까지 조정부의 각 위원에게 알려야 한다. 다만, 긴급한 사정이 있는 경우에는 그러하지 아니하다.
> ④ 조정부의 장은 조정부 위원 중에서 호선(互選)한다.
> ⑤ ①부터 ④까지의 규정에서 정한 사항 외에 조정부의 구성 및 운영 등에 필요한 사항은 분쟁조정위원회의 의결을 거쳐 분쟁조정위원회의 위원장이 정한다.

(2) 위원의 신분보장(제41조)

위원은 자격정지 이상의 형을 선고받거나 심신상의 장애로 직무를 수행할 수 없는 경우를 제외하고는 그의 의사에 반하여 면직되거나 해촉되지 아니한다.

(3) 분쟁조정의 신청(제43조)

① 개인정보와 관련한 분쟁의 조정을 원하는 자는 분쟁조정위원회에 분쟁조정을 신청할 수 있다.
② 분쟁조정위원회는 당사자 일방으로부터 분쟁조정 신청을 받았을 때에는 그 신청내용을 상대방에게 알려야 한다.
③ 개인정보처리자가 ②에 따른 분쟁조정의 통지를 받은 경우에는 특별한 사유가 없으면 분쟁조정에 응하여야 한다.

(4) 분쟁조정의 처리기간(제44조)

① 분쟁조정위원회는 분쟁조정 신청을 받은 날부터 60일 이내에 이를 심사하여 조정안을 작성하여야 한다. 다만 부득이한 사정이 있는 경우에는 분쟁조정위원회의 의결로 처리기간을 연장할 수 있다.
② 분쟁조정위원회는 처리기간을 연장한 경우에는 기간연장의 사유와 그 밖의 기간연장에 관한 사항을 신청인에게 알려야 한다.

(5) 조정 전 합의 권고(제46조)

분쟁조정위원회는 분쟁조정 신청을 받았을 때에는 당사자에게 그 내용을 제시하고 조정 전 합의를 권고할 수 있다.

(6) 분쟁의 조정(제47조)

① 분쟁조정위원회는 다음의 어느 하나의 사항을 포함하여 조정안을 작성할 수 있다.
　　㉠ 조사 대상 침해행위의 중지
　　㉡ 원상회복, 손해배상, 그 밖에 필요한 구제조치
　　㉢ 같거나 비슷한 침해의 재발을 방지하기 위하여 필요한 조치

② 분쟁조정위원회는 조정안을 작성하면 지체 없이 각 당사자에게 제시하여야 한다.

③ 조정안을 제시받은 당사자가 제시받은 날부터 15일 이내에 수락 여부를 알리지 아니하면 조정을 수락한 것으로 본다.

④ 당사자가 조정내용을 수락한 경우(③에 따라 수락한 것으로 보는 경우 포함) 분쟁조정위원회는 조정서를 작성하고, 분쟁조정위원회의 위원장과 각 당사자가 기명날인 또는 서명을 한 후 조정서 정본을 지체 없이 각 당사자 또는 그 대리인에게 송달하여야 한다. 다만, ③에 따라 수락한 것으로 보는 경우에는 각 당사자의 기명날인 및 서명을 생략할 수 있다.

⑤ 조정의 내용은 재판상 화해와 동일한 효력을 갖는다.

(7) 조정의 거부 및 중지(제48조)

① 분쟁조정위원회는 분쟁의 성질상 분쟁조정위원회에서 조정하는 것이 적합하지 아니하다고 인정하거나 부정한 목적으로 조정이 신청되었다고 인정하는 경우에는 그 조정을 거부할 수 있다. 이 경우 조정거부의 사유 등을 신청인에게 알려야 한다.

② 분쟁조정위원회는 신청된 조정사건에 대한 처리절차를 진행하던 중에 한 쪽 당사자가 소를 제기하면 그 조정의 처리를 중지하고 이를 당사자에게 알려야 한다.

(8) 집단분쟁조정(제49조)

① 국가 및 지방자치단체, 개인정보 보호단체 및 기관, 정보주체, 개인정보처리자는 정보주체의 피해 또는 권리침해가 다수의 정보주체에게 같거나 비슷한 유형으로 발생하는 경우로서 대통령령으로 정하는 사건에 대하여는 분쟁조정위원회에 일괄적인 분쟁조정(이하 "집단분쟁조정")을 의뢰 또는 신청할 수 있다.

TIP 집단분쟁조정의 신청 대상(동법 시행령 제52조)

법 제49조 제1항에서 "대통령령으로 정하는 사건"이란 다음의 요건을 모두 갖춘 사건을 말한다.
① 피해 또는 권리침해를 입은 정보주체의 수가 다음의 정보주체를 제외하고 50명 이상일 것
  ㉠ 개인정보처리자와 분쟁해결이나 피해보상에 관한 합의가 이루어진 정보주체
  ㉡ 같은 사안으로 다른 법령에 따라 설치된 분쟁조정기구에서 분쟁조정 절차가 진행 중인 정보주체
  ㉢ 해당 개인정보 침해로 인한 피해에 대하여 법원에 소(訴)를 제기한 정보주체
② 사건의 중요한 쟁점이 사실상 또는 법률상 공통될 것

---

② 집단분쟁조정을 의뢰받거나 신청받은 분쟁조정위원회는 그 의결로써 집단분쟁조정의 절차를 개시할 수 있다. 이 경우 분쟁조정위원회는 대통령령으로 정하는 기간(14일 이상) 동안 그 절차의 개시를 공고하여야 한다.

③ 분쟁조정위원회는 집단분쟁조정의 당사자가 아닌 정보주체 또는 개인정보처리자로부터 그 분쟁조정의 당사자에 추가로 포함될 수 있도록 하는 신청을 받을 수 있다.

④ 분쟁조정위원회는 그 의결로써 ① 및 ③에 따른 집단분쟁조정의 당사자 중에서 공동의 이익을 대표하기에 가장 적합한 1인 또는 수인을 대표당사자로 선임할 수 있다.

⑤ 분쟁조정위원회는 개인정보처리자가 분쟁조정위원회의 집단분쟁조정의 내용을 수락한 경우에는 집단분쟁조정의 당사자가 아닌 자로서 피해를 입은 정보주체에 대한 보상계획서를 작성하여 분쟁조정위원회에 제출하도록 권고할 수 있다.

⑥ 신청된 조정사건 처리절차 진행 중 한 쪽 당사자가 소를 제기하면 조정의 처리를 중지해야 한다는 제48조 제2항에도 불구하고 분쟁조정위원회는 집단분쟁조정의 당사자인 다수의 정보주체 중 일부의 정보주체가 법원에 소를 제기한 경우에는 그 절차를 중지하지 아니하고, 소를 제기한 일부의 정보주체를 그 절차에서 제외한다.

⑦ 집단분쟁조정의 기간은 공고가 종료된 날의 다음 날부터 60일 이내로 한다. 다만, 부득이한 사정이 있는 경우에는 분쟁조정위원회의 의결로 처리기간을 연장할 수 있다.

(9) 조정절차 등(제50조)

① 제43조부터 제49조까지의 규정에서 정한 것 외에 분쟁의 조정방법, 조정절차 및 조정업무의 처리 등에 필요한 사항은 대통령령으로 정한다.

② 분쟁조정위원회의 운영 및 분쟁조정 절차에 관하여 이 법에서 규정하지 아니한 사항에 대하여는 「민사조정법」을 준용한다.

Warming Up ↗

01 분쟁조정위원회의 구성에 대한 설명 중 맞지 않는 것은?

① 위원회는 위원장 1명을 포함한 30명 이내의 위원으로 구성하고 위원은 당연직위원과 위촉위원으로 구성한다.

② 위원장과 위촉위원의 임기는 2년으로 하되, 1차에 한하여 연임할 수 있다.

③ 대통령령으로 정하는 국가기관 소속 공무원은 당연직위원이 된다.

④ 위원장은 위원 중에서 공무원인 사람으로 보호위원회 위원장이 위촉한다.

⑤ 위촉위원은 보호위원회 위원장이 위촉한다.

정답해설 〉

④ 위원장은 위원 중에서 공무원이 아닌 사람으로 보호위원회 위원장이 위촉한다.

02 분쟁조정위원회의 위촉위원의 위촉 대상이 아닌 것은?

① 개인정보 보호업무를 관장하는 중앙행정기관의 고위공무원단에 속하는 공무원으로 재직하였던 사람
② 대학이나 공인된 연구기관에서 부교수 이상 또는 이에 상당하는 직에 재직하고 있거나 재직하였던 사람
③ 판사·검사 또는 변호사로 재직하고 있거나 재직하였던 사람
④ 개인정보처리자로 구성된 사업자단체의 임원으로 재직하고 있거나 재직하였던 사람
⑤ 개인정보 보호와 관련된 시민사회단체 또는 소비자단체의 임원으로 행정안전부의 추천을 받은 사람

[정답해설]
⑤ 개인정보 보호와 관련된 시민사회단체 또는 소비자단체로부터 추천을 받은 사람

03 다음 중 〈보기〉의 (   ) 안에 들어갈 알맞은 것은?

┌ 보기 ┐
분쟁조정위원회는 분쟁조정 신청을 받은 날부터 (   )일 이내에 이를 심사하여 조정안을 작성하여야 한다. 단, 부득이한 사정이 있는 경우에는 분쟁조정위원회의 의결로 처리기간을 연장할 수 있다.

① 60   ② 45
③ 30   ④ 15
⑤ 14

[정답해설]
① 60일 이내에 심사하여 조정안을 작성하여야 한다.

정답 1 ④ 2 ⑤ 3 ①

07 개인정보 단체소송(제8장)

(1) 단체소송의 대상(제51조)

다음의 어느 하나에 해당하는 단체는 개인정보처리자가 집단분쟁조정을 거부하거나 집단분쟁조정의 결과를 수락하지 아니한 경우에는 법원에 권리침해 행위의 금지·중지를 구하는 소송(이하 "단체소송")을 제기할 수 있다.

1) 「소비자기본법」에 따라 공정거래위원회에 등록한 소비자단체로서 다음의 요건을 모두 갖춘 단체

   ① 정관에 따라 상시적으로 정보주체의 권익증진을 주된 목적으로 하는 단체일 것

   ② 단체의 정회원수가 1천명 이상일 것

   ③ 「소비자기본법」에 따른 등록 후 3년이 경과하였을 것

2) 「비영리민간단체 지원법」에 따른 비영리민간단체로서 다음의 요건을 모두 갖춘 단체

   ① 법률상 또는 사실상 동일한 침해를 입은 100명 이상의 정보주체로부터 단체소송의 제기를 요청받을 것

   ② 정관에 개인정보 보호를 단체의 목적으로 명시한 후 최근 3년 이상 이를 위한 활동실적이 있을 것

   ③ 단체의 상시 구성원수가 5천 명 이상일 것

   ④ 중앙행정기관에 등록되어 있을 것

(2) 전속관할(제52조)

   ① 단체소송의 소는 피고의 주된 사무소 또는 영업소가 있는 곳, 주된 사무소나 영업소가 없는 경우에는 주된 업무담당자의 주소가 있는 곳의 지방법원 본원 합의부의 관할에 전속한다.

   ② 단체소송의 소를 외국사업자에 적용하는 경우 대한민국에 있는 이들의 주된 사무소·영업소 또는 업무담당자의 주소에 따라 정한다.

(3) 소송대리인의 선임(제53조)

단체소송의 원고는 변호사를 소송대리인으로 선임하여야 한다.

(4) 소송허가신청(제54조)

1) 단체소송을 제기하는 단체는 소장과 함께 다음의 사항을 기재한 소송허가신청서를 법원에 제출하여야 한다.

   ① 원고 및 그 소송대리인

   ② 피고

   ③ 정보주체의 침해된 권리의 내용

2) 소송허가신청서에는 다음의 자료를 첨부하여야 한다.

   ① 소제기단체가 단체소송의 대상의 어느 하나에 해당하는 요건을 갖추고 있음을 소명하는 자료

   ② 개인정보처리자가 조정을 거부하였거나 조정결과를 수락하지 아니하였음을 증명하는 서류

(5) 소송허가요건 등(제55조)

1) 법원은 다음의 요건을 모두 갖춘 경우에 한하여 결정으로 단체소송을 허가한다.

   ① 개인정보처리자가 분쟁조정위원회의 조정을 거부하거나 조정결과를 수락하지 않았을 것

   ② 소송허가신청서의 기재사항에 흠결이 없을 것

2) 단체소송을 허가하거나 불허가하는 결정에 대하여는 즉시 항고할 수 있다.

(6) 확정판결의 효력(제56조)

원고의 청구를 기각하는 판결이 확정된 경우 이와 동일한 사안에 관하여는 단체소송 대상에 해당되는 다른 단체는 단체소송을 제기할 수 없다. 다만 다음의 어느 하나에 해당하는 경우에는 그러하지 아니하다.

① 판결이 확정된 후 그 사안과 관련하여 국가·지방자치단체 또는 국가·지방자치단체가 설립한 기관에 의하여 새로운 증거가 나타난 경우
② 기각판결이 원고의 고의로 인한 것임이 밝혀진 경우

(7) 「민사소송법」의 적용(제57조)

① 단체소송에 관하여 이 법에 특별한 규정이 없는 경우에는 「민사소송법」을 적용한다.
② 단체소송의 허가결정이 있는 경우에는 「민사집행법」 제4편에 따른 보전처분을 할 수 있다.
③ 단체소송의 절차에 관하여 필요한 사항은 대법원규칙으로 정한다.

Warming Up ↗

01 다음 단체소송의 대상 중 비영리민간단체로서 단체소송을 제기할 수 있는 요건에 해당되지 않는 것은?

① 법률상 또는 사실상 동일한 침해를 입은 100명 이상의 정보주체로부터 단체소송의 제기를 요청받을 것
② 단체의 상시 구성원수가 5천명 이상일 것
③ 단체의 정회원수가 1천명 이상일 것
④ 중앙행정기관에 등록되어 있을 것
⑤ 정관에 개인정보 보호를 단체의 목적으로 명시한 후 최근 3년 이상 이를 위한 활동실적이 있을 것

【정답해설】
③ 소비자 보호단체로서 단체소송을 제기할 수 있는 요건이다.

 정답 1 ③

CHAPTER 01 프레젠테이션

학습개요	기업은 조직의 비전실현을 위해 조직 구성원의 역량을 개발하기 위하여 직무지식 향상과 업무성과를 위한 소통 능력 향상을 위해 프레젠테이션 기법과 스피치 스킬 등의 소양을 요구한다. 기업의 교육훈련 방법과 효과적인 프레젠테이션 기법과 스피치 스킬에 대하여 살펴본다.
절 구성	1. 기업교육 및 훈련　　　　　　2. 서비스 교육훈련 전략 3. 프레젠테이션 기법　　　　　　4. 스피치
학습중점	1. 기업교육훈련의 종류 및 기업강사의 역할 2. 성인학습의 특성 및 서비스 교육훈련 방법 이해 3. 프레젠테이션 개념 및 3P 분석 4. 프레젠테이션 전달 및 콘텐츠 구성 5. 스피치 상황 분석 및 준비
마인드 맵	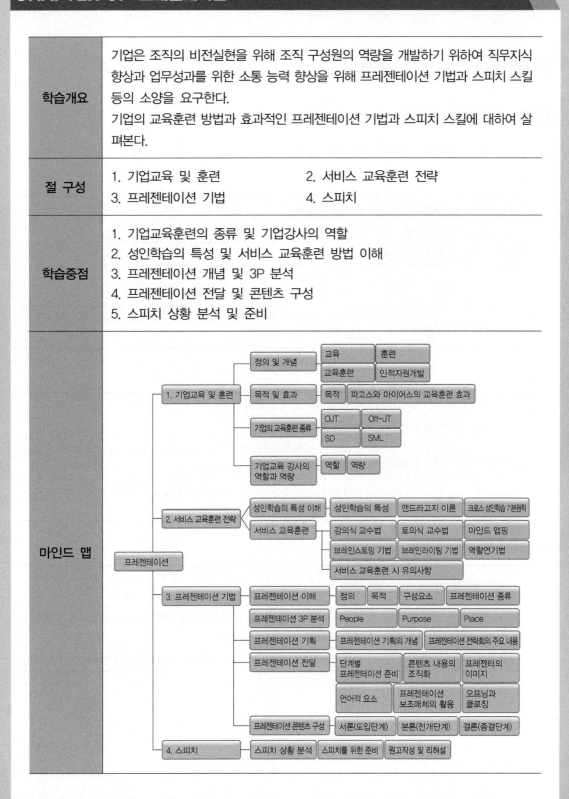

PART 03 컴퓨터 활용

| CHAPTER 01 | 프레젠테이션 |

01 기업교육 및 훈련

(1) 기업교육 및 훈련의 다양한 정의 및 개념

1) 교육

황병수(HRD전략)	가까운 미래에 맡게 될 직무에 대한 학습
송태근(인적자원개발)	개인과 관련된 경험 학습
오카베 히로시(기업내 연수전략)	주로 지식 습득을 목적으로 하는 것
노울즈	• 전인의 개발에만 쓰일 수 있는 용어 • 훈련 및 교화 등은 교육에서 제외되는 개념
기업에서의 교육	종업원의 일반적 지식, 기술, 태도의 개선을 통한 능력개발을 목적으로 하는 것

2) 훈련

황병수(HRD전략)	현재 직무와 관련된 학습
송태근(인적자원개발)	직무와 관련된 학습활동
오카베 히로시(기업내 연수전략)	교육과 같은 뜻이되 그 대상이 되는 노력의 내용이 기능(기술)이나 태도와 같이 체험적으로 지도할 필요가 있는 경우
내들러	종업원이 현재 하는 일 또는 고용되어서 곧바로 해야 할 직무에 대한 수행능력을 증진시키기 위한 제반 활동

3) 교육훈련

한국능률협회	어떤 능력을 기간 내에 기대하는 정도까지 향상시키기 위해서 효과적인 경험을 할 수 있는 장을 만드는 계획적 노력의 과정
노(Noe)	개인의 지식, 기술, 태도 등의 영구적인 변화를 가져오기 위해 설계되고 계획된 학습
카시오와 어워드	직무요구에 일치시키기 위해 필요한 기술과 지식을 개인이 습득하는 과정

4) 인적자원개발(기업교육)

유진봉	경영관리를 위한 활동의 하나로 기업의 목적 달성을 위하여 고용한 종업원의 업무처리 능력을 개발하는 데 직접적인 목적을 갖고 기업체가 주관하는 모든 조직적인 활동
내들러	업무성과 향상과 성장 가능성 제고를 위해 일정기간 실행되는 계획적인 학습경험
맥라간	개인, 집단, 조직의 효율성 향상을 목적으로 훈련, 조직, 경력개발을 통한 의도적, 계획적, 조직적 학습활동
왓킨스	조직의 개인, 집단, 조직 수준에서 장기적이고 직무와 관련된 학습 능력을 고양하기 위한 연구와 실천 분야

(2) 기업의 교육훈련 목적 및 효과

1) 목적 : 전 직원의 지식, 기능, 태도 향상으로 기업을 발전 및 유지

기업	직원의 서비스 정신자세 확립 및 서비스 기능, 기술 습득 및 향상을 통해 기업의 계속적인 유지, 발전을 도모
직원	자기개발 및 종사원 개개인의 업무능력과 자질 향상

2) 파고스와 마이어스의 교육훈련 효과

① **입사교육훈련** : 신입사원은 기업의 방침과 규정 파악으로 기업에 대한 친근감과 안심감 향상
② **신입사원** : 직무에 대한 지도를 받아 직무의 질과 양이 모두 표준에 달하고 임금의 증가 도모
③ 재해, 기계설비 소모 등의 감소에 유효하다.
④ 직원의 불만과 결근, 이동을 방지할 수 있다.
⑤ 승진에 대비한 능력 향상을 도모한다.
⑥ 새로 도입된 신기술에 대한 종사원의 적응을 원활히 한다.

(3) 기업의 교육훈련 종류

1) OJT(On the Job Training)

① 정의
　㉠ 현장직무교육의 약자로 일상업무 수행과정을 통해 지식, 기능, 태도를 향상시키려는 교육활동이다.
　㉡ 직장 내에서 실시하는 직무훈련으로서 기업교육의 목적달성을 위한 매우 유용한 방법이다.
　㉢ Off-JT의 단점을 극복 또는 보완하면서 업무현장에 근무하는 직원을 직접 학습자로 참여시켜 학습하는 형태이다.

② 필요성
　㉠ 교육실시자로서 현장 경험이 있는 선임자의 지식과 기능을 생생하게 전달하고자 할 때
　㉡ 장시간에 걸쳐 학습자에게 임무를 숙달시킬 필요가 있을 때
　㉢ Off-JT 개발 및 실시를 위한 비용을 절약하는 대안이 필요할 때

ⓔ 업무 현장에서 학습자를 시급히 투입할 필요가 있을 때

ⓜ 일의 내용이나 방식의 급격하고 대폭적 변화로 인해 현재의 지식 및 경험만으로 불충분할 경우

ⓗ 노동의 질, 기술혁신의 급격한 진행으로 지적 능력이 강하게 요구될 때

ⓢ 소수정예화 추진으로 조직원 개개인의 많은 능력이 필요할 때

ⓞ 집합 연수 또는 자기개발만으로는 직무상의 인재 육성이 불충분할 때

ⓩ 업적 향상을 위해 부하의 육성이 중요할 때

③ 교육내용 및 방법

교육내용	주로 기능, 태도의 직무수행능력 제고
교육방법	• 직무교육훈련　　• 직무순환　　• 코칭/멘토링　　• 소집단 활동을 통한 능력개발

④ 특성

ⓐ 업무 수행과정에서 부하직원에 대한 교육의 필요성을 파악한 것에 대해 상사가 지도, 원조하는 모든 활동

ⓑ 부하직원에 대한 교육책임과 육성을 동시에 상사가 수행

ⓒ 부하직원의 성장, 바람직한 직무수행 자세를 위하여 영향을 미치는 상사의 모든 행위

ⓓ 효과적인 조직관리, 업무관리, 부하관리, 목표관리

⑤ 장·단점

장점	• 실제 업무 현장에서 현재 상황을 교재로 삼으므로 구체적이고 실제적인 교육훈련을 할 수 있다. • 계속적, 반복적 교육이 가능하며 적은 경비가 들고, 결과에 대한 평가가 용이하다. • 누구나 일반적으로 사용이 가능한 보편화된 채널이다. • 상사와 부하직원, 선·후배 간의 인간관계가 두터워지며 상사 및 선배 자신의 자기개발 기회가 된다. • 개인별 교육 필요 사항에 대해 파악 후 집중교육이 가능하다. • 언제 어디서나 교육이 이루어지며 교재가 풍부하다. • 상사는 지도자로서 적임자이다.
단점	• 현장에 교육을 방해하는 소음 등의 방해물과 안전사고 발생 가능성이 상존한다. • 비싼 장비 사용 간 고장 발생 시 전체 생산에 지장을 초래한다. • 고객이 함께 있을 때는 고객 응대 서비스 질이 떨어진다. • 상급자 능력에 지나치게 좌우될 염려가 있다. • 직책상 장의 능력 이상의 부하 육성이 어렵다. • 피교육자가 OJT 교육내용이 자신의 업무와 관계없다고 생각할 경우 시간 낭비가 될 수 있다. • 일상 지도가 중심이 되면 시야가 좁은 지도자가 되기 쉽다. • 유능한 지도자가 부족하다.

⑥ 유의 사항

㉠ 조직에서 필요한 인재를 교육, 훈련한다는 명확한 의도가 있어야 한다.

㉡ 지속적인 교육과 훈련이 필요하다.

㉢ 집합교육과 연계되어야 한다.

㉣ 자기개발과 관련지어 전개될 때 효과적이다.

㉤ 상사는 인재육성에 대한 열의를 가지고 부하의 자주성과 창조성을 존중하며 모범을 보이고 같이 배운다는 자세가 필요하다.

2) Off-JT(Off the Job Training)

① 정의

㉠ 집합교육은 주로 지식교육을 중심으로 불특정 다수인을 모아놓고 실시하는 교육이다.

㉡ 다수의 학습자에게 동일한 내용을 경제적으로 교육하기 위한 목적이 있다.

㉢ 작업현장을 벗어나 일정한 시간과 장소에서 행해지는 교육이다.

② 집합교육을 실시해야 하는 경우

㉠ 경영전략의 전개에 필요로 하는 인재 육성을 위한 교육훈련이 필요할 때

㉡ 직장의 문제해결을 위해 필요한 지식, 기능의 수준을 향상시키기 위한 교육훈련이 필요할 때

㉢ 주로 체계적, 전문적인 지식교육에 적합하며 일부 기능교육, 태도교육에도 활용

③ 집합교육의 분류 및 교육방법

교육분류	계층별 교육, 직능별 교육, 과제별 교육
교육방법	• 강의법 • 토의법 • 사례연구법 • 역할연기법 • 시범 • 합숙연수

TIP OJL과 Off-JL

OJL	• On the Job Learning의 약자로 직무와 관련한 자기개발을 의미 • 직무수행을 위한 목표를 스스로 결정하면 회사는 절차를 거쳐 내용 확인 후 지원하는 것으로 자기학습(SML), 실천학습(Action Learning)이 해당
Off-JL	• Off the Job Learning의 약자로 직무 외 자기개발을 의미 • 본인이 스스로 책임지고 학습하는 것으로 독서, 자기개발, 자격증 취득이 해당

3) SD(Self Development)

① 정의

㉠ 자기개발은 개인 수준의 자주적 능력개발을 의미한다(예 인터넷을 통해 스스로 학습).

㉡ 본인 책임하에 자기 이해와 평가를 바탕으로 스스로 성장하려는 자기 훈련이다.

② 기업의 자기개발 지원

㉠ 생애교육(Career Education)의 중요성과 더불어 자기개발의 비중이 강화되고 있다.

제3과목 고객관리 실무론

ⓛ 기업은 개인의 성장을 위해 공부하도록 지원제도 등을 추진한다.

③ 자기개발 향상을 위한 기업의 지원방법

자기개발의 원조	• 효율적인 학습을 위한 지원 및 조언 • 교재, 자료의 제공 및 알선, 기회 및 장소의 알선, 자금 및 방법의 원조, 지도자 알선
목표달성을 위한 대화	• 대화를 통한 조직원의 자발성, 적극성, 창조성 기반의 목표관리를 실시 • 조직원 각자가 높은 목표에 도전하는 기회와 아울러 자기능력 개발의 기회를 갖도록 대화 실시 • 필요정보 및 뉴스 전달, 조직원의 장점과 업적에 대한 대화를 통해 개인 발전에 기여, 조직원의 의견 경청 등
정기적 면접	• 정기적 인터뷰를 통한 자기개발의 동기 부여 • 면접계획 수립 및 준비, 면접 실시 및 결과 검토, 지도
사내 강습회, 연구회 참가 권장	• 적임자에게 사내 강습회 등에 참가연수 권장 • 필요한 강습회, 연구회에 대한 연수대상 찾기 • 해당자에게 참가절차 지원, 참가의 효과를 위한 조언과 지도 실시, 연수 격려 및 조언

4) SML(Self Management Learning)

① 정의

㉠ SD의 실천 방법으로써의 자기 학습은 조직원에게 최대한의 자율성을 주어 조직원이 기업의 목적 달성을 위해 해결해야 할 문제를 선택하고 그 해결 과정을 체계적으로 지원하는 것을 의미한다(특정 과제 또는 과업을 정하고 해결을 위한 시도).

㉡ 학습의 전이효과 향상 및 기업의 이익 증진을 도모하는 교육 방법이다.

② 자기학습의 절차

㉠ 기업의 이익에 도움이 되는 학습 상황의 선택

㉡ 기업교육 담당자와의 학습계획서 작성

㉢ 학습자원의 선택 및 학습 네트워크 조직, 학습활동 전개

㉣ 학습결과 공개 및 평가

③ 자기학습의 장·단점

장점	• 쉽게 해결하기 어려운 직무문제를 해결할 수 있다. • 기업교육의 가장 발전된 형태의 하나이다. • 교육현장과 실무현장의 통합이 가능하다. • 학습의 결과가 업무현장의 과제 해결로 연결될 수 있다.
단점	• 학습계획 및 실시는 대상자의 학습능력에 따라 결과가 달라진다. • 학습자원 확보 및 활용 시 학습자 책임이 과중할 때가 있다. • 진행과정에 대한 고비용이 지출될 수 있다. • 시간이 많이 소요될 수 있다.

(4) 기업교육 강사의 역할과 역량

1) 기업교육 강사의 역할 : 내들러

① 교수프로그램 개발자의 역할

㉠ 조직의 문제 파악 및 학습의 니즈를 분석하여 이를 충족시킬 학습내용을 확정한다.

㉡ 확정된 학습내용의 적용을 위한 교수학습계획을 수립한다.

② 학습촉진자의 역할

㉠ 학습자의 학습수행을 도와주거나 학습자들과 직접 학습활동을 한다.

㉡ 다양한 경험과 이론적 배경을 갖추고 강의, 토의진행, 시범 등의 역할을 수행한다.

③ 교수전략 개발자의 역할

㉠ 교육훈련 프로그램의 효과적 전달을 위해 매체 선정과 방법을 찾는다.

㉡ 학습 보조도구와 시청각 자료의 제작 및 활용으로 학습효과의 상승 방안을 강구한다.

2) 기업교육 강사의 역량

① 하버드 대학의 사회심리학자 맥클리랜드가 제시

② 업무 효과성을 높이고 우수한 성과를 산출하는 개인의 잠재적인 특성으로 정의

③ 역량의 구성요소 : 지식, 기술, 태도

Warming Up ↗

01 다음 중 피고스와 마이어스의 교육훈련의 효과에 대한 설명으로 바르지 않은 것은?

① 신입사원은 기업의 방침과 규정 파악으로 기업에 대한 친근감과 안심감 향상

② 직무에 대한 지도를 받아 질과 양이 모두 표준에 달하고 임금의 증가 도모

③ 직무수행능력의 향상은 이동을 할 경우 직무역량을 제시할 수 있는 이점을 제공

④ 승진에 대비한 능력 향상을 도모

⑤ 재해, 기계설비 소모 등의 감소에 유효

정답해설
③ 직원의 불만과 결근, 이동을 방지할 수 있다.

02 다음 중 〈보기〉에 해당하는 교육훈련의 종류는 무엇인가?

┌─ 보기 ───┐
│ 직장 내에서 실시하는 직무훈련으로서 기업교육의 목적달성을 위한 매우 유용한 방 │
│ 법이며 일상업무 수행과정을 통해 지식, 기능, 태도를 향상시키려는 교육활동이다. │
└──┘

① OJT   ② Off-JT
③ OJL   ④ Off-JL
⑤ SD

03 다음 중 〈보기〉에 해당하는 교육훈련의 종류는 무엇인가?

┌─ 보기 ───┐
│ 다수의 학습자에게 동일한 내용을 경제적으로 교육하기 위한 목적으로 작업현장을 │
│ 벗어나 일정한 시간과 장소에서 행해지는 교육이다. │
└──┘

① OJT   ② Off-JT
③ OJL   ④ Off-JL
⑤ SD

04 다음 〈보기〉에 해당하는 내용은 내들러가 제시한 기업교육 강사의 어떤 역할에 해당되는가?

┌─ 보기 ───┐
│ 교육훈련 프로그램의 효과적 전달을 위해 매체 선정과 방법을 찾으며, 학습 보조도 │
│ 구와 시청각 자료의 제작 및 활용으로 학습효과의 상승 방안을 강구한다. │
└──┘

① 교수프로그램 개발자   ② 학습촉진자
③ 학습능력 평가자   ④ 교수전략 개발자
⑤ 역량강화 실무자

정답 1 ③ 2 ① 3 ② 4 ④

02 서비스 교육훈련 전략

(1) 성인학습의 특성 이해

1) 성인학습자의 특성

목표 지향적인 참여 동기	명백한 목표달성의 수단으로써의 교육훈련이 활용된다.
신체조건에 따른 안락한 교육환경 요구	밝은 조명, 냉난방, 안락한 의자, 큰 글씨, 큰 소리, 학습 수행을 위한 많은 시간이 요구된다.
알고자 하는 욕구	학습 전 왜 학습을 받아야 하는지를 알고 있다.
선택적으로 학습 상황에 임함	구체적인 목표와 욕구에 관련된 수업상황을 기대하고 선택적으로 임한다.
다양한 경험 보유	교육내용이 학습자의 경험과 관련된 내용일수록 더욱 촉진된다.
자기주도적 학습을 원함	학습자 자신의 경험과 존재를 존중받고 학습자 자신이 학습의 주체가 되기를 원한다.

TIP James & Galbraith의 성인학습자의 특징

① 시각적이고 상호작용적인 학습형태
② 말과 인쇄매체에 대한 중하위권의 선호도
③ 자신에게 도움이 된다고 판단 시 적극적으로 학습에 참여

2) 앤드라고지 이론

개념	• 앤드라고지는 성인의 학습을 돕는 기예와 과학을 의미하는 성인학습방법이다. • 성인학습자는 자신의 학습요구 분석 및 학습계획에 적극적이다. • 스스로 목표설정 및 결과에 대한 평가과정에의 참여를 희망한다. • 학습 적용시간이 많을수록 직무수행의 효과는 반비례하므로 적정한 시간의 학습이 중요하다.
실천 원리	• 학습을 위한 적절한 물리적, 심리적 분위기를 형성한다. • 교육계획 수립 및 자신의 학습요구 진단, 학습 평가 시 학습자를 참여시킨다. • 학습자 자신의 학습목표를 형성하도록 격려한다. • 학습목표 수립을 위한 자원 확인 및 자원의 활용전략 수립을 독려한다. • 학습계획 수행을 위해 도움을 준다.

3) 크로스의 성인학습 기본원칙

① 제공되는 정보가 학습자들에게 실용적인지를 확인한다.
   • 성인학습자의 보수적 저항 심리를 줄일 수 있는 방안이다.
② 제공되는 정보의 능숙한 수행을 위한 기회를 제공한다.
   • 성인이 될수록 결정성 지능은 향상되지만 개념과 정보 이해를 위해서는 많은 시간이 필요하다.

제3과목 고객관리 실무론

③ 한 번에 하나의 정보만을 제공한다.
- 동시에 여러 개의 아이디어나 개념 제공 시 기존 지식과의 통합에 어려움을 느끼거나 이해도가 낮아지게 되어 지적 손실을 가져올 수 있다.

④ 요점정리와 잦은 피드백을 통하여 기억력 향상 및 응용능력을 유지한다.

T I P **페다고지(Pedagogy)이론**

① 아동교육, 청소년 학습 대상으로 학교에서 학과목 중심으로 교수자에 의존한 전일제 학습
② 교육 주도권이 있는 교수자에 의해 교육계획 및 목표설정, 평가 등 교육에 대한 모든 것이 결정된다.
③ 학습자인 아동 또는 청소년은 교수자에 의해 결정된 교육 절차에 무조건 따라야 한다.
④ 실천 원리 : 교사 중심의 강의 전달식, 교과 중심적, 표준화 교육과정, 교수자 의존적, 외재적 동기에 의한 학습 동기, 학습자 경험은 학습자원으로 무가치, 교사의 학습 강요를 학습할 준비가 되어 있음

---

(2) 서비스 교육훈련

1) 강의식 교수법

① 특성
㉠ 가장 오래된 교수법으로 교수자의 설명과 해설에 의해 수업이 진행된다.
㉡ 학습내용은 교수자의 말에 의한 설명과 해설에 의해 일방적으로 전달된다.
㉢ 짧은 시간 동안 많은 학습자에게 동시 교육을 하는 경제적 교수 기법이다.
㉣ 강의 간 질문을 권장하지 않으며 학습자가 질문 시 교차적 논의는 실시되지 않는다.
㉤ 학습자의 청취력 및 노트정리 능력의 숙달이 요구된다.

② 교수자의 역할
교수자는 아이디어와 개념 전달, 개발, 평가, 주요 강의내용 요약을 한다.

③ 강의식 교수법의 장·단점

장점	• 다양한 분야와 폭넓은 지식을 이해하기 쉽도록 제공할 수 있다. • 제한된 시간에 다수의 학습자에게 교수자 한 명이 많은 정보를 소개할 수 있는 경제적 교수기법이다. • 체계적인 순서 내에서 여러 다양한 자료와 아이디어를 전달할 수 있다. • 교수자 및 학습자에게 익숙한 교육방법이다. • 학습자 규모를 고려하여 융통성 있게 교육진행이 가능하다. • 사실적 정보, 최근 정보 전달에 적합하다.
단점	• 교수자의 개인 능력에만 의존하여 교수자 개성에 영향을 많이 받는다. • 한 사람의 시각에서 한 가지 의사소통 채널만 활용되기 때문에 학습자의 참여가 없다. • 학습자는 단순히 기계적 청취자의 위치에서 교육될 수 있다. • 학습자의 다양한 경험, 지식, 능력 등을 반영할 수 없다. • 교수자의 일방적 정보 전달로 그칠 수 있다. • 장기기억 요구에 부적절한 교수기법이다. • 학습 준비가 미흡한 학생들은 소극적 참여를 하게 된다.

2) 토의식 교수법

① 특성

ㄱ) 1915년 파커의 회화법에서 시작되어 사용되고 있다.

ㄴ) 학습자 상호간 의견, 경험, 정보를 나누고 아이디어를 제시한 후 평가하며 더 나은 아이디어를 위해 서로 협동한다.

ㄷ) 교수자와 학습자, 학습자와 학습자 간 상호작용을 통해 결과를 도출하는 공동의 학습형태를 유지한다.

ㄹ) 흥미유발이 강력하고 토의 중 각각의 경험을 공유할 수 있다.

ㅁ) 교수자는 학습자의 대화에 적절히 대응할 수 있는 역량이 필요하다.

ㅂ) 문제해결방법 및 아이디어 개발 시 문제의식 공유에 적절한 방법이다.

② 교육진행방법

학습자 편성	• 집단의 크기 및 구성원의 규모를 먼저 고려한다. • 토의집단의 수를 판단하여 효율적 토의를 모색한다. • 집단 구성원의 동질적 또는 이질적 구성 여부를 고려한다.
교수자 역할	• 토의의 원활한 진행을 위해 무관심자가 학습에 참여하도록 촉진한다. • 토의법으로 주제 및 훈련조건을 설정하고, 문제 질문 후 토의를 유도한다. • 집단 사고를 유도하고 목적하는 결론에 도달하도록 지도한다.
수업진행 단계	• 일반적으로 토의 주제 제시, 토의 실시, 교수자 피드백, 종합단계로 진행한다. • 토의진행은 교수자가, 토의 자체는 학습자들의 상호작용 정도에 맡겨진다.
토의 방법	• 대집단 토의 : 심포지엄, 패널토론, 포럼, 세미나 • 소집단 토의 : 브레인스토밍, 과제중심토의, 버즈, 워크숍, 대좌식 토의

③ 토의식 교수법의 장·단점

장점	• 타인의 의견을 존중하고 합의를 도출하는 민주적 사고 및 생활태도 육성에 적합하다. • 높은 수준의 상호작용, 흥미, 참여를 통해 집단의 니즈를 충족시킨다. • 토의 주제에 대한 동기유발로 능동적 수업 참여에 효과적이다. • 학습자 중심의 자율적이고 적극적인 수업이 가능하다. • 문제에 대한 관심과 흥미도가 높아져서 깊이 있는 생각을 유도할 수 있다. • 참여자 간 지식과 다양한 경험을 공유할 수 있다.
단점	• 참여자의 수준에 따라 토의 및 학습결과가 달라질 수 있다. • 토의진행 능력이 있는 교수자를 구하기 어렵다. • 신뢰할 만한 정보가 제공되지 않거나 전체 그룹에 도움이 되지 않을 수 있다. • 수업준비 및 진행단계에 많은 시간이 소요된다. • 토의과정에서 적절한 시간분배가 어렵다. • 토의 주제나 목적에서 벗어나서 불필요한 논쟁소지가 많다. • 학습자 중 소수 인원의 주도하에 진행될 가능성이 있다. • 다양하고 많은 양의 학습에 부적절하고 대규모 교육집단에는 적용이 부적절하다.

3) 마인드매핑

① 특성

ⓐ 이미지와 핵심단어, 색과 부호를 사용하여 마음속의 지도를 그리듯 기호와 그림으로 생각을 표현하는 두뇌개발 기법이다.

ⓑ 중심 생각에서 시작하여 자유롭게 흘러가도록 한다.

ⓒ 핵심단어만 사용하며 연결되는 것들을 자유롭게 연결시킨다.

② 진행방법

중앙	핵심단어나 중심 이미지를 제목으로 선정하여 한가운데 나타낸다.
제1가지	중심 이미지에서 주요 주제나 아이디어를 4~5개 방사한다.
제2가지	제1가지를 중심 이미지로 하여 떠오르는 생각을 연결한다.
제3가지	제2가지를 중심 이미지로 하여 떠오르는 생각을 연결한다.

③ 적용

ⓐ 글감 찾기, 한 단원의 정리단계, 피드백이 필요할 때 적용한다.

ⓑ 학습과정의 결손부분을 파악할 때 적용한다.

4) 브레인스토밍 기법

① 특성

ⓐ 오스본이 개발하였으며 자유연상기법을 이용하여 아이디어를 수집하는 기법이다.

ⓑ 집단의 구성원들이 하나의 구체적인 문제에 초점을 두고 가능한 한 많은 수의 아이디어를 생성해 내기 위한 기법이다.

ⓒ 양이 질을 낳는다고 보기 때문에 아이디어 수가 많을수록 좋다.

ⓓ 제시한 아이디어에 대한 평가는 나중에 유보한다.

ⓔ 아이디어는 거칠고 자유분방한 것일수록 더 좋다.

ⓕ 다른 사람들의 아이디어를 조합, 발전시킨다.

② 진행방법

ⓐ 어떠한 비평도 자제하고 자유분방한 분위기를 조성한다.

ⓑ 아이디어 양을 중시한다.

ⓒ 학습과정의 결손부분 파악이 용이하고 아이디어들의 결합과 개선이 필요하다.

③ 적용 : 집단적, 개인적 모두 유용하고 모든 교과에 적용이 가능하다.

④ 브레인스토밍 기법의 장 · 단점

장점	• 자기 아이디어의 제안 및 발표능력이 향상되고, 새로운 아이디어 창출이 가능하다. • 수줍어하는 학습자의 발표력 신장에 효과적이다. • 창의성과 융통성이 신장된다.
단점	시간과 장소 문제로 자주 실시하기 어렵다.

5) 브레인라이팅 기법

① 특성

㉠ 사람의 수가 많거나 많은 아이디어를 빠르게 생성해 내고 싶을 때 사용하는 기법이다.

㉡ 생성되는 아이디어가 시각적으로 게시되므로 동적인 활동이 요구되어 집단의 열기가 높아진다.

㉢ 다른 사람의 아이디어에서 힌트를 얻어 새로운 아이디어를 생성한다.

㉣ 브레인스토밍과 유사하지만 브레인라이팅은 발언에 소극적인 사람의 참여를 유도할 수 있고, 지배적 개인의 영향력을 줄일 수 있다는 장점이 있다.

② 진행방법

㉠ 어떠한 비평도 자제하고 자유분방한 분위기를 조성한다.

㉡ 아이디어 양을 중시한다.

㉢ 학습과정의 결손 부분 파악이 용이하고 아이디어들의 결합과 개선이 필요하다.

③ 브레인라이팅의 장·단점

| 장점 | 자기 아이디어의 제안 및 발표능력이 향상되고, 새로운 아이디어 창출이 가능하다. |
| 단점 | 시간과 장소 문제로 자주 실시하기 어렵다. |

6) 역할연기법

① 특성

㉠ 연기를 통해 타인의 역할을 경험함으로써 타인에 대한 이해를 촉진시키고 이를 바탕으로 행동과 태도의 변화를 끌어내는 교육방법이다.

㉡ 역할 연기과정에서 새로운 관계 또는 행동 방침 등을 파악하고 실제 상황을 경험하는 데 위험부담이 없다.

㉢ Off-JT를 위한 집합교육 방법으로 주로 쓰이며 학습자의 실제 행동을 요구하는 점에서 기업교육 방법으로 의미가 있다.

㉣ 어떤 역할을 실제로 시연해 봄으로써 훈련 및 평가에 사용된다.

② 진행방법

㉠ 조직에서 문제가 되는 상황을 설정한다.

㉡ 상황 이해를 바탕으로 참가자 선정 후 역할연기 실시 및 관찰을 한다.

㉢ 중간평가, 재시행, 최종평가, 피드백 순서로 이루어진다.

③ 적용

접점 응대, 전화 응대, 회의진행방법, 대인관계 스킬, 커뮤니케이션 등

④ 교수자의 역할

평가 체크리스트를 명확히 하고 연기를 녹화 또는 구성원의 피드백을 받도록 여건을 조성한다.

⑤ 역할연기법의 장·단점

장점	• 구성원이 흥미를 갖고 적극적으로 참가한다. • 개개인의 약점을 알 수 있다. • 자기의 습관을 알 수 있고 발표력이 향상된다. • 무의식적인 내용의 표현 기회를 준다. • 참여자들 간의 친근감을 증대시킨다. • 아는 것과 행하는 것 사이의 갭을 느낄 수 있다.
단점	• 다른 방법과 병용하지 않으면 의미가 없다. • 정도가 높은 의사 결정과는 거리가 멀다. • 교육훈련 장소의 확보가 어렵다. • 준비시간의 소요가 많고 교수자의 많은 노력과 기술이 필요하다. • 연기놀이로 끝날 우려가 있다.

7) 사례연구법

① 특성

㉠ 귀납적 교육 방법으로 사례 해결에 직접 참가하여 해결 과정에서 판단력 개발을 목적으로 한다.

㉡ 답이 정해지지 않은 사례를 제시하여, 학습자의 문제 파악 및 문제해결 방법의 적합성 판단 후 대안 토의과정을 거쳐 지식을 함양하는 교육 방법이다.

㉢ 판단기준 내면화 및 유연한 사고를 유도하고 행동 전환이 용이하다.

㉣ 실무 수행 간 발생하는 문제에 대하여 단기간 문제해결을 위한 고도의 판단력을 양성한다.

㉤ 상황 분석력, 문제해결 능력 향상이 필요할 때 적용하는 것이 효율적이다.

② 사례연구법의 장·단점

장점	• 현실적 문제의 학습이 가능하며, 사례 속의 문제를 다양한 관점에서 접근한다. • 집중과 커뮤니케이션을 통해 생생한 사고력을 지니게 한다. • 커뮤니케이션 스킬의 향상과 생각하는 학습 교류가 가능하다.
단점	• 원칙과 이론에 입각한 체계적 지식 습득이 어렵다. • 실제 상황이 아닌 사례 분석 및 연습에 불과하여 실전적 체험으로 연결되기 어렵다. • 학습자의 의사결정의 타당성 검증이 어렵다. • 학습자의 사례를 처음 대했을 때 당황하기 쉬우며 사례에 관한 자료 수집이 어렵다. • 진행하는 리더의 역할이 매우 중요하며 실시를 위한 시간 소요가 많다.

8) 서비스 교육훈련 시 유의사항

① 교육 프로그램은 기업 업무와 관련되어야 하며 기업 문화의 특성이 고려되어야 한다.

② 기업 내 특정 직무를 수행하기 위한 구체적인 목표를 가지고 실시되어야 한다.

③ 기업의 특성과 운영방침에 맞는 교육훈련을 실시해야 한다.

④ 피교육자의 Needs를 고려한 교육 시간, 장소, 교육 형태, 수준에 적합한 내용으로 실시한다.

Warming Up

01 다음 중 성인 학습자의 특성에 해당되지 않는 것은?

① 목표지향적인 참여 동기
② 자신의 업무 이외의 다양한 경험을 보유하지 못하였다.
③ 선택적으로 학습 상황에 임한다.
④ 안락한 교육환경
⑤ 시각적이고 상호작용적인 학습 형태

02 다음 중 앤드라고지 이론에 대한 설명으로 맞지 않는 것은?

① 성인 학습자는 자신의 학습 요구 분석 및 학습계획에 적극적이다.
② 스스로 목표설정 및 결과에 대한 평가과정에의 참여를 희망한다.
③ 실천 원리로써 학습자 자신의 학습 목표를 형성하도록 격려한다.
④ 학습 적용 시간이 많을수록 직무수행 효과는 비례한다.
⑤ 실천 원리로써 학습을 위한 적절한 물리적, 심리적 분위기를 형성하여야 한다.

〔정답해설〕
④ 반비례한다.

03 다음 중 토의식 교수법의 장점에 맞지 않는 것은?

① 타인의 의견을 존중하고 합의를 도출하는 민주적 사고 및 생활 태도를 육성한다.
② 높은 수준의 상호작용, 흥미, 참여를 통해 집단의 니즈를 충족시킨다.
③ 제한된 시간에 다수의 학습자에게 교수자 한 명이 많은 정보를 소개할 수 있는 경제적 교수기법이다.
④ 토의 주제에 대한 동기유발로 능동적 수업 참여에 효과적이다.
⑤ 참여자 간 지식과 다양한 경험을 공유한다.

〔정답해설〕
③ 강의식 교수법의 장점이다.

04 다음 중 역할 연기법의 단점에 맞지 않는 것은?

① 다른 방법과 병용하지 않으면 의미가 없다.
② 정도가 높은 의사결정과는 거리가 멀다.
③ 교육훈련 장소의 확보가 어렵다.
④ 교수자의 많은 노력과 기술이 필요하다.
⑤ 준비에 필요한 시간이 적다.

> 정답해설
⑤ 준비시간이 많이 필요하다.

정답 1 ② 2 ④ 3 ③ 4 ⑤

03 프레젠테이션 기법

(1) 프레젠테이션의 이해

1) 정의

① 청중에게 생각, 주장, 이론 또는 제안, 요청 등의 목적이나 의도를 시청각 자료를 활용하여 상대방에게 제시하고 설명하는 행위이다.
② 한정된 시간 내에 정보를 정확하게 전달하여 그 결과로써 판단과 의사결정을 이끌어 내는 커뮤니케이션 방법이다.
③ 간단히 발표라고도 한다.

2) 목적

① 프레젠테이션의 목적은 청중의 마음을 움직이게 하여 행동의 변화를 이끌어내는 데 있다.
② 메시지의 이해, 정보의 수용, 제안내용의 수락, 요청내용의 수행 등에 목적이 있다.

3) 구성요소 : 프레젠터, 청중, 메시지

4) 프레젠테이션의 종류

① 설득을 위한 프레젠테이션

목적	• 청중의 가치관을 바꾸고 발표자의 의도를 수용 • 청중의 가치관을 강화 및 보강하며 새로운 가치관 창출 • 개인 및 단체의 목적을 위해 청중을 설득하여 결정 또는 행동에 도달
구분	• 경향적 프레젠테이션 – 청중의 믿음, 태도, 가치 등 경향성에 영향을 주기 위한 방법 • 작용적 프레젠테이션 – 청중의 행동변화에 영향을 주기 위해 활용하는 방법

② 정보제공을 위한 프레젠테이션

목적	• 청중과의 지식공유 및 상호 간의 이해를 형성 • 성공과 실패 여부는 청중이 얼마나 잘 이해하고 유지하고 적용하는가에 달림 • 청중의 주의집중 획득과 유지가 매우 중요함

구분	• 서술적 프레젠테이션
	  – '누가', '무엇을', '어디에서'와 같은 질문에 답을 제시하는 형태이다.
	  – 청중의 마음속에 명확한 그림을 그릴 수 있도록 한다.
	• 설명적 프레젠테이션
	  – '왜'라는 질문이나 이슈, 아이디어 등에 초점을 두고 청중에게 명확하게 해석할 수 있
	   도록 한다.
	• 논증적 프레젠테이션
	  – '어떻게'라는 질문에 답을 제시하는 형태로 절차나 과정 등을 명확하게 한다.
	• 정보적 프레젠테이션
	  – 공식적 정보전달을 위한 정확성, 객관성, 완전성, 선별성, 공정성, 해석성, 명확성의 수
	   반이 필요하다.

③ 통상의 의례적인 프레젠테이션

목적	발표자와 청중, 청중 상호간의 강한 사회적 결합

④ 동기부여를 위한 프레젠테이션

목적	청중의 의욕을 환기하고 기대하는 행동을 수용

⑤ 유흥을 위한 엔터테인먼트적인 프레젠테이션

목적	동호회나 친구 사이에 친목을 도모하고 참가자에게 동기를 부여하는 목적으로 시행
특징	• 메시지를 포함하며 청중이 재미있다고 느끼게 만든다. • 여러 가지 행사에 앞서 하나의 이벤트로서 개최하여 참석자들을 유쾌하게 한다. • 재미있는 기법을 많이 활용하고 형식에 얽매이지 않아 독창적인 프레젠테이션이 가능 하다.

⑥ 마음을 움직이게 하는 교육형 프레젠테이션

목적	• 청중의 감정적인 면을 자극하여 감동을 느끼게 함으로써 의식변화를 주는 소기의 목적 달성 • 강의, 전달교육, 동기부여 교육, 의식 개혁교육 등 새로운 정보나 동향을 전달

⑦ 홍보를 위한 프레젠테이션

목적	• 주로 비즈니스 프레젠테이션에 해당 • 회사, 기관, 단체를 대외적으로 알리기 위한 목적

(2) 프레젠테이션의 3P 분석

1) People : 청중을 분석하라.

일반사항	소속, 지위, 전공, 연령, 참가자 수, 성별 등
지식수준	교육수준, 경력, 학력, 주제에 대해 알고 있는 정도
태도	주제에 대한 견해, 흥미 및 관심사, 가치관, 주제 관여도

2) Purpose : 목적을 파악하라.

① 청중이 프레젠테이션을 통하여 무엇을 얻고자 하는지 판단한다.
② 이 프레젠테이션을 왜 하는지 이유와 목적을 명확히 정리한다.
③ **프레젠테이션 목적의 예** : 신제품 소개, 신규사업진행을 위한 고객 설득, 신사업 제안, 기념식 또는 행사 등

3) Place : 장소를 분석하라.

① 장소의 형태, 좌석 배열 등에 따라 프레젠테이션 진행방법 등이 달라져야 한다.
② 장소와 환경 분석은 발표의 효과성을 제고한다.

장소 분석 시 확인 및 점검 사항	• 발표장 형태(회의실 등), 장소의 크기, 좌석 및 가구 배치, 발표자 위치, 인터넷 및 인트라넷 연결 상태 • 스크린, 빔 프로젝터, 컴퓨터, 마이크 등 연단 설비 • 조명상태, 냉난방 여부
장소 분석 시 유의사항	• 발표형식에 맞는 구조인지 여부 확인 • 청중들이 서로 쉽게 의사소통 가능한 장소인지 확인 • 정전, 소음, 전자기구 등 발표자의 통제 가능여부 확인 • 청중들이 한눈에 들어오는 구조인지 확인 • 화장실, 흡연 장소 등 편의시설 확인 및 안내 • 질문, 상담 요청 시 프레젠테이션 종료 후 장소의 이용시간 연장 가능여부 확인 및 별도의 이용가능 장소 확인

> **T I P** **Preparation : 어떻게 준비할 것인가를 분석하라.**
>
> ① 준비 정도에 따라 교육목표와 부합하는 발표 및 일관성 유지가 가능하다.
> ② 적절한 보조자료 등 철저한 준비는 교육 효과를 높이고 발표 시간을 관리해준다.
> ③ 다양한 자료를 수집한 후 이를 분석 및 가공하여 발표 자료를 만들어야 한다.
> ④ 정보 또는 자료가 많더라도 효과적인 가공으로 논리적으로 이해하기 쉽게 전달하지 못하면 교육효과는 떨어진다.
> ⑤ 정보는 병렬식 또는 직렬식으로 프레젠테이션 목적에 맞게 가공되어야 한다.
>   ※ 정보 가공요소 : 논리성, 중복되지 않고 빠짐없이, 발표의 요지 파악, 메시지 가공실습
> ⑥ 자료 가공 시간이 충분하면 발표 자료 제작 시간은 줄어든다.

(3) 프레젠테이션의 기획

1) 프레젠테이션 기획의 개념

① 프레젠테이션 발표자가 의도하는 목적 달성을 위하여 주요 내용별 세부목표와 범위, 방법을 확정하는 구체적인 계획 수립의 행위이다.

② 기획은 체계적인 준비, 실패 요인의 사전 제거와 문제점 예측 및 대책 수립에 필요한 과정이다.

2) 프레젠테이션 전략회의 주요 내용

일정에 대한 전략	프레젠테이션 전략회의의 시작과 종료, 회의실시 횟수, 회의 시 다룰 내용 등에 대한 논의
목표, 목적, 제목 결정 전략	• 목표와 목적 : 구체적이고 가시적으로 설정 • 제목 : 쉬우면서 구체적인 내용이 포함되어 설득의 시작점
청중 분석	청중을 정확히 알아야 효과적인 프레젠테이션 준비 가능
프레젠테이션 장소 조사	• 발표 장소는 프레젠테이션 성공 요소 중 하나 • 장소 크기에 따른 슬라이드 글자 크기 등을 결정 • 마이크, 조명, 강연대 등 파악
데이터, 자료 수집 및 분석 시 고려사항	• 슬라이드에 필요한 재료로서 데이터, 사진, 동영상 등을 어떻게 수집하여 분석할 것인가를 결정 • 목표와 목적 달성을 위해 주제별·내용별 분류·분석하여 필요 자료를 체계적으로 수집 및 분석
프레젠테이션 성공 전략	• 프레젠테이션 전체에 걸친 발표 전략 수립 • 설명의 체계 기획 및 내용물 구성, 구성된 내용을 어떠한 각도와 전략으로 설명할 것인지에 대한 기획 • 스토리텔링, 서론·본론·결론의 구성, 오프닝과 클로징 전략
슬라이드 디자인	스토리보드 적용, 애니메이션 적용, 타임 컨트롤 방법, 레이아웃 컨트롤 방법, 컬러 및 텍스트와 폰트의 활용방법 등
예상 질문과 답변	질문에 대한 완벽한 답변을 통한 공감대 형성 효과는 매우 크므로 예상 질문과 답변을 철저히 준비
메모카드 준비	메모카드 준비여부 결정 및 활용 전략

(4) 프레젠테이션 전달

1) 단계별 프레젠테이션 준비

① 프레젠테이션의 목표와 핵심주제 설정

② 데이터 및 자료 수집, 분석

③ 알맞은 분량의 콘텐츠 작성

④ 세부 프레젠테이션 계획 및 원고 작성, 리허설

2) 콘텐츠 내용의 조직화

① 메시지의 전달력과 이해력을 높이기 위한 체계적, 논리적 구조화가 필요하다.
② 3~5개의 핵심 포인트를 선정 및 활용한다.
③ 내용의 효율적 전달을 위한 적절한 그루핑으로 중복 및 빠짐없이 메시지를 전달한다.
④ 3의 숫자를 활용하여 내용을 구성한다(3단 논법 등).
⑤ 슬라이드 1장에 가급적 3개 이상의 요소를 담지 않는다.

3) 프레젠터의 이미지

표정	미소를 띤 편안한 얼굴 표정을 유지한다.
목소리	• '목소리의 높이, 빠르기, 크기, 길이, 쉬기, 힘주기'의 적절한 사용으로 단조로움을 탈피한다. • 청중이 잘 들을 수 있도록 힘 있는 성량과 명확한 발음, 속도, 톤을 적절히 조절한다. • 발성연습을 통해 자신의 자연스러운 목소리를 찾는다.
제스처	• 의사소통의 자연스러운 일부로 사용하기에 좋지만 과도하게 사용하지 않도록 한다. • 손동작, 걸음걸이, 몸짓 등은 가볍게 보이지 않도록 천천히 한다. • 손동작 등 제스처의 크기는 청중의 규모를 고려하여 달리하되 너무 작거나 커서는 안 된다. • 손가락을 바짝 모으거나 쫙 펼치는 것과 주먹을 쥔 상태로 설명하는 것은 피한다. • 손은 뒤나 앞으로 맞잡지 않으며 발은 어깨폭만큼 유지한다.
시선	• 청중과 교감할 수 있는 요소로 많은 청중과 눈을 맞출 수 있도록 한다. • 가장 먼 곳에서 시작하고 관심을 갖는 사람을 찾아서 시선을 유지한다.

4) 언어적 요소

① 불필요한 단어는 사용하지 않으며 단어는 주의 깊게 선택한다.
② 전문적인 단어, 외래어 등 어려운 용어 대신 쉬운 언어를 사용한다.
③ '음~, 어~, 솔직히 말해서, 아시다시피' 등 습관화된 무의미한 말을 사용하지 않는다.
④ 자랑, 무시, 뜸을 들이거나, 흥분이나 헐뜯는 등의 빈정대는 형태, 부정적 이미지의 언어는 피한다.

5) 프레젠테이션 보조매체 활용

① 시청각 자료
ㄱ 시청각 자료는 전달하려는 메시지의 이해를 높이는 보조 자료이다.
ㄴ 말과 그림을 함께 사용해 설명할 때 기억할 확률이 더 높다.
ㄷ 내용을 쉽게 받아들일 수 있는 메인 컬러, 폰트의 종류, 슬라이드 화면 구성, 애니메이션 등을 준비한다.
ㄹ 불필요한 디자인 요소(움직이는 본문, 슬라이드 바꿀 때마다 나는 소리효과 등)는 제거한다.
ㅁ 디지털 비디오, 오디오 클립, 흥미로운 이미지나 그래프 등에 주의환기를 위한 음향효과는 자제한다.

ⓑ 프레젠테이션에서 중요하거나 정보 집약적인 내용의 슬라이드를 추가한다.

ⓐ 시청각 자료는 메시지에 대한 적합성, 간결성, 일관성을 고려한다.

ⓞ 시청각 자료는 파워포인트, 동영상, 디렉터, 플립차트, 화이트보드, 플래시, 3D, 캐릭터, 실물, 인쇄물 등이 있다.

② 슬라이드 디자인 원리

단순성	• 전하려는 메시지의 필수 정보만을 제공한다. • 슬라이드 1장에 너무 많은 글씨나 그림을 제시하지 않는다(글자 크기 16~18포인트, 8줄 이내).
명료성	이해하기 쉽도록 내용은 단순화한다.
균형성	가독성, 심미성 있도록 보기 좋게 배치한다.
조화성	• 영상은 컬러, 질감, 크기 등에서 상호 보완적이어야 한다. • 배경과 글자색의 적절한 배합을 고려한다. 바탕색 / 황색 / 청색 / 백색 글자색 / 흑색 / 백색 / 흑색
조직성	내용 배열상의 흐름을 고려한다.
강조성	• 중요부분은 색 또는 글자 굵기로 두드러져 보이게 한다. • 밑줄 사용은 피한다.
통일성	구성요소는 전체적으로 하나로 생각되도록 배치한다.
원근법	적당한 공간 배치로 여백을 느끼고 입체감을 준다.

조화성 항목의 표:

바탕색	황색	청색	백색
글자색	흑색	백색	흑색

③ 인쇄물

특징	• 학습자들이 필기할 수 있도록 프레젠테이션 자료를 인쇄한 노트로 활용될 수 있다. • 다른 시청각 매체와 함께 사용하는 것이 효과적이다. • 학습자와 상호작용을 위한 학습자 반응유도 형태로의 제작이 중요하다.
장점	• 다른 교수매체에 비해 제작경비가 적게 든다. • 제작과 활용이 용이하며 시각적 피로감이 적다. • 전체적인 내용 파악이 용이하다.
단점	• 정보가 일차원적으로 제시된다. • 학습자와의 상호작용이 어렵다. • 소모적이다.

④ 파워포인트

특징	• 다양한 기능과 동영상 활용이 가능한 이유 때문에 일반적으로 프레젠테이션 자료로 사용한다. • 사용방법이 용이하며 콘텐츠 내용을 쉽게 제작할 수 있다. • 각종 표, 도형, 차트, 그래픽, 소리효과, 동영상 등의 자유로운 활용으로 입체적이며 효과적인 발표자료 제작이 가능하다. • 자료의 반복사용 및 수정 가능으로 제작비용이 저렴하다.

제작 시 유의사항	• 내용 최소화 　– 한 슬라이드에 많은 글자, 작은 글자 크기는 피한다. 　– 슬라이드에는 핵심 내용만 입력하고, 세부 내용은 말 또는 유인물을 활용한다. 　– 내용은 한 화면에 4~6줄 이내의 요약 형태로 구성한다. • 여백을 잘 살린다. 　– 내용이 너무 꽉 찬 슬라이드는 여유가 없어 보이고 청중에게 부담을 준다. 　– 그래픽이나 도형 활용은 여백을 살리는 좋은 방법이다. • 가급적 도해를 이용한다. 　– 그림, 표, 도형 등의 도해활용은 내용 이해에 용이하다. • 다양한 멀티미디어 기능 사용 　– 시각적 정보와 동시에 소리, 움직임 등 적절한 멀티미디어 사용은 집중력과 이해도를 　　높인다. 　– 지나친 멀티미디어 사용은 주의력에 오히려 방해가 된다. • 장식 효과의 치중을 피한다. 　– 한 화면에 많은 색상이나 장식 효과는 내용 파악에 방해가 된다. • 배경색상에 유의한다. 　– 목표와 환경에 따라 배경색을 주의 깊게 선택한다. 　– 암막시설이 잘 갖추어진 장소는 어두운 배경색상이 좋다. 　– 그래픽이나 도형을 많이 사용할 경우 어두운 색상은 그림의 효과를 높인다. 　– 밝은 조명, 긴 시간 프레젠테이션 시 밝은 색 배경은 시각적으로 피곤함을 덜 　　느끼게 한다.

6) 오프닝과 클로징

오프닝 (Opening)	• 발표 도입부분의 첫 마디나 행동은 프레젠터 및 발표내용의 첫인상으로 결정될 수 있다. • 첫인상에 따라 청중들의 관심과 기대감이 결정되는 중요한 순간이다. • 교육에 대한 경직성을 해소하고 청중과의 라포 형성의 정도에 따라 발표에 대한 이해와 참 　여도에 영향을 미친다. • 발표 내용에 대한 큰 그림 제시, 분위기 조성, 동기유발, 신뢰구축, 내용요약, 추가시행 안내 　등을 프레젠테이션 시작 단계에서 제시한다. • 경험담 및 일화 제시, 충격적 이야기 제기, 권위자의 말 인용을 통해 주의집중을 하는 오프 　닝 전략이 필요하다.
클로징 (Closing)	• 프레젠테이션의 가장 중요한 전략요점이며 깊은 인상을 심어준다. • 여운을 주는 종결 시점의 한마디를 오랫동안 기억하게 된다. • 마무리 멘트는 청자가 배운 것을 실천하고 프레젠터의 메시지를 기억하게 한다. • 마무리 단계는 프레젠테이션의 목적을 이루는 마지막 단계로 청중의 결단과 행동을 위한 　요약과 반복강조가 중요하다. • 본론에서 보여 주었던 시각화 자료를 다시 보여 준다. • 결론에서 지켜야 할 조건은 일관성이다. • 외침, 호소 등을 통한 결언의 클로징 전략이 필요하다.

(5) 프레젠테이션의 콘텐츠 구성

1) 서론(도입단계)

① 교수자와 학습자 간 공통된 기반이 이루어져야 한다.

② 학습자의 주의를 끌어 교육에 관심을 갖도록 한다.

③ 서론 포함사항

주의집중	• 강의 주제에 대한 흥미와 관심을 유발하는 단계이다. • 프레젠테이션의 제목을 명확히 한다. • 신뢰성을 구축하고 주제, 강의 배경에 대한 내용을 전달한다.
동기부여	• 배우고 싶은 욕구를 형성한다. • 동기부여는 도입단계에서뿐만 아니라 강의 중간에도 중요성 언급으로 동기부여할 수 있다.
강의개요	• 강의개요의 목적은 본론의 주요 내용에 대해 사전에 예고함으로써 본론에 적극 참여토록 하는 것이다. • 교육범위 제시는 강의를 듣고 연구하는 데 도움이 된다. • 시각적 보조자료 활용 시 더 효과적이다. • 명확한 강의개요는 수강자들의 교육방향과 목적 도달방법에 대한 궁금증을 해소시킨다.

2) 본론(전개단계)

① 강의 전개는 그 주제가 어떤 것인가에 따라 차이가 있을 수 있다.

② 강의 전개 시 기본사항

내용의 논리적, 체계적 설명	• 기억에 용이한 설명방법은 체계적인 서론, 본론, 결론이다. • 본론의 메인 포인트는 3개 정도가 적합하다. • 중요한 내용을 논리적으로 구성한다.
중간에 이루어지는 동기부여	• 주의집중을 위한 동기부여 기술을 구사할 필요가 있다. • 질문, 유머 등을 통해 집중화를 유도한다.
적절한 보조자료 사용	사례, 경험담 등 교육 보조 자료를 적절히 사용한다.
전개 마무리 단계에서 질문 받기	• 종결 단계로 넘어가는 본론 마지막 단계에서 질문을 받고 의문점을 해소하는 것이 바람직하다. • 질문이 없을 경우 이해도 파악을 위해 질문을 한다. • 효과적인 질문 대처법 − 철저한 준비와 리허설 실시 − 질의자에 대한 칭찬 화법을 활용 − 간단, 명료한 답변 실시 − 곤란한 질문을 받았을 때에는 직설화법 또는 우회화법 사용

제3과목 고객관리 실무론

질문 처리 순서

① 질의자에 공감하며 경청한다.
② 질문한 내용을 반복해서 한 번 더 설명한다.
③ 답변은 질문자를 포함하여 전체 청중과 공유한다.
④ 추가 관련한 내용이라면 적절히 설명한다.

3) 결론(종결단계)

① 결론은 지식을 종합하는 단계이다.
② 전개단계에서 검증되고 설명된 사항들을 요약하는 단계이다.
③ 결론 포함사항

요약	• 전체 내용에 대한 요약을 통해 수강자의 기억을 돕고 청취하지 못한 것을 알게 해준다. • 요약 시 유의사항 　– 너무 구체적 언급, 새로운 내용 언급은 피한다. 　– 토론식을 지양한다.
재동기부여	실제 활용해보고 싶다는 욕구를 불러일으킨다.
결언	• 명언을 인용하며 끝낼 수 있다. • 무엇보다 감사 표시 후 마무리하는 것이 무난하다.

Warming Up ↗

01 〈보기〉의 설명에 맞는 프레젠테이션의 유형은 무엇인가?

┌─ 보기
청중의 가치관을 바꾸고 발표자의 의도를 수용하게 하거나 청중의 가치관을 강화 및 보강하며 새로운 가치관을 창출한다.

① 설득적 프레젠테이션　　　　② 정보적 프레젠테이션
③ 의례적인 프레젠테이션　　　④ 동기부여적인 프레젠테이션
⑤ 엔터테인먼트적인 프레젠테이션

02 **프레젠테이션 3P 분석 중 청중 분석에 해당되지 않는 것은?**

① 소속, 지위, 전공, 연령, 참가자 수, 성별 등
② 청중이 프레젠테이션을 통하여 무엇을 얻고자 하는지 판단
③ 교육수준, 경력, 학력
④ 주제에 대해 알고 있는 정도, 주제에 대한 견해
⑤ 흥미 및 관심사, 가치관, 주제 관여도

정답해설

② 목적을 분석하는 내용이다.

03 **다음 중 마무리 단계(클로징)에 대한 설명으로 맞지 않는 것은?**

① 프레젠테이션 전략요점이며 깊은 인상을 심어준다.
② 청중의 결단과 행동을 위한 요약과 반복강조가 중요하다.
③ 본론의 잘못된 설명에 대하여 정정 또는 부연설명을 통해 바른 내용을 전달한다.
④ 여운을 주는 종결 시점의 한마디를 오랫동안 기억하게 된다.
⑤ 마무리 단계는 프레젠테이션의 목적을 이루는 마지막 단계이다.

정답해설

③ 일관성이 있어야 하므로 준비한 결론만 말한다.

04 **다음 〈보기〉에 해당하는 슬라이드 디자인 원리에 맞는 것은?**

┌─ 보기 ─
• 전하려는 메시지의 필수 정보만을 제공한다.
• 슬라이드 1장에 너무 많은 글씨나 그림을 제시하지 않는다.
└─

① 명료성   ② 균형성
③ 조화성   ④ 단순성
⑤ 통일성

05 다음 중 파워포인트 제작 시 유의사항으로 맞지 않는 것은?

① 내용을 최소화한다.
② 여백을 잘 살린다.
③ 가급적 도해를 이용한다.
④ 다양한 멀티미디어를 사용한다.
⑤ 장식을 화려하고 고급스럽게 한다.

〔정답해설〕
⑤ 한 화면에 많은 장식효과는 피곤함을 주거나 내용 파악에 방해를 주어 초점을 잃어버리게 한다.

정답 1 ① 2 ② 3 ③ 4 ④ 5 ⑤

04 스피치

(1) 스피치 상황 분석

1) 스피치의 목적과 목표 선정

① 청중은 무엇을 원하는가?
② 전하고자 하는 메시지는 무엇인가?

2) 청중 분석 : 스피치 대상의 규모, 유형, 지위, 특성 등

3) 시간과 장소, 스피치 환경(주최 및 행사, 전체적인 분위기 등) 분석

(2) 스피치를 위한 준비

1) 주제설정 및 구체화

자유 주제	• 스피치 목표 및 상황에 맞추어 창의적인 주제 선정 • 주어진 시간 내에 전할 수 있는 적당량의 주제 선정 – 핵심 메시지를 쉽고, 짧고, 명확하게 전달
고정 주제	요구하는 목적에 맞는 주제 선정

2) 스피치 내용의 본질에 대한 핵심을 정립(한 문장의 표현)

3) 청중을 움직이게 하는 내용 구성

흥미로운 오프닝	• 청중의 호감 끌어내기 : 좋은 첫인상, 친밀감 형성 • 청중의 관심 끌어내기 : 주제와 연관된 질문, 이슈 등 • 본론의 내용 예고
조직화된 본론	• 적당량의 정보 제공을 위한 조직화 구성 • 핵심 논점은 3개 이내로 구성(기억의 용이성) • 설명은 정의, 묘사, 분석, 시연의 방법을 활용 • 논점별 사례, 통계, 인용, 비교, 연구결과, 시청각 자료 활용
인상적인 클로징	• 결론은 짧게, 종료 싸인을 보내고, 요점 재강조, 결언으로 구성 • 주요 내용 요약 및 요점 재강조 • 긍정적 내용으로 마무리 및 강한 인상 남기기

(3) 원고 작성 및 리허설

1) 큐 카드(실행 개요서) 활용

① 생각의 구체화, 내용의 흐름 파악, 손을 처리하는 데 용이하고, 심리적 안정에 도움이 된다.
② 독서카드 활용 : 10cm×13cm 또는 15cm×10cm이 적당하다.
③ 키워드 중심으로 작성하며 지시 및 주의사항을 적어둔다.

2) 리허설 시 유의사항

자신에 대한 믿음	• 진정한 자신감은 자신에 대한 믿음에서 시작 • 내용 이해와 이에 대한 확신을 갖도록 연습 필요
충분한 기간의 연습	• 리허설은 경쟁력 강화를 위한 무기 • 연습의 단계화 적용 - 1단계 : 원고 읽기를 통한 내용 숙지 - 2단계 : 실제 연습으로 음성 및 몸짓 점검 - 3단계 : 실제 장소에서 연습하여 기기 및 좌석, 시간 점검 • 연습을 통한 보충 및 보완

제3과목

고객관리 실무론

Warming Up ↗

01 〈보기〉의 설명에 대한 스피치의 분석내용에 해당되는 것은?

┌─ 보기 ───┐
│ • 청중은 무엇을 원하는가?   │
│ • 전하고자 하는 메시지는 무엇인가?   │
└──┘

① 스피치 목적과 목표 선정   ② 청중 분석
③ 스피치 시간 분석   ④ 스피치 장소 분석
⑤ 스피치 환경 분석

02 스피치 내용 구성 시 오프닝에 대한 설명 중 맞지 않는 것은?

① 청중의 좋은 첫인상을 끌어내기 위하여 예의바른 행동을 보인다.
② 주제에 관련된 질문은 부담을 주므로 오프닝에서는 삼간다.
③ 오프닝에서는 청중과 친밀감 형성을 위해 칭찬하거나 감사를 전한다.
④ 청중의 좋은 첫인상을 끌어내기 위하여 옷차림을 단정히 한다.
⑤ 청중의 관심을 끌어내기 위해 주제와 관련하여 재미있는 이슈나 경험을 이야기 한다.

〔정답해설〕
② 주제와 관련된 질문을 통해 청중의 관심을 끌어낸다.

03 원고작성 및 리허설에 대한 설명 중 맞지 않는 것은?

① 큐 카드의 사용은 내용 흐름의 파악과 심리적 안정에 도움이 된다.
② 독서카드를 활용하며 10cm×13cm 또는 15cm×10cm이 적당하다.
③ 스피치에 대한 진정한 자신감은 자신에 대한 믿음에서 시작되며, 내용 이해와 이에 대한 확신을 갖도록 연습하는 것이 필요하다.
④ 큐 카드는 스피치 동안 손을 처리하는 데 용이하다.
⑤ 큐 카드는 세부적인 대본을 작성하며 지시 및 주의사항을 적어둔다.

〔정답해설〕
⑤ 큐 카드는 키워드 중심으로 작성한다.

〔정답〕 1 ① 2 ② 3 ⑤

부록

파이널테스트

CS리더스
관리사

파이널테스트

01 고객만족(CS)의 정의를 다음 〈보기〉와 같이 정의한 학자는?

┌ 보기 ─────────────────────────────────
│ 고객만족이란 사람들의 기대치와 그 제품에 대해 자각하고 있는 성능과 비교해 나타나는
│ 즐거움이나 실망감이다.
└───────────────────────────────────────

① 올리버 ② 코틀러
③ 앤더슨 ④ 웨스트브룩
⑤ 굿맨

02 다음 중 고객만족(CS)이 기업에 주는 영향이 아닌 것은?

① 고객의 재구매에 영향을 미친다.
② 긍정적 구전의 확산으로 이어진다.
③ 기업 또는 제품의 시장점유율이 향상된다.
④ 신규고객을 창출한다.
⑤ 서비스 가격에 더 민감하게 만든다.

03 '고객만족'이란 비즈니스와 기대에 부응한 결과이며, 상품 및 서비스의 재구입이 이루어지면서 고객의 신뢰감이 연속되는 상태라고 정의한 학자는?

① 굿맨 ② 코틀러
③ 뉴먼 ④ 웨스트브룩
⑤ 올리버

04 다음은 1980년의 고객만족 개념에 대한 설명이다. 〈보기〉에 해당하는 고객만족 개념의 관점은?

┌─ 보기
│ 소비자 만족이란 소비자가 소비경험 이전에 갖는 감정과 기대에 대한 불일치를 경험한 경우
│ 의 감정이 복합적으로 초래된 전체적인 심리적 상태이다.
└

① 만족을 본질적으로 접근하고 해석함
② 만족을 심리적 관점에서 파악함
③ 만족을 대상이나 목적에 대한 판단의 결과로 봄
④ 만족을 제품의 소비경험 전체에 대한 평가로 봄
⑤ 기대-불일치 패러다임에 기초한 관점

05 다음 중 고객만족경영의 중요성으로 적절하지 않은 것은?

① 상품과 서비스에 만족한 고객은 그 기업의 고정고객이 된다.
② 마케팅의 효율성을 제고해준다.
③ 구전효과를 통한 광고효과가 발생한다.
④ 가격우위효과를 가져와 장기적인 관점에서 유리하다.
⑤ 경영의 주 관심사가 기업중심으로 변화한다.

06 우리나라 고객만족경영의 흐름에 대한 설명 중 1990년대 성장기에 해당하는 것은?

① 전사적 고객만족경영체제로의 도입
② 고객관계관리(CRM) 경영기법의 활용 확대
③ 내부고객과 외부고객 나아가 글로벌 고객에게 관심
④ 고객생애가치(LTV) 창출을 통한 고객기여도 극대화
⑤ 상품판매 증진을 위해 고객만족을 보조적으로 활용하기 시작

07 고객만족의 3요소 중 '소프트웨어'에 해당하는 것은?

① 다양한 상품이 구비되어 선택의 폭이 넓다.
② 고객이 주문서비스 절차를 쉽게 따라 할 수 있다.
③ 건물의 청결상태가 매우 우수하다.
④ 주차장이 넓고 편리하다.
⑤ 고객의 문의에 직원들이 친절하고 성의 있게 응대해 준다.

08 다음 중 마이클 해머 교수가 제시한 3C를 올바르게 나열한 것은?

① Customer − Change − Competition
② Customer − Change − Confidence
③ Customer − Change − Cost
④ Customer − Cost − Confidence
⑤ Customer − Cost − Competition

09 다음 중 고객의 정의에 대한 내용으로 올바르지 않은 것은?

① 기업의 상품을 습관적으로 구매하는 소비자로부터 거래와 관계를 맺는 모든 주변인을 의미한다.
② 사전적 의미로는 '상점 따위에 물건을 사러 오는 사람'이다.
③ 여러 번의 구매와 상호작용을 통해 형성된다.
④ 접촉이나 반복구매를 한 적이 없는 사람은 고객이 아니라 구매자에 불과하다.
⑤ 단골고객은 높은 친밀감과 애용가치를 지니며 해당 기업을 적극적으로 추천하는 로열티 고객이라 할 수 있다.

10 다음 〈보기〉 중 프로세스적 관점에서 본 고객 분류를 모두 선택한 것은?

┌ 보기 ─────────────────────────────────────┐
  가. 외부고객   나. 중간고객
  다. 최종고객   라. 내부고객
  마. 최초고객   바. 사내고객
└──┘

① 가, 나, 라   ② 가, 나, 다
③ 가, 다, 라   ④ 가, 라, 마
⑤ 다, 마, 바

11 참여관점에 따른 고객의 분류 중 〈보기〉에 해당하는 고객의 유형은?

> **보기**
>
> 고객의 선택에 영향을 끼치는 개인 또는 집단을 말하며, 직접적으로 돈을 지불하지는 않지만 1차 고객의 선택에 커다란 영향을 미치므로 고객의 범주에 포함된다.

① 의견선도고객   ② 의사결정고객
③ 한계고객   ④ 체리피커
⑤ 프리터족

12 참여관점에 따른 고객분류 중 제품이나 서비스를 구매하기보다는 평판, 심사, 모니터링 등에 영향을 미치는 집단으로 소비자보호단체, 기자, 평론가가 해당되는 고객의 유형은?

① 의견선도고객   ② 의사결정고객
③ 한계고객   ④ 체리피커
⑤ 얼리어답터

13 다음 〈보기〉에서 설명하는 고객의 유형은?

> **보기**
>
> • 미국 사회학자 에버릿 로저스의 저서 '디퓨전 오브 이노베이션'에서 처음 사용한 용어
> • 남들보다 먼저 제품에 관한 정보를 접하고 제품이 출시될 때 가장 먼저 구입해 평가를 내린 뒤 다른 사람들에게 제품의 정보를 알려주는 고객의 유형

① 프로슈머   ② 블랙컨슈머
③ 얼리어답터   ④ 체리피커
⑤ 프리터족

14 다음 중 고객관계관리(CRM)의 장점으로 올바르지 않은 것은?

① 제품 개발과 출시에 소비되는 시간을 절약할 수 있다.
② 자사의 요구에 초점을 맞춤으로써 표준화가 용이하다.
③ 특정 캠페인의 효과 측정이 용이하다.
④ 가격이 아닌 서비스를 통해 기업경쟁력을 확보할 수 있다.
⑤ 광고비를 절감할 수 있다.

15 다음 〈보기〉 중 고객관계관리(CRM) 사이클을 순서대로 바르게 나열한 것은?

┌─ 보기 ───┐
가. 신규고객 획득   나. 우수고객 유지
다. 고객가치 증진   라. 평생 고객화
마. 잠재고객 활성화
└──┘

① 가-나-다-라-마   ② 가-나-다-마-라
③ 가-다-나-라-마   ④ 가-다-라-나-마
⑤ 가-마-나-다-라

16 매슬로(Maslow)는 인간의 욕구는 동시에 나타나 상호 경쟁하는 것이 아니라 욕구단계의 순서에 따라 질서를 가질 수 있다고 하였다. 다음 중 가장 먼저 충족되어야 하는 욕구단계로 기본적인 욕구에 해당하는 것은?

① 안전의 욕구   ② 생리적 욕구
③ 사회적 욕구   ④ 존경의 욕구
⑤ 자아실현의 욕구

17 메타 그룹이 분류한 CRM의 종류 중 다음 〈보기〉의 설명에 해당하는 것은?

┌─ 보기 ───┐
운영비용의 절감을 목적으로 프론트 오피스 고객 접점을 연계한 업무지원과 백오피스의 통합, 자동화된 비즈니스 프로세스를 의미한다.
└──┘

① 협업 CRM   ② 혁신 CRM
③ 운영 CRM   ④ 집단 CRM
⑤ 분석 CRM

18 다음 중 CRM의 등장배경에 대한 설명으로 적절하지 않은 것은?

① 인터넷의 등장으로 인한 유통채널의 다양화
② 고객의 기대 및 요구의 다양화
③ 일정한 틀에 묶여 있는 정형화된 생활방식
④ 기업의 경영 패러다임의 변화
⑤ IT의 발전

19 다음 중 서비스를 정의한 학자와 내용이 서로 다른 것은?

① 코틀러 : 서비스는 본질적으로 무형적이다. 서비스 제공과 관련된 어떠한 소유권도 발생시키지 않는 일방이 타인에게 판매를 위해 제공하는 활동이나 혜택이다.
② 레티넨 : 서비스는 시장에서 판매하는 무형의 상품이다.
③ 러브락 앤 비츠 : 한쪽에 의해 다른 한쪽에게 제공되는 경제적 활동이다.
④ 베리 : 제품과 달리 서비스는 무형활동이나 노력으로 구매제품이 유형적인지 무형적인지 여부로 판단된다.
⑤ 자이다믈 : 행위, 과정, 그리고 그 결과물인 성과가 결합된 것이다.

20 〈보기〉의 서비스 정의와 관련된 학자는 누구인가?

┌ 보기 ─────
물질이 아닌 것은 부가 아니라는 애덤 스미스의 견해를 부인하였으며, 효용의 개념을 사용하여 서비스를 "비물질적 부"로 정의하였다.
└──────

① 세이　　② 마샬
③ 베솜　　④ 주드
⑤ 쇼스택

21 〈보기〉와 같은 학자들은 어떤 관점으로 서비스를 정의하였는가?

┌ 보기 ─────
• 스탠턴 : 소비자나 이용자에게 판매될 경우 욕구에 대한 만족을 가져오는 무형의 활동
• 블루아 : 한 재화의 형태에서 물리적 변화가 없이 편익과 만족을 낳는 판매에 제공되는 활동
└──────

① 속성론적 정의　　② 경제학적 정의
③ 활동론적 정의　　④ 봉사론적 정의
⑤ 인간상호관계론적 정의

22 고객서비스의 3단계 중 거래 후 서비스에 해당하는 것은?

① 고객 클레임, 불만　　② 주문의 편리성
③ 명시된 회사의 정책　　④ 회사에 대한 고객의 평가
⑤ 기술적 서비스

23 다음 중 거래 전 서비스에 대한 설명에 해당하는 것은?

① 고객이 서비스 접점에 들어온 순간부터 현장 서비스는 시작된다.
② 고객과 직접적으로 거래가 이루어지는 서비스 본질이다.
③ 충성고객 확보를 위해 중요하다.
④ 서비스맨의 역량이 발휘되고 크게 평가되는 단계이다.
⑤ 우수한 고객서비스를 제공할 수 있는 환경을 조성한다.

24 다음 미국 통계청의 5가지 기능성에 의한 서비스 분류 중 소비자 서비스에 해당하는 것은?

① 운송, 통신, 무역서비스
② 금융, 부동산, 법률, 재무, 기업서비스
③ 의료, 교육, 레저, 여행, 정비, 가사, 숙박, 용역서비스
④ 군대, 소방서, 우편, 학교, 주민행정
⑤ 도, 소매업

25 서비스 리더십을 구성하는 요소에 대한 설명 중 다음 〈보기〉에 해당하는 것은?

> ┌ 보기 ┐
> 서비스 리더십의 핵심요소 중의 하나로 파트너십을 형성하고 만족을 주고 싶은 자세나 마음 상태를 말한다. 이것을 바탕으로 리더의 행동은 자연스럽게 고객의 만족을 이끌어 낼 수 있다.

① 서비스 신념   ② 서비스 만족
③ 서비스 창조   ④ 서비스 능력
⑤ 서비스 태도

26 '알더퍼'가 제시한 ERG이론 중 개인의 자아실현과 관련된 욕구로 매슬로의 욕구 5단계의 존경 욕구 일부와 자아실현 욕구에 해당하는 것은?

① 관계욕구   ② 존재욕구
③ 성장욕구   ④ 완성욕구
⑤ 태도욕구

27 매슬로의 5단계 욕구 중 음식, 수면, 갈증, 성욕구 등 인간의 가장 기초적인 욕구에 해당하는 것은?

① 안전의 욕구
② 생리적 욕구
③ 애정과 소속감에 대한 욕구
④ 자아실현의 욕구
⑤ 자아 존중의 욕구

28 리더십의 이론 중 변혁론에 대한 설명으로 옳은 것은 무엇인가?

① 리더라는 특성을 가지고 태어날 것이라는 가정하에서 리더와 구성원들 간의 특성상의 차이를 발견한 이론이다.
② 리더가 취하는 행동에 관심을 두고 어떠한 조직이나 상황에서 리더의 행동이 어떻게 발휘되느냐를 분석하였다.
③ 상황은 하나가 다른 하나에 의존하는 것으로 리더의 행동과 스타일이 상황에 따라 바뀔 수 있다는 이론이다.
④ 구성원이 외재적인 보상이 아닌 자아실현 또는 일에서의 의미를 찾아 자발적으로 일하게 되도록 리더십을 발휘한다.
⑤ 리더의 특성은 능력, 성취, 책임감, 참여, 지위라는 다섯 가지의 일반적인 개별적 요인으로 분류된다.

29 커트 라이맨(Curt Reimann)의 우수한 리더십의 특성에 대한 설명으로 알맞지 않은 것은?

① 다소 달성하기 어려운 도전적 목표를 설정한다.
② 고객을 생각하는 리더십을 발휘한다.
③ 무엇을 어떻게 해야 하는지를 잘 알고 솔선수범한다.
④ 강력하게 일을 밀고 나가는 추진력이 있다.
⑤ 구성원에게 리더의 의견을 맹목적, 무조건적으로 추종하거나 자발적으로 수용하게 만든다.

30 감성 리더십을 구성하는 요소 중 타인의 감정을 명확하게 이해하는 능력, 문화적 감수성, 고객의 요구에 부응하는 서비스 등과 관련성이 높은 능력은 무엇인가?

① 자아인식
② 자기통제
③ 동기부여
④ 감정이입
⑤ 대인관계기술

제2과목	고객만족(CS) 전략론

01 다음 중 서비스 청사진에 대하여 잘못 설명한 것은?

① 여타 활동들을 뜻하는 서비스 프로세스를 시각화하는 것을 주된 목적으로 삼는다.

② 서비스 청사진은 서비스의 가장 큰 문제점인 무형성, 이질성, 동시성 등의 한계를 극복할 수 있게 해주었다.

③ 서비스 프로세스 설계에 도움을 주는 기법으로 잠재고객을 대상으로 하는 설문조사를 근간으로 하는 분석도구이다.

④ 구성요소 중 고객의 행동은 서비스를 구매하여 소비, 평가하는 프로세스에서 고객이 행하는 단계, 선택, 활동, 상호작용 등을 포함한다.

⑤ 지원 프로세스는 서비스를 제공하는 접점 종업원들을 지원하기 위한 내부적 서비스를 의미한다.

02 서비스 청사진의 구성요소를 모두 선택한 것은?

┌ 보기 ─────────────────────────────────
⊙ 가시선   ○ 대기행렬선
© 내부 상호작용선   ② 고객과 종업원의 상호작용
◎ 지원 프로세스
└──────────────────────────────────────

① ⊙, ©   ② ⊙, ©, ◎
③ ©, ②, ◎   ④ ⊙, ○, ©
⑤ ⊙, ○, ©, ◎

03 서비스 청사진의 구성요소 중 〈보기〉의 설명에 해당하는 것은?

┌ 보기 ─────────────────────────────────
고객과 서비스 접점 종업원의 직접적인 상호작용의 발생을 구분하는 선으로 서비스 접점을 의미한다.
└──────────────────────────────────────

① 상호작용선   ② 고객의 행동
③ 물리적 증거   ④ 종업원의 행동
⑤ 지원 프로세스

04 서비스 청사진의 구성요소 중 전화예약 및 상담 담당 직원, 진료를 준비하는 의사, 주사약을 준비하는 간호사 등에 해당하는 것은?

① 상호작용선 ② 고객의 행동
③ 물리적 증거 ④ 수평선
⑤ 종업원의 행동

05 시장 세분화를 통하여 표적시장을 선정한 다음 경쟁자와 자사를 구분할 수 있는 시장으로서 자리매김하는 것을 일컫는 용어는 무엇인가?

① 환경분석 ② SWOT분석
③ 고객분석 ④ 시장분석
⑤ STP분석

06 마케팅 믹스(4P's)의 구성요소 중 '촉진활동'에 해당하지 않는 것은?

① 인적판매 ② 광고
③ 홍보 ④ 재고관리
⑤ 공중관계

07 다음 〈보기〉 중 STP분석 전략단계를 골라 순서대로 나열한 것은?

┌ 보기 ─────────────────────────
㉠ 잠재고객 선정　　　　　　　　　㉡ 시장 세분화
㉢ 표적선정　　　　　　　　　　　　㉣ 시장분석
㉤ 포지셔닝
└─────────────────────────────

① ㉠ - ㉢ - ㉤ ② ㉡ - ㉢ - ㉣
③ ㉠ - ㉡ - ㉣ ④ ㉡ - ㉢ - ㉤
⑤ ㉠ - ㉡ - ㉢

08 확장된 마케팅 믹스 7P's 중 장비, 환경, 직원의 유니폼 등에 해당하는 것은?

① Process　　　　　　　　　② People

③ Promotion　　　　　　　　④ Physical Evidence

⑤ Product

09 인지부조화에 대한 설명으로 잘못된 것은?

① 의사결정의 중요도가 낮을수록 부조화의 크기는 커진다.

② 외부의 압력이 아닌 소비자가 자유롭게 의사결정을 통해 선택한 경우에 발생한다.

③ 사람들의 생각과 드러난 결과 사이의 혼돈으로 인해 발생하는 상황이다.

④ 대안끼리 서로가 동일한 요소들을 많이 포함하고 있을 때 부조화가 커진다.

⑤ 구매의사결정 상황에서의 관여도나 의사결정의 어려움과 같은 여러 상황적 특성에 따라 크기가 달라진다.

10 고객의 정보를 수집하고, 집적을 통해 고객정보시스템을 구축하여 각각의 고객의 요구에 맞는 서비스를 제공하여 고객 충성도를 높이고 기업을 효율적으로 경영할 수 있도록 이끌어주는 고객정보시스템을 일컫는 용어는?

① 데이터베이스마케팅 시스템　　　② 고객관계관리

③ 고객인지 프로그램　　　　　　　④ 고객운영 프로그램

⑤ 고객마케팅 프로그램

11 다음 중 리츠칼튼 호텔의 고객인지 프로그램에 대한 설명이 아닌 것은?

① 고객 데이터베이스를 통해 맞춤형 서비스를 제공한다.

② 고객의 재방문에 따른 고객 행동을 예측하여 서비스를 제공한다.

③ 신규고객을 창출시키는 것이 주요 목적이다.

④ 충성고객을 확보하고자 하는 것이 목적이다.

⑤ 고객의 개인정보 보호에 각별한 주의가 필요하다.

12 다음 중 서비스 품질 측정이 어려운 이유에 대한 설명으로 틀린 것은?

① 서비스 품질의 측정은 주관적 개념으로 객관화하여 측정하기 어렵다.
② 고객으로부터 데이터를 수집할 때 시간과 비용이 많이 들고 비교적 회수율이 낮다.
③ 서비스 품질은 전달 이전이라도 검증이 용이하다.
④ 고객은 프로세스의 일부이며 변화를 일으킬 수 있는 요인이므로 측정의 어려움이 있다.
⑤ 자원이 서비스 전달과정 중에 고객과 함께 이동할 수 있기 때문에 고객이 자원의 변화를 관찰할 수 있어 서비스 품질 측정의 객관성이 저해된다.

13 다음 중 자이다믈이 제시한 서비스 품질의 특성으로 옳지 않은 것은?

① 서비스 품질의 평가는 비교 개념으로 이루어진다.
② 서비스 품질은 구체적인 개념이다.
③ 서비스 품질은 실질적으로 이용하는 품질과 다르다.
④ 고객이 여러 서비스의 우수성을 비교한 후 고·저로 평가하는 것이다.
⑤ 태도와 유사한 개념으로 서비스의 전반적인 평가이다.

14 SERVQUAL의 5가지 품질차원 중 〈보기〉의 설명에 해당하는 것은?

┌─ 보기 ──────────────────────────────────
│ 고객에게 약속한 서비스를 정확하게 수행할 수 있는 능력이다.
└──────────────────────────────────────

① 신뢰성   ② 응답성
③ 유형성   ④ 확신성
⑤ 공감성

15 SERVQUAL의 5가지 품질의 구성차원 중 '확신성'에 대한 내용으로 옳은 것은?

① 고객문제에 대해 관심을 보이고 해결하려 한다.
② 약속한 서비스를 시간 내에 정확하게 수행할 수 있는 능력이다.
③ 물리적인 시설 및 장비 등을 정의한 것이다.
④ 종업원의 지식 및 공손함, 신뢰성, 능력을 의미한다.
⑤ 서비스를 물리적으로 표현한 것이다.

16 고객만족 측정원칙 중 〈보기〉에 대한 내용으로 옳은 것은?

> ┌ 보기 ─
> 고객의 니즈는 항상 변하기 때문에 고객만족조사를 정기적으로 실시하여 만족도를 과거·현재
> ·미래와 비교할 수 있어야 한다.

① 정확성의 원칙　　　　　　　　② 목적성의 원칙
③ 상황성의 원칙　　　　　　　　④ 정량성의 원칙
⑤ 계속성의 원칙

17 고객만족지수(CSI) 측정의 필요성에 대한 설명으로 옳지 않은 것은?

① 고객유지율의 형태로서 예측된 투자수익률(ROI)을 예측할 수 있다.
② 경쟁사의 CS 강·약점을 분석할 수 있다.
③ 자사 및 경쟁사의 고객충성도를 분석한다.
④ 고객 기대가 충족되지 않은 영역 평가가 가능하다.
⑤ 경쟁사의 품질성을 확인할 수 있다.

18 'ACSI' 고객만족 측정모형에 대한 설명으로 옳지 않은 것은?

① 국가 간의 비교 가능한 경제지표로 활용될 수 있다.
② 아시아 전 지역의 고객만족을 측정할 수 있는 모형이다.
③ 서비스 구매경험 고객의 만족도뿐만 아니라 차후 고객의 충성도를 확인할 수 있다.
④ 스웨덴 고객만족지표를 기초로 미시간대학의 국가품질연구소에서 개발되었다.
⑤ 소비자의 지각된 품질, 고객의 기대가 지각된 가치에 영향을 미쳐 고객만족, 고객충성도
　가 증가한다는 인과관계를 고려한 모형이다.

19 국가고객만족도(NCSI) 설문 구성 내용에 해당되지 않는 것은?

① 고객기대수준　　　　　　　　② 고객충성도
③ 직원만족지수　　　　　　　　④ 인지가치수준
⑤ 고객불만

20 국가고객만족도(NCSI) 설문 구성 내용 중 '가격 대비 품질 수준, 품질 대비 가격 수준'에 해당하는 것은?

① 고객기대수준 ② 고객충성도
③ 인지제품 및 서비스 품질수준 ④ 인지가치수준
⑤ 고객만족지수

21 다음 중 GAP 모형에 대한 설명으로 올바르지 않은 것은?

① 고객의 기대 수준과 실제 제공받은 서비스에 대한 지각된 수준의 차이를 바탕으로 서비스 품질을 측정하는 방법이다.
② GAP1 : 경영자가 고객의 기대를 정확히 인식하지 못해 발생한다.
③ GAP2 : 경영자가 기대하는 서비스 수준을 직원들이 실행하지 못할 때 발생한다.
④ GAP4 : 서비스 전달과 외부 커뮤니케이션의 차이에서 발생한다.
⑤ GAP5 : 고객의 기대된 서비스와 인식된 서비스가 일치하지 않을 때 발생한다.

22 서비스 품질관리방법 중 GAP1의 원인에 대한 내용으로 올바른 것은?

① 고객중심적 서비스 업무의 표준화 결여
② 경영자가 고객의 기대를 정확히 파악하는 데 실패
③ 업무에 적합하지 않은 직원 배치
④ 통합 서비스 커뮤니케이션의 부족
⑤ 부적합한 물리적 증거

23 서비스 품질관리방법 중 GAP2의 원인에 대한 내용으로 올바른 것은?

① 고객 기대를 반영하지 못한 서비스 설계
② 마케팅조사의 중요성에 대한 이해 부족
③ 과잉 약속
④ 서비스에 적합하지 못한 직원 배치
⑤ 통합서비스 커뮤니케이션 부족

24 서비스 품질관리방법 중 GAP1의 원인에 대한 해결방안으로 올바른 것은?

① 역할 갈등 및 역할 모호성 감소   ② 서비스 업무 표준화

③ 고객의 기대조사   ④ 수평적 커뮤니케이션 증대

⑤ 체계적인 서비스 설계

25 다음 중 고객 기대에 대한 영향 요인 중 기업 요인에 해당하는 것은?

① 가격   ② 관여수준

③ 과거 경험   ④ 구전

⑤ 개인욕구

26 고객의 욕구와 심리를 응용한 효과 중 〈보기〉에 해당하는 것은?

┌ 보기
│ 특정 제품을 구매 후 그 제품과 어울리는 다른 제품을 연속 구매하는 현상이다.

① 스놉 효과   ② 밴드왜건 효과

③ 디드로 효과   ④ 유인 효과

⑤ 프레이밍 효과

27 고객의 욕구와 심리를 응용한 효과 중 〈보기〉에 해당하는 것은?

┌ 보기
│ 상품의 인기가 높을수록 판매가 증가하는 경향으로 스놉 효과와 반대된다.

① 스놉 효과   ② 밴드왜건 효과

③ 베블런 효과   ④ 유인 효과

⑤ 프레이밍 효과

28 고객의 욕구와 심리를 응용한 효과 중 〈보기〉에 해당하는 것은?

┌ 보기 ───
소비자는 기업에서 상품을 어떻게 표현하느냐에 따라 의사결정이 달라진다. 따라서 적절한
표현방식은 구매행동으로 옮기게 할 수 있다.
└──

① 스놉 효과
② 밴드왜건 효과
③ 베블런 효과
④ 유인 효과
⑤ 프레이밍 효과

29 소비자의 관여수준에 따른 유형 중 고관여에 대한 내용으로 맞지 않는 것은?

① 상품이 소비자의 자아 이미지, 라이프스타일에 영향을 미치지 않는다.
② 구매 결정을 잘못 내렸을 경우 지각되는 위험이 높다.
③ 명품, 주택과 같은 값이 비싼 것이다.
④ 최고의 선택을 위해 깊게 관찰한다.
⑤ 구매과정에 많은 시간과 노력을 투입하며 최선의 선택을 위해 깊게 관찰한다.

30 소비자의 관여수준에 따른 유형 중 저관여에 대한 내용으로 맞지 않는 것은?

① 개인적 관심도가 적기 때문에 주어지는 대로 정보를 수용한다.
② 강한 브랜드 충성도와 선호도를 형성한다.
③ 친숙한 상표를 근거로 확인하며 소수의 속성만을 검토한다.
④ 상품이 소비자의 자아 이미지, 라이프스타일에 영향을 미치지 않는다.
⑤ 구매결정을 잘못 내렸다 할지라도 결과에 대한 불안감이 거의 없다.

제3과목 **고객만족 실무론**

01 다음 중 매너 및 에티켓에 대한 설명이 잘못된 것은?

① 매너는 법적 구속력은 없으나 원활한 사회생활을 위해 구성원들이 지켜야 할 사회적 약속이다.

② 에티켓은 생활에서 지켜야 할 규범이며 합리적이고 바람직한 행동기준이다.

③ 에티켓은 객관적 생활양식으로 '있다', '없다'로 표현한다.

④ 매너는 영어의 hand(손)라는 뜻이 있다.

⑤ 매너는 에티켓을 외적으로 표현한 주관적 생활양식이다.

02 다음 중 설명이 잘못된 것은?

① 매너는 타인을 배려하고 존중하는 구체적 행동방식의 외적표현이다.

② 매너는 주관적 표현양식으로 '좋다', '나쁘다'로 표현한다.

③ 네트워크상에서 지켜야 할 기본적인 예절을 네티켓이라 한다.

④ 수신한 비즈니스 메일은 12시간 이내에 답신한다.

⑤ 유머나 경고성 메시지는 발송 전 수신자에게 수신의 의지를 확인 후 발송한다.

03 다음 중 네티켓에 대한 설명이 잘못된 것은?

① 네티켓은 네트워크와 에티켓의 합성어이다.

② e-mail 네티켓 중 수신한 비즈니스 메일은 24시간 이내에 답신한다.

③ 게시판 네티켓 중 타인이 올린 내용에 대하여 지나친 반박은 삼간다.

④ 게시판 네티켓 중 동일한 내용을 반복적으로 올리지 않는 것도 포함된다.

⑤ 전달 내용이 길더라도 별도의 문서파일보다는 메시지 창에 자세하게 작성한다.

04 다음 중 예의범절의 개념에 대한 설명이 잘못된 것은?

① 예의범절이란 일상생활에서 갖추어야 할 모든 예의와 절차로 축약하여 예절이라 한다.

② 사서삼경에 근간을 두고 발전한 동양적인 개념으로 상호간의 편의를 도모한다.

③ 개인이 집안에서 지켜야 할 기본적인 규범에서 유래하였다.

④ 타인을 배려하고 인격을 존중하여 타인을 함부로 하지 않는 마음가짐이나 태도이다.

⑤ 장소와 시기에 맞게 행동하며 자신과 상대방이 속해있는 조직과 문화에 맞는 격식을 우선시 한다.

05 절에 대한 설명 중 맞지 않는 것은?

① 자기가 절을 해도 답례를 하지 않아도 되는 높은 어른에게 하는 절은 큰절이다.

② 남자가 평절을 할 때는 팔꿈치를 바닥에 붙이며 이마를 손등에 댄 후 잠시 머문다.

③ 큰절일 경우 남자는 오른발이 왼발 위가 되도록 발등을 포갠다.

④ 평절은 자기가 절을 하면 답례 또는 평절로 맞절을 해야 하는 웃어른이나 같은 또래끼리 사이에 하는 절이다.

⑤ 반절은 웃어른이 아랫사람의 절에 대해 답배할 때 하는 절이다.

06 절의 횟수에 대한 설명 중 맞게 설명한 것은?

① 기본횟수는 남자는 양이기 때문에 최소 양수인 두 번을 한다.

② 기본횟수는 여자는 음이기 때문에 최소 음수인 한 번을 한다.

③ 의식행사는 기본횟수의 배를 한다.

④ 죽은 사람에게는 기본횟수만 한다.

⑤ 제사 시에는 기본횟수의 배를 한다.

07 다음 중 이미지에 대한 설명이 잘못된 것은?

① 프랑스어의 imago에서 유래하였다.

② 사전적 의미로는 형태나 느낌, 모양, 연상, 관념 등을 의미한다.

③ 사람의 경우 특정한 감정을 가지게 하는 외적인 모습, 심상, 상징, 표상이라고 정의된다.

④ 일반적으로 이미지는 개인이 어떠한 대상에 대해 갖게 되는 시각적 표상이나 떠오르는 단어, 감정, 느낌의 총체이며 신념, 선입견 또는 개념이다.

⑤ 정신분석학에서는 '특정 대상의 외적형태에 대한 인조적인 모방이나 재현'으로 정의한다.

08 다음 중 이미지는 조작되고 단편적인 측면을 강조한다는 가관념을 주장하며 이미지는 가치체계와 관계된 가짜이상이라고 한 학자는 누구인가?

① 다니엘 부어스틴　　　② 그뢴루스
③ 로젠버그　　　　　　④ 라인
⑤ 카이저

09 다음 중 이미지 속성에 대한 설명이 잘못된 것은?

① 개인의 지각적 요소와 감정적 요소의 결합으로 나타나는 주관적인 것이다.
② 주관적 평가이기에 명확히 개념을 정의내려 연구하기 어렵다.
③ 개인이 어떤 대상에 대해 갖는 일련의 신념, 아이디어 및 인상의 부분이다.
④ 무형의 것으로 대상에 대해 직접적인 경험 없이도 형성되어 구체적이기보다 추상적이다.
⑤ 이미지는 학습이나 정보에 의해 변용되고 경험, 커뮤니케이션 행위에 의해 형성, 수정, 변화되어 가며 일시적이기보다 연속적이다.

10 다음 중 커뮤니케이션에 대한 설명이 잘못된 것은?

① 프랑스어의 공통, 공유 뜻을 가진 communis에서 유래하였으며 '나누다'의 의미가 있다.
② 개인과 집단에 필요한 정보 또는 자료제공을 통해 의사결정을 원활하게 한다.
③ 조직의 목표달성을 위한 행동 강화 등의 동기부여기능을 통해 목표에 근접하게 한다.
④ 조직의 규정 및 방침 등을 제공하는 조정 및 통제를 통해 행위 등을 관리한다.
⑤ 개인의 감정과 조직에서의 욕구 전달을 통해 타인과의 원활한 관계를 유지한다.

11 다음 중 커뮤니케이션의 구성요소에 해당하지 않는 것은?

① 발신인　　　　　　② 메시지
③ 채널　　　　　　　④ 피드백
⑤ 제스처

12 다음 중 효과적인 커뮤니케이션의 요소에 대한 설명이 잘못된 것은?

① 커뮤니케이션의 목표 인식
② 효과적인 커뮤니케이션의 채널 설정
③ 수신자의 경청자세
④ 수신자의 비언어적 메시지 관찰 및 피드백을 통한 이해 여부 확인
⑤ 명확한 정보전달을 위한 전달능력

13 다음 중 전화응대의 특징에 대한 설명이 잘못된 것은?

① 기업의 첫 이미지 결정의 순간이다.
② 비언어적 커뮤니케이션이므로 오해가 발생할 소지는 없다.
③ 고객과 통화하는 순간은 고객의 제품 및 서비스 선택이 결정되는 순간이다.
④ 고객이 먼저 전화를 걸 경우 고객의 비용이 발생한다.
⑤ 예고 없이 찾아오는 손님이다.

14 다음 중 전화응대 시 유의사항에 해당되지 않는 것은?

① 청각적 요소만으로 이루어지지만 마주 보고 대화하는 느낌으로 응대한다.
② 고객과의 전화통화는 기업의 홍보 수단이 된다.
③ 올바른 전화응대만으로 호감도를 높이는 것은 제한된다.
④ 고객에 대한 정보를 신속히 파악할 수 있는 방안을 강구한다.
⑤ 틀리기 쉬운 주소, 가격, 숫자 등 중요내용에 대해서는 복창하여 확인한다.

15 바람직한 전화응대의 자세와 거리가 먼 것은?

① 고객과 통화 중일 경우 종업원이 먼저 전화를 걸었을 경우 고객이 먼저 전화를 끊은 후 3초 후에 수화기를 내려놓는다.
② 대화 간 중요사항 메모를 위한 펜과 메모지를 준비한다.
③ 평상시 목소리보다 한 톤 높여서 대화한다.
④ 전화통화 중 전화가 끊길 경우 먼저 건 쪽이 전화를 거는 것이 맞으나 고객 또는 상사와 통화 중일 경우는 서비스맨이 먼저 전화를 건다.
⑤ 업무시간에는 통화 가능 여부를 확인하지 않고 신속하게 대화를 이어간다.

16 다음 중 소비자기본법상의 용어의 정의로 옳지 않은 것은?

① 소비자란 사업자가 제공하는 물품 또는 용역(시설물을 포함)을 소비생활을 위하여 사용(이용을 포함)하는 자 또는 생산활동을 위하여 사용하는 자로 대통령령이 정하는 자를 말한다.

② 소비자의 범위측면에서 제공된 물품 또는 용역을 최종적으로 사용하는 자이다.

③ 소비자란 제공된 물품 등을 원재료, 자본재 또는 이에 준하는 용도로 생산활동에 사용하는 자를 포함한다.

④ 사업자란 물품을 제조·수입·판매하거나 용역을 제공하는 자를 말한다.

⑤ 소비자단체란 소비자의 권익을 증진하기 위하여 소비자가 조직한 단체를 말한다.

17 다음 중 소비자를 정의한 학자와 정의가 잘못 연결된 것은?

① 이치로 : 소비자란 국민 일반을 소비생활이라고 하는 시민생활의 측면에서 포착한 개념

② 폰히펠 : 소비자란 개인적인 용도에 쓰기 위하여 상품이나 서비스를 제공받는 사람

③ 타케우치 아키오 : 소비자란 타인이 공급하는 물자나 용역을 소비생활을 위하여 구입 또는 이용하는 자로서 공급자에 대립하는 개념

④ 이마무라 시게카즈 : 소비자는 생활자이며 일반 국민임과 동시에 거래과정의 밑단에서 구매자로 나타나는 것

⑤ 와이블 : 사업자가 제공한 물품 또는 용역을 최종적으로 사용하는 자

18 케네디 대통령의 "소비자의 이익보호를 위한 특별교서"에 나타난 소비자의 4대 권리에 해당되지 않는 것은?

① 정보를 제공받을 권리   ② 안전에 대한 권리

③ 소비자 교육을 받을 권리   ④ 선택의 권리

⑤ 의견을 반영시킬 권리

19 소비자의 8대 권리에 해당하지 않는 것은?

① 물품 등을 선택함에 있어서 필요한 지식 및 정보를 제공받을 권리

② 물품에 대한 경고 또는 지시사항 등에 대해 표기방법을 결정할 권리

③ 물품 또는 용역으로 인한 생명·신체 또는 재산에 대한 위해로부터 보호받을 권리

④ 합리적인 소비생활을 위하여 필요한 교육을 받을 권리

⑤ 물품 등을 사용함에 있어서 거래상대방·구입 장소·가격 및 거래조건 등을 자유로이 선택할 권리

20 소비자의 책무에 해당하지 않는 것은?

① 자유시장경제를 구성하는 주체임을 인식하여 물품 등을 올바르게 선택한다.

② 소비자의 기본적 권리를 정당하게 행사하여야 한다.

③ 스스로의 권익을 증진하기 위하여 필요한 지식과 정보를 습득하도록 노력하여야 한다.

④ 소비생활의 향상과 국민경제의 발전에 적극적인 역할을 다하여야 한다.

⑤ 물품을 제조, 수입, 판매하는 사업자와의 갈등을 최소화한다.

21 다음 중 개인정보보호법과 관련한 용어를 바르게 정의하지 않은 것은?

① 개인정보 : 살아있는 개인에 관한 정보로서 개인을 알아볼 수 있는 정보

② 고정형 영상정보처리기기 : 일정한 공간에 설치되어 지속적 또는 주기적으로 사람 또는 사물의 영상 등을 촬영하거나 이를 유·무선망을 통하여 전송하는 장치로서 대통령령으로 정하는 장치

③ 개인정보처리자 : 정보에 의하여 알아볼 수 있는 사람으로서 그 정보의 주체가 되는 사람

④ 처리 : 개인정보의 수집, 생성, 연계, 연동, 기록, 저장, 보유, 가공, 편집, 검색, 출력, 정정(訂正), 복구, 이용, 제공, 공개, 파기(破棄), 그 밖에 이와 유사한 행위

⑤ 개인정보파일 : 개인정보를 쉽게 검색할 수 있도록 일정한 규칙에 따라 체계적으로 배열하거나 구성한 개인정보의 집합물

22 다음 중 개인정보에 대한 설명으로 옳지 않은 것은?

① 태아 관련 정보는 개인을 알아볼 수 있는 정보가 아니므로 개인정보에 속하지 않는다.

② 사망자 및 실종자 관련 정보는 개인정보로 볼 수 없으나 유족, 후손과 관련되어 활용가능 시에는 유족, 후손의 개인정보로 간주된다.

③ 혈액형은 고유 식별이 불가하므로 개인정보로 볼 수 없으나 성명, 가족관계, 주소 등 사실적 정보와 결합하여 개인 식별이 가능한 경우에는 개인정보로 간주된다.

④ 소득규모, 재산보유 상황, 거래내역, 신용평가 및 신용정보, 채권채무관계 등은 개인정보로 간주된다.

⑤ 상호명, 대표이사 성명 및 임원의 정보, 법인의 영업실적 등은 개인정보의 범위에 해당되지 않는다.

23   다음 중 Weible의 개인정보의 유형을 잘못 설명한 것은?

① 교육 및 훈련정보 : 학교출석사항, 최종학력, 학교성적, 기술자격증, 상벌사항 등
② 고용정보 : 현재 봉급액, 봉급경력, 보너스 및 수수료
③ 조직정보 : 노조가입, 종교단체 가입, 정당가입, 클럽회원 등
④ 일반정보 : 성명, 주민등록번호, 운전면허번호, 거주지 주소, 전화번호, 생년월일
⑤ 동산정보 : 현금보유액, 저축현황, 주식, 채권, 기타 유가증권, 보석, 고액의 예술품

24   다음 중 국내의 개인정보보호에 관한 법률에 해당되지 않는 것은?

① 정보통신망 이용촉진 및 정보보호 등에 관한 법률
② 공공기관의 개인정보보호 등에 관한 법률
③ 통신비밀보호법
④ 정보통신공사업법
⑤ 금융실명거래 및 비밀보장에 관한 법률

25   우리나라 개인정보의 보호 원칙에 해당되지 않는 것은?

① 개인정보처리자는 개인정보의 처리목적을 명확하게 하여야 하고 그 목적에 필요한 범위
   에서 최대한의 개인정보를 적법하고 정당하게 수집하여야 한다.
② 개인정보처리자는 개인정보의 처리목적에 필요한 범위에서 개인정보의 정확성, 완전성
   및 최신성이 보장되도록 하여야 한다.
③ 개인정보처리자는 개인정보 처리방침 등 개인정보의 처리에 관한 사항을 공개하여야 하며,
   열람청구권 등 정보주체의 권리를 보장하여야 한다.
④ 개인정보처리자는 개인정보의 처리목적에 필요한 범위에서 적합하게 개인정보를 처리하
   여야 하며, 그 목적 외의 용도로 활용하여서는 아니 된다.
⑤ 개인정보처리자는 개인정보를 익명 또는 가명으로 처리하여도 개인정보 수집목적을 달
   성할 수 있는 경우 익명처리가 가능한 경우에는 익명에 의하여, 익명처리로 목적을 달성
   할 수 없는 경우에는 가명에 의하여 처리될 수 있도록 하여야 한다.

26 **다음 중 기업 교육훈련의 목적 및 효과에 대한 설명이 잘못된 것은?**

① 입사교육훈련을 통해 신입사원은 기업의 방침과 규정 파악으로 기업에 대한 친근감과 안심감을 향상시킬 수 있다.

② 기업 교육훈련에 대한 목적은 특정 업무를 처리하는 기업의 핵심인력의 지식, 기능, 태도를 향상시킴으로써 기업을 발전 및 유지하는 데에 있다.

③ 직무에 대한 지도를 받아 직무의 질과 양이 모두 표준에 달하고 임금의 증가를 도모할 수 있다.

④ 재해, 기계설비 소모 등의 감소에 유효하다.

⑤ 승진에 대비한 능력 향상을 도모한다.

27 **피고스와 마이어스의 교육훈련의 효과에 대한 설명이 잘못된 것은?**

① 신입사원의 입사교육훈련을 통해 불만과 결근, 부서 이동을 방지할 수 있다.

② 새로 도입된 신기술에 대한 종사원의 적응을 원활히 한다.

③ 신입사원은 직무에 대한 지도를 받아 직무의 질과 양이 모두 표준에 달하게 된다.

④ 교육훈련을 통해 신입사원은 임금의 증가를 도모할 수 있다.

⑤ 승진에 대비한 능력 향상을 도모한다.

28 **OJT에 대한 설명이 잘못된 것은?**

① OJT교육은 일상업무 수행과정을 통해 지식, 기능, 태도를 향상시키려는 교육활동이다.

② 직장 내에서 실시하는 직무훈련으로써 기업교육의 목적달성을 위한 매우 유용한 방법이다.

③ 교육 실시자로서 현장의 경험이 있는 선임자의 지식과 기능을 전달하고자 할 때 적용하는 방법이다.

④ 업적 향상을 위해 부하의 육성이 중요할 때 적용한다.

⑤ 다수의 학습자에게 동일한 내용을 경제적으로 교육하기 위한 목적이 있다.

29 OJT 교육방법의 필요성에 대한 설명이 잘못된 것은?

① 장시간에 걸쳐 학습자에게 임무를 숙달시킬 필요가 있을 때
② 업무현장에서 학습자를 시급히 투입할 필요가 있을 때
③ 일의 내용이나 방식의 급격하고 대폭적 변화로 인해 현재의 지식 및 경험만으로 불충분할 경우
④ 주로 체계적, 전문적인 지식교육에 적합하며 일부 기능교육, 태도교육에도 활용
⑤ 업적 향상을 위해 부하의 육성이 중요할 때

30 OJT 교육방법과 거리가 먼 것은?

① 직무교육훈련　　　　　　② 직무순환
③ 사례연구법　　　　　　　④ 코칭/멘토링
⑤ 소집단 활동을 통한 능력개발

PART 02 파이널테스트 정답

1과목

01	02	03	04	05	06	07	08	09	10
②	⑤	①	②	⑤	①	②	①	⑤	①
11	12	13	14	15	16	17	18	19	20
②	①	③	②	②	②	③	③	②	①
21	22	23	24	25	26	27	28	29	30
③	①	⑤	③	⑤	③	②	④	⑤	④

2과목

01	02	03	04	05	06	07	08	09	10
③	②	①	⑤	⑤	④	④	④	①	③
11	12	13	14	15	16	17	18	19	20
③	③	②	①	④	⑤	⑤	②	③	④
21	22	23	24	25	26	27	28	29	30
③	②	①	③	①	③	②	⑤	①	②

3과목

01	02	03	04	05	06	07	08	09	10
①	④	⑤	②	②	③	①	①	③	①
11	12	13	14	15	16	17	18	19	20
⑤	③	②	③	⑤	③	⑤	③	②	⑤
21	22	23	24	25	26	27	28	29	30
③	①	②	④	①	②	①	⑤	④	③

≫ 참고문헌

- 서비스마케팅, 1992, 황용철 외 2명, 학현사
- 고객서비스 실무, 2015, 박혜정, 백산
- 서비스마케팅, 2017, 이유재, 학현사
- 서비스 경영, 2013, 이정학, 기문사
- 고객응대실무, 2019, 백지연, 한올
- SMAT, 2015, 서비스 세일즈 가치향상 연구회, 성안당
- SMAT, 2019, 김화연, 박문각
- 비즈니스 매너와 글로벌 에티켓, 2015, 오정주, 권인아, 한올
- 서비스 마인드와 글로벌 매너, 2016, 심윤정 외 3명, 양성원
- 고객서비스 실무, 2015, 심윤정 외 1명, 한올
- 서비스 매너, 2014, 장순자, 백산
- 최신 마케팅, 2005, 서성한 외 2명, 삼우사
- 소비자행동론, 2005, 서성한 외 2명, 박영사
- e-마케팅플러스, 2004, 이훈영, 무역경영사
- 인적자원관리, 2004, 황규대, 박영사
- 글로벌 매너와 이미지 스타일링, 2016, 지희진, 한올
- 소통 리더십 개발을 위한 비즈니스 커뮤니케이션, 2016, 이재희 외 1명, 한올
- 서비스마케팅, 2015, 김성호 외 1명, 학현사
- 서비스경영, 2013, 이정학, 기문사
- 서비스마케팅, 2014, 김재욱 외 7명, 시그마프레스
- 최고의 텔레마케터가 되는 길, 1999, 송현수, 새로운 제안
- 콜센터 매니지먼트, 2002, 손현수, 새로운 제안
- 이미지와 환상, 2004, 부어스틴 다니엘(역자 정태철), 사계절
- CS 관리사, 2017, 이서희, 지식날개
- 스티브잡스의 프레젠테이션, 김경태, 멘토르
- 8가지 심리학 법칙으로 디자인하는 프레젠테이션 슬라이드, 2009, 스태판 M. 코슬린(김경태 편역), 멘토르
- 스토리텔링 프레젠테이션, 2011, 폴 J. 켈리(김경태 외 1명 편역), 멘토르
- 지적 대화를 위한 품격의 스피치, 2015, 박보식, 대영문화사
- 기업교육론, 나일주, 학지사
- 교육행정학 원론, 윤정일, 학지사
- 교육프로그램 개발 방법론, 최정임 외 1명, 학지사
- 비즈니스 커뮤니케이션, 유순근, 무역경영사
- 커리어 코칭, 마샤벤치, 교보문고
- 기업교육론, 2006, 김종표, 양서원
- 관광마케팅, 2015, 이정학, 기문사
- 호텔관광마케팅, 2015, 김성용, 기문사
- 지속가능시대의 서비스경영, 2014, 서비스경영연구회, 한경사
- 서비스 디자인 교과서, 2015, 마르크 스틱도른 외 1명, 안그라픽스
- 개인정보보호법 연구, 2012, 전동진 외 1명, 보안경영학회지 제9권
- 훤히 보이는 정보보호, 2008, 정교일 외 3명, 전자신문사
- 개인정보보호법의 보호원칙에 대한 벌칙조항 연구, 2012, 전동진, 정보법학 제16권 제2호

- 코칭리더십이 조직구성원의 직무만족 및 조직몰입에 미치는 영향, 2009, 우경희, 석사논문
- 감성리더십과 혁신행동 사이의 관계 : 상사신뢰의 조절효과, 2017, 이재은, 석사논문
- CEO의 감성리더십, CEO 신뢰, 직무열의, 그리고 CEO정당성 간의 관계, 2019, 성재환, 문재승, 김수영, 기업경영 리뷰, 10(1), PP.153-175
- 객실 사무장의 감성리더십이 객실 승무원의 직무 스트레스 및 이직의도에 미치는 영향, 2018, 신경희, 호텔경영학 연구, 27(4), 87-102
- 건설프로젝트에서 리더의 역할과 특성이 조직성과에 미치는 영향에 관한 연구, 2009, 김균석
- 조직원의 정보보안 정책 준수의도에 미치는 영향 연구, 2018, 황인호, 허성호, Journal of Digital Convergence, 16(3), PP. 225-236
- 기업체 서비스리더의 마음챙김 기반 코칭역량 증진(MBCCE)프로그램 개발 효과 분석, 2014, 안영진(2014), 박사논문
- 매슬로의 동기이론이 한국 인성교육에 주는 시사 분석, 2016, 엄상현, 한국사상문화학회, 83(83), PP. 357-382
- 서비스 리더십이 외식기업의 경영성과에 미치는 영향에 관한 연구, 2002, 윤성준 외 4인, 서비스경영학회지, 3(2), PP.65-89
- 참여적 리더십이 변화지향 조직시민행동에 미치는 영향, 2018, 탁제은, 신제구, 연세경영연구, 55(2), PP. 57-92
- 체험마케팅을 위한 디지털미디어 서비스 연구 – 화장품 브랜드 사례중심으로, 2019, 최보윤, 신민아, 윤재영, 한국커뮤니케이션디자인협회 커뮤니케이션디자인학회, 67, PP.343-357
- 체험마케팅이 만족도, 충성도, 구매의도에 미치는 영향, 2018, 김충환, 정연승, 대한경영학회지, 31(3), PP.603-624
- 초등학교 교감의 리더십이 교사의 학교조직몰입에 미치는 영향, 2019, 안재홍, 박사논문
- 카리스마적 리더십이 부하의 자발적 수용에 미치는 영향 : 자긍심의 매개효과 검증, 2015, 김경수, 외 7인, 한국기업경영학회, 22(4), PP.67-83
- 한국경찰조직의 리더십에 관한 연구 : 카리스마 리더십을 중심으로, 2011, 안희남, 이승철, 한국경찰학회, 13(3), PP.43-68
- 행복의 결정요인에 관한 연구, 2017, 오민지, 이수영(2017), 한국행정논집, 29(3), PP.489-508
- 프로젝트팀 리더의 역할과 팀성과, 1994, 김영배·차종석, 한국경영과학회지, 9(1), pp.127-129
- 호텔 조직 구성원의 정보보안 정책 준수의도에 미치는 영향 요인, 2017, 김성수, e-비즈니스연구, 18(1), pp.3-18
- 동기-위생이론에 근거한 노인요양시설 종사자의 직종별 소진영향요인 비교연구, 2019, 김요섭, 조한라, GRI 연구 논총, 21(2), pp.75-96
- VOC를 활용한 온라인 기업의 고객만족 전략 연구, 2011, 최유정, 최훈, Asia-Pacific Journal of Business & Commerce, 3(1), pp.73-93
- VOC를 통한 롯데월드의 가치창조, 2017, 서창적, 이슬기, 서비스경영학회지, 18(4), pp.161-182
- 고객접점순간(MOT)과 AHP분석을 활용한 공동주택의 주거만족도 평가항목에 관한 연구, 2010, 신호순, 석사논문
- 서비스 청사진과 현장실사를 이용한 의료 서비스 품질 분석, 2014, 신지연, 석사논문
- 서비스 청사진을 이용한 면세점에서의 서비스접점 개선 연구, 2016, 최은아, 이상식, 이돈희, 한국산업정보학회논문지, 21(4), pp.95-110
- 서비스 모니터링의 효과성 제고를 위한 방안에 관한 연구, 2009, 박의정, 유한주, 석사논문
- 외식업체의 미스터리 쇼핑을 위한 평가척도 개발 : 한식프랜차이즈를 중심으로, 2014, 김영갑, 이혜린, 김예주, 한국외식경영학회지, 17(5), pp.307-328
- 서비스 프로세스 개선을 위한 서비스 청사진 활용 연구, 김연성, 서비스경영학회지, 4(3), pp.3-16
- 구매 후 A/S 품질이 재구매 및 구전효과에 미치는 영향 – 가전제품을 중심으로, 2003, 이인식, 김화순, 품질경영학회지, 31권 2호, pp.1
- 항공사 서비스 실패의 공정성을 통한 회복에 관한 연구, 2007, 조영신, 한국항공·경영학회, 5권2호, pp.117-140

- 애프터서비스 품질과 고객만족과의 관계에 관한 실증 연구, 1999, 안영진·안천의, 한국전문경영인학회, 2권1호, pp.121-145
- SWOT분석 : 지피지기 전략은 SWOT 분석을 통해서, 2006, 김영표, 국토, pp.139-145
- 품질중심적 조직문화가 서비스실패 및 서비스회복에 미치는 영향에 대한 인과분석, 2008, 석종배 외 2명, 한국서비스경영학회 학술대회, pp.221-24
- 현대 마케팅 이론을 통한 건축 설계 사무소의 마케팅 전략에 관한 연구, 2017, 신주용, 정용교, 대한건축학회 학술발표대회 논문집, 37권1호, pp.257-260
- 항공사의 기내 인적서비스품질이 고객인지가치 및 고객만족과 고객행동에 미치는 영향 연구, 2009, 한혜숙, 김영택, 서비스경영학회지, 10권1호, pp.1-21
- 외식업체 서비스품질 평가의 인지부조화 연구 : 인터넷 정보를 중심으로, 2018, 오상운, 조문수, 관광레저학회, 30권6호, pp.401-414
- 가치-만족-태도-행동 (VSAB) 모형 개발 : 호텔 충성도 프로그램을 중심으로, 2018, 김진경, 한국호텔외식관광경영학회, 27권2호, pp.111-130
- 호텔 충성도 프로그램의 지각된 가치가 브랜드 관계품질에 미치는 영향 : 회원 등급 집단 차이를 중심으로, 2018, 김진경, 한국관광레저학회, 30권8호, pp.57-76
- 서비스 수익 체인 실현을 위한 내부마케팅 전략 : 현대해상화재보험, 2009, 이유재 외 2명, 한국마케팅학회, 11권3호, pp.225-249
- 서비스 개념의 진화에 따른 신(新) 서비스 시스템 모델, 2017, 이정선, 김현수, 서비스사이언스학회, 7권2호, pp.1-16
- 의료서비스 접점 프로세스 혁신을 통한 운영성과 향상, 2016, 이돈희, 서비스경영학회지, 17권1호, pp.103-130
- 의료서비스 품질이 환자 신뢰와 재이용 의도에 미치는 영향 : 보훈병원을 중심으로, 2018, 정희철, 석사학위
- 의료서비스 모바일 앱의 서비스편의성이 행동의도에 미치는 영향 : 경험가치의 매개효과와 관여도의 조절효과, 2018, 김성진, 가천대학교 대학원 박사논문
- 의료서비스 산업의 환경변화와 향후전망, 2005, LG경제연구원
- 의료관광사업의 마케팅홍보 전략에 대한 연구 : 태국 「범룽랏병원」과 한국 「우리들병원」 사례 분석을 중심으로, 2013, 최훈화, 석사논문
- 한류 증진을 위한 CGV의 성장 전략, 2016, 권상집, 한국콘텐츠학회논문지, 16권6호, PP.576-588
- CJ CGV의 VRIO 모델을 통한 핵심역량분석, 2019, 김은아, 한국엔터테인먼트산업학회논문지, 13권3호, PP.333-342
- 의료관광 활성화를 위한 고품질 의료서비스 모델개발, 2012, 이자형, 나재은, 대한의사협회, 의료정책연구소 연구보고서, PP.1-115
- 서비스 품질이 기업의 수익성에 미치는 영향에 관한 연구, 2010, 이유재 외 3명, 서비스 마케팅 저널, 3-2, 69~80
- FM기업의 서비스품질이 고객만족과 관계지향성에 미치는 영향에 대한 연구, 2013, 전우명, 황찬규, 경영컨설팅연구, 13:3, 23-45
- CRM 관점에서 CSI 분석에 관한 연구, 2007, 홍한국 외 4명, e-비즈니스연구, 8(1), 155-178
- 성공적인 고객경험관리(CEM)를 위한 고객 접점 및 프로세스 관리, 2008, 권민진, 이상식, 한국서비스경영학회 학술대회, 41-54
- 고객만족, NPS, Bayesian Inference 및 Hidden Markov Model로 구현하는 명품구매에 관한 확률적 추적 메카니즘, 황선주, 2018, 이정수, 한국산업정보학회논문지, 23(6), 79-94
- 성과관리와 평가체계의 관계에 대한 비교 연구, 2012, 이광희, 윤수재, 행정논총 제50권 제1호(2012. 3): 37~65
- 서비스 기업의 심리적 대기모형에 관한 연구, 2003, 김권수, 박사논문

• 성과중심의 인적자원관리가 조직유효성에 미치는 영향에 관한 실증적 연구, 2008, 김영진, 박사논문
• 서비스 고객화가 고객만족 및 재구매 의도에 미치는 영향, 2006, 김을순, 석사논문
• 코칭 역량의 구성요인 탐색 및 진단도구 개발, 2008, 선우미란, 석사논문
• 서비스 실패 시 고객의 참여수준이 관계단절에 미치는 영향에 관한 연구 : 의료서비스를 중심으로, 2008, 신현희, 박사논문
• 고객서비스 품질이 고객만족에 미치는 영향에 관한 연구, 1999, 주형근, 박사논문
• Zeithaml,V.A & Bitner, M.J. & Gremler, D.D, (2013), Service Marketing, McGraw-Hill, 6th edition
• Rathmell,J.M, (1966), "What is Meant by Service?" Journal of Marketing, 30(4), pp 32-36
• Levitt,T., (1976), "The industrialization of Service", Harvard Business Review, September Issue, pp 1-4
• Lehtinen,U., (1983), "Changes in Interpreting International Marketing", Liketaloudellinen Aikakauskirja(The finnish Journal of Business Economics), 32(1), pp 94-96
• Lovelock,C. & Wirtz,J. & Chew,P., (2000), Essentials of Service Marketing Prentice Hall, 5th, p 13
• Zeithaml,V.A. & Bitner,M.J. & Gremler,D.D, (2006), Service Marketing-Intergrating
• Custormer Focus Across the Firm, McGraw-Hill, International Edition, 4th edition, 0.6.
• Bitner,M.J.(1992), "Servicescape : The Impact of Physical Surroundings on Customers and Employees," Journal of Marketing, 56(2), pp 57~71

CS리더스관리사

핵심이론 기본서

제3판인쇄 | 2024. 6. 20. **제3판발행** | 2024. 6. 25. **편저자** | 강정민, 조윤진, 강종혁, 강정민, 정하린, 이선미
발행인 | 박 용 **발행처** | (주)박문각출판 **등록** | 2015년 4월 29일 제2015-000104호
주소 | 06654 서울시 서초구 효령로 283 서경 B/D 4층
팩스 | (02)723-6870 **전화** | (02)723-6869

이 책의 무단 전재 또는 복제 행위를 금합니다.

정가 28,000원
ISBN 979-11-6987-960-6